河南专门史大型学术文化工程丛书

主编　谷建全

执行主编　张新斌

河南行政区划史

赵炳清　伍小琴　张祥云　著

中原出版传媒集团
中原传媒股份公司
大象出版社
·郑州·

图书在版编目(CIP)数据

河南行政区划史 / 赵炳清等著.— 郑州 : 大象出版社, 2020. 5
(河南专门史大型学术文化工程丛书 / 谷建全主编)
ISBN 978-7-5711-0463-4

Ⅰ. ①河… Ⅱ. ①赵… Ⅲ. ①行政区划-历史-河南 Ⅳ. ①D676. 1

中国版本图书馆 CIP 数据核字(2019)第 290456 号

河南专门史大型学术文化工程丛书

河南行政区划史

HENAN XINGZHENG QUHUA SHI

赵炳清　伍小琴　张祥云　著

出 版 人　王刘纯
选题策划　王刘纯　张前进
项目统筹　李建平
责任编辑　成　艳
责任校对　毛　路　张英方　牛志远　李婧慧
装帧设计　张　帆

出版发行　大象出版社(郑州市郑东新区祥盛街 27 号　邮政编码 450016)
发行科　0371-63863551　总编室　0371-65597936
网　　址　www.daxiang.cn
印　　刷　北京汇林印务有限公司
经　　销　各地新华书店经销
开　　本　720 mm×1020 mm　1/16
印　　张　35.75
字　　数　583 千字
版　　次　2020 年 5 月第 1 版　2020 年 5 月第 1 次印刷
定　　价　150.00 元

印厂地址　北京市大兴区黄村镇南六环磁各庄立交桥南 200 米(中轴路东侧)
邮政编码　102600　　电话　010-61264834

河南专门史总论

张新斌

河南专门史研究,是河南历史的细化研究,是河南历史的全面研究,是河南历史的深入研究,也是河南历史的综合研究。河南历史研究,不仅是地方史研究,也是中国史研究,是中国史的核心研究,是中国史的主干研究,更是中国史的精华研究。

一、河南称谓的区域变迁及价值

(一)河南:由地理到政治概念的演变

河南是一个地理概念。河南概念的核心是"河",以黄河为指向形成地理方位概念,如河南、河东、河西、河内、河外等。《史记·殷本纪》:"盘庚渡河南,复居成汤之故居。"又,《战国策·齐策》:"兼魏之河南,绝赵之东阳。"魏惠王徙都大梁(今开封),而河南地区为魏之重要区域。《史记·项羽本纪》:"彭越渡河,击楚东阿,杀楚将军薛公。项王乃自东击彭越。汉王得淮阴侯兵,欲渡河南。"这里的"河南"明显不是一个政区概念,而是一个地理概念。

河南也是一个政治概念。《史记·货殖列传》所云"三河"地区为王都之地。"昔唐人都河东,殷人都河内,周人都河南。夫三河在天下之中,若鼎足,王者所更居也。"可见河南为周之王畿之地。又,《史记·周本纪》:"子威烈王午立。考王封其弟于河南,是为桓公。"《史记·项羽本纪》:"故立申阳为河南王,都洛阳。"这也从一个侧面反映出河南在战国、秦汉之际与王都连在一起,无疑应为政治中心。《通志·都邑略》对河南有一个重要评价:“故中原依大河以为固,吴越依大江以为固。中原无事则居河之南,中原多事则居江之南。自开辟以来皆河南建都,虽黄帝之都、尧舜禹之都于今皆为河北,在昔皆为河南。”

（二）河南：以洛阳为中心的政区概念

1.河南郡。汉代始设,至隋唐之前设置。《汉书·地理志》云,河南郡,辖县22,有洛阳、荥阳、偃师、京、平阴、中牟、平、阳武、河南、缑氏、卷、原武、巩、谷成、故市、密、新成、开封、成皋、苑陵、梁、新郑。以上地区包括今洛阳市区周边,含今新安、孟津、伊川、偃师,今郑州市的全部,今开封市区,以及今原阳县,今汝州市。据《晋书·地理志》,河南郡领河南、巩、安、河阴、新安、成皋、缑氏、新城、阳城、陆浑。西晋时,汉河南郡东部析置荥阳郡,而西晋时的河南郡大致包括今洛阳市区及嵩县、新安、偃师、伊川等,以及巩义、登封、新密,还有荥阳的一部分和今汝州市。《宋书·州郡志》:南朝宋司州有三郡,包括河南郡,领河南、洛阳、巩、缑氏、新城、梁、河阴、陆浑、东垣、新安、西东垣等,其范围与西晋河南郡差不多。《魏书·地形志》说河南郡仅领县一个,其区划郡县叠加。《隋书·地理志》记述隋设河南郡,统领18个县,为河南、洛阳、桃林、阌乡、陕、熊耳、渑池、新安、偃师、巩、宜阳、寿安、陆浑、伊阙、兴泰、缑氏、嵩阳、阳城,涉及今三门峡市区及灵宝、渑池、义马等,今洛阳市区及新安、偃师、嵩县、宜阳等,今郑州所辖巩义、登封等。

2.河南尹。东汉时洛阳为都,在都城设河南尹。《后汉书·郡国志》:河南尹,辖洛阳、河南、梁、荥阳、卷、原武、阳武、中牟、开封、苑陵、平阴、缑氏、巩、成皋、京、密、新城、偃师、新郑、平。其所辖范围与西汉河南郡基本相当。三国魏时亦有“河南尹”,如《三国志·魏志》:夏侯惇曾“转领河南尹”,司马芝于“黄初中,入为河南尹”。

3.河南县。西汉时设县,沿至东汉、西晋、刘宋、北魏、隋、唐、宋等,金代已无河南县,洛阳的“河南”“洛阳”双城结构正式瓦解。

4.河南府。唐代始设,沿至宋、金、元,但元代已称之为路。据《旧唐书·地理志》,河南府辖河南、洛阳、偃师、巩、缑氏、告成、登封、陆浑、伊阙、伊阳、寿安、新安、福昌、渑池、永宁、长水、密、河清、颍阳、河阳、汜水、温、河阴、阳翟、济源、王屋。《新唐书·地理志》载,河南府共辖20县,有河南、洛阳、偃师、巩、缑氏、阳城、登封、陆浑、伊阙、新安、渑池、福昌、长水、永宁、寿安、密、河清、颍阳、伊阳、王屋。由此可以看出,其地含今洛阳绝大部分,今郑州的巩义、登封,甚至今豫西北的济源。《宋史·地理志》有河南府,辖河南、洛阳、永安、偃师、颍阳、巩、密、新安、福昌、伊阙、渑池、永宁、长水、寿安、河清、登封共16县。《金史·地理志》载,金时河南府仅辖9个县,即洛阳、渑池、登封、孟津、芝田、新安、偃师、宜阳、巩。以上县名与今县名比较接近,主要分布在今洛阳周边。《元史·地理志》载,在河南行省下有"河南府路",实相当于河南府,相关县有洛阳、宜阳、永宁、登封、巩县、孟津、新安、偃师,以及陕州的陕县、灵宝、阌乡、渑池,相当于今三门峡市一部分、洛阳市一部分及郑州市一部分。《明史·地理志》记录的河南省下有河南府,属地有洛阳、偃师、孟津、宜阳、永宁、新安、渑池、登封、嵩县、卢氏及陕州的灵宝、阌乡2县。其地较元代河南府稍大。

5.河南道。仅在唐代、五代时实行。据《旧唐书·地理志》载,"河南道"辖河南府、孟州、郑州、陕州、虢州、汝州、许州、汴州、蔡州、滑州、陈州、亳州、颍州、宋州、曹州、濮州等,其范围"约当今河南、山东两省黄河故道以南(唐河、白河流域除外),江苏、安徽两省淮河以北地区"[①]。《新唐书·地理志》也讲到"河南道",相当于古豫、兖、青、徐四州之域。据《旧五代史·郡县志》载,五代时有"河南道",含河南府、滑州、许州、陕州、青州、兖州、宋州、陈州、曹州、亳州、郑州、汝州、单州、济州、滨州、密州、颍州、濮州、蔡州等,可见其范围是极大的。

(三)河南:以开封为中心的政区概念

自元代开始,"省"成为地方最高级行政建制。元代正式设立"河南江北等处行中书省"。《元史·地理志》云,河南行省辖路12、府7、州1、属州34、属县182。其中,汴梁路,领录事司1(县17,开封一带),还领郑、许、陈、钧、睢等5州21县。河南府路,领录事司1(县8,洛阳一带),还领陕州及4县。南阳府,领南阳、镇平2县及邓、唐、嵩、汝、裕5州11县。汝宁府,领汝阳、上蔡、西平、确山、遂平5县及颍、息、光、信阳4州10县。归德府,领睢阳、永城、下邑、宁陵4县及徐、宿、邳、亳4州8县。襄阳路,领录事司1县6,还领均、房2州4县。蕲州

---

① 复旦大学历史地理研究所《中国历史地名辞典》编委会:《中国历史地名辞典》,江西教育出版社1988年版,第538页。

路,领录事司 1 县 5。黄州路,领录事司 1 县 3。以上仅为"河南江北道肃政廉访司",所领范围已包括今河南省黄河以南部分,以及今湖北省江北部分地区,今苏北、皖北部分地区。

明代正式称河南行省(承宣布政使司),《明史·地理志》记录河南省辖府 8、直隶州 1、属州 11、县 96。府有开封府、河南府、归德府、汝宁府、南阳府、怀庆府、卫辉府、彰德府,以及直隶州汝州。总的来看,明代的河南省已经与现在的河南省大体范围相当,成为一个跨越黄河南北的省。

清代沿袭了相关的行政建制。需要注意的是,其治所在开封。直到民国及新中国成立初期,开封一直为省会所在。

从以上的史料罗列中可以看出,"河南"是一个重要的概念。先秦时期,河南是一个重要的地理概念,而这个概念中实际上包含了非常深刻的政治含义,河南实际上是天下政治中心的具体体现。从西汉开始到清代,河南成为一个非常重要的行政建制名称。隋唐之前是河南郡(尹),隋唐之后则为河南府(路)。元代之前,河南郡、府、道、尹、县的治所,以及地理概念、政治概念的核心,均在今洛阳。可以说,河南的范围时有变化,作为河南中心的洛阳地位始终是不变的,洛阳甚至是河南的代名词。元代以后行省设立,开封成为行省治所(省会)所在,数以百年。虽然如此,但河南的根源、灵魂在洛阳。

二、河南历史的高度与灵魂

(一)河南历史的高度:河南史的实质就是中国史

河南是个大概念,不仅涉及地理、政区,也涉及政治,研究中国历史是绕不开以洛阳为中心的河南的。《元和郡县志》卷六对"河南"有一个解读:"《禹贡》豫州之域,在天地之中,故三代皆为都邑。"这里对夏至唐的洛阳为都有一个清晰的勾勒,如禹都阳翟、汤都西亳、成王都成周,东汉、曹魏、西晋、北魏等均都洛阳,隋炀帝号为东京,唐代号称东都或东京,"则天改为神都",到了北宋则成为西京。可以说,一部王朝史,绕不开以洛阳为中心的河南。《说苑·辨物》载"八荒之内有四海,四海之内有九州,天子处中州而制八方耳",而这个"中州"就是河南。

对于河南的认识,其战略地位的重要性不言而喻,还有另外一个角度的分析。《读史方舆纪要》卷四十六:"河南,古所称四战之地也。当取天下之日,河南在所必争;及天下既定,而守在河南,则岌岌焉有必亡之势矣。周之东也,以河南而衰;汉之东也,以河南而弱;拓跋魏之南也,以河南而丧乱。朱温篡窃于汴梁,延及五季,皆以河南为归重之地。以宋太祖之雄略,而不能改其辙也,从而都汴。都汴而肩背之虑实在河北,识者早已忧之矣。"在这里,作者将洛阳的战略地位定性为"四战之地",讲到得天下者首先要得河南,反映了作者的敏锐性。但是,将洛阳定位于岌岌可危之地则有所不妥。河南对关中的承接,实际上反映了中国古代的两大政治中心相互补充完善的作用。中国历史上的统一王朝,基本上都经历了定都于关中长安和河洛洛阳两个阶段。所以,从某种意义上讲,河南历史既是河南地方的历史,也是中国古代的历史;从区域角度来看,可以说河南区域史是极为精练的中国史,是影响甚至决定王朝走向的关键历史;从中国历史的大视野考察,具备这种关键作用的区域,在中国这种大格局中,也就是那么一两个地区,而河南无疑是其中之一。

(二)天地之中:中国历史最具灵魂的思维探寻

中国古代都城的选择是与中国人特定的宇宙观联系在一起的。在中国人的观念中,"中"具有极为特殊的意义。中国古代历史上最具影响力的都城中,最能体现这种观念的非洛阳莫属。①

周灭商之后,周公受命探寻"天地之中"。《太平寰宇记》卷之三云:"按《博物志》云:'周在中枢,三河之分,风雷所起,四险之国也。昔周武王克殷还,顾瞻河、洛而叹曰:"我南望三涂,北望岳鄙,顾瞻有河,粤瞻雒、伊,毋远天室。"遂定鼎郏鄏,以为东都。'《周书》又曰:'周公将致政,乃作大邑,南系于洛水,北因于郏山,以为天下之大凑也。'皇甫谧《帝王世纪》云:'周公相成王,以丰、镐偏在西方,职贡不均,乃使召公卜居涧水东、瀍水之阳,以即中土。而为洛邑,而为成周王都。'"周朝建立后,最大的问题是"择中而居"。选择"天下之中"与"天地之中",关键是"中"。《路史》卷三十:"古之王者,择天下之中而立国,择国之中而立官,择官之中而立庙。"又,《周礼订义》卷十五:"夫天不足西北,地不足东南,有余不足皆非天地之中,惟得天地之中,然后天地于此乎合土播于四时,所

---

① 张新斌:《"天地之中"与"天下之中"初论》,《中州学刊》2018年第4期。

以生长收藏万物一时之气,不至则偏而为害。惟得天地之中,然后四时于此而交,通风以散之,雨以润之,偏于阳则多风,偏于阴则多雨。惟得天地之中,然后阴阳和而风雨以序,而至独阴不生,独阳不成。阴阳之和不成则反伤夫形。"这里论述了天地之中的阴阳秩序。但从众多文献看,天地之合、四时之交、风雨之会、阴阳之和是个立体的概念。"天地之中"刻意强调了思想观念上的特殊性,着重关注了本质文化上的特质性,重点强化了政治统治上的正当性,具有综合意义。

"天地之中"所在地,以洛阳(洛、洛地、洛师、洛邑、洛之邑、洛河之邑、洛水之涯、洛邑之地、河洛等)之说为绝对主流观点;与"天地之中"对应的"天下之中",则更多强调了位置适中,交通便利,其地方文献也多以洛阳为主。《河南通志》卷七:"河南居天下之中,嵩岳表其峻,大河、淮、济萦流境内。"这里所说的河南实则是大河南,河南的本质是洛阳。所以,洛阳为都的观念思想特征的探寻,反映了中国古代的思维方式与思维特点,其理论的深刻性极大丰富了中国古代的思想宝库,也是中国古都历史的灵魂所在。

三、河南历史:既是地方史也是区域史

河南地方史同时还是河南区域史,这是我们对河南专门史进行研究时时常要注意的关键性问题。我们应该如何对待我们的研究?

(一)作为地方史的河南专门史

地方是相对中央而言的。每一个王朝,都有中央与地方。中央就是皇帝,以及三省六部;地方则是郡县、省府县。对中央而言,省及以下建置都是地方。地方史就是研究一定行政建制内的历史,比如县的历史、市的历史、省的历史。

关于地方史,有人认为"所谓地方史研究,就是专门考察、分析某一地区历史变迁的史学工作"①,或认为"地方史的书写往往是一种以国家宏大历史叙事为背景,又兼具本土地方特色的历史书写","地方历史的建构既是对国家宏大

---

① 叶舟:《地方文献与地方史研究》,载《上海地方志》编辑部编《2017 年地方志与地方史理论研讨会论文汇编》,第 199~203 页。

历史叙事的补充,也是新时期国家与地方共同致力于民族地方形象、软实力及文化生态打造的努力”。[①] 一般而言,地方史是与一定级别的行政建置有关联的。河南长期为地方行政建置,从河南郡与河南县,到河南尹与河南县,到河南府与河南县,到河南路与河南县,再到河南省,作为省级建置也有七百余年的历史。相对王朝而言,河南的历史理所当然地就是地方史。换句话说,河南地方史就是研究河南地方的历史,就是研究在省的建置下河南这一特定范围内所发生的历史。河南地方史,就是对河南特定行政建置(省)内所有历史大事、历史人物、历史规制、历史机构、历史社会、历史文化等总的汇集、总的提炼、总的评价,是一部中国特定地方的小通史,是中国通史的河南卷。河南专门史,则是河南地方历史的细化,是河南专门历史的汇集,是作为地方的河南的历史的总的盘点。

河南地方史的研究,在河南是个“偏科”。河南史学界研究中国史,研究世界史,研究考古学,研究史学理论,当然,大家的研究无疑必然会触及河南,因为在中国史的研究范畴中,如果回避了河南,中国史肯定就不是完整的中国史。一方面,从夏到北宋,河南是王朝的政治中心所在,从某种意义上讲,这期间河南史中的重大事件无疑也是中国史中的重大事件,河南的历史也是中国的核心历史、中国的精英历史。另一方面,关键是要从河南的角度来研究中国的历史,从历史纵的时间轴来研究河南史,从历史横的空间区域比较中研究河南历史。所以,对于研究中国史的学者而言,河南地方史既是熟悉的,又是陌生的。

(二)作为区域史的河南专门史

区域是相对总体而言的。区域可以是一个地方行政建置,如河南、郑州、新郑,也可以是一个地区,如豫北、河朔、齐鲁、三秦、华北。当然,区域也可以是永恒的,对全球而言,中国、东亚、远东,都是区域。在全球史的背景下,区域史是个很时尚的东西,研究中国史与世界史(世界各国的历史),实质上研究的都是区域史。

学界有关区域史的讨论,是非常复杂的。例如,将地方史等同于区域史就

---

① 杨旭东:《近年来地方史研究评述》,《中原文化研究》2016 年第 1 期。

是一种常见的声音,如:“地方史,或称区域史,是历史学科的一个重要分支。”[①]有的直接将区域史的研究范式等同于地方史的研究范式;[②]也有的将区域史作为地方史的支脉,“地方史内部也演化出了新的支系”[③]。尽管区域史和地方史有一定的契合点,但两者还不能完全画等号。区域史研究一般多关注区域的特殊性,但是,“区域史研究的意义不仅仅在于认识作为个案的区域本身,而且有助于对国家整体史的认识。于是,区域史研究的一个重要归宿还在于对中华帝国整体史的理解和把握,并不是局限于孤零零的区域个案,也非仅凭借一两个新线索的发现来填补漏洞、空白,而是从局部、微观、特殊性中找到一些带有普遍性的反映整体的现象和规则”[④]。区域史,就是由诸地理要素所构成的特定地理空间,有较长时段的经济交流与政治联系,以及内部所共生的以文化为纽带的规律性问题的研究。区域史更多关注点在基层社会,是对特定的人群、组织架构、民间信仰,以及形成的民风进行的研究。除利用正史、正志之外,区域史也要更多关注地方文献,如家谱、文书、契约、方志等,只有这样,区域史才会更加丰满。

河南历史,就河南而言,其起点是地理概念。从历代史志可以看出,行政区划的河南是立足于地理概念河南之上而设置的,在中国古代由特定地理概念而产生的政区并不多见,仅从这一点而言,河南历史既可以是地方史,又可以成为区域史,甚至由于以洛阳为核心的河南在历史上特殊的政治地位,河南史在某些时段可以上升为中国史。这就是河南历史的特殊价值所在。

四、河南历史的研究现状与努力目标

(一)河南历史的主要研究成果

改革开放以来,河南省社会科学院及全省学界陆续推出了一系列河南历史

① 叶舟:《地方文献与地方史研究》,载《上海地方志》编辑部编《2017年地方志与地方史理论研讨会论文汇编》,第199~203页。

② 段建宏:《地方史研究的思考》,《忻州师范学院学报》2007年第1期。

③ 姚乐:《如何理解地方史与区域史?——以〈江苏通史·魏晋南北朝卷〉为例的分析》,《南京晓庄学院学报》2014年第3期。

④ 孙竟昊、孙杰:《中国古代区域史中的国家史》,《中国史研究》2014年第4期。

的研究成果：

一是通史类。如《简明河南史》(张文彬主编,1996)、《河南通史》(4 卷本,程有为、王天奖主编,2005)。以上成果有首创意义,但分量不足,不足以反映河南历史文化的厚重与辉煌。

二是专门史类。如《河南航运史》(河南省交通厅史志编审委员会,1989)、《河南少数民族史稿》(马迎洲等,1990)、《河南陶瓷史》(赵青云,1993)、《河南新闻事业简史》(陈承铮,1994)、《河南考试史》(李春祥、侯福禄主编,1994)、《河南文学史·古代卷》(王永宽、白本松主编,2002)、《河南文化史》(申畅、申少春主编,2002)、《河南教育通史》(王日新、蒋笃运主编,2004)、《河南农业发展史》(胡廷积主编,2005)、《河南经济通史》(程民生主编,2012)、《河南生态文化史纲》(刘有富、刘道兴主编,2013)、《中原科学技术史》(王星光主编,2016),以及即将出版的《中原文化通史》(8 卷本,程有为主编,2019)等。总体来讲,质量参差不齐,形成不了河南专门史体系类的成果。

三是市县通史类。如《驻马店通史》(郭超、刘海峰、余全有主编,2000)、《商丘通史(上编)》(李可亭等,2000)、《洛阳通史》(李振刚、郑贞富,2001)、《南阳通史》(李保铨,2002)、《安阳通史》(王迎喜,2003)、《嵩县通史》(嵩县地方史志编纂委员会,2016),以及我们即将完稿的《郑州通史》(张新斌、任伟主编,2020)等。

(二)河南历史的研究机构与研究重点

河南历史研究以河南省社会科学院历史与考古研究所为核心。河南省社会科学院历史与考古研究所是专门从事河南历史研究的权威机构,该所前身为成立于 1958 年的河南省历史研究所。1979 年河南省社会科学院成立之际,河南省历史研究所正式成为河南省社会科学院历史研究所,以后又成立了河南省社会科学院考古研究所,2007 年正式合并为河南省社会科学院历史与考古研究所。该所现有工作人员 19 人,其中研究员 4 人、副研究员 10 人,博士或在读博士 7 人,其研究涉及中国历史的各个方面,尤以中国古代史研究实力最为雄厚,在省级社科院中位列前茅。该所主编的"河南历史与考古研究丛书"已出版第一辑(9 本)、第二辑(6 本),在中原文化、河洛文化、姓氏文化研究方面均有标志性成果。郑州大学的历史研究在以刘庆柱研究员领衔的中原历史文化重点学科、王星光教授为代表的中原科技史方向、吴宏亮教授为代表的河南与近现代中国方向、陈隆文教授为代表的河南史地方向等方面成果卓著。河南大学以黄河文明研究作为主轴,李玉洁教授的河南先秦史研究、程民生教授为代表的以汴京为核心的宋史研究等较为突出。河南师范大学、新乡学院立足新乡,开展牧野文化研究。安阳师范学院则形成了以甲骨文、殷商史为代表的特色学科。河南理工大学立足于焦作,研究太行文化、太行发展。河南科技大学、洛阳师范学院、洛阳理工学院及文物部门的徐金星、蔡运章、薛瑞泽、毛阳光、扈耕田等先生立足于洛阳,开展河洛文化和洛阳学研究。商丘师范学院立足于商丘,对三商文化与商起源的研究颇有建树。许昌学院对汉魏许都的研究、黄淮学院对天中文化的研究、南阳师范学院对东汉文化的研究则各具特色。信阳师范学院以尹全海教授为代表的根亲文化研究、以金荣灿教授为代表的淮河文化研究及三门峡职业技术学院李久昌教授的崤函文化研究等均独树一帜。这些都已经成为河南历史研究的重要力量,也总体反映出河南历史研究的特色。

(三)河南专门史大型学术文化工程运作的过程与目标

2007 年以来,为了进一步整合力量,推出标志性成果,我们在已完成的《河南通史》等研究成果的基础上,提出加大对河南历史研究的力度,并以"河南专门史"作为深化河南历史研究的重要抓手。河南专门史的研究工作得到了河南省社会科学院历任领导的重视。早在 2008 年,河南省社会科学院副院长赵保佑研究员就积极支持专门史研究的工作构想,积极推动该项工作的落实。2010 年,院长张锐研究员、副院长谷建全研究员,专门带历史与考古研究所的相关人员到北京社科院进行调研,向他们学习北京专史集成研究的工作经验。2015 年,院党委书记魏一明、院长张占仓研究员、副院长丁同民研究员积极推动,将河南专门史正式纳入河南省社会科学院重大专项工作,并于年底召开了河南专门史的正式启动会。在河南专门史创研期间,院领导积极关注工作进展,副院长袁凯声研究员统筹协调,有力地推动了后续工作。2019 年,院领导班子对河南专门史工作给予了大力支持,尤其是院长谷建全研究员更是将专门史作为院哲学社会科学创新工程的标志性成果,院办公室、科研处等相关部门为本套书的出版做了大量的后勤保障工作,使河南专门史第一批成果能够按时高质量地出版。河南省社会科学院历史与考古研究所在承担繁重的创研工作的同时,也承担了大量的学术组织工作,张新斌、唐金培、李乔、陈建魁多次在一起商议工程的组织与推动,唐金培在学术组织工作方面,在上下联动、督促、组织上付出了大量的艰辛。大家只有一个想法:尽快拿出一批高质量的学术成果。

为了有效推动河南专门史大型学术文化工程,我们在工作之初便编辑了《河南专门史研究编写实施方案》《河南专门史大型学术文化工程第一批实施方案》《河南专门史大型学术文化工程工作方案》《关于征集河南专门史重大专项书稿的函》等文件,成立了以魏一明、张占仓为组长的"河南专门史大型学术文化工程"领导小组,工程实行首席专家制,由河南省社会科学院历史与考古研究所所长张新斌研究员为首席专家。整个工程坚持"三为主、三兼顾"的原则,即以河南省社科院科研人员为主,兼顾河南史学界;以在职科研人员为主,兼顾退休科研人员;以团队合作为主,兼顾个人独著。在写作上,采用"三结合"的方法,即史实考证与理论提高相结合、学术价值与当代意义相结合、学术性与可读性相结合。

在第一批书稿创研中,我们结合各自的研究基础,自动组成团队,不但河南省社会科学院历史与考古研究所全体科研人员参与了该项工程,文学研究所、哲学与宗教研究所等单位的科研人员也都承担了相关的任务。河南大学、河南师范大学、河南农业大学、华北水利水电大学、郑州市委党校等同行均参与了创研。最终确定了第一批 15 本书稿的创研目标:《河南考古史》《河南水利史》《河南移民史》《河南园林史》《河南哲学史》《河南水文化史》《河南道教史》《河南城镇史》《河南行政区划史》《河南基督教史》《河南古都史》《河南家族史》《河南书院史》《河南诗歌史》《河南史学史》。我们的总体目标是推出 100 部具有学术意义的河南专门史成果。

从第一批 15 部书稿中我们归纳出以下几个特点:一是极大丰富了河南历史研究的内容。这些书稿所涉及的门类有大有小,其研究不仅梳理了相关门类的历史脉络,也丰富了通史类成果无法容纳的分量。如考古史、基督教史时段较短但内容更为丰满,有的甚至可以形成重大事件的编年。二是从更高的视角研究河南。现代考古学在河南的发展对中国考古学的分期具有标志性意义,实际上我们是从中国考古史的角度来研究河南考古史的。正因为这样,我们对河南考古学在中国考古学中的地位有了更为清晰的看法。三是从史料梳理中探寻发展规律。对于每一个专题的研究者,我们更多地要求大家在对史实进行研究的基础上，要探寻相关门类发展的规律，寻找兴衰的规律，以及决定这种兴衰规律的内在因素。我认为在这批成果中，有的已经超越了地方史的范畴，而进入区域史的研究探索之中。当然，研究是一个永无止境的过程，我们期待着河南专门史在以后的创研过程中不断有更多的学术精品问世。

2019 年 8 月

目 录

绪论

行政区划是国家对行政区域的划分。这种划分是建立在一定的自然和人文的地理环境基础上,按照一定的政治目的和行政治理需要,遵循历史渊源、人口密度、民族分布、经济条件、文化背景等因素而进行的,其结果是在疆域内建立起一个由若干层级、不等幅员的行政区域所组成的行政治理体系。

行政区划的出现体现了中央政府与地方政府之间存在着行政管理关系,是中央集权制国家的产物。我国从夏代至西周时期,根本不存在行政区划,因为这一时期的中央只是代表着中原的国家,而四周或四土分布着众多的部族和方国。它们之间的关系是一种政治上的统属关系(可时叛时服),而不是行政治理关系。从春秋时期开始,随着中央集权制国家的出现,行政区划在中国大地上生根发芽,并结出累累硕果。

行政区划并不是一次性到位的,而是根据不同的政治需求进行不断的调适。其建制的置、废、省、并,层级的升格或降格,幅员的伸缩,边界的划分,治所的迁移,隶属关系的变化,政区名称的改动等是行政区划的主要内容。《河南行政区划史》研究的是在今河南省域内于不同历史时期产生的行政区域的发展、演变过程,以充分地反映河南省各个区域的演变,河南省的形成与发展,以及揭示河南各县市的古今变化。

河南作为国家的一部分,地处中原大地,常常是历史上各种政治势力争夺的焦点所在,行政区划的变动非常复杂和频繁。因此,要了解河南历史发展的脉络,更好地为河南的经济建设和社会发展服务,就必须了解河南行政区划的发展和变迁,这样才能有效地协调河南各个地区的发展,促进河南整体的进步。因此,借鉴历史上的河南行政区划调整非常具有历史意义和现实意义。

一、河南建省的历史基础

河南建省是在明朝洪武时期。洪武九年(1376),朱元璋改行省为布政使司,河南为十五布政使司之一,正式建省。河南省的建立,并不是凭空出现的,而是有着深厚的历史基础。

河南是我国最早出现行政区划的区域之一。在春秋时期,楚国北进中原,争霸诸侯,灭小国,建立为县,将县制推行到中原地区。如:楚灭申、息后,设置申、息二县。战国时期,韩、魏进据中原,县制得以普遍实行。秦一统后,在河南设置了三川、颍川、河内、淮阳、砀、南阳等郡,郡下置县。郡县制的实行,使得河南成为我国统一的多民族国家的重要组成部分,加强了河南各区域之间的联系。

西汉时期,推行郡国制度,河南成为汉中央政府与分封王国的对峙地区。豫西地区由中央直接控制,分河南郡设置了弘农郡,受到司隶校尉的监察。而豫东地区则设置亲汉王国,形成牵制。汉武时期,分置十三刺史州,河南被划为豫州,河南各区域被联结在一起。东汉承袭西汉制度,河南大部地区被划为豫州,形成一级高层政区。"豫"成为河南的代称。

魏晋时期,豫西、豫北地区被划为司州,豫东、豫南被划为豫州,大区域的政区逐渐形成,河南各区域的政治联结进一步加强。十六国和南北朝时期,河南主要在北朝范围内,侨置、滥置州郡的现象十分突出,导致建制紊乱,变更频繁。邺成为豫北的政治中心。

隋朝统一全国后,于开皇三年(583)和开皇九年(589)对行政区划进行改革,废除诸郡,实行州县二级制。隋炀帝大业三年(607),大举省并郡县,改州为郡。这样,河南的行政区划逐步趋于合理。唐朝沿袭隋制,实行州县二级制。唐太宗贞观元年(627),将全国划分为十道,河南属于河南道,又走向了统一。唐朝晚期,出现藩镇割据局面,河南处于重灾地区,一直延续到五代结束。汴州逐渐兴起,成为河南的政治、经济和文化中心。

北宋以开封为都城,河南是王朝的核心地区,主要分为京畿路、京西路,豫北地区划属河北路。开封作为国家的中心,将河南各区域紧紧地联结在一起。

金朝时,设置南京路,黄河以南的河南地区被划入同一个政区。元朝时,在全国实行行省制度,黄河以南、长江以北的地区被划为河南江北行省。河南江北行省无疑为明代河南建省打下基础。从此,黄河以南地区就被称为河南,作为一个整体的区域地理观念逐渐深入人心。

明朝建立后,鉴于元代行省过大,管理不便,遂实行分省。河南分省从河南江北行省中分出,原金南京路的区域就是河南分省的区域。随着明军攻占大都,原元代中书省下辖的怀庆府、卫辉府、彰德府、保定府、河间府、真定府、广平府、顺德府和大名府等划属河南分省。洪武二年(1369)三月,置北平行省,保定府、河间府、真定府、广平府、顺德府和大名府等改属之,而怀庆府、卫辉府、彰德府则归属河南行省。洪武九年(1376),改行省为承宣布政使司,在《承宣布政使司诰》中,朱元璋明确宣告了承宣布政使司设置的目的。其文曰:"朕有天下,更行省为承宣布政使司。所以承者,朕命也;宣者,代言之也;布者,张陈之也;所以政者,军民休戚,国之利病;所以使者,必去民之恶,导民之善。"①可见,承宣布政使司是代皇帝行使治民之权,明代高层政区之名得以确定。尽管废除了"省"名,但在习惯上人们仍然称布政使司为"省"。到明宣宗宣德三年(1428)以后,全国一致稳定为十三个布政使司,计有山东、山西、河南、陕西、四川、江西、湖广、浙江、福建、广东、广西、云南、贵州,称为十三省,加上京师、南京两个直隶,合计十五省。

由此可见,河南省的建立是在不同历史时期设置的行政区域演变的基础上,特别是两汉魏晋的豫州、唐代的河南道、宋代的京西路、金代的南京路、元代的河南江北行省,将河南的各个区域联结在一起,形成了不便分割的整体的区域地理意识。这些都为河南省的建立奠定了深厚的历史根基。

二、政治中心的转移与省会的确立

从历史的发展变化和区位的空间分布来看,河南在历史上有两个重心所

① 《明太祖文集》卷4《承宣布政使司诰》,见《景印文渊阁四库全书》集部第1223册,台湾商务印书馆,1986年,第39页。

在,一为洛阳,一为开封。

在唐代以前,我国的政治经济重心在黄河流域,三河地区(即河南、河东、河内)被称为天下之中,是王者所居之地,最适合成为国家的中心。三河地区如果集中到一点,这个地方便是洛阳。洛阳是天下的中心,最适宜建立都城。

从西周到唐代,统治者都有在洛阳建都的事实和打算。周人向东开拓,占据了整个关中地区,以丰、镐为都城,算是位置适宜。但当周以小邦打败了大邑商,占据广大中原地区后,从君临天下的视野来看,丰、镐就显得过于偏西。故而周武王东征伐纣时,就看中了洛阳居"天下之中"的区位优势,死前特意嘱咐周公要营建成周雒邑。

雒邑的营建,极大地提高了洛阳的政治地位。周平王东迁,洛阳成为周王室的都城。虽然这时的周王室比肩于诸侯,但天下共主的政治优势使得洛阳的政治、文化地位高于诸侯国的国都。

洛阳处天下之中,不但对全国的行政管理十分有利,而且方便各地贡赋的调集,商贸上的往来也处于有利地位。只是安全性不如长安。秦人东来,以咸阳为都。刘邦西去,曾想以洛阳为都,在张良、娄敬的劝说下,最后西去长安。光武帝刘秀见长安残破,便在洛阳建都。洛阳成为国家的政治、经济和文化中心。

魏晋南北朝以来,关东地区经济发展水平逐步超过关中,洛阳不仅是曹魏、西晋、北魏三个王朝的都城,而且成为国际贸易的重要都市。北魏孝文帝为平定南方,把都城由平城迁到洛阳。洛阳的政治地位迅速上升,经济进一步繁荣发展。《洛阳伽蓝记》卷三就记载了洛阳商业的繁荣,其文曰:"永桥以南,圜丘以北,伊、洛之间,夹御道有四夷馆。道东有四馆:一名金陵,二名燕然,三名扶桑,四名崦嵫。道西有四馆:一曰归正,二曰归德,三曰慕化,四曰慕义。吴人投国者处金陵馆,三年已后,赐宅归正里。……北夷来附者处燕然馆,三年已后,赐宅归德里。……东夷来附者处扶桑馆,赐宅慕化里。西夷来附者处崦嵫馆,赐宅慕义里。自葱岭已西,至于大秦,百国千城,莫不欢附,商胡贩客,日奔塞下。"①

隋唐时期,由于统治者起家于关陇集团,故以长安作为王朝的都城。但洛

① 〔北魏〕杨衒之撰,范祥雍校注:《洛阳伽蓝记校注》,上海古籍出版社,1978年,第160~161页。

阳作为王朝的陪都,其政治地位并没有下降。相反,洛阳因处于崤山、底柱山之东,漕运比长安方便,而成为全国的经济中心。隋朝营建东都伊始就是把洛阳当作全国经济的中心来建设的,格外重视商业的繁荣。当时"徙天下富商大贾数万家于东京",并命"江南诸州科上户分房入东都住,名为部京户,六千余家"①。大业三年(607)又"敕河南诸郡送一艺户陪东都三千余家,置十二坊于洛水南以处之"②。南北大运河开通之后,洛阳由于地处北通涿郡、南达江淮的枢纽,"交、广、荆、益、扬、越等州,运漕商旅,往来不绝"③,成为全国工商业最集中的城市,丝绸、瓷器、茶叶、漆器、珠宝的加工集散地,为丝绸之路上的贸易提供了丰富的商品来源。据《大业杂记》记载,洛阳有三大市场,东市名叫丰都,南市名叫大同,北市名叫通远。通远市周长六里,停泊着万艘舟船;丰都市周长八里,其四壁有四百余店,重楼延阁,互相临映,招致商旅,珍奇山积。

唐代的洛阳,与长安并称两京。唐初以来,由于关中漕运不便,洛阳作为南北运河的中枢联结点,解决了粮食不足的问题。故唐朝皇帝常至洛阳就食。唐高宗后期,唐朝政府常在洛阳听政理事,显庆二年(657)复名东都,及至武则天时,则长驻洛阳,以为"神都"。显庆三年(658)开始大规模修建。洛阳成为唐朝在关东的政治、经济中心。

在我国古代,都城所在不仅仅是国家政治的中心,而且也是全国的经济、文化中心,是使者、客商的会集之地,因而聚集的人口无疑是巨大的。关中平原显然在隋唐时期无法支撑长安的粮食供应,而崤山、底柱山的存在,使得粮食的运输变得十分困难,其被洛阳所取代是历史的必然。

从唐末起,由于黄河流域的连年战乱,我国南方的经济实力超过北方,国都所需的财赋、粮食、布帛全仰仗于江南。再加之洛河河道的淤塞,漕运废弃。地处关东经济区和江南经济区联结处的开封逐渐取代洛阳,成为天下的咽喉要地。因此,从五代到北宋,国家的都城转移到了开封,开封成为全国的政治、经济、文化中心。其实,在唐代,开封就作为长安、洛阳的转运枢纽而繁盛。时人

---

① 牟发松:《〈大业杂记〉遗文校录》,见武汉大学魏晋南北朝隋唐史研究室编《魏晋南北朝隋唐史资料》第15辑,武汉大学出版社,1997年,第179页。

② 〔宋〕司马光等撰:《资治通鉴》,中华书局,1956年,第5634页。

③ 〔唐〕杜佑:《通典·州郡典》卷177《河南府洛州》"河阴"条,明嘉靖十八年刻本。

称:“大梁当天下之要,总舟车之繁,控河朔之咽喉,通淮湖之运漕。”①

开封交通四通八达,在成为北宋权力中心之后,是当时世界上首屈一指的商业大都市。据史书记载:“岁漕江淮湖浙米数百万石,及至东南之产,百物众宝,不可胜计。又下西山之薪炭,以输京师之粟,以振河北之急,内外仰给焉。”②货物来自全国各地,造就了开封商业和手工业一派繁荣。在《东京梦华录》的记载中,小商人经营饼店、包子店、糕点店、茶坊、药铺等,大商人经营米店、茶叶铺、盐铺、酒楼、丝绸铺、金银铺等。金银彩帛的交易量最大,每一交易,动即千万。手工业有绫锦、制衣、瓷器、酿酒、印刷等。特别是官营的手工业,规模十分庞大,如绫锦院即有数千人。北宋瓷器的五大名窑,除哥窑在浙江龙泉、定窑在河北曲阳之外,其他三窑均在河南,汝窑在汝州,钧窑在禹州,官窑在开封。

当然,开封取代洛阳成为国家的中心并不是一蹴而就的,其间存在着反复。朱温定都开封不过两年便西迁洛阳,四年后又还都开封。后唐灭梁以后,便迁都洛阳。后晋灭唐,两年后又定都开封。北宋建立之初,宋太祖赵匡胤也曾有以洛阳为都的打算,但在其弟赵光义与群臣的劝阻下才作罢。北宋时期,曾为十三个王朝都城的洛阳彻底被开封所取代,但西京陪都的地位彰显着其昔日的辉煌。

开封能取代洛阳成为国家的中心,除了朱温以汴州作为其起家之地,也就是龙兴之地,最主要的原因是运河的漕运。在古代社会交通条件不甚发达的情况下,水路运输无疑比陆路运输优越。都城作为人口的聚集区,粮食的消耗十分巨大。唐代晚期之后,我国的经济重心从黄河流域转移到了长江流域,江南地区成为全国首要的粮食、赋税区。大运河的凿通,十分有利于南粮北运,以救济首都。然唐后期的洛阳由于河道的淤塞,造成漕运困难,再加之安史之乱的破坏,城市破败不堪,于是唐政府便确立汴州为运河漕运的中心集结点。这样,开封就成为国家的经济中心,并进而成为政治中心。

北宋之后,开封在全国的政治地位迅速下降,但在河南的区位上政治优势明显。作为曾经的国家中心,金代的开封被赋予陪都的地位,是南京路的治所所在。后在蒙古的南进之下,开封曾一度作为金朝的都城。元朝时期,在黄河

---

① 〔唐〕刘宽夫:《汴州纠曹厅壁记》,见《文苑英华》卷803,中华书局,1966年,第4246页。

② 〔宋〕孟元老撰,姜汉椿译注:《东京梦华录全译》,贵州人民出版社,1998年,第41~42页。

以南区域设置河南江北行省，开封作为行省的省城所在。明朝洪武时期，开封曾建为北京，为陪都所在。河南省建立，开封为省城所在，省会的地位得以确立。后来的清朝、中华民国时期，开封都是河南省的省会所在，是河南省的政治、经济和文化中心。

开封相比洛阳等其他城市而被确立为河南省的省会，除了开封的地理环境、交通条件、经济因素等客观原因，最主要的是各王朝对开封曾作为国家中心这样一种政治优势地位所形成的历史传统的尊重和承认。历史传统是对历史理念、历史认识的延续。开封作为国家中心，其政治地位无疑高于其他城市，这就形成了一种历史认识，即开封的政治地位高于其他城市。当后来的王朝在选择河南省的省会时，这种历史认识会被得到尊重和承认，甚至会被认为是民心所向。即便是在明清时期黄河毁城的情况下，当时的官民也要在其旧址上重建开封城，而不愿将省会迁移他处。因为他们觉得开封不能毁在自己的手上，其历史地位应该得到尊重和重现。只有当某一因素特别突出，能影响到全局，历史传统才会被打破。就像洛阳漕运不及开封而被开封取代，开封不是铁路枢纽而被郑州取代一样。

三、河南省域的形成与变化

河南作为一个地名出现，是在战国时期。当时东周君在雒邑王城置有河南县，为东周七县之一。秦朝时，河南县属三川郡。两汉及其以后，河南县属河南郡，为郡治。隋朝时，隋炀帝营建东都洛阳城，河南县被迁入洛阳城。唐朝贞观元年（627），移治大理寺（今洛阳市老城区）；贞观二年（628），移治金墉城（今洛阳市孟津县平乐镇翟泉村）；贞观六年（632），移治宽政坊（今洛阳市洛龙区古城乡董庄）。到金代初，河南县省入洛阳县。可见，河南县并不是一个大的区域名称，只是瀍河之南的意思。

河南作为一个区域名称出现，是在秦汉之际。当时三河之地被认为是天下之中、王居之地，其中的河南主要是指黄河以南的洛阳盆地，为夏、东周所在地。秦朝时，在此置三川郡，指伊水、洛水与黄河的交汇地区。西汉时期，改三川郡为河南郡。洛阳作为国家都城时，河南郡地位很高，称河南尹。河南郡与河内郡联系紧密，多次同属司隶校尉或司州管辖，这也是豫北地区能成为河南省域组成部分的原因之一。河南郡在唐代改称洛州。开元时，洛州又被称为河南府。河南府一直延续到民国初年。可见，无论河南郡还是河南府，其所指的区域范围都是黄河以南的洛阳盆地区域，与河南省的“河南”范围不一样。

以“河南”指称黄河以南区域的地理观念出现在秦汉之际。《周礼·职方氏》记载九州时云“河南曰豫州”。《禹贡》记载：“荆、河惟豫州。伊、洛、瀍、涧既入于河，荥波既猪，导菏泽，被孟猪。厥土惟壤，下土坟垆。厥田惟中上，厥赋错上中。厥贡：漆、枲、絺、纻，厥篚纤、纩，锡贡磬错。浮于洛，达于河。”可见，豫州是指黄河以南的地区。这一地理观念在汉武帝时得到实施，其划分的十三部州，其中豫州领有颍川、汝南、陈国、梁国、沛国、鲁国，即今河南省域的中部、东部和南部。到了唐代，“河南”的地理认识进一步扩大，不仅指今河南，而且也包括山东。唐代的河南道，就是指黄河以南至淮河的区域。随着黄河的改道南流，山东地区被摒弃在黄河以南范围之外，这时“河南”的地理范围就指黄河以南的地域，相当于今河南省域黄河以南部分。河南江北行省的设立，使得“河南”的地理观念在行政区划中落实。明代河南省建立，“河南”地理观念与河南行政区域趋于重合。

《明史·地理志三》记载了河南省的范围，其辖境“北至武安，南至信阳，东至永城，西至陕州”①，奠定了今河南省幅员的基础和规模。当然，河南省域的形成是一个历史过程，并不是固定不变的。

河南省域北部区域的形成是在明朝洪武时期。洪武元年(1368)八月，明军攻入大都，元朝残部退至蒙古高原。十月，以元中书省直辖的怀庆府、卫辉府、彰德府、保定府、河间府、真定府、广平府、顺德府和大名府划属河南分省。洪武二年(1369)置北平行省，划属河南分省的保定府、河间府、真定府、广平府、顺德府和大名府改属之，而怀庆府、卫辉府、彰德府则保留在河南行省。洪武二年四月，北平行省广平府磁州改隶彰德府，北平行省真定府涉县改隶彰德府磁州。这样，河南省域的北部地区得以形成。清代雍正时期，州不辖县，原磁州下辖武安、涉、临漳三县改隶彰德府；雍正四年(1726)四月，磁州改隶直隶省广平府，脱离河南省。抗战时期，武安、涉、临漳三县成为敌后抗日根据地，纷纷建立县抗

---

① 〔清〕张廷玉等：《明史》卷42《地理志三》，中华书局，1974年，第977页。

日民主政府。解放战争时期,三县建立县人民革命政府。1949 年 8 月,河北省人民政府成立,三县属之,脱离河南省建制。

河南省域东部、南部区域的形成也是在明朝洪武时期。洪武四年(1371)二月,朱元璋以临濠府为其龙兴之地,建为中都。时属河南行省的信阳州、光州、息州、颍州、徐州、邳州、宿州从河南行省分出,改属中都临濠府。洪武七年(1374)八月信阳州、息县复归,属汝宁府。洪武十三年(1380),光州复归,属汝宁府。而颍州、徐州、邳州、宿州从此脱离河南省建制。这样,就形成了河南省域的东部、南部地区。土地革命期间,在信阳、光山、罗山、商城等地形成了鄂豫皖苏区。在国民党军第四次"围剿"中,红四方面军向西转移。为了扑灭鄂豫皖苏区的革命火种,南京国民政府在光山、罗山、商城三县的南部设置了经扶、礼山、立煌三县。经扶县由光山县南部和湖北省麻城、黄安二县的北边部分区域组成,1947 年 12 月,改名新县。礼山县以罗山县南部置,属湖北省。立煌县由商城县南部、固始县南部和安徽六安、霍山、霍邱西部或西北部组成,1947 年 9 月,改称金寨县,属安徽省。河南省的边界进行了一些调整和改变。

河南省域西部区域是指今南阳市和三门峡市。在历史上,南阳市在两汉时期为南阳郡,在唐宋时期,为邓州、唐州。其与今湖北省、陕西省的边界已自然形成。三门峡市在西汉时属弘农郡,汉武帝时由河南郡析置。在唐、宋时,为陕州、虢州。北宋时,邓、唐二州属京西路;陕、虢二州属永兴军路。金代时,虢州并入陕州,陕、邓、唐三州属南京路,组成南京路西部区域。元代时,陕、邓、唐三州属河南江北行省,组成行省西部区域。明代时,陕、邓、唐三州属河南省,组成河南省西部区域。可见,河南省域西部区域的形成是一个历史过程,其在金代已大体形成,后被元、明、清三朝所承袭。

河南省域东北区域是指今濮阳市,其归属河南省建制是现代的事。在明清时期,濮阳市时为开州,属京师或直隶大名府管辖,而范县、台前县时属山东省东平府管辖。抗战时期,八路军深入敌后,建立了冀南、鲁西抗日根据地。解放战争期间,为晋冀鲁豫解放区或华北人民解放区。1949 年 8 月,成立平原省,濮阳专区属之。1952 年 11 月,撤销平原省,濮阳专区改属河南省,辖有濮阳、清丰、南乐、滑、长垣、封丘六县。1964 年,范县划属河南省。1978 年 12 月,由范县析置台前县。这样,就形成了河南省域的东北区域。

河南省域形成后,其范围内的行政区划也是经过多次的调整变化。截至

2016年年底,河南省有17个地级市、52个市辖区、21个县级市、85个县。还须说明的是,河南省域与周边省域还有若干省际“飞地”的存在。如范县老县城樱桃园镇在山东省莘县境内,淅川县的石槽沟在湖北省郧县境内。

以上主要讨论了河南省及省域的形成与政治中心的变化,权作绪论,希望能对您在阅读本书之前有所裨益。

第一章 先秦时期河南的地缘环境与行政区划

先秦时期是指秦朝以前的历史时期，主要指夏、商、周三个王朝。周分为西周、东周两个时期，东周又分为春秋、战国两个时期。在这一历史时期，中国历史发展的大势是从分散、松散的部族、部落走向集中、统一的国家。

今河南省地处我国的腹心，被称为中原地区，既是各个部族、方国、封国和王朝发展的基础，又是各个部族、方国、封国和王朝争战的战场。战争虽然是残酷的，但从广泛的意义上来说，也是族群的交融和文化的整合。因此，在先秦时期，今河南省域的地缘环境十分复杂，留下了大量的文化印记地名。春秋战国时期，各诸侯国为了加强对地方的控制，郡县制得以在今河南省域推行，出现行政区域。

第一节　夏、商、西周时期河南的地名、部族、方国及封国

夏、商、西周时期，在今河南省域内分布着众多的部族、部落、方国以及分封的一些诸侯国，他们或联合或兼并，形成不同地域上的政治势力或集团。河南地处黄河中下游平原，具有四通八达的特殊地缘优势，不同人群在此聚合，加强了族际之间的文化交流和融合，形成了以夏、商、周为主体的华夏文化共同体。

地名是人群的载体，也是文化的标识。一定的人口居住在一定的地方，形成地名。众多的地名显示了人口分布的范围和趋向，是后来设置郡县的基础。而部族、方国以及封国本身就显示了在一定的区域内人群的分布情况，具有地域的标识性，也是后来行政区划的基础。因此，我们下面就主要考察夏、商、西周时期河南省域内的地名与部族、方国、封国的分布。

一、夏代河南的地名与古部族

夏代是中国历史上第一个王朝,是中国古代文明的开端。关于中国古代文明的起源问题,学术界一直在不断探讨当中。过去通常认为源头在殷商时代,因为自从1928年河南安阳小屯的考古发掘开始以后,人们在确凿的实物面前认定商代殷墟文化是中国最古老的规范文明,就是说,它表现为城市形态、文字记载(甲骨文)、金属冶炼(青铜器)等世界古文明史的认定特点。但是人们逐渐产生了疑问:这样的规范文明是突然间产生的吗?它一定还有一个前导的、过渡的、雏形的时期。果然,在以后的考古发掘中,不断发现早于殷墟文化的遗址,比如河南偃师二里头文化,它正处于史传的夏代,而且确有规范文明的雏形。中国古代文明的源头又上推到了夏代。但是又有人认为,"文明"这一名词也可以用低标准来衡量,把古文明的起源放在新石器时代,因为那时已有小规模的生产制作中心、符号记载、彩陶文化等。我们觉得,以世界古文明史的通行认定标准和我国实际考古发现为依据,认为夏代是我国古代文明的源头比较合适。

由于流传至今有关夏代的史料十分匮乏,所以历史上是否有夏代存在,曾被许多人怀疑。但是《史记·夏本纪》中记载的夏代世系与该书《殷本纪》中记录的商代世系一样明确,商代世系在安阳殷墟出土的甲骨卜辞中得到证实,因此《史记·夏本纪》中所记的夏代世系应被认为是可信的。

夏朝由传说中的禹所开创,直至夏桀,共传十四世、十七王,四百余年。其间,经历了太康失国、少康中兴的反复。据《史记·孙子吴起列传》记载:"夏桀之居,左河济,右泰华,伊阙在其南,羊肠在其北。"河济,指古黄河和古济水;泰华,指今陕西省华阴市境内的华山;伊阙,即伊阙关,今河南省洛阳市区南的龙门镇;羊肠,即羊肠塞,在今山西省平顺县东南。这大概是夏朝的疆域范围,沿黄河东至今河南、河北、山东三省交界地区,南接湖北,北入山西、河北中部,西到陕西华山。今河南省幅员几乎全部处于夏朝疆域之内,其核心地区还是今河南省西部、山西省南部地区。

与夏同时,今河南大地上还分布着无数的氏族、部落。所谓的夏朝不过是夏部族取得众多氏族、部落的拥戴和支持而建构起来的一个松散的政治联合体。因此,夏代河南大地上的地缘政治环境十分复杂。下面我们就夏代河南的地名和古族群分布进行考述。

洛汭、伊汭,据《逸周书》记载:“自洛汭延于伊汭,居易无固,其有夏之居。”汭,为河流弯曲之地。洛汭、伊汭,即是洛水、伊水流域的河流弯曲之处。此指二水汇流之地。《国语·周语》载:“昔伊洛竭而夏亡。”可见,在伊、洛二水流域为夏部族居地,为夏朝的核心区域。

崇山、崇,《国语·周语上》记载:“昔夏之兴也,融降于崇山。其亡也,回禄信于聆隧。”《国语·周语下》记载:“其在有虞,有崇伯鲧,播其淫心,称遂共工之过。”韦昭注曰:崇,崇高山也。古嵩、崇本一字。故崇山即今嵩山。

阳城,《世本》记载:“夏禹都阳城,避商均也。又都平阳,或在安邑,或在晋阳。”阳城,《集解》引刘熙曰“今颍川阳城是也”,即今河南省登封市告成镇。平阳,今山西临汾;安邑,今山西夏县;晋阳,今山西太原。可见,夏部族的活动范围最初在今河南嵩山及伊水、洛水流域一带。在禹王权巩固后,又跨越黄河,发展到山西南部。

阳翟、夏台、钧台,《汉书·地理志》载:“颍川郡阳翟,夏禹国。”表明阳翟做过夏禹的都城。阳翟,今河南省禹州市。《史记·夏本纪》记载:桀“乃召汤而囚之夏台”。夏台,《索隐》注曰:“狱名。夏曰均台。皇甫谧云‘地在阳翟’是也。”可见,夏台即均台(钧台)。《左传·昭公四年》云:“夏启有钧台之享。”杜预注曰:“启,禹子也。河南阳翟县南有钧台陂,盖启享诸侯于此。”可见,阳翟最早名为钧台或夏台,禹、启皆以此地做过国都。

斟鄩,据《古本竹书纪年》记载,太康居斟鄩,羿亦居之,桀又居之。《今本竹书纪年》载:仲康即帝位,居斟鄩。《国语·周语》载:“昔伊洛竭而夏亡。”故斟鄩当在伊洛河流域。《括地志》云:“故鄩城在洛州巩县西南五十八里,盖桀所居也。”目前,考古学界确认了二里头文化为夏文化,二里头文化遗址为夏朝晚期的都城,即斟鄩所在。太康为启之子,应从钧台迁都于此。仲康为太康之弟。

鉏、穷石,《左传·襄公四年》载:“昔有夏之方衰也,后羿自鉏迁于穷石,因夏民以代夏政。”杜预注曰:“鉏,羿本国名。”《太平寰宇记》卷57《河北道六》澶州卫南县载:“故鉏城在县东十五里。”即今河南省滑县东。穷石,《史记·夏本纪》《正义》引《括地志》云:“河南有穷谷,盖本有穷氏所迁也。”在今河南省洛阳市南五十里。后羿本有穷氏之君，居住在今河南省滑县一带，应为夏的与国，故能迁至洛阳市南一带，因太康无德失去民心，取而代之。

商丘、帝丘，《古本竹书纪年》载："帝相即位，处商丘。"《水经注·瓠子河》记载："河水旧东决，径濮阳城东北，故卫也，帝颛顼之墟。昔颛顼自穷桑徙此，号曰商丘，或谓之帝丘。本陶唐氏火正阏伯之所居，亦夏伯昆吾之都，殷相土又都之。"可见，商丘即帝丘。《左传·僖公三十一年》载："卫迁于帝丘……卫成公梦康叔曰：'相夺予享。'公命祀相。宁武子不可，曰：'鬼神非其族类，不歆其祀。杞、鄫何事？相之不享于此久矣，非卫之罪也！'"杜预注曰："帝丘，今东郡濮阳县。"即今河南省濮阳市西南。相为仲康之子，为寒浞所逐，故东奔斟灌，为寒浞所杀。斟灌氏，在今山东省寿光县东，帝丘当为其分布范围，相应在帝丘被杀。

原，《今本竹书纪年》载："帝少康十八年，迁于原。"《续汉书·郡国志》载："河内郡轵有原乡。"《左传》曰：王与郑原。杜预注曰："沁水西北有原城，盖少康自夏邑迁原也。"原，在今河南省济源市境。少康中兴，先都夏邑，后迁原。夏邑，今山西省夏县。

老丘，《古本竹书纪年》载："帝宁居原，自迁于老丘。"宁，即予，也作"杼"，少康之子。《左传·定公十五年》记载："夏五月……郑罕达败宋师于老丘。"顾栋高《春秋大事表》云："陈留县东北四十里有老丘城。"①故老丘在今河南省开封市东北杜良乡一带。

西河，《山海经·海外东经》郭璞引《汲冢竹书》："胤甲即位，居西河。"胤甲，即帝廑。西河，即今河南省汤阴县东西河村。

有莘氏，禹的母族。《世本》记载："鲧取有莘氏女，谓之女志，是生高密。"高密，即禹的封国。《史记·殷本纪》《正义》引《括地志》云："古莘国在汴州陈留县东五里，故莘城是也。《陈留风俗传》云：陈留外黄有莘昌亭，本宋地，莘氏邑也。"可见，有莘氏活动在今河南省开封市东南一带。

有虞氏，舜的部族，活动在以今山西省永济市为中心的晋南一带。禹当政时，将舜的儿子商均改封在今河南省商丘市虞城县，故夏代有虞氏大部活动于今河南省商丘市虞城县一带。相之子少康为寒浞所逼，从有仍氏逃奔有虞氏，

---

① 〔清〕顾栋高：《春秋大事表》，中华书局，1993年，第775页。

得到有虞氏帮助，灭寒浞，复兴故土。后周武王封舜的嫡系子孙妫满于陈地，建立陈国。

御龙氏，陶唐氏后裔。《左传·昭公二十九年》载："陶唐氏既衰，其后有刘累，学扰龙于豢龙氏，以事孔甲，能饮食之。夏后嘉之，赐氏曰御龙，以更豕韦之后。龙一雌死，潜醢以食夏后。夏后飨之，既而使求之。惧而迁于鲁县，范氏其后也。"《史记·夏本纪》《正义》引《括地志》云："刘累故城在洛州缑氏县南五十里，乃刘累之故地也。"鲁县，在今河南省平顶山市鲁山县东北。为避祸，御龙氏从伊水流域前往汝水流域。后为刘姓之祖。

豕韦氏，祝融氏之后，为彭姓别支。《国语·郑语》记载："彭姓彭祖、豕韦、诸稽，则商灭之矣。"《左传·襄公二十四年》载："自虞以上为陶唐氏，在夏为御龙氏，在商为豕韦氏，在周为唐杜氏。"杜预注曰："豕韦，国名，东郡白马县东南有韦城。"在今河南省滑县一带。《诗经·商颂·长发》载："韦、顾既伐，昆吾、夏桀。"韦，即豕韦氏，为夏之与国。

豢龙氏，祝融氏之后。《国语·郑语》记载："董姓鬷夷、豢龙，则夏灭之矣。"《左传·昭公二十九年》载："昔有飂叔安，有裔子曰董父，实甚好龙，能求其耆欲以饮食之，龙多归之。乃扰畜龙，以服事帝舜。帝赐之姓曰董，氏曰豢龙，封诸鬷川，鬷夷氏其后也。"《太平寰宇记》卷7《河南道七》许州临颍县"豢龙城"条载："在县西四十里，即古豢龙氏之邑也。"可见，豢龙氏分布在今河南省许昌市一带。

昆吾氏，祝融氏之后。《国语·郑语》记载："昆吾为夏伯矣。"《左传·哀公十七年》载："卫侯梦于北宫，见人登昆吾之观，被发北面而噪曰：'登此昆吾之虚，绵绵生之瓜。余为浑良夫，叫天无辜。'"又《左传·昭公十二年》载，楚灵王曰："昔我皇祖伯父昆吾，旧许是宅。"许，即今河南省许昌市。可见，昆吾氏最初分布在今河南省濮阳市一带，后迁至今河南省许昌市一带，为夏的与国。

顾氏，祝融氏之后，昆吾氏之别支。《诗经·商颂·长发》载："韦、顾既伐，昆吾、夏桀。"可见，顾氏分布为夏的与国，为商汤所灭。《元和郡县图志》卷11濮州密县记载："故顾城，在县东二十八里，夏之顾国也。《诗》曰：韦、顾既伐，昆吾、夏桀。注曰：三国党于桀，皆为汤所诛。"可见，顾氏分布在今河南省濮阳市范县一带。

葛，伯益之后，东夷一支。夏禹去世后，伯益避于箕山，以让夏启。启封伯益长子大廉于葛,为葛伯。《元和郡县图志》卷 7 宋州宁陵县记载:“故葛城,在县北十五里。古葛伯国,以不祀,为汤所灭。”可见,葛分布在今河南省商丘市宁陵县北一带。

二、商代河南的地名与封国、方国

我国有确切可以证明的历史是从商朝开始的。以前,国外和国内的一些学者对我国商代文明存在过怀疑,自从殷墟甲骨文出土后,这一怀疑不攻自破。

商是东夷的一支族群,始祖为契,大约与禹同时,曾与禹一同治水,被舜任命为司徒,说明他们同处于一个部落联盟中。商与夏同时,从契到大乙(汤),共十四世,相当于夏代。商人经常迁徙。《尚书·序》记载:“自契至于成汤八迁,汤始居亳,从先王居。”

商族发展到成汤时,已是与夏并立的东方大国。汤从灭葛开始,先后翦除夏的与国韦、顾及昆吾,最后兵临斟鄩,灭掉夏桀,并有夏疆,建立了我国历史上的商朝。商朝共历十七世、三十一王,约六百年。

商朝的疆域比夏朝大得多。《诗经·商颂·殷武》记载:“昔有成汤,自彼氐羌,莫敢不来享,莫敢不来王,曰商是常!”疆土发展到关中西部地区。《史记·孙子吴起列传》记载:“殷纣之国,左孟门,右太行,常山在其北,大河经其南。”主要讲的是商朝的王畿之地,包含有今河北省南部、河南省北部及山东省西部一带。根据考古学的研究成果,商朝的疆域范围为西至泾渭、北到辽西、南达长江、东到大海这一片广大地区。①

商代是一个方国、部族林立的时代,尽管诸方国、部族之间有一定的联系,但总的看来,在相当大的程度上还呈现着漫无秩序的状态。商王朝为了巩固自己的统治,将统治区划分为两大部分:一部分是王都周围地区,称为王畿,由商王直接控制;另一部分为王畿之外的地区,卜辞称为“四土”,即东土、南土、西

---

① 宋镇豪:《论商代的政治地理架构》,见《中国社会科学院历史研究所学刊》第一集,社会科学文献出版社,2001 年,第 6~27 页。宋新潮:《商代政治疆域与商文化影响范围》,《中国史研究》1991 年第 1 期。

土、北土。在四土上,分布着一些封国和众多的方国与部族。封国由商王进行分封,多为子姓成员,而方国中有的受到商王的控制,有的则处于时叛时服的状态。今河南省境大部分地区处于商王的直接控制之下,但在南部、东部及西部还分布着一些方国与部族。封国、方国的研究主要依据甲骨文,李雪山的《商代分封制度研究》是研究商代封国、方国较为系统的成果①,是我们的主要参考对象,然其地望并不完全准确,只是大致地推测。下面我们就此进行考述。

商丘,《世本》载:"相土徙商丘,本颛顼之虚。"商丘,即今河南省濮阳市西南。

亳,《史记·殷本纪》载:"自契至汤八迁。汤始居亳,从先王居。"《集解》引皇甫谧曰:"梁国谷熟为南亳,即汤都也。"又引孔安国曰:"契父帝喾都亳,汤自商丘迁焉,故曰'从先王居'。"《正义》引《括地志》云:"宋州谷熟县西南三十五里南亳故城,即南亳,汤都也。宋州北五十里大蒙城为景亳,汤所盟地,因景山为名。河南偃师为西亳,帝喾及汤所都,盘庚亦徙都之。"又按曰:"亳,偃师城也。商丘,宋州也。汤即位,都南亳,后徙西亳也。《括地志》云:'亳邑故城在洛州偃师县西十四里,本帝喾之墟,商汤之都也。'"《汉书·地理志》河南郡"偃师"条下,班固自注:"尸乡,殷汤所都。"《尚书正义》引郑玄说:"亳,今河南偃师县有汤亭。"可见,尸乡即亳。

关于汤伐桀之前所居之"亳"的地望,学术界有商丘南亳说、偃师西亳说、曹县北亳说以及郑亳说。② 亳作为都城的地名,随着汤的活动而被带到了不同地方。我们从汤灭夏的行程来考察:汤最早是居住在商丘,即今濮阳一带。要灭夏,就必须先翦除夏的与国,一是使夏陷入孤立,二是巩固自己的后方。汤灭夏,先从征葛开始。葛,在今河南省宁陵县北。汤先至景亳会盟誓师,后至南亳灭葛。灭葛后,再灭韦、顾、昆吾。韦在今河南滑县一带,顾在今河南范县一带,昆吾在今河南许昌市一带。故汤以郑亳为都,便于用兵。后灭夏桀,夏桀居伊洛一带,汤自郑亳进至西亳,完成灭夏。随着考古事业的进步,偃师商城、郑州商城先后被发现。二城都发现有大型的宫殿遗址,特别是郑州商城达 25 平方公里,是先周时期仅次于殷墟的庞大都城遗址。据碳十四断代法的最新数据显

① 李雪山:《商代分封制度研究》,中国社会科学出版社,2004 年。
② 王玉哲:《中华远古史》,上海人民出版社,2000 年,第 175~179 页。

示,郑州商城外城墙的始建年代为公元前 1500 年左右,可以推算内城和宫城的时间年代不晚于公元前 1500 年,外城墙始筑于商代中期的二里岗期下层一期,使用到二里岗期上层二期,如果郑州商城只是一个陪都性质的城市,很显然与如此庞大的规模不相称,以郑州商城的规模没有数十年的经营是无法修成的。目前,大多数专家认为郑州商城应为亳都。邹衡也认为郑州商城是商汤所都之亳。① 据此,"亳"在今河南省境内有三处地望:一是灭葛时,亳指南亳,在今河南省商丘市谷熟镇;二是灭桀时,亳指西亳,在今河南省偃师市偃师商城遗址;三是汤所都及商朝早期都城,亳指郑亳,在今河南省郑州市郑州商城遗址。

葛,本夏葛。《孟子·滕文公下》载:"汤始征,自葛载。十一征而无敌于天下。"《孟子·梁惠王下》引《尚书》曰:"汤一征,自葛始。"可见,汤灭夏,先从征葛开始,翦除夏的与国。葛,在今河南省宁陵县北。

韦,本夏豕韦氏。《诗经·商颂·长发》载:"韦、顾既伐,昆吾、夏桀。"韦为夏之与国,在今河南省滑县一带。

顾,本夏顾氏。《诗经·商颂·长发》载:"韦、顾既伐,昆吾、夏桀。"顾为夏之与国,在今河南省范县一带。

昆吾,本夏昆吾氏。《诗经·商颂·长发》载:"韦、顾既伐,昆吾、夏桀。"昆吾为夏之与国,在今河南省许昌市一带。

有莘氏,本夏有莘氏。《孟子·万章上》载:"伊尹耕于有莘之野,而乐尧、舜之道焉。"《史记·殷本纪》载伊尹为有莘氏媵臣。在今河南省开封市一带。

桐,《尚书·太甲》载:"太甲既立,不明,伊尹放诸桐。三年复归于亳,思庸,伊尹作《太甲》三篇。"《史记·殷本纪》载:"帝太甲既立三年,不明,暴虐,不遵汤法,乱德,于是伊尹放之于桐宫。"《集解》引孔安国曰:"汤葬地。"郑玄曰:"地名也,有王离宫焉。"《正义》引《晋太康地记》云:"尸乡南有亳阪,东有城,太甲所放处也。"桐,约在今偃师商城遗址东南。

隞、嚣,《史记·殷本纪》载:"中宗崩,子帝中丁立。帝中丁迁于隞。"《尚书序》作"中丁迁于嚣"。《索隐》注曰:"隞亦作'嚣',并音敖字。"《正义》引《括地志》曰:"荥阳故城在郑州荥泽县西南十七里,殷时敖地也。"故隞在今河南省荥

① 邹衡:《郑州商城即汤都亳说》,《文物》1978 年第 2 期。

阳市的荥阳故城。安金槐认为郑州商城遗址是商代中期仲丁所迁之隞都。①

相,《史记·殷本纪》载:"河亶甲居相。"《正义》引《括地志》曰:"故殷城在相州内黄县东南十三里,即河亶甲所筑都之,故名殷城也。"可见,相在今河南省内黄县东南一带。

邢、耿,《史记·殷本纪》载:"祖乙迁于邢。"《尚书序》中作"耿"。《索隐》注曰:"邢音耿。近代本亦作'耿'。今河东皮氏县有耿乡。"《正义》引《括地志》云:"绛州龙门县东南十二里耿城,故耿国也。"按:"邢"与"耿"古音同部,二者可以通转,邢与耿为一地异写。《说文》"邢"字下说:"周公子所封,地近怀。"王国维《说耿》认为邢为《左传·宣公六年》之邢丘,地处黄河北岸之温县。② 王说甚是。邢、耿,在今河南省温县一带。

殷,《史记·项羽本纪》记载,项羽与章邯约于洹水南殷墟上。《正义》引《汲冢古文》载:"盘庚自奄迁于北蒙,曰殷虚。"并云:"殷虚南去邺州三十里。"《集解》引薛瓒曰:"洹水在今安阳县北,去朝歌殷都一百五十里。然则此殷虚非朝歌也。"《尚书·盘庚》说:"盘庚迁于殷。"随着甲骨文的出土,殷墟的地望得到确认。殷在今河南省安阳市西北小屯村殷墟遗址。奄,今山东曲阜一带,南庚所迁。

羑里,《史记·殷本纪》载:"崇侯虎知之,以告纣,纣囚西伯羑里。"《集解》引《汉书·地理志》云:"河内汤阴有羑里城,西伯所拘处。"《正义》云:"羑城在相州汤阴县北九里,纣囚西伯城也。"可见,羑里在今河南省汤阴县一带。

鹿台、朝歌,《史记·殷本纪》载:纣王"厚赋税以实鹿台之钱"。《集解》引薛瓒云:"鹿台,台名,今在朝歌城中。"《正义》引《括地志》曰:"鹿台在卫州卫县西南三十二里。"可见,鹿台地处朝歌,朝歌为帝乙、帝辛别都,即今河南省淇县一带。

邘,《史记·周本纪》记载:西伯"明年,伐邘"。《集解》引徐广曰:"邘城在野王县西北,音于。"《正义》引《括地志》云:"故邘城在怀州河内县西北二十七里,古邘国城也。"唐代河内县,即今沁阳市。故邘在今河南省沁阳市西北一带。

盟津,《史记·殷本纪》记载:"西伯既卒,周武王之东伐,至盟津,诸侯叛殷

---

① 安金槐:《试论郑州商代城址——隞都》,《文物》1961 年第 4、5 期合刊。

② 王国维:《观堂集林(外二种)》,河北教育出版社,2001 年,第 266 页。

会周者八百。"《史记·周本纪》记载:周武王九年"东观兵,至于盟津"。盟津,即孟津,盟、孟相通,为古黄河渡口,在今河南省孟州市南、孟津县东北。

牧野,《史记·周本纪》载:"武王朝至于商郊牧野,乃誓。"《正义》引《括地志》云:"卫州城,故老云周武王伐纣至于商郊牧野,乃筑此城。"唐卫州,即今河南省卫辉市。故牧野即今河南省卫辉市一带。

攸侯,见于甲骨文。卜辞记载,商王征伐人方,驻扎在攸,并进行卜问。据陈梦家意见,攸在河南省永城市与安徽省宿县、蒙城县之间。①

杞侯,见于甲骨文。卜辞记载,商王征伐人方,路过杞地。杞地也是商王的田猎区。《世本》记载:"殷汤封夏后于杞,周又封之。"《史记·陈杞世家》载:"杞东楼公者,夏后禹之后苗裔也。殷时或封或绝。周武王克殷纣,求禹之后,得东楼公,封之于杞,以奉夏后氏祀。"杞在今河南省杞县。

亚侯,见于甲骨文。卜辞记载,亚是一个方国,与商有婚姻关系,受到商王的分封。亚侯要定期朝觐,商王关心亚的收成。亚侯在今河南省济源市,商王畿的西南方位。②

雇伯,见于甲骨文。卜辞记载,在帝辛十年征人方的往返路程中,雇伯为王提供住宿和补给。王国维认为"雇"字古书多作"扈";陈梦家依据文献记载认为,扈在今河南省原阳县西南原武镇一带。③

伯木,见于甲骨文。卜辞记载,木是一个方国,受到商王的册封。木为王的田猎区。木在今河南省沁阳市。疑"木"即"邘"。

宋伯,见于甲骨文。卜辞记载,宋是一个国名,受到商王的册封。宋伯向王进贡。李民认为周武王分封的同姓和异姓诸侯,大多是商代的封国、方国所在地。④ 故宋在今河南省商丘市南。

亚束,见于甲骨文。卜辞记载,束是商王住跸之地,束人参与商王的战争。王去束要经过敦地,并命束尹去敦待命。可见,束与敦相近。敦,李学勤考证在

---

① 陈梦家:《殷虚卜辞综述》,中华书局,1988年,第306页。宿县,1998年12月撤销,其地属今宿州市。

② 李雪山:《商代分封制度研究》,第132页。

③ 王国维:《观堂集林(外二种)》,第624页;陈梦家:《殷虚卜辞综述》,第305页。

④ 李民:《追溯商代邢都地望》,见《三代文明研究》,科学出版社,1999年。

今河南省沁阳市以东。[①] 故束亦当在今河南省沁阳市以东一带。

亚般,见于甲骨文。卜辞记载,亚般常奉王命出征,征伐羌方,向王进贡等事。般也与敦地相近。故般约在今河南省沁阳市西一带。

亚橐,见于甲骨文。卜辞记载,亚橐向王进贡。《水经注·河水》载:"橐水出橐山,……其水又径陕城西,西北入于河。"故橐在今河南省三门峡市一带。

子奠,见于甲骨文。卜辞记载,奠与商有婚姻关系,向王进贡等。"奠"即"郑",故郑在今河南省新郑市一带。

子雍,见于甲骨文。卜辞记载,雍受到商王的册封。雍为王的田猎区,向王进贡等。李学勤意见,雍在今河南省焦作市一带。[②]

妇好,见于甲骨文。卜辞记载,妇好不仅是武丁的妻子,而且也是一个封国。推测妇好在今河南省西部与山西省之间。[③]

妇息,见于甲骨文。卜辞记载,妇息受到王的贞问,可见是商的一个封国。1972 年在河南省罗山县后李村发现一商代墓地,出土带有"息"子族徽的铜器。[④] 故妇息约在今河南省罗山县一带。

虎方,见于甲骨文。卜辞记载,虎方与商的关系十分友好,虎方不仅向王进贡,还派军队随王作战。王视察虎方,在虎方屯田等。结合西周早期金文记载,虎方应在今河南省南部。

卢方,见于甲骨文。卜辞记载,商王十分重视卢方,卢方向王进贡,为王住跸之地。卢方应在今河南省卢氏县一带。

目方,见于甲骨文,卜辞记载,目方向王进贡,驻扎有王的军队,并近河。郑杰祥认为目方在今河南省中牟县境。[⑤]

曾方,见于甲骨文。卜辞记载,曾方是商的劲敌,后向王臣服。王多次巡视曾方,并驻扎有军队。丁山认为曾方在今河南省新郑市境。[⑥]

---

① 李学勤:《殷代地理简论》,科学出版社,1959 年,第 23 页。

② 李学勤:《殷代地理简论》,第 16 页。

③ 李雪山:《商代分封制度研究》,第 180 页。

④ 信阳地区文管会、罗山县文化馆:《河南罗山县蟒张商代墓地第一次发掘简报》,《考古》1981 年第 2 期;《罗山县蟒张后李商周墓地第二次发掘简报》,《中原文物》1981 年第 4 期。

⑤ 郑杰祥:《商代地理概论》,中州古籍出版社,1994 年,第 227~228 页。

⑥ 丁山:《甲骨文所见氏族及其制度》,中华书局,1988 年,第 1478~1479 页。

盂方,见于甲骨文。卜辞记载,盂方是商的劲敌,王多次派军队征伐。郭沫若意见,盂方为殷东方之国,在今河南省睢县境。①

䖒方,见于甲骨文。卜辞记载,䖒方是商的劲敌,王多次派军队征伐,后向王臣服,封为小臣。丁山认为䖒方在今河南省永城市境。②

㲋方,见于甲骨文。卜辞记载,㲋方臣服于商,为王的田猎地。钟柏生认为,㲋方即春秋时期的葵丘,在今河南省兰考县境。③

三、西周时期河南的地名与封国

我国历史有确切纪年的是西周时期的共和行政,即公元前 841 年。对此之前的历史年代,则处于模糊状态,虽然国家作了“夏商周断代工程”,但也只是一个大概的年代。

灭商而建立周朝的周族,是一个古老的部族。从《世本》《五帝德》等篇章的记载来看,周的始祖弃,又称后稷,与夏禹、商契同时。《史记·周本纪》载:“后稷之兴,在陶唐、虞、夏之际。”从后稷到周文王,共历十五世,显然与夏、商相计的时间不合。王玉哲认为周是夏族的分支,后稷乃夏末商初之人。④

在周文王时期,周族势力已得到极大的发展,伐犬戎、密须、黎、邘、崇,并迁都丰,为翦商做准备。由于商纣王的暴虐,导致商民怨声载道。公元前 11 世纪中期,周武王陈兵牧野,商军阵前倒戈,纣王自焚于鹿台,商朝灭亡。

周朝分为西周、东周两个时期,西周以镐京为都,东周以雒邑为都。西周共历十一代十二王,约两百多年,公元前 771 年周幽王被申侯和犬戎所杀。

西周的疆土非常广大,不仅拥有商朝原来的统治地区,还征服了四周的许多小国。为了控制这些地区,西周采用“分封亲戚、以藩屏周”的政策,把同姓宗亲和功臣分封各地,建立诸侯国。周王自己控制的区域叫王畿,称为“周邦”。王畿主要分为两部分,一是以丰、镐为主的宗周地区,一是以雒邑为中心的成周

---

① 郭沫若:《卜辞通纂》第 581 片考释,科学出版社,1983 年,第 469~470 页。

② 丁山:《䖒夷考》,《中央研究院历史语言研究所集刊》,1932 年第 2 卷第 4 集。

③ 钟柏生:《殷商卜辞地理论丛》,艺文印书馆,1989 年,第 240 页。

④ 王玉哲:《中华远古史》,第 426 页。

地区。王畿内主要是卿大夫的采邑。在“周邦”之外的区域,被称为“万邦”或“多邦”,主要是分封的诸侯国和一些部族,他们具有公、侯、伯、子、男及甸、采、卫等名分。周王分封主要是其同姓子弟、功臣及前朝后代,如鲁、齐、陈,也有原本已存在的方国或部族,如楚。周王与诸侯的关系只是政治上的统属关系,并不构成行政上的治理支配关系,因为周王并不管理诸侯国的内部事务。

在王畿和“万邦”之地上,出现了国、野之别。国,主要是指城,居住的主要是贵族及国姓之人;野,主要指城外的聚落,主要是从事农业生产的人群。国、野是大邑、小邑的关系,前者是政治统治的中心所在,后者是普通的居民聚落。

今河南省域主要分为两部分政治区域:一是豫西地区,是以雒邑为中心的成周地区,为王畿所在,是周王室控制东方的桥头堡。二是其余地区,是周王分封的诸侯国之所在,以构成护卫王室的屏障。下面我们就考述西周时期今河南省境的地名与封国分布。

三涂山,《史记·周本纪》记载周武王说:“我南望三涂,北望岳鄙。”《左传·昭公四年》载:“四岳、三涂、阳城、大室、荆山、中南,九州之险也。”杜预注曰:“三涂,在河南陆浑县南。”《元和郡县图志》卷5河南府陆浑县曰:“三涂山,在(陆浑)县西南五十里。《左传》曰:四岳、三涂、阳城、大室,九州之险。”三涂山,在今河南省嵩县西南十里、伊水之北。

雒邑,《史记·周本纪》记载:“营周居于雒邑而后去。”《正义》引《括地志》云:“故王城一名河南城,本郏鄏,周公新筑,在洛州河南县北九里,苑内东北隅。自平王以下十二王皆都此城,至敬王乃迁都成周,至赧王又居王城也。”按:时周筑有两城,一城曰王城,在瀍水西,为周宫城所在,王的居所。一城曰成周,在瀍水东,为周宗庙所在,殷移民所居。公元前519年周敬王即位,因王城内王子朝势大,于公元前516年迁居到成周,俗称“东周”,王城俗称“西周”。从此成周与王城分为两地。秦灭东周后,改成周为洛阳,为河南郡治,改王城为河南县治。隋炀帝迁两城居民于新建的东都城,两城宣告废弃。雒邑,是指王城,在今河南省洛阳市西小屯村。

成周,《史记·周本纪》载:“颇收殷余民,以封武王少弟封为卫康叔。”《正义》注曰:“《尚书·洛诰》云:我卜瀍水东,亦惟洛食,以居邶、鄘、卫之众。又《多士篇序》云:成周既成,迁殷顽民。按:是为东周,古洛阳城也。《括地志》云:雒阳故城在洛州洛阳县东北二十六里,周公所筑,即成周城也。《舆地志》

云：以周地在王城东，故曰东周。敬王避子朝乱，自洛邑东居此。以其迫厄不受王都，故壤翟泉而广之。按：武王灭殷国为邶、鄘、卫，三监尹之。武庚作乱，周公灭之，徙三监之民于成周。”故成周，在今河南省洛阳市东北四十里。

九里、臼里，《逸周书·作雒解》载：“俘殷献民，迁于九里。”孔晁注曰：“九里，成周之地。”《韩非子·说林上》：“魏惠王为臼里之盟。”《战国策·魏策三》中“臼里”作“九里”。“臼”“九”音同通用。魏惠王作九里之盟，率诸侯朝天子于孟津，九里当与孟津相近。《后汉书·鲍永传》载：“赐永洛阳商里宅。”章怀注云：“《东观记》曰：赐洛阳上商里宅。陆机《洛阳记》曰：上商里在洛阳东北，本殷顽人所居，故曰上商里宅也。”故九里约在今河南省洛阳市东北一带。

繁、繁阳，见于金文，《班簋》《曾伯簋》有载。《左传·襄公四年》载：“春，楚师为陈叛故，犹在繁阳。”繁阳，在今河南省新蔡县北。

殷，《史记·周本纪》记载：“封商纣子禄父殷之余民。武王为殷初定未集，乃使其地管叔鲜、蔡叔度相禄父治殷。”可见，武王封禄父于殷，管叔、蔡叔为相。《正义》引《地理志》云：“河内，殷之旧都。周既灭殷，分其畿内为三国，《诗》邶、鄘、卫是。邶以封纣子武庚；鄘，管叔尹之；卫，蔡叔尹之；以监殷民，谓之三监。”殷，在今河南省安阳市小屯村一带，为武庚封国。

陈，《史记·周本纪》记载：“（周武王分封）帝舜之后于陈。”《正义》引《括地志》云：“陈州宛丘县在陈城中，即古陈国也。帝舜后遏父为周武王陶正，武王赖其器用，封其子妫满于陈，都宛丘之侧。”陈，即今河南省淮阳县。

杞，《史记·周本纪》记载：“（周武王分封）大禹之后于杞。”《正义》引《括地志》云：“汴州雍丘县，古杞国。《地理志》云：古杞国理此城。周武王封禹后于杞，号东楼公，二十一代为楚所灭。”杞，今河南省杞县。据《史密簋》记载，杞用夷礼，被称为“杞夷”，东迁至山东省新泰市一带。

管，《史记·周本纪》记载：“（周武王）封弟叔鲜于管。”《正义》引《括地志》云：“郑州管城县外城，古管国城也，周武王弟叔鲜所封。”管，即今河南省郑州市。

蔡，《史记·周本纪》记载：“（周武王）封弟叔度于蔡。”《正义》引《括地志》云：“豫州北七十里上蔡县，古蔡国，武王封弟叔度于蔡是也。县东十里有蔡冈，因名也。”按：蔡，原封在祭，“蔡”“祭”古音同，可通转。祭，在今河南省荥阳市西北。蔡叔参与武庚叛乱，蔡叔之子蔡仲被徙封于今河南省上蔡县西南一带。

苏,《左传 · 成公十一年》载:“昔周克商,使诸侯抚封,苏忿生以温为司寇,与檀伯达封于河。”《国语 · 郑语》载:“己姓,昆吾、苏、顾、温、董。”苏为祝融氏之后。纣王有宠妲己,为有苏氏之女。其时,苏在今河北省临漳县一带。苏忿生为有苏氏之后,为周武王司寇,封于温。故苏国在今河南省温县一带。可见武王将商王畿的西南分封给了苏国。后灭于狄人。

雍,据《左传 · 僖公二十四年》记载,雍为周文王之十三子所封。杜预注曰:“雍国在河内山阳县西。”故雍在今河南省焦作市西南一带。

原,据《左传 · 僖公二十四年》记载,原为周文王之子所封。《史记 · 赵世家》《正义》引《括地志》云:“故原城在怀州济源县西北二里。”故原在今河南省济源市北一带。

宋,《史记 · 周本纪》载:“以微子开代殷后,国于宋。”《正义》注曰:“今宋州也。”故宋在今河南省商丘市南一带。

卫,《史记 · 周本纪》载:“颇收殷余民,以封武王少弟封为卫康叔。”《正义》注曰:“颇收其余众,以封康叔为卫侯,即今卫州是也。孔安国云:以三监之余民,国康叔为卫侯。周公惩其数叛,故使贤母弟主之也。”卫,在今河南省淇县一带。

祭,《史记 · 周本纪》载:“穆王将征犬戎,祭公谋父谏曰:不可。”《集解》引韦昭注曰:“祭,畿内之国,周公之后,为王卿士。”《正义》引《括地志》曰:“故祭城在郑州管城县东北十五里,郑大夫祭仲邑也。《释例》云:祭城在河南,上有敖仓,周公后所封也。”可见,祭最初在王畿,后徙封于河南。春秋初,为郑所灭。祭,在今河南省郑州市郑东新区。

葛,本夏属葛国,为商汤所灭。周初复封,沦为鲁的附庸,后被宋所灭。在今河南省宁陵县北。

郐,祝融氏后裔。《史记 · 楚世家》记载陆终六子,其第四为会人。《正义》引《括地志》曰:“故郐城在郑州新郑县东北二十二里。《毛诗谱》云:昔高辛之土,祝融之墟,历唐至周,重黎之后妘姓处其地,是为郐国,为郑武公所灭也。”郐,在今河南省新郑市西北。

许,《国语 · 周语中》记富辰言:“齐、许、申、吕,由大姜。”韦昭注云:“四国皆姜姓。”关于许国的地望,《汉书 · 地理志》颍川郡“许县”条下,班固自注曰:“故国,姜姓,四岳后,太叔所封,二十四世为楚所灭。”《元和郡县图志》卷 8 许州许昌县载:县"西南至州五十五里",则许昌县在许州东北五十五里。许州,治长社县,即今河南省许昌市。故许国故城当在今许昌市东三十多里处。

厉,又作"赖"。《左传·昭公四年》载楚灵王"灭赖",《公羊》《穀梁》作"灭厉"。《左传·僖公十五年》载:"秋,七月,齐师、曹师伐厉。"杜注曰:"厉,楚与国,义阳随县北有厉乡。"顾栋高《春秋大事表》亦如此。显然将江汉间的厉国等同此厉国。徐少华认为淮北之厉,在今河南省鹿邑县东十里的古厉乡。①

沈,又作"聃"。《世本》云:"沈,姬姓。"传世铜器《沈子也簋》记载,沈为周公之后。《汉书·地理志》汝南郡"平舆县"条下,颜注引应劭曰:"故沈子国,今沈亭是也。"《元和郡县图志》卷9蔡州汝阳县"平舆故城"条曰:"汉县也,古沈子国,在县东北六十里。"唐汝阳县即今河南省汝南县,故沈国在今河南省汝南县东北、平舆县北。

邘,据《左传·僖公二十四年》记载,应为武王之子所封。本商邘地,在今河南省沁阳市西北一带。

凡,据《左传·僖公二十四年》记载,应为周公之子所封。据《读史方舆纪要》与《春秋大事表》记载,凡在河南省辉县西南二十里处,即今河南省辉县市云门镇凡城村。

共,《古本竹书纪年》记载,周厉王奔彘,共伯和摄行天子事。《汉书·地理志》河内郡"共县"条下,班固自注曰:"故国。"后灭于卫。共,在今河南省辉县市。

焦,《汉书·地理志》弘农郡"陕县"条下,班固自注曰:"有焦城,故焦国。"《括地志》云:"焦城在陕县东北百步古虢城中东北隅。"焦,在今河南省三门峡市陕州区。

虢,《汉书·地理志》弘农郡"陕县"条下,班固自注曰:"故虢国。……北虢在大阳,东虢在荥阳,西虢在雍州。"《左传·僖公五年》载:"虢仲、虢叔,王季之穆也;为文王卿士,勋在王室,藏于盟府。"杜预注:"虢仲、虢叔,王季之子,文王之母弟也。"孔颖达《疏》引贾逵曰:"虢仲封东虢,制是也。虢叔封西虢,虢公是也。"可见,东虢为虢仲所封。《汉书·地理志》河南郡荥阳县,应劭注:"故虢国,今虢亭是也。"司马彪《郡国志》云:"县有虢亭,俗谓之平眺城。"《嘉庆重修

---

① 徐少华:《周代南土历史地理与文化》,武汉大学出版社,1994年,第199页。

一统志》卷 187 河南开封府“古迹”云:“平桃城在荥阳县东南。”[①]故东虢在今河南省荥阳市东北,后被郑所灭。西虢为虢叔所封,《史记·秦本纪》《正义》引《括地志》云“故虢城在岐州陈仓县东四十里”,即今陕西省宝鸡市东南。《水经注·渭水》引《太康地记》云:“虢叔之国矣,有虢宫。平王东迁,叔自此之上阳,为南虢矣。”南虢乃西虢东迁而来,在今河南省三门峡市陕州区东南,后被晋所灭。东虢灭亡后,虢仲后裔虢序被平王封于夏阳(今山西平陆),号北虢,因实力单薄而依附于南虢。西虢东迁后,原地留有一小虢,后被秦国所灭。故在今河南省境内实为东虢和南虢。东虢,在今河南省荥阳东北;南虢,在今河南省三门峡市陕州区东南。

胙,据《左传·僖公二十四年》记载,胙为周公之子所封。杜预注:“燕县西南有胙亭。”《后汉书·郡国志》:“东郡有胙城,古胙国。”《嘉庆重修一统志》卷 200 河南卫辉府“古迹”记载:“胙城故城,在延津县北三十五里。周为胙国。”故胙在今河南省延津县北。

应,据《左传·僖公二十四年》记载,应为武王之子所封。《汉书·地理志》颍川郡“父城县”条,班固注曰:“应乡,故国,周武王弟所封。”《水经注·滍水》载:“滍水东径应城南,故应乡也,应侯之国。”滍水即今之沙河。北魏至唐初的滍阳县,《嘉庆重修一统志》卷 225 河南汝州古迹“滍阳故城”曰:“今为滍阳镇,在宝丰县东南三十里。”旧滍阳镇在今河南省平顶山市西的沙河北岸,1959 年修白龟山水库后被水所淹。自 20 世纪 70 年代以来,在原滍阳镇西门外土岗上先后出土了两批应国的铜器[②],证明原滍阳镇一带确为春秋应国所在。

息,姬姓。《左传·隐公十一年》杜注曰:“息国,汝南新息县。”《汉书·地理志》汝南郡“新息县”条,颜注引孟康曰:“故息国,其后徙东,故加新云。”据《后汉书·贾复传》“南击召陵、新息”句章怀注云:“新息,县名,属汝南郡,故城在今豫州新息县西南也。”故息国当在今河南省息县西南十里一带。

蒋,从《左传·僖公二十四年》富辰之言来看,蒋为周公后代。《汉书·地理

---

① 《嘉庆重修一统志》,据商务印书馆 1934 年版重印,上海书店,1984 年。下文《嘉庆重修一统志》引文皆见于此书,不再一一注之。

② 参见平顶山市文管会:《河南平顶山市发现西周铜毁》,《考古》1981 年第 4 期;张肇武:《河南平顶山市出土西周应国青铜器》,《文物》1984 年第 12 期;张肇武:《平顶山市出土周代青铜器》,《考古》1985 年第 3 期。

志》汝南郡“期思县”条下，颜注曰：“故蒋国。”在今河南省淮滨县东南期思镇。

挚，任姓。《世本》载：“祖己七世孙成，徙国于挚，更号挚国。”《诗经·大雅·大明》云：“挚仲氏任，自彼殷商。来嫁于周，曰嫔于京。乃及王季，维德之行。大任有身，生此文王。”韦昭注：“挚、畴二国，任姓，奚仲、仲虺之后，大任之家也。”《后汉书·郡国志》载：“平舆有沈亭，故国，姬姓。”注文中作挚，故挚在今河南省汝南县。

畴，任姓，奚仲、仲虺之后。亦作“犨”。在今河南省鲁山县东南一带。

黄，《左传·庄公十九年》楚“遂伐黄”，杜注曰“黄，嬴姓国”。《汉书·地理志》汝南郡“弋阳侯国”条下，颜注引应劭曰：“弋山在西北。故黄国，今黄城是。”汉弋阳侯国，晋为弋阳县，北齐时改名定城县。据《元和郡县图志》卷9光州定城县载：“黄国故城在县西十二里，春秋时黄国。”定城县为光州郭县，明初废入光州，民国初废光州置潢川县。故黄国当在今河南省潢川县西十里一带。

江，《汉书·地理志》汝南郡“安阳县”条下，颜注引应劭曰：“故江国，今江亭是。”《续汉书·郡国志》汝南郡“安阳侯国”条下，司马彪自注曰：“有江亭，故国，嬴姓。”《左传·僖公二年》杜注曰：“江国在汝南安阳县。”可见，汉晋安阳县即故江国所在。据《括地志》载：“安阳故城在豫州新息县西南八十里。应劭云古江国也。”而《读史方舆纪要》卷50《河南五》汝宁府真阳县载：“江城，在县东南。春秋江国也。”新息县即今河南省息县，真阳县即今河南省正阳县。二者所指为一，故江国当位于二县相界的淮河北岸、近浉河西岸一带。

蓼，又称为“东蓼”。《左传·文公五年》载：“秋，楚成大心、仲归帅师灭六。冬，楚公子燮灭蓼。臧文仲闻六与蓼灭，曰：‘皋陶、庭坚，不祀忽诸。德之不建，民之无援，哀哉！’”《史记·楚世家》载：“六、蓼，皋陶之后。”杜预注曰：“蓼国，今安丰蓼县。”故蓼在今河南省固始县城一带。

房，据《左传·昭公十三年》记载：“楚之灭蔡也，灵王迁许、胡、沈、道、房、申于荆焉。”杜注曰：“许、胡、沈，小国也；道、房、申，皆故诸侯，楚灭以为邑。”《汉书·地理志》汝南郡“吴房县”条下，颜注引孟康曰：“本房子国。楚灵王迁房于楚。”《水经注·瀙水》载：“县西北有堂溪城，故房子国。《春秋》定公五年，吴王阖闾弟夫概奔楚，封之于堂溪，故曰吴房。”堂溪城又称为“吴城”，《续汉书·郡国志》汝南郡“吴房县”条下，刘昭补注曰：“又楚封吴王夫概于棠溪，《地道记》有吴城。”可见吴房是以吴城、房国而得名。房，即在今河南省遂平县一带。

道,《左传 · 僖公五年》载:“楚斗谷於菟灭弦,弦子奔黄。于是江、黄、道、柏方睦于齐,皆弦姻也。”《汉书 · 地理志》汝南郡“阳安县”条下,颜注引应劭曰:“道国也。今道亭是。”章怀注《后汉书 · 皇后纪》云:“(阳安)故城在今豫州朗山县,故道国城是也。”《元和郡县图志》卷 9 蔡州朗山县“道城”条云:“古道国,在县东北二十里。”唐朗山县即今河南省确山县,故道国在今确山县东北一带。

柏,《汉书 · 地理志》汝南郡“西平县”条下,颜注引应劭曰:“故柏子国,今柏亭是。”《太平寰宇记》卷 11《河南道十一》蔡州西平县载:“故西平城在(西平)县西七十里。”宋西平县即今河南省西平县,则汉晋西平县在今西平县西七十里处,柏国也当在此。

养,文献失载,然从传世铜器铭文和 20 世纪新出的铭文铜器来看,确实有养国存在。经过徐少华考证,养国为嬴姓,是东夷族后裔,在今河南泌阳、桐柏一带,中心在月河一带。①

顿,姬姓。《汉书 · 地理志》汝南郡“南顿县”条下,班固自注曰:“故顿子国,姬姓。”颜注引应劭曰:“顿迫于陈,其后南徙,故号南顿,故城尚在。”南顿故城在今河南省项城县西南十余里的南顿乡,顿故城在今河南省商水县黄寨乡以北、沙颍河以南地带。

申,亦称“南申”,姜姓。《国语 · 周语中》记富辰言:“齐、许、申、吕,由大姜。”韦昭注云:“四国皆姜姓。”周宣王时,改封元舅申伯于南阳盆地。《诗经 · 大雅 · 崧高》详细记载了其时的情况。至于申的地望,《汉书 · 地理志》南阳郡“宛县”自注云:“故申伯国。”《左传 · 隐公元年》杜预注:“申国,今南阳宛县。”申,在今河南省南阳市一带。

吕,亦称“甫”,姜姓。由于佐周有功,其中的一支太公望被周武王封于齐,余支则居于山西霍太山一带故地。周宣王时,吕与申一到徙封南阳盆地,为周南土的重要屏障。《潜夫论 · 志氏姓》记载:“宛西三十里有吕城。”《史记 · 齐太公世家》裴骃《索隐》引徐广语:“吕在南阳宛县西。”吕,在今河南省南阳市西。

唐,姬姓。《史记 · 楚世家》《正义》引《世本》曰:“唐,姬姓之国也。”从“安

① 徐少华:《羕国铜器及其历史地理探析》,《考古学报》2008 年第 4 期。养,在金文、简帛中也写作“羕”。

州六器”的铭文记载来看,唐在西周中期就已立足于江汉之间,应为周初所封。至于唐的地望,传统认为在今随州西北约八十里的唐县镇一带。石泉结合有关实物资料,对《水经注》以来的有关唐国地望的记载进行了考辨,认为唐国地望应在今南阳盆地唐河县一带。①

蓼,又称“西蓼”。最早见于《左传·桓公十一年》,记载蓼与郧、随、绞、州伐楚之事。杜预注云:“蓼国,今义阳棘阳县东南湖阳城。”《汉书·地理志》南阳郡“湖阳县”条,自注:“故廖国也。”颜师古注云:“《左氏传》作飂字,其音同耳。”可见,蓼可作“廖”“飂”“鄝”。从“安州六器”铭文中记载的“鄝邦”来看,蓼在西周早中期就已立国于江汉地区了。蓼,在今河南省唐河县南的湖阳镇一带。

第二节　春秋时期河南的诸侯国与县、邑的分布

公元前770年,周平王东迁雒邑,历史进入到春秋时期。春秋时期,从公元前770年至公元前476年。也有学者认为应为公元前770年至公元前403年。春秋时期的得名,是因孔子修订《春秋》而得名。这部书记载了从鲁隐公元年(前722)到鲁哀公十四年(前481)的历史。现代的学者为了方便起见,一般从周平王元年(前770)东周立国起,到周敬王四十三年(前477)为止,称为“春秋时期”。

春秋时期,政治上主要表现为王室衰微,诸侯争霸。各诸侯为了争霸的需要,加强了对地方的控制,逐渐产生了县这样的行政区域。今河南省域由于处于中原地区,是诸侯争霸的中心和战场所在,地缘政治环境十分复杂多变,县制的推行较为普遍。

---

① 石泉:《从春秋吴师入郢之役看古代荆楚地理》,见《古代荆楚地理新探》,武汉大学出版社,1988年,第360~375页。

一、大国争霸环境下河南的主要诸侯国

相比西周时期,春秋时期河南的地缘政治环境复杂多变。春秋初期,今河南省域出现了两股新的政治势力。一是周王室的东迁,使得雒邑成为政治中心,虽然王室力量衰微,但周天子还有一定的号召力,诸侯还要定期觐见。二是郑国崛起中原,形成小霸局面。春秋中期,域外势力介入中原,形成争霸格局。先是齐桓公称霸,然后是晋、楚连续在中原争霸。此时河南省域内的各诸侯国,像风信鸡一样,一会儿投晋、一会儿附楚。而郑国受害最烈,是晋、楚争霸的重点。弭兵之会后,中原各诸侯国“仆仆于晋、楚之庭”,“牺牲玉帛,待于二境”,晋、楚成为诸侯国的共同霸主。春秋晚期,争霸的主角让位于江浙的吴、越。两国沿泗水北进,争霸中原,使得今豫东地区的诸侯国纷纷臣服,然其兴也勃焉,其亡也忽焉。下面我们就大国争霸环境下中原地区主要的诸侯国进行考述。

周,平王东迁后,周控制了以雒邑为中心的方圆六百里的地区。由于无力西顾,便将岐山之西的区域分封给了秦国。尽管王室力量衰微,但周天子的威势仍在,所以在春秋初期还能维持一个平衡的态势。然郑庄公为卿士,形成小霸,侵害王室利益。周郑交恶,在繻葛之战,周桓王中箭,天子的威仪一落千丈。从此,周比肩诸侯,成为一个小国。王畿也随之缩小,被诸侯、戎狄所侵占,最后只有一二百里范围。在惠王、襄王、敬王时,周又连续发生王子颓、王子带、王子朝之乱,实力就更加弱小,以至于变得无足轻重。周敬王时,由于王城破坏,居于成周。

郑,郑国的始封者姬友,周厉王少子、周宣王之弟,宣王时封在郑(今陕西华县),是为郑桓公。郑桓公寄地于虢、郐之间。平王东迁时,郑武公有护卫之功,遂东灭郐。郑国东迁,以新郑为都。由于郑地处中原中心,交通便利,商业发达,国势日强。郑庄公时,平定共叔段之乱,先后打败卫、宋、鲁等国,并在繻葛之战中打败周王室,中原诸侯与之结盟,形成小霸局面。然而庄公之后,郑内乱不已,国势顿衰。齐桓公称霸时,郑时服时叛,受到楚国的掣肘。晋、楚争霸时,由于郑国在中原战略地位的重要,因而其叛服不定,就时常引起晋、楚的征伐。郑饱受战争之苦,无奈之下派两个使者待在边境,晋来便降晋,楚来便归楚。

宋,微子启所封。由于地处豫东平原,交通便利,然宋内乱不已,只能是一个二等大国。宋以周宾客的身份自居,在地缘政治上表现积极,有着“弱国强政治”的特点,想要以小博大。宋襄公称霸就是鲜明的例证。在晋、楚争霸中,宋多附于晋,因此招致楚国连续的征伐,围城达半年之久,以致于宋人到了“易子而食,析骨而炊”的地步。宋体会到战争的残酷,先后两次举办弭兵之会,致使春秋晚期中原处于相对和平的环境。

卫,康叔所封。卫初在朝歌。周平王东迁时,卫武公曾出兵助周平戎,尚还强盛。春秋初期,也能与郑、宋争雄,具有一定的实力。卫西面、北面与戎狄为邻,饱受其侵扰。在卫懿公时,卫被狄人所灭,仅剩五千遗民寄居于曹,齐桓公筑楚丘城以存卫。从此,卫成为小国。卫成公时,为避狄人侵扰,迁都帝丘。在晋、楚争霸中,卫依附于晋。春秋晚期,卫内乱不已,国力进一步削弱。

陈,帝舜之后胡公满所封。陈地处淮阳,与蔡邻近,多为姻亲。春秋初期,陈多次参与伐郑,尚有一定的实力。齐桓公称霸时,陈附于齐。后遭楚国征伐,陈又附于楚。晋、楚争霸中,由于地缘关系,陈多附于楚国。陈的内乱,曾招致楚人灭国。春秋晚期,吴国北上争霸,陈又附于吴,被楚灭国。

蔡,蔡仲所封。蔡叔度为三监之一,参与武庚叛乱,在流放中死去。蔡仲改其父旧行,尊德向善,被封于蔡地。蔡初在上蔡。自蔡仲复国后,也能参与周天子的勤王。蔡哀侯时,蔡国尚有实力出兵与鲁、宋等伐郑。后楚国利用蔡、息两国的矛盾,俘虏了蔡哀侯,蔡从此一蹶不振,成为楚的附庸。蔡灵侯时,楚灭蔡。后楚平王复蔡,蔡平侯迁往新蔡。蔡昭侯时,由于在楚国受辱,助吴攻破楚国;后怕楚人报复,在吴人的帮助下,迁往州来,依附于吴。随着吴国灭亡,蔡后来也被楚国灭亡。

晋、楚在中原争霸,其主要目的是抢夺诸侯国。诸侯归附的多少,代表着霸业的兴衰。除了这层政治意义,还有着地缘上的意义。郑国对于晋、楚来说,地缘关系最为重要,这不仅是因为郑处天下之中,交通四通八达,控制着中原的北部,还因为郑处于黄河南岸,是晋人出入中原的必经之地。楚控制了郑,就等于断了晋人的门路,而中原诸国皆非楚人敌手。因此,楚人得郑,实质就得了中原;晋人得郑,其实就掌控了进入中原的门户。故郑是两国争霸的焦点所在。陈、蔡处中原南部,南临楚国疆土,控制着汝、颍二水,是楚通往宋、鲁、齐的交通要道。若陈、蔡不稳,不仅影响到楚的中原争霸,而且也危及楚东国疆土的安全。因此,楚人必须控制陈、蔡,而陈、蔡对晋人来说,由于地理偏远,则无关紧要。宋地处中原东部,扼制着齐、鲁等向中原的发展,也控制着东南吴、越与中原交往的交通。因此,楚若得宋,不仅掌控了南北之间的联系,而且也得到了东部诸侯,完成霸业的最后拼图。在晋人来说,宋是晋联系吴的纽带。吴本处江南,与晋天南地北,没有地缘上的联系,但为了击败楚国,争霸中原,他们结成了地缘联盟。因此,宋也是晋人必争之地。卫对于晋国来说,是晋出入中原的门户,也是必争之地。

复杂的地缘关系决定了中原各诸侯国的政治命运。其间,又有多少小国被晋、楚所灭,成为两国的县邑,产生了中央与地方的行政治理关系。我国历史上的行政区划就此出现。

二、县制的产生与河南的县、邑分布

县制是中国历史上最早的行政区划,出现在春秋时期是无疑的。在我国夏、商、西周的一千多年历史上,根本不存在任何行政区划,因为在这一漫长的历史时期里,中央与地方的关系只是政治上的统属关系,并不存在行政关系。行政关系的出现意味着中央政府对地方的治理,意味着中央集权制国家的出现。只有中央对地方有强大的控制力,才有任命非世袭地方官员的可能,否则,即使有新的领土也必然走封建的老路。

为了争霸,就必须掌控大量的人力和物力,因此,开疆拓土就成为春秋时期有作为大国的共同政治需要。晋、楚在开拓边地和大量灭国的历史进程中,普遍设置了县,来作为管理新地的措施。关于县制的设置,学术界的研究代不乏人。周振鹤仔细考察了县的起源,提出了县制发展的三个阶段,即县鄙之县、县邑之县、郡县之县,并就各个阶段的特点作了概括。① 李晓杰更是总学界之大成,对春秋战国时期的县制进行了详尽的研究。② 下面概述其大要。

① 周振鹤:《县制起源的三阶段说》,《中国历史地理论丛》1997 年第 3 期。

② 周振鹤主编,李晓杰著:《中国行政区划通史·先秦卷》,复旦大学出版社,2009 年,第 240~251 页。

"县"字出现很早,在西周金文中就有。在西周国野制之下,县与鄙同义,为野外之意。春秋初年,是县、邑通称时期,此时行政单位仍是以邑为通称,但已加上县的称呼,县、邑等同。直到春秋中期,县作为行政单位与邑还没有大的区别。但县作为国君直属地的性质却与采邑有所不同,这尤其表现在边境县上。在春秋后期,晋国的县的性质发生了变化,从县邑之县转变为郡县之县。到战国时期,各国的县都由县邑发展到郡县,地方行政制度形成。

晋、楚两国在新地设置了很多的县,这些县由国君控制,无疑是王权加强的一种表现。从楚国置县来看,楚王与县公之间的政治关系是直接的统辖关系,县公由楚王任命,很少世袭,直接听命于楚王。楚王对县师可以直接征调,对县邑的所属土地和人口可以任意处理。尽管春秋楚县是否具有下层行政组织已不可考,但其具有重大的军事职能则是可以肯定的,特别是一些大县,完全是一处军事重镇,如申、息、叶等都养有军队,而巢、州来、繁阳等都驻有重兵。今河南省域是晋、楚争霸的战场,也是两国开拓的边地,设置了许多的县。而中原各诸侯国也有一些邑,这些邑是后来置县的基础,故我们下面一并考述之。

湖阳,楚县。原本周之西蓼。《汉书·地理志》南阳郡"湖阳县"条下,班固自注曰:"故廖国也。"《左传·哀公十七年》载:"观丁父,鄀俘也,武王以为军率,是以克州、蓼,服随、唐,大启群蛮。"《水经注·比水》引《竹书纪年》曰:"楚共王会宋平公于湖阳者矣。"可见,楚灭蓼后,置湖阳县。治在今河南省唐河县南湖阳镇。

申,楚县。原本周之南申,周宣王封其元舅。《汉书·地理志》南阳"郡宛县"条下,班固自注曰:"故申伯国。"《左传·哀公十七年》载:"彭仲爽,申俘也,文王以为令尹,实县申、息。"杜预注曰:"楚文王灭申、息,以为县。"可见,楚灭申后,置申县。治在今河南省南阳市。

息,楚县。原本周之息国。《左传·哀公十七年》载:"彭仲爽,申俘也,文王以为令尹,实县申、息。"杜预注曰:"楚文王灭申、息,以为县。"可见楚灭息后,置息县。治在今河南省息县西南。

吕,楚县。原本周之南吕,周宣王所封。《左传·成公七年》载:"楚围宋之役,师还,子重请取于申、吕以为赏田。王许之。申公巫臣曰:不可。此申、吕所以邑也,是以为赋,以御北方。"申、吕连提,申为县,则吕也当为县。治在今河南省南阳市西。

商，楚县。《左传·文公十年》记载，城濮之战后，楚三将将死，“王思之，故使止子玉曰：毋死。不及。止子西，子西缢而县绝，王使适至，遂止之，使为商公”。楚自比为周王，以县比为诸侯，故县长官称为县公。商公，当为商县县公。治在今河南省淅川县西南。

期思，楚县。原本周之蒋国。《左传·文公十年》记载，楚子田孟诸，“期思公复遂为右司马”之语。杜预注曰：“复遂，楚期思邑公。”楚穆王四年，楚灭蒋，置期思县。治在今河南省淮滨县南期思镇。

析，又名白羽，楚县。《左传·襄公二十六年》载：“子仪之乱，析公奔晋。”析公，当为析县县公。治在今河南省西峡县。

陈，楚县。原本周之陈国。《左传·宣公十一年》载：“冬，楚子为陈夏氏乱故，伐陈。谓陈人‘无动，将讨于少西氏’。遂入陈，杀夏徵舒，轘诸栗门。因县陈。”由于申叔时力谏，楚庄王“乃复封陈”。《左传·昭公八年》载：“九月，楚公子弃疾帅师奉孙吴围陈，宋戴恶会之。冬十一月壬午，灭陈。”楚平王即位后，又复陈。可见陈国先后两次被楚灭国，设置陈县。治在今河南省淮阳县。

城父，楚县。《左传·昭公十九年》记载，费无极离间楚平王与太子建父子关系，建言让太子建守城父。昭公二十年，又谗言太子建谋反，平王使城父司马奋扬杀太子建。城父作为楚北方的大城，当置县。治在今河南省宝丰县东南古城村。

叶，楚县。《左传·定公五年》载：“叶公诸梁之弟后臧从其母于吴，不待而归。”杜预注曰：“诸梁，司马沈尹戌之子，叶公子高也。”《左传·成公十五年》杜预注曰：“叶，今南阳叶县也。”治在今河南省叶县西南旧县店。

东不羹、**西不羹**，《左传·昭公十二年》载：“王曰：‘昔诸侯远我而畏晋，今我大城陈、蔡、不羹，赋皆千乘，子与有劳焉。诸侯其畏我乎？’对曰：‘畏君王哉！是四国者，专足畏也。又加之以楚，敢不畏君王哉？’”杜预注曰：“四国，陈、蔡、二不羹。”四国，意指四县，即陈、蔡、东不羹、西不羹四县。东不羹，今河南省舞阳县东北北舞渡镇；西不羹，今河南省襄城县。

蔡，楚县。原本周之蔡国。《左传·昭公十一年》载：“冬十一月，楚子灭蔡。”楚灵王灭蔡后，置蔡县，以弃疾为蔡公。楚平王即位后，复蔡。蔡平侯迁于新蔡，故蔡县一直存在。今河南省上蔡县西南。

白，楚县。《国语·楚语上》记载有白公子张。《左传·哀公十六年》记载，楚太子建之子胜在吴，楚令尹子西欲招之，叶公力主不可，子西“弗从。召之，使处吴竟，为白公”。杜预注曰：“白，楚邑也。汝阴褒信县西南有白亭。”白公，当为白县县公。治在今河南省息县东北包信镇。

武城，楚县。《左传·定公四年》载“武城黑谓子常曰”，杜预注曰：“黑，楚武城大夫。”武城大夫当即武城县县公。武城即城阳。今河南省信阳市北。

苦，楚县。《史记·老子列传》载：“老子者，楚苦县厉乡曲仁里人也。”治在今河南省鹿邑县东。

州，晋县。原本为周之苏国封地。《左传·隐公十一年》载：“王取邬、刘、蒍、邘之田于郑，而与郑人苏忿生之田——温、原、絺、樊、隰郕、欑茅、向、盟、州、陉、隤、怀。”州成为郑邑，后又归周。《国语·晋语四》载：“王赐公南阳阳樊、温、原、州、陉、絺、鉏、欑茅之田。”《左传·僖公二十五年》载：“与之阳樊、温、原、欑茅之田。”州被周王赐予晋。晋以州为县，为栾氏所有。栾氏灭，州归属晋君。晋君又将州赐予郑国的公孙段，后子产将州归还晋国执政韩宣子。宣子觉得受之有愧，用州交换了宋大夫乐大心的原县。后成为韩县。治在今河南省武陟县西。

原，晋县。原本为周之苏国封地。春秋初期，为周王所夺，易与郑国。后又归周，被赐予晋文公。晋置为县，先后以赵衰、先轸、赵同为原大夫。赵同被诛，原县归属晋君，后赐予宋大夫乐大心，与韩宣子交换州县。后成为韩县。治在今河南省济源市西北。

温，晋县。原本为周之苏国封地。春秋初期，为周王所夺，易与郑国。后又归周，被赐予苏氏。苏氏为狄人所灭，原复归周，被赐予晋文公。晋置为县，先后以狐溱、阳处父、郤至、赵武为温大夫。后为魏县。治在今河南省温县西南。

阳樊，亦作樊，又称阳，晋县。原本为周之苏国封地。春秋初期，为周王所夺，易与郑国。后又归周，被赐予晋文公。晋置为县。治在今河南省济源市西南。

欑茅、**陉**、**絺**，晋县。原本为周之苏国封地。春秋初期，为周王所夺，易与郑国。后又归周，被赐予晋文公。与州、原、温、阳樊相比较，晋也当置为县。欑茅，今河南省修武县北；陉，今河南省沁阳市西北；絺，今河南省沁阳市西南。

鉏，晋县。本夏有穷氏后羿所居之地，后为周之苏国封地。春秋初期，为周王所夺，后被赐予晋文公。《国语·晋语四》载：“王赐公南阳阳樊、温、原、州、陉、絺、鉏、欑茅之田。”鉏也当置为县。治在今河南省滑县东。

瑕，晋县。原本为郑邑。《左传·文公十三年》载：“十三年春，晋侯使詹嘉处瑕，以守桃林之塞。”杜预注曰：“詹嘉，晋大夫，赐其瑕邑令。”詹嘉又称瑕嘉，《左传·成公元年》载：“晋侯使瑕嘉平戎于王。”詹嘉称瑕嘉，与先轸称原轸、赵同称原同一样，应为瑕县的县大夫。晋县的长官称大夫。治在今河南省灵宝市西北。

邢、邢丘，晋县。《左传·成公二年》载：楚申公巫臣奔晋，“晋人使为邢大夫”。《史记·晋世家》亦载：“（晋景公十一年）楚申公巫臣盗夏姬以奔晋，晋以巫臣为邢大夫。”《左传·宣公六年》载：“赤狄伐晋，围怀及邢丘。”邢即邢丘，在今河南省温县东北。

野王，晋县。《左传·宣公十七年》载：“晋人执晏弱于野王，执蔡朝于原，执南郭偃于温。”杜预注曰：“野王，县。今属河内。”治在今河南省沁阳市。

怀，晋县。由前述可见，原本为周之苏国封地。春秋初期，为周王所夺，易与郑国，后又归晋。《左传·宣公六年》载：“赤狄伐晋，围怀及邢丘。”怀与邢丘并举，邢丘为县，怀也当为县。治在今河南省武陟县西南东张村故城。

中牟，晋县。《韩非子·外储说左下》载：“中牟无令，晋平公问赵武曰：‘中牟，吾国之股肱，邯郸之肩髀，寡人欲得其良令也，谁使而可？’武曰：‘邢伯子可。’”《正义》注曰：“相州汤阴县西五十八里，有牟山，盖中牟邑此山侧也。”治在今河南省鹤壁市西。

制，亦名虎牢，郑邑。《左传·隐公元年》载：“及庄公即位，为之请制。”《春秋释例·土地名》曰：“制、虢二名同地，故虢国。”治在今河南省荥阳市西北汜水镇虎牢关。

京，郑邑。《史记·郑世家》载：“庄公元年，封弟段于京，号太叔。”《集解》注曰：“贾逵曰：‘京，郑都邑。’杜预曰：‘今荥阳京县。’”治在今河南省荥阳市东南京襄故城。

廪延，郑邑。《左传·隐公元年》载：“太叔又收贰以为己邑，至于廪延。”杜预注曰：“廪延，郑邑，陈留酸枣县北有延津。”后即酸枣。治在今河南省延津县东北。

鄢，郑邑。《左传·隐公元年》载：“夏五月，郑伯克段于鄢。”杜预注曰：“鄢，今颍川鄢陵县。”《史记·郑世家》《正义》注云：“今新郑县南郐头有村，多万家。旧作鄸。”地望不一。《春秋地名斠注》认为:鄸即索,在今河南省荥阳市。[①] 甚是。

栎,郑邑。《史记·郑世家》载:“夏,厉公出居边邑栎。”《集解》引宋忠曰:“今颍川阳翟县。”治在今河南省禹州市。

黄,宋邑。《左传·隐公元年》载:“惠公之季年,败宋师于黄。”杜预注曰:“黄,宋邑。陈留外黄县东有黄城。”治在今河南省民权县东十五里。

长葛,亦名繻葛,郑邑。《左传·隐公五年》载:“宋人伐郑,围长葛。”杜预注曰:“颍川长社县北有长葛城。”后为宋所取。治在今河南省长葛市东北二十余里。

隰郕、向、盟、隤,郑邑。《左传·隐公十一年》载:“王取邬、刘、蒍、邘之田于郑,而与郑人苏忿生之田——温、原、絺、樊、隰郕、欑茅、向、盟、州、陉、隤、怀。”杜预注曰:“隰郕,在怀县西南;向,轵县西有地名向城;盟,今孟津;隤,在修武县北。”后为晋所取。隰郕,今河南省武陟县西南十五里;向,今河南省济源市西南十三里;盟,音孟,今河南省孟州市南十八里;隤,今河南省修武县西北。

邓,蔡邑。《左传·桓公二年》载:“蔡侯、郑伯会于邓。”杜预注曰:“颍川召陵县西南有邓城。”治在今河南省漯河市西南。

郏,周地。《左传·桓公七年》载:“秋,郑人、齐人、卫人伐盟、向,王迁盟、向之民于郏。”杜预注曰:“郏,王城。”郏即雒邑,在今河南省洛阳市西小屯村。

首止,宋地。《左传·桓公十八年》载:“秋,齐侯师于首止。”杜预注曰:“首止,卫地,陈留襄邑县东南有首乡。”按:襄邑县应为宋地,非卫地。治在今河南省襄邑县东南。

蒙泽,宋地。《左传·庄公十二年》载:“十二年秋,宋万弒闵公于蒙泽。”杜预注曰:“宋地,梁国有蒙县。”治在今河南省商丘市北。

邬,周邑。《左传·庄公二十年》载:“秋,王及郑伯入于邬。”杜预注曰:“邬,王所取郑邑。”《左传·隐公十一年》载:“王取邬、刘、蒍、邘之田于郑。”邬、刘,今河南省偃师市西南五十里有邬聚,西其北有刘亭。蒍,在今河南省偃师市、孟州市之间。邘,本周之邘国,在今河南省沁阳市西北。

弭,郑地。《左传·庄公二十一年》载:“二十一年春,胥命于弭。”杜预注

---

① 程发轫:《春秋左氏传地名图考》,广文书局,1969年,第3页。

曰:“弭,郑地。”按:弭,通密。治在今河南省新密市东南。

桐丘,郑邑。《左传·庄公二十八年》载:“郑人将奔桐丘,谍告曰:‘楚幕有乌。’乃止。”杜预注曰:“许昌县东北有桐丘城。”治在今河南省扶沟县西二十里。

共、**滕**、**曹**,卫邑。《左传·闵公二年》载:“卫之遗民男女七百有三十人,益之以共、滕之民为五千人,立戴公以庐于曹。”杜预注曰:“共及滕,卫别邑;曹,卫下邑。”按:共,本周之共国,为卫所灭。今河南省辉县市。滕,当与共相邻,地望不可考。曹,亦作漕,在今河南省滑县东二十里白马城。

楚丘,卫邑。《左传·闵公二年》载:“僖之元年,齐桓公迁邢于夷仪。二年,封卫于楚丘。”《嘉庆重修一统志》卷200河南卫辉府“古迹”记载:“卫南废县,在滑县东六十里。本卫楚丘地。”治在今河南省滑县东六十里。

柽,亦即荦,宋地。《左传·僖公元年》载:“秋,楚人伐郑,郑即齐故也。盟于荦,谋救郑也。”杜预注曰:“荦即柽也,地有二名。”“经”中注曰:“柽,宋地。陈国陈县西北有柽城。”治在今河南省淮阳县西北。

陉、**陉山**,楚地。《左传·僖公四年》载:“遂伐楚,次于陉。”杜预注曰:“陉,楚地。颍川召陵县南有陉亭。”《史记·楚世家》作“陉山”。治在今河南省漯河市东。

召陵,楚地。《左传·僖公四年》载:“楚屈完来盟于师,盟于召陵。”杜预注曰:“召陵,颍川县也。”治在今河南省漯河市东。

匡,宋邑。《左传·僖公十五年》载:“三月,公会齐侯、陈侯、卫侯、郑伯、许男、曹伯,盟于牡丘。遂次于匡。”杜预注曰:“匡,卫地,在陈留长垣县西南。”按:杜注有误。江永谓河南睢县西南三十里之匡城。甚是,又名承匡城。治在今河南省睢县西南。

衡雍、**践土**,郑邑。《左传·僖公二十八年》载:“甲午,至于衡雍,作王宫于践土。”杜预注曰:“衡雍,郑地,今荥阳卷县。”践土,《括地志》曰:“今河南荥泽县西北十五里,有王宫城,城内东北隅有践土台,即诸侯会盟处。”故衡雍,今河南省原阳县西;践土,今河南省原阳县西南。

鄢陵,郑邑。《左传·成公十六年》载:“晋侯及楚子、郑伯战于鄢陵。”杜预注曰:“鄢陵,郑地,今属颍川郡。”治在今河南省鄢陵县西北。

谷城,周邑。《左传·定公八年》载:“单子伐谷城。”杜预注曰:“谷城在河南县西。”《嘉庆重修一统志》卷206河南河南府“古迹”载:“谷城故城,在洛阳县西北。”治在今河南省洛阳市西北。

管,郑邑。《左传·宣公十二年》载:“王病之,告令尹改乘辕而北之,次于管以待之。晋师在敖、鄗之间。”杜预注曰:“荥阳京县东北有管城,敖、鄗二山在荥阳县西北。”按:管,今河南省郑州市;敖山,今荥阳市广武镇北邙山;鄗山即南边的三皇山。

邲,《左传·宣公十二年》载:“夏六月乙卯,晋荀林父帅师及楚子战于邲,晋师败绩。”杜预注曰:“邲,郑地。”治在今河南省郑州市东。

犨、**栎**、**郏**,本郑邑,后为楚取,为楚邑。《左传·昭公元年》载:“楚公子围使公子黑肱、伯州犁城犨、栎、郏。”杜预注曰:“犨县,属南阳。郏县,属襄城。栎,今河南阳翟县。三邑本郑地。”犨,今河南省鲁山县东南;栎,今河南省禹州市;郏,今河南省郏县。

圉,郑邑。《左传·昭公五年》载:“韩起反,郑伯劳诸圉,辞不敢见,礼也。”杜预注曰:“圉,郑地名。”治在今河南省杞县南圉镇。

平阴,周邑。《左传·昭公二十三年》载:“丁未,晋师在平阴。”杜预注曰:“平阴,今河阴县。”治在今河南省孟津县东。

尸氏,周邑。《左传·昭公二十六年》载:“五月戊午,刘人败王城之师于尸氏。”杜预注曰:“尸氏在巩县西南偃师城。”尸氏,即偃师。《嘉庆重修一统志》卷206河南河南府“古迹”载:“偃师故城,在今偃师县治。汉置县,晋省。”治在今河南省偃师市东。

梁、**霍**,本蛮氏邑,后属楚。《左传·哀公四年》载:“为一昔之期,袭梁及霍。”杜预注曰:“梁,河南梁县西南故城也。梁南有霍阳山,皆蛮氏之邑也。”梁,今河南省汝州市西;霍,今河南省汝州市西南。

雍丘,本杞都,后属宋。《左传·哀公九年》“经”载:“宋皇瑗帅师取郑,师于雍丘。”杜预注曰:“雍丘县属陈留。”雍丘原为杞国都城,后为宋所迫,东迁今山东省新泰市。治在今河南省杞县。

黄池,《左传·哀公十三年》载:“公会晋侯及吴子于黄池。”杜预注曰:“陈留封丘县南有黄亭,近济水。”《国语·吴语》载:“(夫差)起师北征,阙为深沟通于商、鲁之间,北属之沂,西属之济,以会晋公午于黄池。”治在今河南省封丘县西南。

燕,国名。《左传·隐公五年》载:“四月,郑人侵卫牧,以报东门之役。卫人以燕师伐郑。”杜预注曰:“南燕国,今东郡燕县。”治在今河南省延津县东北四十五里。

戴,国名。《左传·隐公十年》载:“秋,宋人、卫人入郑。宋人、蔡人、卫人伐戴,郑伯伐取之。”杜预注曰:“戴国,今陈留外黄县东南有戴城。”戴,又作“载”,卜辞有载方,金文为姬姓。郑改名谷城。治在今河南省民权县东南五里考城故城。

许,国名。《左传·隐公十一年》载:“秋七月壬午,公及齐侯、郑伯入许。”许被郑所灭。后又为楚所取。治在今河南省许昌市东三十里。

葛,国名。本周之葛国。治在今河南省宁陵县北。

顿,国名。《左传·僖公二十三年》载:“城顿而还。”杜预注曰:“顿国,今汝阴南顿县。”按:顿,姬姓国,迫于陈而南迁。故城在今河南省商水县北三十里。南顿,在今河南省项城市南顿镇。

项,国名。《左传·僖公十七年》载:“夏,灭项。”杜预注曰:“项国,今汝阴项县。”治在今河南省沈丘县。

陆浑戎,族群。《左传·僖公二十二年》载:“秋,秦、晋迁陆浑之戎于伊川。”杜预注曰:“允姓之戎居陆浑,在秦、晋西北。二国诱而徙之伊川。”在今河南省嵩县东北三十里。

单,国名。《左传·庄公十四年》载:“夏,单伯会伐宋。”杜预注曰:“单伯,周大夫。”姬姓,周成王封其少子臻于单,在今河南省孟津县东南。

滑,国名。《左传·庄公三年》载:“冬,公次于滑。”杜预注曰:“滑,郑地,在陈留襄邑县西北。”按:滑有二地,一在今河南省睢县西北,一在今河南省偃师市东南缑氏镇。《左传·庄公十六年》载:“冬十有二月,会齐侯、宋公、陈侯、卫侯、郑伯、许男、滑伯、滕子,同盟于幽。”杜预注曰:“滑国都费,河南缑氏县。”

南阳,区域名。《左传·僖公二十五年》载:“晋于是始启南阳。”杜预注曰:“在晋山南河北,故曰南阳。”南阳即太行山以南、黄河以北地区。近山者曰南阳或山阳,近河者曰河阳或河内。《水经注·清水》马季长曰:“晋地,自朝歌以北至中山为东阳,朝歌以南至轵为南阳。”

第三节 战国时期河南的郡、县

周元王元年(前475)是《史记·六国年表》开始的一年。依司马迁的意思,从这一年算起成为另一个时代,也就是战国的开始。司马光《资治通鉴》的开始时代要晚些,是起于周威烈王二十三年(前403),从王命韩虔、魏斯、赵籍为诸侯一事算起,比《史记·六国年表》晚七十二年。这是因为《春秋》纪事迄于周敬王三十九年(前481),孔子卒在周敬王四十一年(前479),司马光故意推迟几十年,表示不敢衔接《春秋》。其实为了分期方便起见,还是司马迁的《六国年表》比较清楚一些。

春秋时期的一百多国,经过不断兼并,在战国初年还有十几个国。大国有秦、魏、韩、燕、赵、齐、楚,即"战国七雄"。而在春秋时期政治上还发生一些天下大宗和共主作用的周天子,则完全失去了作用,周国只是作为一个小国存在(前249年秦灭周国)了。

七国之间互相兼并争战,为了增强国力,相继先后进行了一系列的变法运动。在变法运动中,各国逐渐建立起了中央集权的政治体制,在地方大多推行县与郡的组织形式,特别是县制推行得比较普遍,县的长官由国君任命,不得世袭。县以下的行政组织也已完全建立,县级的行政区划完全成形。郡最早产生在春秋晚期的晋国,主要在边境地区设置,范围十分广大。战国时期,郡也主要在边地推行,军事作用特别明显。郡的长官为郡守,由国君直接任命。起初,郡并不辖县,县由国君控制。随着兼并战争的进行,需要集中一定数量的县进行军事行动,形成郡统县的制度,特别是秦在兼并山东六国的统一进程中,郡县制得以广泛推行。

战国时期今河南省域主要分布着韩、魏、楚三个大国,以及宋、卫、周等小国,地缘政治格局的变化可以明显地分为三个阶段:第一阶段为战国早期,韩、赵、魏的独立,使中原成为鼎足之势,他们积极向外扩张,兼并小国,与秦、楚、齐等对垒,形成七国并立的局面。第二阶段为战国中期,由于七国的势均力敌,导致合纵、连横之术并行，形成多国相互制衡的局面。第三阶段为战国晚期，由于商鞅变法，秦逐渐强大起来，任用客卿，采用连横之术，实行“远交近攻”，形成了秦兼并六国而一统天下的局面。因此，我们考述战国时期河南郡、县的分布，主要是楚、韩、魏等国置的郡、县，而秦在统一进程中于今河南省域设置的郡、县则不涉及，因为在“秦代河南的郡、县”中有交代，以免重复。

对战国时期各国郡县与制度的研究，学界成果众多，可资参考，而集大成者为李晓杰的《中国行政区划通史 · 先秦卷》和后晓荣的《战国政区地理》①。下面我们在此基础上对战国时期各国在今河南省境内所置郡县进行考述。

一、楚国所置郡、县

楚，西周成王以封熊绎的一个子爵小国，地处江汉之间。春秋时期，经过历代楚王的开疆拓土，由“土不过同”的蕞尔小邦发展到“楚地千里”的泱泱大国，并与晋国争霸中原。进入战国时期，楚国多表现为保守、消极，贵族政治气息浓厚，失去了春秋时期进取的锐气，逐步走向衰落。

楚国是战国七雄中疆域最大的国家，几乎近南中国之半。《淮南子 · 兵略训》载：“昔者楚人地，南卷沅、湘，北绕颍、泗，西包巴、蜀，东裹郯、邳，颍、汝以为洫，江、汉以为池，垣之以邓林，绵之以方城。”当时天下大势，非秦即楚，非楚即秦，然楚国保守的贵族政治阻碍了楚国的进一步发展。从楚怀王开始，楚国江河日下，疆土日削，遂而在强秦的进攻下，于公元前 223 年灭亡，地尽入秦。

楚国是实行县制最早的国家之一。在吴起变法中，郡县制也实施于楚国。然楚国也实行封君制。为了抑制封君，加强王权，封君所在地也设置县，故县域与封君地域纠缠在一起，楚国的中央集权制度并不完善。郡实行于楚国，主要在边境地区。根据传世文献和出土文献的记载，楚郡可考者有南阳郡、汉中郡、巫郡、黔中郡、洞庭郡、苍梧郡、衡山郡、九江郡、江湖郡、四川郡、上蔡郡、新城郡。在今河南省域主要是南阳郡、上蔡郡、新城郡。至于楚国置县情况，则依据

---

① 参考周振鹤主编，李晓杰著：《中国行政区划通史 · 先秦卷》；后晓荣：《战国政区地理》，文物出版社，2013 年。

文献记载和考古材料考述之。

南阳郡,《说苑·指武》载:“吴起为宛守,行县适息。”一般认为楚国置有宛郡,其实应称为南阳郡,宛是南阳郡的郡治。汉人习惯将郡的治所作为郡名的代称,如今称“华盛顿”代指美国一样。《战国策·秦策四》载:“楚魏战于陉山,魏许秦以上洛,以绝秦于楚。魏战胜,楚败于南阳。”此战乃垂沙之战,可见南阳郡的存在。吴起事楚在楚悼王时期,因此,南阳郡当置于楚悼王期间。南阳郡的范围,史无明载,但以宛县为中心是可以确定的;“行县适息”,说明东边达到了息县;从上引材料来看,陉山也当在南阳郡内。因此,楚南阳郡的范围大致为今河南省西峡县以东,伏牛山以南,汉水、桐柏山以北,息县、正阳、确山、舞阳、叶县、鲁山县以西地区。公元前 301 年垂沙之战后,楚国战败,南阳郡大部属韩,东部少部分属魏。

上蔡郡、**新城郡**,《战国策·楚策一》“城浑出周”章,记载城浑对新城公说:“郑、魏者,楚之耎国;而秦,楚之强敌也。郑、魏之弱,而楚以上梁应之;宜阳之大也,楚以弱新城围之。蒲反、平阳相去百里,秦人一夜而袭之,安邑不知;新城、上梁相去五百里,秦人一夜而袭之,上梁亦不知也。今边邑之所恃者,非江南、泗上也,故楚王何不以新城为主郡也,边邑甚利之。”新城公大悦,乃为具驷马乘车五百金之楚。城浑得之,遂南交于楚,楚王果以新城为主郡。这段记载中,讲述了设置新城郡的过程,同时也隐含了上蔡郡的信息。

上梁,金正炜《战国策补释》认为是“上蔡”之误。① 杨宽、陈伟皆认同此说。② 如此,则楚置有上蔡郡。从新城郡的设置来看,上蔡郡当置于此前,主要是对付韩、魏两国。垂沙之战后,上蔡郡属魏,魏也置上蔡郡。《史记·苏秦列传》载:“(魏)南有鸿沟、陈、汝南、许、郾、昆阳、召陵、舞阳、新都……”《战国策·秦策四》载:“王以十万戍郑,梁氏寒心,许、鄢陵婴城,上蔡、召陵不往来也。”可见,魏上蔡郡有鄢陵、许、郾、昆阳、舞阳、召陵、上蔡等县,则楚上蔡郡也当有此区域。

楚置新城郡,主要是对抗秦国。宜阳,在今河南宜阳,本属韩,公元前 307

---

① 〔清〕金正炜:《战国策补释》,见《续修四库全书》史部第 422 册,上海古籍出版社,1995 年,影印复旦大学图书馆藏民国金氏十梅馆刻本,第 492 页。

② 杨宽:《战国史》(增订本),上海人民出版社,1999 年,第 679 页;陈伟:《楚东国地理研究》,武汉大学出版社,1992 年,第 135、200 页。

年为秦攻取。楚新城与秦宜阳相对,则当在此年之后。新城,即秦汉新城县,在今河南伊川西南,也本属韩。秦人取宜阳,楚人曾出兵解救。《战国策·东周策》“秦取宜阳”章载:“秦攻宜阳,……景翠以楚之众,临山而救之。”新城此时当已属楚。然在公元前300年,楚新城陷于秦。《史记·秦本纪》载:秦昭襄王七年(前300),“拔新城”。云梦秦简《编年记》亦载:“六年,攻新城;七年,新城陷。”[①]可见,楚新城郡存在时间甚短。至于郡域范围,应是以新城为中心的伊水、汝水上游地区,即今伊川、汝阳、嵩县一带。

湖阳,春秋楚县,战国时因之。包山楚简中有“胡阳令”的记载。治在今河南省唐河县南湖阳镇。

析,春秋楚县,战国时因之。治在今河南省西峡县。

息,春秋楚县,战国时因之。治在今河南省息县西南。

苦,春秋楚县,战国时因之。治在今河南省鹿邑县东。

期思,春秋楚县,战国时因之。包山楚简有“期思公”的记载。治在今河南省淮滨县东南期思镇。

复,包山楚简中有“复令”的记载,徐少华考订楚复县当在古之大复山的两汉的复阳县一带。[②] 治在今河南省桐柏县西北。

成阳,包山楚简中有“成阳卜尹”的记载。卜尹为县令的佐官。《战国策·楚策四》载:“秦果举鄢、郢、巫、上蔡、陈之地,襄王流掩于城阳。”楚城阳县即汉城阳县前身。疑春秋时武城即城阳。治在今河南省信阳市北。

舞阳,长沙仰天湖楚简有“无阳公”的记载。[③] “无阳”即“舞阳”。[④] 春秋时为东不羹。垂沙之战后,舞阳属魏。治在今河南省舞阳县西北保和乡魏庄合伯故城。

---

① 睡虎地秦墓竹简整理小组编:《睡虎地秦墓竹简》(编年记释文注释),文物出版社,1990年,第4页。

② 徐少华:《包山楚简释地十则》,《文物》1996年第12期。

③ 史树青:《长沙仰天湖出土楚简研究》,群联出版社,1955年,第26页。

④ 何琳仪:《战国古文字典》上册,中华书局,1998年,第611页。按:吴良宝认为战国中晚期,包括河南鲁山、舞阳、许昌等在内都属于魏国领土,“无阳”不是“舞阳”。其实,这是垂沙之战后的事,而楚怀王前期,楚国尚强,为六国纵长。包山楚简为楚怀王前期简牍,其中有“无阳”的记载。见吴良宝:《战国楚简地名辑证》,武汉大学出版社,2010年,第240页。

弋阳，传世玺印有楚国“弋阳君玺”印。[①] 弋阳君当为楚国封君。为了限制封君，楚国一般在封君的地域设置县，形成有封君就有县的存在。故当有弋阳县，只是文献无载而已。弋阳所在，原本为西周之黄国，春秋时灭于楚。治在今河南省潢川县西。

平舆，包山楚简有“平舆公”的记载，传世玺印有楚国“平舆大夫”玺印。《史记·秦始皇本纪》载：“二十三年，秦王复召王翦，……使将击荆。取陈以南至平舆。”平舆，春秋时沈国所在，为蔡所灭，战国时为楚县。治在今河南省平舆县北。

陈，春秋时陈国，曾被楚灭为县。《史记·楚世家》载：“惠王乃复位，是岁也，灭陈而县之。”公元前478年，楚再灭陈置县。包山楚简有“陈公”的记载，出土楚金币有“陈爰”。治在今河南省淮阳县。

梁，包山楚简有“梁人某”的记载。在包山楚简中，记为“某人某”，一般是楚国某县之人；记为“某客某”，一般是某国之人。故楚置有梁县。梁，春秋时为蛮氏邑，后属楚，战国时为县。治在今河南省汝州市西。

安陵，包山楚简有“安陵莫嚣”的记载。莫嚣，即莫敖，是楚国的一种官职，掌管军事。《战国策·楚策一》有“安陵君”的记载。吴良宝认为安陵是楚国的一个县。[②] 甚是。治在今河南省商水县安陵故城。

鄝，包山楚简有“鄝莫嚣”的记载。鄝，本为西周之东蓼，春秋时灭于楚。战国时置县。治在今河南省固始县东。

新蔡，河南新蔡故城出土有楚封泥“新蔡”及“蔡市”玺印。[③]《汉书·地理志》载：“新蔡，蔡平侯自蔡徙此，后二世徙下蔡。”治在今河南省新蔡县东。

新野，包山楚简有“新野人某”“新野君”的记载。河南新蔡故城出土有楚封泥“新野”。当为汉新野县前身。治在今河南省新野县。

上蔡，包山楚简有“蔡公”数条记载。整理者认为是下蔡。其实，包山楚简

---

① 故宫博物院编：《古玺汇编》，文物出版社，1981年，第1页。下文“古玺印”皆见于此书，不再出注。

② 吴良宝：《说包山楚简中的“安陵”及相关问题》，见武汉大学简帛研究中心编《简帛》第1辑，上海古籍出版社，2006年，第39~41页。

③ 周晓陆、路东之：《新蔡故城战国封泥的初步考察》，《文物》2005年第1期。下文新蔡、新野、甘邑的封泥皆出于此文，不再一一注之。

中有下蔡的记载，故当为上蔡。春秋时蔡一度为楚所灭，复国后徙居新蔡。故都蔡被置县。战国时因之。垂沙之战后，属魏。治在今河南省上蔡县西南。

项，春秋时项国，战国时楚灭之，置县。《史记·项羽本纪》载："项氏世世为楚将，封于项，故姓项氏。"治在今河南省沈丘县。

宛，本春秋申县，战国时改名为宛县。包山楚简中有"宛人某""宛公"的记载。《水经注·淯水》载："（淯水）又南径宛城东。其城，故申伯之都，楚文王灭申以为县也。秦昭襄王使白起为将，伐楚取郢，即以此地为南阳郡，改县曰宛。"按：非白起改名，实楚已改名。垂沙之战后，属韩。治在今河南省南阳市。

叶，春秋楚县，战国时因之。包山楚简有"叶人某"的记载。葛陵楚简有"叶少司马"的记载。垂沙之战后，属魏。治在今河南省叶县西南旧县店。

召陵，春期楚邑，战国时置县。《史记·秦本纪》载："（惠文王后）十四年，伐楚，取召陵。"垂沙之战后，属魏。治在今河南省漯河市东。

襄城，春秋时西不羹，战国时名为襄城。江苏连云港市出土有楚国兵器"襄城公"戈。[①] 垂沙之战后，属魏。《史记·魏世家》载："昭王元年，秦拔我襄城。"治在今河南省襄城县。

阳夏，春秋宋邑，战国时属楚，置县。《韩非子·内储说上》载应侯谓秦王曰："王得宛、叶、蓝田、阳夏，断河内，困梁、郑。"《说苑·正谏》载："楚庄王欲伐阳夏，师久而不罢。"《嘉庆重修一统志》卷 191 河南陈州府"古迹"载："阳夏故城，即今太康县治，秦县也。"治在今河南省太康县。

阳城，《吕氏春秋·离俗览·上德篇》载："墨者巨子孟胜，善荆之阳城君。……荆王薨，群臣攻吴起，兵于丧所，阳城君与焉。"阳城君为楚封君，则当置有阳城县。治在今河南省商水县扶苏村。

雩娄，安徽阜阳市出土楚国兵器"虎娄公"戈。[②] 虎娄，即雩娄。《左传·襄公二十六年》载："楚子、秦人侵吴，及雩娄。"可见，雩娄，春秋晚期属吴，战国时属楚，置县。《嘉庆重修一统志》卷 222 河南光州"古迹"载："雩娄废县，在商城县东北。"治在今河南省固始县东南。

---

① 钟柏生、陈昭容等编：《新收殷周青铜器铭文暨器影汇编》，艺文印书馆，2005 年，第 890 页。

② 韩自强：《楚国有铭兵器的重要发现》，见中国古文字研究会等编《纪念中国古文字研究会成立三十周年国际学术研讨会会议论文集》，吉林大学，2008 年，第 96 页。

新都,包山楚简中有“新都人某”“新都公”的记载,说明战国时楚置有新都县。《汉书·地理志》南阳郡下有新都县,楚新都县当在此。治在今河南省新野县东。

淯阳,包山楚简中有“淯阳人某”的记载,说明战国时楚置有淯阳县。《汉书·地理志》南阳郡下有淯阳县,楚淯阳县当在此。治在今河南省南阳市南。

顿,春秋时顿国,后灭于楚,战国时置县。包山楚简中有“顿大令”“顿人某”的记载。治在今河南省项城市西南顿镇。

二、韩国所置郡、县

韩,原本为春秋时期晋大夫韩万的封地,后以之为姓,为国名。公元前457年,韩联合赵、魏,打败知伯,三分其地。公元前403年,韩与赵、魏三家正式被周王及诸侯承认为诸侯,成为战国七雄之一。

韩国由于地处中原,四面受敌,因此疆域发展受限,是战国七雄中国土最小的国家。其疆土范围主要分布在今陕西省东南部及河南省中部地区。战国初期,韩国发展迅速,先后攻灭伊洛流域的阴戎、卢氏戎和郑国,国都从平阳迁到宜阳,又从宜阳迁到阳翟,最后迁都郑。战国中期,韩国受到魏、楚的攻击,东面和南面的疆域有所缩小。战国后期,秦国强大,韩国不断丧师失地。公元前230年,秦国灭韩,地尽入秦。

韩为三晋之一,在地方治理上推行郡县制。据文献记载,韩国置郡可考者,唯上党郡、三川郡而已。上党郡在今山西省境内,故不述。韩国置县情况,则依据文献记载和考古材料考述之。

三川郡,据《战国策·齐策二》载张仪说秦武王曰:“王以其间伐韩,入三川,出兵函谷而无伐,以临周,祭器必出,挟天子,案图籍,此王业也。”三川主要是因黄河、伊水、洛水三川之地而名。《战国策·韩策三》记载张登请费緤,(费緤)曰:“请令公子年谓韩王曰:‘费緤,西周仇之,东周宝之,此其家万金,王何不召之,以为三川之守。是緤以三川与西周戒也,必尽其家以事王。西周恶之,必效先王之器以止王。’韩王必为之。西周闻之,必解子之罪,以止子之事。”费緤请为三川之守,则韩置三川郡可知。据杨宽研究,三川郡范围当为今黄河以南、河南省灵宝市以东、中牟县以西及北汝河上游地区。公元前 249 年，三川郡为秦所并。

京，本春秋郑邑。韩灭郑，京属韩，当置县。《史记·老子列传》附《申不害列传》载："申不害者，京人也，故郑之贱臣。学术以干韩昭侯，昭侯用为相。"京为县。公元前 230 年，秦灭韩，京县属秦。《嘉庆重修一统志》卷 187 河南开封府古迹"京县故城"条记载："在荥阳县东南。"治在今河南省荥阳市东南京襄故城。

郑，本春秋郑都。公元前 375 年，韩灭郑国，迁都于郑，以郑置县。在今河南省新郑市郑韩故城出土多件"郑令"的戈、矛、剑等兵器。[①] 可见韩国当置有郑县。治在今河南省新郑市郑韩故城。

邢丘，本春秋晋县，战国初分属韩，置县。《水经注·济水》引《竹书纪年》载："梁惠成王三年，郑城邢丘。"因韩都于郑，故又称郑。可知，邢丘为韩县。后邢丘为魏所取，成为魏县。《史记·秦本纪》载："四十一年夏，攻魏，取邢丘、怀。"治在今河南省温县东南平皋故城。

卢氏，本为戎地。《水经注·洛水》引《竹书纪年》载："晋出公十九年，晋韩庞取卢氏城。"可见春秋晚期卢氏属晋，后分属韩。郑韩故城出土有"七年卢氏令戈"铭文的韩国兵器。卢氏属韩后当置县。治在今河南省卢氏县。

宜阳，本为陆浑戎地，后为韩所取，置县。《战国策·秦策二》载甘茂对秦武王说："宜阳，大县也，上党、南阳积之久矣。名曰县，其实郡也。"公元前 307 年，秦拔宜阳，宜阳县属秦。治在今河南省宜阳县西。

新城，本为陆浑戎地，后为韩所取，置县。《战国策·秦策一》载：张仪言"秦攻新城、宜阳，以临二周之郊，诛周主之罪"。新城、宜阳并提，则新城也当为县。出土有"八年新城大令戈"的韩国兵器。公元前 307 年，秦攻宜阳，楚出兵救助。时新城县属楚，后楚置有新城郡。公元前 300 年，新城为秦所取。公元前 299 年，新城又归韩。直至秦灭韩，新城县属秦。《嘉庆重修一统志》卷 206 河南河南府"古迹"载："新城故城，在洛阳县南。"治在今河南省伊川县西南。

---

① 郝本性：《新郑"郑韩故城"发现一批战国铜兵器》，《文物》1972 年第 10 期。下文郑韩故城出土铭文兵器皆见于此文，不再出注。

修鱼,本为春秋晋地,后分属韩。传世铭文有“三年修鱼令戈”的韩国兵器。[①] 可见战国时期韩国置有修鱼县。秦灭韩后,修鱼属秦。治在今河南省原阳县东。

汝阳,在山东莒县出土有韩国兵器“十年洱阳令长疋”戈,“洱阳”,何琳仪考订为“汝阳”,地望在今河南省商水县附近;十年,为韩桓惠王十年(前263)。[②] 依此,韩国当置有汝阳县。按:地望当不确,河南商水县临近楚都陈,楚当不容韩攻占到此,且并无文献证据。汝阳在今北汝河以北地区。垂沙之战后,楚北部疆域丧失于韩、魏。韩据此,疑楚梁县改置。治在今河南省汝州市西。

穰,原为楚县,垂沙之战后属韩。《史记·韩世家》载:“襄王十一年,秦取我穰。”《正义》注曰:“穰,楚之别邑,后属韩,秦昭王复取之。”治在今河南省邓州市。

阳翟,本为春秋郑栎邑。战国初期入韩,韩以此为都。战国中期属楚。包山楚简中有“阳翟人某”的记载。垂沙之战后又属韩。《史记·吕不韦列传》载:“吕不韦者,阳翟大贾人也。”河南省新郑市郑韩故城出土有战国晚期的韩国兵器“八年阳翟令”矛。秦灭韩后,阳翟县属秦。治在今河南省禹州市阳翟故城。

野王,本春秋晋县,后分属韩,也当为县。公元前262年,为秦所取。《史记·白起王翦列传》载:“昭王四十五年,伐韩之野王。野王降秦,上党道绝。”治在今河南省沁阳市。

申阴,传世铭文有韩国兵器“廿四年申阴令”戈,则韩国当置有申阴县。黄盛璋认为申阴在申北。[③] 申本为楚县,垂沙之战后属韩。故申阴,治在今河南省南阳市北。

阳人,出土韩国兵器有“三年昜人令”戈,“昜人”即“阳人”。可见,韩国置有阳人县。《史记·秦本纪》载:“秦不绝其祀,以阳人地赐周君,奉其祭祀。”《集解》注曰:“《地理志》:河南梁县有阳人聚。”治在今河南省禹州市。

马雍,传世铭文有韩国兵器“三年马雍令”戈,有韩国货币“马雍”方足布。

① 刘体智:《小校经阁金文拓本》,1935年拓本影印。传世兵器铭文多见于此书。

② 何琳仪:《莒县出土东周铜器铭文汇释》,《文史》2000年第1期。

③ 黄盛璋:《试论三晋兵器的国别和年代及其相关问题》,《考古学报》1974年第1期。

说明韩国置有马雍县。地望无考。

桐丘,本春秋郑邑。韩灭郑后,桐丘属韩,当置县。出土有韩国兵器“五年桐丘令”戈。治在今河南省扶沟县西二十里。

成皋,本春秋郑邑,后属晋知伯。三家灭知氏后,成皋分属韩,当置县。《战国策·韩策一》载:“三晋已破知氏,将分其地。段规谓韩王曰:‘分地必取成皋。’”出土有韩国礼器“十四年成皋令”鼎。治在今河南省荥阳市西北汜水镇之虎牢关。

荥阳,本春秋郑邑,韩灭郑后,荥阳属韩,当置县。《史记·六国年表》载:“秦庄襄王元年,拔韩成皋、荥阳。”有传世韩国玺印“荥阳仓器”,又在荥阳故城出土韩国“荥阳廪”陶文。[①] 仓一般为县级政权所设置。《嘉庆重修一统志》卷187河南开封府古迹“荥阳故城”条载:“在荥泽县西南。”治在今河南省荥阳市东荥阳故城。

邘,本春秋郑邑,后周取之,又赐予晋。战国初分属韩,当置县。有传世铭文韩国兵器“四年邘令”戈。治在今河南省沁阳市西北三十里邘台村。

少曲,本春秋晋地。后分属韩,当置县。《战国策·燕策二》载:“秦正告韩曰:我起乎少曲,一日而断太行。”睡虎地《编年纪》载:“四十二年,攻少曲。”整理小组注曰:“少曲,韩地,今河南省济源市东北少水弯曲处。”[②]有传世铭文韩国兵器“十二年少曲令”戈。治在今河南省济源市东北。

宅阳,传世铭文有韩国兵器“七年宅阳令”戈。《史记·魏世家》载:魏惠王五年,“与韩会宅阳”。《正义》引《括地志》曰:“宅阳故城一名北宅,在郑州荥阳县东南十七里也。”治在今河南省荥阳市东南。

阳城,河南登封市出土韩国兵器“六年阳城令”戈,新郑市郑韩故城也出土“阳城令”戈。《史记·秦本纪》载:“将军摎攻韩,取阳城、负黍。”本禹都之地。治在今河南省登封市东南告成镇。

负黍,传世铭文有韩国兵器“三年负黍令”戈。《史记·秦本纪》载:“将军摎攻韩,取阳城、负黍。”《正义》曰:“负黍亭在洛城县西南三十五里。”治在今河南省登封市南。

---

① 高明:《古陶文汇编》,中华书局,1990年,第577页。下文陶文皆见于此书。

② 睡虎地秦墓竹简整理小组编:《睡虎地秦墓竹简》(编年记释文注释),第5、9页。

雍氏,河南新郑市郑韩故城出土韩国兵器“雍氏”戈。《史记·韩世家》载:“今楚兵十余万在方城之外,公何不令楚王筑万室之都雍氏之旁。”《集解》引徐广曰:“在阳翟。”《正义》引《括地志》曰:“故雍氏城在洛州阳翟县二十五里。”治在今河南省禹州市东北。

垣雍,传世铭文有韩国兵器“四年垣雍令”戈。《史记·秦本纪》载:“(秦昭王)四十八年十月,韩献垣雍。”《集解》引司马彪曰:“河南卷县有垣雍城。”垣雍,春秋时名衡雍。治在今河南省原阳县西。

纶氏,传世铭文有韩国兵器“七年仑氏令”戈。仑氏即纶氏。《古本竹书纪年》载:“楚吾得帅师及秦伐郑,围纶氏。”《水经注·伊水》载:“狂水又西径纶氏县故城南。”治在今河南省登封市西南颍阳镇。

格氏,湖南博物馆藏有韩国兵器“六年格氏令”戈①,新郑市郑韩故城出土有“格氏”戈,荥阳市北张楼村出土“格氏”陶豆。可见,韩国置有格氏县。治在今河南省荥阳市北三里张楼村。

三、魏国所置郡、县

魏,原本为春秋时期晋大夫毕万的封地,后以之为姓,为国名。公元前 457 年,魏联合赵、韩,打败知伯,三分其地。公元前 403 年,魏与赵、韩三家正式被周王及诸侯承认为诸侯,成为战国七雄之一。

魏国是战国时期最先称雄的国家。魏首先实行变法,改革政治,发展经济,国力强盛,北灭中山国,西取秦西河之地,东败齐,南败楚,夺取了中原大片地区。公元前 361 年,魏惠王从魏县迁都大梁。

当时魏国的疆土拥有今陕西洛水以东、山西西南、河南北部及中部一部分地区。魏国的强盛,致使诸侯联合起来抗魏,以致东败于齐,西失地于秦七百余里,南辱于楚,而遂沦落为二等国家。后在秦国的蚕食下,于公元前 225 年为秦国所灭。

---

① 李学勤:《湖南战国兵器铭文选释》,见中国古文字研究会、中华书局编辑部编《古文字研究》第 12 辑,中华书局,1985 年,第 329~336 页。

在地方治理上，魏国推行郡县制。据文献记载，魏国置郡可考者，有西河郡、上郡、河东郡、大宋郡、方与郡、上蔡郡及河内郡。大宋郡、上蔡郡、河内郡在今河南省境内。魏国置县情况则依据文献记载和考古材料考述之。

大宋郡，文献中仅一见。《史记·楚世家》记载，有射弋者说楚顷襄王曰："王朝张弓而射魏之大梁之南，加其右臂而径属之于韩，则中国之路绝而上蔡之郡坏矣。还射圉之东，解魏左肘而外击定陶，则魏之东弃而大宋、方与二郡者举矣。"可见，魏有大宋、方与二郡。其实，二郡本是宋国的疆土。公元前286年，齐灭宋，据有宋地。但两年后，乐毅大破齐，宋故地遂被魏国占领，置有大宋、方与二郡。据杨宽考订，大宋郡当以宋旧都睢阳为中心，有今河南商丘市及安徽砀山县等地。方与郡以方与为中心，有今山东嘉祥以南金乡县及江苏丰县等地。[①] 公元前225年，秦灭魏，大宋郡属秦，秦以之置砀郡。

上蔡郡，文献中也仅一见。《史记·楚世家》记载，有射弋者说楚顷襄王曰："王朝张弓而射魏之大梁之南，加其右臂而径属之于韩，则中国之路绝而上蔡之郡坏矣。"《正义》注曰："言王朝张弓射魏大梁、汴州之南，即加大梁之右臂；连韩、郑，则河北中国之路向东南断绝，则韩上蔡之郡自破坏矣。"张守节认为上蔡郡属韩，杨宽也持此说。[②] 按：从上引来看，射弋者讲的是怎样夺取魏国的领土。上蔡本属楚，公元前301年，齐、魏、韩、秦四国联合伐楚。在垂沙之战中，楚军失败，令尹唐眛被杀。魏国分得了今河南襄城、舞阳以东，遂平、上蔡、西华一线以北、以西的楚地，置有上蔡郡。公元前225年，秦灭魏，大宋、上蔡郡属秦，秦以之置淮阳郡。

河内郡，据《史记·魏世家》载："（魏文侯）任西门豹守邺，而河内称治。"《索隐》注曰："按：大河在邺东，故名邺为河内。"顾颉刚认为："河内为邺一带之大区域名。河内实有为魏郡之趋势。"并引《孟子》："梁惠王曰：寡人之于国也，尽心焉耳矣。河内凶，则移其民于河东，移其粟于河内。河东凶亦然。"[③]河内、河东并提，河东为郡，河内当也为郡。故魏置有河内郡。河内郡范围为今河南省黄河以北偏西、太行山以东地区。后秦以之置河内郡。

---

① 杨宽：《战国史》（增订本），第396、677页。

② 杨宽：《战国史》（增订本），第678、684页。

③ 顾颉刚：《缓斋杂记》（五），见《顾颉刚读书笔记》第六卷，中华书局，2011年，第4457页。

温,本为春秋晋县,后分属魏,置县。治在今河南省温县西南。

酸枣,本春秋郑邑,战国初属魏,置县。《史记·魏世家》载:"(文侯)三十二年,伐郑,城酸枣。"治在今河南省延津县西南。

襄陵,本春秋宋承匡邑,战国初属魏,置县,改名襄陵。《战国策·齐策二》载:"犀首以梁为齐,战于承匡而不胜。"《史记·魏世家》载:"(文侯)三十五年,齐伐取我襄陵。"《汉书·地理志》陈留郡襄邑县下,颜师古注曰:"襄邑,宋地。本承匡襄陵乡也。宋襄公所葬,故曰襄陵。"战国中期曾一度属楚,包山楚简有"大司马昭阳败晋师于襄陵之岁"的记载。治在今河南省睢县西南承匡城。

鲁阳,本春秋楚县。战国初属魏,置县。《史记·魏世家》载:"(武侯)十六年,伐楚,取鲁阳。"《史记·楚世家》亦载:"(肃王)十年,魏取我鲁阳。"战国中期,又属楚。包山楚简有"鲁阳公"的记载。垂沙之战后又属魏。魏国方足布有"鲁阳"布。治在今河南省鲁山县。

中牟,本春秋晋邑。战国初分属赵,置县。后赵国以中牟交换魏国魏县。《水经注·河水》载:"昔魏徙大梁,赵以中牟易魏。"《水经注·渠水》亦载:"自魏徙大梁,赵以中牟易魏,故赵之南界,极于浮水,匪直专漳也。"治在今河南省鹤壁市西。

大梁,魏原都安邑,安邑近秦,徙都大梁。《史记·魏世家》载:"(惠王三十一年)安邑近秦,于是徙治大梁。"大梁为都,当立县。有出土魏国兵器"廿三年大梁"戈。治在今河南省开封市。

启封,出土有魏国兵器"廿一年启封令"戈。[①] 云梦睡虎地秦简《编年纪》载:"(秦昭王)三十二年,攻启封。"[②]《史记·韩世家》载:"(韩安釐王)二十一年,使鸢救魏,为秦所败,鸢走开封。"为避汉景帝讳,改启封为开封。治在今河南省开封市南启封故城。

朝歌,本为殷纣王别都。春秋时属晋,战国初分属魏,置县。《史记·魏世家》载:"(文侯十七年)子击逢文侯之师田子方于朝歌。"传世铭文有魏国兵器"朝歌右库"戈。置有武库,当为县。治在今河南省淇县朝歌故城。

甾丘,传世铭文有魏国兵器"九年甾丘令"戈。本春秋戴国。戴,又作

---

① 黄盛璋:《旅大市所出启封戈铭的国别、地理及其相关问题》,《考古》1981 年第 4 期。

② 睡虎地秦墓竹简整理小组编:《睡虎地秦墓竹简》(编年记释文注释),第 5 页。

“载”。后为宋国所取，战国初属魏，置县。治在今河南省民权县东考城故城。

顿丘，出土有魏国兵器“卅四年顿丘令”戈。本为春秋晋地，战国初分属魏，置县。《水经注·淇水》引《竹书纪年》曰：“晋定公三十一年，城顿丘。”《战国策·燕策二》载，苏代曰：“决宿胥之口，魏无虚、顿丘。”治在今河南省清丰县西南顿丘故城。

荡阴，传世有魏国玺印“荡阴之君府”印。《战国策·赵策三》载：“秦围赵之邯郸，魏安釐王使将军晋鄙救赵。畏秦，止于荡阴，不进。”《读史方舆纪要》卷49《河南四》彰德府汤阴县载：“荡阴城，在今（汤阴）县西南。”治在今河南省汤阴县西南荡阴故城。

怀，本春秋晋县，战国初分属魏，置县。传世铭文有魏国兵器“□年怀库”戈。怀设有武库，当为县。治在今河南省武陟县西南东张村故城。

繁阳，出土有魏国兵器“十三年繁阳令”戈。《史记·赵世家》载：秦始皇二十一年，“廉颇将，攻繁阳，取之”。《正义》引《括地志》曰：“繁阳故城在相州内黄县东北二十里。”治在今河南省内黄县东北。

焦，河南省新郑市郑韩故城出土有魏国兵器“焦”戈。本西周分封之焦国，姬姓。春秋初为南虢所灭，后虢为晋所灭，战国初分属魏，置县。《史记·魏世家》载：魏襄王五年，秦“围我焦、曲沃”。治在今河南省三门峡市陕州区。

安成，河南省新郑市郑韩故城出土有魏国兵器“安成”戈。《史记·魏世家》载：“通韩上党于共、宁，使道安成，出入赋之。”《正义》引《括地志》注曰：“故安成在郑州原武县东南二十里，时属魏也。”治在今河南省原阳县东南。

州，本春秋晋县，战国初分属魏，置县。传世铭文有魏国兵器“十四年州工师”戈。州设有铸造兵器的机构，当为县。治在今河南省武陟县西。

汲，《史记·魏世家》载：“城垝津以临河内，河内共、汲，必危。”可见，共、汲属河内郡，汲当为县。治在今河南省卫辉市。

共，本为西周共国，春秋灭于卫，后属晋。战国初分属魏，置县。传世铭文有魏国兵器“五年龚令”戈。“龚”通“共”。《史记·魏世家》载：“通韩上党于共、宁，使道安成，出入赋之。”《正义》注曰：“共，卫州共城县。”治在今河南省辉县市。

宁、修武，传世铭文有魏国兵器“十二年宁右库”剑，并有魏国方足布“宁”布。宁设有武库和钱库，当为县。春秋时为晋邑。《左传·文公五年》载：“阳处父聘于卫,反过宁,宁嬴从之,及温而还。”杜预注曰:“宁,晋邑,汲郡修武县也。”战国初分属魏,置县。《史记·魏世家》载:“通韩上党于共、宁,使道安成,出入赋之。”后更名修武。传世有魏国玺印“修武县事”印。治在今河南省获嘉县。

芒,传世铭文有魏国兵器两件“□年芒令”戈。春秋时为宋邑。公元前 286 年,齐灭宋,据有宋地。但两年后,乐毅大破齐,宋故地遂被魏国占领,置有大宋郡。芒县当同时置。《嘉庆重修一统志》卷 194 河南归德府“古迹”载:“芒县故城在归德府永城县东北,秦县。”治在今河南省永城市东北。

安阳,有魏国方足布“安阳”布。安阳设有钱库,当为县。《史记·赵世家》载:赵惠文王二十四年,廉颇“又攻魏安阳,取之”。《史记·秦本纪》《集解》引徐广曰:“魏郡有安阳县。”《正义》注曰:“今相州外城古安阳城。”后更名宁新中。治在今河南省安阳市东南。

内黄,有传世魏国青铜鼎“内黄”鼎,刻有“内黄右库”铭文。内黄设有武库,当为县。文献记为“黄”。《史记·赵世家》载:“(赵肃侯)十七年,围魏黄,不克。”治在今河南省内黄县西。

卷,本春秋郑邑。战国初属魏,置县。《史记·秦本纪》载:“秦昭王三十三年,客卿胡伤攻魏卷、蔡阳、长社,取之。”《史记·秦始皇本纪》载:“二年,麃公将卒攻卷,斩首三万。”可见,卷属于魏国的一处要地,秦、魏多次在此攻战。《嘉庆重修一统志》卷 203 河南怀庆府“古迹”载:“卷县故城,在原武县西北。”治在今河南省原阳县西南。

中阳,云梦睡虎地秦简《编年纪》载:“卅三年,攻蔡、中阳。”[①]《史记·魏世家》载:安釐王三年,“秦拔我四城”。《史记·秦本纪》载:“秦昭王三十三年,客卿胡伤攻魏卷、蔡阳、长社,取之。”可见,所缺“中阳”一城。《水经注·渠水》载:“承水……北径中阳城西。……《竹书纪年》:梁惠成王十七年,郑釐侯来朝中阳。”中阳,春秋属郑,战国属魏。治在今河南省郑州市东南。

蔡阳,文献记载同“中阳”,当为魏县。地望不可考。

长社,本春秋郑长葛。战国初属魏,置县。文献记载同“中阳”。治在今河南省长葛县东北。

虚,传世铭文有魏国兵器“虚左库”戈。虚设有武库,当为县。《战国策·秦

---

① 睡虎地秦墓竹简整理小组编:《睡虎地秦墓竹简》(编年记释文注释),第 5 页。

策四》载："拔燕、酸枣、虚、桃人。"《史记·苏秦列传》载："决宿胥之口，则魏无虚、顿丘。"《史记·秦始皇本纪》载："五年，将军骜攻魏，定酸枣、燕、虚、长平、雍丘、山阳城，皆拔之，取二十城。"治在今河南省封丘县北。

燕，本春秋南燕国，战国初为魏所灭，置县。文献记载同"虚"，《正义》引《括地志》注曰："南燕城，古燕国也，滑州胙城县是也。"治在今河南省延津县东北。

桃人，《战国策·秦策四》载："拔燕、酸枣、虚、桃人。"燕、酸枣、虚、桃人并提，燕、酸枣、虚皆为县，则桃人也当为县。治在今河南省长垣县西北。

长平，《史记·秦始皇本纪》载："五年，将军骜攻魏，定酸枣、燕、虚、长平、雍丘、山阳城，皆拔之，取二十城。"酸枣、燕、虚皆为县，长平也当为县。《正义》引《括地志》注曰："长平故城在陈州宛丘县西六十六里。"长平故城仍在。治在今河南省西华县东北。

雍丘，本春秋宋邑，为郑所取。战国初属韩，后又属魏，置县。《史记·韩世家》载："韩景侯虔元年，伐郑，取雍丘。"《战国策·燕策三》载："攻魏雍丘，取之以与宋。"《史记·秦始皇本纪》载："五年，将军骜攻魏，定酸枣、燕、虚、长平、雍丘、山阳城，皆拔之，取二十城。"酸枣、燕、虚、长平皆为县，雍丘也当为县。治在今河南省杞县。

山阳，有魏国桥形布"山阳"布。山阳设有钱库，当为县。文献记载同上。《集解》注曰："《地理志》陈留有雍丘县，河内有山阳县。"故城仍在。治在今河南省修武县北山阳故城。

平丘，本春秋卫邑。战国初属韩，后又属魏。《水经注·河水》引《竹书纪年》载："魏惠成王十三年，郑釐侯使许息来致地，平丘、户牖、首垣诸邑，及郑驰地。"指韩、魏交换土地。《史记·春申君列传》载："王修甲息众，二年而后复之，又并蒲、衍、首垣，以临仁、平丘、黄、济阳婴城而魏氏服。"《索隐》注曰："仁及平丘，二县名，谓以兵临此二县。"治在今河南省封丘县东。

首垣，战国初属韩，后又属魏，置县。文献记载同"平丘"。《汉书·地理志》载："秦灭魏，以为长垣县。"治在今河南省长垣县东北。

济阳，本春秋宋邑，战国时属魏。《水经注·济水》载："（济水）东径济阳县故城北。圈称《陈留风俗传》曰：县，故宋地也。《竹书纪年》：梁惠成王三十年，城济阳。"魏当此时置县。《嘉庆重修一统志》卷 187 河南开封府"古迹"载："济阳故城,在仪封厅北。”治在今河南省兰考县东北堌阳镇。

外黄,亦名黄,本春秋宋邑。战国时属魏,置县。《史记·苏秦列传》载:“决白马之口,魏无外黄、济阳。”外黄、济阳并提,则外黄也当为县。治在今河南省民权县东南十五里。

睢阳,本春秋宋都。战国初属韩,后又属魏,置县。《韩非子·有度篇》载:魏安釐王“睢阳之事,荆军老而走”。魏置大宋郡时,当置睢阳县。治在今河南省商丘市南睢阳故城。

许,本西周封国,姬姓。春秋时为郑所迫,多次迁都。战国初为韩地,后属魏,置县。《史记·苏秦列传》载:“(魏)南有鸿沟、陈、汝南、许、郾、昆阳、召陵、舞阳、新都……”,《战国策·秦策四》载:“王以十万戍郑,梁氏寒心,许、鄢陵婴城,上蔡、召陵不往来也。”上蔡、召陵皆为县(见前),则许、鄢陵也当为县。治在今河南省许昌市东许昌故城。

鄢陵,本春秋郑邑。战国初属韩,后又属魏。文献记载分析见“许”。治在今河南省鄢陵县西北。

昆阳、**郾**,本楚地,垂沙之战后属魏,置县。《史记·苏秦列传》载:“(魏)南有鸿沟、陈、汝南、许、郾、昆阳、召陵、舞阳、新都……”,讲述的是魏国南部的县。许、舞阳、召陵为县,则昆阳、郾也当为县。传世铭文有魏国兵器“郾守”戈。疑上蔡郡治郾县。昆阳,治在今河南省叶县;郾,治在今河南省漯河市郾城区。

四、周国所置县

历史进入战国时期,周王室更加衰微。公元前 367 年,周王室分裂为东、西二周。《史记·周本纪》载:“考王封其弟于河南,是为桓公,以续周公之官职。桓公卒,子威公代立;威公卒,子惠公代立,乃封其少子于巩以奉王,号东周惠公。”可见,西周公居于河南,东周公居于巩,周王依附于东周公。周赧王时,从成周徙都河南,依附于西周公。公元前 256 年,西周公灭于秦,周赧王死去。公元前 249 年,秦又灭东周公。

东、西二周疆土不大,仅限于伊洛河流域下游地区。《史记·周本纪》载:“后七岁,秦庄襄王灭东周。东、西周皆入于秦,周既不祀。”《集解》引徐广曰:

“周比亡之时,凡七县:河南、雒阳、谷城、平阴、偃师、巩、缑氏。”其中,河南、谷城、缑氏三县属西周,雒阳、平阴、偃师、巩四县属东周。下面将此七县考述之。

雒阳,本春秋成周。周敬王时,因王城残破,遂居于成周。周赧王时,从成周徙都王城。成周改名雒阳,置县。《史记·苏秦列传》载:“苏秦者,东周雒阳人也。”《正义》引《括地志》注曰:“雒阳故城在洛州洛阳县东北二十六里,周公所筑,即成周城也。”《嘉庆重修一统志》卷206河南河南府“古迹”载:“洛阳故城,在今洛阳县东北三十里。”治在今河南省洛阳市东北四十里。

河南,本春秋王城,亦名雒邑。周平王东迁后所居。周敬王时,因王子朝之乱,王城残破,遂居于成周。周考王时,将王城分封其弟揭,号西周桓公。《史记·周本纪》载:“考王封其弟于河南。”《索隐》引高诱曰:“西周王城,今河南;东周成周,故洛阳之地。”后置河南县。周赧王时,又从成周徙都河南。《嘉庆重修一统志》卷206河南河南府“古迹”载:“河南故城,在洛阳县西五里。”治在今河南省洛阳市西小屯村。

谷城县,本春秋谷城,周邑。因临谷水而名。战国时置县。治在今河南省洛阳市西北。

平阴,本春秋平阴,周邑。战国时置县。《嘉庆重修一统志》卷206河南河南府“古迹”载:“平阴故城,在孟津县东。”治在今河南省孟津县东。

偃师,本春秋尸氏,周邑。战国时置县。治在今河南省偃师市东。

巩,本春秋巩,周邑。《左传·昭公二十六》载:“晋师克巩。”战国时置县。《史记·周本纪》载:“威公卒,子惠公代立,乃封其少子于巩以奉王,号东周惠公。”《正义》注曰:“巩音拱。郭缘生《述征记》:巩县,周地,巩伯邑。”《嘉庆重修一统志》卷206河南河南府“古迹”载:“巩县故城,在今巩县西南。”治在今河南省巩义市西南。

缑氏,本春秋滑国,为秦所灭,后归周,更名缑氏。战国时置县,后属韩。《史记·白起王翦列传》载:“(秦昭襄王)四十六年,秦攻韩缑氏、蔺,拔之。”《嘉庆重修一统志》卷206河南河南府“古迹”载:“缑氏故城,在偃师县南二十里。”治在今河南省偃师市东南缑氏镇。

第二章 秦汉时期河南的行政区划

秦汉时期是我国历史上第一次的大一统时代，国家的疆域处于形成与发展之中。在中央，中央集权的专制主义皇权的政治体制得以逐步确立。而地方上，则推行了郡县制度，防止分裂割据的现象出现。在今河南省的幅员上，秦、汉政权设置了许多的郡县。下面我们就这些郡县的设置及变化作一些研究。

第一节 秦代河南的郡、县

秦王政二十六年（前221），秦国一统山东六国，建立了中国历史上第一个统一的皇朝——秦朝。以后又经过几年的用兵，秦朝疆域“东至海暨朝鲜；西至临洮、羌中；南至北向户；北据河为塞，并阴山，至辽东”①，成为幅员辽阔的大一统帝国。

为了维护统一，秦朝进行了一系列的政治、经济、军事等方面的改革。其中，最重要的一项就是在地方上废除封建，全面实施具有完备规模的行政区划制度——郡县制。郡县制代替分封制，是历史的进步，因为它有利于国家的统一和权力的集中。

郡县制就是由中央在一定的区域内设置郡、县进行行政管理。郡下辖县，郡、县的官员都由中央任命，有一定的任期，可以升迁或调免。郡的最高行政长官为郡守，其下有郡丞、郡尉、郡监、司马等。郡丞负责一郡的文书事务，郡尉负责一郡的军事，郡监负责一郡官员的监察。县是地方上最基层的行政区划。县

---

① 《史记》卷6《秦始皇本纪》，中华书局，1959年，第239页。

依据大小的不同,设有县令(大县)和县长(小县)。

《史记·秦始皇本纪》记载,秦王政二十六年,分天下为 36 个郡。遗憾的是,在《史记》中没有详列这 36 个郡的郡名,以至于造成后世学者的众说纷纭。当然,秦郡的数目并不是固定不变的,随着秦朝疆域的不断扩展和大郡的析分,郡的数目也在不断地增加。根据谭其骧先生的研究,终秦一代,秦郡数目达到 48 个。[①] 随着秦简的出土,出现了一些传世文献所没有记载的秦郡,颠覆了学界此前的认识。目前,对秦代郡县作系统研究的主要有后晓荣的《秦代政区地理》、何慕的《秦代政区研究》、凡国栋的《秦郡新探》和张莉等人的《中国行政区划通史·秦汉卷》中秦代行政区划部分。[②] 此外,马非百的《秦集史》对秦代郡县也有系统的考订。[③] 这些著述是我们研究的基础。

在今河南省的幅员上,秦朝主要设置了三川郡、颍川郡、南阳郡、河内郡、东郡、淮阳郡、砀郡。下面我们主要考察这些郡的设置、演变及郡辖县情况。

一、三川郡

三川,本为地区名,指河、洛、伊三河汇集之处。《史记·秦本纪》记载:"(秦庄襄王元年)初置三川郡。"《水经注·阴沟水》载:"《史记》秦庄襄王元年,蒙骜击取成皋、荥阳,初置三川郡。"韦昭曰:有河、洛、伊,故曰三川。传世的秦封泥有"叁川尉印",西安相家巷出土秦封泥有"叁川邸丞"。[④] 李斯之子李由曾为三川郡郡守,在秦二世元年(前 209)八月为项羽所杀。可见,三川郡终秦一代设置未变。

三川郡的辖境,谭其骧先生有详细的考订,其文曰:"西界辨见内史。南境鲁阳、犨、叶阳,当属南阳,东南境昆阳、应、父城、襄城、郏、阳城、负黍、纶氏,当

---

① 谭其骧在《秦郡新考》中推定秦代有 46 个郡。1992 年,周振鹤申明谭其骧认为鄣、庐江二郡也是秦郡,实乃 48 个郡。

② 后晓荣:《秦代政区地理》,社会科学文献出版社,2009 年;何慕:《秦代政区研究》,复旦大学历史地理学博士学位论文,2009 年;凡国栋:《秦郡新探》,武汉大学博士学位论文,2010 年;周振鹤、李晓杰、张莉:《中国行政区划通史·秦汉卷》,复旦大学出版社,2016 年。

③ 马非百:《秦集史》,中华书局,1982 年。

④ 周晓陆、路东之:《秦封泥集》,三秦出版社,2011 年,第 251 页。下文秦封泥皆见于此书。

属颍川。汉制如是也。《高祖纪》：与南阳齮战犨东，破之，略南阳郡，齮走保城守宛。可确证犨为南阳边县。"[1]依据文献和考古资料，三川郡辖县可考者如下。

雒阳县，雒阳本为战国时期东周七县之一，秦因之。秦灭，项羽封申阳为河南王，都雒阳。《正义》引《括地志》云："雒阳故城在洛州洛阳县东北二十六里，周公所筑，即成周城也。《舆地志》云：成周之地，秦庄襄王以为雒阳县，三川守理之。"可见，雒阳县为三川郡郡治所在。治在今河南省洛阳市东北汉魏洛阳故城遗址前身。

河南县，战国时东周七县之一，秦因之。《史记·周本纪》载："王赧时东西周分治。"《索隐》引高诱曰："西周王城，今河南；东周成周，故洛阳之地。"可见，汉河南县为西周王城所在，乃因袭秦县所置。治在今河南省洛阳市西小屯村。

谷城县，亦作穀城县。战国时东周七县之一，秦因之。治在今河南省洛阳市西北十八里故苑中。

平阴县，战国时东周七县之一，秦因之。《史记·高祖本纪》载："沛公乃北攻平阴，绝河津；南，战洛阳东。"治在今河南省孟津县东。

巩县，战国时东周七县之一，秦因之。《史记·郦生陆贾列传》载："汉三年秋，项羽击汉，拔荥阳，汉兵遁保巩、洛。"治在今河南省巩义市西南。

缑氏县，战国时东周七县之一，秦因之。《史记·绛侯周勃世家》载："攻颍阳、缑氏，绝河津。"秦封泥有"缑氏丞印"。治在今河南省偃师市滑城村。

新城县，原本为楚地，楚怀王曾置新城郡。后属韩国。秦昭襄王十三年，白起攻新城，败韩魏之师于伊阙。西安相家巷出土秦封泥"新城丞印"。可见，秦置有新城县。治在今河南省伊川县西南。

陕县，《史记·六国年表》载："秦惠公十年，与晋战武城，县陕。"指在陕置县。战国初，被魏国所夺取。至秦惠文王十三年，张仪攻取陕。陕县复属于秦。《嘉庆重修一统志》卷206河南河南府"古迹"载："陕县废县，今州治。"治在今河南省三门峡市陕州区。

荥阳县，本为韩县。秦庄襄王元年，为秦所取。《史记·陈涉世家》载："李由为三川守，守荥阳，吴叔弗能下。"可见，荥阳在秦朝后期，曾为三川郡郡治所在。治在今河南省荥阳市东荥阳故城。

---

① 谭其骧：《秦郡界址考》，见《长水集》（上），人民出版社，1987年，第14页。

京县，本为韩县，秦因之。《史记·项羽本纪》载："楚起于彭城，常乘胜逐北，与汉战荥阳南京、索间。"《集解》引应劭曰："京，县名，属河南，有索亭。"治在今河南省荥阳市京襄故城。

成皋县，战国时为韩县。秦庄襄王元年，蒙骜伐韩，韩献成皋、巩。成皋属秦，当置县。《嘉庆重修一统志》卷187河南开封府古迹"成皋故城"条载："在汜水县西北。"治在今河南省荥阳市西汜水西岸。

阳武县，西安相家巷出土秦封泥"阳武丞印"。《史记·秦始皇本纪》载："二十九年，始皇东游。至阳武博狼沙中，为盗所惊。"《嘉庆重修一统志》卷203河南怀庆府"古迹"载："阳武故城，在今阳武县东南。秦置。"治在今河南省原阳县东南。

梁县，原本为楚地，楚置县，属新城郡。后属韩。秦昭襄王十三年后，又属秦。秦灭东、西周后，迁其君于此，使不绝祀。《嘉庆重修一统志》卷225河南汝州"古迹"载："梁县故城，在州西。"治在今河南省汝州市西。

渑池县，本为韩地，后属秦，秦置县。《史记·陈涉世家》载："周文败，走出关，止次曹阳二三月；章邯追败之，复走次渑池十余日。"《汉书·地理志》载："高帝八年复渑池中乡民。景帝中二年初城，徙万家为县。"马非百认为："《志》言复渑池中乡民，则中乡民原属渑池可知。而渑池旧本为县更可知。"①甚是。《嘉庆重修一统志》卷206河南河南府"古迹"载："渑池故城，在今渑池县西。"治在今河南省渑池县西。

新安县，秦封泥有"新安丞印"。《史记·项羽本纪》载："于是楚军夜击，坑秦卒二十余万人新安城南。"《正义》引《括地志》云："新安故城在洛州渑池县东一十三里，汉新安县城也，即坑秦卒处。"《嘉庆重修一统志》卷206河南河南府"古迹"载："新安故城，在渑池县东。"治在今河南省义马市新安故城。

宜阳县，本为韩县。秦武王四年，甘茂取之，属秦。《水经注·洛水》载："秦武王以甘茂为左丞相，曰：寡人欲通三川，窥周室，死不朽也。茂请约魏以攻韩，斩首六万，遂拔宜阳城。故韩地也，后乃县之。"秦封泥有"宜阳之丞"。《嘉庆重修一统志》卷206河南河南府"古迹"载："宜阳故城，在今宜阳县西。"治在今河南省宜阳县西。

---

① 马非百：《秦集史》，第593页。

卢氏县,本为韩县,后属秦。秦封泥有“卢氏丞印”。一般认为西汉置县,实则秦时已置。治在今河南省卢氏县卢氏故城。

卷县,本为魏国卷县。秦昭襄王三十三年,客卿胡伤攻取了魏国的卷、蔡阳、长社。《正义》引《括地志》云:“故卷城在郑州原武县西北七里,即衡雍也。”秦封泥有“卷丞之印”。治在今河南省原阳县西。

华阳县,本为魏地。秦置县。《史记·白起王翦列传》载:“(秦)昭王三十四年,白起攻魏,拔华阳,走芒卯,而虏三晋将,斩首十三万。”出土秦封泥中有“华阳丞印”。治在今河南省新郑市北。

二、颍川郡

原为韩地。公元前230年,秦灭韩后,置郡。《史记·秦始皇本纪》载:“十七年,内史腾攻韩,得韩王安,尽纳其地,以其地为郡,命曰颍川。”秦颍川郡辖境,谭其骧先生考订曰:“西北界辨见三川。东界、南界略依汉制,旧不知秦有陈郡,故以汉之淮阳、汝南为颍川旧壤也。”①今结合文献与考古资料,颍川郡辖县可考者如下。

阳翟县,本为郑地,后为韩国所取,曾为韩国都城。战国中期,又为楚国所取;垂沙之战再归韩国,立为县。秦因之。《史记·项羽本纪》载:“韩王成因故都,都阳翟。”《正义》引《括地志》曰:“阳翟,洛州县也。”阳翟县是颍川郡郡治所在。《嘉庆重修一统志》卷187河南开封府“古迹”载:“阳翟故城,今禹州治。”治在今河南省禹州市阳翟故城。

颍阳县,本为韩地,秦置县。《史记·绛侯周勃世家》载:“攻颍阳、缑氏,绝河津。”《史记·高祖本纪》载:“南攻颍阳,屠之。”王先谦认为颍阳为秦县。秦封泥有“颍阳丞印”。《嘉庆重修一统志》卷218河南许州“古迹”载:“颍阳故城,在州城西南。”治在今河南省许昌市西南颍阳故城。

颍阴县,秦置县。《史记·魏其武安侯列传》载:“灌将军夫者,颍阴人也。”《嘉庆重修一统志》卷218河南许州“古迹”载:“颍阴故城,今州治。”治在今河

① 谭其骧:《秦郡界址考》,见《长水集》(上),第14~15页。

南省许昌市。

襄城县,本为楚县,后属韩,秦沿置。《史记·项羽本纪》载:“项梁前使项羽别攻襄城,襄城坚守不下。已拔,皆坑之。”《元和郡县图志》卷6汝州襄城县载:“本秦旧县,汉因之,属颍川郡。”秦封泥有“襄城丞印”。《嘉庆重修一统志》卷218河南许州“古迹”载:“襄城故城,在今襄城县西。”治在今河南省襄城县。

鄢陵县,初为楚地,后属韩,再属魏,置县,秦因之。秦封泥有“鄢陵丞印”。《嘉庆重修一统志》卷187河南开封府“古迹”载:“鄢陵故城,在今鄢陵县西北。”治在今河南省鄢陵县北鄢陵故城。

许县,本为春秋许国都城,后为楚地,再属魏,置县,秦因之。《读史方舆纪要》卷47《河南二》许州载:“许昌城,在许州东三十里。周时为许国,秦许县,属颍川郡。”治在今河南省许昌市东许昌故城。

阳城县,春秋为郑地,战国为韩地,置县。秦昭襄王五十一年,属秦,秦因之。《史记·高祖本纪》载:“(高祖)战洛阳东,军不利,还至阳城。”《嘉庆重修一统志》卷206河南河南府“古迹”载:“阳城故城,在登封县东南。”治在今河南省登封县东南阳城故城。

长社县,本为春秋郑国长葛邑,战国属魏,置县。秦昭襄王三十三年,秦取之,沿置县。《史记·绛侯周勃世家》载:“攻长社,先登。”《嘉庆重修一统志》卷218河南许州“古迹”载:“长社故城,在长葛县西。”治在今河南省长葛市东北。

新郑县,春秋为郑国都城,战国为韩国都城。秦置颍川郡时置县。《史记·秦始皇本纪》载:“二十一年,新郑反。”《嘉庆重修一统志》卷187河南开封府“古迹”载:“新郑故城,在新郑县北。”治在今河南省新郑市北新郑故城。

尉氏县,春秋郑大夫尉氏之邑,秦置县。《读史方舆纪要》卷47《河南二》开封府载:“尉氏县,(开封)府南九十里。春秋郑大夫尉氏邑。秦置县。汉属陈留郡。”《嘉庆重修一统志》卷187河南开封府“古迹”载:“尉氏故城,今尉氏县治。”治在今河南省尉氏县。

舞阳县,本为楚地,后属魏,置县。秦因之。《战国策·魏策三》载:“秦之叶阳、昆阳与舞阳、高陵邻。”《嘉庆重修一统志》卷211河南南阳府“古迹”载:“舞阳故城,在今舞阳县西。”治在今河南省舞阳县西北保和乡魏庄合伯故城。

郏县,本为楚县,后属韩,秦沿置。《史记·陈涉世家》载:“阳城人邓说将兵居郯。”《正义》曰:“疑‘郯’当作‘郏’,音纪恰反。郏即春秋郏地,楚郏敖葬之。”其说甚是。《嘉庆重修一统志》卷225河南汝州“古迹”载:“郏县故城,今郏县治。”治在今河南省郏县。

苑陵县,或作“宛陵”。本为韩地,秦置县。《史记·樊郦滕灌列传》载:“(樊哙)从攻宛陵。”《正义》引《括地志》曰:“宛陵故城在郑州新郑县东北三十八里,本郑旧县也。”《嘉庆重修一统志》卷187河南开封府“古迹”载:“苑陵故城,在新郑县东北。”治在今河南省新郑市东北苑陵故城。

昆阳县,本为楚地,后属魏,置县,秦因之。《史记·曹相国世家》载:“击羽婴于昆阳,追至叶。”《正义》引《括地志》曰:“昆阳故城在许州叶县北二十五里。”《嘉庆重修一统志》卷211河南南阳府“古迹”载:“昆阳故城即今叶县治。”治在今河南省叶县。

三、南阳郡

原为楚地,楚置有南阳郡。垂沙之战后,为韩所取。秦昭襄王二十六年(前281),司马错取南阳;三十五年(前272),置南阳郡。《史记·秦本纪》载:“三十五年,佐韩、魏、楚伐燕,初置南阳郡。”《汉书·地理志》南阳郡下班固自注“秦置”,秦封泥中有“南阳司马”“南阳邸丞”。《史记·高祖本纪》载:“与南阳守齮战犨东,破之。略南阳郡。南阳守齮走,保城守宛。”可见,南阳郡秦代一直设置。关于秦南阳郡辖境,从《中国历史地图集》来看,当有今河南省栾川县、鲁山县以南,湖北省襄阳市、随州市以北,河南省西峡县、湖北省丹江口市以东,河南省信阳市以西的区域。[①] 在这个区域内,有些县在今河南省内,有些县则不属于河南省。因此,下面我们依照文献和考古资料主要考证在今河南省内的秦南阳郡辖县。

宛县,本楚宛县,秦仍置。《史记·项羽本纪》载:“汉王之出荥阳,南走宛、叶。”相家巷秦封泥有“宛丞之印”。《读史方舆纪要》卷51《河南六》南阳府南阳县载:“秦为宛县,南阳郡治焉。”南阳郡郡治宛县,治在今河南省南阳市宛县故城。

① 谭其骧主编:《中国历史地图集》第二册,中国地图出版社,1996年,第7~8图幅。

叶县,本楚叶县,后属魏,秦仍置。《史记·项羽本纪》载:“汉王之出荥阳,南走宛、叶。”秦封泥有“叶丞之印”。《嘉庆重修一统志》卷 211 河南南阳府“古迹”载:“叶县故城,在今县南三十里,名旧县店。”治在今河南省叶县西南旧县镇。

比阳县,本为楚地,秦置县。相家巷秦封泥有“比阳丞印”,可证秦置有县。《嘉庆重修一统志》卷 211 河南南阳府“古迹”载:“比阳故城,在泌阳县西。”治在今河南省泌阳县。

乐成县,秦封泥有“乐成丞印”,汉初刘邦曾封丁礼为乐成侯,《汉书·地理志》南阳郡下有乐成县。可见,乐成县实乃秦置。治在今河南省邓州市南乐成故城。

鲁阳县,本为楚县,后属魏,秦置县。秦封泥有“鲁阳丞印”。《读史方舆纪要》卷 51《河南六》南阳府鲁山县载:“鲁阳城,今县治南,战国时楚邑。”治在今河南省鲁山县南。

博望县,本为楚地,秦置县。秦封泥有“博望丞印”。汉代张骞曾封为博望侯。《汉书·地理志》南阳郡下有“博望,侯国”。《读史方舆纪要》卷 51《河南六》南阳府南阳县载:“博望城,在府东北六十里。”治在今河南省方城县西南博望故城。

胡阳县,亦作湖阳县。本为楚县,秦因之。《史记·高祖本纪》载:“还攻胡阳,遇番君别将梅鋗,与皆,降析、郦。”《嘉庆重修一统志》卷 211 河南南阳府“古迹”载:“湖阳故城,在今南阳府唐县南八十里。”治在今河南省唐河县南湖阳镇。

犨县,本为楚地,后属魏,秦置县。《史记·高祖本纪》载:“与南阳守齮战犨东,破之。略南阳郡。”《嘉庆重修一统志》卷 225 河南汝州“古迹”载:“犨县故城在汝州鲁山县东南五十里。”治在今河南省平顶山市西南。

穰县,本为楚地,后属韩,置县,秦因之。《史记·樊郦滕灌列传》载:“(郦商)从攻下宛、穰,定十七县。”《读史方舆纪要》卷 51《河南六》汝州载:“穰县城,州东南二里。”治在今河南省邓州市南穰县故城。

析县,本为楚县,秦昭襄王十一年取之,因之置县。《史记·楚世家》载:“(楚顷襄王元年,秦)取析十五城而去。”《史记·高祖本纪》载:“还攻胡阳,遇番君别将梅鋗,与皆,降析、郦。”《读史方舆纪要》卷 51《河南六》邓州内乡县载:“淅阳城,在县治西。春秋时楚白羽地,亦曰析。”治在今河南省西峡县莲花寺岗古城。

郦县,本为楚地,秦置县。《史记·高祖本纪》载:“还攻胡阳,遇番君别将梅铕,与皆,降析、郦。”颜师古注曰:“析、郦,二县名也。”《读史方舆纪要》卷51《河南六》邓州内乡县载:“郦县城,在县东。”治在今河南省南阳市北。

丹水县,本为楚地,秦置县。《史记·高祖本纪》载:“(二世三年,沛公)引兵西,无不下者,至丹水。”《正义》引《舆地志》云:“秦为丹水县也。”《嘉庆重修一统志》卷211河南南阳府“古迹”载:“故城在淅川县西。”治在今河南省淅川县西寺湾镇。

平氏县,本为楚地,秦置县。秦封泥有“平氏丞印”。《汉书·地理志》南阳郡下有平氏县。可见,平氏县实乃秦置。《读史方舆纪要》卷51《河南六》南阳府桐柏县载:“平氏城,县西北四十里。”治在今河南省桐柏县西北平氏镇。

阳城县,亦作阳成县。本为楚地,秦置县。《史记·曹相国世家》载:“从南攻犨,与南阳守齮战阳城郭东,陷陈,取宛,虏齮,尽定南阳郡。”《集解》引徐广曰:“阳城在南阳。应劭曰:今赭阳。”《读史方舆纪要》卷51《河南六》裕州载:“堵阳城,在(裕)州东六里。汉县,属南阳郡。亦曰赭阳。”治在今河南省方城县东。

四、河内郡

本为魏地,秦昭襄王三十三年(前274)为秦所得。《史记·秦本纪》载:“秦昭王三十三年,客卿胡伤攻魏卷、蔡阳、长社,取之。击芒卯华阳,破之,斩首十五万。魏入南阳以和。”《集解》引徐广曰:“河内修武,古曰南阳,秦始皇更名河内,属魏地。荆州之南阳郡,本属韩地。”可见,魏南阳地为秦河内地,始皇更名,则河内郡当在始皇时置。相家巷秦封泥有“河内邸丞”“河内左工”等印,表明河内置郡。谭其骧先生分析曰:“河内西阻王屋、析城诸山,本与河东隔绝,自成一区;昭襄王三十三年魏入南阳,秦始有其地,时东不得邢丘、怀,北不得宁新中,地狭不足以立郡,率以并属河东;其后壤地虽拓,军机倥偬,未遑建置;始皇既并天下,始依山川形便,更加区画;此衡情度势,可推而知者。”[①]其说甚是。里耶秦简有“轵以邮行河内”的封检,是证明秦代置有河内郡的明证。从《中国历史地图集》来看,河内郡的辖境全在今河南省的幅员内[②],下面我们依据文献和考古资料来考证河内郡的辖县情况。

怀县,本为魏县,秦昭襄王四十一年取之。《史记・秦本纪》载:“四十一年夏,攻魏,取邢丘、怀。”《正义》引《括地志》曰:“故怀城,周之怀邑,在怀州武陟县西十一里。”秦封泥有“怀令之印”。怀县为河内郡郡治所在。《嘉庆重修一统志》卷 203 河南怀庆府“古迹”载:“怀县故城,在武陟县西南。”治在今河南省武陟县西南东张村故城。

温县,本为魏县,秦昭襄王三十二年获取之。《史记・秦本纪》载:“三十二年,相穰侯攻魏,至大梁,破暴鸢,斩首四万。鸢走,魏入三县求和。”《史记・魏世家》载:“(安釐王)二年,又拔我二城,军大梁下,韩来救,予秦温以和。”二者皆为一事,温被魏割让予秦。秦封泥有“温丞之印”。《正义》引《括地志》曰:“故温城,在怀州温县西三十里。”《嘉庆重修一统志》卷 203 河南怀庆府“古迹”载:“温县故城,在今温县西南三十里。”治在今河南省温县西南。

轵县,本为魏地,秦昭襄王十六年取之,置县。《史记・秦本纪》载:“十六年,左更错取轵及邓。”《正义》曰:“故轵城在怀州济源县东南十三里。”秦封泥有“轵丞之印”,里耶秦简有“轵以邮行河内”封检,都证明秦代置有轵县。《嘉庆重修一统志》卷 203 河南怀庆府“古迹”载:“轵县故城,在济源县南十三里。”治在今河南省济源市南轵城村古城。

武德县,本为魏地,秦置县。《汉书・地理志》武德县属河内郡,孟康注曰:“始皇东巡置,自以武德定天下。”可见,秦置武德县,乃秦始皇时事。《嘉庆重修一统志》卷 203 河南怀庆府“古迹”载:“武德故城,在武陟县东南。”治在今河南省武陟县东南。

曲阳县,本为魏地,秦置县。在云梦睡虎地七号墓的椁室门楣上刻有“五十一年曲阳徒邦”八字。[③]“五十一年”即秦昭襄王五十一年。曲阳,学术界或认

---

① 谭其骧:《秦郡新考》,见《长水集》(上),第 9~10 页。

② 谭其骧主编:《中国历史地图集》第二册,第 9~10 图幅。

③ 湖北孝感地区第二期亦工亦农文物考古训练班:《湖北云梦睡虎地十一座秦墓发掘简报》,《文物》1976 年第 9 期。

为是汉常山郡上曲阳，或认为是汉九江郡曲阳县。[①] 其实皆误。后晓荣认为曲阳为秦河内郡曲阳县。[②] 甚是。《史记·魏世家》载："(魏昭王)九年，秦拔我新垣、曲阳之城。"《正义》引《括地志》曰："曲阳故城在怀州济源县西十里。"治在今河南省济源市西。

修武县，本为魏宁县。秦昭襄王三十三年，魏入南阳求和。《集解》引徐广曰："河内修武，古曰南阳。"可见，修武当为南阳核心。秦传世官印有"修武库印"。《史记·曹相国世家》载："至河内，下修武。"《正义》曰："今怀州获嘉县，古修武也。"《嘉庆重修一统志》卷200河南卫辉府"古迹"载："修武古城，今获嘉县治。"治在今河南省获嘉县。

邢丘县，本为魏县，秦昭襄王四十一年取之。《史记·秦本纪》载："四十一年夏，攻魏，取邢丘、怀。"《正义》引《括地志》曰："平皋故城本邢丘邑，汉置平皋县，在怀州武德县东南二十里。"汉平皋县属河内郡，《水经注·济水》应劭注曰："邢侯自襄国徙此，尝齐桓公时，卫人伐邢，邢迁于夷仪，其地属晋，号曰邢丘，以其在河之皋，势处平夷，故曰平皋。"治在今河南省温县东南平皋故城。

野王县，本为韩县，秦昭襄王四十五年取之。《史记·白起王翦列传》载："(秦昭襄王)四十五年，伐韩之野王。野王降秦，上党道绝。"又《史记·卫康叔世家》载："元君十四年，秦拔魏东地，秦初置东郡，更徙卫野王县，而并濮阳为东郡。"可见，秦置野王县当在此前。《读史方舆纪要》卷49《河南四》怀庆府河内县载："野王城，今县城。"《嘉庆重修一统志》卷203河南怀庆府"古迹"载："野王故城，今河内县治。"指明代河内县。治在今河南省沁阳市。

河雍县，又名河阳。本为魏地，赵取之，后又属秦。《史记·赵世家》载：赵惠文王十一年，"得河阳于魏"。又《史记·秦本纪》载："(秦昭襄王)十八年，错攻垣、河雍，决桥取之。"《集解》引徐广曰："《汲冢纪年》云：魏哀王二十四年，改宜阳曰河雍，改向曰高平。"《太平寰宇记》卷52《河北道一》孟州河阳县载："秦为河雍县，汉为河阳县，以在河之北为名。今县西北三十五里有古城，即汉理。"宋孟州河阳县为孟州治所所在，金大定中城为河水毁坏，元初徙至今孟州市所

---

① 湖北孝感地区第二期亦工亦农文物考古训练班：《湖北云梦睡虎地十一座秦墓发掘简报》，《文物》1976年第9期；马非百：《秦集史》，第631页。

② 后晓荣：《秦代政区地理》，第314页。

在。《嘉庆重修一统志》卷203河南怀庆府“古迹”载:“河阳故城,今孟县西三十五里。”治在今河南省孟州市西。

共县,本为魏县,秦因之。《史记·魏世家》载:“城垝津以临河内,河内共、汲,必危。”《史记·田敬仲完世家》载:“秦虏王建,迁之共。”可见,秦共县当为秦灭魏后置。《读史方舆纪要》卷49《河南四》卫辉府辉县载:“共城,今县治。”指明辉县治所。《嘉庆重修一统志》卷200河南卫辉府“古迹”载:“共县故城,今辉县治。”治在今河南省辉县市共县故城。

汲县,本为魏县,秦因之。《史记·魏世家》载:“城垝津以临河内,河内共、汲,必危。”《史记·秦本纪》载:“(庄襄王)三年,蒙骜攻魏高都、汲,拔之。”《史记·秦始皇本纪》又载:七年,“还兵攻汲”。可见,汲县在魏秦之间反复。《读史方舆纪要》卷49《河南四》卫辉府汲县载:“汲城,在府城西南二十五里。”治在今河南省卫辉市西南汲县故城。

山阳县,本为魏县,秦因之。《史记·秦始皇本纪》载:“五年,蒙骜伐魏,拔山阳城。”又载:“八年,嫪毐封为长信侯,予之山阳地。”可见,山阳在秦王政五年(前242)置。《读史方舆纪要》卷49《河南四》怀庆府修武县载:“山阳城,在(修武)县西北六十里。”疑误。《嘉庆重修一统志》卷203河南怀庆府“古迹”载:“山阳故城,在修武县西北三十五里。”治在今河南省修武县西北山阳故城。

朝歌县,本为魏县,秦因之。《史记·秦始皇本纪》载:“六年,伐魏,取朝歌。”秦末,项羽封司马欣为殷王,王河内,以朝歌为都。《读史方舆纪要》卷49《河南四》卫辉府淇县载:“朝歌城,在(淇)县东北。”《嘉庆重修一统志》卷200河南卫辉府“古迹”载:“朝歌故城,在淇县东北。”治在今河南省淇县东北朝歌故城。

荡阴县,本为魏县,秦因之。《战国策·赵策三》载:“秦围赵之邯郸,魏安釐王使将军晋鄙救赵。畏秦,止于荡阴,不进。”《读史方舆纪要》卷49《河南四》彰德府汤阴县载:“荡阴城,在今(汤阴)县西南。”治在今河南省汤阴县西南荡阴故城。

安阳县,本名宁新中,魏邑。秦昭襄王五十年取之。《史记·秦本纪》载:“(秦昭襄王五十年)攻汾城,即从唐拔宁新中,宁新中更名安阳。”《正义》引《括地志》曰:“宁新中,七国时魏邑,秦昭襄王拔魏宁新中,更名安阳城,即今相州外城是也。”唐相州即今安阳市。《嘉庆重修一统志》卷197河南彰德府古迹“安阳故城”载:“安阳凡四迁,秦城在今府东南四十三里。”治在今河南省安阳市东南。

内黄县,又名“黄”县。本为魏县,秦因之。《史记·赵世家》载:“(赵肃侯)八年,围魏黄不克。”《正义》引《括地志》曰:“故黄城在魏州冠氏县南十里,因黄沟为名。”唐冠氏县即今山东冠县,《正义》显误。《汉书·地理志》魏郡下有内黄县。《元和郡县图志》卷16相州内黄县载:“本汉旧县,属魏郡。河以北为内,南为外,故此有内黄,陈留有外黄。”《嘉庆重修一统志》卷197河南彰德府“古迹”载:“内黄故城,在今内黄县西北。”治在今河南省内黄县西。

繁阳县,本为魏县,秦因之。《史记·廉颇蔺相如列传》载:“居六年,赵使廉颇伐魏之繁阳,拔之。”《正义》引《括地志》曰:“繁阳故城在相州内黄县东北二十七里。”《嘉庆重修一统志》卷197河南彰德府“古迹”载:“繁阳故城,在内黄县东北。”治在今河南省内黄县东北。

五、东郡

在传世的秦封泥中有“东郡司马”印,出土的秦封泥有“东郡尉印”。尉、司马都是郡的官属。然秦东郡有一个发展过程。最初为魏东地,秦王政五年(前242)取之,置东郡。《史记·秦始皇本纪》载:“五年,将军骜攻魏,定酸枣、燕、虚、长平、雍丘、山阳城,皆拔之,取二十城。初置东郡。”次年,秦取卫地,并濮阳于东郡。《史记·卫康叔世家》载:“元君十四年,秦拔魏东地,秦初置东郡,更徙卫野王县,而并濮阳为东郡。”对此,谭其骧先生有详细的考证,其文曰:“据《秦纪》《穰侯传》,昭襄王时,穰侯封陶,蒙武伐齐河东为九县,灶攻齐取刚寿。盖其时所下齐地,并以属陶;穰侯既卒,秦复收陶为郡;迨始皇五年,定酸枣、燕虚,明年拔濮阳,遂并陶于卫,以置东郡。”①可见,秦东郡主要由魏东地、卫濮阳和陶郡三部分构成。其辖境大致为今河南省延津县以东,清丰、南乐等县以南,今山东省东阿、梁山以西,定陶、成武等县以北这一区域。今河南省幅员有部分区域在秦东郡辖境内。下面我们依据文献和考古资料来考证在今河南省幅员内置县情况。

---

① 谭其骧:《秦郡界址考》,见《长水集》(上),第15页。

濮阳县，原本卫地，秦王政六年取之，置县。《史记·卫康叔世家》载："元君十四年，秦拔魏东地，秦初置东郡，更徙卫野王县，而并濮阳为东郡。"《水经注·瓠子河》曰："河水旧东决，径濮阳城东北，故卫也……卫成公自楚丘迁此。秦始皇徙卫君角于野王，置东郡，治濮阳县。濮水径其南，故曰濮阳也。"《嘉庆重修一统志》卷35直隶大名府"古迹"载："濮阳故城在开州西南二十里。"清开州即今河南省濮阳市。治在今河南省濮阳市西南戚城村故城。

酸枣县，原本魏县，秦王政五年取之，沿置县。《史记·秦始皇本纪》载："五年，将军骜攻魏，定酸枣、燕、虚、长平、雍丘、山阳城，皆拔之，取二十城。"《读史方舆纪要》卷47《河南二》开封府延津县载："本郑之廪延，秦置酸枣县，汉属陈留郡。"《嘉庆重修一统志》卷200河南卫辉府"古迹"载："酸枣故城，在延津县北十五里。"误。治在今河南省延津县西南。

燕县，原本魏县，秦王政五年取之，沿置县。《史记·秦始皇本纪》载："五年，将军骜攻魏，定酸枣、燕、虚、长平、雍丘、山阳城，皆拔之，取二十城。"又《史记·高祖本纪》载："与彭越复击破楚军燕郭西。"《索隐》注曰："故南燕国也。在东郡，秦以为县。"《嘉庆重修一统志》卷200河南卫辉府"古迹"载："南燕故城在卫辉府延津县北，故胙城东。"治在今河南省延津县东北。

白马县，秦置。《史记·高祖本纪》载："西与秦将杨熊战白马。"《读史方舆纪要》卷16《北直七》大名府滑县载："白马废县，今滑县治。春秋时卫之曹邑，闵二年，狄灭卫，卫人立戴公以庐于曹。秦为白马县。"《嘉庆重修一统志》卷200河南卫辉府"古迹"载："白马故城，在今滑县东二十里。"治在今河南省滑县东。

顿丘县，本为魏地，置县。秦因之。《战国策·燕策二》苏代曰："决荥口，魏无大梁；决白马之口，魏无济阳；决宿胥之口，魏无虚、顿丘。"《嘉庆重修一统志》卷35直隶大名府"古迹"载："顿丘故城，在清丰县西南。"治在今河南省清丰县西南顿丘故城。

长垣县，一名首垣。原为魏首垣县，秦王政九年取之，改置长垣县。《史记·秦始皇本纪》载："九年……攻魏垣、蒲阳。"《水经注·济水》曰："濮渠东绝驰道，东径长垣县古城北，卫地也，故首垣矣。"《太平寰宇记》卷2《河南道二》东京下长垣县记载："长垣城，在县东北二十五里。《地理志》：秦灭卫，以为长垣县。"《嘉庆重修一统志》卷35直隶大名府"古迹"载："长垣故城，在今长垣县东北。”治在今河南省长垣县东北。

另外，今河南省范县、台前县地属东郡鄄城县境，治在今山东省鄄城县北。

六、淮阳郡

本为楚地，秦王政二十三年(前224)取之，置郡。《史记·秦始皇本纪》载：“二十三年，秦王复招王翦，强起之，使将击荆。取陈以南至平舆，虏荆王。”《史记·楚世家》载：“(负刍)五年，秦将王翦、蒙武遂破楚国，虏楚王负刍，灭楚，名为楚郡云。”《史记·白起王翦列传》载：“岁余，虏荆王负刍，竟平荆地为郡县。”可见，秦灭楚后，在陈至平舆这一区域应置有郡县。依照秦灭赵国、齐国，置有赵郡、齐郡的惯例，清全祖望认为秦置有楚郡①，杨宽也持此论②。然《史记·陈涉世家》记载：“攻陈，陈守、令皆不在，独守丞与战谯门中。”据此，清姚鼐认为设置的是陈郡，王国维、谭其骧皆赞同此论。③

在出土的秦封泥中有“淮阳发弩”印，也有“衡山发弩”“琅琊发弩”印。衡山、琅琊皆为郡名，则淮阳也当为郡名。发弩为郡的官属。故马非百推测：“陈有守有令，其为一郡，实无可疑，惟郡名似当为淮阳。”④其说甚是。秦汉人叙事，有以郡治所在县名来代替郡名的习气。如南阳郡，多以郡治所在宛来代替，称宛守；东海郡，也以郡治所在郯来代替，称郯郡。故在陈至平舆这一片区域，秦设置的是淮阳郡，非楚郡、陈郡。从《中国历史地图集》来看，其所显示的陈郡(淮阳郡)辖境，除东南角在安徽省外，大部分在今河南省幅员内。⑤ 下面我们依据文献和考古资料来考证秦淮阳郡辖县。

陈县，春秋时乃陈国所在，楚惠王十年，楚灭陈置县。白起破郢后，楚顷襄王东迁于陈，陈为楚国都城。秦王政二十三年，秦取之为县。《史记·陈涉世

---

① 〔清〕全祖望：《汉书地理志稽疑》卷1，见《二十五史补编》第一册，中华书局，1955年，第1250页。

② 杨宽：《战国史》(增订本)，第683页。

③ 参见〔清〕姚鼐：《惜抱轩文集》卷6《复谈孝廉书》，见《续修四库全书》集部1453册，第49页。王国维：《秦郡考》，《观堂集林》(外二种)，第273页；谭其骧：《秦郡新考》，见《长水集》(上)，第5页。

④ 马非百：《秦集史》，第644页。

⑤ 谭其骧主编：《中国历史地图集》第二册，第7~8图幅。

家》载:“攻陈,陈守、令皆不在,独守丞与战谯门中。”《史记·张耳陈余列传》载:“张耳、陈余乃变名姓,俱之陈,为里监门以自食。”出土的秦封泥有“陈丞之印”。《元和郡县图志》卷8陈州宛丘县载:“宛丘县,本汉陈县。春秋时,楚灭陈,县之,秦、汉仍为陈县。”唐宛丘县即今淮阳县。《嘉庆重修一统志》卷191河南陈州府“古迹”载:“宛丘故城,今淮宁县城。”陈县为秦淮阳郡郡治所在。治在今河南省淮阳县。

阳安县,本为楚地,秦置县。秦封泥有“阳安丞印”。《汉书·地理志》中阳安县属汝南郡,颜注引应劭曰:“道国,今道亭是。”章怀注《后汉书·皇后纪》云:“阳安县,属汝南郡,故城在今豫州郎山县,故道国城是也。”《元和郡县图志》卷9蔡州郎山县“道城”条云:“古道国,在县东北二十里。”唐郎山县即今确山县。治在今河南省确山县东北。

汝阳县,本为楚地,秦置县。秦封泥中有“女阳丞印”。“女”通“汝”,即汝阳。《汉书·地理志》汝阳县属汝南郡。《元和郡县图志》卷8陈州溵水县载:“溵水县,本汉汝阳县,属汝南郡,晋属汝南国……隋开皇三年属陈州,十六年改汝阳县为溵水县。”《读史方舆纪要》卷47《河南二》陈州商水县“汝阳城”载:“在县西北,汉为汝阳县,属汝南郡。”治在今河南省商水县西北汝阳故城。

南顿县,本为楚顿县,秦改置南顿县。秦封泥有“南顿丞印”。《汉书·地理志》南顿县属汝南郡,班固自注曰:“故顿子国,姬姓。”颜注引应劭曰:“顿近于陈,其后南徙,故号南顿,故城尚在。”《读史方舆纪要》卷47《河南二》陈州商水县“南顿城”条载:“即今县治。春秋时顿子国。”然据考古调查资料,南顿故城在今河南省项城市西。故治在今河南省项城市西南南顿镇。

长平县,本为魏县,秦沿置。《史记·秦始皇本纪》载:“五年,将军骜攻魏,定酸枣、燕、虚、长平、雍丘、山阳城,皆拔之。”《正义》曰:“长平故城在陈州宛丘县西六十六里。”秦封泥有“长平丞印”。《读史方舆纪要》卷47《河南二》陈州“长平城”载:“在州西六十里。”又,“志云:长平城在今西华县东南十八里”。考古调查长平故城在今河南省西华县东北八十里。故治在今河南省西华县东北八十里。

新蔡县,本为楚县,秦因之。《史记·陈涉世家》载:“宋留不能入武关,乃东至新蔡,遇秦军,宋留以军降秦。”秦封泥有“新蔡丞印”。《汉书·地理志》载新蔡县属汝南郡,班固自注曰:“蔡平侯自蔡徙此,后二世徙下蔡,莽曰新迁。”《读史方舆纪要》卷 50《河南五》汝宁府新蔡县载:“古吕国,春秋蔡平侯徙都于此,故曰新蔡。”治在今河南省新蔡县。

柘县,本为楚地,秦置县。《史记·陈涉世家》载:“(葛婴)攻铚、酇、苦、柘、谯,皆下之。”《集解》引徐广曰:“苦、柘属陈。”秦封泥有“柘丞之印”。《读史方舆纪要》卷 50《河南五》归德府柘城县载:“古朱襄氏邑,春秋为陈株野地,战国时为楚柘邑。”《嘉庆重修一统志》卷 194 河南归德府“古迹”载:“柘县故城,在柘城县北。”治在今河南省柘城县西北。

苦县,本为楚县,秦因之。《史记·陈涉世家》载:“(葛婴)攻铚、酇、苦、柘、谯,皆下之。”《集解》引徐广曰:“苦、柘在陈。”秦封泥有“苦丞之印”。《读史方舆纪要》卷 50《河南五》归德府鹿邑县“苦县城”条载:“县东七十里,即楚之苦县,汉因之。”《嘉庆重修一统志》卷 194 河南归德府“古迹”载:“苦县故城,在鹿邑县东十里。”治在今河南省鹿邑县东。

平舆县,本为楚县,秦因之。《史记·秦始皇本纪》载:“二十三年,秦王复招王翦,强起之,使将击荆。取陈以南至平舆,虏荆王。”马非百认为秦置平舆县当此时。甚是。秦封泥有“平舆丞印”。《元和郡县图志》卷 9 蔡州汝阳县“平舆故城”条载:“平舆故城,汉县也,古沈子国。在县东北六十里。”唐汝阳县即今汝南县。治在今河南省汝南县东北、平舆县北。

阳夏县,本为楚县,秦因之。《史记·陈涉世家》载:“吴广者,阳夏人也。”秦封泥有“阳夏丞印”。《正义》引《括地志》云:“陈州太康县,本汉阳夏县。”治在今河南省太康县。

阳城县,本为楚县,秦因之。《史记·陈涉世家》载:“陈涉者,阳城人也。”从《索隐》来看,或以为汉颍川郡阳城,或以为汉汝南郡阳城。按:从陈胜楚人的身份来看,应与颍川阳城无关。《汉书·地理志》载汝南郡有阳城侯国,汉宣帝地节四年所封。据考古调查资料来看,秦汉阳城故址在今河南省商水县扶苏村。

陉山县,本为楚召陵县,秦改名焉。《史记·楚世家》载:“十六年,齐桓公以兵侵楚,至陉山。”《正义》引杜预注云:“陉,楚地。颍川召陵县南有陉亭。”相家巷秦封泥中有“陉山”。按:西安相家巷秦封泥乃秦郡、县上计秦廷的文书遗物,其地名多为郡、县名称。秦陉山县应是沿袭楚县名称。故址在今河南省漯河市东。

上蔡县,本为楚县,秦因之。《史记·李斯列传》:“李斯者,楚上蔡人也。”《史记·陈涉世家》载:“(陈王)以上蔡人房君蔡赐为上柱国。”可见上蔡县为楚、秦县。《嘉庆重修一统志》卷216河南汝宁府“古迹”载:“上蔡故城在汝宁府上蔡县西。”治在今河南省上蔡县西。

固陵县,本为楚地,秦置县。《史记·高祖功臣侯者年表》载:“(丁义)破钟离昧军固陵,侯,六百七十户。”《正义》引《括地志》曰:“固陵,县名。在陈州宛丘县西北四十二里。”《嘉庆重修一统志》卷191河南陈州府“古迹”载:“固始故城,在淮宁县西北,旧曰固陵。”治在今河南省淮阳县西北。

项县,本为楚县,秦因之。《史记·项羽本纪》载:“项氏世世为楚将,封于项,故姓项氏。”《正义》引《括地志》曰:“今陈州项城县即古项子国。”《嘉庆重修一统志》卷191河南陈州府“古迹”载:“阳夏故城在陈州府项城县东北。”治在今河南省沈丘县。

七、砀郡

本为魏地,秦王政二十二年(前225)秦灭魏,取之置郡。《史记·秦始皇本纪》载:“二十二年,王贲攻魏,引河沟灌大梁,大梁城坏,其王请降,尽取其地。”《史记·魏世家》载:“(王假)三年,秦灌大梁,虏王假,遂灭魏以为郡县。”《汉书·地理志》梁国下班固自注“故秦砀郡”。《水经注·睢水》载:“睢水又东径睢阳县故城南,周成王封微子启于宋,以嗣殷后,为宋都也。……秦始皇二十二年以为砀郡。”秦末,楚怀王曾封刘邦为砀郡长,将砀郡兵。可见,秦一代置有砀郡。

砀郡辖境,从《中国历史地图集》来看,除东南角属安徽省、东北角属山东省外,大部分在今河南省幅员内。[①] 下面我们依据文献和考古资料来考证其在今河南省幅员内的辖县。

砀县,本为魏地,秦置县。《史记·项羽本纪》载:“项羽军彭城西,沛公军砀。”《史记·曹相国世家》载:“东取砀、萧、彭城。”秦封泥有“砀丞之印”。《水

---

① 谭其骧主编:《中国历史地图集》第二册,第7~8图幅。

经注·获水》:“应劭曰:县有砀山,山在东,出文石。秦立砀郡盖取山之名。”治在今河南省夏邑县东、安徽砀山县南。

芒县,本为魏县,秦沿置。《史记·高祖本纪》载:“高祖即自疑,亡匿,隐于芒、砀山泽岩石之间。”秦封泥有“芒丞之印”。《元和郡县图志》卷7亳州永城县载:“永城县,因隋旧县。本秦芒县地,汉不改。”治在今河南省永城市东北。

启封县,本为魏县,秦沿置。因避汉景帝的讳,《史记》多作“开封”,后遂以开封名世。《史记·秦本纪》载:“(秦昭襄王)三十二年,相穰侯攻魏,至大梁,破暴鸢,斩首四万。鸢走,魏入三县请和。”云梦睡虎地秦简《编年记》载:“三十二年,攻启封。”①二者所记为一事。《史记·高祖本纪》载:“郦商为将,将陈留兵,与偕攻开封,开封未拔。”秦封泥有“启封丞印”。《读史方舆纪要》卷47《河南二》开封府祥符县“开封废县”条载:“在府南五十里。”治在今河南省开封市南启封故城。

岐县,本为魏地,秦置县。《史记·樊郦滕灌列传》载:“沛公略地至陈留。六月余,商以将卒四千人属沛公于岐。”《索隐》曰:“地名缺,盖在河南陈、郑之间。”秦封泥有“岐丞之印”。地望无考,大致在今河南省开封市东南附近。

陈留县,本为魏地,秦置县。《史记·项羽本纪》载:“沛公、项羽去外黄攻陈留,陈留坚守不能下。”又《史记·郦生陆贾列传》载:“夫陈留,天下之冲,四通五达之郊也。”《读史方舆纪要》卷47《河南二》开封府陈留县“陈留故城”条载:“县北二十里,秦旧县也。”治在今河南省开封市东南陈留故城。

睢阳县,本为宋地,魏取之,置县,秦因之。《史记·项羽本纪》载:“东至睢阳,闻之者争下项王。”《史记·樊郦滕灌列传》载:“灌婴者,睢阳贩缯者也。”《正义》注曰:“睢阳,宋州宋城也。”《读史方舆纪要》卷50《河南五》归德府商丘县“睢阳城”条载:“‘睢阳故城在宋州治南三里外城中’,秦县治此。”睢县为砀郡治所所在。《嘉庆重修一统志》卷194河南归德府“古迹”载:“睢阳故城,在商丘县南。”治在今河南省商丘市西南睢阳故城。

雍丘县,本为魏县,秦沿置。《史记·秦始皇本纪》载:“五年,将军骜攻魏,定酸枣、燕、虚、长平、雍丘、山阳城,皆拔之。”《史记·高祖本纪》载:“西略地至雍丘,大破秦军,斩李由。”《水经注·睢水》载:“睢水又东径雍丘县故城北,秦

① 睡虎地秦墓竹简整理小组编:《睡虎地秦墓竹简》(编年记释文注释),第5页。

以为县。”《读史方舆纪要》卷47《河南二》开封府杞县“雍丘城”条曰：“今县治。”治在今河南省杞县。

外黄县，本为魏县，秦因之。《史记·项羽本纪》载：“还攻外黄，外黄不下。”《史记·樊郦滕灌列传》载：“（樊哙）击破王武、程处军于外黄。”《正义》引《括地志》曰：“故周城即外黄之地，在雍丘县东。”《读史方舆纪要》卷47《河南二》开封府杞县“外黄城”条曰：“在县东北六十里。”治在今河南省民权县西北外黄故城。

济阳县，本为魏县，秦因之。《史记·苏秦张仪列传》载苏代曰：“决白马之口，魏无外黄、济阳。”《水经注·济水》载：“济水东径济阳县故城北……《竹书纪年》：梁惠成王三十年，城济阳。”《读史方舆纪要》卷47《河南二》开封府兰阳县“济阳城”条曰：“在县东五十里。春秋宋地，战国属魏。”治在今河南省兰考县东北堌阳镇。

蒙县，本为魏地，秦置县。《史记·绛侯周勃世家》载：“攻蒙、虞，取之。”《嘉庆重修一统志》卷194河南归德府“古迹”载：“故城在归德府商丘县东北。”治在今河南省商丘市。

虞县，本为魏地，秦置县。《史记·高祖本纪》载：“汉王乃西过梁地，至虞。”《嘉庆重修一统志》卷194河南归德府“古迹”载：“故城在归德府虞城县西南。”治在今河南省虞城县北。

襄邑县，本魏承匡县，秦徙之而改名襄邑县。《水经注·淮水》载：“（涣水）又东径襄邑县故城南，故宋之承匡、襄牛之地。宋襄公之所葬，故号襄陵矣。……西有承匡城，《春秋》‘会于承匡’者也。秦始皇以承匡卑湿，徙县于襄陵，更为襄邑。”《读史方舆纪要》卷50《河南五》归德府睢州“襄邑废县”条载：“襄邑废县，即今州治。”治在今河南省睢县。

谷县，本为魏甾丘县，秦更置谷县。《史记》作“菑”，汉为甾县。《史记·傅靳蒯成列传》载：“略梁地，别将击邢说军菑南，破之。”《集解》引徐广曰：“今曰考城。”《索隐》曰：“菑音灾。今为考城，属济阴也。”《汉书·地理志》梁国下作“甾”。马非百考证：“《陈留风俗传》曰‘秦之谷县也’，后遭汉兵起，邑多灾年，故改曰菑县，王莽更名嘉谷。”①可见，汉甾县本为秦谷县。《读史方舆纪要》卷

---

① 马非百：《秦集史》，第639页。

50《河南五》归德府考城县“考城故城”条载：“考城故城，在县东南五里，本汉之甾县。”治在今河南省民权县东考城故城。

大梁县，战国时魏国都城，置县，秦因之。张耳、陈余都是大梁人。《水经注·渠水》载：“渠水又东径大梁城南。本春秋之阳武高阳乡也，于战国为大梁。……后魏惠王自安邑徙都之。……秦灭魏以为县。”汉时为浚仪县。《汉书·地理志》陈留郡浚仪县下班固自注曰：“故大梁，魏惠王自安邑徙此。”《读史方舆纪要》卷47《河南二》开封府祥符县“浚仪废县”条载：“在今城西北。”治在今河南省开封市。

酂县，本为魏地，秦置县。《史记·陈涉世家》载：“（葛婴）攻铚、酂、苦、柘、谯，皆下之。”秦封泥有“酂丞之印”。《读史方舆纪要》卷50《河南五》归德府永城县“酂县城”条载：“在县西南，本秦县。”治在今河南省永城市西酂城镇。

八、其他

除了上述郡、县，在今河南省幅员内的秦县还有九江郡的期思县、安丰县、雩娄县。

期思县，本为楚县，秦因之。《水经注·淮水》载：“淮水又东径期思县北，县故蒋国，周公之后也。《春秋》文公十年，……楚灭之以为县。”《史记·黥布列传》载：“立皇子长为淮南王，封贲赫为期思侯，诸将率多以功封者。”《汉书·地理志》期思县属汝南郡。《读史方舆纪要》卷50《河南五》光州固始县“期思城”条载：“县西北七十里。”治在今河南省固始县西北、淮滨县南期思镇。

安丰县，本为楚地，秦置县。秦封泥有“安丰丞印”。《汉书·地理志》六安国下有安丰县。《读史方舆纪要》卷21《南直三》寿州霍邱县“安丰城”条载：“在县西南二十里。”《嘉庆重修一统志》卷222河南光州“古迹”载：“安丰故城，在固始县东。”治在今河南省固始县东南。

雩娄县，本为楚县，秦因之。秦封泥有“雩娄丞印”。《汉书·地理志》庐江郡下有雩娄县。《读史方舆纪要》卷21《南直三》寿州霍邱县“雩娄城”条载：“在县西南八十里。”治在今河南省商城县东北。

另外，今河南省灵宝市地属内史宁秦县境。

第二节　西汉时期河南的郡、县

公元前 202 年,汉王刘邦在战胜项羽之后,建立了汉朝,定都长安,开启了西汉王朝二百多年的统治。西汉共历十二帝,二百一十年。8 年,西汉为王莽所代。王莽称帝,国号新,23 年为绿林军所灭。

西汉初期,汉高祖刘邦在沿袭秦代郡县制的同时,又实行“封邦建国”的分封制,对一些故旧功臣进行分封,建立诸侯国。这样在地方上就出现了郡、县与王国、侯国并存的多元行政区划的复杂局面。

在楚汉战争期间,为了战胜项羽,刘邦先后被迫分封了七个异姓诸侯王,即楚王韩信、梁王彭越、淮南王英布、赵王张耳、韩王信、燕王臧荼、长沙王吴芮。其中韩国的辖境全在今河南省幅员内,楚国、梁国、淮南国的部分辖境在今河南省幅员内。这些王国占据了当时汉朝疆域的一半,并且多为东部的富庶地区,无疑对汉朝的统治构成了严重威胁。因此,刘邦采取多种措施,逐步剪除了异姓诸侯王。

在消除异姓诸侯王的同时,刘邦又大封同姓诸侯王,他认为秦朝二世而亡是因为没有实行分封,无人拱卫中央。因此,刘邦的兄弟子侄被封为诸侯,并约定“非刘氏而王者,天下共击之”。这样就出现汉郡与王国并立的局面。

在诸侯王国内,依然有郡县,这些属于诸侯王国的郡叫作支郡,名义上归中央领导,实际上由诸侯王直接管辖并任命。

除了分封诸侯王,刘邦还分封了一百多位功臣为列侯,建立侯国。侯国的地位与县相当,并直属中央管辖。

强大诸侯王国的存在,对汉廷形成了潜在的威胁。汉文帝采纳了贾谊“众建诸侯少其力”的建议,对大的诸侯王国进行析分。汉景帝时又采纳晁错的建议,将王国的支郡收归中央。七国之乱后,汉景帝大力削弱诸侯王的权力,不仅将王国的支郡收归中央管辖,而且剥夺了诸侯王的行政权和民事权,诸侯王只是领取一定数额的租税作为俸禄。这样,诸侯王的地位就大大地下降,变得和一般的汉郡没有什么差别了。汉武帝时期,“推恩令”的实行又进一步地缩小了诸侯王的领地,侯国数量相应地增多,侯国就不再直属中央,而由相邻的汉郡管辖。

经过文、景、武帝三代的努力,汉初的王国问题得到彻底解决。这个时期的行政区划发生了一些变化,就是王国不再辖有支郡,相当于汉郡的地位,而侯国则相当于县的地位。

《汉书·地理志》记载的主要是汉成帝元延、绥和之际的郡国版图,其后的变化不大。因此,我们就以此为时间断限,来考证今河南省幅员内西汉时期郡、县的发展变化及其辖县情况。对西汉政区作系统研究的是周振鹤先生,其著作有《西汉政区地理》《汉书地理志汇释》和《中国行政区划通史·秦汉卷》中西汉政区部分。① 这是我们研究的基础。

在汉中央直接控制的地区沿袭了秦代的郡县制,郡下统县。由于今河南省位于中原腹地,是汉廷与诸侯王国争斗的拉锯地区,其郡县的分合变化十分复杂。

一、河南郡

本秦三川郡地。汉高帝二年(前 205),置河南郡。郡治雒阳县,治在今河南省洛阳市东北。据张家山汉简《二年律令·秩律》的记载,在高后二年(前186),河南郡有辖县二十六,计为雒阳、陕、新安、卢氏、宜阳、新城、平阴、河南、缑氏、成皋、荥阳、卷、阳武、梁、启封、陈留、圉、岐、闲阳、索、酸枣、苑陵、密、尉氏、中牟、黄乡。② 与秦三川郡辖境相比,河南郡的辖境明显扩大,原属秦砀郡的启封、陈留、岐,原属秦颍川郡的苑陵、尉氏,原属秦东郡的酸枣等都在汉初划归了河南郡。究其原因,应是刘邦在以秦颍川郡封韩王信,以秦砀郡、东郡封梁王

① 参考周振鹤《西汉政区地理》(人民出版社,1987 年)、《汉书地理志汇释》(安徽教育出版社,2006 年)及其与李晓杰、张莉合著的《中国行政区划通史·秦汉卷》。

② 晏昌贵:《〈二年律令·秩律〉与汉初政区地理》,见中国地理学会历史地理专业委员会、《历史地理》编辑委员会编《历史地理》第 21 辑,上海人民出版社,2006 年。下文《二年律令·秩律》内容皆见于此文,不再一一注之。

彭越时,将与河南郡相邻的县改隶之。

汉文帝四年(前 176),废岐县,圉县改属淮阳国。汉文帝十二年(前 168),徙淮阳王武王梁。文帝采纳贾谊之策,以周边郡相邻之县益梁国,则陈留、尉氏、酸枣、黄乡四县当改隶之。

汉武帝元鼎四年(前 113),析内史、河南和南阳三郡,置弘农郡,陕县、卢氏县、新安县、渑池县、宜阳县改隶之。此后,河南郡无变化。

雒阳县,本为秦县,汉因之。新莽更名宜阳。治在今河南省洛阳市东北。

荥阳县,本为秦县,汉因之。治在今河南省荥阳市东荥阳古城。

偃师县,战国东周七县之一。秦废,汉复置县。《读史方舆纪要》卷 48《河南三》河南府偃师县记载:"周武王伐纣,回师息戎,因名偃师。秦属三川郡,汉置县,属河南郡。"治在今河南省偃师市稍东。

京县,本为秦县,汉因之。治在今河南省荥阳市东南。

平阴县,本为秦县,汉因之。治在今河南省孟津县北。

中牟县,春秋郑地,战国韩地。汉高帝十二年九月,封单右车为中牟侯;汉武帝元鼎五年,国除为县。《嘉庆重修一统志》卷 187 河南开封府古迹"中牟故城"载:"在今中牟县东。"治在今河南省中牟县东。

平县,汉高帝六年六月封沛嘉为平侯,汉景帝中元五年国除为县。新莽更名治平。《嘉庆重修一统志》卷 206 河南河南府"古迹"载:"平县故城,在孟津县东。"治在今河南省孟津县东。

阳武县,本为秦县,汉因之。治在今河南省原阳县东南。

河南县,本为秦县,汉因之。治在今河南省洛阳市西。

缑氏县,本为秦县,汉因之。新莽更名中亭。治在今河南省偃师市东南。

卷县,本为秦县,汉因之。治在今河南省原阳县西。

原武县,汉置县,新莽更名原垣。《嘉庆重修一统志》卷 203 河南怀庆府"古迹"载:"原武故城,今阳武县治。汉置县,晋省。"治在今河南省原阳县。

巩县,本为秦县,汉因之。治在今河南省巩义市东南。

谷城县,本为秦县,汉因之。治在今河南省洛阳市西北。

故市县,汉高帝六年四月封阎泽赤为故市侯,汉武帝元鼎五年国除为县。《嘉庆重修一统志》卷 187 河南开封府"古迹"载:"故市废县,在郑州西北三十五里。"治在今河南省郑州市西北。

密县,高帝五年置县,隶属河南郡。《嘉庆重修一统志》卷 187 河南开封府“古迹”载:“密县故城,在今县东南。《水经注》载:密县故城,春秋谓之新城,汉置密县于此。”治在今河南省新密市东南。

新成(城)县,本为秦县,汉因之。治在今河南省伊川县西南。

开封县,本秦启封县。汉高帝十一年十二月封陶舍为启封侯,汉武帝元鼎五年国除为县。治在今河南省开封市南。

成皋县,本为秦县,汉因之。治在今河南省荥阳市西北。

苑陵县,本为秦县,属颍川郡,汉因之,高帝五年改隶河南郡。治在今河南省新郑市东北。

梁县,本为秦县,汉因之。治在今河南省汝州市西。

新郑县,本为秦县,属颍川郡,汉因之,高帝五年改隶河南郡。治在今河南省新郑市。

二、颍川郡

本秦颍川郡地。汉初因之,高帝五年(前 202)以之封韩王信,北部密、苑陵、新郑三县改隶河南郡。高帝六年(前 201),徙封韩王信太原,颍川复为汉郡。高帝十一年(前 196),封子友为淮阳王,颍川郡为淮阳国支郡。汉惠帝元年(前 194),淮阳国除,颍川郡复为汉郡。据《二年律令·秩律》记载,在高后二年(前 186),颍川郡有辖县十六,计为阳翟、城父、阳城、襄城、偃、郏、颍阳、长社、颍阴、定陵、舞阳、解陵、成安、鄢陵、许、□阴。此后未再被分封。与《汉书·地理志》记载的辖县相比,颍阴、解陵二县被废。颍阴本为秦县,汉高帝以之封灌婴,武帝建元六年(前 135)国除被废。解陵当为汉初置。

阳翟县,本为秦县,汉因之。新莽更名颍川。为颍川郡郡治所在。治在今河南省禹州市。

昆阳县,本为秦县,汉因之。治在今河南省叶县。

颍阳县,本为秦县,汉因之。治在今河南省许昌市西南。

定陵县,本为战国时期楚国东不羹,汉置县。《嘉庆重修一统志》卷 211 河南南阳府“古迹”载:“定陵故城,在舞阳县北十五里。”治在今河南省舞阳县东北北舞渡镇。

长社县,本为秦县,汉因之。治在今河南省长葛市东北。

新汲县,汉宣帝神爵三年置,因河内郡有汲县,故加"新"以示区别。《嘉庆重修一统志》卷 191 河南陈州府"古迹"载:"新汲故城,在扶沟县西南。"治在今河南省扶沟县西南。

襄城县,本为战国时期楚国西不羹,秦置县,汉因之。新莽更名相城。治在今河南省襄城县。

郾县,汉初置。《嘉庆重修一统志》卷 218 河南许州"古迹"载:"郾县故城,在郾城县南。"治在今河南省漯河市郾城区南。

郏县,本为秦县,汉因之。治在今河南省郏县。

舞阳县,本为秦县。汉高帝六年封樊哙为舞阳侯,汉景帝中元六年国除为县。汉武帝先后封昌武侯赵安稽、潦悼侯王援訾于舞阳,元鼎五年国除为县。治在今河南省舞阳县西北保和乡魏庄。

崇高县,汉武帝元封元年置。《嘉庆重修一统志》卷 206 河南河南府"古迹"载:"崇高故城,今登封县治。"治在今河南省登封市。

许县,本为秦县,汉因之。治在今河南省许昌市东。

鄢陵县,本为秦县,汉因之。治在今河南省鄢陵县西北。

临颍县,汉置,新莽更名监颍。《嘉庆重修一统志》卷 218 河南许州"古迹"载:"临颍故城,在今临颍县西北。"治在今河南省临颍县西。

父城县,汉初置。从《二年律令・秩律》来看,本作"城父",为与沛郡城父相区别,改为"父城"。《嘉庆重修一统志》卷 224 河南汝州"古迹"载:"父城故城,在宝丰县东四十里。"治在今河南省宝丰县东南古城村。

成安,侯国。汉武帝元鼎五年封韩延年为成安侯,析郏县置成安侯国;元封六年国除为县。汉昭帝元凤三年封郭忠为成安侯,至莽绝。《嘉庆重修一统志》卷 224 河南汝州"古迹"载:"成安故城,在州东南。"治在今河南省汝州市东南。

周承休,侯国。汉元帝初元五年封姬延年为承休侯,析长社县置承休侯国,至莽绝,更名嘉美。《嘉庆重修一统志》卷 224 河南汝州"古迹"载:"承休故城,在州东。"治在今河南省汝州市东。

阳城县,本为秦县,汉因之。治在今河南省登封市东南。

纶氏县,本韩县,秦废。汉复置。《嘉庆重修一统志》卷 206 河南河南府"古迹”载:“颍阳故城,在登封县西南。春秋郑纶氏邑。汉置纶氏县,属颍川郡。后汉建初四年,改置轮氏县。晋废,后魏天安二年,改置颍阳县于此。”治在今河南省登封市西颍阳镇。

三、河内郡

本秦河内郡地。汉高帝元年(前206),司马印为殷王,王河内。高帝二年(前205)三月,河内属汉,为河内郡。高帝四年(前203),封张耳为赵王,王邯郸、巨鹿、常山三郡,邯郸郡之邺、馆陶二县改属河内郡。据《二年律令·秩律》记载,在高后二年(前186),河内郡有辖县十五,计为温、修武、轵、河阳、汲、荡阴、朝歌、野王、山阳、共、隆虑、邺、内黄、繁阳、馆陶。与秦河内郡比较,汉初废安阳县。汉景帝五年(前152),分赵国置魏郡,邺、内黄、繁阳、馆陶四县改隶魏郡。此后未再变化。新莽更名后队。

怀县,本为秦县,汉因之。新莽更名河内,为河内郡治所所在。治在今河南省武陟县西南。

汲县,本为秦县,汉因之。治在今河南省汲县西南。

武德县,本为秦县,汉因之。治在今河南省武陟县东南。

波县,汉置。《嘉庆重修一统志》卷203河南怀庆府“古迹”载:“波县故城,在济源县东南。”治在今河南省济源市东南。

山阳县,本为秦县,汉因之。汉景帝中元二年,封张当居为山阳侯。汉武帝元朔五年,国除为县。治在今河南省焦作市东、修武县西北山阳故城。

河阳县,本为秦县,汉因之。新莽更名河亭。治在今河南省孟州市西。

州县,汉置。《嘉庆重修一统志》卷203河南怀庆府“古迹”载:“州县故城,在河内县东南。”治在今河南省武陟县西。

共县,本为秦县,汉因之。汉高帝八年六月,封卢罢师为共侯;汉文帝后元四年,国除为县。治在今河南省辉县市。

平皋县,本秦邢丘县,汉改名平皋。汉高帝七年十月,封项佗为平皋侯;汉武帝元鼎五年,国除为县。治在今河南省温县东南平皋故城。

朝歌县,本为秦县,汉因之。治在今河南淇县东北。

修武县,本为秦县,汉因之。治在今河南省获嘉县。

温县,本为秦县,汉因之。治在今河南省温县东。

野王县,本为秦县,汉因之。新莽更名平野。治在今河南省沁阳市。

获嘉县,本汲县新中乡。汉武帝元鼎四年置县。《嘉庆重修一统志》卷 200 河南卫辉府“古迹”载:“获嘉故城,在新乡县西南十二里。”治在今河南省新乡市西。

轵县,本为秦县,汉初因之。汉文帝元年四月,封薄昭为轵侯;汉武帝元鼎五年,国除为县。治在今河南省济源市东南。

沁水县,汉置。《嘉庆重修一统志》卷 203 河南怀庆府“古迹”载:“沁水故城,在济源县东北。”治在今河南省济源市东北。

隆虑县,汉高帝六年正月,封周灶为隆虑侯;汉景帝中元元年,国除为县。《嘉庆重修一统志》卷 197 河南归德府“古迹”载:“隆虑故城,今林县治。”治在今河南省林州市。

荡阴县,本为秦县,汉因之。治在今河南省汤阴县西南。

四、东郡

本秦东郡地。楚汉之际属楚国。汉高帝五年(前 202)属汉,以砀郡封梁王彭越,东郡部分辖县以益之,非全属。汉高帝十一年(前 196),诛彭越,以子恢为梁王,东郡为梁国支郡。据《二年律令·秩律》记载,在高后二年(前 186),东郡有辖县十一,计为濮阳、阳平、东阿、聊城、燕、观、白马、东武阳、茬平、鄄城、顿丘。可见,东郡当在汉惠帝时或高后元年(前 187)收归汉廷,以高后元年可能性最大。与秦东郡辖境相比较,汉东郡明显缩小,特别是今山东定陶一带为梁国所有。汉文帝十二年(前 168),徙淮阳王武为梁王。文帝采纳贾谊之策,以周边郡相邻之县益梁国,则茬平当改隶之。此后变化不大。新莽更名治亭。下面就其在今河南省幅员内的辖县考述之。

濮阳县,本为秦县,汉因之。新莽更名治亭,为东郡治所所在。治在今河南省濮阳市西南。

观县,汉置。东汉更名卫国。《嘉庆重修一统志》卷 35 直隶大名府“古迹”

载:“卫城,在清丰县东南四十里。”治在今河南省清丰县南。

顿丘县,本为秦县,汉因之。新莽更名顺丘。治在今河南省清丰县西南。

离狐县,汉置。新莽更名瑞狐。《嘉庆重修一统志》卷35直隶大名府“古迹”载:“离狐故城,在东明县东南。”治在今河南省濮阳市东南。

乐昌县,高后八年四月,封张寿为乐昌侯;汉文帝元年,国除为县。《嘉庆重修一统志》卷35直隶大名府“古迹”载:“乐昌故城,在南乐县西北。”治在今河南省南乐县西北。

白马县,本为秦县,汉因之。治在今河南省滑县东。

燕县,本为秦县,汉因之。治在今河南省延津县东北。

另外,今河南省范县、台前县地属东郡范县境。

五、南阳郡

本秦南阳郡地。楚汉之际属楚国。汉高帝二年(前205),属汉,置南阳郡。据《二年律令·秩律》记载,在高后二年(前186),南阳郡有辖县二十二,计为宛、穰、新野、赞、慎阳、析、郦、邓、比阳、平氏、胡阳、蔡阳、隋、叶、阳城、雉、鲁阳、犨、西平、阳安、朗陵、南陵。与秦南阳郡比较,汉初南阳郡东部辖境增大,应是汉高帝五年(前202)封楚王韩信时,将秦淮阳郡汝水以西地区划归了南阳郡。

汉文帝十二年(前168),淮阳王武改封为梁王,淮阳国除为郡。同时,又分淮阳郡南部置汝南郡。南阳郡东部的西平、阳安、朗陵、慎阳等县当改隶汝南郡。

汉武帝元鼎四年(前113),析河南、南阳、内史部分地区置弘农郡,南阳郡析、丹水二县改隶弘农郡。此后变化不大。新莽更名前队。下面就在今河南省幅员内的辖县考述之。

宛县,本为秦县,汉因之。新莽更名南阳。治在今河南省南阳市。

犨县,本为秦县,汉因之。治在今河南省鲁山县东南。

杜衍县,汉高帝七年,封王翳为杜衍侯;汉武帝元狩五年,国除为县。新莽更名闰衍。《嘉庆重修一统志》卷211河南南阳府“古迹”载:“杜衍故城,在南阳县西南二十三里。”治在今河南省南阳市西南。

育阳县,汉置。《嘉庆重修一统志》卷211河南南阳府“古迹”载:“育阳故城,在南阳县南六十里。”治在今河南省南阳市南。

博山,侯国。据《汉书·孔光传》,汉成帝绥和二年封孔光为博山侯,非《地理志》所载“哀帝置”。治在今河南省淅川县南。

涅阳县,汉高帝七年,封吕腾为涅阳侯;汉文帝五年,国除为县。《嘉庆重修一统志》卷211河南南阳府“古迹”载:“涅阳故城,在镇平县南。”治在今河南省镇平县南。

堵阳县,本秦阳城县,汉因之。《嘉庆重修一统志》卷211河南南阳府“古迹”载:“堵阳故城,在裕州东六里,本秦阳城县。”治在今河南省方城县东。

雉县,汉初置。《嘉庆重修一统志》卷211河南南阳府“古迹”载:“雉县故城,在南召县南。”治在今河南省南召县东南。

新野县,汉初置。《嘉庆重修一统志》卷211河南南阳府“古迹”载:“新野故城,在今新野县治南。”治在今河南省新野县。

棘阳县,汉高帝七年,封杜得臣为棘阳侯;汉武帝元鼎五年,国除为县。《嘉庆重修一统志》卷211河南南阳府“古迹”载:“棘阳故城,在新野县东北。”治在今河南省新野县东北。

舞阴县,汉初置。汉武帝先后封膫侯次公、膫侯毕取于此,《汉书·景武昭宣元成功臣表》书为舞阳,应是舞阴之误。《嘉庆重修一统志》卷211河南南阳府“古迹”载:“舞阴故城,在泌阳县西北。”治在今河南省泌阳县北。

西鄂县,汉置。《嘉庆重修一统志》卷211河南南阳府“古迹”载:“西鄂故城,在南召县南。”治在今河南省南阳市东北夏响铺。

穰县,本为秦县,汉因之。新莽更名农穰。治在今河南省邓州市。

郦县,本为秦县,汉因之。治在今河南省南阳市北。

安众,侯国。汉武帝元朔四年,封刘丹为安众侯。新莽时绝。《嘉庆重修一统志》卷211河南南阳府“古迹”载:“安众故城,在镇平县东南。”治在今河南省邓州市东北。

冠军县,汉武帝元朔六年,封霍去病为冠军侯;元封元年,国除为县。《嘉庆重修一统志》卷211河南南阳府“古迹”载:“冠军故城,在邓州西北四十里。”治在今河南省邓州市西北。

比阳县,本为秦县,汉因之。治在今河南省泌阳县。

平氏县,本为秦县,汉因之。新莽更名平善。《嘉庆重修一统志》卷 211 河南南阳府“古迹”载:“平氏故城,在桐柏县西。”治在今河南省桐柏县西北平氏镇。

叶县,本为秦县,汉因之。治在今河南省叶县南。

鲁阳县,本为秦县,汉因之。治在今河南省鲁山县。

新都,侯国。汉成帝永始元年,封王莽为新都侯。新莽绝,更名新林。《嘉庆重修一统志》卷 211 河南南阳府“古迹”载:“新都故城,在新野县东,本新野之都乡。”治在今河南省新野县东。

胡阳县,亦作湖阳县,本为秦县,汉因之。治在今河南省唐河县南湖阳镇。

红阳,侯国。汉成帝河平二年,封王立为红阳侯。新莽绝,更名红俞。《嘉庆重修一统志》卷 211 河南南阳府“古迹”载:“红阳故城,在舞阳县西北。”治在今河南省叶县南。

乐成县,汉宣帝元康三年,封许延寿为乐成侯。汉成帝鸿嘉三年,国除为县。《嘉庆重修一统志》卷 211 河南南阳府“古迹”载:“乐成故城,在邓州西南三十里。”治在今河南省邓州市西南。

博望县,汉武帝元朔六年,封张骞为博望侯;元狩二年,国除为县。汉宣帝元康三年,封许舜为博望侯,汉成帝河平四年,国除为县。新莽更名宜乐。《嘉庆重修一统志》卷 211 河南南阳府“古迹”载:“博望故城,在南阳县东北六十里。”治在今河南省方城县博望镇。

复阳,侯国。汉宣帝元康四年,封刘延为复阳侯。新莽绝。《嘉庆重修一统志》卷 211 河南南阳府“古迹”载:“复阳故城,在桐柏县东,本湖阳之乐乡。”治在今河南省桐柏县西北。

六、汝南郡

本秦淮阳郡地。楚汉之际属楚国。汉高帝四年(前 203),属汉。汉高帝十一年(前 196),封子友为淮阳王。汉惠帝元年(前 194),徙淮阳王友为王赵,淮阳国除,淮阳、颍川复为汉郡。高后元年(前 187),以诈惠帝子强、武二人相继为淮阳王。高后八年(前 180),淮阳国除为郡。汉文帝四年(前 176),徙子代王武王淮阳。汉文帝十二年（前168），徙淮阳王武王梁，淮阳国除为郡，又分淮阳郡南部置汝南郡。按：在《汉书·地理志》"汝南郡"条，班固自注为"高帝置"。《水经注·汝水》也云，汉高祖四年置汝南郡，治上蔡县。然王国维谓汉高帝时置汝南郡事不足征。周振鹤断为汉文帝十二年置。[①] 张家山汉简《二年律令·秩律》所载县名是以汉惠帝七年（前188）县级行政区划为基础，再补充高后元年的行政建制变动而形成的。在其记载中，没有汝南郡的郡县记载，若汝南郡真为汉高帝四年置，在汉惠帝时并没有受封，理当为汉郡，进入记载。可见，汉高帝四年置汝南郡是存在问题的。

汉景帝二年（前155），封子刘非为汝南王；三年（前154），徙汝南王刘非王江都，汝南国除为郡。汉武帝元朔五年（前124），淮南国期思、弋阳二县改隶汝南郡。汉宣帝元康三年（前63），淮阳郡长平县改隶汝南郡。汉成帝元延三年（前10），析颍川郡定陵县置定陵侯国，别属汝南郡。新莽更名汝坟。下面就今河南省幅员内的辖县考述之。

平舆县，本为秦县，汉因之。为汝南郡治所所在。治在今河南省平舆县北。

阳安县，本为秦县，汉初属南阳郡。汉文帝十二年，改隶汝南郡。《嘉庆重修一统志》卷216河南汝宁府"古迹"载："阳安故城，在确山县东北。"治在今河南省确山县东北。

阳城县，本为秦县，汉因之。汉宣帝地节四年封刘雄为阳城侯，新莽国除，更名新安。治在今河南省商水县扶苏村。

溵强县，汉置。《嘉庆重修一统志》卷218河南许州"古迹"载："溵强故城，在临颍县东。"治在今河南省临颍县东。

汝阳县，本为秦县，汉因之。治在今河南省商水县汝阳故城。

吴房县，汉高帝八年，封杨武为吴房侯。汉景帝后元元年，国除为县。《嘉庆重修一统志》卷216河南汝宁府"古迹"载："吴房故城，在遂平县治。"治在今河南省遂平县。

安成，侯国。汉成帝建始元年，封王崇为安成侯。新莽国除，更名至成。《嘉庆重修一统志》卷216河南汝宁府"古迹"载："安成故城，在汝阳县东南。"治在今河南省汝南县东南。

---

① 周振鹤：《西汉政区地理》，第41、42页。

南顿县，本为秦县，汉因之。治在今河南省项城市西南顿镇。

朗陵县，汉初置，属南阳郡。汉文帝十二年，改隶汝南郡。《嘉庆重修一统志》卷216河南汝宁府“古迹”载：“朗陵故城，在确山县西南三十五里。”治在今河南省确山县西南。

宜春，侯国。汉武帝元朔五年，封卫伉为宜春侯；元鼎元年，国除为县。汉昭帝元凤四年，封王䜣为宜春侯；刘玄更始元年国除。新莽更名宣孱。《嘉庆重修一统志》卷216河南汝宁府“古迹”载：“宜春故城，在汝阳县西南。”治在今河南省汝南县西南和孝镇林楼村。

新蔡县，本为秦县，汉因之。新莽更名新迁。治在今河南省新蔡县。

新息县，本为楚息县，秦废，汉置新息县。新莽更名新德。《嘉庆重修一统志》卷222河南光州“古迹”载：“新息故城，在息县东。古息国。汉置新息县。”治在今河南省息县。

灈阳县，汉置。《嘉庆重修一统志》卷216河南汝宁府“古迹”载：“灈阳故城，在遂平县东南。”治在今河南省遂平县东。

期思县，本为秦县，属九江郡。汉初为淮南国属县，汉武帝元朔五年，改隶汝南郡。治在今河南省固始县西北、淮滨县南期思镇。

慎阳县，汉高帝十一年，封乐说为慎阳侯。汉武帝元狩五年，国除为县。《嘉庆重修一统志》卷216河南汝宁府“古迹”载：“慎阳故城，在正阳县北四十里。”治在今河南省正阳县北。

召陵县，本秦陉山，汉改置。《嘉庆重修一统志》卷218河南许州“古迹”载：“召陵故城，在郾城县东三十五里。”治在今河南省漯河市东。

弋阳，侯国。汉初置，为淮南国属县。汉武帝元朔五年，改隶汝南郡。汉昭帝元凤元年，封任宫弋阳侯。新莽国除。《嘉庆重修一统志》卷222河南光州古迹“弋阳故城”条载：“在州西。”治在今河南省潢川县西。

西平县，汉初置，属南阳郡。汉文帝十二年，改隶汝南郡。新莽更名新亭。《嘉庆重修一统志》卷216河南汝宁府“古迹”载：“西平故城，在今西平县西。汉置县，属汝南郡。唐贞观元年省，天授元年分郾城复置。《寰宇记》：故城在县西七十里。”治在今河南省西平县西、舞阳县东南。

上蔡县，本为秦县，汉因之。治在今河南省上蔡县西南。

西华县，汉置。新莽更名华望。《嘉庆重修一统志》卷191河南陈州府“古迹”载:“西华故城,在今西华县南。”治在今河南省西华县南。

长平县,本为秦县,汉因之。汉武帝元朔二年,封卫青为长平侯;天汉二年,国除为县。汉宣帝元康三年,由淮阳郡改隶。新莽更名长正。治在今河南省西华县东北。

项县,本为秦县,汉因之。治在今河南省沈丘县。

宜禄县,汉置。《嘉庆重修一统志》卷 191 河南陈州府“古迹”载:“宜禄废县,在沈丘县北。汉置县,属汝南郡。后汉废。”治在今河南省郸城县东南。

安昌,侯国。汉成帝河平四年,封张禹为安昌侯。刘玄更始元年国除。新莽更名始成。治在今河南省确山县西。

安阳,侯国。汉文帝八年,封刘勃为安阳侯;十六年,国除为县。汉景帝中元二年,封周左车为安阳侯。汉武帝建元元年,国除为县。汉成帝鸿嘉元年,封王音为安阳侯。新莽国除,更名均夏。《嘉庆重修一统志》卷 216 河南汝宁府“古迹”载:“安阳故城,在正阳县西南。”治在今河南省正阳县南。

博阳县,汉宣帝元康三年,封邴吉为博阳侯;甘露元年,国除为县。新莽更名乐家。《嘉庆重修一统志》卷 191 河南陈州府“古迹”载:“博阳故城,在商水县东北四十里。汉县。”治在今河南省商水县东北。

成阳,侯国。汉成帝永始元年,封赵临为成阳侯。汉哀帝建平元年,国除为县。汉平帝元始元年,封刘众为成阳侯。新莽国除,更名新利。治在今河南省息县境。

定陵,侯国。汉成帝元延三年,封淳于长为定陵侯;绥和元年,国除。治在今河南省漯河市郾城区西北。

七、陈留郡

本秦砀郡地。楚汉之际属楚国。汉高帝五年(前 202),以砀郡封梁王彭越;十一年(前 196),诛彭越,封子恢为梁王。汉文帝二年(前 178),封子揖为梁王;十一年(前 169),梁王揖死,无后;十二年(前 168),徙淮阳王武王梁,即梁孝王。汉景帝中元六年(前 144),梁孝王死,梁国一分为五,其子明封为济川王。汉武帝建元三年(前 138),国除为郡,即济川郡;元狩元年(前 122),济川郡移治陈留，改名陈留郡。汉元帝永光三年（前 41），以陈留郡封济阳王子康；建昭五年（前 34），徙济阳王康王山阳，国除复为郡。此后无变化。

陈留县，本为秦县，属砀郡。汉初属河南郡。汉文帝十二年，以益梁国。汉景帝中元六年，为济川国属县。汉武帝建元三年，为济川郡辖县。元狩元年，为陈留郡郡治。《嘉庆重修一统志》卷 187 河南开封府“古迹”载：“陈留故城，今陈留县治。”治在今河南省开封市东南陈留故城。

小黄县，即黄乡县，汉初置。《水经注·济水》载：“（济水）东径小黄县之故城北，……县故阳武之东黄乡也。”《嘉庆重修一统志》卷 187 河南开封府古迹“小黄故城”条记载：“在陈留县东北。”治在今河南省开封市东杜良乡小黄铺。

成安县，汉置。治在今河南省民权县东北。

宁陵县，汉高帝十一年，封吕臣为宁陵侯。汉景帝五年，国除为县，属梁国。汉武帝元朔中，改隶济川郡。新莽更名康善。《嘉庆重修一统志》卷 194 河南归德府“古迹”载：“宁陵旧城，在宁陵县南。”治在今河南省宁陵县东南宁王城。

雍丘县，本为秦县，汉因之。治在今河南省杞县。

酸枣县，本为秦县，属东郡。汉初属河南郡。汉文帝十二年，属梁国。汉景帝中元六年，属济川国。汉武帝建元三年，属济川郡。治在今河南省原阳县东北。

东昏县，汉置县，本秦阳武县户牖乡。《嘉庆重修一统志》卷 187 河南开封府“古迹”载：“东昏故城，在兰阳县东北二十里。”治在今河南省兰考县北。

襄邑县，本为秦县，汉因之。新莽更名襄平。治在今河南省睢县。

外黄县，本为秦县，汉因之。治在今河南省兰考县东南。

封丘县，本战国时魏国衍县。秦废。汉高帝十一年，封翟盱为衍侯。汉武帝元朔元年，国除为县。后改名封丘。《嘉庆重修一统志》卷 200 河南卫辉府“古迹”载：“封丘故城，今封丘县治。”治在今河南省封丘县西南。

长罗，侯国。汉宣帝本始四年，封常惠为长罗侯。新莽国除，更名惠泽。《嘉庆重修一统志》卷 35 直隶大名府“古迹”载：“长罗故城，在长垣县北。”治在今河南省长垣县北。

尉氏县，本为秦县，属颍川郡。汉初属河南郡。汉文帝十二年，属梁国。汉景帝中元六年，属济川国。汉武帝建元三年，属济川郡。治在今河南省尉氏县。

傿县，汉置，属梁国。汉武帝元朔中，改隶济川郡。新莽更名顺通。《嘉庆重修一统志》卷 194 河南归德府“古迹”载:“傿县故城,在柘城县北。亦作鄢。”治在今河南省柘城县北。

长垣县,本为秦县,属东郡。汉初因之,属梁国。汉景帝中元六年,属济川国。汉武帝建元三年,属济川郡。治在今河南省长垣县东北。

平丘县,汉置。《嘉庆重修一统志》卷 35 直隶大名府“古迹”载:“平丘故城,在长垣县西南。”治在今河南省长垣县西南。

济阳县,本为秦县,属东郡。汉初因之,属梁国。汉景帝中元六年,属济川国,为国都所在。汉武帝建元三年,属济川郡,为郡治所在。新莽更名济前。治在今河南省兰考县东北堌阳镇。

浚仪县,本秦大梁县,属砀郡。汉初更名浚仪,属梁国。汉景帝中元六年,属济川国。汉武帝建元三年,属济川郡。治在今河南省开封市。

八、弘农郡

本秦河南郡、南阳郡、内史交接之地。汉武帝元鼎四年(前 113)置,治弘农县。新莽更名右队。

弘农县,本秦函谷关。汉武帝元鼎三年冬,徙函谷关于新安县,于故关置县。《嘉庆重修一统志》卷 206 河南河南府“古迹”载:“弘农故城,在灵宝县南。”治在今河南省灵宝市北。

卢氏县,本为秦县,属三川郡。汉初因之,属河南郡。汉武帝元鼎四年,改隶弘农郡。新莽更名昌富。治在今河南省卢氏县。

陕县,本为秦县,属三川郡。汉初因之,属河南郡。汉武帝元鼎四年,改隶弘农郡。新莽更名黄眉。治在今河南省三门峡市西。

宜阳县,本为秦县,属三川郡。汉初因之,属河南郡。汉武帝元鼎四年,改隶弘农郡。治在今河南省宜阳县西。

渑池县,本为秦县,属三川郡。汉初废。汉景帝中元二年,复为县,属河南郡。汉武帝元鼎四年,改隶弘农郡。新莽更名陕亭。治在今河南省渑池县西。

丹水县,本为秦县,属南阳郡。汉初因之。汉武帝元鼎四年,改隶弘农郡。治在今河南省淅川县西寺湾镇。

新安县,本为秦县,属三川郡。汉初因之,属河南郡。汉武帝元鼎四年,改隶弘农郡。治在今河南省渑池县东。

析县,本为秦县,属南阳郡。汉初因之。汉武帝元鼎四年,改隶弘农郡。新莽更名君亭。治在今河南省西峡县。

陆浑县,汉置。《嘉庆重修一统志》卷206河南河南府“古迹”载:“陆浑故城,在嵩县东北伏流城北二十余里。”治在今河南省嵩县东北。

九、其他

除上述郡、县外,在今河南省幅员内的汉郡辖县还有京兆尹的湖,江夏郡的西阳、轪、鄳、钟武,庐江郡的雩娄,魏郡的黎阳、内黄、繁阳、阴安,沛郡的酂、建平、建成、敬丘、芒、栗、祁乡。

湖县,本秦胡关。汉初置县。汉武帝建元元年,嫌其为匈奴之称,更名为湖。《嘉庆重修一统志》卷206河南河南府“古迹”载:“湖县故城,在阌乡县东四十里。”治在今河南省灵宝市西北。

西阳县,汉初置,属淮南国。汉文帝七年至十五年,为衡山郡辖县。汉文帝十六年,为衡山国属县。汉武帝元狩元年,国除,为衡山郡辖县;二年,析分衡山郡为江夏郡和庐江郡,属江夏郡。《嘉庆重修一统志》卷222河南光州古迹“西阳故城”条载:“在光山县西二十里。”治在今河南省光山县西。

轪县,汉惠帝二年,封黎朱苍为轪侯。汉武帝元封元年,国除为县。《嘉庆重修一统志》卷222河南光州“轪县故城”条载:“在光山县西北。”治在今河南省息县南、光山县西北。

鄳县,汉置。《嘉庆重修一统志》卷216河南汝宁府“古迹”载:“鄳县故城,在罗山县西南九里。”治在今河南省罗山县西。

钟武,侯国。汉宣帝元康元年,封长沙王子度为钟武侯,初封零陵,徙封江夏。新莽国除,更名当利。《嘉庆重修一统志》卷216河南汝宁府“古迹”载:“钟武故城,今信阳州东南。”治在今河南省信阳市东南。

雩娄县,本为秦县,属九江郡。汉初因之,属淮南国。汉文帝七年至十五年,为九江郡辖县。汉文帝十六年,为淮南国属县。汉武帝元狩元年国除,为九江郡辖县;二年,析九江郡西部与衡山郡东部置庐江郡,属庐江郡。《嘉庆重修一统志》卷 222 河南光州古迹“雩娄废县”载:“在商城县东北。”治在今河南省商城县东。

黎阳县,汉置。新莽更名黎蒸。《嘉庆重修一统志》卷 200 河南卫辉府“古迹”载:“黎阳故城,在今浚县东北。黎山在县东南二里。”治在今河南省浚县东北黎阳镇。

内黄县,本为秦县,属河内郡。汉初因之,属河内郡。汉景帝五年,析赵国南部与河内郡东部数县置魏郡,属魏郡。治在今河南省内黄县西。

繁阳县,本为秦县,属河内郡。汉初因之,属河内郡。汉景帝五年,属魏郡。治在今河南省内黄县东北。

阴安县,汉武帝元朔五年,封卫不疑为阴安侯;元鼎五年,国除为县。《嘉庆重修一统志》卷 35 直隶大名府“古迹”载:“阴安故城,在清丰县北二十里。”治在今河南省清丰县北古城集。

酂县,本为秦县,属砀郡。楚汉之际属楚国。汉高帝二年,属汉;六年,为梁国属县。汉武帝元朔中,改隶沛郡。新莽更名赞治。治在今河南省永城市西北酂城镇。

建平,侯国。汉高帝十一年,更封汾阴侯周昌为建平侯。汉文帝后元年,国除为县,属梁国。汉武帝元朔中,改隶沛郡。汉昭帝元凤元年,封杜延年为建平侯。新莽国除,更名田平。《嘉庆重修一统志》卷 194 河南归德府“古迹”载:“建平故城,今永城市西南。”治在今河南省虞城县东南。

建成,侯国。汉高帝六年,封吕释之为建成侯。高后元年,更封胡陵侯,国除为县,属梁国。汉武帝元朔中,改隶沛郡。汉宣帝五凤二年,封黄霸为建成侯。新莽国除。《嘉庆重修一统志》卷 194 河南归德府“古迹”载:“建成故城,今永城县东南。”治在今河南省永城市东南。

敬丘县,汉初置,属梁国。汉武帝元朔中,改隶沛郡。《汉书·地理志》记为“侯国”,误。周振鹤辨析之。东汉改名太丘县。《嘉庆重修一统志》卷 194 河南归德府“古迹”载:“太丘故城,在今永城县西北三十里。”治在今河南省永城市西北。

芒县,本为秦县,属砀郡。汉高帝六年,封耏跖为芒侯;十二年,国除为县,属梁国。汉武帝元朔中,改隶沛郡。治在今河南省永城市东北。

栗,侯国。汉武帝征和元年,封赵敬肃王子乐为栗侯。新莽国除,更名成富。《嘉庆重修一统志》卷 194 河南归德府“古迹”载:“栗国故城,今夏邑县治。”治在今河南省夏邑县。

祁乡,侯国。汉成帝永始二年,封梁夷王子贤为祁乡侯。新莽国除,更名会谷。《嘉庆重修一统志》卷 194 河南归德府“古迹”载:“祁乡故城,今夏邑县北祁邑乡。”治在今河南省夏邑县北。

第三节　西汉时期河南的王国、侯国

汉初,是皇帝与诸侯王共天下的局面。刘邦为了战败项羽,先后封立了七个异姓诸侯王。这些诸侯王占据汉疆域的一半,对专制皇权形成了威胁。汉高帝六年(前 201)开始逐步翦除异姓王国,分封同姓王国。汉高帝之后,同姓诸侯成尾大不掉之势,对汉廷形成直接威胁。经过文、景、武三代的努力,王国问题得以彻底解决。

一、西汉时期河南的王国

在今河南省的地域,是汉廷与王国对峙的区域。为了保障关中地区的安全,汉廷在豫西地区及南阳盆地设置汉郡,而豫东地区则设置亲信诸侯,以对东边齐地、南边楚地的诸侯形成牵制。因此,河南的王国多与汉廷关系亲密。七国之乱后,王国问题基本解决,河南的王国不再需要保持较大的封域和势力,故先后被析分成众多的小王国及侯国;再后更是被削郡削县或被夺爵。在西汉后期,就剩下梁国、淮阳国和六安国,辖境相当一郡或仅辖数县。下面,我们依据文献记载和考古资料,主要就封域在今河南省幅员内的王国进行考述。①

---

① 参考周振鹤《西汉政区地理》及《汉书地理志汇释》。

（一）韩国

本秦颍川郡地。汉高帝五年,以颍川郡封韩王信,都阳翟。颍川郡位于中原地区的腹心,交通四通八达,向东可以直通魏地,向南可达楚地,东南可通南阳盆地,向西通向汉廷控制东方的重镇洛阳,因此必须在汉廷的控制中。汉高帝六年,徙封韩国于太原郡,都晋阳。后韩王信投降匈奴,韩国国除。

韩国封域在颍川郡期间,其所领属县见前颍川郡。

（二）梁国

汉高帝五年封彭越为梁王,以魏故地王之,都定陶,其地"睢阳以北至谷城",即秦砀郡和东郡濮渠水、瓠子河以东以南地区,约相当于今河南省的开封、商丘与山东的菏泽、济宁等地。汉高帝十一年,诛彭越,以子恢为梁王,辖境不变。高后七年,徙恢为赵王,以吕王吕产为梁王,并改梁为吕。高后八年八月,吕产被杀,徙济川王为梁王;后九月,梁王被诛。

汉文帝二年,以子揖为梁王;十一年,梁王揖死,无后;十二年,徙淮阳王武为梁王。由于梁国东连齐地,南滨楚地,对东、南诸侯起着抑制作用,因此,汉文帝采用贾谊之策,以周边各郡之县增益梁国。此时,梁国都睢阳,有四十余城。在今河南省境内约有陈留、小黄、酸枣、长垣、浚仪、济阳、甾、成安、外黄、雍丘、封丘、尉氏、襄邑、宁陵、傿、鄸、芒、建平、建成、敬丘、睢阳、蒙、砀。

汉景帝中元六年,梁孝王武死,梁国一分为五,即梁国、济川国、济阴国、山阳国、济东国。时梁国有县:宁陵、傿、鄸、芒、建平、建成、敬丘、睢阳、蒙、砀、甾、虞、已氏、下邑、杼秋、谯。

汉武帝元朔中,梁国被削八城,宁陵、傿改隶陈留郡,谯、鄸、芒、建平、建成、敬丘改隶沛郡。时梁国有县:睢阳、蒙、砀、甾、虞、已氏、下邑、杼秋、栗、祁乡。汉武帝征和元年,栗被封为侯国,改隶沛郡。

汉成帝永始二年,祁乡被封为侯国,改隶沛郡。汉成帝元延中,梁国被削五县,甾、睢阳、蒙、虞改隶陈留郡,已氏改隶山阳郡。时梁国仅有三县,即砀、下邑、杼秋。砀县为国都。据《水经注·获水》记载,砀县有梁孝王墓。可见,砀县为梁国宗庙所在地,其削去五县中,必留砀县而去国都。睢阳为一大城,又为军事重镇,必在王氏割削之列。

汉平帝元始中,梁王立被王莽废为庶人,国除。砀、下邑、杼秋并入沛郡。后二年,复梁国,立梁孝王玄孙之曾孙音为梁王。新莽国除,更名陈定。

下面以《汉书·地理志》的记载,就河南省幅员内的梁国属县考述之。

砀县,本为秦县,属砀郡。楚汉之际属楚国。汉高帝五年,属梁国。新莽更名节砀。治在今河南省永城市北。

甾县,本秦谷县,属砀郡。汉初更名甾县。新莽更名嘉谷。治在今河南省民权县东北。

蒙县,本为秦县,属砀郡。楚汉之际属楚国。汉高帝五年,属梁国。新莽更名蒙恩。治在今河南省商丘市北。

虞县,本为秦县,属砀郡。楚汉之际属楚国。汉高帝五年,属梁国。新莽更名陈定亭。治在今河南省虞城县北。

睢阳县,本为秦县,属砀郡。楚汉之际属楚国。汉高帝五年,属梁国。治在今河南省商丘市南。

(三)济川国、济阳国

汉景帝中元六年,分梁孝王梁国,置济川国以封孝王子明,都济阳。时济川国属县有陈留、小黄、酸枣、长垣、浚仪、济阳、成安、外黄、雍丘、封丘、尉氏、襄邑等。

汉武帝建元三年,废明为庶人,国除为郡,即济川郡。

汉武帝元狩元年,济川郡徙治陈留,更名陈留郡。

汉元帝永光三年,以陈留郡置济阳国,以封子康。时济阳国属县有陈留、小黄、酸枣、长垣、浚仪、济阳、成安、外黄、雍丘、封丘、尉氏、襄邑、宁陵、傿等。

汉元帝建昭五年,徙济阳王王山阳,济阳国除,为陈留郡。

济川国、济阳国所属县考述,见前陈留郡。

(四)淮阳国

汉高帝十一年,以淮阳郡、颍川郡封子友为淮阳王,国都陈县。汉惠帝元年,徙淮阳王友王赵,淮阳国除。高后元年,相继以淮阳郡封诈惠帝子强、武为淮阳王。高后八年,吕氏败,淮阳国除为郡。

汉文帝四年,徙子代王武王淮阳。时淮阳国有属县陈、固始、苦、柘、扶沟、圉、阳夏、新平、宁平、襄邑、宁陵、傿、上蔡、平舆、新蔡、阳城、富波、汝阳、灈强、南顿、项、新息、召陵、西华、长平、宜禄、鲖阳、新郪、汝阴、细阳、慎等。

汉文帝十二年,徙淮阳王武王梁,淮阳国除为郡,北部襄邑、宁陵、傿三县益梁国。同时,分淮阳郡为二,即淮阳郡、汝南郡。时淮阳郡辖县有陈、固始、苦、柘、扶沟、圉、阳夏、新平、宁平、长平。

汉景帝二年,以淮阳郡封子余为淮阳王;三年,徙淮阳王余为鲁王,淮阳国除为郡。

汉宣帝元康三年,以淮阳郡封子钦为淮阳王。时淮阳国属县有陈、固始、苦、柘、扶沟、圉、阳夏、新平、宁平。此后淮阳未再为郡。新莽国除,更名新平。

下面以《汉书 · 地理志》所载,就淮阳国属县考述之。

陈县,本为秦县,属淮阳郡。楚汉之际属楚国。汉高帝五年至十一年,属淮阳郡;十一年夏,属淮阳国。汉惠帝元年至七年,为汉县。高后元年至八年,为淮阳国属县。汉文帝元年至四年,为汉县;四年至十二年,为淮阳国属县。汉文帝十二年至汉景帝元年,为汉县。汉景帝二年,为属县。汉景帝三年至汉宣帝元康三年,为汉县。汉宣帝元康三年至新莽国除,为属县。新莽更名陈陵。治在今河南省淮阳县。

固始县,本秦故陵县,属淮阳郡。其演变同陈县。治在今河南省淮阳县西北。

阳夏县,本为秦县,属淮阳郡。汉高帝六年,封陈豨为阳夏侯;十年,国除为县。其演变同陈县。治在今河南省太康县。

苦县,本为秦县,属淮阳郡。其演变同陈县。新莽更名赖陵。治在今河南省鹿邑县。

柘县,本为秦县,属淮阳郡。其演变同陈县。治在今河南省柘城县北。

扶沟县,汉初置,属淮阳国。其演变同陈县。《嘉庆重修一统志》卷 191 河南陈州府"古迹"载:"扶沟故城,在扶沟县东北五十里。"治在今河南省扶沟县东北。

圉县,汉初置,属河南郡。汉文帝四年,改隶淮阳国。其演变同陈县。新莽更名益岁。《嘉庆重修一统志》卷 187 河南开封府"古迹"载:"圉县故城,今杞县南圉镇。"治在今河南省杞县南圉镇。

新平县,高后二年,更封杜恬为信平侯。汉景帝中元元年,国除为县,属淮阳郡。按:信、新同字,信平即新平。其演变同陈县。《嘉庆重修一统志》卷 191 河南陈州府"古迹"载:"新平故城,在淮宁县东北。汉县也。"治在今河南省淮阳县东北。

宁平县,汉初置,属淮阳国。其演变同陈县。《嘉庆重修一统志》卷 216 河南汝宁府“古迹”载:“宁平故城,今鹿邑县西南五十里。”治在今河南省郸城县东。

(五) 汝南国

汉文帝十二年,析淮阳郡南部置汝南郡。汉景帝二年,封子非为汝南王;三年,徙汝南王非王江都,汝南国除为郡。此后,汝南郡未再置封国。

汝南国存在仅一年。时国有属县上蔡、平舆、新蔡、阳安、西平、朗陵、阳城、富波、汝阳、濦强、南顿、项、新息、召陵、西华、长平、宜禄、鲖阳、新鄓、汝阴、细阳、慎等。其在今河南省幅员内各县考述,见前汝南郡。

(六) 六安国

本秦九江郡地。汉高帝五年,以九江、衡山、庐江、豫章四郡封英布为淮南王;十一年,更封子长。汉文帝七年,淮南国除,为九江、衡山、庐江、豫章四郡。汉文帝十六年,以九江郡置淮南国。汉武帝元狩元年,淮南国除,为九江郡;二年,析九江郡西部数县置六安国,以封胶东康王子庆,都六县。时国属县有六、蓼、安丰、安风、阳泉。此后未再为郡。新莽国除,更名安风。下面将在今河南省幅员内的属县考述之。

蓼县,汉高帝六年,封孔聚为蓼侯。汉武帝元朔三年,国除为县,属淮南国。汉武帝元狩元年,为汉县,属九江郡;二年,为六安国属县。《嘉庆重修一统志》卷222河南光州“古迹”载:“蓼县故城,今固始县东北七十里蓼城冈。”治在今河南省固始县东北。

安丰县,本为秦县,属九江郡。楚汉之际属九江国。汉高帝五年至汉文帝七年,为淮南国属县。汉文帝七年至十六年,为汉县,属九江郡。汉文帝十六年至汉武帝元狩元年,属淮南国。汉武帝元狩二年,属六安国。新莽更名美丰。治在今河南省固始县东南。

二、西汉时期河南的侯国

刘邦平定天下后,为了满足功臣们“日夜望咫尺之地”的愿望,在拜赐彻侯爵位的同时,分封了一县之地作为侯国。后来,这套制度推广到王子皇孙、外戚恩泽。这样,汉初就在山东的汉郡、王国境内分封了大批的侯国。侯国直接归汉廷管辖。

七国之乱后，汉景帝将侯国的行政权收归中央，汉郡内的侯国由所在郡管辖，王国内的侯国由相邻汉郡管辖。汉武帝进一步推行“推恩令”，王国析置出大批的侯国，使得王国辖境被大量蚕食，并最终解决王国问题。

今河南省地处山东地区，汉廷分置了许多的侯国。周振鹤对西汉侯国问题多有研究，马孟龙对西汉侯国问题的研究则更加系统、全面。在此基础上，下面我们以表格形式，按照分封的时间顺序来展示西汉时期河南境内侯国的演变。①

表 2-1　西汉时期河南境内侯国一览表

序号	侯国	受封者	置年	废年	类别	地望	所在（隶属）郡国
1	建成	吕释之	高帝六年（前201）正月	高后元年（前187）	外戚	今河南省永城县东南	梁国
2	酂	萧何	高帝六年（前201）正月	文帝元年（前179）	功臣	今河南省永城县酂城乡	梁国
3	舞阳	樊哙	高帝六年（前201）正月	景帝中元六年（前144）	功臣	今河南省舞阳县西北保和乡魏庄	颍川
4	颍阴	灌婴	高帝六年（前201）正月	武帝建元六年（前135）	功臣	今河南省许昌市	颍川—淮阳
5	蓼	孔聚	高帝六年（前201）正月	武帝元朔三年（前126）	功臣	今河南省固始县东北	淮南—九江—淮南
6	阳夏	陈豨	高帝六年（前201）正月	高帝十年（前197）八月	功臣	今河南省太康县	淮阳
7	隆虑	周竈	高帝六年（前201）正月	景帝中元元年（前149）	功臣	今河南省林州市	河内
8	武强	严不职	高帝六年（前201）三月	武帝元鼎二年（前115）	功臣	今河南省郑州市东北	河南

① 参考周振鹤《西汉政区地理》及《汉书地理志汇释》；马孟龙：《西汉侯国地理》，上海古籍出版社，2013年。

（续表）

序号	侯国	受封者	置年	废年	类别	地望	所在（隶属）郡国
9	芒	耏跖	高帝六年（前201）四月	高帝十二年（前195）	功臣	今河南省永城县东北三里甫城乡	梁国
10	故市	阎泽赤	高帝六年（前201）四月	武帝元鼎五年（前112）	功臣	今河南省郑州市西北	河南
11	乐成	丁礼	高帝六年（前201）八月	武帝元鼎五年（前112）	功臣	今河南省泌阳县南	南阳
12	平皋	项佗	高帝七年（前200）十月	武帝元鼎五年（前112）	功臣	今河南省温县北平皋村	河内
13	棘阳	杜得臣	高帝七年（前200）七月	武帝元朔五年（前124）	功臣	今河南省新野县东北	南阳
14	涅阳	吕腾	高帝七年（前200）七月	文帝五年（前175）	功臣	今河南省镇平县南	南阳
15	杜衍	王翥	高帝七年（前200）正月	武帝元狩五年（前118）	功臣	今河南省南阳市西南	南阳
16	吴房	杨武	高帝八年（前199）三月	景帝后元元年（前143）	功臣	今河南省遂平县	南阳—汝南
17	共	旅罢师	高帝八年（前199）六月	文帝后元四年（前160）	功臣	今河南省辉县市	河内
18	开封	陶舍	高帝十一年（前196）十二月	武帝元鼎五年（前112）	功臣	今河南省开封市南	河南
19	慎阳	乐说	高帝十一年（前196）十二月	武帝元狩五年（前118）	功臣	今河南省正阳县东北	南阳—汝南
20	宁陵	吕臣	高帝十一年（前196）十二月	景帝五年（前152）	功臣	今河南省宁陵县东南	淮阳—梁国
21	波	公上不害	高帝十一年（前196）二月	武帝元鼎五年（前112）	功臣	今河南省济源市东南	河内
22	戴	祕彭祖	高帝十一年（前196）三月	武帝后元元年（前88）	功臣	今河南省民权县东北	梁国
23	建平	周昌	高帝十一年（前196）三月	文帝后元元年（前163）	功臣	今河南省虞城县东南	梁国

（续表）

序号	侯国	受封者	置年	废年	类别	地望	所在（隶属）郡国
24	衍	翟盱	高帝十一年（前196）七月	武帝元朔元年（前128）	功臣	今河南省封丘县西南	河南—梁国—济川
25	中牟	单右车	高帝十二年（前195）九月	武帝元鼎五年（前112）	功臣	今河南省中牟县东	河南
26	期思	贲赫	高帝十二年（前195）十二月	文帝十四年（前166）	功臣	今河南省固始县西北	淮南—九江
27	桃	刘襄	高帝十二年（前195）三月	武帝元鼎五年（前112）	功臣	今河南省长垣县西（景帝末年徙封在今湖北省随州市一带）	梁国—南阳
28	鄢陵	朱濞	高帝十二年（前195）六月	景帝中元四年（前146）	功臣	今河南省鄢陵县北	颍川
29	轪	利苍	惠帝二年（前193）四月	武帝元封元年（前110）	功臣	今河南省息县南	淮南—衡山—江夏
30	襄城	刘义	高后元年（前187）四月	高后三年（前185）	恩泽	今河南省襄城县	颍川
31	轵	刘朝	高后元年（前187）四月	高后四年（前184）	恩泽	今河南省济源市轵城乡轵城村	河内
32	信（新）平	杜恬	高后二年（前186）	景帝中元元年（前149）	功臣	今河南省淮阳县东北	淮阳
33	乐昌	张寿	高后八年（前180）四月	文帝元年（前179）	赵王张敖子	今河南省南乐县西北	东郡
34	轵	薄昭	文帝元年（前179）四月	武帝元鼎五年（前112）	外戚	今河南省济源市轵城乡轵城村	河内
35	犁（黎或黎阳）	召奴	文帝十年（前170）四月	武帝元封六年（前105）	功臣	今河南省浚县东北黎阳镇	河内—魏郡

（续表）

序号	侯国	受封者	置年	废年	类别	地望	所在（隶属）郡国
36	建平	程嘉	景帝六年（前151）四月	武帝元光四年（前131）	功臣	今河南省虞城县东南	梁国
37	山阳	张当居	景帝中元二年（前148）四月	武帝元朔五年（前124）	功臣	今河南省焦作市东、修武县西	河内
38	安阳	周左车	景帝中元二年（前148）四月	武帝建元元年（前140）	功臣	今河南省正阳县南	汝南
39	隆虑	陈蟜	景帝中元五年（前145）五月	武帝元鼎元年（前116）	长公主嫖子	今河南省林州市	河内
40	桓（垣）邑	刘明	景帝中元五年（前145）五月	景帝中元六年（前144）	梁孝王子	今河南省长垣县东北	梁国
41	临汝	杨毋害	景帝中元五年（前145）	武帝元光二年（前133）	功臣	今河南省上蔡县西南	汝南
42	巢（鄛）	陈最	景帝中元六年（前144）	景帝后元三年（前141）	功臣	今河南省新野县东北	南阳
43	临汝	灌贤	武帝元光二年（前133）	武帝元朔五年（前124）	功臣	今河南省上蔡县西南	汝南
44	翕	赵信	武帝元光四年（前131）七月	武帝元朔六年（前123）	匈奴归义	今河南省内黄县东庄乡旧城村	魏郡
45	亲阳	月氏	武帝元朔二年（前127）十月	武帝元朔五年（前124）	匈奴归义	今河南省泌阳县羊册乡古城村	南阳
46	若阳	猛	武帝元朔二年（前127）十月	武帝元朔五年（前124）	匈奴归义	今河南省桐柏县平氏镇	南阳
47	张梁	刘仁	武帝元朔二年（前127）五月	武帝征和三年（前90）	梁共王子	今河南省商丘市西南	济川—陈留
48	长平	卫青	武帝元朔二年（前127）三月	武帝天汉二年（前99）	外戚	今河南省西华县东北	淮阳
49	安众	刘丹	武帝元朔四年（前125）三月	新莽绝	长沙定王子	今河南省邓州市东北	南阳

（续表）

序号	侯国	受封者	置年	废年	类别	地望	所在（隶属）郡国
50	叶	刘喜	武帝元朔四年（前125）三月	武帝元鼎五年（前112）	长沙定王子	今河南省叶县南	南阳
51	襄城	桀龙	武帝元朔四年（前125）七月	武帝后元二年（前87）	匈奴归义	今河南省襄城县	颍川
52	宜春	卫伉	武帝元朔五年（前124）四月	武帝元鼎元年（前116）	功臣	今河南省汝南县和孝镇林楼村	汝南
53	阴安	卫不疑	武帝元朔五年（前124）四月	武帝元鼎五年（前112）	功臣	今河南省清丰县北古城集	魏郡
54	博望	张骞	武帝元朔六年（前123）三月	武帝元狩二年（前121）	功臣	今河南省方城县博望镇	南阳
55	冠军	霍去病	武帝元朔六年（前123）四月	武帝元封元年（前110）	功臣	今河南省邓州市张村镇冠军村	南阳
56	终弋	刘广置	武帝元朔六年（前123）四月	武帝元鼎五年（前112）	衡山赐王子	今河南省潢川县西	汝南
57	义阳	卫山	武帝元狩四年（前119）六月	武帝太始四年（前93）	功臣	今河南省桐柏县平氏镇	南阳
58	湘成	敞屠洛	武帝元狩四年（前119）六月	武帝元鼎五年（前112）	匈奴归义	今河南省方城县东六里	南阳
59	散	董舍吾	武帝元狩四年（前119）六月	武帝征和三年（前90）	匈奴归义	今河南省登封县告城镇告城村	颍川
60	周子南君	姬嘉	武帝元鼎四年（前113）十一月	宣帝地节三年（前67）	周后裔	今河南省长葛市东	颍川
61	滕	次公	武帝元鼎四年（前113）六月	武帝元鼎五年（前112）	匈奴归义	今河南省方城县东南	南阳
62	成安	韩延年	武帝元鼎五年（前112）三月	武帝元封六年（前105）	功臣	今河南省汝州市东南	颍川

（续表）

序号	侯国	受封者	置年	废年	类别	地望	所在(隶属)郡国
63	滕	毕取	武帝元鼎六年（前111）三月	武帝后元二年（前87）	南粤归义	今河南省方城县东南	南阳
64	安道	揭阳定	武帝元鼎六年（前111）三月	武帝征和四年（前89）	南粤归义	无考	南阳
65	湘成	监居翁	武帝元鼎六年（前111）五月	宣帝五凤四年（前54）	南粤归义	今河南省方城县东六里	南阳
66	下鄜	黄同	武帝元封元年（前110）四月	武帝后元二年（前87）	南粤归义	今河南省南阳市西南	南阳
67	栗	刘乐	武帝征和元年（前92）	新莽绝	赵敬肃王子	今河南省夏邑县（徙迁至此）	广平—淮阳—沛郡
68	安阳	上官桀	昭帝始元二年（前85）正月	昭帝元凤元年（前80）	外戚	今河南省安阳市东南	河内
69	建平	杜延年	昭帝元凤元年（前80）十月	新莽绝	功臣	今河南省虞城县东南	沛
70	弋阳	任宫	昭帝元凤元年（前80）十月	新莽绝	功臣	今河南省潢川县西	汝南
71	成安	郭忠	昭帝元凤三年（前78）二月	新莽绝	功臣	今河南省汝州市东南	颍川
72	宜春	王訢	昭帝元凤四年（前77）二月	新莽绝	恩泽	今河南省汝南县和孝镇林楼村	汝南
73	义阳	傅介子	昭帝元凤四年（前77）七月	宣帝元康元年（前65）	功臣	今河南省桐柏县平氏镇	南阳
74	安平	杨敞	昭帝元凤六年（前75）十一月	宣帝五凤四年（前54）	恩泽	今河南省睢县南	陈留
75	阳武	刘询	昭帝元平元年（前74）七月	昭帝元平元年（前74）	恩泽	今河南省原阳县东南	河南
76	南利	刘昌	宣帝本始元年（前73）七月	宣帝地节二年（前68）	广陵厉王子	今河南省商水县固墙乡三合村	汝南

（续表）

序号	侯国	受封者	置年	废年	类别	地望	所在(隶属)郡国
77	长罗	常惠	宣帝本始四年（前70）四月	新莽绝	功臣	今河南省长垣县东北三十里	陈留
78	冠军	霍云	宣帝地节三年（前67）四月	宣帝地节四年（前66）	恩泽	今河南省邓州市张村镇冠军村	南阳
79	乐昌	王武	宣帝地节四年（前66）二月	新莽绝	外戚	今河南省南乐县西北	东郡
80	阳城	刘德	宣帝地节四年（前66）三月	新莽绝	恩泽	今河南省商水县舒庄乡扶苏村	汝南
81	复阳	刘延	宣帝元康元年（前65）正月	新莽绝	长沙顷王子	今河南省桐柏县西	南阳
82	钟武	刘度	宣帝元康元年（前65）正月	新莽绝	长沙顷王子	今河南省信阳市东南	江夏
83	周承休	姬延年	宣帝元康元年（前65）三月	东汉仍存	周子南君后裔	今河南省汝州市东南	颍川
84	博望	许舜	宣帝元康三年（前63）三月	成帝河平四年（前25）	外戚	今河南省方城县博望镇	南阳
85	乐成	许延寿	宣帝元康三年（前63）三月	成帝鸿嘉三年（前18）	外戚	今河南省桐柏县平氏镇	南阳
86	博阳	邴吉	宣帝元康三年（前63）三月	宣帝甘露元年（前53）	恩泽	今河南省商水县东	汝南
87	归德	先贤掸	宣帝神爵三年（前59）四月	明帝永平十四年（71）	匈奴归义	无考	汝南
88	建成	黄霸	宣帝五凤三年（前55）二月	新莽绝	恩泽	今河南省永城县东南	沛郡
89	义阳	厉温敦	宣帝五凤三年（前55）二月	宣帝五凤四年（前54）	匈奴归义	今河南省桐柏县平氏镇	南阳
90	贳乡	刘平	元帝建昭元年（前38）正月	元帝建昭四年（前35）	梁敬王子	今河南省商丘市西南	陈留

（续表）

序号	侯国	受封者	置年	废年	类别	地望	所在（隶属）郡国
91	黄	刘顺	元帝建昭元年（前38）正月	哀帝元寿二年（前1）	梁敬王子	今河南省民权县东北	济阴—山阳
92	甾乡	刘就	元帝建昭元年（前38）正月	新莽绝	梁敬王子	今河南省民权县东北	济阴—山阳
93	安成	王崇	成帝建始元年（前32）二月	新莽绝	外戚	今河南省正阳县北	汝南
94	红阳	王立	成帝河平二年（前27）六月	新莽绝	外戚	今河南省叶县南	南阳
95	安昌	张禹	成帝河平四年（前25）六月	新莽绝	恩泽	今河南省确山县西	汝南
96	安阳	王音	成帝鸿嘉元年（前20）六月	新莽绝	外戚	今河南省正阳县南	汝南
97	博阳	邴昌	成帝鸿嘉元年（前20）六月	新莽绝	恩泽	今河南省商水县东	汝南
98	成阳	赵临	成帝永始元年（前16）四月	哀帝建平元年（前6）	外戚	今河南省息县境	汝南
99	新都	王莽	成帝永始元年（前16）五月	新莽绝	外戚	今河南省新野县东南	南阳
100	祁乡	刘贤	成帝永始二年（前15）五月	新莽绝	梁夷王子	今河南省夏邑县北	沛郡
101	定陵	淳于长	成帝元延三年（前10）二月	成帝绥和元年（前8）	外戚	今河南省漯河市郾城区西北六十里	汝南
102	博山	孔光	成帝绥和二年（前7）三月	新莽绝	恩泽	今河南省淅川县旧李官桥镇	南阳
103	阳安	丁明	成帝绥和二年（前7）四月	平帝元始元年（1）	外戚	今河南省汝南县西南	汝南
104	平周	丁满	成帝绥和二年（前7）五月	平帝元始三年（3）	外戚	今河南省唐河县湖阳镇	南阳

（续表）

序号	侯国	受封者	置年	废年	类别	地望	所在（隶属）郡国
105	新成	赵钦	成帝绥和二年（前7）五月	哀帝建平元年（前6）	外戚	今河南省邓州市西北七十里	南阳
106	高乐	师丹	成帝绥和二年（前7）七月	哀帝建平元年（前6）	恩泽	今河南省新野县境	南阳
107	成阳	刘众	平帝元始元年（1）	新莽绝	楚思王子	今河南省息县境	汝南

第四节　东汉时期河南的州、郡（国）、县

25年，刘秀在鄗称帝，建元建武，史称东汉。同年十月，定都洛阳。从光武帝建武元年（25）至汉献帝建安二十四年（219），东汉时期有一百九十四年历史。

在地方行政制度上，东汉因袭了西汉的郡国并行制。在设郡置县的过程中，也分封了一些王子皇孙作为诸侯王。同时，为了在完成全国统一的过程中，取得西汉旧贵族和刘姓宗室的支持，光武帝也分封了一批西汉故王。但东汉的王国与西汉初期的王国有很大的不同，就是诸侯王只是徒有虚名，并不领有实地，王国的规模不大，相当于汉郡一郡之地。因此，东汉虽推行郡国并行制，但实际上王国与汉郡并没有什么区别，完全可以当作汉郡来看待。

据《汉书·地理志》的记载，在汉平帝元始二年（2），共有汉郡83个、王国20个，后又增设广宗、广川、广世3个王国，所以西汉末期，全国共计有106个郡国。建武六年（30），光武帝进行了行政区划的调整，裁撤了400多个县。建武十三年（37），光武帝在完成全国统一后，又省并了真定、河间、城阳、淄川、泗水、广阳、高密、胶东、广平、六安10个王国，一些小的王国，或并入汉郡，或降为侯国。经过一系列调整，全国有郡（国）89个、公国3个。

汉安帝时期，为了安定边疆，比郡治民，在行政区划上有一个新的举措，就是让边地的属国领县治民，等同汉郡。这六个属国是辽东属国、张掖属国、张掖

居延属国、蜀郡属国、广汉属国、犍为属国。

东汉行政区划最大的变化发生在汉灵帝时期，由郡（国）、县的二级层级转变为州、郡（国）、县三级层级。为了镇压黄巾农民大起义，必须加强地方官吏的实力，而黄巾起义又跨州连郡，不是郡级行政能解决的，因此，就必须实行区域的联合。汉灵帝中平五年（188），汉廷采纳了刘焉的建议，派出九卿高官出任州牧，统辖郡县。这样州变成了一级行政区划。

州最早是一种监察区，是西汉武帝时设立的。随着郡国的增多，为了便于监察郡国官吏的不法行为，汉武帝便设立州。一州监察数个郡国。当时全国设立 13 个州，即冀州、幽州、并州、兖州、徐州、豫州、青州、扬州、荆州、益州、凉州、交趾、朔方。京师附近几个郡归司隶校尉监察。州的长官称刺史，秩比六百石，显然位高秩轻，便于皇帝控制。

东汉建立后，光武帝对州进行了调整，司隶校尉开始等同于刺史，并正式领有一州，称司隶校尉部；将朔方刺史部并入并州刺史部。这样全国仍是十三部州监察区，即司隶校尉部、冀州、并州、幽州、青州、兖州、豫州、徐州、扬州、荆州、交趾、益州、凉州。

在东汉大部分时间里，州是一种监察区，而不是行政区。只是在汉灵帝时期，为了镇压黄巾起义军的需要，州从监察区变成了行政区。州下统郡（国），郡（国）下统县（邑、侯国、道）。邑是皇后公主食邑，侯国是列侯所封，道是部族所居地。据《续汉书·郡国志》记载，东汉凡郡国 105。司隶校尉部领 7，即河南尹、河内、河东、弘农、右扶风、左冯翊、京兆尹；豫州刺史部领 6，即颍川、汝南、梁国、沛国、陈国、鲁国；冀州刺史部领 9，即魏郡、巨鹿、常山、中山、安平、河间、清河、赵国、勃海；兖州刺史部领 8，即陈留、东郡、东平、任城、泰山、济北、山阳、济阴；徐州刺史部领 5，即东海、琅琊、彭城、广陵、下邳；青州刺史部领 6，即济南、平原、乐安、北海、东莱、齐国；荆州刺史部领 7，即南阳、南郡、江夏、武陵、零陵、桂阳、长沙；扬州刺史部领 6，即九江、庐江、豫章、丹阳、吴郡、会稽；益州刺史部领 12，即汉中、蜀郡、广汉、巴郡、犍为、牂柯、越嶲、益州、永昌、广汉属国、蜀郡属国、犍为属国；凉州领有 12，即陇西、汉阳、武都、金城、安定、北地、武威、张掖、酒泉、敦煌、张掖属国、张掖居延属国；并州刺史部领 9，即上党、太原、上郡、西河、五原、云中、雁门、定襄、朔方；幽州刺史部领 11，即涿郡、广阳、代郡、上谷、渔阳、右北平、辽西、辽东、玄菟、乐浪、辽东属国；交州刺史部领 7，即南海、苍梧、郁林、合浦、交趾、九真、日南。

《续汉书·郡国志》记载了汉顺帝永和五年(140)东汉的版籍。其时,州还是监察区。州成为行政区划后,其所领郡国不变。州的长官称州牧,秩比二千石,成为东汉的封疆大吏。在东汉末期,州牧形成割据势力。汉献帝兴平元年(194),分凉州河西四郡设立雍州,由十三州变为十四州。汉献帝建安十八年(213),曹操恢复《禹贡》"九州"之制,将司隶校尉部所领各郡分属雍、豫、冀三州,将凉州并入雍州,将并州、幽州并入冀州,将交州分入荆、益二州。由于交州由孙权控制,所谓"九州"制也只是在曹操的控制区域实行。220年,曹丕称帝,恢复了兴平实行十四州制。

李晓杰对东汉的政区有系统全面的研究,主要成果为《东汉政区地理》①和《中国行政区划通史·秦汉卷》中的东汉行政区划部分。这是我们研究的基础。据《续汉书·郡国志》的记载来看,今河南省幅员主要在司隶校尉部、豫州、兖州和荆州的统领范围内。下面我们就以《续汉书·郡国志》的记载作为标准,来考述今河南省幅员内的州,以及州所领的郡国,郡国所辖的县、邑、道和侯国的前后演变。

一、司隶校尉部

东汉建立后,光武帝依照西汉州制,在京师设立司隶校尉,负责纠察京师百官和所领各郡官员。当时司隶校尉部所领郡国为河南尹、河内、河东、弘农、右扶风、左冯翊、京兆尹。汉灵帝中平五年(188),司隶校尉部成为一级行政区划,所领郡国不变。汉献帝建安十八年(213),司隶校尉部被废除。州治洛阳,在今河南省洛阳市东北。下面仅就属于今河南省幅员内的郡、县进行考述。

(一)河南尹

本西汉河南郡。光武帝建武元年,东汉定都洛阳,更为河南尹。治洛阳,在今河南省洛阳市东北。据《续汉书·郡国志》与《汉书·地理志》的记载比较,东汉时少了故市县,应在建武六年省并。东汉末年,陆浑县由弘农郡来属。因

---

① 参考李晓杰:《东汉政区地理》,山东教育出版社,1999年。

此，在汉献帝建安末年，河南尹有二十二县。

洛阳县，本西汉县，东汉因之。为国都、州治、尹治所在，治在今河南省洛阳市东北。

河南县，本西汉县，东汉因之。治在今河南省洛阳市。

梁县，本西汉县，东汉因之。治在今河南省汝州市西。

荥阳县，本西汉县，东汉因之。治在今河南省荥阳市东北。

卷县，本西汉县，东汉因之。治在今河南省原阳县西。

原武县，本西汉县，东汉因之。治在今河南省原阳县。

阳武县，本西汉县，东汉因之。治在今河南省原阳县东南。

中牟县，本西汉县，东汉因之。治在今河南省中牟县东。

开封县，本西汉县，东汉因之。治在今河南省开封市南。

苑陵县，本西汉县，东汉因之。治在今河南省新郑市东北。

平阴县，本西汉县，东汉因之。汉献帝建安中，更名河阴。治在今河南省孟津县北。

谷城县，本西汉县，东汉因之。治在今河南省洛阳市西北。

缑氏县，本西汉县，东汉因之。治在今河南省偃师市东南。

巩县，本西汉县，东汉因之。治在今河南省巩义市西。

成皋县，本西汉县，东汉因之。治在今河南省荥阳市西北。

京县，本西汉县，东汉因之。治在今河南省荥阳市东南。

密县，本西汉县，东汉因之。治在今河南省新密市东南。

新城县，本西汉县，东汉因之。治在今河南省伊川县西南。

偃师县，本西汉县，东汉因之。治在今河南省偃师市东。

新郑县，本西汉县，东汉因之。治在今河南省新郑市。

平县，本西汉县，东汉因之。治在今河南省孟津县东、偃师市西北。

（二）河内郡

本西汉河内郡。东汉因之。比较《续汉书·郡国志》与《汉书·地理志》所载，所领十八县皆同，说明河内郡无什变化。汉献帝建安十七年，为增益魏郡，荡阴、林虑、朝歌三县改隶之。因此，东汉末年，河内郡辖县十五，即怀、河阳、波、轵、野王、沁水、温、修武、获嘉、州、平皋、山阳、武德、共、汲。

怀县，本西汉县，东汉因之。郡治所在。治在今河南省武陟县西南。

河阳县,本西汉县,东汉因之。治在今河南省孟州市西。

波县,本西汉县,东汉因之。治在今河南省济源市东南。

轵县,本西汉县,东汉因之。治在今河南省济源市南。

沁水县,本西汉县,东汉因之。治在今河南省济源市东北。

野王县,本西汉县,东汉因之。治在今河南省沁阳市。

温县,本西汉县,东汉因之。治在今河南省孟州市东、温县西南。

平皋县,本西汉县,东汉因之。治在今河南省温县东南平皋故城。

武德县,本西汉县,东汉因之。治在今河南省武陟县东。

州县,本西汉县,东汉因之。治在今河南省沁阳市东南、温县东北。

山阳县,本西汉县,东汉因之。治在今河南省焦作市东、修武县西。

修武县,本西汉县,东汉因之。治在今河南省获嘉县。

获嘉,侯国。本西汉县。治在今河南省新乡市西。

共县,本西汉县,东汉因之。治在今河南省辉县市。

汲县,本西汉县,东汉因之。治在今河南省卫辉市西。

朝歌县,本西汉县,东汉因之。建安十七年,改隶魏郡。治在今河南省淇县。

林虑县,本西汉隆虑县,东汉殇帝更名林虑。建安十七年,改隶魏郡。治在今河南省林州市。

荡阴县,本西汉县,东汉因之。建安十七年,改隶魏郡。治在今河南省汤阴县。

（三）弘农郡

本西汉弘农郡。光武帝建武十五年,商、上雒二县改隶京兆尹,丹水、析二县改隶南阳郡。同年,京兆尹的湖、华阴二县改隶弘农郡。时郡辖县九,即弘农、渑池、陕、新安、宜阳、陆浑、卢氏、湖、华阴。汉灵帝时,为避讳,更名恒农郡。

中平六年,董卓废少帝刘辩为弘农王。初平元年,董卓杀弘农王,国除为郡。建安末,陆浑县改隶河南尹,时郡辖八县。

弘农县,本西汉县,东汉因之。郡治所在。治在今河南省灵宝市北。

渑池县,本西汉县,东汉因之。治在今河南省渑池县西。汉献帝建安中,移治蠡城,治在今河南省洛宁县西北。

陕县,本西汉县,东汉因之。治在今河南省三门峡市西。

新安县,本西汉县,东汉因之。治在今河南省义马市西。

宜阳县,本西汉县,东汉因之。治在今河南省宜阳县西。

卢氏县,本西汉县,东汉因之。治在今河南省卢氏县。

陆浑县,本西汉县,东汉因之。治在今河南省嵩县东北。

湖县,本西汉县,东汉因之。治在今河南省灵宝市西北。

二、豫州

豫州是汉武帝设置的十三刺史州之一。东汉建立后,光武帝依西汉旧制,设立豫州。汉灵帝中平四年(187),豫州成为一级行政区划。时豫州领有六郡国,即颍川郡、汝南郡、梁国、沛国、陈国、鲁国。汉献帝建安十八年(213),司隶校尉部被废,其辖下河南尹隶属豫州。豫州州治谯县,今安徽省亳州市。下面我们仅就今河南省幅员内的郡、县进行考述。

(一)颍川郡

本西汉颍川郡。东汉因之。光武帝建武六年,省崇高县入阳城县,废成安、周承休二侯国,废纶氏县。时郡辖县十六,即阳翟、阳城、郏、舞阳、定陵、父城、襄城、昆阳、郾、颍阴、颍阳、临颍、许、鄢陵、新汲、长社。汉章帝建初四年,在纶氏县故址置轮氏县。时郡辖十七县。终汉无变动。

阳翟县,本西汉县,东汉因之。郡治所在。治在今河南省禹州市。

阳城县,本西汉县,东汉因之。治在今河南省登封市东南告成镇。

轮氏县,本西汉纶氏县。建武六年废,建初四年复置。治在今河南省登封市西颍阳镇。

郏县,本西汉县,东汉因之。汉顺帝时更名襄县,汉桓帝后复还旧名。治在今河南省郏县。

舞阳县,本西汉县,东汉因之。治在今河南省舞阳县西北保和乡魏庄。

定陵县,本西汉县,东汉因之。治在今河南省舞阳县东北北舞渡镇。

父城县,本西汉县,东汉因之。治在今河南省宝丰县东古城村。

襄城县,本西汉县,东汉因之。治在今河南省襄城县。

昆阳县,本西汉县,东汉因之。治在今河南省叶县。

郾县，本西汉县，东汉因之。治在今河南省漯河市郾城区南。

颍阴县，本西汉县，东汉因之。治在今河南省许昌市。

颍阳县，本西汉县，东汉因之。治在今河南省许昌市西。

临颍县，本西汉县，东汉因之。治在今河南省临颍县西北。

许县，本西汉县，东汉因之。治在今河南省许昌市东。

鄢陵县，本西汉县，东汉因之。治在今河南省鄢陵县北。

新汲县，本西汉县，东汉因之。治在今河南省扶沟县西南。

长社县，本西汉县，东汉因之。治在今河南省长葛市东。

（二）**汝南郡**

本西汉汝南郡。东汉初因之。光武帝建武初，析长平县置扶乐县。建武二年，以寝县封李通为固始侯。建武六年，汝南郡裁撤阳城、安昌、归德、博阳、成阳、定陵、乐昌、富波、宜禄九县（侯国）。建武十一年，封来歙为征羌侯。建武十五年，封阴识为原鹿侯。建武二十年，城父、山桑二县由沛郡来属。建武三十年，长平、扶乐、新阳、西华四县益淮阳国，别属之。时郡辖县有平舆、西平、上蔡、南顿、汝阴、汝阳、项、新息、宜春、瀙强、灈阳、期思、弋阳、鲖阳、慎阳、慎、安阳、召陵、征羌、原鹿、固始、新郪、吴房、细阳、新蔡、朗陵、阳安、安城、城父、山桑。

汉明帝永平十五年，封子畅为汝南王。永平十六年，西华、新阳二县由淮阳归属。汉章帝建初四年，徙汝南王畅王梁，汝南国除为郡。同年，更新郪为宋国，徙宋公于此；西华、项、新阳三县别属淮阳。时郡辖县有平舆、西平、上蔡、南顿、汝阴、汝阳、新息、宜春、瀙强、灈阳、期思、弋阳、鲖阳、慎阳、慎、安阳、召陵、征羌、原鹿、固始、宋国、吴房、细阳、新蔡、朗陵、阳安、安城、城父、山桑。

汉章帝建初七年，析汝南郡八县置西平国，徙广平王羡为西平王。虽八县之名史籍无载，但以西平为国名，可知当是处于汝南郡西部，除西平县外，其余七县应为吴房、灈阳、阳安、朗陵、宜春、安城、慎阳。时郡辖县有平舆、上蔡、南顿、汝阴、汝阳、新息、瀙强、期思、弋阳、鲖阳、慎、安阳、召陵、征羌、原鹿、固始、宋国、细阳、新蔡、城父、山桑。汉章帝章和二年，徙西平王羡为陈王，西平国除，八县归属汝南郡。同年，析城父县置思善县。

汉和帝永元中，复置富波县。永元十一年，西华、项县、新阳三县由陈国还属。汉安帝永初二年，析上蔡县置定颍县。汉安帝永初七年，宜禄由陈国来属。延光四年十一月，汉顺帝封李元为褒信侯。《续汉书·郡国志》记汝南郡所辖三十七县(侯国),在汉顺帝初就已具备,一直至东汉末期。时郡辖三十七县为平舆、西平、上蔡、南顿、汝阴、汝阳、新息、宜春、濦强、灈阳、期思、弋阳、鲖阳、慎阳、慎、安阳、召陵、征羌、原鹿、固始、宋国、吴房、细阳、新蔡、朗陵、阳安、安城、城父、山桑、思善、富波、西华、项、新阳、宜禄、定颍、褒信。

汉献帝建安三年,以阳安、朗陵二县置阳安都尉,寻废,县属汝南。建安十八年,以城父别属谯郡。建安二十三年,以期思、弋阳别属弋阳郡。故建安末,郡辖县三十四,即平舆、西平、上蔡、南顿、汝阴、汝阳、新息、宜春、濦强、灈阳、鲖阳、慎阳、慎、安阳、召陵、征羌、原鹿、固始、宋国、吴房、细阳、新蔡、朗陵、阳安、安城、山桑、思善、富波、西华、项、新阳、宜禄、定颍、褒信。下面将其在今河南省幅员内的县考述之。

平舆县,本西汉县,东汉因之。郡治所在。治在今河南省平舆县北。

西平县,本西汉县,东汉因之。汉章帝建初七年至章和二年,为西平国属县。治在今河南省西平县西、舞阳县东南。

上蔡县,本西汉县,东汉因之。治在今河南省上蔡县西南。

定颍县,汉安帝永初二年,析上蔡县置。治在今河南省西平县东北。

召陵县,本西汉县,东汉因之。治在今河南省漯河市东。

濦强县,本西汉县,东汉因之。治在今河南省临颍县东。

西华县,本西汉县,东汉因之。治在今河南省西华县南。

征羌,侯国。光武帝建武十一年,封来歙为征羌侯。《嘉庆重修一统志》卷218河南许州“古迹”载:“征羌故城,在郾城县东南。”治在今河南省商水县西。

汝阳县,本西汉县,东汉因之。治在今河南省商水县汝阳故城。

南顿县,本西汉县,东汉因之。治在今河南省项城市西南顿镇。

项县,本西汉县,东汉因之。治在今河南省沈丘县。

宜禄县,本西汉县,属汝南郡。光武帝建武六年,省入新阳县。汉和帝永元中,复置,属陈国。汉安帝永初七年,改隶汝南郡。治在今河南省郸城县南。

新蔡县,本西汉县,东汉因之。治在今河南省新蔡县。

褒信,侯国。汉顺帝延光四年,封李元为褒信侯。《嘉庆重修一统志》卷222河南光州“古迹”载:“褒信故城,在息县东北七十里。”治在今河南省息县东包信镇。

期思县,本西汉县,东汉因之。汉献帝建安二十三年,改隶弋阳郡。治在今河南省淮滨县南期思镇。

弋阳县,本西汉县,东汉因之。汉献帝建安二十三年,为弋阳郡治所。治在今河南省潢川县西。

新息县,本西汉县,东汉因之。治在今河南省息县。

安阳县,本西汉侯国,东汉为县。治在今河南省正阳县南。

慎阳县,本西汉县,东汉因之。汉章帝建初七年至章和二年,为西平国属县。治在今河南省正阳县北。

安成县,本西汉侯国,东汉为县。汉章帝建初七年至章和二年,为西平国属县。治在今河南省汝南县东南。

北宜春县,本西汉宜春侯国,东汉为县。汉章帝建初七年至章和二年,为西平国属县。治在今河南省汝南县西南。

朗陵县,本西汉县,东汉因之。汉章帝建初七年至章和二年,为西平国属县。治在今河南省确山县南。

阳安县,本西汉县,东汉因之。汉章帝建初七年至章和二年,为西平国属县。治在今河南省确山县北。

濯阳县,本西汉县,东汉因之。汉章帝建初七年至章和二年,为西平国属县。治在今河南省遂平县东。

吴房县,本西汉县,东汉因之。汉章帝建初七年至章和二年,为西平国属县。治在今河南省遂平县。

(三)陈国

本西汉淮阳国地。东汉初为淮阳郡。光武帝建武六年,废固始县;十五年,封子延为淮阳公;十七年,进爵为淮阳王。建武三十年,长平、西华、新阳、扶乐四县由汝南郡来属。汉明帝永平十六年,淮阳王延徙封阜陵王,淮阳国除为郡,西华、新阳二县改隶汝南郡。

汉章帝建初四年,徙封常山王昞为淮阳王,淮阳郡复为国;西华、项、新阳三县益淮阳国。汉章帝章和元年,淮阳王昞死,淮阳国除为郡。

汉章帝章和二年,改淮阳郡为陈国,徙封西平王羡为陈王。汉和帝永元十一年,陈国削三县,西华、项、新阳还属汝南郡。永元中,复置宜禄县。汉安帝永初七年,陈国又削三县,圉、扶沟改隶陈留郡,宜禄改隶汝南郡。汉安帝元初六年,陈王竦死,国除为郡。汉安帝永宁元年,封陈王羡子崇为陈王,陈国复立。

汉献帝建安二年，袁术杀陈王宠，陈国除为郡。

陈县，本西汉县，东汉因之。陈国国都。治在今河南省淮阳县。

长平县，本西汉县，属汝南郡。东汉初因之。光武帝建武三十年，改隶淮阳国。治在今河南省西华县东北。

扶乐县，光武帝建武中，析长平县置，属汝南郡。建武三十年，改隶淮阳国。《嘉庆重修一统志》卷 191 河南陈州府"古迹"载："扶乐故城，在太康县西北。"治在今河南省太康县西北。

阳夏县，本西汉县，东汉因之。治在今河南省太康县。

柘县，本西汉县，东汉因之。治在今河南省柘城县北。

武平县，东汉初置。《嘉庆重修一统志》卷 194 河南归德府"古迹"载："武平故城，在鹿邑县西北四十里。"治在今河南省柘城县南。

苦县，本西汉县，东汉因之。治在今河南省鹿邑县。

宁平县，本西汉县，东汉因之。治在今河南省郸城县东。

（四）梁国

本西汉梁国地。东汉初为刘永割据。光武帝建武三年，梁郡属汉，封更始帝子歆为谷熟侯。时郡有县睢阳、蒙、虞、下邑、砀、杼秋。汉明帝永平元年，杼秋别属沛国。

汉章帝建初四年，徙封汝南王畅为梁王，梁郡为国；同时，以陈留郡鄢、宁陵，山阳郡薄、单父、已氏、成武益梁国。时国领县十二，即睢阳、蒙、虞、谷熟、下邑、砀、鄢、宁陵、薄、单父、已氏、成武。汉和帝永元五年，单父、已氏、成武三县改隶济阴国。时国领县九，即睢阳、蒙、虞、谷熟、下邑、砀、鄢、宁陵、薄。此后至东汉末，未再变化。下面就其在今河南省幅员内的辖县考述之。

睢阳县，本西汉县，东汉因之。国都所在。治在今河南省商丘市南。

蒙县，本西汉县，东汉因之。治在今河南省商丘市北。

虞县，本西汉县，东汉因之。治在今河南省虞城县北。

砀县，本西汉县，东汉因之。治在今河南省永城市北。

鄢县，本西汉傿县，属陈留郡。汉章帝建初四年，改隶梁国。治在今河南省柘城县北。

宁陵县，本西汉县，属陈留郡。汉章帝建初四年，改隶梁国。治在今河南省宁陵县东南。

谷熟县,光武帝建武二年封刘歆为谷熟侯,寻置县。《嘉庆重修一统志》卷194河南归德府“古迹”载:“谷熟故城,在商丘县东南。”治在今河南省商丘市东南谷熟镇。

（五）沛国

本西汉沛郡地。东汉初为刘永割据。光武帝建武五年,郡属东汉。建武二十年,徙封中山王辅为沛王,沛郡为国。汉献帝建安末,沛国除为郡。

沛国大部分领域属今安徽省,唯其西北四县属今河南省境。下面仅就其四县进行考述。

酂县,本西汉县,东汉因之。治在今河南省永城市西北酂城镇。

建平县,本西汉县,东汉因之。治在今河南省夏邑县西南。

太丘县,本西汉敬丘县,东汉初因之。汉明帝时,更名太丘。治在今河南省永城市西北。

临睢县,本西汉芒县。东汉建武间,更名临睢。治在今河南省永城市北。

三、兖州

兖州是汉武帝设置的十三刺史州之一。东汉建立后,光武帝依西汉旧制,设立兖州。汉灵帝中平四年(187),兖州成为一级行政区划。时兖州领郡国八,即陈留、东郡、东平、任城、泰山、济北、山阳、济阴。兖州州治鄄城,今山东省鄄城县北。下面我们仅就兖州辖下在今河南省幅员内的郡、县进行考述。

（一）陈留郡

本西汉陈留郡地。东汉初为刘永割据。光武帝建武三年,郡属东汉;六年,废成安、长罗二县。汉章帝建初四年,鄢、宁陵二县益梁国,长垣一县益济阴国。汉章帝元和元年,济阴国除为郡,长垣还属陈留。汉和帝永元十一年,置已吾县。汉安帝永初七年,圉、扶沟二县自陈国来属。此后至东汉末未再变化。

陈留县,本西汉县,东汉因之。郡治所在。治在今河南省开封市东南陈留镇。

酸枣县,本西汉县,东汉因之。治在今河南省延津县西。

封丘县,本西汉县,东汉因之。治在今河南省封丘县东北。

平丘县,本西汉县,东汉因之。治在今河南省长垣县西南。

长垣县,本西汉县,东汉因之。汉章帝建初四年,改隶济阴国。汉章帝元和元年,济阴国除为郡,还属陈留。治在今河南省长垣县东北。

浚仪县,本西汉县,东汉因之。治在今河南省开封市。

小黄县,本西汉县,东汉因之。治在今河南省开封市东杜良乡小黄铺。

东昏县,本西汉县,东汉因之。治在今河南省兰考县北。

济阳县,本西汉县,东汉因之。治在今河南省兰考县东北堌阳镇。

外黄县,本西汉县,东汉因之。治在今河南省兰考县东南。

考城县,本西汉甾县,属梁国。西汉成帝元延中,改隶陈留。东汉初因之。汉章帝建初元年,更名考城。治在今河南省民权县东北。

雍丘县,本西汉县,东汉因之。治在今河南省杞县。

尉氏县,本西汉县,东汉因之。治在今河南省尉氏县。

扶沟县,本西汉县,属淮阳国。东汉因之。汉安帝永初七年,改隶陈留。治在今河南省扶沟县东北。

圉县,本西汉县,属淮阳国。东汉因之。汉安帝永初七年,改隶陈留。治在今河南省杞县南圉镇。

襄邑县,本西汉县,东汉因之。治在今河南省睢县。

己吾县,汉和帝永元十一年置。《水经注·阴沟水》载:"《陈留风俗传》曰:县,故宋也,杂以陈、楚之地。故梁国宁陵县之徙种龙乡也,以成、哀之世,户至八九千,冠带之徒求置县矣。永元十一年,陈王削地,以大棘乡、直阳乡,命以嘉名己吾。"《嘉庆重修一统志》卷194河南归德府"古迹"载:"己吾旧城,在宁陵县西南。"治在今河南省宁陵县西南。

(二)东郡

本西汉东郡地。东汉初为刘永割据。光武帝建武三年,郡属东汉;析临邑置谷城县;六年,废黎、利苗、乐昌三县;十三年,封周承休公为卫公,更观县为卫国;十五年,封樊宏为寿张侯,更寿良为寿张。汉明帝永平二年,寿张、须昌改隶东平国。汉章帝建初四年,离狐别属济阴国。章帝时,更清县为乐平。汉和帝永元二年,置济北国,茌平别属之。同年,置城阳国,廪丘别属之。《续汉书·郡国志》所载十五县,至此具矣。汉献帝建安中,鄄城、廪丘来属。建安十七年,卫国、顿丘、东武阳、发干四县益魏郡,别属之。故东汉末,郡领十三县。下面仅就今河南省幅员内的县考述之。

濮阳县,本西汉县,东汉因之。郡治所在。治在今河南省濮阳市西南。

燕县,本西汉县,东汉因之。治在今河南省延津县东北。

白马县,本西汉县,东汉因之。治在今河南省滑县东。

顿丘县,本西汉县,东汉因之。建安十七年,改隶魏郡。治在今河南省清丰县西南。

卫国县,本西汉观县,东汉初因之。建武十三年,更名卫国。建安十七年,改隶魏郡。治在今河南省清丰县南。

另,今河南省范县地属济阴郡鄄城县,台前县地属东郡范县。

四、荆州

荆州是汉武帝设置的十三刺史州之一。东汉建立后,光武帝依西汉旧制,设立荆州。汉灵帝中平四年(187),荆州成为一级行政区划。时荆州领有七郡国,即南阳、南郡、江夏、武陵、零陵、桂阳、长沙。荆州州先治襄阳,今湖北省襄阳市,后徙置宛,今河南省南阳市。下面我们仅就今河南省幅员内的郡、县进行考述。

（一）南阳郡

本西汉南阳郡地。东汉初为秦丰、延岑等人割据。光武帝建武五年,郡属东汉。建武六年,省并杜衍、新都、红阳、乐成,改舂陵为章陵。建武十五年,丹水、析二县由弘农郡来属。明帝时,改博山为顺阳。

汉献帝初平元年,析南阳郡东南置章陵郡,辖章陵、蔡阳、襄乡、随四县。建安十三年,析南阳郡西部置南乡郡,辖南乡、顺阳、酂、丹水、武当、阴、筑阳、析八县。同年,山都县改隶襄阳郡。

宛县,本西汉县,东汉因之。郡治所在。治在今河南省南阳市。

冠军县,本西汉县,东汉因之。治在今河南省邓州市西北。

叶县,本西汉县,东汉因之。治在今河南省叶县西南旧县店。

新野县,本西汉县,东汉因之。治在今河南省新野县。

西鄂县,本西汉县,东汉因之。治在今河南省南阳市东北夏响铺。

雉县,本西汉县,东汉因之。治在今河南省南召县东南。

鲁阳县,本西汉县,东汉因之。治在今河南省鲁山县。

犨县,本西汉县,东汉因之。治在今河南省叶县东北,鲁山县西南。

堵阳县,本西汉县,东汉因之。治在今河南省方城县东。

博望县,本西汉县,东汉因之。治在今河南省方城县西南博望镇。

舞阴县,本西汉县,东汉因之。治在今河南省社旗县东南。

比阳县,本西汉县,东汉因之。治在今河南省泌阳县。

复阳县,本西汉县,东汉因之。治在今河南省桐柏县西北。

平氏县,本西汉县,东汉因之。治在今河南省桐柏县平氏镇。

棘阳县,本西汉县,东汉因之。治在今河南省新野县东北。

湖阳县,本西汉县,东汉因之。治在今河南省唐河县湖阳镇。

育阳县,本西汉县,东汉因之。治在今河南省新野县北。

涅阳县,本西汉县,东汉因之。治在今河南省镇平县南。

郦县,本西汉县,东汉迁治。治在今河南省内乡县北。

穰县,本西汉县,东汉因之。治在今河南省邓州市。

朝阳县,本西汉县,东汉因之。治在今河南省新野县西南。

安众县,本西汉县,东汉因之。治在今河南省邓州市东北。

顺阳县,本西汉博山侯国。光武帝建武十三年,封刘嘉为顺阳侯。明帝时,顺阳为县。《嘉庆重修一统志》卷211河南南阳府"古迹"载:"顺阳故城,在淅川县东,本汉淅川县之顺阳乡。"治在今河南省淅川县南马镫镇。

南乡县,东汉明帝时,顺阳侯刘参由县侯削为乡侯,置顺阳南乡。二世后侯除,南乡为县。《嘉庆重修一统志》卷211河南南阳府"古迹"载:"南乡故城,在淅川县东南。"治在今河南省淅川县东南顺阳川。

丹水县,本西汉县,属弘农郡。建武十五年,改隶南阳郡。治在今河南省淅川县西寺湾镇。

析县,本西汉县,属弘农郡。建武十五年,改隶南阳郡。治在今河南省西峡县。

(二)江夏郡

本西汉江夏郡地。《续汉书·郡国志》"江夏郡"统十四县,与《汉书·地理志》"江夏郡"统十四县一致,领域无变化。《汉书·地理志》之襄、钟武二县在

《续汉书·郡国志》中无,应在建武初被省并。《续汉书·郡国志》之平春、南新市二县《汉书·地理志》中无,应为东汉新置之县。

江夏郡大部分在今湖北省境内,唯北部在今河南省境内,下面我们仅就北部四县进行考述。

平春县,汉章帝建初四年置。《后汉书·平春悼王全传》记载,全在建初四年四月被封为平春王。平春县于此时已置。以一县名作为王国之名,也可见平春县的重要地位。《嘉庆重修一统志》卷216河南汝宁府"古迹"载:"平春故城,在信阳州西北。"治在今河南省信阳市西北。

鄳县,本西汉县,东汉因之。治在今河南省罗山县西。

轪县,本西汉县,东汉因之。治在今河南省息县南、光山县西北。

西阳县,本西汉县,东汉因之。治在今河南省光山县西。

五、其他

此外,在今河南省幅员内的汉县还有兖州济阴郡的离狐,冀州魏郡的黎阳、内黄、繁阳、阴安,扬州庐江郡的安丰、雩娄、蓼。

离狐县,本西汉县,东汉因之。治在今河南省濮阳市东南。

黎阳县,本西汉县,东汉因之。治在今河南省浚县东北黎阳镇。

内黄县,本西汉县,东汉因之。治在今河南省内黄县西。

繁阳县,本西汉县,东汉因之。治在今河南省内黄县西北。

阴安县,本西汉县,东汉因之。治在今河南省南乐县西南。

安丰县,本西汉县,属六安国。东汉初,属六安郡。光武帝建武十三年,属庐江郡。汉章帝元和二年至和帝章和二年三月,属六安国。此后,属庐江郡。治在今河南省固始县南。

雩娄县,本西汉县,东汉初因之。汉章帝元和二年至和帝章和二年三月,属六安国。此后,属庐江郡。治在今河南省商城县东。

蓼县,本西汉县,属六安国。东汉初,属六安郡。光武帝建武十三年,属庐江郡。汉章帝元和二年至和帝章和二年三月,属六安国。此后,属庐江郡。治在今河南省固始县北。

第三章 魏晋十六国时期河南的行政区划

魏晋十六国时期是我国历史上大分裂时期，也是民族大融合时期。各少数民族纷纷南迁，入主中原，建立政权，真所谓你方唱罢我登场。地方行政区划由常态发展转化为畸形变化，特别是今河南省所在的中原地区，其分合演变十分复杂。下面我们就这一历史现象进行探讨。

第一节　曹魏时期河南的州、郡(国)、县

公元220年，曹丕称帝，建国号魏，定都洛阳，史称曹魏。221年，刘备在成都称帝，建国号汉，史称蜀汉。229年，孙权在武昌称帝(后迁建邺)，建国号吴，史称孙吴。三国鼎立局面正式形成。

在三国疆域中，曹魏疆域最大，占有司、冀、豫、幽、并、青、兖、徐、凉、雍十州的全部及扬、荆二州的北部；孙吴疆域次之，占有交州全部及荆、扬二州的南部；蜀汉疆域最小，仅有益州一州之地。今河南省的幅员全在曹魏的疆域内。

在地方行政制度方面，曹魏继承了东汉的州、郡(国)、县三级行政区划。州下管郡，郡下统县。州置刺史或州牧，掌州事。缘边诸州，置有统兵的都督，但其腹地司州、豫州、青州、兖州等，并不置都督。郡的长官为太守，领兵的太守，加将军称号。县置有令、长。

为了加强农业生产，曹魏实行屯田制，在屯田区设置了相当于郡级的典农校尉、典农中郎将，相当于县级的典农都尉。咸熙元年(264)，罢屯田官，典农校尉、典农中郎将升为郡守，典农都尉升为令、长。

曹丕称帝后，恢复了东汉十四州制，其中雍州为司隶之三辅与原凉州东部

地区，与东汉的雍州有别。三国时期的河南全境，西部和北部有司州的河南尹、弘农郡、河内郡，中部和南部有豫州的颍川郡、汝南郡、陈郡、梁国、弋阳郡及安丰郡的西部、谯郡的北部，东部有兖州的陈留国、东郡及冀州魏郡的南部、阳平郡的西南部，西南部有荆州的南阳郡北部、江夏郡北部及南乡郡北部。

《三国志》无志、表，今河南省幅员内州、郡、县的分合变化，依据清人吴增仅的《三国郡县表》以及杨守敬的考证。[①] 时间以《中国历史地图集》确定的魏元帝景元三年（262）为标准。下面就此进行考述。

一、司州

汉献帝建安十八年（213），司隶州被废除，其所领三辅、弘农郡属雍州，河南尹属豫州，河内郡、河东郡属冀州。魏文帝黄初元年（220），司隶州复置，通称司州。时州领河南尹、河内郡、河东郡、弘农郡。与东汉司隶校尉所领郡相比较，少了三辅地区，时三辅属雍州。西晋太康元年（280），始定名司州。司州州治洛阳，今河南省洛阳市东北。

（一）河南尹

本东汉河南尹地。汉献帝建安中，陆浑由弘农郡来属，平阴更名河阴。齐王芳正始三年，析河南尹东部置荥阳郡，辖荥阳、京、密、卷、阳武、苑陵、中牟、开封、原武九县。齐王芳嘉平元年，荥阳郡废，辖县还属河南尹。魏元帝咸熙元年，升原武典农校尉为原武郡，辖原武一县。

比较东汉河南尹领地，曹魏河南尹变化不大。唯阳翟、阳城由颍川郡来属，省河南县入洛阳县。河南尹治洛阳，今河南省洛阳市东北。

洛阳县，本东汉县，曹魏因之。州、尹治所所在。治在今河南省洛阳市东北。

巩县，本东汉县，曹魏因之。治在今河南省巩义市西南。

河阴县，本东汉平阴县，建安中更名河阴，曹魏因之。治在今河南省孟津县北。

---

① 〔清〕吴增仅撰，杨守敬补正：《三国郡县表附考证》，见《二十五史补编》第三册，第2821～2968页。

成皋县,本东汉县,曹魏因之。治在今河南省荥阳市西北。

缑氏县,本东汉县,曹魏因之。治在今河南省偃师市东南。

新城县,本东汉县,曹魏因之。治在今河南省伊川县西南。

偃师县,本东汉县,曹魏因之。治在今河南省偃师市东。

梁县,本东汉县,曹魏因之。治在今河南省汝州市西。

新郑县,本东汉县,曹魏因之。治在今河南省新郑市。

谷城县,本东汉县,曹魏因之。治在今河南省洛阳市西北。

陆浑县,本东汉县,属弘农郡,建安末改隶河南尹,曹魏因之。治在今河南省嵩县东北。

阳城县,本东汉县,属颍川郡。曹魏时改隶河南尹。治在今河南省登封市东南告成镇。

阳翟县,本东汉县,属颍川郡。曹魏时改隶河南尹。治在今河南省禹州市。

荥阳县,本东汉县,曹魏初因之,有都尉治所。正始三年,为荥阳郡治所。嘉平元年,荥阳郡废,还属河南尹。治在今河南省荥阳市东北。

京县,本东汉县,曹魏因之。正始三年至嘉平元年,为荥阳郡辖县。治在今河南省荥阳市东南。

密县,本东汉县,曹魏因之。正始三年至嘉平元年,为荥阳郡辖县。治在今河南省新密市东南。

卷县,本东汉县,曹魏因之。正始三年至嘉平元年,为荥阳郡辖县。治在今河南省原阳县西。

阳武县,本东汉县,曹魏因之。正始三年至嘉平元年,为荥阳郡辖县。治在今河南省原阳县东南。

苑陵县,本东汉县,曹魏因之。正始三年至嘉平元年,为荥阳郡辖县。治在今河南省新郑市东北。

中牟县,本东汉县,曹魏因之。正始三年至嘉平元年,为荥阳郡辖县。治在今河南省中牟县东。

开封县,本东汉县,曹魏因之。正始三年至嘉平元年,为荥阳郡辖县。治在今河南省开封市南。

原武县,本东汉县,曹魏因之,置有典农校尉。正始三年至嘉平元年,为荥阳郡辖县。咸熙元年以降,为原武郡治所。治在今河南省原阳县。

平县,本东汉县,曹魏因之。治在今河南省孟津县东、偃师市西北。

（二）**弘农郡**

本东汉弘农郡地,属司隶州。因避汉灵帝讳,改称恒农郡。建安十八年,司隶州被废,改属雍州。曹魏黄初元年,复置司隶州,恒农郡复旧名,还属。曹魏末,新安县改隶河南尹。咸熙元年,宜阳典农中郎将升为郡,置宜阳郡。

弘农县,本东汉县,曹魏因之。郡治所在。治在今河南省灵宝市北。

渑池县,本东汉县,曹魏因之。治在今河南省洛宁县西北。

陕县,本东汉县,曹魏因之。治在今河南省三门峡市西。

新安县,本东汉县,曹魏因之。曹魏末改隶河南尹。治在今河南省义马市西。

宜阳县,本东汉县,曹魏因之。有典农都尉。治在今河南省宜阳县西。

卢氏县,本东汉县,曹魏因之。治在今河南省卢氏县。

湖县,本东汉县,曹魏因之。治在今河南省灵宝市西北。

（三）**河内郡**

本东汉河内郡地。建安十七年,荡阴、林虑、朝歌益魏郡,别属之。建安十八年,司隶州被废,改属冀州。曹魏黄初元年,复置司隶州,郡还属。同年,封汉献帝为山阳公,置山阳公国。黄初中,置朝歌郡,属冀州,汲、共、获嘉别属之。寻废,林虑、朝歌、汲、共、获嘉五县还属河内郡。咸熙元年,野王、汲典农中郎将升为郡,置野王郡、汲郡。

与东汉河内郡比较,波县在曹魏时期被废除。

怀县,本东汉县,曹魏因之。郡治所在。治在今河南省武陟县西南。

河阳县,本东汉县,曹魏因之。治在今河南省孟州市西。

轵县,本东汉县,曹魏因之。治在今河南省济源市南。

沁水县,本东汉县,曹魏因之。治在今河南省济源市东北。

野王县,本东汉县,曹魏因之。有典农中郎将。治在今河南省沁阳市。

温县,本东汉县,曹魏因之。治在今河南省孟州市东。

平皋县,本东汉县,曹魏因之。治在今河南省温县东。

武德县,本东汉县,曹魏因之。治在今河南省武陟县东。

州县,本东汉县,曹魏因之。治在今河南省沁阳市东南。

山阳,公国。本东汉县,曹魏黄初元年封汉献帝为山阳公。治在今河南省焦作市东、修武县西。

修武县,本东汉县,曹魏因之。治在今河南省获嘉县。

获嘉县,本东汉县。黄初中,置朝歌郡,为郡属县。寻废,还属河内。治在今河南省新乡市西。

共县,本东汉县。黄初中,置朝歌郡,为郡属县。寻废,还属河内。治在今河南省辉县市。

汲县,本东汉县。黄初中,置朝歌郡,为郡属县。寻废,还属河内。有典农中郎将。治在今河南省汲县西。

朝歌县,本东汉县,建安十七年,改隶魏郡。黄初中,置朝歌郡,为郡治。寻废,还属河内。治在今河南省淇县。

林虑县,本东汉县,建安十七年,改隶魏郡。黄初中,置朝歌郡,为郡属县。寻废,还属河内。治在今河南省林州市。

二、豫州

本东汉豫州地。建安十八年(213),河南尹改属豫州。魏文帝黄初元年(220),复置司隶州,河南尹还属。曹魏时期,豫州领有颍川郡、汝南郡、陈国、梁国、沛国、鲁国、谯郡、弋阳郡、安丰郡。与东汉豫州领地相比,多了淮南西部地区。豫州初治谯县,今安徽省亳州市;魏明帝时,徙治项县,今河南省沈丘县;齐王芳时,又徙治安成,今河南省正阳县东北。

(一)颍川郡

本东汉颍川郡地。与之相比较,曹魏颍川郡略有缩小,省轮氏入阳城,阳城、阳翟改隶河南尹;析颍阴县置繁昌县,改许县为许昌县。咸熙元年,升襄城典农中郎将为郡,置襄城郡。郡治许昌,今河南省许昌市东。

许昌县,本东汉许县,曹魏黄初年间,更名许昌。郡治所在。治在今河南省许昌市东。

郏县,本东汉县,曹魏因之。治在今河南省郏县。

舞阳县,本东汉县,曹魏因之。魏文帝黄初七年,封司马懿为侯。治在今河南省舞阳县西北保和乡魏庄。

定陵县,本东汉县,曹魏因之。治在今河南省舞阳县东北北舞渡镇。

父城县,本东汉县,曹魏因之。齐王芳嘉平元年,增封司马懿。治在今河南省宝丰县东古城村。

襄城县,本东汉县,曹魏因之。有典农中郎将。治在今河南省襄城县。

昆阳县,本东汉县,曹魏因之。魏明帝景初三年,增封司马懿。治在今河南省叶县。

郾县,本东汉县,曹魏因之。治在今河南省漯河市郾城区南。

颍阴县,本东汉县,曹魏因之。魏明帝太和元年,封陈群为侯。治在今河南省许昌市。

繁昌县,曹魏黄初析颍阴县置。《元和郡县图志》卷8许州临颍县记载:"繁昌故城,在临颍县西北三十里。魏文帝行至繁阳亭,筑坛受禅,因置繁昌县,即此县也。"治在今河南省许昌市南。

颍阳县,本东汉县,曹魏因之。治在今河南省许昌市西。

临颍县,本东汉县,曹魏因之。齐王芳正始二年,增封司马懿。治在今河南省临颍县西北。

鄢陵县,本东汉县,曹魏因之。建安二十一年,封曹彰为侯。黄初二年,进为公国。齐王芳嘉平元年,增封司马懿。治在今河南省鄢陵县北。

新汲县,本东汉县,曹魏因之。齐王芳嘉平元年,增封司马懿。治在今河南省扶沟县西南。

长社县,本东汉县,曹魏因之。齐王芳嘉平中,封司马孚为侯。治在今河南省长葛市东。

(二)汝南郡

本东汉汝南郡地。建安二十三年,封曹茂为平舆侯。魏文帝黄初三年,徙封为乘氏公。同年,析汝南郡置汝阴郡,辖十二县,即汝阴、慎、原鹿、富波、固始、鲖阳、新蔡、褒信、汝阳、南顿、项、宋。省细阳、宜禄、思善三县入汝阴郡,省征羌县入汝南郡,山桑县改隶谯郡。魏明帝景初二年,宋县改隶谯郡。齐王芳嘉平五年,废汝阴郡,汝阴、慎、原鹿、富波、固始、鲖阳、新蔡、褒信、汝阳、南顿十县还属汝南郡,项县划属陈郡。郡治新息,即今河南省息县。

新息县,本东汉县,曹魏因之。郡治所在。治在今河南省息县。

平舆县,本东汉县,曹魏因之。治在今河南省平舆县北。

西平县,本东汉县,曹魏因之。治在今河南省西平县西、舞阳县东南。

上蔡县,本东汉县,曹魏因之。治在今河南省上蔡县西南。

定颍县,本东汉县,曹魏因之。治在今河南省西平县东北。

召陵县,本东汉县,曹魏因之。治在今河南省漯河市东。

灈强县,本东汉县,曹魏因之。治在今河南省临颍县东。

西华县,本东汉县,曹魏因之。治在今河南省西华县南。

汝阳县,本东汉县,曹魏因之。魏文帝黄初三年至齐王芳嘉平五年,属汝阴郡。治在今河南省商水县汝阳故城。

南顿县,本东汉县,曹魏因之。魏文帝黄初三年至齐王芳嘉平五年,属汝阴郡。治在今河南省项城市西南顿镇。

新蔡县,本东汉县,曹魏因之。魏文帝黄初三年至齐王芳嘉平五年,属汝阴郡。治在今河南省新蔡县。

褒信县,本东汉县,曹魏因之。魏文帝黄初三年至齐王芳嘉平五年,属汝阴郡。治在今河南省息县东包信镇。

安阳县,本东汉县,曹魏因之。治在今河南省正阳县南。

慎阳县,本东汉县,曹魏因之。治在今河南省正阳县北。

安成县,本东汉县,曹魏因之。治在今河南省汝南县东南。

宜春县,本东汉县,曹魏因之。治在今河南省汝南县西南。

朗陵县,本东汉县,曹魏因之。治在今河南省确山县南。

阳安县,本东汉县,曹魏因之。治在今河南省确山县北。

灈阳县,本东汉县,曹魏因之。治在今河南省遂平县东。

吴房县,本东汉县,曹魏因之。治在今河南省遂平县。

(三)弋阳郡

本东汉江夏郡北部与汝南郡南部交接之地。汉献帝建安二十三年置,辖五县,即弋阳、期思、轪、西阳、西陵。按:西陵县,西汉置,治在今湖北省武汉市新洲区西。三国鼎立,西陵在孙吴控制之下,并移治今湖北省浠水县西南,属吴蕲春郡。故曹魏弋阳郡实辖四县,即弋阳、期思、轪、西阳。

弋阳县,本东汉县,属汝南郡。建安二十三年,改隶弋阳郡。曹魏因之。郡治所在。治在今河南省潢川县西。

期思县,本东汉县,属汝南郡。建安二十三年,改隶弋阳郡。曹魏因之。治在今河南省淮滨县南期思镇。

轪县,本东汉县,属江夏郡。建安二十三年,改隶弋阳郡。曹魏因之。治在今河南省息县南、光山县西北。

西阳县,本东汉县,属江夏郡。建安二十三年,改隶弋阳郡。曹魏因之。治在今河南省光山县西南。

（四）安丰郡

本东汉庐江郡地,属扬州。魏文帝黄初元年,分庐江郡置安丰郡,属豫州。郡治安风,今安徽省霍邱县西南。辖四县,即安风、安丰、雩娄、蓼。终魏未变。

安丰县,本东汉县,属扬州庐江郡。魏文帝黄初元年,置安丰郡,属之。治在今河南省固始县南。

雩娄县,本东汉县,属扬州庐江郡。魏文帝黄初元年,置安丰郡,属之。治在今河南省商城县东。

蓼县,本东汉县,属扬州庐江郡。魏文帝黄初元年,置安丰郡,属之。治在今河南省固始县北。

（五）陈郡

本东汉陈国(郡)地。魏文帝黄初四年,徙封淮南王曹邕为陈王,陈郡为国。黄初六年,改封曹邕为邯郸县王,国除为郡。魏明帝太和六年,徙封东阿王曹植为陈王,郡复为国。同年,曹植死,植子志封为济北王,陈国寻复为郡。

与东汉陈国领地相比较,曹魏陈郡少了苦、宁平。苦县属谯郡,据吴增仅考,改隶时间在魏明帝景初二年。宁平不见他郡记录,当是省并了。齐王芳嘉平五年,废汝阴郡,项县改属陈郡。时郡辖七县,即陈、长平、项、扶乐、阳夏、武平、柘。

陈县,本东汉县,曹魏因之。郡治所在。治在今河南省淮阳县。

长平县,本东汉县,曹魏因之。治在今河南省西华县东北。

扶乐县,本东汉县,曹魏因之。治在今河南省太康县西北。

阳夏县,本东汉县,曹魏因之。治在今河南省太康县。

柘县,本东汉县,曹魏因之。治在今河南省柘城县北。

武平县,本东汉县,曹魏因之。治在今河南省柘城县南。

项县,本东汉县,属汝南郡。魏文帝黄初三年至齐王芳嘉平五年,改属汝阴郡。汝阴郡废,改隶陈郡。治在今河南省沈丘县。

（六）**梁国**

本东汉梁国地。魏文帝黄初元年,国除为郡。魏明帝太和六年,徙封元城王曹悌为梁王,郡复为国。此后未变。与东汉梁国领地相比较,当在魏文帝时省并了谷熟、薄二县。下面将其在今河南省幅员内的属县考述之。

睢阳县,本东汉县,曹魏因之。国都所在。治在今河南省商丘市南。

蒙县,本东汉县,曹魏因之。治在今河南省商丘市北。

虞县,本东汉县,曹魏因之。治在今河南省虞城县北。

砀县,本东汉县,曹魏因之。治在今河南省永城市北。

鄢县,本东汉县,曹魏因之。治在今河南省柘城县北。

宁陵县,本东汉县,曹魏因之。治在今河南省宁陵县东南。

（七）**谯郡**

本东汉沛国地。建安十八年,析沛国置谯郡。魏文帝黄初三年,封谯县公曹林为谯郡王,郡为国;五年,改曹林谯郡王为谯县王,国除为郡。

谯郡大部分在今安徽境内,唯北部苦县、酂县在河南省境内。东汉时期的建平、太丘、临睢三县被省并入酂县。下面就酂县、苦县考述之。

酂县,本东汉县,曹魏因之。治在今河南省永城市西北酂城镇。

苦县,本东汉县,曹魏因之。魏明帝景初二年,改隶谯郡。治在今河南省鹿邑县。

三、兖州

本东汉兖州地,曹魏因之。州领郡(国)八,即陈留国、东郡、济阴郡、山阳郡、东平国、济北国、任城郡、泰山郡。州治廪丘,今山东省鄄城县东北。

兖州在今河南省幅员内的领郡有陈留国和东郡。下面就陈留国、东郡的变化及其辖县进行考述。

（一）**陈留国**

本东汉陈留郡地。魏文帝黄初三年,襄邑公曹峻封为陈留王,郡为国;五年,复封曹峻为襄邑王,国除为郡。魏明帝太和六年,又复封襄邑王曹峻为陈留王,郡复为国。终魏未变。

与东汉陈留郡地比较,曹魏时期省东昏入济阳,为东明镇。

陈留县,本东汉县,曹魏因之。郡治所在。治在今河南省开封市东南陈留镇。

酸枣县,本东汉县,曹魏因之。治在今河南省延津县西。

封丘县,本东汉县,曹魏因之。治在今河南省封丘县东北。

平丘县,本东汉县,曹魏因之。治在今河南省长垣县西南。

长垣县,本东汉县,曹魏因之。治在今河南省长垣县东北。

浚仪县,本东汉县,曹魏因之。魏明帝太和元年,徙封雍丘王曹植为浚仪王;二年,还封雍丘。治在今河南省开封市。

小黄县,本东汉县,曹魏因之。治在今河南省开封市东杜良乡小黄铺。

济阳县,本东汉县,曹魏因之。魏文帝黄初二年,封曹壹为济阳侯;四年,进爵为公。治在今河南省兰考县东北堌阳镇。

外黄县,本东汉县,曹魏因之。治在今河南省兰考县东南。

考城县,本东汉县,曹魏因之。治在今河南省民权县东北。

雍丘县,本东汉县,曹魏因之。魏文帝黄初四年,徙封鄄城王曹植为雍丘王。魏明帝太和二年,浚仪王曹植还封雍丘;三年,徙封曹植为东阿王。治在今河南省杞县。

尉氏县,本东汉县,曹魏因之。治在今河南省尉氏县。

扶沟县,本东汉县,曹魏因之。治在今河南省扶沟县东北。

圉县,本东汉县,曹魏因之。治在今河南省杞县南圉镇。

襄邑县,本东汉县,曹魏因之。建安二十三年,徙封郿侯曹峻为襄邑侯。魏文帝黄初五年,改封陈留王曹峻为襄邑王。治在今河南省睢县。

己吾县,本东汉县,曹魏因之。治在今河南省宁陵县西南。

（二）东郡

本东汉东郡地。建安末,郡领十三县,即濮阳、燕、白马、鄄城、廪丘、范、东阿、临邑、谷城、聊城、博平、乐平、阳平。魏文帝黄初二年,分魏郡东部置阳平郡,乐平、阳平属之。同年,聊城、博平别属平原郡,范县别属东平国,东阿、临邑、谷城别属济北国。这样,曹魏时东郡领五县,即濮阳、燕、白马、鄄城、廪丘。其中濮阳、燕、白马三县在今河南省境内,下面考述之。

濮阳县,本东汉县,曹魏因之。郡治所在。治在今河南省濮阳市西南。

燕县,本东汉县,曹魏因之。治在今河南省延津县东北。

白马县,本东汉县,曹魏因之。治在今河南省滑县东。

另,今河南省范县地属东郡鄄城县,台前县地属东平国范县。

四、冀州

本东汉冀州地,治高邑,今河北省高邑县东;东汉桓灵之际,治邺县,今河北省磁县南。曹魏时,州治信都,今河北省冀州市。时州领魏郡、阳平郡、广平郡、平原郡、清河郡、安平郡、巨鹿郡、赵国、常山郡、中山国、河间郡、勃海郡、乐陵郡。

冀州在今河南省幅员内的领地主要是魏郡南部的六县和阳平郡西南部的二县。下面就其郡县考述之。

(一) 魏郡

本东汉魏郡地。建安十七年,割河内郡的朝歌、林虑、荡阴,东郡的顿丘、卫国等益魏郡。魏文帝黄初二年,分魏郡为三,东部为阳平郡,北部为广平郡,南部为魏郡。时郡领有邺、魏、斥丘、阴安、繁阳、内黄、黎阳、荡阴、朝歌、林虑。黄初中,以朝歌、林虑二县与河内郡的共县、汲县、获嘉三县置朝歌郡,寻废,县属河内郡。魏元帝景元元年,徙封长社侯司马孚为长乐公,置长乐县。时郡领有邺、魏、斥丘、阴安、繁阳、内黄、黎阳、荡阴、长乐。邺、魏、斥丘三县不在今河南省境内。郡治邺,今河北省磁县南。

黎阳县,本东汉县,曹魏因之。治在今河南省浚县东北黎阳镇。

内黄县,本东汉县,曹魏因之。治在今河南省内黄县西。

繁阳县,本东汉县,曹魏因之。治在今河南省内黄县西北。

阴安县,本东汉县,曹魏因之。治在今河南省南乐县西南。

荡阴县,本东汉县,属河内郡。建安十七年,改隶魏郡。曹魏因之。治在今河南省汤阴县。

长乐县,魏元帝景元元年置,徙封长社侯司马孚为长乐公。治在今河南省安阳市东。

（二）阳平郡

本东汉魏郡地。魏文帝黄初二年，析魏郡东部置，东郡乐平、阳平来属。时郡领有馆陶、清渊、发干、乐平、阳平、东武阳、卫国、顿丘、元城。其中顿丘、卫国二县在今河南省境内。郡治馆陶，今山东省馆陶县。

顿丘县，本东汉县，属东郡。建安十七年，改隶魏郡。魏文帝黄初二年，析魏郡东部置阳平郡，属之。治在今河南省清丰县西南。

卫国县，本东汉县，属东郡。建安十七年，改隶魏郡。魏文帝黄初二年，析魏郡东部置阳平郡，属之。治在今河南省清丰县南。

五、荆州

东汉的荆州，统领南阳、南郡、江夏、零陵、桂阳、武陵、长沙七郡。汉献帝初平元年(190)，析南阳郡东南部置章陵郡。建安十三年(208)，分南阳郡西部置南乡郡，分南郡北部置襄阳郡，分南郡西部置临江郡。赤壁之战后，三国鼎立局面形成，曹操占有荆州的南阳、南乡、章陵、襄阳及江夏郡的北部。魏文帝黄初元年(220)，曹魏据有汉中郡东部，析置魏兴郡、上庸郡、新城郡。故曹魏荆州领有南阳、南乡、章陵、襄阳、魏兴、上庸、新城及江夏郡北部。黄初三年(222)，改章陵郡为义阳郡；齐王芳正始初，废义阳郡。故曹魏后期荆州领有南阳、南乡、襄阳、魏兴、上庸、新城及江夏郡北部。州治先治宛，今河南省南阳市；正始时，徙治新野，今河南省新野县。

荆州在今河南省境内主要为南阳、南乡、江夏三郡的北部地区。下面就这些郡县进行考述。

（一）南阳郡

本东汉南阳郡地。汉献帝初平元年，析南阳郡东南置章陵郡，辖章陵、蔡阳、襄乡、随。建安十三年，析南阳郡西部置南乡郡，辖南乡、顺阳、鄼、丹水、武当、阴、筑阳、析。同年，山都县改隶襄阳郡。魏文帝黄初二年，改章陵县为安昌县。黄初三年，改章陵郡为义阳郡，领安昌、平林、平氏、义阳、随；省复阳置义阳。齐王芳正始初，废义阳郡，其所领县归属南阳郡。

宛县，本东汉县，曹魏因之。郡治所在。治在今河南省南阳市。

冠军县,本东汉县,曹魏因之。治在今河南省邓州市西北。

叶县,本东汉县,曹魏因之。治在今河南省叶县西南旧县镇。

新野县,本东汉县,曹魏因之。治在今河南省新野县。

西鄂县,本东汉县,曹魏因之。治在今河南省南阳市东北夏响铺。

雉县,本东汉县,曹魏因之。治在今河南省南召县东南。

鲁阳县,本东汉县,曹魏因之。治在今河南省鲁山县。

犨县,本东汉县,曹魏因之。治在今河南省叶县东北、鲁山县西南。

堵阳县,本东汉县,曹魏因之。治在今河南省方城县东。

博望县,本东汉县,曹魏因之。治在今河南省方城县西南博望镇。

舞阴县,本东汉县,曹魏因之。治在今河南省社旗县东南。

比阳县,本东汉县,曹魏因之。治在今河南省泌阳县。

平氏县,本东汉县,曹魏因之。治在今河南省桐柏县平氏镇。

棘阳县,本东汉县,曹魏因之。治在今河南省新野县东北。

湖阳县,本东汉县,曹魏因之。治在今河南省唐河县湖阳镇。

淯阳县,本东汉县,曹魏因之。治在今河南省新野县北。

涅阳县,本东汉县,曹魏因之。治在今河南省镇平县南。

郦县,本东汉县,曹魏因之。治在今河南省内乡县北。

穰县,本东汉县,曹魏因之。治在今河南省邓州市。

朝阳县,本东汉县,曹魏因之。治在今河南省新野县西南。

安众县,本东汉县,曹魏因之。治在今河南省邓州市东北。

义阳县,魏文帝黄初三年,分平氏县义阳乡置,徙封章陵王曹椽为义阳王。《嘉庆重修一统志》卷211河南南阳府“古迹”载:“义阳故城,在桐柏县东,本汉平氏县之义阳乡。”治在今河南省信阳市西北淮河北岸。

(二)南乡郡

汉献帝建安十三年,析南阳郡西部置南乡郡。曹魏因之,终魏未变。

南乡县,本东汉县,属南阳郡。建安十三年,别属南乡郡。曹魏因之。郡治所在。治在今河南省淅川县西南顺阳川。

顺阳县,本东汉县,属南阳郡。建安十三年,别属南乡郡。曹魏因之。治在今河南省淅川县南马蹬镇。

丹水县,本东汉县,属南阳郡。建安十三年,别属南乡郡。曹魏因之。治在今河南省淅川县西寺湾镇。

析县,本东汉县,属南阳郡。建安十三年,别属南乡郡。曹魏因之。治在今河南省西峡县。

（三）江夏郡

本东汉江夏郡。三国鼎立时,曹魏据有江夏郡北部,孙吴据有江夏郡南部,各自置有江夏郡。曹魏郡治安陆上昶城。

江夏郡大部分在今湖北省境内,其北部在今河南省境内,有平春、鄳二县。下面将二县考述之。

平春县,本东汉县,曹魏因之。治在今河南省信阳市西北。

鄳县,本东汉县,曹魏因之。治在今河南省罗山县西。

此外,济阴郡离狐县在今河南省境内。

离狐县,本东汉县,曹魏因之。治在今河南省濮阳市东南。

第二节　西晋时期河南的州、郡(国)、县

公元265年,司马炎代魏称帝,建国号晋,仍都洛阳,史称西晋。公元316年,西晋灭亡。尽管西晋历史短暂,却是一个全国统一的时期。

西晋的地方行政制度承袭了汉魏制度,实行州、郡(国)、县三级行政区划。西晋初期,拥有司、豫、兖、青、徐、扬、荆、益、梁、雍、凉、并、冀、幽十四州之地。泰始五年(269),以益、梁、雍三州相交之地置秦州。泰始七年(271),析益州南部置宁州。咸宁二年(276),析幽州东部置平州。太康元年(280)平吴后,得扬、荆、交、广四州,于是将南北荆州、扬州合并为二州。时全国共有19州171郡(国)1232县。《晋书·地理志》记载的就是这时的情况。由于荆、扬二州过于广大,晋惠帝元康元年(291),在荆、扬相交之地置江州。晋怀帝永嘉元年(307),又分荆、江二州置湘州。至此,西晋全境共有21州。

州是西晋地方最高的行政区划,长官为刺史。司州由中央官员司隶校尉统领。州辖郡(国)。晋武帝代魏后,认为魏室孤立是没有封建子弟所致,便以郡

为国分封诸侯。诸侯有王国、公国、侯国之分,王不之国,宫于京师。其郡长官为内史,统领王国行政。郡置太守。河南郡为国都所在,置河南尹。郡国辖县,县有大小,置有令、长。

《晋书·地理志》记载的是晋武帝太康二年(281)西晋的版籍。据其记载,今河南省北部主要为司州的河南郡、弘农郡、荥阳郡、河内郡、汲郡、顿丘郡及魏郡的南部、上洛郡的东部;南部主要为豫州的颍川郡、襄城郡、汝南国、梁国及汝阴郡的西部、弋阳郡的北部、安丰郡的西部、谯国的北部;东部主要为兖州的陈留郡、濮阳国;西南部主要为荆州的南阳国、南乡郡的北部、义阳国的东部与北部。下面我们就以《晋书·地理志》为据,来考述今河南省幅员内的州、郡(国)、县的变化。

一、司州

西晋司州沿袭曹魏司州之名,泰始元年(265),始为定制。西晋司州领地与曹魏司州相比,在东北、西南方向有所扩大。东北方向领有原属冀州的魏郡、阳平郡和广平郡,西南方向领有原属雍州京兆分置的上洛郡。

晋武帝太康时期,司州领有河南郡、荥阳郡、河内郡、汲郡、河东郡、平阳郡、弘农郡、上洛郡、魏郡、顿丘郡、阳平郡、广平郡。州治洛阳,今河南省洛阳市东北。

(一)河南郡

本曹魏河南尹地。晋武帝泰始二年,析河南郡东部置荥阳郡,废原武郡及原武县。时郡辖洛阳、河南、巩、河阴、新安、成皋、缑氏、阳城、新城、陆浑、梁、阳翟。

与曹魏河南尹西部领县比较,西晋废除偃师、平、谷城三县,复置河南一县。

洛阳县,本曹魏县,西晋因之。州、尹治所所在。治在今河南省洛阳市东北。

河南县,本汉县,曹魏废。西晋初复置。治在今河南省洛阳市。

巩县,本曹魏县,西晋因之。治在今河南省巩义市西南。

河阴县,本曹魏县,西晋因之。治在今河南省孟津县北。

新安县,本曹魏县,属弘农郡,曹魏末改隶河南尹。西晋因之。治在今河南省义马市西。

成皋县,本曹魏县,西晋因之。治在今河南省荥阳市西北。

缑氏县,本曹魏县,西晋因之。治在今河南省偃师市东南。

新城县,本曹魏县,西晋因之。治在今河南省伊川县西南。

梁县,本曹魏县,西晋因之。治在今河南省汝州市西。

阳翟县,本曹魏县,西晋因之。治在今河南省禹州市。

阳城县,本曹魏县,西晋因之。治在今河南省登封市东南告成镇。

陆浑县,本曹魏县,西晋因之。治在今河南省嵩县东北。

(二)荥阳郡

本曹魏河南尹地。晋武帝泰始二年,析河南郡东部置。时郡辖荥阳、京、密、卷、阳武、苑陵、中牟、开封。

与曹魏河南尹东部领县比较,西晋废除新郑、原武二县。

荥阳县,本曹魏县,西晋属荥阳郡。郡治所在。治在今河南省荥阳市东北。

京县,本曹魏县,西晋属荥阳郡。治在今河南省荥阳市东南。

密县,本曹魏县,西晋属荥阳郡。治在今河南省新密市东南。

卷县,本曹魏县,西晋属荥阳郡。治在今河南省原阳县西。

阳武县,本曹魏县,西晋属荥阳郡。治在今河南省原阳县东南。

苑陵县,本曹魏县,西晋属荥阳郡。治在今河南省新郑市东北。

中牟县,本曹魏县,西晋属荥阳郡。治在今河南省中牟县东。

开封县,本曹魏县,西晋属荥阳郡。治在今河南省开封市南。

(三)弘农郡

本曹魏弘农郡地。曹魏末,新安改隶河南尹。晋武帝泰始二年,分京兆南部和弘农南部置上洛郡,卢氏县别属之。时郡辖弘农、湖、陕、宜阳、渑池、华阴。其中华阴在今陕西省境内。

弘农县,本曹魏县,西晋因之。郡治所在。治在今河南省灵宝市北。

渑池县,本曹魏县,西晋因之。治在今河南省洛宁县西北。

陕县,本曹魏县,西晋因之。治在今河南省三门峡市西。

宜阳县,本曹魏县,西晋因之。治在今河南省宜阳县西。

湖县,本曹魏县,西晋因之。治在今河南省灵宝市西北。

（四）上洛郡

晋武帝泰始二年，分京兆南部和弘农南部置郡，卢氏县别属之。时郡辖上洛、商、卢氏三县。泰始三年，以商县丰阳川置丰阳县。郡治上洛县，今陕西省商县。唯卢氏县在今河南省境内。

卢氏县，本曹魏县，属弘农郡。晋泰始二年，置上洛郡，属上洛郡。治在今河南省卢氏县。

（五）汲郡

本曹魏河内郡地。咸熙元年，升野王、汲县典农中郎将为郡。晋武帝泰始二年，废野王郡，分河内郡东部为汲郡。时汲郡领汲、朝歌、共、林虑、获嘉、修武。

汲县，本曹魏县，西晋属汲郡。郡治所在。治在今河南省汲县西。

朝歌县，本曹魏县，西晋属汲郡。治在今河南省淇县。

林虑县，本曹魏县，西晋属汲郡。治在今河南省林州市。

共县，本曹魏县，西晋属汲郡。治在今河南省辉县市。

获嘉县，本曹魏县，西晋属汲郡。治在今河南省新乡市西。

修武县，本曹魏县，西晋属汲郡。治在今河南省获嘉县。

（六）河内郡

本曹魏河内郡地。晋武帝泰始二年，分河内郡东部置汲郡，故河内郡只领有曹魏河内郡西部。时河内郡领有野王、州、怀、平皋、河阳、沁水、轵、山阳、温。废武德。郡治从怀县迁至野王。

野王县，本曹魏县，西晋因之。郡治所在。治在今河南省沁阳市。

怀县，本曹魏县，西晋因之。治在今河南省武陟县西南。

河阳县，本曹魏县，西晋因之。治在今河南省孟州市西。

轵县，本曹魏县，西晋因之。治在今河南省济源市南。

沁水县，本曹魏县，西晋因之。治在今河南省济源市东北。

温县，本曹魏县，西晋因之。治在今河南省孟州市东。

平皋县，本曹魏县，西晋因之。治在今河南省温县东。

州县，本曹魏县，西晋因之。治在今河南省沁阳市东南。

山阳县，本曹魏县，西晋因之。治在今河南省焦作市东、修武县西。

（七）魏郡

本曹魏魏郡地。晋武帝泰始二年，析魏郡东南和阳平郡南部置顿丘郡，阴安、繁阳别属之。时郡领有邺、魏、斥丘、内黄、黎阳、荡阴、长乐、安阳。邺、魏、斥丘三县不在今河南省境内。郡治邺县，今河北省磁县南。

黎阳县，本曹魏县，西晋因之。治在今河南省浚县东北黎阳镇。

内黄县，本曹魏县，西晋因之。治在今河南省内黄县西。

安阳县，本秦县，西汉废。晋武帝泰始二年复置。治在今河南省安阳市南。

荡阴县，本曹魏县，西晋因之。治在今河南省汤阴县。

长乐县，本曹魏县，西晋因之。治在今河南省安阳市东。

（八）顿丘郡

晋武帝泰始二年，析魏郡东南和阳平郡南部置，领顿丘、繁阳、阴安、卫国四县。

顿丘县，本曹魏县，属阳平郡。晋泰始二年，置顿丘郡，属之。郡治所在。治在今河南省清丰县西南。

卫国县，本曹魏县，属阳平郡。晋泰始二年，置顿丘郡，属之。治在今河南省清丰县南。

繁阳县，本曹魏县，属魏郡。晋泰始二年，置顿丘郡，属之。治在今河南省内黄县西北。

阴安县，本曹魏县，属魏郡。晋泰始二年，置顿丘郡，属之。治在今河南省南乐县西南。

二、豫州

本曹魏豫州地。晋武帝泰始二年(266)，分颍川郡置襄城郡，分汝南郡立汝阴郡，合陈郡于梁国。太康元年(280)平吴后，省吴蕲春郡入弋阳郡。故与曹魏豫州相比较，西晋豫州领地在南部弋阳郡得到了扩展，从大别山区达到长江北岸，领有今鄂东地区。豫州治陈县，今河南省淮阳县。

（一）颍川郡

本曹魏颍川郡地。晋武帝泰始二年，析颍川郡西部置襄城郡；同时，陈郡的长平、汝南郡的召陵来属,废颍阳。因避司马昭的讳,召陵改名邵陵。时郡领有许昌、长社、颍阴、临颍、郾、邵陵、鄢陵、新汲、长平。晋惠帝永康元年,复置西华县。

许昌县,本曹魏县,西晋因之。郡治所在。治在今河南省许昌市东。

长社县,本曹魏县,西晋因之。治在今河南省长葛市东。

颍阴县,本曹魏县,西晋因之。治在今河南省许昌市。

临颍县,本曹魏县,西晋因之。治在今河南省临颍县西北。

郾县,本曹魏县,西晋因之。治在今河南省漯河市郾城区南。

邵陵县,本曹魏召陵县,属汝南郡。晋武帝泰始二年,改隶颍川郡。因避司马昭的讳,县改名邵陵。治在今河南省漯河市东。

鄢陵县,本曹魏县,西晋因之。治在今河南省鄢陵县北。

新汲县,本曹魏县,西晋因之。治在今河南省扶沟县西南。

长平县,本曹魏县,属陈郡。晋武帝泰始二年,改隶颍川郡。晋惠帝永康中,改属梁国。治在今河南省西华县东北。

(二)襄城郡

本曹魏颍川郡地。晋武帝泰始二年,分颍川郡西部置。时郡领有襄城、繁昌、郏、定陵、父城、昆阳、舞阳。郡治襄城,今河南省襄城县。

襄城县,本曹魏县,西晋因之。郡治所在。治在今河南省襄城县。

繁昌县,本曹魏县,西晋因之。治在今河南省许昌市南。

郏县,本曹魏县,西晋因之。治在今河南省郏县。

舞阳县,本曹魏县,西晋因之。治在今河南省舞阳县西北保和乡魏庄。

定陵县,本曹魏县,西晋因之。治在今河南省舞阳县东北北舞渡镇。

父城县,本曹魏县,西晋因之。治在今河南省宝丰县东古城村。

昆阳县,本曹魏县,西晋因之。治在今河南省叶县。

(三)汝南郡

本曹魏汝南郡地。晋武帝泰始二年,分汝南郡东部置汝阴郡。同时,废汝南郡北部的西华、灑强入邵陵,邵陵改隶颍川郡。故西晋汝南郡只相当于曹魏汝南郡西部。时郡领有新息、南安阳、安成、慎阳、北宜春、朗陵、阳安、上蔡、平舆、定颍、灈阳、南顿、汝阳、吴房、西平。晋惠帝时,以南顿置南顿郡。

新息县,本曹魏县,西晋因之。郡治所在。治在今河南省息县。

平舆县，本曹魏县，西晋因之。治在今河南省平舆县北。

西平县，本曹魏县，西晋因之。治在今河南省西平县西、舞阳县东南。

上蔡县，本曹魏县，西晋因之。治在今河南省上蔡县西南。

定颍县，本曹魏县，西晋因之。治在今河南省西平县东北。

汝阳县，本曹魏县，西晋因之。治在今河南省商水县汝阳故城。

南顿县，本曹魏县，西晋初因之。晋惠帝时，为南顿郡治所在。治在今河南省项城县西南顿镇。

南安阳县，本曹魏安阳县，西晋在魏郡复置安阳县，故加“南”以别之。治在今河南省正阳县南。

安成县，本曹魏县，西晋因之。治在今河南省汝南县东南。

慎阳县，本曹魏县，西晋因之。治在今河南省正阳县北。

北宜春县，本曹魏宜春县，西晋为区别于安成郡宜春县，故加“北”字。治在今河南省汝南县西南。

朗陵县，本曹魏县，西晋因之。治在今河南省确山县南。

阳安县，本曹魏县，西晋因之。治在今河南省确山县北。

灈阳县，本曹魏县，西晋因之。治在今河南省遂平县东。

吴房县，本曹魏县，西晋因之。治在今河南省遂平县。

（四）汝阴郡

本曹魏汝南郡地。晋武帝泰始二年，分汝南郡东部置郡。时郡领有汝阴、慎、原鹿、固始、鲖阳、新蔡、宋、褒信。郡治汝阴，今安徽省阜阳市。晋惠帝时，分汝阴郡西部置新蔡郡，辖新蔡、褒信、鲖阳、固始四县。

汝阴郡领地大部分在今安徽省境内，唯西部新蔡、褒信二县在今河南省境内。下面就二县考述之。

新蔡县，本曹魏县，属汝南郡。西晋初置汝阴郡，属之。晋惠帝置新蔡郡，为郡治所在。治在今河南省新蔡县。

褒信县，本曹魏县，属汝南郡。西晋初置汝阴郡，属之。晋惠帝置新蔡郡，又属之。治在今河南省息县东包信镇。

（五）梁国

晋武帝泰始二年，省并陈郡入梁国。故西晋梁国兼有曹魏陈郡、梁国之地。同时，废砀、扶乐、柘，复置谷熟，苦县自谯国来属。时梁国领有睢阳、蒙、虞、下邑、鄢、宁陵、谷熟、陈、项、阳夏、武平、苦。下邑县不在今河南省境内。晋惠帝永康中,复置陈郡,陈、项、阳夏、武平、苦五县属之,长平县自颍川郡来属之。废鄢县。

睢阳县,本曹魏县,西晋因之。国都所在。治在今河南省商丘市南。

蒙县,本曹魏县,西晋因之。治在今河南省商丘市北。

虞县,本曹魏县,西晋因之。治在今河南省虞城县北。

鄢县,本曹魏县,西晋因之。治在今河南省柘城县北。

宁陵县,本曹魏县,西晋因之。治在今河南省宁陵县东南。

谷熟县,本东汉县,曹魏废,西晋复置。治在今河南省商丘市东南谷熟镇。

陈县,本曹魏县,属陈郡。西晋初并陈郡入梁国,属梁国。晋惠帝时,复置陈郡,为陈郡郡治所在。治在今河南省淮阳县。

阳夏县,本曹魏县,属陈郡。西晋初并陈郡入梁国,属梁国。晋惠帝时,复置陈郡,属之。治在今河南省太康县。

武平县,本曹魏县,属陈郡。西晋初并陈郡入梁国,属梁国。晋惠帝时,复置陈郡,属之。治在今河南省柘城县南。

项县,本曹魏县,属陈郡。西晋初并陈郡入梁国,属梁国。晋惠帝时,复置陈郡,属之。治在今河南省沈丘县。

苦县,本曹魏县,属谯国。西晋泰始二年,改隶梁国。晋惠帝时,改属陈郡。治在今河南省鹿邑县。

(六)弋阳郡

本曹魏弋阳郡和孙吴蕲春郡地。晋武帝太康元年平吴后,省吴蕲春郡入弋阳郡,故弋阳郡达到长江岸边。时郡领有西阳、轪、蕲春、邾、西陵、期思、弋阳。晋惠帝时,分西阳、轪、蕲春、邾、西陵置西阳国。时郡只领有期思、弋阳二县。今河南省境内有西阳、轪、期思、弋阳。

西阳县,本曹魏县,西晋因之。郡治所在。治在今河南省光山县西南。

弋阳县,本曹魏县,西晋因之。治在今河南省潢川县西。

期思县,本曹魏县,西晋因之。治在今河南省淮滨县南期思镇。

轪县,本曹魏县,西晋因之。治在今河南省息县南、光山县西北。

(七)安丰郡

本曹魏安丰郡地。西晋因之。晋武帝泰始中,分安风置松滋县。郡领有安风、松滋、安丰、蓼、雩娄五县。安丰、蓼、雩娄在今河南省境内。

安丰县,本曹魏县,西晋因之。治在今河南省固始县南。

雩娄县,本曹魏县,西晋因之。治在今河南省商城县东。

蓼县,本曹魏县,西晋因之。治在今河南省固始县北。

(八)谯郡

本曹魏谯郡地。晋武帝泰始二年(266),割谯郡东部萧、相、竹邑、符离、洨、虹入沛国,西北部的苦县改隶梁国。时郡领有谯、城父、酂、山桑、龙亢、蕲、铚。唯酂县在今河南省境内。

酂县,本曹魏县,西晋因之。治在今河南省永城市西北酂城镇。

三、兖州

本曹魏兖州地,西晋因之。晋武帝泰始初,改东郡为濮阳国、山阳郡为高平国、任城郡为任城国。州领郡(国)八,即陈留郡、濮阳国、济阴郡、高平国、东平国、济北国、任城国、泰山郡。州治廪丘,今山东省鄄城县东北。

兖州在今河南省幅员内的领郡有陈留郡和濮阳国。下面就陈留郡、濮阳国的变化及其辖县进行考述。

(一)陈留郡

本曹魏陈留国地。西晋泰始初,国除为郡,废陈留、平丘、考城、圉、己吾五县。县数减少,但辖境无变化。晋惠帝时,复置考城县,并分陈留郡东部济阳、考城二县置济阳郡。

小黄县,本曹魏县,西晋因之。郡治所在。治在今河南省开封市东杜良乡小黄铺。

酸枣县,本曹魏县,西晋因之。治在今河南省延津县西。

封丘县,本曹魏县,西晋因之。治在今河南省封丘县东北。

长垣县,本曹魏县,西晋因之。治在今河南省长垣县东北。

浚仪县,本曹魏县,西晋因之。治在今河南省开封市。

济阳县,本曹魏县,西晋因之。治在今河南省兰考县东北堌阳镇。

外黄县,本曹魏县,西晋因之。治在今河南省兰考县东南。

雍丘县,本曹魏县,西晋因之。治在今河南省杞县。

尉氏县,本曹魏县,西晋因之。治在今河南省尉氏县。

扶沟县,本曹魏县,西晋因之。治在今河南省扶沟县东北。

襄邑县,本曹魏县,西晋因之。治在今河南省睢县。

(二)**濮阳国**

本曹魏东郡地。西晋晋武帝咸宁三年,改东郡置濮阳国。时国领五县,即濮阳、燕、白马、鄄城、廪丘。晋惠帝光熙初,分濮阳国西部燕、白马二县置东燕国。时国领濮阳、鄄城、廪丘三县。下面就在今河南省境内的濮阳、燕、白马三县考述之。

濮阳县,本曹魏县,西晋因之。郡治所在。治在今河南省濮阳市西南。

燕县,本曹魏县,西晋因之。治在今河南省延津县东北。

白马县,本曹魏县,西晋因之。治在今河南省滑县东。

另,今河南省范县地属濮阳国鄄城县,台前县地属东平国范县。

四、荆州

晋武帝平吴后,将曹魏荆州与孙吴荆州并为一州。时荆州领有南阳、南乡、魏兴、新城、上庸、江夏、襄阳、南郡、武昌、武陵、宜都、建平、天门、长沙、零陵、桂阳、衡阳、湘东、邵陵、临贺、始兴、始安二十二郡。太康元年(280),以临贺、始兴、始安三郡属广州;以扬州安成郡来属;分南郡置南平郡,分南阳郡置义阳国;改南乡郡为顺阳郡。晋惠帝时,分武昌、安成、桂阳三郡置江州,分魏兴、新城、上庸三郡属梁州;分义阳置随郡,分南阳置新野郡,分江夏置竟陵郡。晋怀帝时,以长沙、零陵、桂阳、衡阳、湘东、邵陵六郡及广州的临贺、始兴、始安三郡置湘州。时蜀乱,析监利、华容、州陵三县置丰都县,以此四县置成都郡。晋愍帝建兴中,废成都郡,县还南郡;省丰都县入监利。州治江陵,今湖北省荆州市。

(一)**南阳国**

本曹魏南阳郡地。晋武帝泰始中,废湖阳、安众二县,分平林置厥西县。太康初,改郡为国,并分南阳郡南部和江夏郡北部置义阳国。时国领有宛、西鄂、雉、鲁阳、犨、淯阳、博望、堵阳、叶、舞阴、比阳、涅阳、冠军、郦。

宛县,本曹魏县,西晋因之。郡治所在。治在今河南省南阳市。

冠军县,本曹魏县,西晋因之。治在今河南省邓州市西北。

叶县,本曹魏县,西晋因之。治在今河南省叶县西南旧县镇。

西鄂县,本曹魏县,西晋因之。治在今河南省南阳市东北夏响铺。

雉县,本曹魏县,西晋因之。治在今河南省南召县东南。

鲁阳县,本曹魏县,西晋因之。治在今河南省鲁山县。

犨县,本曹魏县,西晋因之。治在今河南省叶县东北、鲁山县西南。

堵阳县,本曹魏县,西晋因之。治在今河南省方城县东。

博望县,本曹魏县,西晋因之。治在今河南省方城县西南博望镇。

舞阴县,本曹魏县,西晋因之。治在今河南省社旗县东南。

比阳县,本曹魏县,西晋因之。治在今河南省泌阳县。

淯阳县,本曹魏县,西晋因之。治在今河南省新野县北。

涅阳县,本曹魏县,西晋因之。治在今河南省镇平县南。

郦县,本曹魏县,西晋因之。治在今河南省内乡县北。

（二）义阳国

晋武帝太康初,分南阳郡南部和江夏郡北部置义阳国。时国领有新野、穰、邓、蔡阳、随、安昌、棘阳、厥西、平氏、义阳、平春、鄳、平林、朝阳。晋惠帝时,分义阳国西部新野、穰、邓、蔡阳、棘阳、朝阳及襄阳郡的山都等七县,置新野郡;分南部的随、厥西、平林三县置随郡。时国领有安昌、平氏、义阳、平春、鄳。下面就今河南省境内的县考述之。

新野县,本曹魏县,属南阳郡。晋武帝太康初,属义阳国,为郡治所在。晋惠帝时,又改属新野郡,为郡治所在。治在今河南省新野县。

平氏县,本曹魏县,属南阳郡。晋武帝太康初,属义阳国。治在今河南省桐柏县平氏镇。

棘阳县,本曹魏县,属南阳郡。晋武帝太康初,属义阳国。晋惠帝时,又改属新野郡。治在今河南省新野县东北。

穰县,本曹魏县,属南阳郡。晋武帝太康初,属义阳国。晋惠帝时,又改属新野郡。治在今河南省邓州市。

朝阳县,本曹魏县,属南阳郡。晋武帝太康初,属义阳国。晋惠帝时,又改属新野郡。治在今河南省新野县西南。

义阳县,本曹魏县,属南阳郡。晋武帝太康初,属义阳国。治在今河南省信阳市西北淮河北岸。

平春县,本曹魏县,属江夏郡。晋武帝太康初,改属义阳国。治在今河南省信阳市西北。

鄳县,本曹魏县,属江夏郡。晋武帝太康初,改属义阳国。治在今河南省罗山县西。

(三)顺阳郡

本曹魏南乡郡。晋武帝太康中,更名顺阳郡。郡治酂县,今湖北省丹江口市东南。其他无变化。下面就今河南省境内的县考述之。

南乡县,本曹魏县,西晋因之。治在今河南省淅川县西南顺阳川。

顺阳县,本曹魏县,西晋因之。治在今河南省淅川县南马蹬镇。

丹水县,本曹魏县,西晋因之。治在今河南省淅川县西寺湾镇。

析县,本曹魏县,西晋因之。治在今河南省西峡县。

此外,兖州济阴郡离狐县在今河南省境内。

离狐县,本曹魏县,西晋因之。治在今河南省濮阳市东南。

第三节 东晋十六国时期河南的州、郡、县

晋愍帝建兴四年(316),刘曜攻陷长安,晋愍帝出降,西晋灭亡。次年,晋宗室司马睿在建康(今江苏省南京市)称帝,建立东晋,统治我国南方。自此,我国历史进入达二百余年之久的南北分裂局面。

在我国北方,一些少数族群贵族和地方势力集团纷纷建立割据政权。从西晋惠帝永兴元年(304)刘渊称汉王开始,至刘宋元嘉十六年(439)北凉降魏止,共136年,史称五胡十六国时期。“五胡”主要指匈奴、羯、氐、羌、鲜卑五个少数族群,“十六国”主要指汉(前赵)、后赵(冉魏)、前燕、前秦、后秦、后燕、前凉、后凉、南凉、北凉、西凉、西秦、夏、南燕、北燕、成汉及代等割据政权。

五胡十六国时期,我国北方战乱不已,地方行政建制十分混乱。各国为了

"务广虚名",在各自统治的地域内,任意分置许多的州,汉晋的一州之地被分成四五个州,且名称也不以所在地域而定,而是来自全国各地。清人洪亮吉旁征博引,著有《十六国疆域志》,对十六国疆域与政区进行了著录。① 魏俊杰的博士论文《十六国疆域研究》对十六国疆域的变迁进行了详细的考订。② 这是我们研究的基础。

今河南省处于中原腹地,是各政权的征战之地。各个部分在不同的时期被不同的政权占据,其分合变化十分复杂。因此,我们选择以一个行政区划相对稳定的年代为定点,来考述其前后的因循变化。

一、汉(前赵)时期河南的州、郡、县

西晋惠帝永兴元年(304),匈奴贵族刘渊以助兵成都王司马颖为名,在离石(今山西离石)起兵,不久迁至左国城(今山西离石北),称汉王。永嘉二年(308),在蒲子(今山西隰县)称帝,国号汉。次年,迁都平阳(今山西临汾市西南)。永嘉五年(311),攻破洛阳,晋怀帝出降。建兴四年(316),又兵临长安,晋愍帝被俘,西晋灭亡。

晋元帝大兴元年(318),汉主刘粲被杀,刘曜在长安称帝。次年,改国号为赵,史称前赵。而汉将石勒于同年称王,国号为赵,史称后赵。前赵、后赵分裂,各自据有今河南部分地区。329 年,后赵攻入长安,前赵灭亡。

汉(前赵)是一个汉化了的政权,在地方行政制度上,实行汉晋的州郡县制度。然而在汉嘉平四年(314),刘聪以秦汉匈奴旧制"万户"作为行政单位,一万户置一内史,全国有四十三个内史。同时,置左、右司隶,各领二十万户。这套制度只推行了五年。刘曜建立前赵后,继续推行州郡县制度。

在今河南省范围内,汉、前赵只据有部分地域。下面我们以晋元帝建武元年(317)为基准来就其变化进行考述。

(一) 荆州

本西晋司州地。晋怀帝永嘉五年,洛阳被破,怀帝出降,河南郡洛水以北各

① 〔清〕洪亮吉撰:《十六国疆域志》,见《二十五史补编》第三册,第 4083~4209 页。

② 魏俊杰:《十六国疆域研究》,上海师范大学 2011 年历史文献学专业博士学位论文。

县陷于汉国。据《晋书·地理志》记载,永嘉之后,司州沦没,刘聪以洛阳为荆州。晋愍帝建兴二年,刘聪又以荆州为右司隶,领有河南郡、弘农郡、上洛郡。晋元帝大兴二年,刘曜改汉为赵,河南郡、弘农郡、上洛郡仍为荆州。晋成帝咸和元年,得东晋酂县以北之顺阳郡。晋元帝大兴三年,石勒夺取洛阳,复名司州。州治洛阳,今河南省洛阳市东北。

1.河南郡

本西晋河南郡地。永嘉五年,汉攻占洛阳,晋怀帝被俘。晋扬威将军魏浚屯兵洛北石梁坞,刘琨承制,假浚河南尹。石梁坞,在今河南省偃师市西。可见,汉尚不能全据河南郡。永嘉六年,刘聪以赵固为荆州刺史,领河南太守,镇守洛阳。晋愍帝建兴元年九月,石梁坞被攻破,没于汉。晋元帝建武元年八月,赵固背汉降晋;十二月,刘粲攻洛阳,赵固败走阳城山,汉复据洛阳。晋元帝大兴三年,后赵石勒夺取洛阳,据有新安以东河南郡洛水以北地区。

洛阳县,本西晋县。汉、前赵因之。郡治所在。治在今河南省洛阳市东北。

河南县,本西晋县,汉、前赵因之。治在今河南省洛阳市。

巩县,本西晋县,汉、前赵因之。治在今河南省巩义市。

河阴县,本西晋县,汉、前赵因之。治在今河南省孟津县北。

新安县,本西晋县,汉、前赵因之。治在今河南省义马市西。

缑氏县,本西晋县,汉、前赵因之。治在今河南省偃师市东南。

2.弘农郡

本西晋弘农郡地。永嘉五年,汉破洛阳,弘农郡大部分归属之,唯华阴县和宜阳县一泉坞尚未沦陷。建武元年,华阴县没于汉。大兴二年,一泉坞没于前赵。晋成帝咸和四年,弘农郡没于后赵。

弘农县,本西晋县,汉、前赵因之。郡治所在。治在今河南省灵宝市北。

渑池县,本西晋县,汉、前赵因之。治在今河南省洛宁县西北。

陕县,本西晋县,汉、前赵因之。治在今河南省三门峡市西。

宜阳县,本西晋县,汉、前赵因之。治在今河南省宜阳县西。

湖县,本西晋县,汉、前赵因之。治在今河南省灵宝市西北文底村一带。

3.上洛郡

本西晋上洛郡。永嘉五年,没于汉。晋成帝咸和四年,没于后赵。今河南省卢氏县时属上洛郡。下面考述之。

卢氏县，本西晋县。永嘉五年，属汉。咸和四年，属后赵。治在今河南省卢氏县。

4.顺阳郡

本西晋顺阳郡地。晋成帝咸和元年十月，赵将黄秀等寇酂，东晋顺阳太守魏该率众奔襄阳。故前赵当据有顺阳郡酂县以北地区。郡领有析、丹水、南乡、顺阳、武当、酂。郡治酂县，今湖北省丹江口市东南。

南乡县，本西晋县，前赵因之。治在今河南省淅川县西南顺阳川。

顺阳县，本西晋县，前赵因之。治在今河南省淅川县南马蹬镇。

丹水县，本西晋县，前赵因之。治在今河南省淅川县西寺湾镇。

析县，本西晋县，前赵因之。治在今河南省西峡县。

（二）**殷州**

本西晋司州河内郡地。永嘉四年，河内郡没于汉。唯郭默守怀县不降，被刘琨封为河内太守。刘聪时，以河内郡为殷州。大兴元年，郭默南奔颍川，怀县没于石勒。大兴二年，石勒称赵王，河内郡归属后赵，复属司州。州治怀县殷城，今河南武陟县东南。

野王县，本西晋县，汉因之。郡治所在。治在今河南省沁阳市。

河阳县，本西晋县，汉因之。治在今河南省孟州市西。

轵县，本西晋县，汉因之。治在今河南省济源市南。

沁水县，本西晋县，汉因之。治在今河南省济源市东北。

温县，本西晋县，汉因之。治在今河南省孟州市东。

平皋县，本西晋县，汉因之。治在今河南省温县东。

州县，本西晋县，汉因之。治在今河南省沁阳市东南。

山阳县，本西晋县，汉因之。治在今河南省焦作市东、修武县西。

（三）**卫州**

本西晋司州汲郡地。永嘉四年，汲郡没于汉。刘聪时，以汲郡为卫州。大兴二年，石勒称赵王，汲郡归属后赵，复属司州。州治朝歌，今河南省淇县。

汲县，本西晋县，汉因之。郡治所在。治在今河南省汲县西。

朝歌县，本西晋县，汉因之。州治所在。治在今河南省淇县。

林虑县，本西晋县，汉因之。治在今河南省林州市。

共县，本西晋县，汉因之。治在今河南省辉县市。

获嘉县,本西晋县,汉因之。治在今河南省新乡市西。

修武县,本西晋县,汉因之。治在今河南省获嘉县。

二、后赵(冉魏)时期河南的州、郡、县

晋元帝大兴二年(319),石勒在襄国(今河北省邢台市)称王,建立赵国,史称后赵。晋成帝咸和五年(330),石勒称帝。五年后,石虎即位后迁都于邺(今河北省磁县南)。其鼎盛时期的疆域,东濒大海,西到甘肃、宁夏的黄河一带,南逾淮河、汉水,北达阴山、燕山一带。

晋穆帝永和五年(349),石虎去世,后赵内乱。次年,石虎养孙冉闵称帝,国号魏,后赵灭亡。两年后,冉魏为前燕所灭。

在地方行政制度上,后赵实行州郡县制度。在其疆域内先后设置了司、洛、豫、兖、冀、并、青、徐、幽、营、朔、雍、秦、荆、扬等十五州。在今河南省境内主要有司、洛、豫、兖、荆等州。下面以晋穆帝永和三年(347)为定准来考述其分合变化。

(一)洛州

本西晋司州地。汉国时期,据有河内郡、汲郡、弘农郡、上洛郡、河东郡、平阳郡及河南郡洛水以北地区。刘渊、刘聪先后以河内郡置殷州,以汲郡置卫州,以弘农郡、上洛郡及河南郡洛水以北地区置荆州,以平阳郡南部和河东郡置雍州,以平阳郡北部置司州。前赵时期,据有弘农郡、上洛郡、河东郡及河南郡洛水以北地区。刘曜先后以河东郡置并州,以弘农郡、上洛郡、河南郡洛水以北地区置荆州。同一时期,河南郡洛水以南地区、荥阳郡及河内郡怀县为晋所据,而魏郡、广平郡、阳平郡、顿丘郡则为石勒所据。后赵时期,司州全境为后赵所据。石勒时复为司州,石虎时以河南郡、河东郡、弘农郡、荥阳郡和兖州的陈留郡、东燕郡,置洛州。州治洛阳,今河南省洛阳市东北。

1.河南郡

本西晋河南郡地。晋元帝大兴三年,前赵洛阳守将投降石勒,后赵遂据有河南郡新安以东洛水以北地区。晋明帝太宁三年,后赵攻占新安。同时,并进占了东晋据有的河南郡洛水以南地区和荥阳郡,东晋守将郭默、李矩南奔。故

此,西晋河南郡地全为后赵所有。

洛阳县,本前赵县。后赵因之。郡治所在。治在今河南省洛阳市东北。

河南县,本前赵县。后赵因之。治在今河南省洛阳市。

巩县,本前赵县。后赵因之。治在今河南省巩义市西南。

河阴县,本前赵县。后赵因之。治在今河南省孟津县北。

新安县,本前赵县。后赵因之。治在今河南省义马市西。

缑氏县,本前赵县。后赵因之。治在今河南省偃师市东南。

成皋县,本西晋县,后赵因之。治在今河南省荥阳市西北。

新城县,本西晋县,后赵因之。治在今河南省伊川县西南。

梁县,本西晋县,后赵因之。治在今河南省汝州市西。

阳翟县,本西晋县,后赵因之。治在今河南省禹州市。

阳城县,本西晋县,后赵因之。治在今河南省登封市东南告成镇。

陆浑县,本西晋县,后赵因之。治在今河南省嵩县东北。

2.弘农郡

本汉、前赵弘农郡地。晋成帝咸和四年,弘农郡归于后赵。石勒时,属司州。石虎时,属洛州。

弘农县,本前赵县,后赵因之。郡治所在。治在今河南省灵宝市北。

渑池县,本前赵县,后赵因之。治在今河南省洛宁县西北。

陕县,本前赵县,后赵因之。治在今河南省三门峡市西。

宜阳县,本前赵县,后赵因之。治在今河南省宜阳县西。

湖县,本前赵县,后赵因之。治在今河南省灵宝市西北。

3.荥阳郡

本西晋荥阳郡地。晋明帝太宁三年,石勒派兵攻占荥阳郡,晋司州刺史李矩南归,长史崔宣率众投降,郡属后赵。石勒时,属司州。石虎时,属洛州。郡治荥阳,今河南省荥阳市东北。

荥阳县,本西晋县,后赵因之。郡治所在。治在今河南省荥阳市东北。

京县,本西晋县,后赵因之。治在今河南省荥阳市东南。

密县,本西晋县,后赵因之。治在今河南省新密市东南。

卷县,本西晋县,后赵因之。治在今河南省原阳县西。

阳武县,本西晋县,后赵因之。治在今河南省原阳县东南。

苑陵县,本西晋县,后赵因之。治在今河南省新郑市东北。

中牟县,本西晋县,后赵因之。治在今河南省中牟县东。

开封县,本西晋县,后赵因之。治在今河南省开封市南。

4.东燕郡

本西晋东燕国地,属兖州,领东燕、白马二县。晋愍帝建兴四年,为石勒所据。后赵时期,石勒时属兖州,石虎时属洛州。

东燕县,本西晋燕县,晋惠帝光熙初改名东燕。后赵因之。郡治所在。治在今河南省延津县东北。

白马县,本西晋县,后赵因之。治在今河南省滑县东。

5.建昌郡

本西晋陈留郡地,属兖州。晋怀帝永嘉四年,石勒败王堪于仓垣(今河南省开封市东北),进据陈留郡北部地区。晋愍帝建兴二年,陈午以浚仪叛石勒。晋元帝建武元年,废扶沟县。晋元帝大兴二年,陈川以浚仪降石勒。大兴三年,祖逖北伐,夺回浚仪,进据封丘,赵将桃豹退至东燕。大兴四年,祖逖卒,祖约代领其众,不敌石勒。晋元帝永昌元年,后赵完全据有陈留郡。石虎时,改名建昌郡。

小黄县,本西晋县,后赵因之。郡治所在。治在今河南省开封市东杜良乡小黄铺。

酸枣县,本西晋县,后赵因之。治在今河南省延津县西。

封丘县,本西晋县,后赵因之。治在今河南省封丘县东北。

长垣县,本西晋县,后赵因之。治在今河南省长垣县东北。

浚仪县,本西晋县,后赵因之。有仓垣城。治在今河南省开封市。

外黄县,本西晋县,后赵因之。治在今河南省兰考县东南。

雍丘县,本西晋县,后赵因之。治在今河南省杞县。

尉氏县,本西晋县,后赵因之。治在今河南省尉氏县。

襄邑县,本西晋县,后赵因之。治在今河南省睢县。

(二) **司州**

西晋司州地。汉国时期,以河内郡为殷州,以汲郡为卫州。晋成帝咸和四年(329),后赵据有司州全境。石勒时,复为司州,领有平阳郡、河东郡、弘农郡、上洛郡、河内郡、河南郡、荥阳郡、汲郡、魏郡、顿丘郡、阳平郡、广平郡。时州治襄国,今河北省邢台市。石虎时,迁都邺,襄国被立为郡,分河东郡、河南郡、弘农郡、荥阳郡置洛州,时司州领有平阳郡、上洛郡、河内郡、汲郡、魏郡、顿丘郡、阳平郡、广平郡、襄国郡。分布在今河南省境内的主要有河内郡、汲郡、顿丘郡、魏郡的南部及上洛郡的卢氏县。州治邺,今河北省磁县南。

1.河内郡

本汉国殷州河内郡地。大兴二年,石勒称赵王,河内郡归属后赵,复属司州。

野王县,本汉国县,后赵因之。郡治所在。治在今河南省沁阳市。

怀县,本西晋县,大兴元年归石勒。后赵因之。治在今河南省武陟县西南。

河阳县,本汉国县,后赵因之。治在今河南省孟州市西。

轵县,本汉国县,后赵因之。治在今河南省济源市南。

沁水县,本汉国县,后赵因之。治在今河南省济源市东北。

温县,本汉国县,后赵因之。治在今河南省孟州市东。

平皋县,本汉国县,后赵因之。治在今河南省温县东。

州县,本汉国县,后赵因之。治在今河南省沁阳市东南。

山阳县,本汉国县,后赵因之。治在今河南省焦作市东、修武县西。

2.汲郡

本汉国卫州汲郡地。大兴二年,石勒称赵王,汲郡归属后赵,复属司州。

汲县,本汉国县,后赵因之。郡治所在。治在今河南省汲县西。

朝歌县,本汉国县,后赵因之。治在今河南省淇县。

林虑县,本汉国县,后赵因之。治在今河南省林州市。

共县,本汉国县,后赵因之。治在今河南省辉县市。

获嘉县,本汉国县,后赵因之。治在今河南省新乡市西。

修武县,本汉国县,后赵因之。治在今河南省获嘉县。

3.卫国郡

本西晋顿丘郡。晋愍帝建兴二年,石勒据有顿丘郡。后赵时期,郡属司州。晋成帝咸和九年,石弘改顿丘郡为卫国郡。领顿丘、繁阳、阴安、卫国四县。

顿丘县,本西晋县,后赵因之。郡治所在。治在今河南省清丰县西南。

卫国县,本西晋县,后赵因之。治在今河南省清丰县南。

繁阳县,本西晋县,后赵因之。治在今河南省内黄县西北。

阴安县,本西晋县,后赵因之。治在今河南省南乐县西南。

4.魏郡

本西晋魏郡地。晋愍帝建兴元年,石勒据有魏郡,是后赵发展的基础。晋成帝咸和九年,石弘以魏郡南部黎阳置黎阳郡。晋成帝咸康元年,石虎迁都邺,魏郡太守改为魏尹。时郡领有邺、魏、斥丘、内黄、荡阴、长乐、安阳。邺、魏、斥丘三县不在今河南省境内。郡治邺县,今河北省磁县南。

内黄县,本西晋县,后赵因之。治在今河南省内黄县西。

安阳县,本西晋县,后赵因之。治在今河南省安阳市南。

荡阴县,本西晋县,后赵因之。治在今河南省汤阴县。

长乐县,本西晋县,后赵因之。治在今河南省安阳市东。

5.黎阳郡

本西晋魏郡地。晋成帝咸和九年,石弘以魏郡南部黎阳置黎阳郡。郡领黎阳一县。

黎阳县,本西晋县,属魏郡。石勒因之。石弘置黎阳郡,县属之。郡治所在。治在今河南省浚县东北黎阳镇。

6.上洛郡

本汉、前赵上洛郡地。汉国时期,属荆州;前赵时期,属雍州。晋成帝咸和四年,郡归后赵,属司州。时郡辖上洛、商、丰阳、卢氏四县。郡治上洛县,今陕西省商县。唯卢氏县在今河南省境内。

卢氏县,本汉、前赵县,后赵因之。治在今河南省卢氏县。

(三)豫州

本西晋豫州地。晋元帝大兴四年,晋豫州刺史祖逖卒,其弟祖约继为豫州刺史,石勒随即进攻豫州。史载:“时祖逖卒,勒始侵寇边戍。”[①]晋元帝永昌元年十月,“石勒攻陷襄城、城父,遂围谯,破祖约别军,约退据寿春”[②]。晋明帝太宁三年,晋都尉鲁潜以许昌叛,投降后赵,石勒“尽陷司、兖、豫三州之地”[③]。晋成帝咸和元年,“石勒遣其将石生寇汝南,汝南人执内史祖济以叛”[④],汝南郡为

---

① 《晋书》卷105,《石勒载记下》,中华书局,1974年,第2740页。
② 《晋书》卷6,《元帝纪》,第156页。
③ 《晋书》卷6,《明帝纪》,第163页。
④ 《晋书》卷7,《成帝纪》,第170页。

后赵所有。

与西晋豫州地比较，后赵豫州地少了淮河以南的弋阳郡、西阳国、安丰郡。时州领有襄城郡、颍川郡、陈郡、梁郡、汝南郡、新蔡郡、南顿郡、汝阴郡、谯郡、沛郡。州治许昌，今河南省许昌市东。

1.颍川郡

本西晋颍川郡地。晋明帝太宁三年，晋都尉鲁潜以许昌叛，投降后赵，颍川郡归属之。晋穆帝永和七年，冉魏豫州牧张过以许昌降晋。时郡领有许昌、长社、颍阴、临颍、郾、邵陵、鄢陵、新汲。郡治许昌，今河南省许昌市东。

许昌县，本西晋县，后赵因之。郡治所在。治在今河南省许昌市东。

长社县，本西晋县，后赵因之。治在今河南省长葛市东。

颍阴县，本西晋县，后赵因之。治在今河南省许昌市。

临颍县，本西晋县，后赵因之。治在今河南省临颍县西北。

郾县，本西晋县，后赵因之。治在今河南省漯河市郾城区南。

邵陵县，本西晋县，后赵因之。治在今河南省漯河市东。

鄢陵县，本西晋县，后赵因之。治在今河南省鄢陵县北。

新汲县，本西晋县，后赵因之。治在今河南省扶沟县西南。

2.襄城郡

本西晋襄城郡地。晋元帝永昌元年，后赵屡寇河南，拔襄城。襄城郡遂归后赵。郡领有襄城、繁昌、郏、定陵、父城、昆阳、舞阳。

襄城县，本西晋县，后赵因之。郡治所在。治在今河南省襄城县。

繁昌县，本西晋县，后赵因之。治在今河南省许昌市南。

郏县，本西晋县，后赵因之。治在今河南省郏县。

舞阳县，本西晋县，后赵因之。治在今河南省舞阳县西北保和乡魏庄。

定陵县，本西晋县，后赵因之。治在今河南省舞阳县东北北舞渡镇。

父城县，本西晋县，后赵因之。治在今河南省宝丰县东古城村。

昆阳县，本西晋县，后赵因之。治在今河南省叶县。

3.汝南郡

本西晋汝南郡地。晋成帝咸和元年，后赵石生进攻汝南，俘获晋内史祖济，汝南郡遂为后赵所有。郡领有新息、南安阳、安成、慎阳、北宜春、朗陵、阳安、上蔡、平舆、定颍、灈阳、汝阳、吴房、西平。郡治新息，今河南省息县。

新息县,本西晋县,后赵因之。郡治所在。治在今河南省息县。

平舆县,本西晋县,后赵因之。治在今河南省平舆县北。

西平县,本西晋县,后赵因之。治在今河南省西平县西、舞阳县东南。

上蔡县,本西晋县,后赵因之。治在今河南省上蔡县西南。

定颍县,本西晋县,后赵因之。治在今河南省西平县东北。

汝阳县,本西晋县,后赵因之。治在今河南省商水县汝阳故城。

南安阳县,本西晋县,后赵因之。治在今河南省正阳县南。

安成县,本西晋县,后赵因之。治在今河南省汝南县东南。

慎阳县,本西晋县,后赵因之。治在今河南省正阳县北。

北宜春县,本西晋县,后赵因之。治在今河南省汝南县西南。

朗陵县,本西晋县,后赵因之。治在今河南省确山县南。

阳安县,本西晋县,后赵因之。治在今河南省确山县北。

濯阳县,本西晋县,后赵因之。治在今河南省遂平县东。

吴房县,本西晋县,后赵因之。治在今河南省遂平县。

4.南顿郡

本西晋南顿郡。东晋初,分南顿置和城县。晋明帝太宁三年,晋都尉鲁潜投降,后赵尽有豫州之地,南顿郡当在其中。郡领南顿、和城二县。郡治南顿,今河南省项城县西。

南顿县,本西晋县,后赵因之。郡治所在。治在今河南省项城市西南顿镇。

和城县,东晋初,分南顿县置。后赵因之。《读史方舆纪要》卷47《河南二》陈州"南顿城"条载:"和城废县,在县西。晋南渡后置县,属南顿郡。刘宋、后魏因之。北齐废入南顿县,而改南顿为和城。"治在今河南省项城市南秣陵镇北老城。

5.新蔡郡

本西晋新蔡郡地。晋明帝太宁三年,晋都尉鲁潜投降,后赵尽有豫州之地,新蔡郡当在其中。郡领有新蔡、褒信、鲖阳、固始四县。新蔡、褒信二县在今河南省境内。下面就二县考述之。

新蔡县,本西晋县,后赵因之。郡治所在。治在今河南省新蔡县。

褒信县,本西晋县,后赵因之。治在今河南省息县东包信镇。

6.陈郡

本西晋陈郡地。晋怀帝永嘉四年,石勒济河攻豫州刺史冯嵩于陈郡,不克。东晋晋元帝时,西华县自颍川郡来属。晋明帝太宁三年,晋都尉鲁潜投降,后赵尽有豫州之地,陈郡当在其中。晋成帝咸康三年,后赵改苦县为父阳。郡领有陈、项、阳夏、武平、父阳、长平、西华。郡治陈县,今河南省淮阳县。

陈县,本西晋县,后赵因之。郡治所在。治在今河南省淮阳县。

阳夏县,本西晋县,后赵因之。治在今河南省太康县。

武平县,本西晋县,后赵因之。治在今河南省柘城县南。

项县,本西晋县,后赵因之。治在今河南省沈丘县。

父阳县,本西晋苦县,晋成帝咸康三年改名。治在今河南省鹿邑县。

长平县,本西晋县,后赵因之。治在今河南省西华县东北。

西华县,本西晋县,属颍川郡。东晋初,改隶陈郡。后赵因之。治在今河南省西华县西南。

7.梁郡

本西晋梁国地。晋愍帝建兴四年,石虎攻梁,败绩而归。晋元帝建武元年,石虎渡河寇梁国,杀内史荀阖。晋元帝大兴二年,祖逖攻陈川不利,退屯梁国。晋明帝太宁三年,晋都尉鲁潜投降,后赵尽有豫州之地,梁郡当在其中。郡领有睢阳、蒙、虞、下邑、宁陵、谷熟。下邑县不在今河南省境内。郡治睢阳,今河南省商丘市南。

睢阳县,本西晋县,后赵因之。郡治所在。治在今河南省商丘市南。

蒙县,本西晋县,后赵因之。治在今河南省商丘市北。

虞县,本西晋县,后赵因之。治在今河南省虞城县北。

宁陵县,本西晋县,后赵因之。治在今河南省宁陵县东南。

谷熟县,本西晋县,后赵因之。治在今河南省商丘市东南谷熟镇。

8.谯郡

本西晋谯郡地。晋元帝建武元年,石虎围祖逖于谯城,大败而归。晋元帝大兴四年,石虎进攻谯城,晋蔡豹逃归。晋元帝永昌元年,石勒攻占城父,又围谯城。晋明帝太宁元年,赵将石他在酂县西大败晋师,俘获将军卫荣。晋明帝太宁三年,晋都尉鲁潜投降,后赵尽有豫州之地,谯郡当在其中。晋成帝咸和八年,石聪以谯郡降晋。后赵有谯郡太守彭彪。郡领有谯、城父、酂、山桑、龙亢、蕲、铚。郡治谯县,今安徽省亳州市。唯酂县在今河南省境内。

酂县,本西晋县,后赵因之。治在今河南省永城市西北酂城镇。

(四)兖州

本西晋兖州地。晋愍帝建兴三年,后赵开始进攻兖州。秋七月,石勒陷濮阳,杀害太守韩弘。次年四月,又攻陷廪丘,晋北中郎将刘演逃奔。后赵据有濮阳郡。晋元帝大兴二年,陈川以浚仪、徐龛以泰山郡降石勒,石勒以桃豹守浚仪,以张敬助徐龛。次年,祖逖击败桃豹,占据浚仪;徐龛复归于晋,张敬守东平。惜祖逖去世,晋元帝永昌元年,后赵据有陈留郡。同年,石虎攻陷泰山,徐龛被俘,晋兖州刺史郄鉴退守合肥,后赵又据有泰山郡。郄鉴退守合肥后,兖州不少地方降于后赵,如琅琊内史孙默以琅琊降。东晋先后以刘遐、檀斌为兖州刺史。晋明帝太宁二年,石虎进攻兖州,刘遐从彭城退保泗口。次年,石瞻进攻邹山,檀斌战死。至此,兖州全境没于后赵。晋穆帝永和七年,兖州刺史刘启自鄄城奔晋。州领有濮阳、济阴、高平、东平、济北、泰山、任城、鲁郡。州治鄄城,今山东省鄄城县北。

1.濮阳郡

本西晋濮阳国地。晋愍帝建兴三年秋七月,石勒陷濮阳,杀害太守韩弘。次年四月,又攻陷廪丘,晋北中郎将刘演逃奔。后赵据有濮阳郡。时郡领濮阳、鄄城、廪丘。唯濮阳在今河南省境内。

濮阳县,本西晋县,后赵因之。郡治所在。治在今河南省濮阳市西南。

2.济阳郡

本西晋济阳郡地。晋元帝永昌元年,晋兖州刺史郄鉴退守合肥,兖州不少地方降于后赵,济阳郡当在其中。郡领济阳、考城二县。

济阳县,本西晋县,后赵因之。郡治所在。治在今河南省兰考县东北堌阳镇。

考城县,本西晋县,后赵因之。治在今河南省民权县东。

另,今河南省范县地属濮阳国鄄城县,台前县地属东平国范县。

此外,兖州济阴郡离狐县在今河南省境内。

离狐县,本西晋县,后赵因之。治在今河南省濮阳市东南。

(五)荆州

本西晋荆州北部地区。苏峻、祖约叛乱,后赵乘机攻取东晋荆州地。晋成帝咸和三年夏四月，石勒攻陷宛，晋南阳太守王国举南阳郡投降。咸和四年，后赵灭前赵，据有前赵的顺阳郡酂县以北地区。咸和五年，后赵荆州监军郭敬寇襄阳，屯于樊城，当据有新野郡。咸和七年夏四月，晋平西参军陶斌、南中郎将桓宣击败郭敬，夺回樊城；竟陵太守李阳攻拔新野，新野郡失而复归。晋成帝咸康四年，东晋乘后赵攻伐段氏鲜卑之际，出兵收回南阳郡、顺阳郡。《元和郡县图志》卷 21 载，邓州“永嘉五年，为刘聪所没，成帝咸康四年复归于晋”。唐邓州相当于晋南阳郡、新野郡、顺阳郡所在。可见，后赵据有南阳郡当有十一年，据有顺阳郡酂县以北地区有十年，而新野郡则只有两年时间。后赵荆州州治先治襄阳，今湖北省襄阳市；后治鲁阳，今河南省鲁山县。

1.南阳郡

本西晋南阳郡地。晋成帝咸和三年夏四月，石勒攻陷宛，晋南阳太守王国举南阳郡投降。晋成帝咸康四年，南阳郡复归于晋。前后十一年时间。

宛县，本西晋县，后赵因之。郡治所在。治在今河南省南阳市。

冠军县，本西晋县，后赵因之。治在今河南省邓州市西北。

叶县，本西晋县，后赵因之。治在今河南省叶县西南旧县镇。

西鄂县，本西晋县，后赵因之。治在今河南省南阳市东北夏响铺。

雉县，本西晋县，后赵因之。治在今河南省南召县东南。

鲁阳县，本西晋县，后赵因之。治在今河南省鲁山县。

犨县，本西晋县，后赵因之。治在今河南省叶县东北、鲁山县西南。

堵阳县，本西晋县，后赵因之。治在今河南省方城县东。

博望县，本西晋县，后赵因之。治在今河南省方城县西南博望镇。

舞阴县，本西晋县，后赵因之。治在今河南省社旗县东南。

比阳县，本西晋县，后赵因之。治在今河南省泌阳县。

淯阳县，本西晋县，后赵因之。治在今河南省新野县北。

涅阳县，本西晋县，后赵因之。治在今河南省镇平县南。

郦县，本西晋县，后赵因之。治在今河南省内乡县北。

2.顺阳郡

本前赵顺阳郡地。晋成帝咸和四年，后赵灭前赵，前赵的顺阳郡酂县以北地区当属后赵。晋成帝咸康四年，顺阳郡复归于晋。郡领有析、丹水、南乡、顺阳、武当、酂。郡治酂县，今湖北省丹江口市东南。

南乡县,本前赵县,后赵因之。治在今河南省淅川县西南顺阳川。

顺阳县,本前赵县,后赵因之。治在今河南省淅川县南马蹬镇。

丹水县,本前赵县,后赵因之。治在今河南省淅川县西寺湾镇。

析县,本前赵县,后赵因之。治在今河南省西峡县。

3.新野郡

本西晋新野郡地。晋成帝咸和五年,后赵荆州监军郭敬寇襄阳,屯于樊城,当据有新野郡。咸和七年夏四月,晋竟陵太守李阳攻拔新野,新野郡得而复失。后赵拥有新野郡仅两年时间。郡领有新野、穰、邓、蔡阳、棘阳、朝阳、山都。唯新野、穰、棘阳、朝阳在今河南省境内。

新野县,本西晋县,后赵因之。郡治所在。治在今河南省新野县。

棘阳县,本西晋县,后赵因之。治在今河南省新野县东北。

穰县,本西晋县,后赵因之。治在今河南省邓州市。

朝阳县,本西晋县,后赵因之。治在今河南省新野县西南。

三、前燕时期河南的州、郡、县

西晋末年,鲜卑慕容部在首领慕容廆带领下占据了今大凌河流域。他的儿子慕容皝继续扩张,占领了辽东半岛,并向西拓展到滦河流域。晋成帝咸康三年(337),慕容皝在昌黎郡(今辽宁义县)称燕王。晋穆帝永和八年(352),慕容儁迁都于龙城(今辽宁朝阳市),称帝,史称前燕。是年,前燕乘冉魏混乱之际,南下攻魏,并在魏昌(今河北无极县东北)擒获冉闵。冉魏灭亡。

前燕灭冉魏不久,迁都于蓟(今北京市)。晋穆帝升平三年(359),慕容儁又迁都于邺。是时,前燕疆域达到极盛。东到辽东半岛,南到淮河,北达今桑干河、燕山及内蒙古赤峰市一带,西到山西沁水流域以东地区。晋废帝太和五年(370),前燕为前秦所灭。

在地方行政制度上,前燕实行州郡县制。在其疆域内,先后设置了平、幽、中、洛、豫、兖、青、冀、并等州,下辖七十四个郡。在今河南省境内,有中、洛、豫、兖等州。下面以晋废帝太和三年(368)为基准考述今河南省境内的州、郡、县及其演变。

（一）中州

本后赵司州地。晋穆帝永和八年，即前燕元玺元年，慕容儁称帝，改司州为中州，置司隶校尉。同年，前燕擒获冉闵，冉魏灭亡。前燕随之攻邺，拔之，占据了邺及以北的广平郡。永和九年，阳平郡归前燕。永和十一年，前秦河内太守王会、黎阳太守韩高皆以郡降前燕。如此，则河内郡及其以北的汲郡、魏郡、顿丘郡等皆为前燕所据。晋穆帝升平五年，河内郡野王县归前燕，而平阳郡则旋得旋失。至此，除平阳郡、上洛郡为前秦所据外，前燕拥有广平、襄国、魏郡、阳平、顿丘、黎阳、汲郡、河内等郡。慕容暐时，又分阳平郡元城置贵乡郡。州治邺，今河北省磁县南。

1.魏郡

本后赵魏郡地。晋穆帝永和八年，前燕擒获冉闵，乘势攻取了邺。魏郡当归属前燕。晋穆帝升平三年，慕容儁迁都邺，魏郡太守改为魏尹。时郡领有邺、魏、斥丘、内黄、荡阴、长乐、安阳。邺、魏、斥丘三县不在今河南省境内。郡治邺，今河北省磁县南。

内黄县，本后赵县，前燕因之。治在今河南省内黄县西。

安阳县，本后赵县，前燕因之。治在今河南省安阳市南。

荡阴县，本后赵县，前燕因之。治在今河南省汤阴县。

长乐县，本后赵县，前燕因之。治在今河南省安阳市东。

2.黎阳郡

本后赵黎阳郡地。后赵内乱，为氐人符洪所据。晋穆帝永和八年，前秦建立，郡属前秦。晋穆帝永和十一年，前秦黎阳太守韩高以郡降。郡领黎阳一县。

黎阳县，本后赵县，前燕因之。郡治所在。治在今河南省浚县东北黎阳镇。

3.顿丘郡

本后赵卫国郡。晋穆帝永和九年，孙元以阳平郡降燕。顿丘郡处于阳平郡西南，也当在同时归燕。郡领顿丘、繁阳、阴安、卫国四县。

顿丘县，本后赵县，前燕因之。郡治所在。治在今河南省清丰县西南。

卫国县，本后赵县，前燕因之。治在今河南省清丰县南。

繁阳县，本后赵县，前燕因之。治在今河南省内黄县西北。

阴安县，本后赵县，前燕因之。治在今河南省南乐县西南。

4.河内郡

本后赵河内郡地。后赵内乱,为氐人符洪所据,晋穆帝永和六年,符健以赵俱为河内守。晋穆帝永和十一年,前秦河内太守王会举郡降燕。唯野王县为吕护所据。晋穆帝升平五年,慕容恪攻陷野王县,吕护退守荥阳,前燕才据有河内全境。

野王县,本后赵县,前燕因之。郡治所在。治在今河南省沁阳市。

怀县,本后赵县,前燕因之。治在今河南省武陟县西南。

河阳县,本后赵县,前燕因之。治在今河南省孟州市西。

轵县,本后赵县,前燕因之。治在今河南省济源市南。

沁水县,本后赵县,前燕因之。治在今河南省济源市东北。

温县,本后赵县,前燕因之。治在今河南省孟州市东。

平皋县,本后赵县,前燕因之。治在今河南省温县东。

州县,本后赵县,前燕因之。治在今河南省沁阳市东南。

山阳县,本后赵县,前燕因之。治在今河南省焦作市东、修武县西。

5.汲郡

本后赵汲郡地。后赵内乱,为氐人符洪所据。后属前秦。晋穆帝永和十一年,前秦河内太守王会举河内郡降燕。汲郡在河内郡北面,也当归属前燕。晋废帝太和四年,桓温第三次北伐,进据汲郡朝歌县枋头。枋头之战失败,导致桓温北伐功亏一篑。

汲县,本后赵县,前燕因之。郡治所在。治在今河南省汲县西。

朝歌县,本后赵县,前燕因之。治在今河南省淇县。

林虑县,本后赵县,前燕因之。治在今河南省林州市。

共县,本后赵县,前燕因之。治在今河南省辉县市。

获嘉县,本后赵县,前燕因之。治在今河南省新乡市西。

修武县,本后赵县,前燕因之。治在今河南省获嘉县。

(二)洛州

本后赵洛州地。晋穆帝永和十年,前燕以慕容评为镇南将军,准备进攻河南。永和十二年,桓温再次北伐,占据洛阳。升平三年,前燕渡河,占据了东燕、陈留等郡。晋哀帝隆和元年,前燕进攻洛阳,不利,退屯野王。兴宁元年,前燕占据荥阳郡,晋荥阳太守刘远逃奔江陵。兴宁二年,前燕进攻河南郡,占据大部分地区。兴宁三年,攻拔洛阳,略地至崤、渑。前秦苻坚亲自屯守陕城。前燕以慕容筑为洛州刺史,镇金墉城。至此,除河东郡、弘农郡为前秦所据外,前燕占有洛州的河南、荥阳、陈留、东燕等郡。晋废帝太和四年,桓温第三次北伐,先后占据了陈留、东燕等郡。北伐失败后,又复被前燕进据。州治洛阳,今河南省洛阳市东北。

1.河南郡

本后赵河南郡地。后赵亡后,各地守将纷纷归晋。后赵豫州牧张遇先降晋后又附秦。晋穆帝永和八年,张遇派上官恩占据洛阳,前秦以苻黄眉镇守洛阳。永和九年,殷浩北伐,苻黄眉西奔,洛阳为东晋所据。永和十年,周成据洛阳叛晋。永和十二年,桓温再次北伐,占据洛阳。晋哀帝隆和元年,前燕渡河进攻洛阳,不利,退屯野王。兴宁二年,前燕据有荥阳郡后,进攻河南,占据郡大部分地区。兴宁三年,慕容恪攻拔洛阳,略地至崤、渑,并以慕容筑为洛州刺史,镇金墉城。至此,后赵河南郡地全为前燕所有。

洛阳县,本后赵县,前燕因之。郡治所在。治在今河南省洛阳市东北。

河南县,本后赵县,前燕因之。治在今河南省洛阳市。

巩县,本后赵县,前燕因之。治在今河南省巩义市西南。

河阴县,本后赵县,前燕因之。治在今河南省孟津县北。

新安县,本后赵县,前燕因之。治在今河南省义马市西。

缑氏县,本后赵县,前燕因之。治在今河南省偃师市东南。

成皋县,本后赵县,前燕因之。治在今河南省荥阳市西北。

新城县,本后赵县,前燕因之。治在今河南省伊川县西南。

梁县,本后赵县,前燕因之。治在今河南省汝州市西。

阳翟县,本后赵县,前燕因之。治在今河南省禹州市。

阳城县,本后赵县,前燕因之。治在今河南省登封市东南告成镇。

陆浑县,本后赵县,前燕因之。治在今河南省嵩县东北。

2.荥阳郡

本后赵荥阳郡地。后赵亡后,守将附晋。晋哀帝兴宁元年夏四月,慕容暐寇荥阳,荥阳太守刘远奔鲁阳;慕容暐攻陷密城,太守刘远奔于江陵。荥阳郡全境被前燕占据。

荥阳县,本后赵县,前燕因之。郡治所在。治在今河南省荥阳市东北。

京县,本后赵县,前燕因之。治在今河南省荥阳市东南。

密县,本后赵县,前燕因之。治在今河南省新密市东南。

卷县,本后赵县,前燕因之。治在今河南省原阳县西。

阳武县,本后赵县,前燕因之。治在今河南省原阳县东南。

苑陵县,本后赵县,前燕因之。治在今河南省新郑市东北。

中牟县,本后赵县,前燕因之。治在今河南省中牟县东。

开封县,本后赵县,前燕因之。治在今河南省开封市南。

3.东燕郡

本后赵东燕郡地。晋穆帝升平三年,前燕迁都邺,向南渡河占据了东燕。同年秋七月,平北将军高昌为慕容儁所逼,自白马奔于荥阳。高昌本为后赵东燕太守,后赵亡后附晋,封为平北将军。白马为东燕郡辖县,时为黄河重要渡口。太守奔亡,郡当被前燕占据。晋废帝太和四年,桓温第三次北伐,占据东燕,以毛穆之为太守。北伐失败后,郡复归前燕。郡领东燕、白马二县。

东燕县,本后赵县,前燕因之。郡治所在。治在今河南省延津县东北。

白马县,本后赵县,前燕因之。治在今河南省滑县东。

4.陈留郡

本后赵建昌郡地。晋穆帝升平三年,前燕占据了东燕郡后,乘势南下。据史载:“汝、颍、谯、沛皆陷,置守宰而还。”[①]陈留郡在谯郡、沛郡之北,东燕郡南边,谯郡、沛郡既被攻占,陈留郡当不能幸免。晋废帝太和四年,桓温第三次北伐,占据陈留。枋头之战失败后,桓温又在襄邑被前燕截击。前燕复取其地。郡治小黄,今河南省开封市东杜良乡小黄铺。

小黄县,本后赵县,前燕因之。郡治所在。治在今河南省开封市东杜良乡小黄铺。

酸枣县,本后赵县,前燕因之。治在今河南省延津县西。

封丘县,本后赵县,前燕因之。治在今河南省封丘县东北。

长垣县,本后赵县,前燕因之。治在今河南省长垣县东北。

浚仪县,本后赵县,前燕因之。治在今河南省开封市。

外黄县,本后赵县,前燕因之。治在今河南省兰考县东南。

---

① 《晋书》卷 110,载记第十《慕容儁》,第 2838 页。

雍丘县,本后赵县,前燕因之。治在今河南省杞县。

尉氏县,本后赵县,前燕因之。治在今河南省尉氏县。

襄邑县,本后赵县,前燕因之。治在今河南省睢县。

（三）豫州

本后赵豫州地。后赵亡后,后赵将领姚弋仲及其子姚襄降晋。后赵豫州牧张遇据许昌降晋,不久又叛晋降前秦。晋穆帝永和八年,张遇派兵据洛阳,前秦以其为征东大将军、豫州牧。六月,东晋派谢尚、姚襄共攻张遇。前秦派苻雄救张遇,战于诚桥,谢尚败归,姚襄退屯谯城。七月,苻雄徙张遇及五万民户入关中,以杨群为豫州牧,镇守许昌。十月,谢尚派王侠攻克许昌,杨群退守弘农。因东晋执政殷浩忌惮姚襄,永和九年,姚襄被迫反晋,以梁国降前燕。永和十年,姚襄转据许昌,并在永和十二年进攻洛阳。同年,桓温再次北伐,击败姚襄,占据洛阳,豫州各地守将纷纷附晋。晋穆帝升平三年,前燕占据了东燕郡后,乘势南下,攻取豫州。东晋派谢万进行反击,结果谢万不战而溃,于是许昌、颍川、谯、沛诸郡陷于前燕。升平五年,桓温弟桓豁大败慕容尘,攻取许昌。其后,前燕又得许昌。晋哀帝兴宁元年,慕容尘在长平围攻陈留太守袁披,晋汝南太守朱斌攻克许昌。兴宁二年,前燕起大军,先后攻占颍川、陈郡和汝南郡。至此,前燕据有豫州全境。晋废帝太和四年,桓温第三次北伐,豫州谯、梁诸郡被攻陷,以袁真为豫州刺史。桓温败后,前燕复取其地。前燕有豫州刺史孙兴、李邽。州领颍川、襄城、汝南、南顿、新蔡、汝阴、陈郡、梁郡、谯郡、沛郡。州治许昌,今河南省许昌市东。

1.颍川郡

本后赵颍川郡地。后赵亡后,姚襄降晋。晋穆帝永和九年,姚襄叛晋。次年,转据许昌。永和十二年,桓温北伐,颍川归晋。升平三年,颍川被前燕占据,以慕容尘屯许昌。升平五年,桓豁大败慕容尘,攻取许昌。其后,前燕又得许昌。晋哀帝兴宁元年,汝南太守朱斌攻克许昌。兴宁二年,慕容评袭取许昌,颍川太守李福死难。郡领有许昌、长社、颍阴、临颍、郾、邵陵、鄢陵、新汲。郡治许昌,今河南省许昌市东。

许昌县,本后赵县,前燕因之。郡治所在。治在今河南省许昌市东。

长社县,本后赵县,前燕因之。治在今河南省长葛市东。

颍阴县,本后赵县,前燕因之。治在今河南省许昌市。

临颍县,本后赵县,前燕因之。治在今河南省临颍县西北。

郾县,本后赵县,前燕因之。治在今河南省漯河市郾城区南。

邵陵县,本后赵县,前燕因之。治在今河南省漯河市东。

鄢陵县,本后赵县,前燕因之。治在今河南省鄢陵县北。

新汲县,本后赵县,前燕因之。治在今河南省扶沟县西南。

2.襄城郡

本后赵襄城郡地。后赵亡后,晋穆帝永和十二年,桓温北伐,襄城归晋。晋哀帝兴宁三年,前燕以慕容垂为荆州牧,镇鲁阳。鲁阳属南阳郡,在襄城郡西,说明在兴宁三年前,襄城郡当为前燕所据。郡领有襄城、繁昌、郏、定陵、父城、昆阳、舞阳。

襄城县,本后赵县,前燕因之。郡治所在。治在今河南省襄城县。

繁昌县,本后赵县,前燕因之。治在今河南省许昌市南。

郏县,本后赵县,前燕因之。治在今河南省郏县。

舞阳县,本后赵县,前燕因之。治在今河南省舞阳县西北保和乡魏庄。

定陵县,本后赵县,前燕因之。治在今河南省舞阳县东北北舞渡镇。

父城县,本后赵县,前燕因之。治在今河南省宝丰县东古城村。

昆阳县,本后赵县,前燕因之。治在今河南省叶县。

3.汝南郡

本后赵汝南郡地。后赵亡后,汝南归晋。晋哀帝兴宁二年,慕容评攻占颍川后,进攻汝南郡,晋太守朱斌逃奔于寿阳。汝南郡属前燕。郡领有新息、南安阳、安成、慎阳、北宜春、朗陵、阳安、上蔡、平舆、定颍、灈阳、汝阳、吴房、西平。郡治新息,今河南省息县。

新息县,本后赵县,前燕因之。郡治所在。治在今河南省息县。

平舆县,本后赵县,前燕因之。治在今河南省平舆县北。

西平县,本后赵县,前燕因之。治在今河南省西平县西、舞阳县东南。

上蔡县,本后赵县,前燕因之。治在今河南省上蔡县西南。

定颍县,本后赵县,前燕因之。治在今河南省西平县东北。

汝阳县,本后赵县,前燕因之。治在今河南省商水县汝阳故城。

南安阳县,本后赵县,前燕因之。治在今河南省正阳县南。

安成县,本后赵县,前燕因之。治在今河南省汝南县东南。

慎阳县,本后赵县,前燕因之。治在今河南省正阳县北。

北宜春县,本后赵县,前燕因之。治在今河南省汝南县西南。

朗陵县,本后赵县,前燕因之。治在今河南省确山县南。

阳安县,本后赵县,前燕因之。治在今河南省确山县北。

灈阳县,本后赵县,前燕因之。治在今河南省遂平县东。

吴房县,本后赵县,前燕因之。治在今河南省遂平县。

4.南顿郡

本后赵南顿郡。后赵亡后,南顿归晋。晋哀帝兴宁二年,慕容评攻占汝南郡和陈郡。南顿郡处于二郡之间,当也属前燕。郡领南顿、和城二县。郡治南顿,今河南省项城县西。

南顿县,本后赵县,前燕因之。郡治所在。治在今河南省项城市西南顿镇。

和城县,本后赵县,前燕因之。治在今河南省项城市南秣陵镇北老城。

5.新蔡郡

本后赵新蔡郡地。后赵亡后,新蔡归晋。晋哀帝兴宁二年,前燕尽有豫州之地,新蔡郡当在其中。郡领有新蔡、褒信、鲖阳、固始四县。新蔡、褒信二县在今河南省境内。下面就二县考述之。

新蔡县,本后赵县,前燕因之。郡治所在。治在今河南省新蔡县。

褒信县,本后赵县,前燕因之。治在今河南省息县东包信镇。

6.陈郡

本后赵陈郡地。后赵亡后,陈郡归晋。晋穆帝升平三年二月,前燕慕容评进围陈郡,太守朱辅固守;夏四月,朱辅退保彭城,陈郡属前燕。郡领有陈、项、阳夏、武平、父阳、长平、西华。郡治陈县,今河南省淮阳县。

陈县,本后赵县,前燕因之。郡治所在。治在今河南省淮阳县。

阳夏县,本后赵县,前燕因之。治在今河南省太康县。

武平县,本后赵县,前燕因之。治在今河南省柘城县南。

项县,本后赵县,前燕因之。治在今河南省沈丘县。

父阳县,本后赵县,前燕因之。治在今河南省鹿邑县。

长平县,本后赵县,前燕因之。治在今河南省西华县东北。

西华县,本后赵县,前燕因之。治在今河南省西华县西南。

7.梁郡

本后赵梁郡地。后赵亡后，梁郡归晋。晋穆帝永和九年，姚襄以梁郡叛晋。永和十年，前燕以慕容垂为河南大都督，镇梁郡。晋废帝太和四年，桓温第三次北伐，袁真攻陷梁郡。桓温败后，前燕复取其地。郡领有睢阳、蒙、虞、下邑、宁陵、谷熟。下邑不在今河南省境内。郡治睢阳，今河南省商丘市南。

睢阳县，本后赵县，前燕因之。郡治所在。治在今河南省商丘市南。

蒙县，本后赵县，前燕因之。治在今河南省商丘市北。

虞县，本后赵县，前燕因之。治在今河南省虞城县北。

宁陵县，本后赵县，前燕因之。治在今河南省宁陵县东南。

谷熟县，本后赵县，前燕因之。治在今河南省商丘市东南谷熟镇。

8.谯郡

本后赵谯郡地。后赵亡后，谯郡归晋。晋穆帝升平三年，前燕攻占汝、颍、谯、沛等郡，置守宰而还。晋废帝太和四年，桓温第三次北伐，袁真攻陷谯郡。枋头之战败后，前秦将领苟池又在谯大败桓温，前燕复取其地。郡领有谯、城父、酇、山桑、龙亢、蕲、铚。郡治谯县，今安徽省亳州市。唯酇县在今河南省境内。

酇县，本后赵县，前燕因之。治在今河南省永城市西北酇城镇。

（三）**兖州**

本后赵兖州地。晋穆帝永和十一年，前燕在取得冀州和中州后，开始进据兖州，济北太守高柱投降。升平二年，前燕慕容臧进攻濮阳，李历奔荥阳。濮阳郡没于前燕，分郡东部置东郡。十月，晋泰山太守诸葛攸进攻东郡，进据武阳。慕容恪率军迎击，大败诸葛攸，遂渡河南下略地，分置守宰。其中，以贾活为任城太守。晋废帝太和元年，慕容厉攻泰山，太守诸葛攸奔淮南，慕容厉攻克兖州诸郡，置守宰而还。故此，泰山、东平、高平、济阴等郡也当属前燕。前燕以孙元为兖州刺史。太和四年，桓温北伐，兖州刺史孙元起兵响应，高平太守徐翻以郡归晋。桓温失败后，前燕复取其地。州治鄄城，今山东省鄄城县北。

1.濮阳郡

本后赵濮阳郡地。后赵亡后，濮阳李历首鼠两端。晋穆帝升平二年，前燕慕容臧进攻濮阳，李历奔荥阳。濮阳郡没于前燕，分郡东部鄄城、廪丘置东郡。郡领濮阳。濮阳在今河南省境内。

濮阳县,本后赵县,前燕因之。郡治所在。治在今河南省濮阳市西南。

2.济阳郡

本后赵济阳郡地。晋穆帝升平二年,慕容恪大败诸葛攸,渡河南下略地,分置守宰。济阳郡当在其中。郡领济阳、考城二县。

济阳县,本西晋县,后赵因之。郡治所在。治在今河南省兰考县东北堌阳镇。

考城县,本西晋县,后赵因之。治在今河南省民权县东。

另,今河南省范县地属东郡鄄城县,台前县地属东平郡范县。

此外,兖州济阴郡离狐县在今河南省境内。

离狐县,本后赵县,前燕因之。治在今河南省濮阳市东南。

(四)荆州

本东晋荆州北部地区。晋废帝兴宁三年,前燕取襄城郡时,乘势攻取了东晋荆州南阳郡的鲁阳,并以慕容垂为荆州刺史,镇鲁阳。晋废帝太和元年十二月,南阳人赵弘、赵忆以南阳反,太守桓澹退保新野。赵弘以郡降前燕,前燕以南中郎将赵盘自鲁阳镇守宛。前燕据此拥有南阳郡。太和二年夏四月,慕容尘寇晋竟陵,被太守罗崇击败。晋荆州刺史桓豁、竟陵太守罗崇乘势攻取宛城。赵弘退走,赵盘在退往鲁阳的路上,在雉城被擒。南阳郡仅一年时间就被东晋收回。因此,前燕的荆州实际上仅有鲁阳一县。

鲁阳县,本东晋县。兴宁三年,为前燕所据。州治所在。治在今河南省鲁山县。

四、前秦时期河南的州、郡、县

后赵石虎死后,被强制迁徙至关东枋头的氐人,在首领苻洪的率领下,乘后赵内乱之机,起兵打回关中。晋穆帝永和六年(350),苻健进据长安,占有关中。永和七年(351),称大秦天王、大单于。永和八年(352),称帝,建国号秦,史称前秦。晋穆帝升平元年(357),苻坚即位,平定关中。晋废帝太和五年(370),苻坚灭前燕,尽取前燕疆土。太和六年,灭仇池杨氏。晋孝武帝宁康元年(373),前秦又占据东晋的梁、益二州。晋孝武帝太元元年(376),前秦灭前凉和鲜卑拓跋氏代国。太元八年(383),吕光平定西域。至此,前秦完成了我国北方的统一。淝水之战失败后,前秦的统治土崩瓦解,后秦、后燕、西燕、西秦、后凉等民族政权纷纷独立。晋孝武帝太元十年(385),苻坚被后秦俘杀。太元十九年(394),前秦被后秦灭亡。

在广阔的疆域内,前秦实行州郡县制度,先后置有司、雍、洛、秦、南秦、豫、东豫、并、冀、幽、平、凉、河、梁、益、宁、兖、南兖、青、北徐、荆、扬诸州。在今河南省境内,有雍、洛、豫、东豫、兖、冀、荆等州。下面以晋孝武帝太元七年(382)为基准来考述今河南省境内州、郡、县的变化。

(一) 雍州

本前秦的并州地与前燕的中州地。晋穆帝永和六年,苻健西取关中,据有后赵河东郡,以其为并州,州治蒲坂。晋穆帝升平五年,苻坚攻取平阳。晋废帝太和五年,苻坚灭前燕,遂据有前燕疆土。苻坚徙并州于晋阳,以蒲坂置雍州,领有前燕中州的河内郡、汲郡和前秦并州的河东郡、平阳郡。其中,河内郡、汲郡在今河南省境内。

1.河内郡

本前燕河内郡地,属中州。后赵乱后,苻健据枋头,密图关中,以赵俱为河内太守,戍温,以牛夷为安集将军,戍怀。晋穆帝永和十一年,前燕攻占河内郡。晋废帝太和五年,苻坚灭前燕,才又据有河内郡,改属雍州。晋孝武帝太元九年,后燕慕容垂据有河内郡。

野王县,本前燕县,前秦因之。郡治所在。治在今河南省沁阳市。

怀县,本前燕县,前秦因之。治在今河南省武陟县西南。

河阳县,本前燕县,前秦因之。治在今河南省孟州市西。

轵县,本前燕县,前秦因之。治在今河南省济源市南。

沁水县,本前燕县,前秦因之。治在今河南省济源市东北。

温县,本前燕县,前秦因之。治在今河南省孟州市东。

平皋县,本前燕县,前秦因之。治在今河南省温县东。

州县,本前燕县,前秦因之。治在今河南省沁阳市东南。

山阳县,本前燕县,前秦因之。治在今河南省焦作市东、修武县西。

2.汲郡

本前燕汲郡地,属中州。后赵石虎时期,徙关中氐人于汲郡枋头。石虎死后,后赵内乱,苻健据有汲郡、河内,图谋关中。晋穆帝永和十一年,前燕攻占了汲郡。晋废帝太和五年,苻坚灭前燕,才又据有汲郡,改属雍州。晋孝武帝太元九年,慕容垂据有汲郡。

汲县,本前燕县,前秦因之。郡治所在。治在今河南省汲县西。

朝歌县,本前燕县,前秦因之。治在今河南省淇县。

林虑县,本前燕县,前秦因之。治在今河南省林州市。

共县,本前燕县,前秦因之。治在今河南省辉县市。

获嘉县,本前燕县,前秦因之。治在今河南省新乡市西。

修武县,本前燕县,前秦因之。治在今河南省获嘉县。

（二）洛州

本后赵洛州弘农郡和司州上洛郡地。后赵乱后,苻健图谋关中。晋穆帝永和六年,苻健取弘农郡,获得进入关中的道路。苻健以赵俱为洛州刺史,镇守宜阳。随着前燕攻取洛阳,苻坚以洛州刺史邓羌镇守陕城。永和九年,前秦遣苻菁攻取后赵上洛郡,置荆州于丰阳川。永和十年,桓温北伐前秦,取上洛郡,俘获前秦荆州刺史郭敬。六月,桓温南归,北伐失败,前秦以苻生为洛州刺史,镇守丰阳。苻坚时期,也以洛州刺史苻庾、赵迁守丰阳。晋孝武帝太元九年,前秦洛州刺史张五虎据丰阳降晋。州领上洛、弘农二郡。州治丰阳,今陕西省山阳县。

1.上洛郡

本后赵上洛郡地,属司州。晋穆帝永和九年,前秦遣苻菁攻取上洛郡,置荆州于丰阳川。永和十年,桓温北伐前秦,取上洛郡。六月,桓温南归,北伐失败,郡归前秦,属洛州。晋孝武帝太元九年,前秦洛州刺史张五虎据丰阳降晋。郡辖上洛、商、丰阳、卢氏四县。郡治上洛县,今陕西省商县。唯卢氏县在今河南省境内。

卢氏县,本后赵县,前秦因之。治在今河南省卢氏县。

2.弘农郡

本后赵弘农郡地,属洛州。晋穆帝永和六年,弘农郡归于前秦。陕县曾为洛州刺史治所。晋孝武帝太元十一年,弘农郡归属东晋,东晋置湖、陕二戍,并分郡西部华阴置华山郡。

弘农县,本后赵县,前秦因之。郡治所在。治在今河南省灵宝市北。

渑池县,本后赵县,前秦因之。治在今河南省洛宁县西北。

陕县,本后赵县,前秦因之。治在今河南省三门峡市西。

宜阳县,本后赵县,前秦因之。治在今河南省宜阳县西。

湖县,本后赵县,前秦因之。治在今河南省灵宝市西北。

（三）豫州

本前燕洛州地。后赵亡后,豫州牧张遇以许昌降晋,旋又降秦。晋穆帝永和八年,前秦豫州刺史杨群从许昌退屯陕城。苻生时,以苻庾为豫州刺史,镇陕城。晋废帝太和五年,前秦灭前燕。苻坚以王鉴为豫州刺史,镇洛阳。晋孝武帝太元九年,前秦苻晖撤离洛阳,退守长安。洛阳遂为晋河南太守高茂所据。州领河南、荥阳二郡。

1.河南郡

本前燕河南郡地,属洛州。后赵亡后,豫州牧张遇先降晋后又附秦。晋穆帝永和八年,张遇派上官恩占据洛阳,前秦以苻黄眉镇守洛阳。永和九年,殷浩北伐,苻黄眉西奔,洛阳为东晋所据。晋哀帝兴宁三年,前燕攻占洛阳。洛阳为洛州治所。晋废帝太和五年,前秦灭前燕,河南郡归属前秦。晋孝武帝太元九年,河南郡归晋。洛阳为豫州治所。

洛阳县,本前燕县,前秦因之。郡治所在。治在今河南省洛阳市东北。

河南县,本前燕县,前秦因之。治在今河南省洛阳市。

巩县,本前燕县,前秦因之。治在今河南省巩义市西南。

河阴县,本前燕县,前秦因之。治在今河南省孟津县北。

新安县,本前燕县,前秦因之。治在今河南省义马市西。

缑氏县,本前燕县,前秦因之。治在今河南省偃师市东南。

成皋县,本前燕县,前秦因之。治在今河南省荥阳市西北。

新城县,本前燕县,前秦因之。治在今河南省伊川县西南。

梁县,本前燕县,前秦因之。治在今河南省汝州市西。

阳翟县,本前燕县,前秦因之。治在今河南省禹州市。

阳城县,本前燕县,前秦因之。治在今河南省登封市东南告成镇。

陆浑县,本前燕县,前秦因之。治在今河南省嵩县东北。

2.荥阳郡

本前燕荥阳郡地,属洛州。晋废帝太和五年,前秦灭前燕,荥阳郡归属前秦。前秦以故扶余王余蔚为荥阳太守。晋孝武帝太元九年,余蔚降慕容垂。太元十年,荥阳人郑燮以郡降晋。

荥阳县,本前燕县,前秦因之。郡治所在。治在今河南省荥阳市东北。

京县,本前燕县,前秦因之。治在今河南省荥阳市东南。

密县,本前燕县,前秦因之。治在今河南省新密市东南。

卷县,本前燕县,前秦因之。治在今河南省原阳县西。

阳武县,本前燕县,前秦因之。治在今河南省原阳县东南。

苑陵县,本前燕县,前秦因之。治在今河南省新郑市东北。

中牟县,本前燕县,前秦因之。治在今河南省中牟县东。

开封县,本前燕县,前秦因之。治在今河南省开封市南。

(四) 东豫州

本前燕豫州地。晋废帝太和五年,前秦灭前燕,豫州归属前秦。晋孝武帝太元四年,因豫州移治洛阳,苻坚以许昌置东豫州,毛当为东豫州刺史。晋孝武帝太元九年,刘牢之进据兖州,河南诸郡皆降之。东豫州归晋所有。州领颍川、襄城、汝南、南顿、新蔡、汝阴、陈郡、梁郡、谯郡、沛郡。州治许昌,今河南省许昌市东。

1.颍川郡

本前燕颍川郡地,属豫州。晋废帝太和五年,前秦灭前燕,颍川郡归属前秦。郡领有许昌、长社、颍阴、临颍、郾、邵陵、鄢陵、新汲。郡治许昌,今河南省许昌市东。

许昌县,本前燕县,前秦因之。郡治所在。治在今河南省许昌市东。

长社县,本前燕县,前秦因之。治在今河南省长葛市东。

颍阴县,本前燕县,前秦因之。治在今河南省许昌市。

临颍县,本前燕县,前秦因之。治在今河南省临颍县西北。

郾县,本前燕县,前秦因之。治在今河南省漯河市郾城区南。

邵陵县,本前燕县,前秦因之。治在今河南省漯河市东。

鄢陵县,本前燕县,前秦因之。治在今河南省鄢陵县北。

新汲县,本前燕县,前秦因之。治在今河南省扶沟县西南。

2.襄城郡

本前燕襄城郡地,属豫州。晋废帝太和五年,前秦灭前燕,襄城郡归属前秦。郡领有襄城、繁昌、郏、定陵、父城、昆阳、舞阳。

襄城县,本前燕县,前秦因之。郡治所在。治在今河南省襄城县。

繁昌县,本前燕县,前秦因之。治在今河南省许昌市南。

郏县,本前燕县,前秦因之。治在今河南省郏县。

舞阳县,本前燕县,前秦因之。治在今河南省舞阳县西北保和乡魏庄。

定陵县,本前燕县,前秦因之。治在今河南省舞阳县东北北舞渡镇。

父城县,本前燕县,前秦因之。治在今河南省宝丰县东古城村。

昆阳县,本前燕县,前秦因之。治在今河南省叶县。

3.汝南郡

本前燕汝南郡地,属豫州。晋废帝太和五年,前秦灭前燕,汝南郡归属前秦。郡领有新息、南安阳、安成、慎阳、宜春、朗陵、阳安、上蔡、平舆、定颍、灈阳、汝阳、吴房、西平。郡治新息,今河南省息县。

新息县,本前燕县,前秦因之。郡治所在。治在今河南省息县。

平舆县,本前燕县,前秦因之。治在今河南省平舆县北。

西平县,本前燕县,前秦因之。治在今河南省西平县西、舞阳县东南。

上蔡县,本前燕县,前秦因之。治在今河南省上蔡县西南。

定颍县,本前燕县,前秦因之。治在今河南省西平县东北。

汝阳县,本前燕县,前秦因之。治在今河南省商水县汝阳故城。

南安阳县,本前燕县,前秦因之。治在今河南省正阳县南。

安成县,本前燕县,前秦因之。治在今河南省汝南县东南。

慎阳县,本前燕县,前秦因之。治在今河南省正阳县北。

宜春县,本前燕县,前秦因之。治在今河南省汝南县西南。

朗陵县,本前燕县,前秦因之。治在今河南省确山县南。

阳安县,本前燕县,前秦因之。治在今河南省确山县北。

灈阳县,本前燕县,前秦因之。治在今河南省遂平县东。

吴房县,本前燕县,前秦因之。治在今河南省遂平县。

4.南顿郡

本前燕南顿郡,属豫州。晋废帝太和五年,前秦灭前燕,南顿郡归属前秦。郡领南顿、和城二县。郡治南顿,今河南省项城县西。

南顿县,本前燕县,前秦因之。郡治所在。治在今河南省项城市西南顿镇。

和城县,本前燕县,前秦因之。治在今河南省项城市南秣陵镇北老城。

5.新蔡郡

本前燕新蔡郡地，属豫州。晋废帝太和五年，前秦灭前燕，新蔡郡归属前秦。郡领有新蔡、褒信、鲖阳、固始四县。新蔡、褒信二县在今河南省境内。下面就二县考述之。

新蔡县，本前燕县，前秦因之。郡治所在。治在今河南省新蔡县。

褒信县，本前燕县，前秦因之。治在今河南省息县东包信镇。

6.陈郡

本前燕陈郡地，属豫州。晋废帝太和五年，前秦灭前燕，陈郡归属前秦。郡领有陈、项、阳夏、武平、父阳、长平、西华。郡治陈县，今河南省淮阳县。

陈县，本前燕县，前秦因之。郡治所在。治在今河南省淮阳县。

阳夏县，本前燕县，前秦因之。治在今河南省太康县。

武平县，本前燕县，前秦因之。治在今河南省柘城县南。

项县，本前燕县，前秦因之。治在今河南省沈丘县。

父阳县，本前燕县，前秦因之。治在今河南省鹿邑县。

长平县，本前燕县，前秦因之。治在今河南省西华县东北。

西华县，本前燕县，前秦因之。治在今河南省西华县西南。

7.梁郡

本前燕梁郡地，属豫州。晋废帝太和五年，前秦灭前燕，梁郡归属前秦。郡领有睢阳、蒙、虞、下邑、宁陵、谷熟。下邑县不在今河南省境内。郡治睢阳，今河南省商丘市南。

睢阳县，本前燕县，前秦因之。郡治所在。治在今河南省商丘市南。

蒙县，本前燕县，前秦因之。治在今河南省商丘市北。

虞县，本前燕县，前秦因之。治在今河南省虞城县北。

宁陵县，本前燕县，前秦因之。治在今河南省宁陵县东南。

谷熟县，本前燕县，前秦因之。治在今河南省商丘市东南谷熟镇。

8.谯郡

本前燕谯郡地，属豫州。晋废帝太和五年，前秦灭前燕，谯郡归属前秦。晋孝武帝太元九年，刘牢之攻拔谯城，谯郡归晋。郡领有谯、城父、酂、山桑、龙亢、蕲、铚。郡治谯县，今安徽省亳州市。唯酂县在今河南省境内。

酂县，本前燕县，前秦因之。治在今河南省永城市西北酂城镇。

（五）兖州

本前燕洛州东部地区与兖州西部地区。晋废帝太和五年，前秦灭前燕，兖州当归属前秦。晋孝武帝太元四年，苻坚将兖州西部的濮阳（前燕的东郡省入）、济阳、济阴与洛州东部的陈留、东燕合并，置兖州，州治鄄城。而兖州东部的高平、东平、济北、任城、泰山、鲁郡合并，置南兖州，州治湖陆。前秦兖州刺史先后有梁成、彭超、姚苌等。晋孝武帝太元九年，晋刘牢之北伐兖州，前秦兖州刺史张崇弃鄄城奔慕容垂，兖州归晋。

1.濮阳郡

本前燕濮阳郡与东郡地。晋孝武帝太元四年，前秦省东郡入濮阳。郡领濮阳、鄄城、廪丘。唯濮阳在今河南省境内。

濮阳县，本前燕县，前秦因之。郡治所在。治在今河南省濮阳市西南。

另，今河南省范县地属濮阳郡鄄城县，台前县地属南兖州东平郡范县。

此外，兖州济阴郡离狐县在今河南省境内。

离狐县，本前燕县，前秦因之。治在今河南省濮阳市东南。

2.东燕郡

本前燕东燕郡地，属洛州。晋孝武帝太元四年，前秦分兖州西部置兖州，东燕郡改隶之。郡领东燕、白马二县。

东燕县，本前燕县，前秦因之。郡治所在。治在今河南省延津县东北。

白马县，本前燕县，前秦因之。治在今河南省滑县东。

3.陈留郡

本前燕陈留郡地，属洛州。晋孝武帝太元四年，前秦分兖州西部置兖州，陈留郡改隶之。郡治小黄，今河南省开封市东杜良乡小黄铺。

小黄县，本前燕县，前秦因之。郡治所在。治在今河南省开封市东杜良乡小黄铺。

酸枣县，本前燕县，前秦因之。治在今河南省延津县西。

封丘县，本前燕县，前秦因之。治在今河南省封丘县东北。

长垣县，本前燕县，前秦因之。治在今河南省长垣县东北。

浚仪县，本前燕县，前秦因之。治在今河南省开封市。

外黄县，本前燕县，前秦因之。治在今河南省兰考县东南。

雍丘县，本前燕县，前秦因之。治在今河南省杞县。

尉氏县,本前燕县,前秦因之。治在今河南省尉氏县。

襄邑县,本前燕县,前秦因之。治在今河南省睢县。

4.济阳郡

本前燕济阳郡地。晋废帝太和五年,前秦灭前燕,济阳郡当归属前秦。郡领济阳、考城二县。

济阳县,本前燕县,前秦因之。郡治所在。治在今河南省兰考县东北堌阳镇。

考城县,本前燕县,前秦因之。治在今河南省民权县东。

(六) 冀州

本前燕中州北部地区与冀州地区。晋废帝太和五年,前秦灭前燕,中州、冀州当归属前秦。晋孝武帝太元四年,前秦以前燕冀州和中州的广平、襄国、魏郡、黎阳、阳平、贵乡、顿丘七郡合并,置冀州,州治邺。前秦冀州刺史先后有王猛、苻融、苻丕、苻定、苻绍、杨楷等,前期多镇信都,后期多镇邺。晋孝武帝太元十年,苻丕弃邺,退保晋阳。冀州多归慕容垂。下面将今河南省境内的郡县考述之。

1.魏郡

本前燕魏郡地,属中州。晋孝武帝太元四年,改隶冀州。郡领有邺、魏、斥丘、内黄、荡阴、长乐、安阳。邺、魏、斥丘三县不在今河南省境内。郡治邺县,今河北省磁县南。

内黄县,本前燕县,前秦因之。治在今河南省内黄县西。

安阳县,本前燕县,前秦因之。治在今河南省安阳市南。

荡阴县,本前燕县,前秦因之。治在今河南省汤阴县。

长乐县,本前燕县,前秦因之。治在今河南省安阳市东。

2.黎阳郡

本前燕黎阳郡地,属中州。晋孝武帝太元四年,改隶冀州。太元九年,晋将刘袭占据黎阳,黎阳归晋。郡领黎阳一县。

黎阳县,本前燕县,前秦因之。郡治所在。治在今河南省浚县东北黎阳镇。

3.顿丘郡

本前燕顿丘郡地,属中州。晋孝武帝太元四年,改隶冀州。郡领顿丘、繁阳、阴安、卫国。

顿丘县,本前燕县,前秦因之。郡治所在。治在今河南省清丰县西南。

卫国县,本前燕县,前秦因之。治在今河南省清丰县南。

繁阳县,本前燕县,前秦因之。治在今河南省内黄县西北。

阴安县,本前燕县,前秦因之。治在今河南省南乐县西南。

(七)荆州

本东晋荆州北部地区。晋穆帝永和九年,前秦取后赵上洛郡,置荆州于丰阳川,以郭敬为荆州刺史。晋废帝太和元年十月,前秦王猛、杨安进攻南乡,晋荆州刺史桓豁救之,王猛、杨安退回。太和五年,前秦灭前燕,获得前燕荆州之鲁阳。晋孝武帝太元元年,前秦据有顺阳郡南乡县。太元三年,前秦兵分三路,会攻襄阳;晋南中郎将朱序坚守襄阳,前秦攻占南阳郡。太元四年,前秦攻拔襄阳,俘获朱序。同年,前秦又乘势攻取了顺阳、新野、魏兴、上庸、新城等郡,置荆州,州治襄阳,以都贵为荆州刺史。时州领有南阳、顺阳、新野、魏兴、上庸、新城、襄阳七郡。太元六年,前秦襄阳太守阎震进攻竟陵,失败而还。太元八年淝水之战前,桓冲企图收复襄阳等地,前秦苻叡屯兵新野救之,桓冲退回。淝水之战后,前秦统治土崩瓦解。太元九年,桓冲收复魏兴、上庸、新城三郡;竟陵太守赵统攻拔襄阳,都贵奔鲁阳,将军刘春击之,都贵奔长安,晋荆州刺史桓石民据有鲁阳。荆州复归东晋,前秦仅据六年。下面将今河南省境内的郡县考述之。

1.南阳郡

本东晋南阳郡地。太和五年,前秦据有前燕之鲁阳。晋孝武帝太元三年,前秦从鲁阳进兵,会攻襄阳,拔南阳郡。太元九年,东晋复有南阳郡。

宛县,本东晋县,前秦因之。郡治所在。治在今河南省南阳市。

冠军县,本东晋县,前秦因之。治在今河南省邓州市西北。

叶县,本东晋县,前秦因之。治在今河南省叶县西南旧县镇。

西鄂县,本东晋县,前秦因之。治在今河南省南阳市东北夏响铺。

雉县,本东晋县,前秦因之。治在今河南省南召县东南。

鲁阳县,本前燕县,前秦因之。治在今河南省鲁山县。

犨县,本东晋县,前秦因之。治在今河南省叶县东北、鲁山县西南。

堵阳县,本东晋县,前秦因之。治在今河南省方城县东。

博望县,本东晋县,前秦因之。治在今河南省方城县西南博望镇。

舞阴县,本东晋县,前秦因之。治在今河南省社旗县东南。

比阳县,本东晋县,前秦因之。治在今河南省泌阳县。

淯阳县,本东晋县,前秦因之。治在今河南省新野县北。

涅阳县,本东晋县,前秦因之。治在今河南省镇平县南。

郦县,本东晋县,前秦因之。治在今河南省内乡县北。

2.顺阳郡

本东晋顺阳郡地。晋孝武帝太元元年,前秦据有顺阳郡南乡县。太元四年,前秦乘势攻取顺阳郡。太元九年,顺阳郡复归东晋。郡领有析、丹水、南乡、顺阳、武当、酂。郡治酂县,今湖北省丹江口市东南。

南乡县,本东晋县,前秦因之。治在今河南省淅川县西南顺阳川。

顺阳县,本东晋县,前秦因之。治在今河南省淅川县南马蹬镇。

丹水县,本东晋县,前秦因之。治在今河南省淅川县西寺湾镇。

析县,本东晋县,前秦因之。治在今河南省西峡县。

3.新野郡

本东晋新野郡地。晋孝武帝太元四年,前秦取得襄阳之战的胜利后,乘势攻取新野郡。太元九年,新野郡复归东晋。郡领有新野、穰、邓、蔡阳、棘阳、朝阳、山都。唯新野、穰、棘阳、朝阳在今河南省境内。

新野县,本东晋县,前秦因之。郡治所在。治在今河南省新野县。

棘阳县,本东晋县,前秦因之。治在今河南省新野县东北。

穰县,本东晋县,前秦因之。治在今河南省邓州市。

朝阳县,本东晋县,前秦因之。治在今河南省新野县西南。

五、后燕时期河南的州、郡、县

前燕宗室慕容垂由于受到猜忌而降前秦,受到苻坚的重用。淝水之战后,前秦统治分崩离析,慕容垂图谋恢复燕国。晋孝武帝太元九年(384),慕容垂在荥阳自立为燕王,史称后燕。太元十一年(386),慕容垂称帝,定都中山(今河北省定州)。太元十九年(394),后燕灭掉西燕,同时又占据了今山东。其疆域东、北、西三面基本恢复了前燕规模,而南面到今河南郑州、开封、商丘一线。晋安帝隆安元年(397),北魏攻占了中山,后燕迁都到邺。隆安二年(398),慕容德建立南燕,据有今山东。后燕只好迁都龙城,疆域只余下辽河地区。晋安帝义熙三年(407),后燕被北燕灭亡。

在地方行政区划上,后燕实行州郡县制度,置有冀、幽、平、营、兖、青、并、雍、豫等,统辖五十五个郡。在今河南省境内有豫、兖、冀、雍等州。下面以晋孝武帝太元二十年(395)为基准来考述今河南省境内州、郡、县的变化。

(一) 冀州

本前秦冀州地。淝水之战后,前秦土崩瓦解。慕容垂密谋恢复燕国,取邺为基地。晋孝武帝太元九年,慕容垂等取得了冀州的阳平、顿丘、广平、襄国、巨鹿等,会攻邺城。因邺城久攻不下,遂以慕容绍为冀州刺史,屯广阿,攻略冀州其他郡县。前秦冀州刺史苻定以信都降,慕容垂取得长乐、赵郡、常山等郡。太元十年八月,苻丕弃邺,退守晋阳,慕容垂遂得魏郡,并攻取了勃海、清河、博陵、中山。十二月,定都中山。苻丕在晋阳称帝,苻定又以信都反燕。太元十一年,信都降燕,慕容垂攻取平原等郡。太元十七年,慕容垂灭翟魏,占据黎阳。至此,后燕占有冀州全部。太元二十一年,北魏攻后燕,兵临国都中山。晋安帝隆安元年,慕容宝北奔龙城,北魏攻陷中山、信都,尽取冀州郡县。隆安二年,冀州牧慕容德弃邺走保滑台,冀州南部郡县也尽归北魏。州治先治广阿(今河北省隆尧县东),后治邺。

1.魏郡

本前秦魏郡地。淝水之战后,慕容垂想据邺为都,恢复燕国。晋孝武帝太元九年,慕容垂围攻邺,前秦苻丕坚守不降。太元十年八月,苻丕主动放弃邺,退守晋阳,慕容垂才据有邺及魏郡。晋安帝隆安二年,在北魏的攻击下,慕容德放弃邺,走保滑台,北魏拥有魏郡。郡领有邺、魏、斥丘、内黄、荡阴、长乐、安阳。邺、魏、斥丘三县不在今河南省境内。郡治邺县,今河北省磁县南。

内黄县,本前秦县,后燕因之。治在今河南省内黄县西。

安阳县,本前秦县,后燕因之。治在今河南省安阳市南。

荡阴县,本前秦县,后燕因之。治在今河南省汤阴县。

长乐县,本前秦县,后燕因之。治在今河南省安阳市东。

2.黎阳郡

本前秦黎阳郡地。晋孝武帝太元十一年,翟辽据有黎阳。太元十三年三月，翟辽在黎阳称魏天王，建立翟魏政权；五月，迁都滑台。太元十七年，慕容垂灭翟魏，占据黎阳。晋安帝隆安二年，慕容德放弃邺，北魏占据黎阳。郡领黎阳一县。

黎阳县，本前秦县，后燕因之。郡治所在。治在今河南省浚县东北黎阳镇。

3.顿丘郡

本前秦顿丘郡地。晋孝武帝太元九年，慕容垂取顿丘。晋安帝隆安二年，北魏占据顿丘。郡领顿丘、繁阳、阴安、卫国。

顿丘县，本前秦县，后燕因之。郡治所在。治在今河南省清丰县西南。

卫国县，本前秦县，后燕因之。治在今河南省清丰县南。

繁阳县，本前秦县，后燕因之。治在今河南省内黄县西北。

阴安县，本前秦县，后燕因之。治在今河南省南乐县西南。

（二）**兖豫二州**

本前秦兖州地与豫州荥阳地。晋孝武帝太元九年，晋刘牢之北伐兖州，前秦兖州刺史张崇弃鄄城奔慕容垂，兖州归晋。太元十三年，翟辽建立翟魏政权，逐渐据有兖州。太元十四年，翟魏又占据荥阳，俘获晋太守张卓。太元十七年，慕容垂灭翟魏，兖州、荥阳归属后燕。慕容垂以慕容宙为兖豫二州刺史，镇滑台。兖豫二州成为双头州，共治同一区域。晋安帝隆安二年，慕容德退守滑台，称帝，建立南燕。兖州归属南燕。州先治东阿，今山东省阳谷县东；后治滑台，今河南省滑县东。

1.濮阳郡

本前秦濮阳郡地。晋孝武帝太元九年，濮阳归晋。太元十一年，翟辽占据濮阳。太元十七年，濮阳归属后燕。郡领濮阳、鄄城、廪丘。唯濮阳在今河南省境内。

濮阳县，本前秦县，后燕因之。郡治所在。治在今河南省濮阳市西南。

另，今河南省范县地属濮阳郡鄄城县，台前县地属兖州东平郡范县。

此外，兖州济阴郡离狐县在今河南省境内。

离狐县，本前秦县，后燕因之。治在今河南省濮阳市东南。

2.东燕郡

本前秦东燕郡地。晋孝武帝太元九年，东燕归晋。太元十一年，翟辽占据东燕。太元十七年，东燕归属后燕。郡领东燕、白马二县。

东燕县,本前秦县,后燕因之。郡治所在。治在今河南省延津县东北。

白马县,本前秦县,后燕因之。治在今河南省滑县东。

3.陈留郡

本前秦陈留郡地。晋孝武帝太元九年,陈留归晋。太元十二年,翟辽占据陈留。太元十七年,陈留归属后燕。郡治小黄,今河南省开封市东杜良乡小黄铺。

小黄县,本前秦县,后燕因之。郡治所在。治在今河南省开封市东杜良乡小黄铺。

酸枣县,本前秦县,后燕因之。治在今河南省延津县西。

封丘县,本前秦县,后燕因之。治在今河南省封丘县东北。

长垣县,本前秦县,后燕因之。治在今河南省长垣县东北。

浚仪县,本前秦县,后燕因之。治在今河南省开封市。

外黄县,本前秦县,后燕因之。治在今河南省兰考县东南。

雍丘县,本前秦县,后燕因之。治在今河南省杞县。

尉氏县,本前秦县,后燕因之。治在今河南省尉氏县。

襄邑县,本前秦县,后燕因之。治在今河南省睢县。

4.济阳郡

本前秦济阳郡地。晋孝武帝太元十七年,慕容垂灭翟魏,济阳郡当归属后燕。郡领济阳、考城二县。

济阳县,本前秦县,后燕因之。郡治所在。治在今河南省兰考县东北堌阳镇。

考城县,本前秦县,后燕因之。治在今河南省民权县东。

5.荥阳郡

本前秦荥阳郡地。晋孝武帝太元九年,前秦荥阳太守余蔚降慕容垂。慕容垂在荥阳称燕王。太元十年,荥阳人郑燮以郡降晋。太元十四年,翟魏占据荥阳,俘获晋太守张卓。太元十七年,慕容垂灭翟魏,再次据有荥阳。

荥阳县,本前秦县,后燕因之。郡治所在。治在今河南省荥阳市东北。

京县,本前秦县,后燕因之。治在今河南省荥阳市东南。

密县,本前秦县,后燕因之。治在今河南省新密市东南。

卷县,本前秦县,后燕因之。治在今河南省原阳县西。

阳武县,本前秦县,后燕因之。治在今河南省原阳县东南。

苑陵县,本前秦县,后燕因之。治在今河南省新郑市东北。

中牟县,本前秦县,后燕因之。治在今河南省中牟县东。

开封县,本前秦县,后燕因之。治在今河南省开封市南。

（三）雍州

本前秦雍州河内、汲郡地。淝水之战后,晋孝武帝太元九年,慕容垂在荥阳称燕王,并取河内野王、汲郡枋头,进军攻邺。太元十三年,翟魏建立,据有河内、汲郡。太元十七年,慕容垂灭翟魏,河内、汲郡当归属后燕。太元十九年,后燕灭西燕,据有并州及豫州之平阳,遂置豫州于建兴郡。州领有平阳、建兴、河内、汲郡。州治长子,今山西省长子县西南。

1.河内郡

本前秦河内郡地,属雍州。晋孝武帝太元九年,慕容垂据有河内野王,进攻邺。太元十三年,翟魏建立,据有河内。太元十七年,慕容垂灭翟魏,再次据有河内。

野王县,本前秦县,后燕因之。郡治所在。治在今河南省沁阳市。

怀县,本前秦县,后燕因之。治在今河南省武陟县西南。

河阳县,本前秦县,后燕因之。治在今河南省孟州市西。

轵县,本前秦县,后燕因之。治在今河南省济源市南。

沁水县,本前秦县,后燕因之。治在今河南省济源市东北。

温县,本前秦县,后燕因之。治在今河南省孟州市东。

平皋县,本前秦县,后燕因之。治在今河南省温县东。

州县,本前秦县,后燕因之。治在今河南省沁阳市东南。

山阳县,本前秦县,后燕因之。治在今河南省焦作市东、修武县西。

2.汲郡

本前燕汲郡地,属雍州。晋孝武帝太元九年,慕容垂据有汲郡枋头,进攻邺。太元十三年,翟魏建立,据有汲郡。太元十七年,慕容垂灭翟魏,再次据有汲郡。

汲县,本前秦县,后燕因之。郡治所在。治在今河南省汲县西。

朝歌县,本前秦县,后燕因之。治在今河南省淇县。

林虑县,本前秦县,后燕因之。治在今河南省林州市。

共县,本前秦县,后燕因之。治在今河南省辉县市。

获嘉县,本前秦县,后燕因之。治在今河南省新乡市西。

修武县,本前秦县,后燕因之。治在今河南省获嘉县。

六、后秦时期河南的州、郡、县

淝水之战后,前秦统治土崩瓦解。晋孝武帝太元九年(384),羌人首领姚苌在渭北起兵,称万年秦王,史称后秦。太元十一年(386),姚苌入据长安称帝,国号大秦。太元十九年(394),后秦灭掉前秦,据有关陇,并乘西燕败亡,取得河东。随后又攻占东晋的洛阳,臣服西秦,攻灭后凉。在极盛时期,后秦拥有今陕西、宁夏、河南的大部分地区,以及甘肃东部、山西西南部。晋安帝义熙十二年(416),后秦陷入内乱,刘裕乘机北伐。义熙十三年(417),刘裕攻占长安,后秦灭亡。

在地方行政区划上,后秦实行州郡县制度,先后置有司隶校尉、雍、秦、南秦、凉、河、并、冀、荆、豫、徐、兖、梁、南梁等州,辖有五十多个郡。在今河南省境内有豫、兖、徐、荆等州。下面以晋安帝义熙元年(405)为基准来考述河南省境内的州、郡、县的变化。

(一)荆州

本东晋荆州北部地区。晋安帝隆安元年,后秦姚兴进攻湖城,晋弘农太守陶仲山、华山太守董迈皆投降,遂至陕城,占有弘农郡。随后,姚兴又南向占据了上洛郡,以赵曜为荆州刺史,镇上洛。元兴二年,后秦乘东晋内有桓玄之乱,进军南阳盆地,晋顺阳太守彭泉投顺。姚兴攻占南乡,俘获晋建威将军刘嵩,顺势占领了南阳、新野,越过方城,又攻占了襄城、颍川、陈郡,直至梁国。义熙元年,刘裕遣使求和,要求归还南乡诸郡。姚兴同意刘裕的要求,割让南阳、顺阳、南乡、舞阴等十二郡给晋。义熙十二年,刘裕乘后秦内乱出兵北伐。义熙十三年,沈田子、傅弘之攻破武关,占据青泥(今陕西蓝田),上洛郡当被攻占;而另一路王镇恶则攻占了弘农,会攻潼关。州治上洛,今陕西商县。

1.南阳郡

本东晋南阳郡地。晋安帝元兴二年,姚兴乘桓玄之乱,进攻东晋。后秦赵曜在南乡大败晋军,俘获刘嵩,顺势攻占南阳郡。义熙元年,姚兴应刘裕之请求,将南阳郡割给东晋。

宛县,本东晋县,后秦因之。郡治所在。治在今河南省南阳市。

冠军县,本东晋县,后秦因之。治在今河南省邓州市西北。

叶县,本东晋县,后秦因之。治在今河南省叶县西南旧县镇。

西鄂县,本东晋县,后秦因之。治在今河南省南阳市东北夏响铺。

雉县,本东晋县,后秦因之。治在今河南省南召县东南。

鲁阳县,本前燕县,后秦因之。治在今河南省鲁山县。

犨县,本东晋县,后秦因之。治在今河南省叶县东北、鲁山县西南。

堵阳县,本东晋县,后秦因之。治在今河南省方城县东。

博望县,本东晋县,后秦因之。治在今河南省方城县西南博望镇。

淯阳县,本东晋县,后秦因之。治在今河南省新野县北。

涅阳县,本东晋县,后秦因之。治在今河南省镇平县南。

郦县,本东晋县,后秦因之。治在今河南省内乡县北。

2.舞阴郡

本东晋南阳郡地。晋安帝元兴二年,后秦占据南阳郡。其间,姚兴分南阳郡东部舞阴、比阳二县置舞阴郡。义熙元年,姚兴应刘裕之请求,将舞阴郡割给东晋。

舞阴县,本东晋县,后秦因之。郡治所在。治在今河南省社旗县东南。

比阳县,本东晋县,后秦因之。治在今河南省泌阳县。

3.顺阳郡

本东晋顺阳郡地。晋安帝元兴二年,晋顺阳太守彭泉以郡降后秦。义熙元年,姚兴应刘裕之请求,将顺阳郡割给东晋。其间,姚兴分郡北部析县、丹水、南乡三县置南乡郡。郡领有顺阳、武当、酂三县。唯顺阳县在今河南省境内。郡治酂县,今湖北省丹江口市东南。

顺阳县,本东晋县,后秦因之。治在今河南省淅川县南马蹬镇。

4.南乡郡

本东晋顺阳郡地。晋安帝元兴二年,后秦荆州刺史赵曜攻占南乡,姚兴分顺阳郡北部析、丹水、南乡三县置南乡郡。义熙元年,姚兴应刘裕之请求,将南乡郡割给东晋。按:东汉建安十三年,曹操分南阳郡西部置南乡郡。西晋太康十年,晋武帝改名为顺阳郡。东晋咸康四年,晋成帝又复名南乡郡,但不久复旧,仍名顺阳郡。从义熙元年刘裕的请求来看,南乡显然是一个郡,姚兴割让的郡中,南乡、顺阳、新野、舞阴等并列,说明南乡应是从顺阳中分出的。

南乡县,本东晋县,后秦因之。郡治所在。治在今河南省淅川县西南顺阳川。

丹水县,本东晋县,后秦因之。治在今河南省淅川县西寺湾镇。

析县,本东晋县,后秦因之。治在今河南省西峡县。

5.新野郡

本东晋新野郡地。晋安帝元兴二年,后秦占据新野郡。义熙元年,姚兴应刘裕之请求,将新野郡割给东晋。郡领有新野、穰、邓、蔡阳、棘阳、朝阳、山都。唯新野、穰、棘阳、朝阳在今河南省境内。

新野县,本东晋县,后秦因之。郡治所在。治在今河南省新野县。

棘阳县,本东晋县,后秦因之。治在今河南省新野县东北。

穰县,本东晋县,后秦因之。治在今河南省邓州市。

朝阳县,本东晋县,后秦因之。治在今河南省新野县西南。

6.上洛郡

本东晋上洛郡地。晋安帝隆安元年,后秦占据上洛,以上洛置荆州刺史。义熙十三年,刘裕分兵五路北伐后秦,其中沈田子、傅弘之为一路,从襄阳出发,攻破武关,占据青泥,上洛郡当被攻占,归属东晋。郡辖上洛、商、丰阳、卢氏四县。郡治上洛县,今陕西省商县。唯卢氏县在今河南省境内。

卢氏县,本东晋县,后秦因之。治在今河南省卢氏县。

7.弘农郡

本东晋弘农郡地。晋安帝隆安元年,后秦姚兴进攻湖城,晋弘农太守陶仲山投降,遂至陕城,占有弘农郡。义熙十三年,刘裕北伐后秦,王镇恶占领洛阳后,攻占了弘农郡。

弘农县,本东晋县,后秦因之。郡治所在。治在今河南省灵宝市北。

渑池县,本东晋县,后秦因之。治在今河南省洛宁县西北。

陕县,本东晋县,后秦因之。治在今河南省三门峡市西。

宜阳县,本东晋县,后秦因之。治在今河南省宜阳县西。

湖县,本东晋县,后秦因之。治在今河南省灵宝市西北。

（二）豫州

本东晋豫州地。晋安帝隆安三年,姚兴攻占洛阳,俘获晋河南太守辛恭静,河南郡陷落。随之,又顺势攻占了后燕的荥阳郡。姚兴在洛阳置豫州,以东平绍为豫州牧。元兴二年,后秦在南乡大败晋军,乘胜向东略地,攻占了豫州的襄城郡、颍川郡、陈郡,直到梁国。义熙元年,晋汝南太守赵策以郡降后秦。后秦进据汝南郡后,又顺势攻占了新蔡郡。义熙十二年,刘裕分兵五路北伐后秦,其中王镇恶、檀道济为一路,率步兵为前锋,自淮、淝一带向许昌、洛阳方向进击;朱超石、胡藩为一路,率部由南阳趋阳城(今河南登封东南)。王镇恶、檀道济一路入后秦境,所向皆克。秦将王苟生以漆丘降镇恶,徐州刺史姚掌以项城降道济,诸屯守皆望风款附。唯新蔡太守董遵不降,檀道济攻破新蔡,杀董遵;又进攻许昌,俘获秦颍川太守姚垣。十月,阳城、荥阳皆被占据,王镇恶、檀道济会师成皋,进逼洛阳。镇守洛阳的后秦征南将军姚洸投降。

1.河南郡

本东晋河南郡地。晋安帝隆安三年,姚兴攻占洛阳,河南郡陷落。姚兴在洛阳置豫州。义熙十二年,刘裕北伐后秦,镇守洛阳的后秦征南将军姚洸投降檀道济。

洛阳县,本东晋县,后秦因之。郡治所在。治在今河南省洛阳市东北。

河南县,本东晋县,后秦因之。治在今河南省洛阳市。

巩县,本东晋县,后秦因之。治在今河南省巩义市西南。

河阴县,本东晋县,后秦因之。治在今河南省孟津县北。

新安县,本东晋县,后秦因之。治在今河南省义马市西。

缑氏县,本东晋县,后秦因之。治在今河南省偃师市东南。

成皋县,本东晋县,后秦因之。治在今河南省荥阳市西北。

新城县,本东晋县,后秦因之。治在今河南省伊川县西南。

梁县,本东晋县,后秦因之。治在今河南省汝州市西。

阳翟县,本东晋县,后秦因之。治在今河南省禹州市。

阳城县,本东晋县,后秦因之。治在今河南省登封市东南告成镇。

陆浑县,本东晋县,后秦因之。治在今河南省嵩县东北。

2.荥阳郡

本后燕荥阳郡地。晋安帝隆安三年,姚兴攻占洛阳后,顺势攻取了后燕荥阳郡。义熙十二年,刘裕北伐后秦,王镇恶攻占荥阳,与檀道济会师成皋,进逼洛阳。

荥阳县,本后燕县,后秦因之。郡治所在。治在今河南省荥阳市东北。

京县,本后燕县,后秦因之。治在今河南省荥阳市东南。

密县,本后燕县,后秦因之。治在今河南省新密市东南。

卷县,本后燕县,后秦因之。治在今河南省原阳县西。

阳武县,本后燕县,后秦因之。治在今河南省原阳县东南。

苑陵县,本后燕县,后秦因之。治在今河南省新郑市东北。

中牟县,本后燕县,后秦因之。治在今河南省中牟县东。

开封县,本后燕县,后秦因之。治在今河南省开封市南。

3.颍川郡

本东晋颍川郡地。晋安帝元兴二年,后秦取得南乡大战的胜利,乘势东进,攻占了襄城、颍川、陈郡等。义熙十二年,刘裕北伐后秦,檀道济进攻许昌,俘获颍川太守姚垣。颍川郡归晋。郡领有许昌、长社、颍阴、临颍、郾、邵陵、鄢陵、新汲。郡治许昌,今河南省许昌市东。

许昌县,本东晋县,后秦因之。郡治所在。治在今河南省许昌市东。

长社县,本东晋县,后秦因之。治在今河南省长葛市东。

颍阴县,本东晋县,后秦因之。治在今河南省许昌市。

临颍县,本东晋县,后秦因之。治在今河南省临颍县西北。

郾县,本东晋县,后秦因之。治在今河南省漯河市郾城区南。

邵陵县,本东晋县,后秦因之。治在今河南省漯河市东。

鄢陵县,本东晋县,后秦因之。治在今河南省鄢陵县北。

新汲县,本东晋县,后秦因之。治在今河南省扶沟县西南。

4.襄城郡

本东晋襄城郡地。晋安帝元兴二年,后秦取得南乡大战的胜利,乘势东进,攻占了襄城、颍川、陈郡等。义熙十二年,刘裕北伐后秦,朱超石、胡藩率部由南阳趋阳城;十月,阳城守将投降。阳城在襄城郡之北,属河南郡,则襄城郡也当归属东晋。郡领有襄城、繁昌、郏、定陵、父城、昆阳、舞阳。

襄城县,本东晋县,后秦因之。郡治所在。治在今河南省襄城县。

繁昌县,本东晋县,后秦因之。治在今河南省许昌市南。

郏县,本东晋县,后秦因之。治在今河南省郏县。

舞阳县,本东晋县,后秦因之。治在今河南省舞阳县西北保和乡魏庄。

定陵县,本东晋县,后秦因之。治在今河南省舞阳县东北北舞渡镇。

父城县,本东晋县,后秦因之。治在今河南省宝丰县东古城村。

昆阳县,本东晋县,后秦因之。治在今河南省叶县。

5.汝南郡

本东晋汝南郡地。晋安帝义熙元年,晋汝南太守赵策以郡降后秦,后秦据有汝南郡。义熙十二年,刘裕分兵五路北伐后秦,其中王镇恶、檀道济为一路,自淮、淝一带向许昌、洛阳方向进击。汝南郡紧邻淮、淝,是用兵的首要方向,当被攻克,归属东晋。郡领有新息、南安阳、安成、慎阳、宜春、朗陵、阳安、上蔡、平舆、定颍、瀷阳、汝阳、吴房、西平。郡治新息,今河南省息县。

新息县,本东晋县,后秦因之。郡治所在。治在今河南省息县。

平舆县,本东晋县,后秦因之。治在今河南省平舆县北。

西平县,本东晋县,后秦因之。治在今河南省西平县西、舞阳县东南。

上蔡县,本东晋县,后秦因之。治在今河南省上蔡县西南。

定颍县,本东晋县,后秦因之。治在今河南省西平县东北。

汝阳县,本东晋县,后秦因之。治在今河南省商水县汝阳故城。

南安阳县,本东晋县,后秦因之。治在今河南省正阳县南。

安成县,本东晋县,后秦因之。治在今河南省汝南县东南。

慎阳县,本东晋县,后秦因之。治在今河南省正阳县北。

宜春县,本东晋县,后秦因之。治在今河南省汝南县西南。

朗陵县,本东晋县,后秦因之。治在今河南省确山县南。

阳安县,本东晋县,后秦因之。治在今河南省确山县北。

瀷阳县,本东晋县,后秦因之。治在今河南省遂平县东。

吴房县,本东晋县,后秦因之。治在今河南省遂平县。

6.南顿郡

本东晋南顿郡。晋安帝元兴二年,后秦取得南乡大战的胜利,乘势东进,略地至梁国。南顿郡当在其中,归属后秦。义熙十二年,刘裕北伐后秦,檀道济领兵攻克许昌。许昌在南顿郡之北,则南顿郡当先被攻克,归属东晋。郡领南顿、和城二县。郡治南顿,今河南省项城县西。

南顿县,本东晋县,后秦因之。郡治所在。治在今河南省项城市西南顿镇。

和城县,本东晋县,后秦因之。治在今河南省项城市南秣陵镇北老城。

7.新蔡郡

本东晋新蔡郡地。晋安帝义熙元年,后秦据有汝南郡后,顺势又占据了新蔡郡。义熙十二年,刘裕北伐后秦,后秦新蔡太守董遵不降,被檀道济攻杀。新蔡郡归属东晋。

郡领有新蔡、褒信、鲖阳、固始四县。新蔡、褒信二县在今河南省境内。下面就二县考述之。

新蔡县,本东晋县,后秦因之。郡治所在。治在今河南省新蔡县。

褒信县,本东晋县,后秦因之。治在今河南省息县东包信镇。

（三）**徐州**

本东晋豫州地。晋安帝元兴二年,后秦取得南乡大战的胜利,乘势东进,略地至梁国,取得了陈郡、梁郡及谯郡的北部地区,并以之置徐州,屯项城。义熙十二年,刘裕北伐后秦,其中王镇恶、檀道济一路入后秦徐州境,所向皆克。秦将王苟生以漆丘降镇恶,徐州刺史姚掌以项城降道济,诸屯守皆望风款附。徐州归属东晋。漆丘,梁郡蒙县的一个城镇,因庄子担任过漆园吏而得名。州治项城,今河南省沈丘县。

1.陈郡

本东晋陈郡地。晋安帝元兴二年,南乡大战后归属后秦。义熙十二年,复归东晋。陈郡领有陈、项、阳夏、武平、父阳、长平、西华。郡治项县,今河南省沈丘县。

项县,本东晋县,后秦因之。郡治所在。治在今河南省沈丘县。

阳夏县,本东晋县,后秦因之。治在今河南省太康县。

武平县,本东晋县,后秦因之。治在今河南省柘城县南。

陈县,本东晋县,后秦因之。治在今河南省淮阳县。

父阳县,本东晋县,后秦因之。治在今河南省鹿邑县。

长平县,本东晋县,后秦因之。治在今河南省西华县东北。

西华县,本东晋县,后秦因之。治在今河南省西华县西南。

2.梁郡(国)

本东晋梁郡地。晋安帝元兴二年,南乡大战后归属后秦。义熙十二年,复归东晋。郡领有睢阳、蒙、虞、下邑、宁陵、谷熟。下邑县不在今河南省境内。郡治睢阳,今河南省商丘市南。

睢阳县,本东晋县,后秦因之。郡治所在。治在今河南省商丘市南。

蒙县,本东晋县,后秦因之。有漆丘城。治在今河南省商丘市北。

虞县,本东晋县,后秦因之。治在今河南省虞城县北。

宁陵县,本东晋县,后秦因之。治在今河南省宁陵县东南。

谷熟县,本东晋县,后秦因之。治在今河南省商丘市东南谷熟镇。

3.谯郡

本东晋谯郡地。晋安帝元兴二年,得南乡大战后,后秦乘势东进,略地至梁国,取有谯郡北部地区。义熙十二年,刘裕北伐后秦,秦将王苟生以漆丘降王镇恶。梁郡在谯郡之北,则谯郡北部地区归属东晋。郡领有谯、城父、酂、山桑、龙亢、蕲、铚。郡治谯县,今安徽省亳州市。唯北部酂县在今河南省境内。

酂县,本东晋县,后秦因之。治在今河南省永城市西北酂城镇。

(四)兖州

本后燕兖州地。晋安帝隆安三年,姚兴攻占洛阳后,顺势攻取了后燕荥阳郡、陈留郡。《晋书·地理志》载:"姚兴克洛阳,以豫州牧镇洛阳,兖州刺史镇仓垣。"《水经注·汳水》载:"汳水东径仓垣城南,即浚仪县仓垣亭也。"可见,姚兴于陈留郡置兖州,州治仓垣(今河南省开封市东北)。义熙十二年,刘裕北伐后秦,沈林子由汴入河,襄邑人董神虎聚众来附。林子、神虎攻仓垣,秦兖州刺史韦华投降。同时,刘裕派王仲德由陆路进攻凉城,北魏兖州刺史尉建弃州北渡,晋军占据滑台。可见兖州的东燕、濮阳在慕容德之后,被北魏占据,也置有兖州,镇滑台。

陈留郡

本后燕陈留郡地。晋安帝隆安三年,姚兴攻占洛阳后,顺势攻取了后燕陈留郡,并以陈留郡置兖州,镇仓垣。义熙十二年,刘裕北伐后秦,沈林子由汴入河,攻克仓垣。陈留郡当归属东晋。郡治小黄,今河南省开封市东杜良乡小黄铺。

小黄县,本后燕县,后秦因之。郡治所在。治在今河南省开封市东杜良乡小黄铺。

酸枣县,本后燕县,后秦因之。治在今河南省延津县西。

封丘县,本后燕县,后秦因之。治在今河南省封丘县东北。

长垣县,本后燕县,后秦因之。治在今河南省长垣县东北。

浚仪县,本后燕县,后秦因之。有仓垣城。治在今河南省开封市。

外黄县,本后燕县,后秦因之。治在今河南省兰考县东南。

雍丘县,本后燕县,后秦因之。治在今河南省杞县。

尉氏县,本后燕县,后秦因之。治在今河南省尉氏县。

襄邑县,本后燕县,后秦因之。治在今河南省睢县。

七、东晋时期河南的州、郡、县

晋元帝建武元年(317),东晋建立,统治着我国南方,直到晋恭帝元熙二年(420),刘裕代晋,建立刘宋政权。

在东晋存在的一百多年时间里,南方地区保持相对稳定状态,有利于南方社会、经济、文化的发展。东晋实有疆土,大抵汉水、淮河一线以南,较为固定,而变化最剧地区,莫过于淮北和沔上,其朝南暮北,旋有旋亡,分合变化,十分复杂;更有侨置州郡县,造成地理空间的极大混乱。而今河南省境,主要分布这两块地域。晋安帝义熙五年(409),刘裕北伐南燕;义熙六年(410),灭南燕,占据今山东。义熙十二年(416),刘裕又北伐后秦;义熙十三年(417),灭后秦,据有今河南大部及关中地区。东晋的疆域达到最大化,据黄河与北魏对峙。因此,我们以晋安帝义熙十四年(418)为定点,来考述今河南省境内东晋行政区划的变化。

在行政区划方面,东晋推行州郡县制度。为了安定北方南来的士族和民众,东晋还实行侨州郡县制度,就是在这些侨民主要聚集的地区设置新的州郡县,并使用他们原来居住地的政区名称作为新政区的名称。大量侨州郡县的设置,造成了南北地名的混乱。为了以示区别,刘裕北伐收复的地区,便在原州郡名前加上“北”字。刘宋建立后,为了管理上的方便,便去掉“北”字,而在侨州郡前加上“南”字。除此之外,还出现了双头州郡,即两个州或两个郡共治一地。

研究东晋的行政区划,并无系统、完整的原始材料可资利用。《晋书·地理志》实乃西晋地理志,而东晋百余年政区变化仅寥寥数语。清人洪亮吉著有《东晋疆域志》四卷,虽有错讹,实可补缺。今人胡阿祥著有《六朝疆域与政区研究》,是我们研究的主要参考资料。《宋书·州郡志》虽记录孝武帝大明八年

(464)刘宋政区,但其引用了《永初郡国志》,保留了刘宋初期的政区情况,当循东晋晚期政区之旧。

在今河南省范围内,黄河以北的地区属于北方政权,淮河以南的地区属于南方政权,南北争夺的焦点就在黄淮之间及南阳盆地。前面我们主要考述了北方政权在今河南省设置的行政区划的变化,下面我们就考述东晋政权在今河南省设置的行政区划的变化。①

(一)司州

本西晋司州地,时州领有平阳、河东、河南、弘农、上洛、河内、汲郡、荥阳、魏郡、顿丘、广平、阳平十二郡。晋怀帝永嘉之乱后,司州陆续陷于北方政权。汉、前赵以河南郡洛水之北地区及弘农、上洛置荆州,以河东、平阳置司州,以河内郡置殷州,以汲郡置卫州。后赵全有司州之地,石勒以为司州,治襄国;石虎分司州之河东、弘农、河南、荥阳置洛州,治洛阳。前燕以后赵司州为中州,治邺;以洛州为洛州,治洛阳。前秦以洛州为豫州,治洛阳;分中州之平阳、河东、河内、汲郡置雍州,治蒲坂;分中州之弘农、上洛置洛州,治丰阳;分中州之魏郡、顿丘、阳平、广平属冀州,治邺。后燕以河内、汲郡、平阳属雍州,治长子;以魏郡、顿丘、阳平、广平属冀州,治信都;以荥阳属兖豫二州,治滑台。后秦以弘农、上洛属荆州,治上洛;以河东属并冀二州,治蒲坂;以河南、荥阳属豫州,治洛阳。时河内、汲郡、魏郡、顿丘、阳平、广平属北魏。晋安帝义熙十二年,刘裕北伐后秦;义熙十三年,攻破长安,灭后秦,河东、上洛、弘农、河南、荥阳皆为晋有。东晋以弘农、河南、荥阳三郡复置司州,治虎牢,今河南省荥阳市西北汜水镇。除此之外,司州还领有河内、东京兆两个侨郡。河内寄治河南郡,领有温、野王、轵、河阳、沁水、山阳、怀、平皋、朝歌、州十县。东京兆寄治荥阳,领有长安、万年、新丰、蓝田、蒲坂五县。

1.河南郡

本后秦河南郡地。晋安帝义熙十二年,刘裕北伐后秦,镇守洛阳的后秦征南将军姚洸投降檀道济。义熙十三年,置司州,河南郡隶属之。据《宋书·州郡志》记载,刘宋初郡领有洛阳、河南、巩、河阴、缑氏、新城、梁、陆浑、东垣、新安、

---

① 参考〔清〕洪亮吉:《东晋疆域志》,见《二十五史补编》第三册,第3579~3648页;胡阿祥:《六朝疆域与政区研究》,学苑出版社,2005年。

西东垣，当循东晋之旧。与西晋河南郡所领县比较可见，成皋划归了荥阳郡，阳翟划归了颍川郡，废除了阳城县，新置了东垣、西东垣二县。

洛阳县，本后秦县，东晋因之。郡治所在。治在今河南省洛阳市东北。

河南县，本后秦县，东晋因之。治在今河南省洛阳市。

巩县，本后秦县，东晋因之。治在今河南省巩义市西南。

河阴县，本后秦县，东晋因之。治在今河南省孟津县北。

新安县，本后秦县，东晋因之。治在今河南省义马市西。

缑氏县，本后秦县，东晋因之。治在今河南省偃师市东南。

新城县，本后秦县，东晋因之。治在今河南省伊川县西南。

梁县，本后秦县，东晋因之。治在今河南省汝州市西。

陆浑县，本后秦县，东晋因之。治在今河南省嵩县东北。

东垣县，本新安县东垣城，晋安帝义熙十三年，析新安县置。晋太元十一年，苻丕败奔东垣，谋袭洛阳，晋将冯该自陕邀击，斩之。《嘉庆重修一统志》卷206河南河南府“古迹”载：“东垣故城，在新安县东。”治在今河南省新安县东。

西东垣县，本新安县地，晋安帝义熙十三年，析新安县置。治在今河南省新安县西铁门镇。

2.荥阳郡

本后秦荥阳郡地。晋安帝义熙十二年，刘裕北伐后秦，王镇恶攻占荥阳，与檀道济会师成皋，进逼洛阳。义熙十三年，置司州，荥阳郡隶属之。据《宋书·州郡志》记载，刘宋初郡领有京、密、荥阳、卷、阳武、苑陵、中牟、开封、成皋。当循东晋之旧。成皋本属河南郡，义熙十三年改隶荥阳。

荥阳县，本后秦县，东晋因之。治在今河南省荥阳市东北。

京县，本后秦县，东晋因之。郡治所在。治在今河南省荥阳市东南。

密县，本后秦县，东晋因之。治在今河南省新密市东南。

卷县，本后秦县，东晋因之。治在今河南省原阳县西。

阳武县，本后秦县，东晋因之。治在今河南省原阳县东南。

苑陵县，本后秦县，东晋因之。治在今河南省新郑市东北。

中牟县，本后秦县，东晋因之。治在今河南省中牟县东。

开封县，本后秦县，东晋因之。治在今河南省开封市南。

成皋县，本后秦县，属河南郡。东晋义熙十三年，改隶之。治在今河南省荥阳市西北。

3.弘农郡

本东晋弘农郡地。晋安帝义熙十三年,王镇恶占领洛阳后,分兵两路会攻潼关。其中他亲自带领一路,攻占了弘农郡。同年,置司州,郡隶属之。据《宋书・州郡志》记载,刘宋初郡领有弘农、陕、渑池、宜阳、湖、卢氏、曲阳。当循东晋之旧。

弘农县,本后秦县,东晋因之。郡治所在。治在今河南省灵宝市北。

渑池县,本后秦县,东晋因之。治在今河南省洛宁县西北。

陕县,本后秦县,东晋因之。治在今河南省三门峡市西。

宜阳县,本后秦县,东晋因之。治在今河南省宜阳县西。

湖县,本后秦县,东晋因之。治在今河南省灵宝市西北。

卢氏县,本后秦县,属上洛郡。义熙十三年,自上洛来属。治在今河南省卢氏县。

曲阳县,东晋义熙十三年侨置,据有实土。地址不详。

(二)兖州

本西晋兖州地,时郡领有陈留、濮阳、济阴、高平、任城、东平、济北、泰山八郡。后赵全有兖州之地,石勒时为兖州,鲁郡自豫州来属,州治鄄城;石虎时分兖州之陈留、东燕属洛州。前燕以后赵兖州置兖州,分濮阳置东郡,州治鄄城。前秦分兖州东部的高平、东平、济北、任城、泰山、鲁郡,置南兖州,州治湖陆;将兖州西部的濮阳、济阳、济阴与洛州东部的陈留、东燕合并,置兖州,州治鄄城。后燕废南兖州,郡入兖州,治东阿;后灭翟魏,并入荥阳,置兖豫双头州,治滑台。晋安帝隆安二年,慕容德以滑台为都,建立南燕,当据有兖州。隆安三年,后秦占据陈留,也置兖州,州治仓垣。同年,北魏攻占滑台,南燕迁都广固。兖州北部属魏,北魏置兖州,更东燕郡为东郡。南燕以泰山郡置兖州,治奉高。东晋建立,晋成帝咸和年间,侨置兖州于广陵。晋安帝义熙六年,刘裕灭南燕,泰山郡归晋。义熙十二年,王仲德进攻滑台,北魏兖州刺史尉建弃州北渡,兖州北部归晋;沈林子攻占仓垣,秦兖州刺史韦华投降,陈留郡归晋。至此,西晋兖州之地全部归属东晋。义熙十三年,兖州还治,以王仲德为刺史,领有东郡、濮阳、陈留、泰山、高平(任城郡省入)、鲁郡、东平、济北、济阳、济阴。州治滑台,今河南省滑县。

1.濮阳郡

本后燕濮阳郡地。晋安帝隆安二年,慕容德以滑台为都,建立南燕,当有濮阳。后南燕迁都广固,北魏占据濮阳。义熙十二年,王仲德北取滑台,濮阳当归晋。据《宋书·州郡志》,刘宋初郡领濮阳、廪丘,当废鄄城。当循东晋之旧。濮阳在今河南省境内。

濮阳县,本后燕县,东晋因之。郡治所在。治在今河南省濮阳市西南。

另,今河南省范县地属濮阳郡廪丘县,台前县地属兖州东平郡范县。

此外,兖州济阴郡离狐县在今河南省境内。

离狐县,本后燕县,东晋因之。治在今河南省濮阳市东南。

2.东郡

本后燕东燕郡地。晋安帝隆安二年,慕容德以滑台为都,建立南燕,据有东燕。隆安三年,南燕迁都广固,北魏占据滑台,置兖州,更东燕郡为东郡。义熙十二年,王仲德北取滑台,东郡归晋。义熙十三年,晋置兖州。据《宋书·州郡志》,刘宋初郡领东燕、白马、凉城。当循东晋之旧。白马有滑台城。

东燕县,本后燕县,东晋因之。治在今河南省延津县东北。

白马县,本后燕县,东晋因之。治在今河南省滑县东。

凉城县,晋安帝隆安三年,北魏置。东晋因之。《嘉庆重修一统志》卷200河南卫辉府"古迹"载:"凉城废县,在滑县东北。后魏置县,为东郡治。《宋书》晋义熙十二年,遣北兖州刺史王仲德破魏于东郡凉城。《水经注·河水》:河水东北径白马县之凉城北。"郡治所在。治在今河南省滑县东北。

3.陈留郡

本后秦陈留郡地。晋安帝隆安三年,后秦攻取陈留,置兖州,治仓垣。义熙十二年,晋将沈林子攻占仓垣,陈留郡归晋。义熙十三年,晋置兖州。据《宋书·州郡志》,刘宋初郡领酸枣、小黄、雍丘、浚仪、襄邑、尉氏。封丘、长垣、外黄三县当没入北魏,东晋时此三县仍存。郡治小黄,今河南省开封市东杜良乡小黄铺。

小黄县,本后秦县,东晋因之。郡治所在。治在今河南省开封市东杜良乡小黄铺。

酸枣县,本后秦县,东晋因之。治在今河南省延津县西。

封丘县,本后秦县,东晋因之。治在今河南省封丘县东北。

长垣县,本后秦县,东晋因之。治在今河南省长垣县东北。

浚仪县，本后秦县，东晋因之。治在今河南省开封市。

外黄县，本后秦县，东晋因之。治在今河南省兰考县东南。

雍丘县，本后秦县，东晋因之。治在今河南省杞县。

尉氏县，本后秦县，东晋因之。治在今河南省尉氏县。

襄邑县，本后秦县，东晋因之。治在今河南省睢县。

4.济阳郡

本南燕济阳郡地。晋安帝义熙六年，刘裕灭南燕，济阳郡当归属东晋。郡领济阳、考城二县。

济阳县，本南燕县，东晋因之。郡治所在。治在今河南省兰考县东北堌阳镇。

考城县，本南燕县，东晋因之。治在今河南省民权县东。

（三）**豫州**

本西晋豫州地，时州领有颍川、襄城、陈郡、梁国、鲁国、沛郡、谯郡、汝阴、汝南、弋阳、安丰，州治陈。后赵据有淮河以北豫州之地，置豫州，治许昌，鲁郡别属兖州。前燕以后赵豫州置豫州，治许昌。前秦以前燕豫州置东豫州，治许昌。后秦分前秦东豫州之陈郡、梁郡、谯郡为徐州，治项城，以前秦东豫州之新蔡、汝南、襄城、颍川及豫州，置豫州，治洛阳。东晋建立，先后以祖逖、祖约为豫州刺史，与石勒争夺豫州。晋元帝永昌元年，祖约自谯城退保寿春，东晋只据有豫州淮河以南之弋阳、西阳（分弋阳置）、安丰。晋成帝咸和四年，豫州侨治芜湖；咸康四年，以毛宝为刺史，治邾城。晋穆帝永和四年，刺史谢尚进驻寿春；永和九年，镇历阳；永和十一年，又进驻马头。后赵亡乱，桓温北伐，后赵守将纷纷附晋。晋穆帝升平元年，刺史谢奕戍守谯城。晋哀帝隆和元年，刺史袁真自谯退守寿春。晋孝武帝宁康元年，刺史桓冲驻姑孰。淝水之战后，前秦土崩瓦解，东晋遂据有前秦豫州、东豫州之地。晋孝武帝太元十年，刺史朱序戍守马头。晋安帝义熙二年，刺史刘毅戍守姑孰。义熙九年，分大江以西、大雷以北为豫州地。义熙十三年，刘义庆为刺史，镇寿阳。时州领有颍川、陈郡、南顿、汝南、新蔡、汝阳、汝阴、弋阳、历阳、马头、庐江、晋熙等实土郡，领有南汝阴郡、南梁郡两个侨郡。下面将在今河南省境内的郡县考述之。

1.颍川郡

本后秦颍川郡与襄城郡地。晋元帝永昌元年，石勒攻取了西晋颍川、襄城二郡。晋成帝咸康二年，省襄城郡入颍川郡。晋安帝义熙十二年，刘裕北伐后秦，攻取后秦颍川郡、襄城郡，实则为恢复了东晋颍川郡。也就是说，襄城郡对东晋来说是不存在，颍川郡包含了北方政权的颍川郡和襄城郡。《宋书·州郡志》记载了刘宋初颍川郡所领县，计有许昌、新汲、鄢陵、长社、颍阴、阳翟、邵陵、临颍。可见，并没有包含襄城郡领县在内。但实际应将襄城郡所领县计在内。废父城县。郡治许昌，今河南省许昌市东。

许昌县，本后秦县，东晋因之。郡治所在。治在今河南省许昌市东。

长社县，本后秦县，东晋因之。治在今河南省长葛市东。

阳翟县，本后秦县，属河南郡。义熙十三年，改隶颍川郡。治在今河南省禹州市。

颍阴县，本后秦县，东晋因之。治在今河南省许昌市。

临颍县，本后秦县，东晋因之。治在今河南省临颍县西北。

郾县，本后秦县，东晋因之。治在今河南省漯河市郾城区南。

邵陵县，本后秦县，东晋因之。治在今河南省漯河市东。

鄢陵县，本后秦县，东晋因之。治在今河南省鄢陵县北。

新汲县，本后秦县，东晋因之。治在今河南省扶沟县西南。

襄城县，本后秦县，东晋因之。郡治所在。治在今河南省襄城县。

繁昌县，本后秦县，东晋因之。治在今河南省许昌市南。

郏县，本后秦县，东晋因之。治在今河南省郏县。

舞阳县，本后秦县，东晋因之。治在今河南省舞阳县西北保和乡魏庄。

定陵县，本后秦县，东晋因之。治在今河南省舞阳县东北北舞渡镇。

昆阳县，本后秦县，东晋因之。治在今河南省叶县。

2.汝南郡

本后秦汝南郡地。晋安帝义熙十二年，王镇恶、檀道济一路入后秦境，所向皆克。汝南郡紧邻淮、淝，是用兵的首要方向，当被攻克，归属东晋。据《宋书·州郡志》记载，刘宋初郡领有上蔡、平舆、安成、慎阳、新息、朗陵、阳安、西平、瀙阳、南安阳。当循东晋之旧。与西晋时领县相比，少了吴房、宜春，当废。郡治上蔡，今河南省上蔡县西南。

上蔡县，本后秦县，东晋因之。郡治所在。治在今河南省上蔡县西南。

新息县，本后秦县，东晋因之。治在今河南省息县。

平舆县,本后秦县,东晋因之。治在今河南省平舆县北。

西平县,本后秦县,东晋因之。治在今河南省西平县西、舞阳县东南。

南安阳县,本后秦县,东晋因之。治在今河南省正阳县南。

安成县,本后秦县,东晋因之。治在今河南省汝南县东南。

慎阳县,本后秦县,东晋因之。治在今河南省正阳县北。

朗陵县,本后秦县,东晋因之。治在今河南省确山县南。

阳安县,本后秦县,东晋因之。治在今河南省确山县北。

灈阳县,本后秦县,东晋因之。治在今河南省遂平县东。

3.汝阳郡

本西晋汝南郡地。东晋初置。晋成帝咸康三年,省并入汝南郡。后又置。郡领汝阳、定颍。晋安帝义熙十二年,刘裕北伐后秦,汝阳郡归东晋。治汝阳,今河南省商水县汝阳故城。

汝阳县,本后秦县,东晋因之。治在今河南省商水县汝阳故城。

定颍县,本后秦县,东晋因之。治在今河南省西平县东北。

4.南顿郡

本后秦南顿郡。晋安帝义熙十二年,刘裕北伐后秦,南顿郡归东晋。郡领南顿、和城二县。郡治南顿,今河南省项城县西。

南顿县,本后秦县,东晋因之。郡治所在。治在今河南省项城市西南顿镇。

和城县,本后秦县,东晋因之。治在今河南省项城市南秣陵镇北老城。

5.新蔡郡

本后秦新蔡郡地。晋安帝义熙十二年,刘裕北伐后秦,后秦新蔡太守董遵不降,被檀道济攻杀,新蔡郡归属东晋。郡领有新蔡、褒信、鲖阳、固始四县。新蔡、褒信二县在今河南省境内。下面就二县考述之。

新蔡县,本后秦县,东晋因之。郡治所在。治在今河南省新蔡县。

褒信县,本后秦县,东晋因之。治在今河南省息县东包信镇。

6.陈郡

本后秦陈郡地,属徐州。晋安帝义熙十二年,刘裕北伐后秦,檀道济领兵攻徐州,刺史姚掌以项城降,陈郡归属东晋。义熙十三年,改隶豫州。《宋书·州郡志》记载,刘宋初郡领有陈、项、阳夏、父阳、长平、西华。当循东晋之旧。郡治陈县,今河南省淮阳县。

陈县,本后秦县,东晋因之。郡治所在。治在今河南省淮阳县。

阳夏县,本后秦县,东晋因之。治在今河南省太康县。

项县,本后秦县,东晋因之。治在今河南省沈丘县。

父阳县,本后秦县,东晋因之。治在今河南省鹿邑县。

长平县,本后秦县,东晋因之。治在今河南省西华县东北。

西华县,本后秦县,东晋因之。治在今河南省西华县西南。

7.弋阳郡

本西晋弋阳郡。时郡领有西阳、轪、蕲春、邾、西陵、期思、弋阳。晋惠帝时,分西阳、轪、蕲春、邾、西陵置西阳国。时郡只领有期思、弋阳二县。晋安帝义熙九年,省安丰郡入弋阳郡。郡领有弋阳、期思、松滋、安丰、蓼、雩娄。义熙末,废蓼、雩娄二县,安丰迁置今安徽寿县西南。郡治弋阳,今河南省潢川县西。下面就今河南省境内的县考述之。

弋阳县,本西晋县,东晋因之。郡治所在。治在今河南省潢川县西。

期思县,本西晋县,东晋因之。治在今河南省淮滨县南期思镇。

雩娄县,本西晋县,东晋因之。治在今河南省商城县东。

蓼县,本西晋县,东晋因之。治在今河南省固始县北。

(四)荆州

本西晋荆州地,时州领有南阳、南乡、魏兴、新城、上庸、江夏、襄阳、南郡、武昌、武陵、宜都、建平、天门、长沙、零陵、桂阳、衡阳、湘东、邵陵、临贺、始兴、始安二十二郡。我们考察的主要是荆州北部的南阳、顺阳、新野、义阳等郡。永嘉之乱后,北方战乱不休。晋成帝咸和元年十月,前赵据有顺阳郡酂县以北地区,属荆州。后赵先后据有南阳、顺阳、新野、襄阳,置荆州,治所先在襄阳,后在鲁阳。前燕据有南阳郡之鲁阳县,置荆州,治鲁阳。前秦先以上洛郡置荆州,治丰阳,后以南阳、顺阳、新野、魏兴、上庸、新城、襄阳七郡置荆州,治襄阳。后秦以弘农、上洛、南阳、顺阳、新野、舞阴、南乡等置荆州,治上洛。北方政权据有荆州北部地区的时间不长,大多数时候还是处于东晋的控制下。东晋荆州刺史或治武昌,或治沔阳、夏口、上明、襄阳,但大部分时间还是治江陵。

1.南阳郡

本后秦南阳郡地。晋安帝义熙元年,刘裕求和,要求后秦割让南乡等郡,姚兴应刘裕之请求,将南阳郡、舞阴郡割给东晋。东晋废舞阴郡,并其县入南阳郡。晋孝武帝时，为避简文帝的讳，改淯阳为云阳。《宋书·州郡志》记载，刘宋初南阳郡领有宛、冠军、比阳、鲁阳、堵阳、西鄂、犨、叶、雉、博望、涅阳、淯阳、郦、舞阴。当循东晋之旧。

宛县，本后秦县，东晋因之。郡治所在。治在今河南省南阳市。

冠军县，本后秦县，东晋因之。治在今河南省邓州市西北。

叶县，本后秦县，东晋因之。治在今河南省叶县西南旧县镇。

西鄂县，本后秦县，东晋因之。治在今河南省南阳市东北夏响铺。

雉县，本后秦县，东晋因之。治在今河南省南召县东南。

鲁阳县，本后秦县，东晋因之。治在今河南省鲁山县。

犨县，本后秦县，东晋因之。治在今河南省叶县东北、鲁山县西南。

堵阳县，本后秦县，东晋因之。治在今河南省方城县东。

博望县，本后秦县，东晋因之。治在今河南省方城县西南博望镇。

云阳县，本后秦淯阳县，东晋孝武帝改为云阳。治在今河南省新野县北。

涅阳县，本后秦县，东晋因之。治在今河南省镇平县南。

郦县，本后秦县，东晋因之。治在今河南省内乡县北。

舞阴县，本后秦县，属舞阴郡。东晋废郡，改隶南阳郡。治在今河南省社旗县东南。

比阳县，本后秦县，属舞阴郡。东晋废郡，改隶南阳郡。治在今河南省泌阳县。

2.顺阳郡

本后秦顺阳郡与南乡郡地。晋安帝义熙元年，姚兴应刘裕之请求，将顺阳郡、南乡郡割给东晋。东晋废南乡郡，并其县入顺阳郡。《宋书·州郡志》记载，刘宋初顺阳郡领有朝阳、武当、顺阳、南乡、丹水、析、酂、筑、阴、凡阳。唯朝阳、顺阳、南乡、丹水、析在今河南省境内。郡治朝阳，今河南省新野县西南。

朝阳县，本后秦县，东晋因之。郡治所在。治在今河南省新野县西南。

顺阳县，本后秦县，东晋因之。治在今河南省淅川县南马蹬镇。

南乡县，本后秦县，属南乡郡。东晋废郡，改隶顺阳郡。治在今河南省淅川县西南顺阳川。

丹水县，本后秦县，属南乡郡。东晋废郡，改隶顺阳郡。治在今河南省淅川县西寺湾镇。

析县,本后秦县,属南乡郡。东晋废郡,改隶顺阳郡。治在今河南省西峡县。

3.新野郡

本后秦新野郡地。晋安帝义熙元年,姚兴应刘裕之请求,将新野郡割给东晋。《宋书·州郡志》记载,刘宋初郡领有新野、穰、邓、蔡阳、棘阳、山都。当循东晋之旧,唯新野、穰、棘阳在今河南省境内。

新野县,本后秦县,东晋因之。郡治所在。治在今河南省新野县。

棘阳县,本后秦县,东晋因之。治在今河南省新野县东北。

穰县,本后秦县,东晋因之。治在今河南省邓州市。

4.义阳郡

本西晋义阳国,时国领有安昌、平氏、义阳、平春、鄳。东晋建立后,改国为郡。晋孝武帝时,改平春为平阳,废义阳,置钟武。《宋书·州郡志》记载,刘宋初郡领有安昌、平氏、鄳、平阳、钟武。当循东晋之旧。郡治平阳,今河南省信阳市。下面就今河南省境内的县考述之。

平阳县,本西晋平春县。晋孝武帝太元中,改置平阳。郡治所在。治在今河南省信阳市。

鄳县,本西晋县,东晋因之。治在今河南省罗山县西。

平氏县,本西晋县,东晋因之。治在今河南省桐柏县西北平氏镇。

钟武县,本西汉县,东汉初废,东晋复置。治在今河南省信阳市东南。

（五）徐州

本西晋徐州地,时州领有东莞、琅琊、东海、彭城、下邳、临淮、广陵,州治彭城;晋惠帝元康元年,分东海郡西部置兰陵郡。永嘉之乱后,徐州淮河以北陷于后赵,后赵以之置徐州,治彭城。前燕与东晋也划淮而治,以徐州淮河以北地区置徐州,治彭城。前秦则以东莞、琅琊、兰陵、彭城置徐州,治彭城;以下邳、东海置扬州,治下邳。后燕以东莞、琅琊置徐州,治开阳。南燕以琅琊置幽州,治开阳;以东莞置徐州,治莒县。后秦以陈郡、梁郡、谯郡北部置徐州,治项县。东晋建立,据有徐州淮河以南之临淮、广陵,置徐州,治广陵。晋成帝咸和年间,先后在徐州广陵侨置兖州、幽州、青州、并州、冀州。晋安帝义熙六年,刘裕灭南燕,徐州恢复西晋规模。义熙七年,分徐州为二,徐州淮河以北地区为北徐州,治彭城;淮河以南地区为徐州,治广陵。义熙十三年,刘裕灭后秦,后秦徐州之梁郡、谯郡北部入北徐州，陈郡入豫州。

梁郡

本后秦梁郡地，属徐州。晋安帝义熙十二年，刘裕北伐后秦，秦将王苟生以漆丘降王镇恶，梁郡归属东晋。《宋书・州郡志》记载，刘宋初郡领有睢阳、蒙、下邑、宁陵。当循东晋之旧。下邑县不在今河南省境内。郡治睢阳，今河南省商丘市南。

睢阳县，本后秦县，东晋因之。郡治所在。治在今河南省商丘市南。

蒙县，本后秦县，东晋因之。有漆丘城。治在今河南省商丘市北。

宁陵县，本后秦县，东晋因之。治在今河南省宁陵县东南。

第四章 南北朝时期河南的行政区划

南北朝时期是中国古代一个分裂的时代，也是一个走向多民族融合统一的时代。南北朝分为南朝和北朝。南朝依次是宋、齐、梁、陈，从公元420年至公元589年；北朝依次是北魏、东魏、西魏、北齐、北周，从公元386年至公元581年。

南朝统治着我国南方，北朝统治着我国北方。双方的疆界大抵以秦岭、淮河一线维持着平衡。南朝继承了东晋的疆域，最盛时期为刘宋初期，直抵黄河岸边。北朝结束了十六国时期的混战局面，统一了我国北方，最盛时期的疆域直抵长江岸边，并囊括我国西南地区。综观南北双方争夺的焦点地区，莫过于黄淮之间的中原地区，其间，疆土的得失变化，真有朝秦暮楚之感。今河南省大部分范围就处于这个区域。因此，为了弄清其间行政区划的因循变化，我们将以其疆域最大化的年代作为定点，来考述今河南省境内州、郡、县的前后变化。

第一节　南朝时期河南的州、郡、县

南朝（420—589），是中国南北朝时期存在于南方、建都于建康（今南京）的四个朝代的总称。公元420年东晋灭亡，刘宋取代东晋，在中国南方地区相继出现了宋、齐、梁、陈四个汉人政权，与鲜卑人或鲜卑化汉人在中国北方地区建立的北魏、东魏、北齐、西魏、北周等政权对峙。今河南省域处于南北对峙的中心地区，行政区划的演变十分剧烈。下面我们考述南朝的地方行政区域在河南的变化。

一、刘宋时期河南的州、郡、县

刘宋的创建者刘裕,在东晋末期掌握了东晋政权。宋武帝永初元年(420),刘裕代晋称帝,建都建康,国号宋,史称刘宋。刘宋共历八帝,六十年。宋顺帝升明三年(479)为萧齐所取代。

刘宋为南朝疆域最大的一个朝代。永初强盛时,据关守河,疆界到达潼关、黄河一带与北魏相峙。宋少帝景平元年(423),北魏乘刘裕丧亡之机,攻下洛阳、虎牢、滑台、碻磝四镇,控制了许昌以北的司州、豫州地区及河济之间的兖州地区。此后宋魏疆界多维持在这一线。宋文帝元嘉时期三次北伐虽曾收复河南北部一些地区,但不久又丧失。宋孝武帝大明二年(458),刘宋取得青州之战的胜利,趁势收复了黄河下游济水北岸的城池,东北疆界再度到达黄河南岸。刘宋后期,朝政混乱,内斗严重,无暇顾及边防。宋明帝泰始四年(468),因薛安都叛宋降魏,山东和淮北丧失,淮河以北的青、冀、徐、兖、豫五州之地全面沦陷,国土边界退至淮河一线。

刘宋行政区划制度袭承东晋,实行州、郡、县三级制。州是第一级行政区,州的最高行政长官称刺史。尹、郡、王国、公国(郡公)是第二级行政区。尹的最高行政长官称尹,郡的最高行政长官称太守,王国的最高行政长官称内史,公国的最高行政长官称相。县、公国(县公)、侯国、伯国、子国、男国是第三级行政区。县的最高行政长官称县令或县长,公国、侯国、伯国、子国、男国的最高行政长官称相。宋孝武帝大明年间,对行政区划进行了一些调整。

《宋书·州郡志》记载了宋大明八年(464)前后刘宋的行政区划变化,比较翔实精密。下面我们以宋孝武帝大明八年为基准来考述河南行政区划的因循变化。①

(一)豫州

本东晋豫州地。刘宋代晋后,于宋武帝永初三年,以淮河为界,淮北为豫州,淮南为南豫州。宋文帝元嘉七年合二豫州为一,元嘉十六年又分,元嘉二十

---

① 参考胡阿祥《六朝疆域与政区研究》。

二年又合。宋孝武帝大明三年又分。宋明帝泰始二年又合，将大明五年来属的淮南、宣城还属扬州；九月又分，泰始三年五月又合。时刘宋已失淮北豫州，故泰始四年，以南豫州为豫州，以扬州之淮南、宣城二郡另置南豫州。宋明帝泰豫元年，南汝阴郡来属，庐江郡划属南豫州。州治寿阳，今安徽寿县。

1.颍川郡

本东晋颍川郡地。宋少帝景平元年，北魏渡河南进，晋宗室司马楚之据长社降魏，时许昌以北豫州之地尽皆沦丧，唯余邵陵、临颍、曲阳三县。刘宋以三县为颍川郡。宋明帝泰始二年，侨置于汝南悬瓠城的司州刺史常珍奇降魏；泰始四年，豫州淮西诸郡尽没。颍川郡当在其中。据《宋书·州郡志》记载，郡领有邵陵、临颍、曲阳。郡治邵陵，今河南省漯河市东。

邵陵县，本东晋县，刘宋因之。治在今河南省漯河市东。

临颍县，本东晋县，刘宋因之。治在今河南省临颍县西北。

曲阳县，刘宋侨置，治在今河南省漯河市。

2.汝南郡

本东晋汝南郡地。刘宋永初初，在郡西南置有初安、绥城二郡。初安郡领有新怀、怀德二县，绥城郡领有安昌、招远二县。宋孝武帝大明二年，废初安、绥城二郡。宋文帝元嘉年间，迁郡治于悬瓠城，并于此侨置司州。宋明帝泰始二年，司州刺史常珍奇降魏；泰始四年，豫州淮西诸郡尽没。汝南郡当在其中。据《宋书·州郡志》记载，郡领有上蔡、平舆、北新息、真阳、安成、南新息、朗陵、阳安、西平、瀷阳、安阳。郡治上蔡悬瓠城，今河南省汝南县。

上蔡县，本东晋县，刘宋因之。郡治所在。治在今河南省汝南县。

平舆县，本东晋县，刘宋因之。治在今河南省平舆县北。

南新息县，本东晋县，刘宋因之。治在今河南省息县。

北新息县，刘宋永初中置。治在今河南省息县北。

西平县，本东晋县，刘宋因之。治在今河南省西平县西、舞阳县东南。

安阳县，本东晋南安阳县，刘宋因之。治在今河南省正阳县南。

安成县，本东晋县，刘宋因之。治在今河南省汝南县东南。

真阳县，本东晋慎阳县，刘宋改名真阳。治在今河南省正阳县北。

朗陵县，本东晋县，刘宋因之，后废。治在今河南省确山县南。

阳安县，本东晋县，刘宋因之。治在今河南省确山县北。

瀷阳县,本东晋县,刘宋因之。治在今河南省遂平县东。

3.汝阳郡

本东晋汝阳郡地。刘宋因之。宋明帝泰始四年,豫州淮西诸郡尽没北魏。汝阳郡当在其中。据《宋书·州郡志》记载,郡领汝阳、武津。可见,废定颍,置武津。郡治汝阳,今河南省商水县汝阳故城。

汝阳县,本东晋县,刘宋因之。治在今河南省商水县汝阳故城。

武津县,刘宋永初中置。《嘉庆重修一统志》卷216河南汝宁府“古迹”记载:“武津故城,在上蔡县东。刘宋置县,属汝阳郡。泰始四年,魏将赵怀仁寇武津,豫州刺史刘勔遣将击破之。《魏书·地形志》:汝阳郡武津,有武津城。隋改临汝为武津而县废。”治在今河南省上蔡县东。

4.南顿郡

本东晋南顿郡。刘宋因之。宋明帝泰始四年,豫州淮西诸郡尽没北魏。南顿郡当在其中。据《宋书·州郡志》记载,郡领南顿、和城二县。郡贴治项城,今河南省沈丘县。

南顿县,本东晋县,刘宋因之。治在今河南省项城市西南顿镇。

和城县,本东晋县,刘宋因之。治在今河南省项城市南秣陵镇北老城。

5.新蔡郡

本东晋新蔡郡地。刘宋因之。宋明帝泰始四年,豫州淮西诸郡尽没北魏。新蔡郡当在其中。据《宋书·州郡志》记载,郡领有新蔡、褒信、鲖阳、固始四县。新蔡、褒信二县在今河南省境内。郡治上蔡悬瓠城,今河南省汝南县。

新蔡县,本东晋县,刘宋因之。治在今河南省新蔡县。

褒信县,本东晋县,刘宋因之。治在今河南省息县东包信镇。

6.陈郡

本东晋陈郡地,刘宋因之。宋明帝泰始四年,豫州淮西诸郡尽没北魏。陈郡当在其中。据《宋书·州郡志》记载,郡领有项城、谷阳、长平、西华。郡治项城县,今河南省沈丘县。

项城县,本东晋项县,刘宋改名项城。郡治所在。治在今河南省沈丘县。

谷阳县,本东晋父阳县,刘宋改名。治在今河南省鹿邑县。

长平县,本东晋县,刘宋因之。治在今河南省西华县东北。

西华县,本东晋县,刘宋因之。治在今河南省西华县西南。

7.谯郡

本东晋梁郡，属徐州。刘宋永初中，由于东晋侨置于谯县（今安徽亳州市）的陈留郡成为实土郡，遂迁置于梁郡蒙县。孝武帝大明二年，改属豫州。宋明帝泰始四年，豫州淮西诸郡尽没北魏。谯郡当在其中。据《宋书·州郡志》记载，郡领有蒙、蕲、宁陵、魏、襄邑、长垣。按：蕲、魏、长垣当属侨县，地望不可考。郡治蒙县，今河南省商丘市北。

蒙县，本东晋县，刘宋因之。郡治所在。治在今河南省商丘市北。

宁陵县，本东晋县，刘宋因之。治在今河南省宁陵县东南。

襄邑县，本东晋县，属兖州陈留郡。刘宋永初中，改属谯郡。治在今河南省睢县。

（二）南豫州

本东晋豫州地。刘宋永初三年，以淮河为界，淮南豫州之地为南豫州。其后，多次分分合合，见前述豫州。其间，宋武帝大明五年，淮南、宣城自扬州来属。宋明帝泰始二年，淮南、宣城还属扬州。泰始四年，淮北豫州没入北魏，遂以南豫州为豫州，以扬州之淮南、宣城二郡立南豫州；泰始五年，废南豫州，郡归扬州；泰始七年，分豫州之历阳、淮阴、南谯及南兖州之临江四郡置南豫州；泰豫元年，庐江郡自豫州来属。州治姑孰，今安徽当涂县。

1.弋阳郡

本东晋弋阳郡，属豫州。郡领有弋阳、期思、松滋、安丰。刘宋文帝元嘉二十五年，以豫州蛮民置茹由、乐安、雩娄、光城、史水、开化、边城七县，属弋阳郡；后以雩娄、史水、开化、边城四县置边城郡。宋孝武帝大明中，以茹由、乐安、光城三县置光城郡。大明八年，废边城、光城二郡，属县皆入弋阳。时郡领有弋阳、期思、松滋、安丰、雩娄、茹由、乐安、光城、史水、开化、边城等县。刘宋末期，复置边城郡、光城郡，又以松滋、安丰二县置安丰郡，并在境内侨置新蔡郡。郡治弋阳，今河南省潢川县西。

弋阳县，本东晋县，刘宋因之。郡治所在。治在今河南省潢川县西。

期思县，本东晋县，刘宋因之。治在今河南省淮滨县南期思镇。

雩娄县，本东晋县，义熙末废。刘宋元嘉二十五年复置。治在今河南省商城县东。

光城县，刘宋元嘉二十五年置。《嘉庆重修一统志》卷222河南光州“古迹”

记载:“光城故城,在今光山县治。刘宋元嘉二十五年,以豫部蛮民立光城县。大明中,分弋阳立光城左郡,八年罢郡。泰始初,西阳蛮田益宗、田光兴等起义,攻克郢州。”治在今河南省光山县。

茹由县,刘宋元嘉二十五年置。《嘉庆重修一统志》卷222河南光州“古迹”记载:“茹由故城,在光山县南六十里。刘宋元嘉二十五年置县,属弋阳郡。大明初,分属光城左郡。齐因之。后魏改属边城郡,北齐废。”治在今河南省光山县南。

史水县,刘宋元嘉二十五年置。《嘉庆重修一统志》卷222河南光州“古迹”记载:“史水废县,在商城县东北。刘宋元嘉二十五年,以豫部蛮民置史水县,属弋阳郡,寻属边城郡。《齐志》属安丰郡。”治在今河南省商城县东北。

边城县,刘宋元嘉二十五年置。《嘉庆重修一统志》卷222河南光州“古迹”记载:“边城废郡,在商城县东北。”边城郡治边城县。治在今河南省商城县东北、固始县东南。

乐安县,刘宋元嘉二十五年置。《嘉庆重修一统志》卷222河南光州“古迹”记载:“仙居故城,在光山县西。本汉轪县地。刘宋元嘉二十五年,以豫部蛮民置乐安县,属弋阳郡,寻改属光城左郡。齐因之。后魏属北光城郡。隋属弋阳郡。唐属光州,天宝元年,改为仙居。”唐仙居县即刘宋乐安县。治在今河南省光山县西仙居镇。

2.义阳郡

本东晋义阳郡,属荆州。郡领有安昌、平氏、鄳、平阳、钟武。刘宋孝武帝大明二年,以安昌置广昌郡,属雍州;义阳郡改属南豫州。宋明帝泰始五年,义阳郡改属郢州。后废帝元徽四年,义阳郡又改属司州。据《宋书·州郡志》记载,郡领有平阳、鄳、钟武、宝城、义阳、平春、环水。按:当废平氏县。郡治平阳,今河南省信阳市。下面就今河南省境内的县考述之。

平阳县,本东晋县,刘宋因之。郡治所在。治在今河南省信阳市。

鄳县,本东晋县,刘宋因之。治在今河南省罗山县西。

钟武县,本东晋县,刘宋因之。治在今河南省信阳市东南。

宝城县,刘宋孝武帝孝建三年,分鄳县置。《嘉庆重修一统志》卷216河南汝宁府“古迹”记载:“宝城故城,在罗山县西。刘宋孝建三年,置宝城县,属义阳郡。南齐改宝城属北义阳郡。后魏属齐安郡。北齐废。”治在今河南省罗山县西。

义阳县,本西晋义阳县,东晋废。刘宋孝武帝孝建三年,以其故址复置。治在今河南省信阳市西北、淮河北岸。

平春县,本西晋平春县。刘宋孝武帝孝建三年,以其故址复置。治在今河南省信阳市西北。

环水县,刘宋大明中置。《嘉庆重修一统志》卷216河南汝宁府“古迹”记载:“环水故城,在信阳州东南。刘宋置县,属义阳郡。齐属北义阳郡。后魏废。《宋书·州郡志》:义阳太守环水长,明帝泰始三年属宋安郡,后省宋安还此。”治在今河南省信阳市东南。

(三)雍州

本东晋荆州北部地。永嘉之乱中,关中人士多流亡荆襄,晋孝武帝于是在襄阳侨置雍州。刘宋文帝元嘉二十六年,割荆州之襄阳、南阳、顺阳、新野、随五郡为雍州,侨置郡县寄寓其中。宋孝武帝大明中,又分实土郡县为侨置郡县境。这样,雍州就由侨置州变为实土州。时州领有襄阳、南阳、顺阳、新野、京兆、始平、扶风、南上洛、河南、广平、义成、冯翊、南天水、建昌、华山等郡。其中,南阳、顺阳、新野多在今河南省境内。州治襄阳,今湖北省襄阳市。

1.南阳郡

本东晋南阳郡地,属荆州。刘宋武帝永初中,废犨、雉。少帝景平元年,北魏占据南阳郡北部鲁阳。文帝元嘉二十六年,改属雍州。孝武帝大明元年,废叶、堵阳、博望。据《宋书·州郡志》记载,郡领有宛、冠军、涅阳、云阳、郦、舞阴及侨置的许昌。按:还当有西鄂、比阳;许昌,地望不可考。郡治宛县,今河南省南阳市。

宛县,本东晋县,刘宋因之。郡治所在。治在今河南省南阳市。

冠军县,本东晋县,刘宋因之。治在今河南省邓州市西北。

西鄂县,本东晋县,刘宋因之。治在今河南省南阳市东北夏响铺。

云阳县,本东晋县,刘宋因之。治在今河南省新野县北。

涅阳县,本东晋县,刘宋因之。治在今河南省镇平县南。

郦县,本东晋县,刘宋因之。治在今河南省内乡县北。

舞阴县,本东晋县,刘宋因之。治在今河南省社旗县东南。

比阳县,本东晋县,刘宋因之。治在今河南省泌阳县。

2.顺阳郡

本东晋顺阳郡地,属荆州。郡领有朝阳、武当、顺阳、南乡、丹水、析、酂、筑、阴、凡阳。刘宋文帝元嘉二十六年，改属雍州。孝武帝大明元年，废朝阳、析；大明中，以武当侨置始平郡，以酂、阴二县侨置广平郡，以筑、凡阳侨置扶风郡。据《宋书·州郡志》记载，郡领有南乡、槐里、顺阳、清水、朝阳、丹水、郑。按：朝阳在大明元年被废；清水、郑为侨县，地望不详。郡治南乡，今河南省淅川县西南。

南乡县，本东晋县，刘宋因之。郡治所在。治在今河南省淅川县西南顺阳川。

顺阳县，本东晋县，刘宋因之。治在今河南省淅川县南马蹬镇。

丹水县，本东晋县，刘宋因之。治在今河南省淅川县西寺湾镇。

槐里县，刘宋初侨置，孝武帝大明年间始有实土。治在今河南省淅川县南仓房镇党子口。

3.新野郡

本东晋新野郡地，属荆州。郡领有新野、穰、邓、蔡阳、棘阳、山都。刘宋文帝元嘉二十六年，改属雍州。孝武帝大明元年，废蔡阳；大明中，以邓县侨置京兆郡，以棘阳侨置河南郡。据《宋书·州郡志》记载，郡领有新野、穰、山都、池阳、交木。交木，地望不详。唯新野、穰、池阳在今河南省境内。

新野县，本东晋县，刘宋因之。郡治所在。治在今河南省新野县。

穰县，本东晋县，刘宋因之。治在今河南省邓州市。

池阳县，刘宋大明中侨置。疑在今河南省新野县附近。

4.河南郡

刘宋孝武帝大明中以棘阳、襄乡侨置。据《宋书·州郡志》记载，郡领有河南、新城、河阴、棘阳、襄乡。唯棘阳、襄乡为实土。襄乡，在今湖北省枣阳县东北，侨置河阴。棘阳，在今河南省新野县东北，侨置河南、新城。新城、河阴，地望不可考。郡治河南，今河南省新野县东北、南阳市东南。

棘阳县，本东晋县，刘宋因之。治在今河南省新野县东北、南阳市南。

河南县，刘宋孝武帝大明中侨置于棘阳。《嘉庆重修一统志》卷211河南南阳府“古迹”记载：“河南故城，在新野县东北。刘宋置。《宋书·州郡志》：河南，江左侨立，孝武大明中，分沔北为境。领河南、新城、河阴、棘阳、襄乡五县。惟棘阳为实土。萧齐因之，后没于魏。”治在今河南省新野县东北、南阳市东南。

二、萧齐时期河南的州、郡、县

萧齐创建者为萧道成，在刘宋末年的内乱中，他掌握了刘宋政权。萧齐建元元年（479），萧道成代宋自立，建都建康，国号齐，史称南齐或萧齐。萧齐是南朝存在时间最短的一个朝代，仅有二十三年。萧齐中兴二年（502），齐和帝被迫禅位于萧衍，萧齐灭亡。

萧齐继承了刘宋的疆域，与北魏对峙于秦岭—伏牛山、方城山—淮河一线。疆域无多大变化，变化主要体现为萧齐明帝建武五年（498），北魏攻占了南阳盆地。在行政区划制度方面，萧齐承袭了刘宋的州、郡、县三级制。与刘宋相比，萧齐设置的州郡更多。《南齐书·州郡志》大略以永明八年（490）为基准记述了萧齐的行政区划变化。下面我们以萧齐建武四年（497）为时间断限，依据《南齐书·州郡志》来考述今河南省境内州、郡、县的因循变化。

（一）豫州

本刘宋南豫州地。刘宋明帝泰始四年，淮北豫州陷入北魏，遂改南豫州为豫州。泰始七年，以历阳、淮阴、南谯及南兖州之临江四郡置南豫州；泰豫元年，庐江郡割属南豫州。萧齐高帝建元二年，废南豫州，属郡并入豫州或扬州。萧齐武帝永明二年，复以扬州之淮南、宣城，豫州之历阳、临江、谯、庐江六郡置南豫州。永明七年，将侨置在历阳、谯二郡之间的颍川和汝阳划归南豫州。州治寿阳，今安徽省寿县。

1.弋阳郡

本刘宋弋阳郡。萧齐因之。据《南齐书·州郡志》记载，郡领有期思、弋阳、南新息、上蔡、平舆。按：南新息、上蔡、平舆当属侨县，唯期思、弋阳为实土。郡治弋阳，今河南省潢川县西。

弋阳县，本刘宋县，萧齐因之。郡治所在。治在今河南省潢川县西。

期思县，本刘宋县，萧齐因之。治在今河南省淮滨县南期思镇。

2.边城郡

本刘宋边城郡地。刘宋末，以雩娄、史水、开化、边城四县复置边城郡。萧齐因之。萧齐东昏侯永元元年，废边城郡，属县划属安丰郡。郡治边城，今河南省商城县东北。

边城县，本刘宋县，萧齐因之。郡治所在。治在今河南省商城县东北、固始县东南。

史水县，本刘宋县，萧齐因之。治在今河南省商城县东北。

雩娄县，本刘宋县，萧齐因之。治在今河南省商城县东。

3.光城左郡

本刘宋光城左郡地。刘宋末，以光城、乐安、茹由三县复置光城郡。萧齐因之。据《南齐书·州郡志》记载，郡领有光城、乐安、茹由。郡治光城，今河南省光山县。

光城县，本刘宋县，萧齐因之。郡治所在。治在今河南省光山县。

茹由县，本刘宋县，萧齐因之。治在今河南省光山县南。

乐安县，本刘宋县，萧齐因之。治在今河南省光山县西仙居镇。

4.北新蔡郡

本刘宋侨置之新蔡郡。宋明帝泰始四年，淮北豫州没入北魏，改南豫州为豫州，原豫州诸郡县侨置于新豫州境内。新蔡郡侨置于弋阳郡境。萧齐改名北新蔡郡。《嘉庆重修一统志》卷222河南光州"古迹"记载："新蔡废郡，在固始县东。刘宋侨置。《州郡志》：南豫州，领新蔡郡新蔡县。萧齐曰北新蔡郡。建武中，以夏侯详为建安戍主，带边城、新蔡二郡太守。其后，又以席法友为安丰、新蔡二郡太守，建安戍主。后魏景明初，克建安，以李神为新蔡太守，建安戍主。《地形志》：扬州，领新蔡郡新蔡县。北齐、北周郡县俱废。《旧志》：建安乡在今县东，盖即古城为名，亦即新蔡郡也。"可见，萧齐时，北新蔡郡即有实土。据《南齐书·州郡志》记载，郡领有新蔡、固始、鲖阳、苞信。鲖阳，今安徽省临泉县西五十里。郡治新蔡，今河南省固始县东。

新蔡县，本刘宋侨置县，萧齐有实土，即建安戍。郡治所在。治在今河南省固始县东建安乡。

固始县，本东晋蓼县，义熙末废。刘宋泰始中，以其故址侨置固始县，萧齐因之。《嘉庆重修一统志》卷222河南光州"古迹"记载："蓼县故城，在固始县东北。《县志》：今有蓼城冈，在县东北七十里。"治在今河南省固始县东北。

苞信县，本刘宋侨置县，萧齐有实土。《嘉庆重修一统志》卷222河南光州"古迹"记载："殷城故城，在商城县西。本汉期思县地。刘宋侨置包信县于此，曰西包信。《州郡志》:新蔡郡领东、西二包信县。萧齐时,包信县属北新蔡郡。梁以包信县为义州。隋改曰殷城。”治在今河南省商城县西。

(二)司州

本刘宋司州地。刘宋明帝泰始中,以南豫州义阳郡置司州,侨置汝南郡。刘宋后废帝元徽中,又以雍州之随阳、郢州之安陆、安蛮三郡属之。萧齐因之。据《南齐书·州郡志》记载,州领有南义阳、北义阳、随、安陆、汝南、齐安、淮南、宋安左、安蛮左、永宁左、东义阳左、东新安左、新城左、围山左、建宁左、北淮安左、南淮安左、北随安左、东随安左。在今河南省境内有北义阳、淮南、宋安左、北淮安左、南淮安左五郡。州治平阳,今河南省信阳市。

1.北义阳郡

本刘宋义阳郡地,属南豫州。郡领有平阳、鄳、钟武、宝城、义阳、平春、环水。萧齐改名北义阳郡。据《南齐书·州郡志》记载,郡领有平阳、鄳、钟武、保城、义阳、环水。废平春。郡治平阳,今河南省信阳市。

平阳县,本刘宋县,萧齐因之。郡治所在。治在今河南省信阳市。

鄳县,本刘宋县,萧齐因之。治在今河南省罗山县西。

钟武县,本刘宋县,萧齐因之。治在今河南省信阳市东南。

保城县,即刘宋宝城县,萧齐因之。治在今河南省罗山县西。

义阳县,本刘宋县,萧齐因之。治在今河南省信阳市西北、淮河北岸。

环水县,本刘宋县,萧齐因之。治在今河南省信阳市东南。

2.淮南郡

萧齐置。据《南齐书·州郡志》记载,郡领有阁口、平氏。郡治阁口,今河南省桐柏县东南。

阁口县,萧齐置。郡治所在。治在今河南省桐柏县东南。

平氏县,本东晋县,刘宋废。萧齐永明五年复置。治在今河南省桐柏县西北平氏镇。

3.宋安左郡

本刘宋宋安郡。宋武帝大明八年,置宋安县。宋明帝泰始中升为宋安郡。后废。萧齐复置,更为宋安左郡。据《南齐书·州郡志》记载,郡领有仰泽、乐宁、襄城。辖境约在今河南省信阳市南、湖北广水市东部一带。仰泽、乐宁、襄城三县地望不可考。

4.北淮安左郡

萧齐置。据《南齐书·州郡志》记载,郡领有高邑。辖境约在今河南省信阳市西北、桐柏县东北一带。高邑,地望不可考。

5.南淮安左郡

萧齐置。据《南齐书·州郡志》记载,郡领有慕化、柏源。辖境约在今河南省信阳市西北、桐柏县东部一带。柏源,地望不可考。郡治慕化,今河南省信阳市西北。

慕化县,萧齐置。《嘉庆重修一统志》卷216河南汝宁府“古迹”记载:“淮源故城,在信阳州西北。隋置县,属义阳郡。《隋志》:淮源,后齐置,曰慕化,属淮安郡。开皇初郡废,大业初,县改名焉。唐省。《舆地纪胜》:淮源城,在信阳城西北六十五里。”治在今河南省信阳市西北。

（三）雍州

本刘宋雍州地。萧齐因之。据《南齐书·州郡志》记载,州领有襄阳、南阳、新野、始平、广平、京兆、扶风、冯翊、河南、南天水、义成、建昌、华山、南上洛、北河南、弘农、从阳、西汝南北义阳、北上洛、齐安、齐康、招义、南襄、蔡阳、安定、义安、南襄城、广昌、北襄城、析阳、汉广、西新安、义宁、北建武、永安、怀化、武宁、新阳、高安、左义阳等郡。其中,南阳、从阳、新野、析阳、北襄城、南襄城、河南、汉广以及侨置的北河南、弘农、西汝南北义阳诸郡多在今河南省境内。州治襄阳,今湖北省襄阳市。

1.南阳郡

本刘宋南阳郡地。萧齐因之。据《南齐书·州郡志》记载,郡领有宛、冠军、涅阳、云阳、郦、舞阴、许昌。按:西鄂被废,比阳没于北魏。以舞阴侨置西汝南北义阳郡,以宛侨置北河南郡及许昌县。郡治宛县,今河南省南阳市。

宛县,本刘宋县,萧齐因之。郡治所在。治在今河南省南阳市。

冠军县,本刘宋县,萧齐因之。治在今河南省邓州市西北。

西鄂县,本刘宋县,萧齐因之。治在今河南省南阳市北。

云阳县,本刘宋县,萧齐因之。治在今河南省新野县北。

涅阳县,本刘宋县,萧齐因之。治在今河南省镇平县南。

郦县,本刘宋县,萧齐因之。治在今河南省内乡县北。

舞阴县,本刘宋县,萧齐因之。治在今河南省社旗县东南。

2.从阳郡

本刘宋顺阳郡地。萧齐更名从阳郡。据《南齐书·州郡志》记载，郡领有南乡、槐里、从阳、清水、丹水、郑。唯南乡、槐里、从阳、丹水在今河南省境内。郡治南乡，今河南省淅川县西南。

南乡县，本刘宋县，萧齐因之。郡治所在。治在今河南省淅川县西南顺阳川。

从阳县，本刘宋顺阳县，萧齐改名。治在今河南省淅川县南马蹬镇。

丹水县，本刘宋县，萧齐因之。治在今河南省淅川县西寺湾镇。

槐里县，本刘宋县，萧齐因之。治在今河南省淅川县南仓房镇党子口。

3.新野郡

本刘宋新野郡地。萧齐因之。据《南齐书·州郡志》记载，郡领有新野、穰、山都、池阳、交木、惠怀。惠怀新置，地望不可考。以穰县境侨置弘农郡。唯新野、穰、池阳在今河南省境内。

新野县，本刘宋县，萧齐因之。郡治所在。治在今河南省新野县。

穰县，本刘宋县，萧齐因之。治在今河南省邓州市。

池阳县，本刘宋县，萧齐因之。疑在今河南省新野县附近。

4.河南郡

本刘宋河南郡地。萧齐因之。据《南齐书·州郡志》记载，郡领有河南、新城、河阴、棘阳、襄乡。唯河南、棘阳在今河南省境内。郡治河南，今河南省新野县东北、南阳市东南。

棘阳县，本刘宋县，萧齐因之。治在今河南省新野县东北、南阳市南。

河南县，本刘宋县，萧齐因之。治在今河南省新野县东北、南阳市东南。

5.析阳郡

本东晋析县。刘宋废县。萧齐以其地置析阳郡，领县不详。辖境约今河南省西峡县、淅川县一带。

6.汉广郡

萧齐置，领县不详。辖境约在今河南省南阳市南。

7.北襄城郡

本东晋堵阳县，刘宋废县。萧齐以其故地置北襄城郡，领县不详。辖境约今河南省方城县及叶县南部一带。治赭阳城，今河南省方城县东。

赭阳县，本东晋堵阳县治，刘宋废。萧齐以其故址置赭阳城，在今河南省方城县东。

8.南襄城郡

萧齐置，领县不详。辖境约今河南省桐柏县西北一带。治隔城，在今河南省桐柏县西北。

隔城县，《嘉庆重修一统志》卷211河南南阳府"古迹"记载："隔城，在桐柏县西北。南北朝宋所置。齐永明六年，羌人桓天生引魏兵据隔城，即此。"在今河南省桐柏县西北。

三、萧梁时期河南的州、郡、县

萧梁的创建者萧衍，本是萧齐宗室。在南齐东昏侯萧宝卷时，萧衍从襄阳起兵，经过两年时间，夺取了政权。萧梁天监元年(502)，萧衍代齐称帝，建都建康，国号梁，史称萧梁。萧梁共历六帝，五十六年。梁敬帝太平二年(557)，萧梁被陈霸先建立的陈取代。

萧梁继承了萧齐的疆域，并在萧梁武帝大通至大同年间，乘北魏六镇叛乱及王室内乱之机，向北有所扩展，达到黄淮中部一带。然侯景之乱严重削弱了萧梁的实力，北齐乘机南进，扩地至长江岸边，西魏则乘机占有四川盆地及江汉地区。在行政区划制度上，萧梁实行州、郡、县三级制。《梁书》《南史》无"地理志"，《隋书·地理志》有所保留。清人洪齮孙撰有《补梁疆域志》可资参考。下面我们以萧梁武帝中大同二年(547)为时间断限来考述今河南省境内州、郡、县的因循变化。①

（一）司州

本萧齐司州地。萧梁因之。萧梁武帝天监二年，北魏乘梁新立，占据义阳郡，将三关以北纳入版图，改梁司州为郢州。萧梁遂在关南南义阳郡置南司州。萧梁武帝普通五年，乘北魏六镇叛乱之机，占据平靖关、武阳关和黄岘关。萧梁

① 参考〔清〕洪齮孙：《补梁疆域志》，见《二十五史补编》第四册，第4361~4431页；胡阿祥：《六朝疆域与政区研究》。

武帝大通二年，魏郢州刺史元显达降梁，萧梁改为北司州，以夏侯夔为刺史。后复为司州。萧梁武帝太清三年，东魏乘侯景之乱，派潘乐进攻义阳，司州刺史夏侯强投降。东魏改梁司州为南司州。州治平阳，今河南省信阳市。

1.北义阳郡

本萧齐北义阳郡地。郡领有平阳、鄳、钟武、保城、义阳、环水。萧梁初因之，废环水县。萧梁武帝天监二年，入北魏后名为义阳郡，以保城置齐安郡，废钟武县。萧梁武帝大通二年，复归萧梁，废齐安郡，以鄳置西汝南郡。时郡领平阳、义阳、保城三县。郡治平阳，今河南省信阳市。

平阳县，本萧齐县，萧梁初因之。天监二年，入北魏；大通二年，复归梁。郡治所在。治在今河南省信阳市。

保城县，本萧齐县，萧梁初因之。天监二年，入北魏；大通二年，复归梁。治在今河南省罗山县西。

义阳县，本萧齐县，萧梁初因之。天监二年，入北魏；大通二年，复归梁。治在今河南省信阳市西北、淮河北岸。

2.西汝南郡

《元和郡县图志》卷 9 申州罗山县记载："本汉鄳县，梁武帝置西汝南郡于此。"[①]郡当置于萧梁大通二年。按理，郡当属于司州，但《魏书・地形志》南司州中并无西汝南郡。故暂置于司州之内。领有鄳县。郡治鄳县，今河南省罗山县西。

鄳县，本萧齐县，属司州北义阳郡。萧梁以之置西汝南郡，属楚州。郡治所在。治在今河南省罗山县西。

（二）义州

本萧齐豫州地。萧梁武帝天监中分置。梁武帝普通二年六月，义州文僧明、边城太守田守德拥所部降魏。七月，以裴邃为信武将军，率军夺回义州。梁武帝太清三年，没入东魏。州领义城、边城二郡。州治包信，今河南省商城县西。

1.义城郡

本萧齐北新蔡郡包信侨置地。萧梁以包信置义城郡，领包信一县。北齐改属南建州。郡治包信，今河南省商城县西。

---

① 〔唐〕李吉甫：《元和郡县图志》，中华书局，1983 年，第 245 页。

包信县,本萧齐侨置县苞信,属北新蔡郡。萧梁以县置义城郡。郡治所在。治在今河南省商城县西。

2.边城郡

本萧齐边城郡地。萧齐东昏侯永元元年,郡废,县属安丰郡。萧梁武帝天监中以史水、开化二县复置郡。开化在今安徽省境内。郡治史水,今河南省商城县东北。

史水县,本萧齐县,后废。萧梁复置。郡治所在。治在今河南省商城县东北。

(三)建州

本萧齐豫州地。萧梁武帝初分置。《隋书·地理志》记载,殷城,梁置建州,并所领高平、新蔡、新城三郡。梁武帝太清三年,州没入东魏。州治高平县,今河南省商城县东。

1.高平郡

萧梁置,领高平一县。北周改为平高郡。郡治高平,今河南省商城县东。

高平县,萧梁置,北周改名平高县。郡治所在,治在今河南省商城县东。

2.新蔡郡

本萧齐北新蔡郡。萧梁更名新蔡郡,领新蔡一县。郡治新蔡,今河南省固始县东建安乡。

新蔡县,本萧齐县,萧梁因之。郡治所在。治在今河南省固始县东建安乡。

3.新城郡

萧梁置,领新城一县。隋开皇初,郡县俱废。郡治新城,今河南省潢川县东南。

新城县,萧梁置。郡治所在。治在今河南省潢川县东南。

(四)光州

本萧齐豫州地。萧梁武帝大通元年分置。《隋书·地理志》记载,弋阳郡,梁置光州。《魏书·孝静帝纪》记载,天平三年(梁大同二年),梁光州刺史郝树以城内附。州领光城、北光城、弋阳、宋安、梁安、长陵六郡。州治光城,今河南省光山县。

1.光城郡

本萧齐光城郡地。郡领有光城、乐安、茹由。萧梁武帝大通元年分光城、茹由置光城郡。萧梁武帝大同二年,郡没入东魏。郡治光城,今河南省光山县。

光城县,本萧齐县,萧梁因之。郡治所在。治在今河南省光山县。

茹由县,本萧齐县,萧梁因之。治在今河南省光山县南。

2.北光城郡

本萧齐光城郡地。郡领有光城、乐安、茹由。萧梁武帝大通元年分乐安置北光城郡。萧梁武帝大同二年,郡没入东魏。郡治乐安,今河南省光山县西。

乐安县,本萧齐县,萧梁改属北光城郡。郡治所在。治在今河南省光山县西。

3.弋阳郡

本萧齐弋阳郡地。郡领弋阳、期思。萧梁武帝大通元年分弋阳置弋阳郡。萧梁武帝大同二年,郡没入东魏。郡治弋阳,今河南省潢川县西。

弋阳县,本萧齐县,萧梁因之。郡治所在。治在今河南省潢川县西。

4.宋安郡

萧梁武帝大通元年置。《隋书·地理志》记载,乐安,梁置宋安郡及宋安、光城二县,又有丰安郡。按:丰安郡乃北齐改东魏永安郡而名之,永安郡即萧梁新城郡。郡领宋安一县。萧梁武帝大同二年,郡没入东魏。隋开皇初,郡县俱废。郡治宋安,今河南省光山县西南。

宋安县,萧梁武帝大通元年置。隋开皇初废,唐武德三年复置,为谷州治。郡治所在。治在今河南省光山县西南。

5.梁安郡

本北魏新蔡郡包信县地,属东豫州。萧梁武帝大通元年,东豫州归属萧梁,遂以包信置郡。《隋书·地理志》记载,包信,梁置梁安郡。郡领包信一县。萧梁武帝大同二年,郡没入东魏。郡治包信,今河南省息县东包信镇。

包信县,本北魏新蔡郡包信县地,属东豫州。萧梁以之置梁安郡。郡治所在。治在今河南省息县东包信镇。

6.长陵郡

萧梁武帝大通元年置。《隋书·地理志》记载,包信,又有长陵郡。郡领长陵、安宁二县。萧梁武帝大同二年,郡没入东魏。郡治长陵,今河南省息县东八十里长陵乡。

长陵县,本北魏包信县地。萧梁武帝大通元年分置。郡治所在,治在今河南省息县东八十里长陵乡。

安宁县,本萧齐期思县地。萧梁初县废。大通元年以其地置安宁县。北齐时县废。治在今河南省淮滨县西南二十里张庄乡。

（五）西豫州（淮州）

本北魏东豫州地。萧梁武帝大通元年,东豫州归属萧梁,遂改置西豫州。大同二年,侯景南伐,兵临淮上,西豫州没入东魏,复为东豫州。太清元年二月,侯景以东魏十三州附梁,其中有东豫州;七月,萧梁以东豫州为淮州。太清三年,州没入东魏,复为东豫州。《隋书・地理志》:新息,梁改西豫州,后改淮州。领郡汝南。州治广陵城,今河南省息县西南。

汝南郡

本北魏汝南郡地,属东豫州。萧梁武帝大通元年,汝南郡归属萧梁,遂以南新息置汝南郡。郡领南新息一县。郡治南新息广陵城,今河南省息县西南。

南新息县,本北魏县,萧梁因之。郡治所在。治在今河南省息县。

（六）楚州

本萧齐司州义阳郡地。萧梁武帝天监二年,三关以北地区没入北魏。大通二年,义阳郡归梁,遂分义阳郡西北置楚州,以楚城命名。《隋书・地理志》:城阳,梁置楚州。《通鉴》记载:梁武帝大同二年冬十月乙亥,诏大举伐东魏,东魏侯景将兵寇楚州,虏刺史桓和。州没东魏,为西楚州。州治楚城,今河南省信阳市北长台关乡楚王城遗址。

1.城阳郡

本萧齐义阳郡地。萧梁武帝天监二年,地没入北魏。大通二年,义阳郡归萧梁,遂分郡北部置城阳郡。大同二年,郡没入东魏。郡领城阳、平春、义兴、皎城。郡治城阳,今河南省信阳市北长台关乡楚王城遗址。

城阳县,萧梁武帝大通二年置。《嘉庆重修一统志》卷216河南汝宁府"古迹"记载:"城阳故城,在信阳州东北。汉高帝十一年,封奚意为城阳侯国,属汝南郡。后汉省。后魏太和三年置城阳郡,后入于梁。梁置城阳、义兴二县,兼置楚州。寻没于东魏,置西楚州。北齐改置永州。开皇九年州废,县属汝南郡;大业末县废。又州北六十三里有楚王城,亦曰楚城。"郡治所在。治在今河南省信阳市北长台关乡楚王城遗址。

平春县,本刘宋县,萧齐废。萧梁大通二年复置。治在今河南省信阳市西北。

义兴县,萧梁大通二年置。大同二年没入东魏,为城阳郡郡治。隋开皇十八年改为纯义县,大业初省入城阳县。治在今河南省信阳市东北。

皎城县,萧梁大通二年置。大同二年没入东魏。地址不详。

2.伍城郡

萧梁大通二年置。大同二年没入东魏,《魏书·地形志》作"仵城郡"。《隋书·地理志》:城阳,梁置伍城郡。领有淮阴一县。郡治淮阴,今河南省正阳县西南。

淮阴县,本北魏侨置县。萧梁大通二年置为实土。郡治所在,治在今河南省正阳县西南。

3.汝阳郡

萧梁大通二年置。大同二年没入东魏,《魏书·地形志》,西楚州"汝阳郡,萧衍置,魏因之"。领义阳县。郡治义阳,今河南省正阳县东南。

义阳县,萧梁大通二年置。大同二年没入东魏,《魏书·地形志》,西楚州汝阳郡"义阳县,萧衍置,魏因之"。郡治所在。治在今河南省正阳县东南。

(七)淮州(西淮州)

本北魏豫州地。萧梁武帝大通年间,地属萧梁,遂置淮州。太清元年,以西豫州为淮州,则淮州为西淮州。寻入东魏,仍名西淮州。《魏书·地形志》记载:"西淮州,萧衍置,魏因之。"《隋书·地理志》:真阳,梁置淮州。州领淮川郡。州治白狗城,今河南省正阳县东南。

淮川郡

萧梁武帝大通年间置。太清三年,没入东魏。据《魏书·地形志》记载,淮川郡领有真阳、齐兴二县。郡治白狗城,今河南省正阳县东南。

真阳县,本北魏县,属豫州。萧梁大通年间置淮州,改属之。治在今河南省正阳县北。

齐兴县,本真阳县地。萧梁武帝大通年间分置。太清三年,县没入东魏。《嘉庆重修一统志》卷216河南汝宁府"古迹"记载:"白狗故城,在正阳县东南。梁置西淮州,又置淮川郡,治白狗堆,为北面重镇。北齐废州,置齐兴郡,旋又废为白狗县。隋开皇初,改曰淮川;大业初,省入真阳。"可见,齐兴县即在白狗城。

郡治所在。治在今河南省正阳县东南。

（八）华州

本萧齐北淮安左郡和南淮安左郡地。萧梁武帝天监二年,地没入北魏。大通年间,地复归萧梁。大同元年,以其地置华州。《隋书·地理志》:桐柏,梁立华州。《太平寰宇记》卷142《山南东道一》唐州桐柏县记载:“汉平氏县。梁大同元年,于此置华州及上川郡。”州领上川郡、西义阳郡。州治淮安,今河南省桐柏县东固县镇。

1.上川郡

萧梁武帝大同元年置。隋开皇初废,辖境约为今河南省桐柏县。郡领淮安一县。郡治淮安,今河南省桐柏县东固县镇。

淮安县,萧梁武帝大同元年置。《嘉庆重修一统志》卷211河南南阳府“古迹”记载:“桐柏故城,在桐柏县东。本汉平氏县地。梁置县曰淮安,并立华州,又立上川郡。西魏改华州为淮州,后又改为纯州,寻废。隋开皇初,郡废,更名曰桐柏。”郡治所在。治在今河南省桐柏县东固县镇。

2.西义阳郡

《隋书·地理志》:桐柏,梁又置西义阳郡。北周废。领县不可考。治所不可考。

（九）郢州

本萧齐边城郡地,属豫州。时郡领雩娄、边城、史水、开化四县。萧齐东昏侯永元元年,郡废,县属安丰郡。萧梁武帝天监中,以史水、开化二县复置边城郡,以雩娄、边城置定城郡。后以定城郡侨置郢州。太清三年,州没入东魏,改为南郢州。北齐因之。据《魏书·地形志》记载,南郢州,萧衍置,魏因之,治赤石关。州领定城、光城、边城三郡。按:边城郡乃东魏所置。可见,在萧梁时期,郢州领有定城、光城二郡。《隋书·地理志》:定城,后齐置南郢州,开皇初废。州治赤石关,今河南省潢川县南。

1.定城郡

本萧齐边城郡地。萧齐东昏侯永元元年,边城郡废,县属安丰郡。萧梁武帝天监中,以雩娄、边城置定城郡。太清三年,郡入东魏。北齐废。郡治雩娄,今河南省商城县东。

雩娄县,本萧齐县,萧梁因之。郡治所在。治在今河南省商城县东。

边城县,本萧齐县,萧梁因之。治在今河南省商城县东北、固始县东南。

2.光城郡

萧梁武帝天监中侨置。据《魏书·地形志》记载,南郢州光城郡治赤石关,领光城县。可见,光城郡郡治与郢州州治同治,皆在赤石关。《嘉庆重修一统志》卷222河南光州“古迹”记载:“南郢废州,在(光)州治南。”清代光州治,即今河南省潢川县。故赤石关,今河南省潢川县南。

光城县,萧梁天监中侨置于赤石关。州、郡、县同治。治在今河南省潢川县南。

(十)朔州

据《魏书·地形志》记载,南朔州,萧衍置,魏因之,治齐坂城。州领梁、新蔡、边城、义阳、新城、黄川六郡。按:由前述可知,新蔡、新城二郡在建州;边城郡茹由在光城郡,当是入东魏后分置而成;义阳郡当为弋阳郡之误;梁郡在寿阳。故萧梁时朔州只领有黄川一郡。东魏改曰南朔州,北周州废。州治齐坂城,地望不详。

黄川郡

《嘉庆重修一统志》卷222河南光州“古迹”记载:“黄川故城,在光山县西南。后魏置黄川郡,治定安县。梁废入光州。《寰宇记》:故黄川城,在光山县南四十里。相传古黄国别都,以带黄水故名。梁天监元年废。”按:《太平寰宇记》记载黄川郡置废有误。黄川郡一带始终处于萧梁控制之下,没有入北魏。太清三年,地才没入东魏。故黄川郡应是萧梁置,非萧梁废。领有安定一县。郡治不详。

安定县,萧梁天监元年置。治在今河南省光山县南。

四、陈朝时期河南的州、郡、县

陈是南朝最后一个朝代,创建者陈霸先。陈霸先平定侯景之乱,逐渐掌握了萧梁政权。萧梁太平二年(557),陈霸先代梁称帝,建都建康,国号陈,史称南陈。陈共历五帝,三十三年。陈祯明三年(589),隋灭陈,统一了中国。

陈的疆域在南朝中最小,长江是南北方对峙的界限。陈宣帝太建五年(573),陈乘北齐政治混乱之机北伐,获取了淮河以南地区。据《陈书·宣帝纪》记载,这次获得的淮南十五州,计有南司、定、霍、光、建、朔、合、豫、北徐、仁、北兖、青、冀、南谯、南兖。这是陈疆域最大的时期。但在太建十一年(579),淮南地区又被北周吞并。

在地方行政制度上,陈延续了南朝州、郡、县的三级制。在上述十五州中,唯光、建、朔三州及豫州西部地区在今河南省境内。下面我们以陈宣帝太建七年(575)为断限来考述其因循变化情况。

（一）**光州**

本北齐南光州地。陈宣帝太建五年,因北齐后主高纬昏乱,陈乘机伐齐,占据南光州,名为光州。州领有光城、弋阳、宋安、丰安四郡。太建十一年,州没入北周。州治光城,今河南省光山县。

1.光城郡

本北齐北、南光城郡地。陈宣帝太建五年,废南光城郡入北光城郡,名为光城郡。郡领有光城、乐安二县。郡治光城,今河南省光山县。

光城县,本北齐县,陈因之。郡治所在。治在今河南省光山县。

乐安县,本北齐县,陈因之。治在今河南省光山县西。

2.弋阳郡

本北齐弋阳郡地。陈宣帝太建五年,郡属陈。陈因之。领有定城县。郡治定城,今河南省潢川县。

定城县,本北齐县,陈因之。郡治所在。治在今河南省潢川县。

3.宋安郡

本北齐宋安郡地。陈宣帝太建五年,郡属陈。陈因之。郡领有宋安一县。郡治宋安,今河南省光山县西南。

宋安县,本北齐县,陈因之。郡治所在。治在今河南省光山县西南。

4.丰安郡

本北齐丰安郡地。陈宣帝太建五年,郡属陈。陈因之。郡领有新城县。郡治新城,今河南省光山县西。

新城县,本北齐县,陈因之。郡治所在。治在今河南省光山县西。

（二）**建州**

本北齐南建州地。陈宣帝太建五年,因北齐后主高纬昏乱,陈乘机伐齐,占据南建州,名为建州。州领有高平、新蔡、义城三郡。州治高平县,今河南省商城县东。

1.高平郡

本北齐高平郡地。陈宣帝太建五年,郡属陈。陈因之。郡领高平一县。郡治高平,今河南省商城县东。

高平县,本北齐县,陈因之。郡治所在。治在今河南省商城县东。

2.新蔡郡

本北齐新蔡郡地。陈宣帝太建五年,郡属陈。陈因之。郡领新蔡一县。郡治新蔡,今河南省固始县东建安乡。

新蔡县,本北齐县,陈因之。郡治所在。治在今河南省固始县东。

3.义城郡

本北齐义城郡地。陈宣帝太建五年,郡属陈。陈因之。郡领包信一县。郡治包信,今河南省商城县西。

包信县,本北齐县,陈因之。郡治所在。治在今河南省商城县西。

(三)朔州

本北齐南朔州地。陈宣帝太建五年,因北齐后主高纬昏乱,陈乘机伐齐,占据南朔州,名为朔州。州领新城一郡。北周州废。州治齐坂城,地望不详。

新城郡

本北齐新城郡。陈宣帝太建五年,郡属陈。陈因之。郡领新城一县。郡治新城,今河南省潢川县东南。

新城县,本北齐县,陈因之。郡治所在,治在今河南省潢川县东南。

(四)豫州

本北齐扬州地。陈宣帝太建五年,陈伐北齐。冬十月,吴明彻攻占寿阳。北齐扬州归属陈,陈改州名为豫州。州领有淮南、梁、北谯、陈留、北陈、边城、新蔡、安丰、下蔡、颍川、光化十一郡。唯边城、新蔡、光化三郡在今河南省境内。州治寿春,今安徽省寿县。

1.新蔡郡

本北齐新蔡郡地。陈因之。郡领有固始一县。郡治固始,今河南省固始县东北七十里。

固始县,本北齐县,陈因之。郡治所在。治在今河南省固始县东北七十里。

2.边城郡

本北齐边城郡地。陈因之。郡领期思一县。郡治期思，今河南省淮滨县南期思镇。

期思县，本北齐县，陈因之。郡治所在。治在今河南省淮滨县南期思镇。

3.光化郡

本北齐光化郡地，陈因之。领县无考。

第二节　北朝时期河南的州、郡、县

北朝(386—581)，指中国南北朝时期存在于北方的五个朝代的总称。北朝包括北魏、东魏、西魏、北齐和北周五朝，从北魏统一北方开始到隋文帝建立隋朝为止，与南方地区相继出现的宋、齐、梁、陈四个朝代对峙。北朝结束了从八王之乱起将近一百五十年的中原混战的局面。今河南省域大部分为北朝所控制，其行政区划的演变较为有序。

一、北魏时期河南的州、郡、县

北魏是鲜卑拓跋部所建，又称元魏。拓跋部原居于今东北兴安岭一带，后渐南迁至蒙古草原，以游牧为生。东晋成帝咸康四年(338)，其首领什翼犍称代王，建代国，都盛乐(今内蒙古和林格尔一带)。后为前秦苻坚所灭。东晋孝武帝太元十一年(386)，拓跋珪在牛川继称代王，重建代国；四月，迁都盛乐，改国号为魏，史称北魏。东晋安帝隆安二年(398)，迁都平城(今山西大同市)。公元395年至439年，北魏先后击灭后燕、大夏、北凉、西秦、北燕等割据势力，统一了我国北方。北魏孝文帝太和十七年(493)，拓跋宏迁都洛阳，进行改革。北魏孝武帝永熙三年(534)，北魏分裂为东魏、西魏。东魏武定八年(550)，高洋废孝静帝，代东魏自立，建立北齐。公元557年，西魏恭帝禅位于宇文觉，北周建立，北魏历史宣告结束。

北魏极盛时期，其疆域北逾大碛，西至流沙，东接高丽，南临江汉。由于面临疆域内不同的族群情况，北魏在南部汉人区域实行州郡县制度，而北部的民族区域则实行镇戍制度，以军镇进行管理，镇将相当于州刺史，戍主相当于郡守。因此，北魏前期最高一层行政区划是州镇并称。由于都城的迁徙，北魏前后行政区划的变化很大。前期主要是以平城为中心来构建行政区划，而后期是以洛阳为中心来构建行政区划。

《魏书·地形志》以东魏末年武定版籍为主，兼及北魏末年永熙版籍。毋有江的博士学位论文《北魏政区地理研究》对北魏时期的疆域变化进行了系统的研究，为我们的研究奠定了坚实的基础。[①] 下面我们以北魏孝文帝太和二十二年(498)为定点来考述今河南省境内州、郡、县的因循变化。

(一) 相州

本后燕冀州地。晋安帝隆安元年，即北魏道武帝皇始二年，北魏攻破中山，占据信都，尽取冀州郡县。道武帝皇始三年，慕容德弃邺城退守滑台，北魏进据邺城，占有冀州南部的魏郡、顿丘、黎阳、阳平、广平、襄国、贵乡等郡，并以邺城置行台。天兴四年，改邺城行台置相州。时州领有魏郡、顿丘、阳平、广平四郡。贵乡、襄国、黎阳三郡被废。魏明元帝泰常八年，废豫州，河内、汲郡来属。魏献文帝天安二年，以河内、汲郡置怀州。魏孝文帝太和十八年，南巨鹿郡自定州来属，改名南赵郡。魏孝明帝孝昌二年，南赵郡改隶殷州；孝昌三年，析广平郡北部置北广平郡，改隶殷州；武泰元年，阳平郡改隶南冀州。魏孝庄帝永安元年，析魏郡东部昌乐、元城置昌乐郡。永安年间，废南冀州，阳平郡回归。州治邺城，今河北省磁县南。

1.魏郡

本后燕魏郡地，属冀州。道武帝皇始三年，慕容德弃邺城退守滑台，北魏进据邺城，占有魏郡；林虑自汲郡来属，临水自广平郡来属。魏太武帝太平真君六年，废林虑、临水二县，邯郸县自广平郡来属。魏孝文帝太和二十一年，复置林虑、临水二县，析魏县置昌乐县。时郡领有邺、临水、魏、昌乐、斥丘、内黄、荡阴、长乐、安阳、林虑。魏孝明帝孝昌元年，元城自阳平郡来属。魏孝庄帝永安元

① 毋有江:《北魏政区地理研究》，复旦大学历史地理学专业博士学位论文，2005年。

年，以林虑置林虑郡，以昌乐、贵乡置昌乐郡。时郡领有邺、临水、魏、斥丘、内黄、荡阴、长乐、安阳。邺、临水、魏、斥丘不在今河南省境内。郡治邺，今河北省磁县南。

内黄县，本后燕县，北魏因之。治在今河南省内黄县西。

安阳县，本后燕县，北魏因之。治在今河南省安阳市南。

荡阴县，本后燕县，北魏因之。治在今河南省汤阴县。

长乐县，本后燕县，北魏因之。治在今河南省安阳市东。

林虑县，本后燕县，属汲郡。道武帝皇始三年，改隶魏郡。魏孝庄帝永安元年，以林虑置林虑郡。治在今河南省林州市。

2.顿丘郡

本后燕顿丘郡地。道武帝皇始三年，慕容德弃邺城退守滑台，北魏进据邺城，占有顿丘郡，置临黄县。魏太武帝太平真君三年，省临黄、阴安二县入卫国；太平真君六年，并繁阳入顿丘。魏孝文帝太和十八年，顿丘改属汲郡。太和十九年，复置临黄、繁阳、阴安三县。时郡领繁阳、阴安、卫国、临黄。魏宣武帝景明中，以顿丘故址复置顿丘县。郡治卫国，今河南省清丰县南。

卫国县，本后燕县，北魏因之。郡治所在。治在今河南省清丰县南。

繁阳县，本后燕县，北魏因之。治在今河南省内黄县西北。

阴安县，本后燕县，北魏因之。治在今河南省南乐县西南。

临黄县，北魏道武帝皇始三年，析卫国县东部置。太平真君三年废，太和十九年复置。治在今河南省范县南临黄集。

（二）司州

司州先是设置于今山西大同市。晋安帝隆安二年，即北魏道武帝天兴元年，北魏迁都平城，置司州，开始构建以平城为中心的行政区划体系。时州领有东、西、南、北、前、后、左、右八国及代郡、广宁、上谷、雁门等郡。孝文帝太和十七年，北魏迁都洛阳，改平城司州为恒州，改洛阳洛州为司州、河南郡为河南尹，改上洛荆州为洛州，构建以洛阳为中心的行政区划体系。太和十八年，先后废除兖州、东雍州、泰州、怀州、陕州、郢州，东郡、陈留、正平、平阳、安平、河东、高凉、河北、恒农、渑池、河内、汲郡等郡划入司州；以鲁阳镇置南中府，寻改置荆州；废陈留郡，并州建兴郡来属。太和十九年，废北豫州，改置东中府，荥阳、颍川二郡划入。太和二十二年，荆州从鲁阳镇迁至穰县，以鲁阳镇置鲁阳郡；荆州之侨置南阳郡、侨置顺阳郡与属荆州之鲁阳郡、襄城郡划入司州。魏孝明帝孝昌元年,置宜阳郡;孝昌二年,置阳城郡;孝昌三年,置北绛郡、汝北郡、泰宁郡,复置陈留郡,析汲郡置黎阳郡;孝昌四年,分东郡、陈留置阳夏郡,复置邵郡;武泰元年,以平阳、北绛置唐州。魏孝庄帝永安年间,置汉广、定陵、五城、高都、长平五郡,以高都、长平、建兴、安平、泰宁五郡置建州,以侨置南阳、侨置顺阳、定陵、汉广、襄城、鲁阳六郡属广州。魏孝武帝永熙三年,析恒农郡西部置西恒农郡。州治洛阳,今河南省洛阳市东北。

1.河南郡

本刘宋河南郡地,属司州。魏明元帝泰常八年,北魏攻占洛阳,置豫州;后攻占虎牢,置豫州,遂改洛阳豫州为洛州。废西东垣县。魏献文帝天安二年,置颍阳县。魏孝文帝太和十二年,以新安县置新安郡。太和十三年,析颍阳县西部,置堙阳县。太和十七年,北魏迁都洛阳,改洛阳洛州为司州、河南郡为河南尹,并缑氏入洛阳。时郡领有洛阳、河南、巩、河阴、新城、梁、陆浑、东垣、颍阳、堙阳。不久河阴并入洛阳。太和十九年,废新安郡,新安县复归河南尹。魏宣武帝正始二年,复置河阴县。魏孝明帝正光年间,复置阳城县;孝昌年间,析阳城东南置康城县,以阳城、康城、颍阳三县置阳城郡。孝昌三年,析梁县西部置石台县,北部置治城县,东部置南汝原县、东汝南县;并置汝北郡,郡治梁县。

洛阳县,本刘宋县,北魏因之。郡治所在。治在今河南省洛阳市东北。

河南县,本刘宋县,北魏因之。治在今河南省洛阳市。

巩县,本刘宋县,北魏因之。治在今河南省巩义市西南。

新安县,本刘宋县,北魏初因之。魏孝文帝太和十二年,隶属新安郡。太和十九年,新安郡废,县复归河南尹。治在今河南省义马市西。

颍阳县,魏献文帝天安二年置。《嘉庆重修一统志》卷206河南河南府“古迹”记载:“颍阳故城,在登封县西南。春秋郑纶氏邑。汉置纶氏县。晋废。后魏天安二年,改置颍阳县。”治在今河南省登封市西颍阳镇。

堙阳县,魏孝文帝太和十三年,析颍阳县西部置。《嘉庆重修一统志》卷206河南河南府“古迹”记载:“堙阳废县,在登封县西南颍阳西。”治在今河南省伊川县东。

新城县,本刘宋县,北魏因之。治在今河南省伊川县西南。

梁县,本刘宋县,北魏因之。治在今河南省汝州市西。

陆浑县,本刘宋县,北魏因之。治在今河南省嵩县东北。

东垣县,本刘宋县,北魏因之。治在今河南省新安县东。

2.荥阳郡

本刘宋荥阳郡地,属司州。魏明元帝泰常八年,北魏攻占虎牢,置豫州。郡领有京、密、荥阳、卷、阳武、苑陵、中牟、开封、成皋、尉氏。魏太武帝太平真君八年,废卷县,省中牟入阳武县,省开封县入苑陵县。魏文成帝兴安初,省尉氏县入苑陵县;太安三年,复置尉氏县。魏孝文帝太和十一年,复置卷县;太和十九年,废北豫州,郡划入司州。时郡领有京、密、荥阳、卷、阳武、苑陵、成皋、尉氏。魏宣武帝景明元年,复置中牟、开封二县。魏孝明帝孝昌年间,析密县置曲梁县,复置原武县,开封、尉氏划入陈留郡。

荥阳县,本刘宋县,北魏太和中迁治于大索城。《太平寰宇记》卷9《河南道九》郑州荥阳县记载:“后魏太和十七年,荥阳自汉故理移于今所。”[①]郡治所在。治在今河南省荥阳市。

京县,本刘宋县,北魏因之。治在今河南省荥阳市东南。

密县,本刘宋县,北魏因之。治在今河南省新密市东南。

卷县,本刘宋县,北魏初因之。魏太武帝太平真君八年废。魏孝文帝太和十一年复置。治在今河南省原阳县西。

阳武县,本刘宋县,北魏因之。治在今河南省原阳县东南。

苑陵县,本刘宋县,北魏因之。治在今河南省新郑市东北。

成皋县,本刘宋县,北魏因之。治在今河南省荥阳市西北。

尉氏县,本刘宋县,属陈留郡。北魏初,属荥阳郡。魏文成帝兴安初省,太安三年复置。魏孝明帝孝昌年间,改隶陈留郡。治在今河南省尉氏县。

3.恒农郡

本东晋弘农郡地,属司州。晋安帝义熙十四年,大夏攻占弘农郡。魏太武帝始光三年,北魏占据弘农郡。时郡领有弘农、陕、渑池、宜阳、湖城、卢氏。避献文帝讳,改称恒农郡。魏孝文帝太和八年,置陕州,郡属之;置陕中、金门、俱利、东亭等县;太和十一年,置崤县、北渑池县,并置渑池郡;太和十八年,废陕州,郡划归司州。魏宣武帝正始二年,置同堤县,属石城郡;延昌二年,置南陕

---

① 〔宋〕乐史:《太平寰宇记》(一),文海出版社,1980年,第88页。

县。魏孝明帝孝昌初,以东亭、宜阳二县属宜阳郡。魏孝武帝永熙三年,以恒农、湖城县二县置西恒农郡。郡治北陕县,今河南省三门峡市西。

北陕县,本刘宋县,北魏因之。延昌二年置南陕县,在前加"北"以区别。郡治所在。治在今河南省三门峡市西。

恒农县,本刘宋县,北魏因之。治在今河南省灵宝市北。

南渑池县,本刘宋县,北魏因之。太和十一年置北渑池县,在前加"南"以别之。治在今河南省洛宁县西北。

宜阳县,本刘宋县,北魏因之。治在今河南省宜阳县西。

湖城县,本湖县,刘宋时改称湖城县。北魏因之。治在今河南省灵宝市西北。

卢氏县,本刘宋县,北魏因之。治在今河南省卢氏县。

崤县,北魏太和十一年,析陕县东部置。《嘉庆重修一统志》卷206河南河南府"古迹"记载:"废崤县,在永宁县北。后魏太和十一年置,属恒农郡。以有三崤山为名。隋大业初,并入熊耳。《旧志》:废崤县,在县北五十里,陕州东南九十里。"治在今河南省永宁县北。

金门县,北魏太和八年置。《嘉庆重修一统志》卷206河南河南府"古迹"记载:"金门废郡,在永宁县南。《水经注·洛水》:洛水过蠡城邑南,南对金门坞,在水南五里,旧宜阳县治也。"金门郡治金门县。治在今河南省宜阳县西北。

东亭县,北魏太和八年置。《嘉庆重修一统志》卷206河南河南府"古迹"记载:"东亭故城,在嵩县西。《县志》:旧县堡,在县西南九十里。"治在今河南嵩县田湖镇古城村。

陕中县,北魏太和八年,析陕县东南置。北周废。治在今河南省三门峡市东南。

4.渑池郡

本刘宋弘农郡地。北魏孝文帝太和十一年,以俱利、北渑池二县置渑池郡。辖境相当今河南渑池、洛宁二县一部分。西魏大统十一年废。郡治北渑池,今河南省渑池县西。

北渑池县,魏孝文帝太和十一年置。《嘉庆重修一统志》卷206河南河南府"古迹"记载:"渑池故城,在今渑池县西。《史记》赵惠文王二十年与秦王会渑池。《汉书·地理志》:高帝八年,复渑池中乡民。景帝中二年,初城徙万家为县。《寰宇记》:县在河南府西一百五十里。秦赵所会之地,在今县西十三里。汉为县理,此城西三里。《周地图说》:魏贾逵为令时,县理蠡城。后魏大统十一年,又移于今县理西十三里。隋大业元年,又移于今县理东二十五里新安驿;十二年,复移于大坞城。唐贞观三年,自大坞城移于今理。《旧唐书·地理志》:时移于双桥。即今治也。"大坞城,在渑池县北十五里。可见,渑池县治多次迁移。汉县治,在今渑池县西十六里;曹魏、晋县治,即蠡城,今洛宁县西北;北魏县治,即东俱利城,今渑池县西十三里。隋县治,先在今渑池县东二十五里新安驿,后在今渑池县北十五里大坞城。唐县治,在今渑池县治。此后不变。治在今渑池县西十三里东俱利城。

俱利县,北魏太和八年置。《嘉庆重修一统志》卷206河南河南府"古迹"记载:"俱利故城,在渑池县西。《水经注·谷水》:谷水又东径秦、赵二城南,世谓之俱利城。昔秦、赵之会,各据一城。《元和志》:东城在县西十三里,西城在县西十四里。唐渑池即今县治。"可见,俱利县即西俱利城,北渑池县即东俱利城。治在今河南省渑池县西十四里西俱利城。

5.河内郡

本后燕河内郡地,属雍州。道武帝天兴二年,后秦围攻东晋洛阳,司马德宗向北魏求援,道武帝遣穆崇率六千骑救援。援未至而城已破,穆崇遂占据汲郡、河内,置豫州。穆崇为豫州刺史。明元帝泰常八年,废野王豫州,郡属相州。献文帝天安二年,置怀州,郡属之。孝文帝太和十八年,废怀州,郡改隶司州。时郡领有野王、怀、河阳、轵、沁水、温、平皋、州、山阳。后废邵上郡,白水、苌平二县归属河内郡。孝明帝孝昌三年,置邵郡,白水、苌平二县属之。郡治野王,今河南省沁阳市。

野王县,本后燕县,北魏因之。郡治所在。治在今河南省沁阳市。

怀县,本后燕县,北魏因之。治在今河南省武陟县西南。

河阳县,本后燕县,北魏因之。治在今河南省孟州市西。

轵县,本后燕县,北魏因之。治在今河南省济源市南。

沁水县,本后燕县,北魏因之。治在今河南省济源市东北。

温县,本后燕县,北魏因之。治在今河南省孟州市东。

平皋县,本后燕县,北魏因之。治在今河南省温县东。

州县,本后燕县,北魏因之。治在今河南省沁阳市东南。

山阳县,本后燕县,北魏因之。治在今河南省焦作市东、修武县西。

苌平县,北魏置,北周改名王屋县。《嘉庆重修一统志》卷 203 河南怀庆府“古迹”记载:“王屋故城,在济源县西八十里。后魏置苌平县,属邵郡。后周改曰王屋,并置王屋郡。隋初郡废,县改属河内郡。”治在今河南省济源市西。

6.汲郡

本后燕汲郡地,属雍州。道武帝天兴二年,后秦围攻东晋洛阳,司马德宗向北魏求援,道武帝遣穆崇率六千骑救援。援未至而城已破,穆崇遂占据汲郡、河内,置豫州。林虑改隶魏郡,废汲、获嘉二县。穆崇为豫州刺史。明元帝泰常八年,废野王豫州,郡属相州。献文帝天安二年,置怀州,郡属之。孝文帝太和十二年,复置汲县。太和十八年,废怀州,郡改隶司州,顿丘自顿丘郡来属。时郡领有汲、朝歌、共、修武、顿丘。太和二十三年,复置获嘉县。孝明帝孝昌年间,析修武北部,置北修武县;复置黎阳县,以黎阳、顿丘置黎阳郡。永安元年,改共县属林虑郡。郡治枋头,今河南省浚县西南东枋城。

汲县,本后燕县,北魏因之。治在今河南省汲县西。

朝歌县,本后燕县,北魏因之。有枋头城。治在今河南省淇县。

共县,本后燕县,北魏因之。治在今河南省辉县市。

修武县,本后燕县,北魏因之。治在今河南省获嘉县。

顿丘县,本后燕县,属顿丘郡。北魏太和十八年,改隶汲郡,迁治。治在今河南省浚县东北。

7.东郡

本刘宋东郡地,属兖州。道武帝天兴二年,北魏渡河攻占滑台,据有东郡;天兴四年,置兖州于滑台。明元帝泰常元年,刘裕北伐后秦,攻占滑台,东郡归晋;泰常七年,北魏击败刘宋,重新占据滑台,东郡复归北魏。泰常八年,置兖州,酸枣、长垣二县自陈留郡来属。太武帝太平真君八年,长垣并入徐州济阳郡外黄县;太平真君九年,陈留封丘县并入酸枣。孝文帝太和十八年,废陈留郡,属县浚仪、小黄、阳夏、雍丘、济阳改隶东郡。时郡领有白马、凉城、东燕、酸枣、浚仪、小黄、阳夏、雍丘、济阳。宣武帝景明元年,复置圉县,不久改为圉城县;景明二年,复置封丘县;景明三年,复置长垣县。孝明帝孝昌年间,复置陈留郡,浚仪、小黄、封丘、开封、尉氏属之;置阳夏郡,济阳、雍丘、圉城、阳夏属之。孝昌二年,析白马置平昌县;武泰元年,析凉城置长乐县。郡治白马,今河南省滑县东。

白马县,本刘宋县,北魏因之。治在今河南省滑县东。

东燕县,本刘宋县,北魏因之。治在今河南省延津县东北。

凉城县,本刘宋县,北魏因之。治在今河南省滑县东北。

酸枣县,本刘宋县,属陈留郡。北魏泰常八年,改隶东郡。治在今河南省延津县西。

小黄县,本刘宋县,属陈留郡。北魏初因之。太和十八年,陈留郡废,改属东郡。孝昌年间,陈留郡复置,改隶之。治在今河南省开封市东杜良乡小黄铺。

浚仪县,本刘宋县,属陈留郡。北魏初因之。太和十八年,陈留郡废,改属东郡。孝昌年间,陈留郡复置,改隶之。治在今河南省开封市。

雍丘县,本刘宋县,属陈留郡。北魏初因之。太和十八年,陈留郡废,改属东郡。孝昌年间,置阳夏郡,改隶之。治在今河南省杞县。

济阳县,本刘宋县,属兖州济阳郡。北魏延和二年在济阳侨置徐州,外黄县自陈留郡来属。献文帝皇兴元年,废徐州及济阳郡,济阳县改属陈留郡,考城县改属济阴郡,外黄县废入济阳县。治在今河南省兰考县东北堌阳镇。

阳夏县,本东晋县,属陈郡。刘宋永初中改属陈留郡。北魏初因之。太和十八年,陈留郡废,又改属东郡。孝昌年间,置阳夏郡,再改隶之。治在今河南省太康县。

8.颍川郡

本刘宋颍川郡,属豫州。明元帝泰常八年,北魏占据颍川郡。时郡领有许昌、新汲、鄢陵、长社、颍阴、阳翟。太武帝太平真君七年,复置扶沟县。孝文帝太和十九年,废豫州,划入司州。时郡领有许昌、新汲、鄢陵、长社、扶沟、阳翟、颍阴。郡治长社,今河南省长葛市东。

长社县,本刘宋县,北魏因之。郡治所在。治在今河南省长葛市东。

许昌县,本刘宋县,北魏因之。治在今河南省许昌市东。

阳翟县,本刘宋县,北魏因之。治在今河南省禹州市。

鄢陵县,本刘宋县,北魏因之。治在今河南省鄢陵县北。

新汲县,本刘宋县,北魏因之。治在今河南省扶沟县西南。

颍阴县,本刘宋县,北魏因之。治在今河南省许昌市。

扶沟县,本汉县,东晋元帝废。北魏太武帝太平真君七年复置。治在今河南省扶沟县东北。

9.襄城郡

本刘宋颍川郡,属豫州。明元帝泰常八年,北魏占据颍川郡,分颍川郡西部置襄城郡。时郡领有襄城、繁昌、郏、舞阳、昆阳、定陵。同年,在鲁阳置荆州,襄城郡属荆州。献文帝皇兴元年,改定陵为北舞阳。孝文帝太和元年,置高阳;太和十八年,置龙山县、汝南县,并以郏县侨置南阳郡,以龙山县侨置顺阳郡。太和二十二年,荆州从鲁阳镇迁至穰县,郡改属司州。时郡领襄城、繁昌、郏、舞阳、昆阳、北舞阳、高阳、汝南、龙山等县。孝庄帝永安元年,置符垒县,以昆阳、高阳置汉广郡,以北舞阳置定陵郡,以符垒、汝南置汝南郡,又置广州,郡属之。郡治襄城,今河南省襄城县。

襄城县,本刘宋县,北魏因之。郡治所在。治在今河南省襄城县。

繁昌县,本刘宋县,北魏因之。治在今河南省许昌市南。

郏县,本刘宋县,北魏因之。治在今河南省郏县。

舞阳县,本刘宋县,北魏因之。治在今河南省舞阳县西北保和乡魏庄。

北舞阳县,本刘宋定陵县,北魏献文帝皇兴元年改名。治在今河南省舞阳县东北北舞渡镇。

昆阳县,本刘宋县,北魏因之。治在今河南省叶县。

高阳县,北魏孝文帝太和元年置。《嘉庆重修一统志》卷211河南南阳府"古迹"记载:"高阳废县,在叶县北。《魏书·地形志》:汉广郡高阳,太和元年置。《旧志》:县北平顶山侧有高阳里,盖犹由古县得名。"治在今河南省平顶山市东。

汝南县,北魏孝文帝太和十八年置。《嘉庆重修一统志》卷224河南汝州"古迹"记载:"汝南故城,在宝丰县北。《魏书·地形志》:汝南郡汝南县,太和十八年置。北齐省。隋初复置,属襄城郡。《九域志》:宝丰县有汝南镇。《县志》:今有故城,在县北二十里,即古汝南城。"治在今宝丰县北。

龙山县,北魏孝文帝太和十八年置。《嘉庆重修一统志》卷224河南汝州"古迹"记载:"龙山故城,在郏县东南。后魏太和十八年,置龙山县,属顺阳郡。《隋志》:郏城旧曰龙山。开皇初改曰汝南,十八年改曰辅城,大业初改曰郏城。《元和志》:父城故城,在县东南四十里。"疑龙山县治即在父城故城。治在今河南省郏县东南。

10.鲁阳郡

本刘宋南阳郡地，属雍州。明元帝泰常八年，北魏占据鲁阳，以鲁阳为军镇。孝文帝太和十一年，改鲁阳县为山北县；太和二十一年，置河山县；太和二十二年，迁荆州至穰县，置鲁阳郡，改隶司州；改山北县为北山县。时郡领北山、河山二县。魏孝庄帝永安年间，郡改属广州。郡治北山，今河南省鲁山县。

北山县，本刘宋鲁阳县。北魏初因之。孝文帝太和十一年，改名为山北县；太和二十二年，又更名为北山县。郡治所在。治在今河南省鲁山县。

河山县，北魏孝文帝太和二十一年置。《嘉庆重修一统志》卷211河南南阳府"古迹"记载："河山废县，在叶县西北。《魏书·地形志》：鲁阳郡，领县河山，太和二十一年置。《隋志》：犨城，后魏置河山县。大业初废入焉。《县志》：今有河山堡，在叶县西北十余里。犨城，在今宝丰县。"可见《隋志》有误。治在今河南省叶县西北。

（三）荆州

本萧齐雍州地。明元帝泰常四年，刘裕代晋自立，晋宗室司马楚之据长社降魏。北魏以司马楚之为荆州刺史，侨置荆州。太武帝太延五年，以上洛置荆州，长社荆州废。孝文帝太和十八年，改上洛荆州为洛州，以鲁阳镇置荆州。太和二十二年，由于北魏占据了南阳盆地，荆州从鲁阳迁往穰县。时州领有南阳、顺阳、新野、北淯、建城、修阳、析阳、朱阳、西淮、东恒农、汉广以及两个襄城等郡。孝明帝正光四年，北魏北边六镇发生叛乱，萧梁乘机进攻，侵占南部疆土。孝昌元年，梁将曹义宗攻破南乡郡、马圈镇，占据顺阳、马圈；孝昌二年，又占据穰县。北魏组织反击，派费穆进行征讨。孝昌四年，北魏占据穰县，夺回荆州，擒杀曹义宗。在孝昌年间，分荆州东北部置襄州，东南部置南襄州；以荆州西部置析州。孝庄帝永安年间，以湖阳置南平州。

1.南阳郡

本萧齐南阳郡，属雍州。郡领有宛、涅阳、冠军、舞阴、郦、云阳及侨县许昌。孝文帝太和二十一年，孝文帝亲征南阳，克宛南城；太和二十二年，克宛北城，齐南阳太守房伯玉出降。南阳郡归北魏。《魏书·地形志》记载，南阳领有宛、新城、冠军、舞阴、郦、云阳、西平、涅阳、上陌、西鄂。孝明帝孝昌中，以舞阴置舞阴郡。郡治宛，今河南省南阳市。

宛县，本萧齐县，北魏因之。郡治所在。治在今河南省南阳市。

冠军县，本萧齐县，北魏因之。治在今河南省邓州市西北。

涅阳县，本萧齐县，北魏因之。治在今河南省镇平县南。

舞阴县，本萧齐县，北魏因之。孝明帝孝昌中，置舞阴郡，属之。治在今河南省社旗县东南。

云阳县，本萧齐县，北魏因之。治在今河南省新野县北。

郦县，本萧齐县，北魏因之。因北魏在汉郦县旧址置北郦县，故郦县又称为南郦或下郦。孝明帝孝昌中，改隶恒农郡。治在今河南省内乡县北。

西鄂县，本刘宋县，萧齐废，北魏孝文帝太和二十二年复置。治在今河南省南阳市北。

上陌县，孝文帝太和二十二年，析宛城置。治在今河南省南阳市。

新城县，孝文帝太和二十二年置。《嘉庆重修一统志》卷211河南南阳府"古迹"记载："新城故城，在邓州西北八十里。本穰县地。汉成帝绥和二年，封赵钦为新城侯。后魏太和二十二年置县，属南阳郡。西魏改为临湍。"治在今河南省内乡县东南大桥子乡滚子岗古城。

西平县，孝文帝太和二十二年置。地址不详。疑为侨县。

2.顺阳郡

本萧齐顺阳郡地，属雍州。郡领有顺阳、南乡、丹水、槐里、清水、郑。北魏孝文帝二十二年，北魏攻占南乡，据有顺阳郡。时郡领有顺阳、南乡、丹水、槐里、临洮。孝文帝二十三年，北魏击退萧齐的进攻后，将顺阳郡一分为三，以丹水置丹川郡，以南乡置南乡郡，以顺阳为顺阳郡。

南乡县，本萧齐县，北魏因之。太和二十三年，以南乡县置南乡郡。郡治所在。治在今河南省淅川县西南顺阳川。

顺阳县，本萧齐县，北魏因之。太和二十三年，为顺阳郡郡治。治在今河南省淅川县南马蹬镇。

丹水县，本萧齐县，北魏因之。太和二十三年，以丹水县置丹川郡。治在今河南省淅川县西寺湾镇。

槐里县，刘宋初侨置，孝武帝大明年间始有实土，属顺阳郡。萧齐、北魏因之。治在今河南省淅川县南仓房镇党子口。

临洮县，孝文帝太和二十二年置。地址不详。疑为侨县。

3.新野郡

本萧齐新野郡地，属雍州。郡领有新野、穰、山都、池阳、交木、惠怀。北魏孝文帝太和二十一年，孝文帝自南阳攻新野，齐新野太守刘思忌据守，不克。太和二十二年，魏将李佐攻拔新野，新野郡属北魏。时郡领有新野、穰、池阳。

新野县，本萧齐县，北魏因之。郡治所在。治在今河南省新野县。

穰县，本萧齐县，北魏因之。州治所在。治在今河南省邓州市。

池阳县，刘宋侨置，萧齐、北魏因之。疑在今河南省新野县附近。

4.北淯郡

本刘宋南阳郡北部地。明元帝泰常八年，北魏占据鲁阳，南阳郡北部地区归属北魏。北魏除了在鲁阳置镇，还在孝文帝太和十八年设置了北淯郡。郡领有武川、北雉二县。郡治武川，今河南省南阳市北。

武川县，北魏太和十八年置，《嘉庆重修一统志》卷211河南南阳府“古迹”记载：“武川故城，在南阳县北。后魏县也，并北淯郡治此。西魏改称蒙州，隋改曰淯州，大业初又改淯阳郡，皆治武川。”治在今河南省南阳市北。

北雉县，本雉县，刘宋永初中废。北魏太和十八年复置。治在今河南省南召县东南。

5.建城郡

本萧齐南阳郡东北部地。孝文帝太和十一年，诏令长孙文庆、张伏千南讨舞阴，攻占了今叶县地。太和十三年，以叶县旧址置郢州。太和十八年，废郢州，改为南中府，置建城郡，领有赭阳、北方城二县。宣武帝景明年间郡废，属县入襄城郡。孝武帝永熙二年复置。东魏因之。北齐天保初郡废。郡治赭阳，今河南省叶县西南。

赭阳县，本叶县卷城。北魏太和十八年置县。《嘉庆重修一统志》卷211河南南阳府“古迹”记载：“建城故城，在叶县西南。本春秋时楚卷邑也。《左传·昭公二十五年》：楚子使季然郭卷。注：卷城，在叶县南，为卷筑郭也。《后汉书·郡国志》：叶有卷城。《水经注》：澧水径建城东，建当为卷字。《魏志》襄州建城郡，太和十八年置，景明末罢，永熙二年复置，领赭阳、北方城二县。《隋志》淯阳郡方城县，有魏置建城郡及建城县，后齐并废。”按：东魏并赭阳、北方城为建城县，为建城郡治，北齐郡县俱废。故建城故城当为赭阳故城。治在今河南省叶县西南。

北方城县，本叶县方城。北魏太和十八年置县。《水经注·潕水》载："潕水之左即黄城山也，有溪水出黄城山，东北径方城。《郡国志》曰：叶县有方城。"按：方城故址，在今方城县东北独树镇杨武岗村，非今方城县治。时方城县治东六里，萧齐置有赭阳城，为襄城郡郡治所在，北魏尚未占据这一地带。东魏时，省北方城县入赭阳县，改名为建城县。北齐时县废。治在今河南省方城县东北、叶县南。

6.襄城郡

本萧齐北襄城郡，属雍州。北魏孝文帝太和二十二年，孝文帝亲征，占据南阳盆地。北襄城郡归属魏，改名为襄城郡。《魏书·地形志》记载，郡领有方城、郏城、伏城、舞阴、清水、郑、翼阳、北平、赭城。孝明帝孝昌年间，置襄州，襄城郡属焉；废清水、郑；以北平置宣义郡，寻改为北南阳郡。郡治方城，今河南省方城县。

方城县，本东晋堵阳县，刘宋废，萧齐置赭阳城。北魏孝文帝太和二十二年，以赭阳城置方城县。《嘉庆重修一统志》卷 211 河南南阳府"古迹"记载："方城故城，今裕州治。本汉堵阳县地。后魏置县，为襄城郡治。西魏改置襄邑郡。隋开皇初郡废，以县属淯阳郡。"郡治所在。治在今河南省方城县。

郏城县，北魏孝文帝太和二十二年置。地址不详。疑在今河南省方城县小史店镇寺门一带。

伏城县，北魏孝文帝太和二十二年置。地址不详。疑在今河南省方城县广阳镇一带。

舞阴县，北魏孝文帝太和二十二年置。地址不详。疑在今河南省方城县杨楼镇梁城一带。

翼阳县，本汉晋犨县，刘宋大明中废。北魏孝文帝太和二十二年以其故址置翼阳县。《读史方舆纪要》卷 51《河南六》南阳府鲁山县"犨城"记载："犨城，春秋时楚邑。东汉置犨县。后魏改为翼阳县，属襄城郡。西魏为雉阳县，后周又置武山郡于此。"治在今河南省鲁山县东南五十里。

赭城县，北魏孝文帝太和二十二年置。地址不详。疑在今河南省方城县东。

清水县，萧齐侨县，地址不详，北魏孝昌中废。

郑县，萧齐侨县，地址不详，北魏孝昌中废。

北平县,北魏孝文帝太和二十二年置。《嘉庆重修一统志》卷211河南南阳府“古迹”记载:“北平故城,在裕州东南。后魏置县,为宣义郡置,后改为襄州北南阳郡治。北齐郡废,隋改真昌,唐初省入方城。”治在今河南省方城县东南。

7.修阳郡

北魏孝文帝太和十八年置,属荆州。郡领修阳、盖阳二县。孝明帝孝昌中,改属析州。郡治盖阳,今河南省西峡县北。

修阳县,北魏孝文帝太和十八年置。《嘉庆重修一统志》卷211河南南阳府“古迹”记载:“修阳故城,在内乡县西北。后魏置修阳县兼置修阳郡。《水经注》:淅水南流径修阳故城北,县即析之北乡也。后周时,郡县皆废。”治在今河南省西峡县北。

盖阳县,北魏孝文帝太和十八年置。郡治所在。《读史方舆纪要》卷51《河南六》南阳府邓州内乡县“修阳城”记载:“又盖阳城,亦在县北。魏收《志》修阳郡领盖阳、修阳二县,是也。”治在今河南省西峡县北。

8.析阳郡

本萧齐析阳郡,属雍州。北魏孝文帝太和二十二年,北魏占据析阳郡,属荆州。郡领有西析阳、东析阳二县。孝明帝孝昌中,改属析州。郡治西析阳,今河南省西峡县。

西析阳县,本东晋析县地,刘宋废。北魏孝文帝二十二年以析县旧址置县。《嘉庆重修一统志》卷211河南南阳府“古迹”记载:“析县故城,在内乡县西北。本春秋时楚邑。《史记》楚襄王元年,秦发兵出武关取析。注:邓州内乡县城,本楚析邑。汉置县,因析水为名。后汉属南阳郡,晋属顺阳郡。宋省。后魏置析阳郡于此,领东西二析阳县,此为西析阳县。后周改曰中乡,隋改曰内乡。”治在今河南省西峡县。

东析阳县,本东晋析县地,刘宋废。北魏孝文帝二十二年置县。《读史方舆纪要》卷51《河南六》南阳府邓州“淅川县”记载:“淅川县,州西南百二十里。汉析县地,后魏置东析阳县,西魏改曰淅川县,后周并入内乡。唐初又置淅川县,并置淅州于此。”可见,东析阳县乃唐淅川县。《嘉庆重修一统志》卷211河南南阳府“古迹”记载:“淅川故城,在今淅川县东三十里。明成化六年始移今治。《县志》:淅川故城,今名马蹬城。”按:县志记载有误。治在今河南省淅川县南盛湾镇鱼关。

9.朱阳郡

北魏孝文帝太和十四年置,属陕州。领朱阳一县。太和十八年,改隶荆州。辖境相当今河南省淅川河上游地区。孝明帝孝昌二年,属析州。北周武帝保定二年郡废。郡治朱阳,今河南省卢氏县东南朱阳关镇。

朱阳县,北魏孝文帝太和十四年置。《元和郡县图志》卷6虢州朱阳县记载:“本汉卢氏县,后魏太和十四年,蛮人樊磨背齐归魏,魏立朱阳郡并朱阳县,令樊磨为太守。”《嘉庆重修一统志》卷220河南陕州“古迹”记载:“朱阳故城,在灵宝县西南一百里。后魏置县,在今卢氏县界。隋移置于此,属弘农郡。”治在今河南省卢氏县东南朱阳关镇。

10.西淮郡

北魏孝文帝太和二十二年置,属荆州。郡领钟离、襄城二县。孝明帝孝昌中,置南襄州,郡属之。郡治钟离,今河南省唐河县东南。

钟离县,北魏孝文帝太和二十二年置。《嘉庆重修一统志》卷211河南南阳府“古迹”记载:“钟离废县,在唐县东南。后魏置西淮郡,治钟离县。《隋志》:上马有钟离县,置洞州洞川郡。后周州废,开皇初郡废,十八年,改钟离曰洞川县。大业初废入上马。”治在今河南省唐河县东南。

襄城县,北魏孝文帝太和二十二年置。孝庄帝永安中,县省入上马。治在今河南省唐河县东南。

11.襄城郡

北魏孝文帝太和二十二年置,属荆州。郡领湖阳、上马二县。孝明帝孝昌中,郡属南襄州。孝庄帝永安中,以湖阳置南平州,襄城县省入上马。郡治湖阳,今河南省唐河县南湖阳镇。

湖阳县,本汉湖阳县,晋省入棘阳。北魏孝文帝太和二十二年复置县。《读史方舆纪要》卷51《河南六》南阳府唐县“湖阳城”载:“湖阳城,〔唐〕县南九十里。古蓼国也,后属楚,谓之湖阳。汉为县,属南阳郡。晋省入棘阳县。宋、齐于此置戍。北魏太和二十二年克之,复置湖阳县,又置西淮郡及南襄州治焉。梁天监初鲁阳蛮鲁北燕围魏湖阳,魏将李崇击平之。大通三年魏淮安太守晋鸿以湖阳来降,后复入于魏,改曰南平州。西魏改升州,又改湖州,州寻废。后周曰升平郡,隋初郡废。”《魏书·地形志》中记为“陈阳”。治在今河南省唐河县南湖阳镇。

上马县，北魏孝文帝太和二十二年置。《嘉庆重修一统志》卷 211 河南南阳府“古迹”记载：“上马故城，今唐县治。汉棘阳地。后魏于此置襄城郡，领襄城、石马二县，后并为一县。因讹石马为上马。唐贞观元年省，开元十三年复置。”治在今河南省唐河县。

12.东恒农郡

北魏孝文帝太和二十二年置，属荆州。郡领西城、北郦、南乡、左南乡、上忆、东石六县。按：南乡不当属于东恒农郡。从前述可知，在太和二十二年，南乡为顺阳郡治；太和二十三年，在击退萧齐的反扑后，北魏在南乡置南乡郡，直到隋初才废南乡郡。左南乡县，北魏以其置左南乡郡，西魏时，郡改名秀山郡，县改名安山县。可见，左南乡县脱离东恒农郡而置郡，当在孝昌、永安之间。孝昌、永安间，萧梁乘北魏六镇叛乱之机曾夺取北魏荆州，但不久又被北魏夺回。其间，北魏对荆州进行了行政区划的调整。东恒农郡，西魏改为武关郡。郡治西城，今河南省内乡县西北。

西城县，北魏孝文帝太和二十二年置。按：东恒农郡，西魏改为武关郡，郡治武关县。北周时，郡县皆废。唐开元二十四年，以其旧址置菊潭县。《嘉庆重修一统志》卷 211 河南南阳府“古迹”记载：“菊潭故城，在内乡县西北。唐开元二十四年，析新城置，属邓州。《括地志》：菊潭城，在新城县西北四十里。《元和志》：菊潭县，东南至邓州一百五十里。唐菊潭，本武陶戍之地。开元间，分临湍三千户置，非郦县故城也。其故址在今内乡县北六十里菊潭堡。五代周省入。”可见，西城县即唐代菊潭县，武陶戍所在。治在今河南省西峡县东南丹水镇石盆岗古城。

北郦县，本秦、西汉郦县所在，即所谓上郦或北郦。北魏孝文帝二十二年置北郦县。北周废。治在今河南省南阳市北。

左南乡县，北魏孝文帝二十二年置。《嘉庆重修一统志》卷 211 河南南阳府“古迹”记载：“安山故城，在淅川县东南。西魏县。《隋志》：南乡，旧置左南乡县，并置左南乡郡。西魏改郡曰秀山，改县曰安山。后周秀山郡废。大业初，并安山县入焉。”治在今河南省淅川县南。

上忆县，无考。

东石县，无考。

13.汉广郡

本萧齐河南郡,属雍州。北魏孝文帝太和二十二年置,属荆州。郡领南棘阳、西棘阳二县。西魏郡废。郡治南棘阳,今河南省新野县东北。

南棘阳县,本萧齐棘阳县,属河南郡。北魏孝文帝太和二十二年分棘阳置。《嘉庆重修一统志》卷211河南南阳府"古迹"记载:"棘阳故城,在新野县东北。故曰黄棘。汉置县,晋属义阳郡,惠帝改属新野郡。宋大明中属河南郡,齐因之。后魏置汉广郡,治南棘阳,兼领西棘阳县。西魏改郡曰黄冈,以西棘阳省入,而改南棘阳为百宁县。"可见,南棘阳县即原棘阳县治。治在今河南省新野县东北。

西棘阳县,本萧齐棘阳县地,属河南郡。北魏孝文帝太和二十二年分棘阳置。县治不可考,疑在今河南省南阳市南。

(四) 东荆州

本刘宋南阳郡比阳县地,属雍州。北魏孝文帝延兴二年置。《魏书·蛮传》记载:"延兴中,大阳蛮酋桓诞拥沔水以北、滍叶以南八万余落,遣使内属。高祖嘉之,拜诞征南将军、东荆州刺史、襄阳王,听自选郡县。"据《魏书·高祖纪上》记载,桓诞内附在延兴二年。桓诞内附,初治朗陵;太和十年,迁治颍阳;延昌四年,州迁至比阳城。太和三年,乐陵镇将韦珍请置城阳、刚陵、义阳三郡。《魏书·地形志》不载东荆州,所置郡县多不可考。唯江夏、城阳二郡有载。西魏改为淮州。州治比阳城,今河南省泌阳县西。

1.江夏郡

北魏孝文帝时置。郡领江夏、阳平二县。隋开皇三年,郡废。郡治江夏,今河南省泌阳县北。

江夏县,北魏孝文帝时置。《嘉庆重修一统志》卷211河南南阳府"古迹"记载:"慈邱故城,在泌阳县北五十里。《隋书·地理志》:淮安郡慈邱,后魏孝文帝置江夏县,并置江夏郡。隋开皇初郡废,十八年更置慈邱于其北境。"治在今河南省泌阳县东北付庄镇。

阳平县,本刘宋比阳县。北魏太和十年更名阳平县。隋开皇七年更名饶良,大业初复名比阳。治在今河南省泌阳县。

2.城阳郡

北魏孝文帝太和三年置,郡领城阳一县。永安中,以城阳郡置殷州。《隋书·地理志》“比阳县”记载:“有后魏城阳县,置殷州城阳郡。”郡治城阳,今河南省泌阳县南。

城阳县,北魏孝文帝太和三年置。治在今河南省泌阳县南。

（五）豫州

本刘宋豫州地。北魏道武帝天兴二年,置豫州于野王,领河内、汲郡二郡。明元帝泰常八年,废野王豫州,先于洛阳后于虎牢置豫州,领荥阳、颍川二郡。北魏献文帝天安元年九月,刘宋内乱,其司州刺史常珍奇以悬瓠城降魏,北魏乘机获取了豫州淮西诸郡,计有汝南、新蔡、南顿、汝阳、汝阴、陈、梁、谯、颍川以及陈留。皇兴中,在悬瓠置南豫州;谯郡、梁郡改隶徐州;废颍川郡,置襄城郡。孝文帝延兴二年,复置初安郡。太和六年,复置颍川郡,为与司州颍川郡相区别,称南颍川郡。太和十八年,陈留郡改属南兖州,汝阴郡划置东郢州,寻废。太和十九年,废虎牢豫州,改南豫州为豫州;分汝南、新蔡南部置东豫州。宣武帝景明中,废南兖州置涡阳郡,涡阳、陈留、马头三郡来属。正始四年,复置南兖州,陈留、马头属之。延昌元年,以安昌置南荆州,属东荆州;延昌四年,南荆州独立。孝庄帝永安三年,以汝南郡真阳侨置郢州。州治悬瓠,今河南省汝南县。

1.颍川郡

本刘宋颍川郡地。北魏明元帝泰常八年,北魏占据颍川郡大部分地区,而少部分地区则被刘宋延续颍川郡。时郡领有邵陵、临颍、曲阿。北魏献文帝天安元年,北魏占据淮西诸郡,颍川郡当归属北魏。皇兴中,废颍川郡,以之属县及汝南郡西北部置襄城郡。孝文帝太和六年,复置颍川郡,称为南颍川郡,邵陵、临颍、曲阿三县属之。郡治邵陵,今河南省漯河市东。

邵陵县,本刘宋县,北魏初因之。皇兴中属襄城郡,太和六年又归属颍川郡。郡治所在。治在今河南省漯河市东。

临颍县,本刘宋县,北魏初因之。皇兴中属襄城郡,太和六年又归属颍川郡。治在今河南省临颍县西北。

曲阿县,本汉郾县,刘宋侨置。《魏书·地形志》作“曲阳”。皇兴中属襄城郡,太和六年又归属颍川郡。治在今河南省漯河市。

2.汝南郡

本刘宋汝南郡地。北魏献文帝天安元年,北魏占据淮西诸郡,汝南郡当归属北魏。皇兴中,以郡西北部置襄城郡。孝文帝延兴二年,以郡西南部置初安郡。太和十九年,分汝南南部置东豫州。据《魏书·地形志》记载,郡领有上蔡、临汝、平舆、安城、瀷阳、阳安、保城。临汝,孝明帝神龟三年置于上蔡旧县址。真阳县,《魏书·地形志》记载在城阳郡,实乃东魏武定七年的情况。太和三年置的城阳郡,在今河南省信阳市东北,不领真阳。孝庄帝永安三年,以真阳侨置郢州;东魏时废郢州,以真阳侨置义阳郡。郡治上蔡悬瓠城,今河南省汝南县。

上蔡县,本刘宋县,北魏因之。郡治所在。治在今河南省汝南县。

平舆县,本刘宋县,北魏因之。治在今河南省平舆县西南。

安城县,本刘宋县,北魏因之。治在今河南省汝南县东南。

阳安县,本刘宋县,北魏因之。治在今河南省确山县北。

瀷阳县,本刘宋县,北魏因之。治在今河南省遂平县东。

保城县,北魏置。治在今河南省汝南县南。

真阳县,本刘宋县,北魏因之。治在今河南省正阳县北。

3.汝阳郡

本刘宋汝阳郡地。北魏献文帝天安元年,北魏占据淮西诸郡,汝阳郡当归属北魏。据《魏书·地形志》记载,郡领汝阳、武津、征羌。治汝阳,今河南省商水县汝阳故城。

汝阳县,本刘宋县,北魏因之。治在今河南省商水县汝阳故城。

武津县,本刘宋县,北魏因之。治在今河南省上蔡县。

征羌县,本东汉征羌县,曹魏废。北魏复置。治在今河南省商水县西。

4.南顿郡

本刘宋南顿郡地。北魏献文帝天安元年,北魏占据淮西诸郡,南顿郡当归属北魏。据《魏书·地形志》记载,郡领南顿、和城、平乡、新蔡四县。按:新蔡当为"临蔡"讹误。郡治南顿,今河南省项城县西。

南顿县,本刘宋县,北魏因之。郡治所在。治在今河南省项城市西南顿镇。

和城县,本刘宋县,北魏因之。治在今河南省项城市南秣陵镇北老城。

平乡县,北魏置。《嘉庆重修一统志》卷191河南陈州府"古迹"记载:"平乡废县,在项城县西北七十里。后魏置,属南顿郡。北齐废入南顿。"治在今河南省项城市西。

临蔡县,本两汉新平县,晋废。北魏以其故址置临蔡县。隋大业初省。治在今河南省淮阳县东北。

5.新蔡郡

本刘宋新蔡郡地。北魏献文帝天安元年，北魏占据淮西诸郡，新蔡郡当归属北魏。孝文帝太和十九年，置东豫州，褒信县属之。据《魏书·地形志》记载，郡领有新蔡、鲖阳、固始三县。鲖阳、固始不在今河南省境内。郡治新蔡，今河南省新蔡县。

新蔡县，本刘宋县，北魏因之。郡治所在。治在今河南省新蔡县。

6.陈郡

本刘宋陈郡地。北魏献文帝天安元年，北魏占据淮西诸郡，陈郡当归属北魏。据《魏书·地形志》记载，郡领有项、长平、西华、襄邑。郡治项县，今河南省沈丘县。

项县，本刘宋项城县，北魏改名项县。郡治所在。治在今河南省沈丘县。

长平县，本刘宋县，北魏因之。治在今河南省西华县东北。

西华县，本刘宋县，北魏因之。治在今河南省西华县西南。

襄邑县，北魏侨置。北齐废。治在今河南省西华县北二十里。

7.襄城郡

本刘宋汝南郡地。北魏献文帝皇兴中，以汝南郡西北部置襄城郡。据《魏书·地形志》记载，郡领有西平、义绥、遂宁、武阳四县。辖境相当于今西平、遂平二县各一部。北齐改为文成郡。郡治西平，今河南省西平县西北。

西平县，本刘宋县，北魏迁治。《嘉庆重修一统志》卷216河南汝宁府"古迹""西平故城"条记载："《旧志》：在西北四十五里。"郡治所在。治在今河南省西平县西北师灵镇。

义绥县，北魏皇兴中置。《嘉庆重修一统志》卷216河南汝宁府"古迹"记载："义绥废县，在遂平县北。后魏置，属襄城郡。北齐省入遂平。"治在今河南省遂平县北。

遂宁县，本汉吴房县，东晋末废。北魏皇兴中以其故址置遂宁县。《嘉庆重修一统志》卷216河南汝宁府"古迹"记载："吴房故城，今遂平县治。故房子国。《汉书》高帝八年，封功臣杨武为吴房侯。注孟康曰：本房子国，以吴夫概封此，故曰吴房。《元和志》：县东南至蔡州九十里。后魏置遂宁县。隋改灈阳，大业初又改吴房。"治在今河南省遂平县。

武阳县，北魏皇兴中置。《嘉庆重修一统志》卷216河南汝宁府"古迹"记载："武阳故城，在西平县西南。后魏置武阳县，属襄城郡。隋开皇十八年改曰吴房，大业初省。"治在今河南省西平县西南。

8.初安郡

本刘宋初安郡地。北魏孝文帝延兴二年复置。孝明帝孝昌年间，郡归萧梁。据《魏书·地形志》记载，郡领有新怀、安昌、怀德、昭越四县。辖境相当于今泌阳县东部、确山县西部一带。郡治新怀，今河南省确山县西北。北齐徙治安昌县。隋开皇初废。

新怀县，本刘宋县，后废。北魏延兴二年复置。郡治所在。治在今河南省确山县西北。

怀德县，本刘宋县，后废。北魏延兴二年复置。治在今河南省确山县西北。

安昌县，本汉朗陵县，刘宋废。延兴二年复置，太和十年更名安昌。《嘉庆重修一统志》卷216河南汝宁府"古迹"记载："朗陵故城，在今确山县西南三十五里。汉置县，属汝南郡。刘宋县废。后魏延兴二年，拜大阳酋长桓诞为东荆州刺史，治朗陵。后徙比阳，改置安昌县于此。"治在今河南省确山县西南。

昭越县，北魏孝文帝延兴二年置。《嘉庆重修一统志》卷211河南南阳府"古迹"记载："昭越故城，在泌阳县东。后魏置，属初安郡。隋开皇初郡废，大业初改为同光，寻废。"治在今河南省泌阳县东。

（六）东豫州

本刘宋豫州汝南郡与新蔡郡南部地。北魏孝文帝太和十九年置，孝明帝孝昌三年没入萧梁。《魏书·田益宗传》记载："太和十七年，（田益宗）遣使张超奉表归款。十九年，拜员外散骑常侍、都督光城弋阳汝南新蔡宋安五郡诸军事、冠军将军、南司州刺史、光城县开国伯，食蛮夷一千户，所统守宰，任其铨置。后以益宗既渡淮北，不可仍为司州，乃于新蔡立东豫州，以益宗为刺史。"据《魏书·地形志》记载，州领有汝南、新蔡、东新蔡、弋阳、长陵、阳安六郡。按：《地形志》记载十分混淆，将太和十九年情况与东魏武定七年的情况混杂在一起。如长陵郡，乃萧梁所置，东魏因之。北魏置东豫州，实乃安置田益宗而已，不可能划给他很大的地域。州只领有汝南郡、新蔡郡。州治广陵城，今河南省息县西南。

1.汝南郡

北魏孝文帝太和十九年，以豫州汝南郡南部置。据《魏书·地形志》记载，郡领有南新息、北新息、安阳、汝阳、长平。按:汝阳、长平,乃萧梁侨置之县。故郡实领南新息、北新息、安阳三县。郡治南新息,今河南省息县。

南新息县,本刘宋县,北魏因之。郡治所在。治在今河南省息县。

北新息县,本刘宋县,北魏因之。治在今河南省息县北。

安阳县,本刘宋县,北魏因之。治在今河南省正阳县南。

2.新蔡郡

北魏孝文帝太和十九年,以豫州新蔡郡南部置。据《魏书·地形志》记载,郡领有包信、长陵。按:长陵乃萧梁置,为长陵郡郡治。郡实领包信一县。郡治包信,今河南省息县东北包信镇。

包信县,本刘宋县,北魏因之。治在今河南省息县东北包信镇。

(七)南兖州

本刘宋豫州与徐州的部分地。北魏孝文帝太和十八年,置南兖州,治涡阳(今安徽省蒙城县)。《魏书·孟表传》记载:"青徐内属后,表因事南渡,仕萧鸾为马头太守。太和十八年,表据郡归诚,除辅国将军、南兖州刺史,领马头太守,赐爵谯县侯,镇涡阳。"又《魏书·刘芳传附刘长文》记载:"子长文,高祖擢为南兖州冠军府长史,带谯郡太守。"可知,时州领有谯郡、梁郡、陈留郡和马头郡。太和十九年,马头郡改为下蔡郡。孟表的降魏,招来萧齐的征伐。《南齐书·裴叔业传》记载:"永泰元年,叔业领东海太守孙令终、新昌太守刘思效、马头太守李僧护等五万人围涡阳,虏南兖州所镇,去彭城百二十里。"齐永泰元年即魏太和二十二年,时下蔡郡应被萧齐夺回。州治迁至谯城(今安徽省亳州市)。宣武帝景明元年,萧齐豫州刺史裴叔业降魏。北魏遂以萧齐豫州置扬州,废南兖州。时扬州辖境甚广,不仅有萧齐的豫州,还有废除的南兖州地;州治寿阳(今安徽省寿县)。景明中,陈留郡复归豫州,谯郡、梁郡复归徐州。正始四年,以扬州北部复置南兖州,陈留、谯郡、梁郡复归南兖州,治谯城。北魏六镇之乱,萧梁乘机北攻。孝昌二年,扬州降梁,南兖州南部诸郡也先后陷落。孝武帝太昌元年,萧梁又攻陷谯郡,南兖州全境沦丧。

1.陈留郡

本东晋侨置郡,刘宋永初中成为实土郡,属豫州。北魏献文帝天安元年,北魏占据刘宋豫州淮西诸郡,陈留郡当归属北魏。献文帝皇兴中属南豫州。孝文帝太和十八年,改隶南兖州。宣武帝景明中,复归豫州。孝明帝正光中,郡又归南兖州。据《魏书·地形志》记载,郡领有小黄、浚仪、谷阳、东燕、武平。唯谷阳在今河南省境内。郡治小黄,今安徽省亳州市。

谷阳县,本刘宋县,北魏因之。治在今河南省鹿邑县。

2.梁郡

本刘宋梁郡,属豫州。北魏献文帝天安元年,北魏占据刘宋豫州淮西诸郡,梁郡当归属北魏。献文帝皇兴中改属徐州。孝文帝太和十八年,改隶南兖州。宣武帝景明中,复归徐州。孝明帝正光中,郡又归南兖州。据《魏书·地形志》记载,郡领有睢阳、襄邑。郡治睢阳,今河南省商丘市南。

睢阳县,本刘宋县,北魏因之。郡治所在。治在今河南省商丘市南。

襄邑县,本刘宋县,属谯郡。北魏改属梁郡,孝明帝孝昌三年,又改属阳夏郡。治在今河南省睢县。

3.谯郡

本刘宋谯郡,属豫州。北魏献文帝天安元年,北魏占据刘宋豫州淮西诸郡,谯郡当归属北魏。献文帝皇兴中改属徐州。孝文帝太和十八年,改隶南兖州。宣武帝景明中,复归徐州。孝明帝正光中,郡又归南兖州。据《魏书·地形志》记载,郡领有蒙、蕲、宁陵三县。蒙、宁陵在今河南省境内。郡治蒙县,今河南省商丘市北。

蒙县,本刘宋县,北魏因之。郡治所在。治在今河南省商丘市北。

宁陵县,本刘宋县,北魏因之。治在今河南省宁陵县东南。

(八)兖州

本刘宋兖州地。北魏道武帝天兴二年,北魏渡河占据南燕滑台,置兖州。明元帝泰常元年,刘裕北伐后秦,王仲德攻占滑台,兖州刺史尉建弃州北渡,兖州归晋。泰常七年,北魏渡河南攻刘宋,重新占据滑台。泰常八年,北魏控制了豫州许昌以北,兖州河济之间及高平、金乡以西、黄河以南的地区,在滑台复置兖州。时州领有东郡、濮阳、济阴、济阳、陈留等郡。太武帝延和二年,以济阳郡侨置徐州,外黄县自陈留郡来属。献文帝皇兴元年,废徐州及济阳郡,济阳县改属陈留郡,考城县改属济阴郡,外黄县废入济阳县。献文帝皇兴二年,北魏占据瑕丘,置东兖州。时州领有泰山、鲁郡、高平、东平、东阳平五郡。皇兴三年,分泰山郡置东泰山郡。孝文帝太和十八年,废滑台兖州,济阴郡来属。同时,改东兖州为兖州。时州领有泰山、鲁郡、高平、东平、东阳平、东泰山、济阴七郡。孝明帝神龟元年,分高平郡置任城郡。孝昌三年,以济阴郡改置西兖州。孝庄帝永安二年,东泰山郡改属北徐州。州治瑕丘,今山东省兖州市北。

济阴郡

本刘宋济阴郡地。北魏明元帝泰常八年,北魏占据济阴郡,属兖州。献文帝皇兴元年,废济阳郡,考城县来属。孝文帝太和十八年,郡改属东兖州。同时,改东兖州为兖州。郡领有定陶、乘氏、离狐、冤句、考城、己氏。唯考城在今河南省境内。孝明帝孝昌三年,郡又改属西兖州;又改考城为考阳,置北梁郡,属南兖州。郡治左城,今山东省定陶县西。

考城县,本刘宋县,属济阳郡。北魏献文帝皇兴元年,废济阳郡,县属济阴郡。孝明帝孝昌三年,改名为考阳县,属南兖州北梁郡。北齐天保初,郡县俱废。治在今河南省民权县东。

（九）济州

本刘宋兖州地。北魏明元帝泰常八年,北魏控制了河济之间地区,置济州,治碻磝城。时州领有济北、东平二郡。孝文帝太和十一年,平原郡自冀州来属,濮阳郡自滑台兖州来属。太和二十三年,废东平郡。孝明帝孝昌三年,分济北郡东南置东济北郡。武泰元年,平原郡划属南冀州。孝庄帝建义元年,东平郡复置。永安年间,废南冀州,平原郡复归。节闵帝普泰年间,分平原郡北部置东清河郡。州治碻磝城,今山东聊城市东南。

濮阳郡

本刘宋濮阳郡地。北魏明元帝泰常八年,北魏控制了河济之间地区,置濮阳郡,属滑台兖州。时郡领濮阳、廪丘、鄄城。孝文帝太和十一年,郡改属济州。郡领濮阳、廪丘、鄄城、城阳(由济阴郡划属)。唯濮阳在今河南省境内。

濮阳县,本刘宋县,北魏因之。治在今河南省濮阳市西南。

另,今河南省范县地属济州东平郡范县,台前县地属济州东平郡寿张县。

二、东魏、北齐时期河南的州、郡、县

北魏孝武帝永熙三年(534),为摆脱高欢的控制,孝武帝西奔长安,投靠宇文泰。高欢另立元善见为帝,即孝静帝,由洛阳迁都邺。从此,北魏分裂为东

魏、西魏。

东魏存在十六年,一直控制在权臣高欢手中。东魏孝静帝武定八年(550),高欢病逝,其子高洋废魏称帝,建都邺,国号齐,史称北齐或高齐。北齐共历六帝,二十八年。北齐幼主承光元年(577),北周攻破邺城,北齐灭亡。

东魏继承了北魏的东部疆域,大约在洛阳、方城山、桐柏山以东地区。萧梁侯景之乱中,东魏将疆土扩展至长江岸边。北齐继承了东魏的疆域。在行政区划制度上,东魏、北齐实行州、郡、县三级制。北齐文宣帝天保七年(556),对行政区划进行了一些调整,使之更趋合理。《北齐书》无"地理志",施和金著有《北齐地理志》,对北齐政区进行了详尽的研究。下面我们以北齐后主武平三年(572)为时间断限,依据《北齐地理志》来考述今河南省境内州、郡、县的因循变化。①

(一) 司州

本北魏相州地。东魏孝静帝天平元年,由洛阳迁都邺,改相州为司州,汲郡、东郡、黎阳郡由原司州改属,濮阳郡由济州来属,广宗自冀州来属。时州领有魏郡、林虑、广平、北广平、阳平、顿丘、汲郡、东郡、黎阳、濮阳、清河、广宗。北齐建立后,在文宣帝天保元年,改魏尹为清都尹。后又废林虑、顿丘、广宗、北广平四郡,置襄国郡。天保七年时,州领有清都、广平、阳平、汲郡、东郡、黎阳、濮阳、清河、襄国。州治邺县,今河北省磁县南。

1.清都尹

本北魏魏郡地,属相州。东魏孝静帝天平元年,由洛阳迁都邺城,魏郡改为魏尹;废荡阴、安阳入邺县;并内黄、斥丘、肥乡,置临漳县;列人、武安、斥章从广平来属;废昌乐郡,昌乐、贵乡来属;废易阳郡,易阳县来属;繁阳县自顿丘郡来属;分元城置平邑。时尹领有邺、临漳、繁阳、长乐、列人、武安、斥章、昌乐、贵乡、易阳、元城、平邑、魏、临水。北齐文宣帝天保元年,改魏尹为清都尹。天保七年,废列人、魏、元城、平邑、繁阳、斥章、长乐七县;改易阳属襄国郡;置成安县;废林虑郡,林虑县来属。林虑郡领有林虑、共县、临淇、魏德四县。北魏永安元年复置林虑郡,领林虑、共县。天平元年,分林虑、共县、朝歌三县,置临淇县,属林虑郡;天平二年,分朝歌置魏德县,属林虑郡。北齐天保七年,废林虑郡,共

① 参考施和金:《北齐地理志》,中华书局,2008年。

县、临淇、魏德三县被废，林虑县属清都尹。天保七年后，尹领有邺县、临漳、武安、昌乐、贵乡、易阳、临水、林虑八县。唯昌乐、林虑在今河南省境内。郡治邺，今河北省磁县南。

昌乐县，本北魏县，北齐因之。治在今河南省南乐县西北。

林虑县，本北魏县，属林虑郡。天保七年郡废，县改隶清都尹。治在今河南省林州市。

2.阳平郡

本北魏阳平郡与顿丘郡地。东魏孝静帝天平元年，由洛阳迁都邺城。时阳平郡领有馆陶、清渊、乐平、发干、临清、武城、武阳、阳平八县。顿丘郡领有顿丘、阴安、卫国、临黄四县。北齐文宣帝天保七年，废顿丘郡，并顿丘、临黄、阴安三县入卫国县，卫国县改隶阳平郡；改清渊县属清河郡，废乐平、发干、临清、武阳四县。时郡领有馆陶、武阳、阳平、卫国四县。唯卫国在今河南省境内。郡治馆陶，今河北省馆陶县西南。

卫国县，本北魏县，属顿丘郡。北齐天保七年郡废，县改隶阳平郡。治在今河南省清丰县南。

3.汲郡

本北魏汲郡地，属司州。东魏孝静帝天平元年，都城由洛阳迁至邺，改相州为司州，郡属之；山阳自河内郡来属。时郡领有汲、朝歌、山阳、北修武、南修武、获嘉。北齐文宣帝天保七年，废北修武、获嘉、汲、山阳四县。时郡领有南修武、朝歌二县。郡治枋头，今河南省浚县西南东枋城。

朝歌县，本北魏县，北齐因之。有枋头城。治在今河南省淇县。

南修武县，本北魏县，北齐因之。治在今河南省获嘉县。

4.东郡

本北魏东郡地，属司州。东魏孝静帝天平元年，都城由洛阳迁至邺，改相州为司州，郡属之。时郡领有东燕、白马、凉城、平昌、酸枣、长乐、长垣。北齐文宣帝天保七年，废凉城、平昌、酸枣、长乐四县，郡领东燕、白马、长垣。郡治滑台城，今河南省滑县东。

白马县，本北魏县，北齐因之。治在今河南省滑县东。

东燕县，本北魏县，北齐因之。治在今河南省延津县东北。

长垣县，本北魏县，北齐因之。治在今河南省长垣县东北。

5.濮阳郡

本北魏濮阳郡地，属济州；孝昌中，改属西兖州。东魏孝静帝天平元年，都城由洛阳迁至邺，改相州为司州，郡属之。时郡领有鄄城、濮阳、廪丘、城阳。北齐文宣帝天保七年，废城阳，领鄄城、濮阳、廪丘。唯濮阳在今河南省境内。郡治鄄城，今山东省鄄城县北。

濮阳县，本北魏县，东魏迁治颛顼城，北齐因之。治在今河南省范县西南濮城镇。

另，今河南省范县地属济州东平郡范县，台前县地属济州东平郡寿张县。

6.黎阳郡

本北魏黎阳郡地，属司州。东魏孝静帝天平元年，都城由洛阳迁至邺，改相州为司州，郡属之。时郡领有黎阳、东黎、顿丘。北齐文宣帝天保七年，废东黎。郡领有黎阳、顿丘。郡治黎阳，今河南省浚县东北。

黎阳县，本北魏县，北齐因之。郡治所在。治在今河南省浚县东北。

顿丘县，本北魏县，北齐因之。治在今河南省浚县东北。

（二）怀州

本北魏司州河内郡地。东魏孝静帝天平元年，都城由洛阳迁至邺，以原司州河内郡置怀州，分河内郡置武德郡。故州领河内、武德二郡。北齐因之。州治野王，今河南省沁阳市。

1.河内郡

本北魏河内郡地。东魏孝静帝天平元年，以河内郡置怀州，山阳改隶汲郡，又分河内郡东部置武德郡。时郡领有野王、河阳、轵、沁水四县。北齐天保七年，废河阳、沁水。郡领有野王、轵二县。郡治野王，今河南省沁阳市。

野王县，本北魏县，北齐因之。郡治所在。治在今河南省沁阳市。

轵县，本北魏县，北齐因之。治在今河南省济源市南。

2.武德郡

本北魏河内郡地。东魏孝静帝天平元年，分河内郡东部置武德郡。时郡领有平皋、温、怀、州四县。北齐天保七年，废平皋、温、怀三县。郡领州一县。郡治州，今河南省沁阳市东南。

州县，本北魏县，北齐因之。郡治所在。治在今河南省沁阳市东南。

（三）梁州

本北魏司州陈留郡地。东魏孝静帝天平元年，以原司州陈留郡置梁州。州领有陈留、开封、阳夏三郡。北齐文宣帝天保初，废开封郡，以阳夏郡阳夏县置淮阳郡，淮阳郡属信州。故州领有陈留、阳夏二郡。州治大梁城，今河南省开封市。

1.陈留郡

本北魏陈留郡地。北魏孝文帝太和十八年，废陈留郡，属县并入东郡。孝明帝孝昌三年，复置陈留郡，开封、尉氏自荥阳郡来属。时郡领有浚仪、封丘、小黄、开封、尉氏。东魏孝静帝天平元年，分开封、尉氏二县置开封郡。时郡领有浚仪、封丘、小黄。北齐天保初，废封丘、小黄二县；又废开封郡及其属县尉氏，开封县并入陈留郡。时郡领有浚仪、开封二县。郡治大梁城，今河南省开封市。

浚仪县，本北魏县，北齐因之。郡治所在。治在今河南省开封市。

开封县，本北魏县，属陈留郡。东魏改属开封郡。北齐废开封郡，县改属陈留郡。治在今河南省开封市南。

2.阳夏郡

本北魏陈留郡地。北魏孝明帝孝昌三年，以原陈留郡东部置阳夏郡，襄邑自梁郡来属。时郡领济阳、雍丘、阳夏、圉城、襄邑。东魏因之。北齐天保初，废圉城、襄邑二县，又以阳夏县置淮阳郡，改属信州。时郡领有雍丘、济阳二县。郡治雍丘，今河南省杞县。

雍丘县，本北魏县，北齐因之。郡治所在。治在今河南省杞县。

济阳县，本北魏县，北齐因之。治在今河南省兰考县东北堌阳镇。

（四）北豫州

本北魏司州荥阳郡地。东魏孝静帝天平元年，以原司州荥阳郡置北豫州。州领有成皋、荥阳、广武三郡。北齐文宣帝天保初，废荥阳郡，迁成皋郡治荥阳。故州领成皋、广武二郡。州治虎牢城，今河南省荥阳市西北汜水镇西。

1.成皋郡

本北魏荥阳郡地。东魏孝静帝天平元年，分荥阳郡西部置成皋郡。时郡领有西成皋、巩二县。北齐文宣帝天保初，废巩县，并以废荥阳郡之属县荥阳、成皋、密来属（京、卷二县废），迁郡治于荥阳。故郡领有西成皋、成皋、密、荥阳四县。郡治荥阳，今河南省荥阳市。

荥阳县,本北魏县,属荥阳郡。北齐改隶成皋郡。郡治所在。治在今河南省荥阳市。

成皋县,本北魏县,属荥阳郡。北齐改隶成皋郡。治在今河南省荥阳市西北。

密县,本北齐县,属荥阳郡。北齐改隶成皋郡。治在今河南省新密市东南。

西成皋县,东魏孝静帝天平元年,分成皋县西置西成皋县。治在今河南省荥阳市西北汜水镇西。

2.广武郡

本北魏荥阳郡地。东魏孝静帝天平元年,分荥阳郡东部置广武郡。时郡领有中牟、阳武、苑陵、原武、曲梁五县。北齐文宣帝天保初,废原武、曲梁二县。故郡领有中牟、苑陵、阳武三县。郡治中牟城,今河南省中牟县东。

中牟县,北魏景明年间复置,属荥阳郡。东魏天平元年,改属广武郡。北齐因之。郡治所在。治在今河南省中牟县东。

苑陵县,本北魏县,属荥阳郡。东魏天平元年,改属广武郡。北齐因之。治在今河南省新郑市东北。

阳武县,本北魏县,属荥阳郡。东魏天平元年,改属广武郡。北齐因之。治在今河南省原阳县东南。

(五)洛州

本北魏司州河南郡地。东魏孝静帝天平元年,由洛阳迁都邺城,以邺城置司州,洛阳则置洛州。时州领有洛阳、河南、河阴、新安、中川、阳城六郡。北齐时,洛阳以西为西魏、北周占据,故新安郡不在北齐境内。时州领有洛阳、河南、河阴、中川、阳城五郡。州治洛阳,今河南省洛阳市东北。

1.洛阳郡

本北魏河南郡地。东魏孝静帝天平元年,分河南郡置洛阳郡。郡领有洛阳、缑氏二县。北齐因之。郡治洛阳,今河南省洛阳市东北。

洛阳县,本北魏县,属河南郡。东魏改属洛阳郡,北齐因之。郡治所在。治在今河南省洛阳市东北。

缑氏县,北魏太和十七年废入洛阳。东魏天平元年复置,北齐因之。治在今河南省偃师市南。

2.河南郡

本北魏河南郡地。东魏孝静帝天平元年,改河南尹为河南郡。时郡领有宜迁一县。北齐因之。郡治宜迁,今河南省洛阳市。

宜迁县,本北魏河南县。东魏天平元年,改河南为宜迁。北齐因之。郡治所在。治在今河南省洛阳市。

3.河阴郡

本北魏河南郡地。东魏孝静帝元象二年,以河阴县置郡。郡领有河阴一县。北齐因之。郡治河阴,今河南省孟津县东。

河阴县,北魏太和十七年,河阴废入洛阳;正始二年复置县,属河南郡。东魏元象二年,以县置河阴郡。北齐因之。治在今河南省孟津县东。

4.中川郡

本北魏河南郡地。东魏孝静帝天平元年,分阳城郡置中川郡。郡领有颍阳、堙阳二县。北齐因之。郡治颍阳,今河南省登封市西。

颍阳县,本北魏县,属河南郡。东魏天平元年,改属中川郡。北齐因之。郡治所在。治在今河南省登封市西颍阳镇。

堙阳县,本北魏县,属河南郡。东魏天平元年,改属中川郡。北齐因之。治在今河南省伊川县东。

5.阳城郡

本北魏河南郡地。北魏孝昌二年,分河南郡置。时郡领有阳城、颍阳、康城三县。东魏天平元年,以颍阳置中川郡。时郡领阳城、康城。北齐因之。郡治阳城,今河南省登封市东南。

阳城县,刘宋时废。北魏正光年间复置,属河南郡;孝昌二年,以县置阳城郡。东魏、北齐因之。郡治所在。治在今河南省登封市东南。

康城县,北魏孝昌二年,析阳城县置,属阳城郡。东魏、北齐因之。《读史方舆纪要》卷47《河南二》禹州"康城县"条云:"在禹州西北三十里,今安康里。"治在今河南省禹州市西北。

(六)郑州

本北魏司州颍川郡地。东魏孝静帝天平元年,由洛阳迁都邺城,以邺城置司州,原司州颍川郡置颍州。武定七年,又改颍州为郑州。时州领有颍川、许昌、阳翟三郡。北齐因之。州先治长社,今河南省长葛市东北;后治颍阴,今河南省许昌市。

1.颍川郡

本北魏司州颍川郡地。东魏因之。时郡领有长社、颍阴二县。北齐文宣帝天保初,废颍阴县,迁长社县于颍阴故址。时郡领有长社。郡治长社,今河南省许昌市。

长社县,本北魏县,东魏因之。治在今河南省长葛市东北。北齐天保初,废颍阴,迁县治于其故址。郡治所在。治在今河南省许昌市。

2.许昌郡

本北魏颍川郡地。东魏孝静帝天平元年,分颍川郡置许昌郡。郡领有许昌、扶沟、鄢陵、新汲四县。北齐天保初,废鄢陵入许昌,故天保七年后郡领许昌、扶沟、新汲三县。郡治许昌,今河南省许昌市东。

许昌县,本北魏县,北齐因之。郡治所在。治在今河南省县许昌市东。

扶沟县,本北魏县。北齐天保初迁治。治在今河南省扶沟县。

新汲县,本北魏县,北齐因之。治在今河南省扶沟县西南离下村。

3.阳翟郡

本北魏颍川郡地。东魏孝静帝天平元年,分颍川郡置阳翟郡。郡领有阳翟、黄台二县。北齐因之。郡治阳翟,今河南省禹州市。

阳翟县,本北魏县,属颍川郡。东魏天平元年,改属阳翟郡。北齐因之。郡治所在。治在今河南省禹州市。

黄台县,东魏孝静帝兴和元年,分阳翟县置。《读史方舆纪要》卷47《河南二》禹州“黄台城”条记载:“黄台城,在禹州东北四十里,有黄台冈。东魏兴和元年,分阳翟置县,属阳翟郡。隋大业初废。”治在今河南省禹州市东北。

(七)北荆州

本北魏司州河南郡地。东魏孝静帝武定二年,以河南郡南部置北荆州。郡领有伊阳、新城、汝北三郡。北齐文宣帝天保初,改伊阳为伊川,改汝北为汝阴,故天保七年后郡领有伊川、新城、汝阴三郡。州治伏流城,今河南省嵩县东北。

1.伊川郡

本北魏河南郡地。东魏孝静帝武定二年,以南陆浑县置伊阳郡。郡领有南陆浑一县。北齐天保初,改伊阳郡为伊川郡,仍领南陆浑一县。郡治南陆浑县,今河南省嵩县东北。

南陆浑县,本北魏陆浑县,属河南郡。东魏武定二年,县分为北陆浑县、南陆浑县。北陆浑县属新城郡,南陆浑县置伊阳郡,治伏流城。北齐因之。《隋书·地理志》:"陆浑,东魏置伊川郡,领南陆浑县。开皇初郡废,改县曰伏流,大业初改曰陆浑。"《读史方舆纪要》卷48《河南三》河南府嵩县"伏流城"条记载:"伏流城,在嵩县北,此南陆浑也。"《嘉庆重修一统志》卷206河南河南府"古迹"记载:"南陆浑故城,在嵩县东北,即故伏流城也。"治在今河南省嵩县东北。

2.新城郡

本北魏河南郡地。东魏孝静帝天平中,以新城县置郡;武定二年,北陆浑县来属。郡领有新城、北陆浑县。北齐因之。郡治新城,今河南省伊川县西南。

新城县,本北魏县,属河南郡。东魏天平中,以县置郡。北齐因之。郡治所在。治在今河南省伊川县西南。

北陆浑县,东魏武定二年,分陆浑县置。《读史方舆纪要》卷48《河南三》河南府嵩县"陆浑城"条记载:"陆浑城,在嵩县北三十里。汉置陆浑县,晋及后魏亦为陆浑县。东魏分北陆浑属新城郡,于南陆浑置伊阳郡。此北陆浑也。"可见,北陆浑乃治于原陆浑县故址。《嘉庆重修一统志》卷206河南河南府"古迹"记载:"陆浑故城,在嵩县东北伏流城北二十余里。"治在今河南省嵩县东北。

3.汝阴郡

本北魏河南郡地。北魏孝明帝孝昌三年,以梁县置汝北郡;又分梁县置治城县、石台县、东汝南县、南汝原县,属汝北郡。故郡领梁、治城、石台、东汝南、南汝原,郡治梁县阳仁城。东魏孝静帝天平二年郡废,武定元年复置郡,郡治南汝原县梁雀坞。武定五年,郡被西魏占据;武定七年,东魏复据郡,迁治于石台县杨志坞。北齐天保初,改汝北郡为汝阴郡,改南汝原县为汝原县,废治城县、东汝南县。故天保七年后郡领有石台、汝原、梁三县。郡治杨志坞,今河南省伊川县西南、伊水南岸。

石台县,北魏孝昌三年,分梁县西部置。北周以县置石台郡,北周末郡县俱废。治在今河南省汝州市西。

梁县,本北魏县,北齐因之。治在今河南省汝州市西。

汝原县,北魏孝昌三年,分梁县置南汝原县。北齐天保初改为汝原县。《读史方舆纪要》卷51《河南六》汝州"承休废县"条记载:"本周承休城。汉武帝元封三年封姬嘉为周子南君,以奉周祀,邑于此。后魏置南汝原县,属汝北郡。高齐时改曰汝原，又改郡曰汝阴。后周郡废，大业初改县曰承休。”《嘉庆重修一统志》卷224河南汝州“古迹”载：“承休故城，在州东。”治在今河南省汝州市东。

（八）广州

本北魏司州襄城郡地。北魏孝庄帝永安中，以鲁阳镇置广州。州领有襄城、南阳、顺阳、汉广、定陵、汝南、鲁阳七郡，州治鲁阳城。东魏初因之。武定中，西魏占据鲁阳郡，州治迁至襄城。时州领有襄城、南阳、顺阳、汉广、定陵、汝南六郡。北齐天保初，废汝南郡。故天保七年后郡领有襄城、南阳、顺阳、汉广、定陵五郡。州治襄城，今河南省襄城县。

1.襄城郡

本北魏襄城郡地，属司州；永安中，改属广州。东魏、北齐因之。郡领有襄城、繁昌二县。郡治襄城，今河南省襄城县。

襄城县，本北魏县，北齐因之。郡治所在。治在今河南省襄城县。

繁昌县，本北魏县，北齐因之。治在今河南省许昌市南、临颍县西北。

2.汉广郡

本北魏襄城郡地。北魏永安中，以昆阳、高阳二县置汉广郡。东魏因之。北齐天保初，改昆阳曰汝坟，废高阳县。故天保七年后郡领有汝坟一县。郡治汝坟，今河南省叶县东北。

汝坟县，本北魏昆阳县。北齐天保初，改名汝坟。《读史方舆纪要》卷51《河南六》南阳府叶县“汝坟城”记载：“汝坟城，在叶县东北。高齐置县，又置汉广郡于此。隋废郡，以县属许州。”《嘉庆重修一统志》卷211河南南阳府“古迹”记载：“汝坟故城，在叶县东北十五里。”治在今河南省叶县东北十五里汝坟店。

3.顺阳郡

本北魏襄城郡地。北魏太和中侨置于龙山县。东魏时，成为实土郡，领有龙山、龙阳二县。北齐天保初，废龙阳县。故天保七年后领有龙山一县。郡治龙山，今河南省郏县东南。

龙山县，本北魏县，北齐因之。郡治所在。治在今河南省郏县东南。

4.南阳郡

本北魏襄城郡地。北魏太和中侨置于郏县。东魏时，成为实土郡，领有南阳、郏县二县。北齐天保初，废郏县。故天保七年后领有南阳一县。郡治南阳，今河南省郏县西南。

南阳县,本北魏郏县地。东魏天平元年,分郏县置南阳县。《隋书·地理志》记载,郏城县“东魏置南阳县,隋开皇十八年改南阳曰期城,大业初废期城入郏城县”。《读史方舆纪要》卷51《河南六》南阳府郏县“期城”记载:“期城,在郏县西南。”治在今河南省郏县西南。

5.定陵郡

本北魏襄城郡地。北魏永安中,以北舞阳县置定陵郡。东魏因之,郡领有北舞阳、云阳、西舞阳三县。北齐天保初,废云阳县。故天保七年后领有北舞阳、西舞阳二县。郡治北舞阳,今河南省舞阳县东北北舞渡镇。

北舞阳县,本北魏县,北齐因之。郡治所在。治在今河南省舞阳县东北北舞渡镇。

西舞阳县,本北魏舞阳县。东魏兴和二年改为西舞阳县。北齐因之。治在今河南省舞阳县西北保和乡魏庄。

（九）襄州

本北魏荆州襄城郡地。北魏孝明帝孝昌三年置襄州。郡领有襄城、建城、舞阴、南安、期城、北南阳六郡。东、西魏时,双方对峙于方城山一线,互有攻守。东魏据有方城山以北襄州的南安、建城二郡。西魏据有方城山以南襄州的襄城、舞阴、期城、北南阳四郡。北齐天保初,废建城郡及建城县。故天保七年后襄州领有南安一郡。在北魏时期,州治北平,今河南省方城县东南;东魏、北齐时期,州治叶县,今河南省叶县西南旧县镇。

定南郡(南安郡)

本北魏南中府叶县地。北魏太和十三年,以叶县置郢州;太和十八年废郢州为南中府。东魏孝静帝天平元年,改南中府为南安郡。郡领有南安、叶、南舞、定南四县。因处于东、西魏争夺要地,其间多次易手。东魏武定七年,东魏复据之,改南安郡为定南郡。北齐因之。郡治南安,今河南省叶县东北。

南安县,北魏孝昌中置。《读史方舆纪要》卷51《河南六》南阳府叶县“南安城”记载:“南安城,在叶县东北。本叶县地,后魏置南安县。天平初置南安郡,属襄州,治南安县。高齐时南安城主冯显降周,周使丰州刺史郭彦将兵迎之。寻郡县俱废。”北周时县废。治在今河南省叶县东北。

叶县,本北魏县,北齐因之。北周时改属南襄城郡。治在今河南省叶县西南旧县镇。

南舞县,即南舞阳县。东魏天平初置,北齐因之。北周时县废。治在今河南省舞阳县南。

定南县,东魏天平初置。《隋书·地理志》记载:“叶县,东魏置定南郡,后周废为定南县。”按:北周废定南郡,新置定南县。隋大业初,定南县并入叶县。治在今河南省叶县东南。

（十）豫州

本北魏豫州地。州领有颍川、汝南、襄城、汝阳、南顿、陈郡、新蔡、初安八郡。东魏孝静帝天平二年,陈郡、南顿改隶扬州;天平四年,废郢州侨置义阳郡;兴和中,分东豫州置广陵郡及城阳郡来属。州领有颍川、汝南、襄城、汝阳、义阳、广陵、新蔡、初安、城阳九郡。北齐天保初,废义阳、城阳二郡,改颍川郡为临颍郡,改襄城郡为文城郡,改新蔡郡为广宁郡。故天保七年后州领有临颍、文城、汝南、汝阳、广宁、初安、广陵七郡。州治悬瓠,今河南省汝南县。

1.临颍郡

本北魏豫州颍川郡地。东魏因之,时郡领有邵陵、临颍、曲阿(阳)。北齐天保初,改颍川郡为临颍郡,废曲阳。故天保七年后郡领有邵陵、临颍二县。郡治邵陵,今河南省漯河市东。

邵陵县,本北魏县,北齐因之。郡治所在。治在今河南省漯河市东。

临颍县,本北魏县,北齐因之。治在今河南省临颍县西北。

2.汝南郡

本北魏豫州汝南郡地。东魏因之,时郡领有上蔡、临汝、平舆、安城、瀷阳、阳安、保城七县。北齐天保初,废临汝、平舆、安城、瀷阳、阳安五县,真阳县从废义阳郡来属。故天保七年后郡领有上蔡、保城、真阳三县。郡治上蔡悬瓠城,今河南省汝南县。

上蔡县,本北魏县,北齐因之。郡治所在。治在今河南省汝南县。

保城县,本北魏县,北齐因之。治在今河南省汝南县南。

真阳县,本北魏县。东魏天平四年,以县侨置义阳郡。北齐废义阳郡,县改属汝南郡。治在今河南省正阳县北。

3.汝阳郡

本北魏豫州汝阳郡地。东魏因之,时郡领有汝阳、武津、征羌。北齐天保初,废武津、征羌。故天保七年后郡领有汝阳一县。治汝阳,今河南省商水县汝阳故城。

汝阳县,本北魏县,北齐因之。郡治所在。治在今河南省商水县汝阳故城。

4.广宁郡

本北魏新蔡郡地。东魏孝静帝天平元年,以新蔡郡置蔡州。郡领有新蔡、鲖阳、固始三县。武定八年,以鲖阳置财州,废固始入鲖阳。北齐天保初,废蔡州、财州,废鲖阳县置包信县,新置永康县;改新蔡郡为广宁郡。故天保七年后郡领有新蔡、永康、包信三县。包信即旧鲖阳,在今安徽省境内。郡治新蔡,今河南省新蔡县。

新蔡县,本北魏县,北齐因之。郡治所在。治在今河南省新蔡县。

永康县,北齐天保初置。《隋书·地理志》"新蔡县"条记载:"后齐置永康县,后周改名忆水,大业初废入新蔡县。"《读史方舆纪要》卷50《河南五》汝宁府新蔡县"永康废县"条记载:"永康废县,在新蔡县东南。高齐置,属广宁郡。后周改曰忆水县,隋大业初废。"治在今河南省新蔡县东南。

5.文城郡

本北魏豫州襄城郡地。东魏因之,时郡领有西平、义绥、遂宁、武阳。北齐天保初,改襄城郡为文城郡,废义绥。故天保七年后郡领有西平、遂宁、武阳三县。郡治西平,今河南省西平县西北。

西平县,本北魏县,北齐因之。郡治所在。治在今河南省西平县西北。

遂宁县,本北魏县,北齐因之。治在今河南省遂平县。

武阳县,本北魏县,北齐因之。治在今河南省西平县西南。

6.初安郡

本北魏初安郡地。东魏因之,郡领有安昌、新怀、怀德、昭越四县。北齐天保初,废新怀。故天保七年后郡领有安昌、怀德、昭越三县。郡治安昌,今河南省确山县西南。

安昌县,本北魏县,北齐因之。郡治所在。治在今河南省确山县西南。

怀德县,本北魏县,北齐因之。治在今河南省确山县西北。

昭越县,本北魏县,北齐因之。治在今河南省泌阳县东。

7.广陵郡

本北魏东豫州地。东魏孝静帝兴和中,分东豫州置广陵郡,属豫州。郡领有宋安、光城、安蛮、新蔡、汝南五县。北齐天保初因之，天保七年后，废西淮州齐兴郡之白狗县来属。故郡领有宋安、光城、安蛮、新蔡、汝南、白狗六县。郡治广陵城，今河南省息县西南。

宋安县，东魏兴和中置。《读史方舆纪要》卷50《河南五》汝宁府息县“广陵城”条记载：“广陵城，在息县西南。东魏兴和中置广陵郡，兼置宋安县为郡治。高齐末入于陈。”郡治所在。治在今河南省息县西南。

光城县，东魏兴和中侨置，在今河南省息县境。地望不详。

安蛮县，东魏兴和中侨置，在今河南省息县境。地望不详。

新蔡县，东魏兴和中侨置，在今河南省息县境。地望不详。

汝南县，东魏兴和中侨置，在今河南省息县境。地望不详。

白狗县，本萧梁淮州齐兴县。东魏武定七年，县入东魏。北齐废西淮州，改淮川郡为齐兴郡，旋又废郡置白狗县。治在今河南省正阳县东南。

（十一）永州

本萧梁楚州地。东魏天平三年，地入东魏，改曰西楚州。郡领城阳、汝阳、伍城三郡。北齐天保初，州改曰永州，废汝阳、伍城二郡。故天保七年后郡只领有城阳一郡。州治楚城，今河南省信阳市北长台关楚王城遗址。

城阳郡

本萧梁楚州城阳郡地。东魏因之。郡领有城阳、义兴、平春、皎城。北齐天保初，废平春、皎城二县。故天保七年后郡领有城阳、义兴二县。郡治城阳，今河南省信阳市北长台关。

城阳县，本萧梁县，东魏、北齐因之。郡治所在。治在今河南省信阳市北长台关。

义兴县，本萧梁县，东魏、北齐因之。治在今河南省信阳市东北。

（十二）东豫州

本萧梁西豫州地。东魏天平三年，地入东魏。东魏改名为东豫州，进行了一些调整。兴和中，分州置广陵郡，郡属豫州，则州治迁至新息县；又将萧梁光州北部的郡县划入东豫州。郡领有汝南、新蔡、东新蔡、弋阳、长陵、阳安六郡。武定五年，侯景降梁，东豫州复归萧梁，萧梁改名淮州。武定七年，东豫州又归属东魏。北齐天保初，废东新蔡、弋阳、长陵、阳安四郡。故天保七年后州领汝南、新蔡二郡。州治新息，今河南省息县。

1.汝南郡

本北魏东豫州汝南郡地。萧梁时以南新息置汝南郡。东魏时复北魏之旧。郡领有南新息、北新息、安阳、汝阳、长平。北齐天保初，废汝阳、长平；将北新息并入南新息，并更名新息。故天保七年后郡领有新息、安阳二县。郡治新息，今河南省息县。

新息县，本萧梁南新息县，北齐并入北新息，更名新息。郡治所在。治在今河南省息县。

安阳县，本北魏县。萧梁废，东魏复置，北齐因之。治在今河南省正阳县南。

2.新蔡郡

本北魏东豫州新蔡郡地。萧梁时以包信置梁安郡，以长陵置长陵郡。东魏时，改梁安郡为新蔡郡，新置长陵县。故郡领有包信、长陵二县。长陵郡领有长陵、安宁二县。北齐天保初，废长陵县，又废长陵郡为长陵县来属。故天保七年后郡领有包信、长陵二县。郡治包信，今河南省息县东北包信镇。

包信县，本萧梁县，东魏、北齐因之。郡治所在。治在今河南省息县东北包信镇。

长陵县，本萧梁县，东魏、北齐因之。治在今河南省息县东八十里长陵乡。

（十三）信州

本北魏豫州陈郡地。东魏孝静帝天平二年置扬州。武定五年(547)，侯景降梁，扬州归属萧梁，改名殷州。武定七年，地复属东魏，更名为北扬州。州领有陈郡、南顿、汝阴、丹阳、陈留五郡。北齐天保初，改州名为信州，废南顿、陈留二郡，新置淮阳郡。故天保七年后州领有陈郡、汝阴、丹阳、淮阳四郡。汝阴郡在今安徽省境内。州治项县，今河南省淮阳县。

1.陈郡

本北魏陈郡地。东魏因之，郡领有项、西华、长平、襄邑四县。北齐天保初，废长平、襄邑，寻又改西华为长平。故天保七年后郡领有项、长平二县。郡治项，今河南省淮阳县。

项县，本北魏县，北齐天保初，迁治于秦汉陈县故址。郡治所在。治在今河南省淮阳县。

长平县，本北魏西华县。北齐天保初，更名长平县。治在今河南省西华县南。

2.丹阳郡

东魏天平中,以项县侨置丹阳郡。郡领有秣陵、邵陵、南阳、白水四县。北齐天保初,废邵陵、南阳、白水三县,迁项县于秦汉陈县故址,又废南顿郡置和城县来属,丹阳郡遂为实土郡。天保七年后郡领有秣陵、和城二县。郡治秣陵,今河南省沈丘县。

秣陵县,东魏天平中侨置项县。北齐项县迁治,秣陵县变为实土。郡治所在。治在今河南省沈丘县。

和城县,本北魏南顿县。北齐废南顿郡,改南顿县为和城县,属丹阳郡。治在今河南省项城市西南顿镇。

3.淮阳郡

本东魏梁州阳夏郡地。北齐天保初,以阳夏县置淮阳郡,属信州。郡领阳夏一县。郡治阳夏,今河南省太康县。

阳夏县,本北魏县,属司州陈留郡。东魏属梁州阳夏郡,北齐属信州淮阳郡。郡治所在。治在今河南省太康县。

(十四)南兖州

本北魏南兖州地。北魏太昌元年,南兖州没入萧梁。萧梁以涡阳置西徐州。东魏武定七年,地入东魏,复置南兖州。州领有陈留、梁郡、谯郡、沛郡、下蔡、北梁、马头七郡。北齐天保初,废谯郡、北梁、马头、沛郡。故天保七年后州领有陈留、梁郡、下蔡三郡。唯梁郡及陈留郡部分属县在今河南省境内。按:北梁郡置于北魏孝昌三年,领有考阳、城安二县。考阳县,本北魏考城县,孝昌三年改名。城安县,孝昌三年分考城县置。《读史方舆纪要》卷50《河南五》归德府考城县载:“城安城,在考城县东北。后魏孝昌中置城安县,为北梁郡治。北齐郡废,以考阳县省入,属济阴郡。”《隋书·地理志》载:“考城,后魏曰考阳,置北梁郡。后齐郡县并废为城安县。开皇十八年以重名,改曰考城。”可见,考阳,在今河南省民权县东;城安,在今河南省兰考县东。沛郡侨置于今河南省虞城县境。被废的谯郡之蒙县、宁陵县,陈留郡之谷阳县皆在今河南省境内。州治小黄,今安徽省亳州市。

1.陈留郡

本北魏陈留郡地。刘宋时以谯县侨置陈留郡。北魏因之。《隋书·地理志》"谯县"条云:"旧曰小黄,置陈留郡。开皇初郡废,大业三年改小黄为谯县。"东魏时郡领有小黄、浚仪、谷阳、东燕、武平五县,成为实土郡。北齐天保初,废谷阳、东燕二县。故天保七年后郡领小黄、浚仪、武平三县。唯武平县在今河南省境内。郡治小黄,今安徽省亳州市。

武平县,本东汉县,刘宋废。北魏正始中复置。东魏、北齐因之。治在今河南省柘城县南。

2.梁郡

本北魏梁郡地。东魏因之,郡领有睢阳、襄邑二县。北齐天保初,废襄邑县,又废马头郡之下邑县来属。故天保七年后郡领有睢阳、下邑二县。郡治睢阳,今河南省商丘市南。

睢阳县,本北魏县,北齐因之。郡治所在。治在今河南省商丘市南。

下邑县,本西汉栗国(侯国),东汉废。北魏孝昌二年,迁下邑县于废栗国故址,属临涣郡。东魏兴和中,废临涣郡,县属侨置的马头郡。北齐天保初,废马头郡,县改属梁郡。治在今河南省夏邑县。

(十五)南光州

本萧梁光州地。东魏孝静帝天平三年,萧梁光州刺史郝树以城内附。因东莱已置光州,故称为南光州。东魏时,废光城郡,以茹由置边城郡,属南郢州;以光城属北光城郡,又分北光城郡南部为南光城郡;以梁安郡包信县置新蔡郡,属东豫州。州领北光城、南光城、弋阳、宋安、梁安、长陵六郡。北齐天保初,废长陵郡为长陵县,并入新蔡郡,改属东豫州;废梁安郡;改湘州永安郡为丰安郡,改属南光州。故天保七年后州领有北光城、南光城、弋阳、宋安、丰安五郡。州治光城,今河南省光山县。

1.北光城郡

本萧梁北光城郡地。东魏天平三年,郡属东魏。废光城郡,光城县来属。郡领有光城、乐安二县。北齐因之。郡治光城,今河南省光山县。

光城县,本萧梁县,属光城郡。东魏改属北光城郡。北齐因之。郡治所在。治在今河南省光山县。

乐安县,本萧梁县,东魏、北齐因之。治在今河南省光山县西。

2.南光城郡

本萧梁北光城郡地。东魏天平三年,郡属东魏,分郡南部置南光城郡。郡领有光城、南乐安二县。北齐因之。郡治光城,今河南省光山县。

光城县,本萧梁县,属光城郡。东魏改属北光城郡。南光城郡亦治此。北齐因之。郡治所在。治在今河南省光山县。

南乐安县,东魏置,北齐因之。治在今河南省光山县西南。

3.弋阳郡

本萧梁弋阳郡地。东魏天平三年,郡没入东魏,分弋阳县为北弋阳、南弋阳二县。北齐天保初,并北弋阳入南弋阳,改南弋阳县为定城县。郡治定城,今河南省潢川县。

定城县,本萧梁弋阳县地。东魏分为北弋阳县、南弋阳县。北弋阳县即原弋阳县,治在今河南省潢川县西二里弋阳故城。北齐天保元年,并北弋阳县入南弋阳县,改南弋阳县为定城县。郡治所在。治在今河南省潢川县。

4.宋安郡

本萧梁宋安郡地。东魏天平三年,郡没入东魏,置乐宁县。故郡领乐宁、宋安二县。北齐天保初,废乐宁县。故天保七年后郡领有宋安一县。隋开皇初,郡县俱废。郡治宋安,今河南省光山县西南。

宋安县,本萧梁县,东魏、北齐因之。郡治所在。治在今河南省光山县西南。

5.丰安郡

东魏时置永安郡,属湘州。北齐天保初,改永安郡为丰安郡,属南光州,领有新城一县。隋开皇初,郡县俱废。《嘉庆重修一统志》卷222河南光州"古迹"记载:"丰安故城,在光山县西。本后魏所置永安郡也,治新城县。北齐改曰丰安,隋废郡,以其地并入乐安。"郡治新城,今河南省光山县西。

新城县,东魏置,北齐因之。郡治所在,治在今河南省光山县西。

(十六)南郢州

本萧梁侨置郢州。东魏孝静帝武定七年,州没入东魏,改为南郢州。据《魏书·地形志》记载,南郢州,萧衍置,魏因之,治赤石关。州领定城、光城、边城三郡,成为实土州。北齐天保初,侨置齐安、新蔡、弋阳三郡。故天保七年后郡领有定城、光城、边城、齐安、新蔡、弋阳六郡。《隋书·地理志》载,定城,后齐置南郢州,开皇初废。州治赤石关,今河南省潢川县南。

1.定城郡

本萧梁定城郡地。东魏武定七年,郡入东魏。据《魏书·地形志》记载,郡领有雩娄、边城二县。北齐因之。郡治雩娄，今河南省商城县东。

雩娄县，本萧梁县，东魏、北齐因之。郡治所在。治在今河南省商城县东。

边城县，本萧梁县，东魏、北齐因之。治在今河南省商城县东北、固始县东南。

2.东光城郡

本萧梁光城郡地。东魏武定七年，郡入东魏。据《魏书·地形志》记载，南郢州光城郡领光城一县，萧衍置，魏因之。北齐改名为东光城郡。开皇初郡县俱废入定城县。郡治赤石关，今河南省潢川县南。

光城县，本萧梁县，东魏、北齐因之。郡治所在。治在今河南省潢川县南。

3.边城郡

本萧梁光城郡地，属光州。东魏废光城郡，以茹由县置边城郡，属南郢州。北齐因之。开皇初郡废。郡治茹由，今河南省光山县南六十里。

茹由县，本萧梁县，属光州。东魏时以县置边城郡，属南郢州。北齐因之。治在今河南省光山县南。

4.弋阳郡

北齐天保初侨置，领有东新蔡县。《隋书·地理志》"定城县"记载，有梁东新蔡县，后周改为淮南郡，开皇初郡废。淮南郡乃改北齐弋阳郡置。郡治东新蔡，今河南省潢川县东北。

东新蔡县，本萧梁县，东魏、北齐因之。郡治所在。治在今河南省潢川县东北。

5.齐安郡

北齐天保初侨置。《隋书·地理志》"定城县"记载，后齐置齐安郡，开皇初郡废。领县无考。

6.新蔡郡

北齐天保初侨置。《隋书·地理志》"定城县"记载，后齐置新蔡郡，开皇初郡废。领县无考。

（十七）南建州

本萧梁建州与义州地。东魏孝静帝武定七年，州入东魏，新城郡改属南朔州，侨置陈留、鲁、南陈、光城、清河五郡。北齐天保初，废义州，义城郡改属南建州；废陈留、鲁、南陈、光城、清河五郡。故天保七年后州领有高平、新蔡、义城三郡。州治高平县,今河南省商城县东。

1.高平郡

本萧梁高平郡,领高平一县。东魏时侨置谯、弋阳、义昌三县。北齐天保初废谯、弋阳、义昌三县,领高平一县。北周改为平高郡。郡治高平,今河南省商城县东。

高平县,本萧梁县,东魏、北齐因之。郡治所在,治在今河南省商城县东。

2.新蔡郡

本萧梁新蔡郡,领新蔡一县。东魏时侨置安定县。北齐天保初废安定县,领新蔡一县。郡治新蔡,今河南省固始县东建安乡。

新蔡县,本萧梁县,东魏、北齐因之。郡治所在。治在今河南省固始县东。

3.义城郡

本萧梁义州义城郡地,领包信一县。东魏因之。北齐改属南建州。郡治包信,今河南省商城县西。

包信县,本萧梁县,东魏、北齐因之。郡治所在。治在今河南省商城县西。

(十八)南朔州

本萧梁朔州地。东魏武定七年,州入东魏,改曰南朔州。据《魏书·地形志》记载,南朔州,萧衍置,魏因之,治齐坂城。州领梁、新蔡、边城、义阳、新城、黄川六郡。新城郡乃由南建州改属,梁、新蔡、边城、义阳为侨置。北齐天保初,废梁、新蔡、边城、义阳、黄川五郡,州领新城一郡。北周州废。州治齐坂城,地望不详。

新城郡

本萧梁新城郡,属建州,领新城一县。东魏改属南朔州。北齐因之。郡治新城,今河南省潢川县东南。

新城县,本萧梁县。东魏改属南朔州,北齐因之。郡治所在,治在今河南省潢川县东南。

(十九)郢州

本萧梁司州地。东魏孝静帝武定七年,东魏乘侯景之乱,派潘乐进攻义阳,萧梁司州刺史夏侯强投降。东魏改为南司州,领有义阳、宋安、齐安三郡。北齐改南司州为郢州,置淮安郡。故天保七年后州领有义阳、宋安、齐安、淮安四郡。宋安郡领有乐宁、东随二县,在今湖北省应山县东北。州治平阳,今河南省信阳市。

1.义阳郡

本萧梁北义阳郡地,郡领平阳、义阳、保城三县。东魏以保城置齐安郡,郡领平阳、义阳二县。北齐因之。郡治平阳,今河南省信阳市。

平阳县,本萧梁县,东魏、北齐因之。郡治所在。治在今河南省信阳市。

义阳县,本萧梁县,东魏、北齐因之。治在今河南省信阳市西北、淮河北岸。

2.齐安郡

北魏正光元年,以保城县置郡。后郡入萧梁,废。东魏时复置,废西汝南郡,鄳县并入齐安郡。郡领保城、盟(鄳)、齐安三县。北齐天保初,废盟(鄳)县入齐安县,改保城县为高安县。故天保七年后郡领齐安、高安二县。郡治齐安,今河南省信阳市东南十八里。

齐安县,本北魏正光元年置,萧梁时废。东魏复置,北齐废盟(鄳)县入齐安县。《隋书·地理志》载:“钟山,旧曰盟(鄳),后齐改曰齐安,开皇初改曰钟山。”《嘉庆重修一统志》卷216河南汝宁府“古迹”记载:“钟山故城,在信阳州东南十八里。汉鄳县地。隋置县,属义阳郡。”治在今河南省信阳市东南十八里。

高安县,本萧梁保城县,北齐初改名高安县。治在今河南省罗山县西。

3.淮安郡

本萧齐北淮南左郡、南淮安左郡。北魏、萧梁废。北齐以其地置淮安郡,领有慕化一县。郡治慕化,今河南省信阳市西北六十五里。

慕化县,本萧齐县,后废。北齐复置。郡治所在。治在今河南省信阳市西北六十五里。

(二十)扬州

本北魏扬州地。北魏宣武帝景明元年,萧齐豫州刺史裴叔业降魏。北魏遂以萧齐豫州置扬州。北魏六镇之乱,萧梁乘机北攻。孝昌二年,扬州降梁,以为豫州。后又改曰南豫州。东魏武定七年,州归东魏,复曰扬州。据《魏书·地形志》记载,扬州领郡十,县二十一。郡领有淮南、梁、北谯、陈留、北陈、边城、新蔡、安丰、下蔡、颍川。北齐天保初,置光化郡。故天保七年后州领有淮南、梁、北谯、陈留、北陈、边城、新蔡、安丰、下蔡、颍川、光化十一郡。其中多为侨置,唯边城、新蔡、光化三郡在今河南省境内。州治寿春,今安徽省寿县。

1.新蔡郡

本萧齐北新蔡郡。萧梁分置二新蔡郡。一属建州,领新蔡县;一属安丰州,领蓼县。东魏时废安丰州,属郡改属扬州。郡领新蔡、固始二县。北齐天保初废新蔡县,故郡领有固始一县。郡治固始,今河南省固始县东北七十里。

固始县,本萧梁蓼县,东魏改曰固始,北齐因之。郡治所在。治在今河南省固始县东北七十里。

2.边城郡

东魏时置,郡领有期思、新息二县。北齐天保初,废新息县。故郡领期思一县。郡治期思,今河南省淮滨县南期思镇。

期思县,本萧齐期思县地。萧梁时县废,置安宁县。东魏时复置期思县。北齐时废安宁县入长陵县,属东豫州新蔡郡。郡治所在。治在今河南省淮滨县南期思镇。

3.光化郡

北齐天保初置。《隋书·地理志》"期思县"记载:"又有后齐光化郡,开皇初废入期思。"领县无考。

三、西魏、北周时期河南的州、郡、县

北魏孝武帝永熙三年(534),为摆脱高欢的控制,孝武帝西奔长安,投靠宇文泰。宇文泰杀死孝武帝,立元宝炬为帝,以长安为都城,史称西魏,形成我国北方东西对峙的局面。

西魏存在二十二年,历两代三帝,但政权一直控制在宇文泰手中。西魏恭帝三年(556),宇文泰去世。恭帝四年(557),宇文泰之子宇文觉在宇文护的扶持下,代魏称帝,建都长安,国号为周,史称北周或宇文周。北周共历五帝,二十五年。北周静帝大定元年(581),杨坚代周称帝,建立隋朝,北周灭亡。

西魏继承了北魏的西部疆域,大约在洛阳、方城山、桐柏山以西地区。在侯景之乱及皇室内讧之际,西魏乘机夺得了萧梁益州、汉东等地,控制了长江上游和汉水。北周承袭了西魏的疆域。北周武帝建德六年(577),北周攻占邺城,北齐灭亡,统一了我国北方。北周宣帝大成元年(579),北周又攻占了陈取自北齐

的淮南地区。在行政区划上,西魏、北周实行北魏传统的州、郡、县三级制。侨置、滥置的因素,造成州郡空涨,民户不实。西魏废帝三年(554),西魏进行一次行政区划的调整,为北周行政区划奠定了基础。王仲荦撰有《北周地理志》,对北周政区演变有详尽的研究。[①] 下面我们以北周静帝大象二年(580)为断限,依据《北周地理志》来考述今河南省境内州、郡、县的因循变化。

(一) **洛州**

本北齐洛州地。虽东、西魏时期,洛阳时东时西,属东时名洛州,属西时名司州,但以属东魏居多。北周武帝建德六年,北周灭北齐,仍为洛州。时州领有洛阳、河南、河阴、中川、阳城五郡。州治洛阳,今河南省洛阳市东北。

1.洛阳郡

本北齐洛阳郡地。北周因之。郡领洛阳、缑氏二县。郡治洛阳,今河南省洛阳市东北。

洛阳县,本北齐县,北周因之。郡治所在。治在今河南省洛阳市东北。

缑氏县,本北齐县,北周因之。治在今河南省偃师市南。

2.河南郡

本北齐河南郡地。北周因之,改宜迁县为河南县。郡治河南,今河南省洛阳市。

河南县,本北齐宜迁县。北周建德六年,改宜迁复为河南。《太平寰宇记》卷3《河南道二》西京一河南府河南县记载:"河南县,晋及后魏皆理于今苑城东北隅,后周大象二年,移于故洛城西,隋大业二年,又移于今洛城内宽政坊。"由于城市的扩建,如今皆在洛阳市内。郡治所在。治在今河南省洛阳市。

3.河阴郡

本北齐河阴郡地。北周因之。郡领有河阴一县。郡治河阴,今河南省孟津县东。

河阴县,本北齐县,北周因之。郡治所在。治在今河南省孟津县东。

4.中川郡

本北齐中川郡地。北周因之。隋开皇元年废。郡领有颍阳、堙阳二县。郡治颍阳,今河南省登封市西。

---

① 王仲荦:《北周地理志》,中华书局,2007年。

颍阳县,本北齐县,北周因之。郡治所在。治在今河南省登封市西颍阳镇。

堙阳县,本北齐县,北周因之。治在今河南省伊川县东。

5.阳城郡

本北齐阳城郡地。北周因之。郡领阳城、康城二县。郡治阳城,今河南省登封市东南。

阳城县,本北齐县,北周因之。郡治所在。治在今河南省登封市东南。

康城县,本北齐县,北周因之。治在今河南省禹州市西北。

（二）陕州

本北魏司州弘农郡地。北魏太和十一年置陕州,太和十八年废入司州。孝武帝永熙中重置。东、西魏时期,对陕州的争夺十分激烈,以属西魏居多。西魏文帝大统三年废州。北周明帝时复置。北周武帝保定初,以陕州置总管府;建德六年,废总管府。州领有崤、弘农、阌乡三郡。州治陕县,今河南省三门峡市西。

1.崤郡

本北魏恒农郡地。北周明帝改弘农为崤郡。领有陕县、崤县。郡治陕县,今河南省三门峡市西。

陕县,本北魏北陕县,北周废陕中县,北陕县复旧名。郡治所在。治在今河南省三门峡市西。

崤县,本北魏县,北周因之。治在今河南省永宁县北。

2.弘农郡

本北魏恒农郡。孝武帝永熙三年,分恒农郡置西恒农郡,属陕州。北周明帝复为弘农郡。郡领弘农一县。郡治弘农,今河南省灵宝市北故函谷关城。

弘农县,本北魏县,北周因之。郡治所在。治在今河南省灵宝市北故函谷关城。

3.阌乡郡

本北魏湖城县地。北周明帝二年置郡。郡领阌乡、湖城二县。郡治阌乡,今河南省灵宝市西北文底村一带。

阌乡县,本北魏湖城县阌乡。北周明帝二年置县。郡治所在。《嘉庆重修一统志》卷220河南陕州“古迹”记载:“阌乡故城,在今阌乡县西。《县志》:故城在县西四十里。又有故县乡,在县西南三十里。”治在今河南省灵宝市西北文底村一带。

湖城县,本北魏县,北周因之。治在今河南省灵宝市西北。

（三）熊州

本北魏司州地。东魏天平元年置阳州,领宜阳、金门二郡。后州没于西魏、北周。北周明帝二年,改阳州为熊州。州领宜阳、同轨、新安、河南四郡。州治宜阳,今河南省宜阳县西五十里韩城镇。

1.宜阳郡

北魏孝昌初置,领宜阳、西新安、东亭三县。西魏大统三年,郡没入西魏。北周建德中,曾置宜阳总管府,旋复迁于陕县。郡领有宜阳、甘棠、东亭、昌洛四县。郡治宜阳,今河南省宜阳县西五十里韩城镇。

宜阳县,本北魏县,北周因之。郡治所在。治在今河南省宜阳县西五十里韩城镇。

甘棠县,东魏天平初分新安县置。后县入西魏。西魏、北周因之。治在今河南省宜阳县。

东亭县,本北魏县,北周因之。治在今河南省嵩县西南九十里旧县堡。

昌洛县,本北魏南渑池县,北周明帝二年,改曰昌洛县。治在今河南省洛宁县西北。

2.同轨郡

北周明帝二年置。领熊耳县。郡治熊耳,今河南省洛宁县东。

熊耳县,本西魏北宜阳县,后改为熊耳县。《读史方舆纪要》卷48《河南三》陕州永宁县记载:“永宁县,汉为渑池县之西境。西魏于黄栌城置北宜阳县,后改为熊耳县,属宜阳郡。后周移于刘坞,属同轨郡。隋徙治同轨城。义宁二年,又移于永固城。”治在今河南省洛宁县东。

3.新安郡

东魏天平元年,复置新安郡,属洛州。领新安、东垣、河南三县。后郡入西魏。北周武帝保定三年废新安郡,置中州;建德六年,废中州,复置新安郡。郡领有新安、东垣二县。郡治新安,今河南省义马市西。

新安县,本北魏县,北周因之。郡治所在。治在今河南省义马市西。

东垣县,本北魏县,北周因之。治在今河南省新安县东。

4.河南郡

西魏大统十一年,废渑池郡置河南郡。郡领渑池、俱利二县。北周因之。郡治大坞,今河南省渑池县北十五里。

渑池县,本北魏北渑池县。北周明帝二年,改称渑池县。治在今河南省渑池县西十三里。

俱利县,本北魏县,北周因之。治在今河南省渑池县西十四里。

（四）东义州

西魏大统中置。《太平寰宇记》卷6《河南道六》虢州卢氏县记载:“后魏大统中,于卢氏县立东义州。隋开皇三年,改为虢州。”北周因之。州领义川郡。州治卢氏,今河南省卢氏县。

义川郡

本北魏洛安郡,西魏时改曰义川郡。北周因之。郡领有卢氏、长渊、朱阳三县。郡治卢氏,今河南省卢氏县。

卢氏县,本北魏县,北周因之。郡治所在。治在今河南省卢氏县。

长渊县,本北魏南陕县,《元和郡县图志》卷5河南府长水县记载:“长水县,后魏宣武帝分卢氏东境置南陕县,西魏废帝改为长渊。”①治在今河南省洛宁县西北四十五里长水镇。

朱阳县,本北魏县,属朱阳郡。《元和郡县图志》卷6虢州朱阳县记载:“朱阳县,本汉卢氏县,后魏太和十四年,蛮人樊磨背齐归魏,魏立朱阳郡并朱阳县,令樊磨为太守。大统三年,属东义州。周武帝保定二年,又省郡。宣帝大象元年,割卢氏西界以益朱阳县。”②治在今河南省卢氏县东南朱阳关镇。

（五）荆州

本北魏荆州地。孝武帝西迁,荆州为东魏所据。西魏遂派独孤信夺得荆州。西魏大统元年,东魏侯景又夺取荆州;大统三年,西魏取得沙苑大捷,遂顺势又取荆州。此后,荆州为西魏、北周所有。北周武帝保定二年,于荆州置总管府;北周静帝大象二年,废总管府。州领有新野、南阳、武关、顺阳、南乡五郡。州治穰县,今河南省邓州市。

---

① 《元和郡县图志》,第135页。

② 《元和郡县图志》,第164页。

1.新野郡

本北魏新野郡地。领有新野、穰、池阳三县。西魏大统中，改汉广郡为黄冈郡，并西棘阳入南棘阳，改南棘阳为百宁县。北周时，废黄冈郡及百宁县，入新野县；改新野县为棘阳县，废池阳县。故郡领有棘阳、穰二县。郡治棘阳，今河南省新野县。

棘阳县，本北魏新野县。北周改名棘阳县。郡治所在。治在今河南省新野县。

穰县，本北魏县，北周因之。治在今河南省邓州市。

2.南阳郡

本北魏南阳郡地。西魏大统中，改新城为临湍，废西平县。北周时期，并宛县入上陌，改上陌为上宛；废云阳县。故郡领有上宛、临湍、冠军、涅阳、西鄂五县。郡治上宛，今河南省南阳市。

上宛县，本北魏上陌县。北周时，并宛县入上陌，改上陌为上宛。郡治所在。治在今河南省南阳市。

临湍县，本北魏新城县。西魏大统中，改名为临湍县。治在今河南省内乡县东南大桥子乡滚子岗古城。

冠军县，本北魏县，北周因之。治在今河南省邓州市西北四十五里。

涅阳县，本北魏县，北周因之。治在今河南省邓州市东北六十里。

西鄂县，本北魏县，北周因之。治在今河南省南阳市北。

3.武关郡

本北魏东恒农郡地。后孝昌、永安间，以东恒农郡左南乡县置左南乡郡。西魏大统中，改东恒农郡为武关郡，改左南乡郡为秀山郡。北周时，废秀山郡，属县并入武关郡。故郡领有武关、郦、安山三县。郡治武关，今河南省内乡县西北。

武关县，本北魏西城县。西魏大统中，改名武关县。按：武关县非商於之武关，乃郦县之武陶戍。北周因之。郡治所在。治在今河南省西峡县东南丹水镇石盆岗古城。

郦县，本北魏（南）郦县。北魏郦县分为南、北郦县，北郦县属东恒农郡，南郦县属恒农郡。北周时，废恒农郡，改南郦县为郦县，废北郦县。治在今河南省内乡县北十里栗城。

安山县,本北魏左南乡县。西魏大统中,改名为安山县,属秀山郡。北周时,废秀山郡,安山县隶属武关郡。治在今河南省淅川县南。

4.顺阳郡

本北魏顺阳郡地,领顺阳一县。西魏时,析顺阳县置郑县。时郡领顺阳、郑县。北周时,废顺阳县,改郑县为清乡县。故郡领清乡一县。郡治清乡,今河南省邓州市高集乡。

清乡县,本北魏顺阳县地。西魏时析顺阳县置郑县。北周时,废顺阳县,改郑县为清乡县。郡治所在。治在今河南省邓州市高集乡。

5.南乡郡

本北魏南乡郡地。西魏因之。北周时,废丹水郡,丹水县并入南乡郡。故郡领有南乡、丹水二县。郡治南乡,今河南省淅川县西南。

南乡县,本北魏县,西魏因之。北周时,废龙泉、湖里、白亭三县并入。郡治所在。治在今河南省淅川县西南顺阳川。

丹水县,本北魏县,西魏因之。北周时,废茅城、仓陵、许昌三县并入。治在今河南省淅川县西寺湾镇。

（六）淅州

本北魏析州地,领有修阳、固郡、朱阳、析阳、南上洛五郡。西魏时,改为淅州。西魏大统三年,朱阳郡改隶东义州,废固郡、南上洛郡。北周保定二年,废修阳郡,县并入淅阳郡。故州领淅阳一郡。州治修阳,今河南省西峡县北。

淅阳郡

本北魏析阳郡、修阳郡地。析阳郡领有西析阳、东析阳二县。西魏大统中,改西析阳县为中乡县,改东析阳县为淅川县;郡名改为淅阳。修阳郡领修阳、盖阳二县。北周时,废淅川县入中乡县,废石人县并入中乡县;废修阳郡及盖阳县,修阳县并入淅阳郡。故郡领有中乡、修阳二县。郡治中乡,今河南省西峡县。

中乡县,本北魏西析阳县。西魏时改名中乡县。北周因之。郡治所在。治在今河南省西峡县。

修阳县,本北魏县,属修阳郡。西魏因之。北周时,废修阳郡,县改属淅阳郡。治在今河南省西峡县北。

（七）蒙州

本北魏荆州地。西魏大统三年,分荆州北部北淯郡置。州领有北淯、雉阳二郡。北周因之。州治武川,今河南省南阳市北。

1.北淯郡

本北魏北淯郡,领有武川、北雉二县。西魏大统三年,以北雉县置雉阳郡。故郡领武川一县。北齐因之。郡治武川,今河南省南阳市北。

武川县,本北魏县,西魏、北周因之。郡治所在。治在今河南省南阳市北。

2.雉阳郡

西魏大统三年,分北淯郡北雉县置,又分西鄂县北向城置向城县。故郡领有北雉、向城二县。北周因之。郡治北雉,今河南省南召县东南。

北雉县,本北魏县,属北淯郡。西魏以之置雉阳郡。北周因之。郡治所在。治在今河南省南召县东南。

向城县,西魏大统三年置。《嘉庆重修一统志》卷211河南南阳府“古迹”记载:“向城故城,在南召县南。本汉西鄂县地。后魏孝文帝置县,属淯阳郡,兼置雉阳郡。隋初郡废。”按:向城县置、废皆误。治在今河南省南召县南。

（八）广州

本北魏广州与襄州地。北魏永安中,置广州,领有襄城、南阳、顺阳、汉广、定陵、汝南、鲁阳七郡。西魏据有鲁阳郡,其他六郡为东魏所据。北魏孝昌三年置襄州,郡领有襄城、建城、舞阴、南安、期城、北南阳六郡。西魏据有襄城、舞阴、期城、北南阳四郡。西魏大统中,废襄州及北南阳郡,并以所据鲁阳、襄城、舞阴、期城四郡置广州。北周建德六年,周灭北齐,北齐广州、襄州省并入广州。时州领有鲁阳、武山、襄邑、南襄城、期城、定陵、舞阴、汉广、顺阳、南阳、襄城十一郡。州治鲁山,今河南省鲁山县。

1.鲁阳郡

本北魏鲁阳郡,郡领北山、河山二县。西魏因之。北周时,更名北山为鲁阳,后又改为鲁山县。郡领鲁山、河山二县。郡治鲁山,今河南省鲁山县。

鲁山县,本北魏北山县。北周时更名鲁阳,后又更名鲁山。郡治所在。治在今河南省鲁山县。

河山县,本北魏县,西魏、北周因之。治在今河南省叶县西北十余里。

2.武山郡

北周时置，领有雉阳、滍阳二县。郡治雉阳，今河南省鲁山县东南五十里。

雉阳县，本北魏翼阳县。西魏大统中更名雉阳。北周改隶武山郡。郡治所在。治在今河南省鲁山县东南五十里。

滍阳县，北魏孝昌中置。西魏、北周因之。隋开皇十八年改为湛水。《读史方舆纪要》卷51《河南六》汝州鲁山县记载："滍阳城，在鲁山县东滍水之阳。"治在今河南省宝丰县东南三十里滍阳镇。

3.襄邑郡

本北魏襄州襄城郡，领有方城、郏城、伏城、舞阴、翼阳、赭城六县。西魏大统中，改郡名为襄邑郡；改翼阳为雉阳，废郏城、伏城、舞阴、赭城四县；废北南阳郡，北平县来属。时郡领方城、雉阳、北平三县。北周时，雉阳改隶武山郡，侨置叶县。故郡领方城、叶、北平三县。郡治赭阳城，今河南省方城县。

方城县，本北魏县，西魏、北周因之。郡治所在。治在今河南省方城县。

叶县，北周时侨置。治在今河南省叶县西南。

北平县，本北魏县。北魏孝昌中，置宣义郡，寻改为北南阳郡，县属之，为襄州州治。西魏时，废北南阳郡，县改属襄邑郡。北周因之。治在今河南省方城县东南。

4.南襄城郡

本北齐襄州地。北周建德六年，北齐灭亡，北周废襄州及定南郡，置南襄城郡，又废南安、南舞二县。故郡领叶、定南二县。郡治叶县，今河南省叶县西南旧县镇。

叶县，本北齐县，北周因之。郡治所在。治在今河南省叶县西南旧县镇。

定南县，本北齐县，北周因之。治在今河南省叶县东南。

5.期城郡

本北魏襄州期城郡，孝昌中置，郡领西舞阳、东舞阳、南阳、新安四县。东魏天平初，置临舞县，废西舞阳、南阳、新安三县。西魏大统三年，郡属西魏，郡领临舞、东舞阳二县。北周因之。郡治临舞，今河南省泌阳县西北。

临舞县，东魏天平元年置。西魏大统三年，县归西魏。北周因之。郡治所在。治在今河南省泌阳县西北。

东舞阳县，本北魏县，孝昌三年置，属期城郡。西魏、北周因之。治在今河南省舞阳县西南、泌阳县东北。

6.定陵郡

本北齐定陵郡。北周建德六年，北齐灭亡，北周拥有定陵郡，废西舞阳县，故郡领有北舞阳一县。郡治北舞阳，今河南省舞阳县东北六十里北舞渡镇。

北舞阳县，本北齐县，北周因之。郡治所在。治在今河南省舞阳县东北六十里北舞渡镇。

7.舞阴郡

本北魏襄州舞阴郡，孝昌三年置，郡领舞阴、安阳二县。西魏大统中，废安阳县。郡领舞阴一县。北周因之。郡治舞阴，今河南省泌阳县西北六十里。

舞阴县，本北魏县，西魏、北周因之。郡治所在。治在今河南省泌阳县西北六十里。

8.汉广郡

本北齐汉广郡。北周建德六年，北周灭齐，拥有汉广郡。北周因之。郡领汝坟一县。郡治汝坟，今河南省叶县东南十五里汝坟店。

汝坟县，本北齐县，北周因之。郡治所在。治在今河南省叶县东南十五里汝坟店。

9.顺阳郡

本北齐广州顺阳郡。北周建德六年，北周灭齐，拥有顺阳郡。北周因之。郡领龙山一县。郡治龙山，今河南省郏县东南。

龙山县，本北齐县，北周因之。郡治所在。治在今河南省郏县东南。

10.南阳郡

本北齐广州南阳郡。北周建德六年，北周灭齐，拥有南阳郡。北周因之。郡领南阳一县。郡治南阳，今河南省郏县西北。

南阳县，本北齐县，北周因之。郡治所在。治在今河南省郏县西北。

11.襄城郡

本北齐广州襄城郡。北周建德六年，北周灭齐，拥有襄城郡。北周因之。郡领襄城、繁昌二县。郡治襄城，今河南省襄城县。

襄城县，本北齐县，北周因之。郡治所在。治在今河南省襄城县。

繁昌县，本北齐县，北周因之。治在今河南省许昌市南、临颍县西北三十里。

（九）湖州

本北魏南襄州，孝昌三年置，州领西淮、襄城二郡。西魏废帝三年，改州名为湖州。北魏南平州，永安中以南襄州襄城郡湖阳县置，西魏废帝三年，改州名为升州，不久废升州入湖州。西魏废帝三年，又以湖州西淮郡钟离县置洞州及洞川郡。时湖州领襄城郡，洞州领洞川郡。北周武帝天和二年，省洞州入湖州，又新置升平郡。故州领升平、洞川、襄城三郡。州治湖阳，今河南省唐河县南湖阳镇。

1.升平郡

北周武帝天和二年，以湖阳县置。郡领湖阳、栢林二县。郡治湖阳，今河南省唐河县南湖阳镇。

湖阳县，本北魏县，属南襄州襄城郡。永安中，以之置南平州。西魏废帝三年，改南平州为升州，不久废升州入湖州，县属湖州襄城郡。北周天和二年，又以湖阳置升平郡。郡治所在。治在今河南省唐河县南湖阳镇。

栢林县，北魏孝昌中以湖阳侨置顺阳郡。西魏时改郡名为栢林郡。北周时省郡，改为栢林县。《隋书·地理志》“湖阳县”记载：“又后魏置顺阳郡，西魏改为栢林郡，后周省郡，改县曰栢林。大业初废入湖阳。”《读史方舆纪要》卷51《河南六》南阳府唐河县“栢林废县”记载：“栢林废县，在湖阳城东北。”治在今河南省唐河县西南。

2.洞川郡

本北魏西淮郡地，领钟离、襄城二县。永安中，省襄城县入襄城郡上马县。西魏初改郡名淮安郡，领钟离一县；废帝三年，废淮安郡，以钟离县置洞州及洞川郡。北周天和二年，废洞州，郡属湖州，领钟离一县。郡治钟离，今河南省唐河县东南。

钟离县，本北魏县，属南襄州西淮郡。西魏废帝三年，废郡，以县置洞州及洞川郡。北周天和二年，废洞州，县随郡属湖州。郡治所在。治在今河南省唐河县东南。

3.襄城郡

本北魏南襄州襄城郡地，领湖阳、上马二县。永安中，以湖阳置南平州，郡属焉。西魏改州为升州，不久废入湖州，郡属湖州。北周天和二年，以湖阳置升平郡，湖阳从郡划出。郡领上马一县。郡治上马，今河南省唐河县。

上马县，本北魏县，属南襄州襄城郡。永安中，县属南平州襄城郡。西魏时，县属湖州襄城郡。北周因之。郡治所在。治在今河南省唐河县。

（十）淮州

本北魏东荆州地，领江夏一郡。西魏废帝三年，改州名为淮州。北周天和二年，废鸿州置真昌郡，属淮州。时州领有江夏、真昌二郡。州治比阳城，今河南省泌阳县西。

1.江夏郡

本北魏江夏郡，属东荆州，领江夏、阳平二县。西魏废帝三年，郡属淮州。北周因之。郡治江夏，今河南省泌阳县北。

江夏县，本北魏县，西魏、北周因之。郡治所在。治在今河南省泌阳县东北付庄镇。

阳平县，本北魏县，西魏、北周因之。治在今河南省泌阳县。

2.真昌郡

北魏正始中以比阳城侨置西郢州。西魏废帝三年，改州名为鸿州。北周天和二年，废鸿州置真昌郡，郡属淮州。郡领比阳一县。郡治比阳，今河南省泌阳县西。

比阳县，本北魏比阳城，置乐陵镇，为东荆州治所。西魏置比阳县，北周因之。郡治所在。治在今河南省泌阳县西。

（十一）殷州

本北魏东荆州地。北魏永安中，以东荆州城阳郡置殷州。西魏、北周因之。州领城阳一郡。州治城阳，今河南省泌阳县南。

城阳郡

本北魏城阳郡，属东荆州，郡领有城阳一县。北魏永安中，以郡置殷州。西魏、北周因之。郡治城阳，今河南省泌阳县南。

城阳县，本北魏县，西魏、北周因之。郡治所在。治在今河南省泌阳县南。

（十二）纯州

本萧梁华州地，州领上川、西义阳二郡。西魏废帝元年改华州为淮州；废帝三年又改淮州曰纯州。同时，又以西义阳郡置辅州，改郡名为淮阳郡；以萧齐淮南郡之平氏县置汉广郡，属纯州；以萧齐淮南郡之阁口县置油州，改阁口为淮南县。北周天和二年，省油州入纯州，省辅州入纯州，新置大义郡。故州领上川、汉广、大义三郡。州治义乡,今河南省桐柏县东六十里固县镇。

1.上川郡

本萧梁上川郡,领淮安一县。西魏废帝三年,改淮安县为义乡县。北周天和二年,废油州及淮南郡,淮南县改属上川郡;废辅州及淮阳郡,地并入淮南县。故郡领义乡、淮南二县。郡治义乡,今河南省桐柏县东六十里固县镇。

义乡县,本萧梁淮安县。西魏废帝三年,更名义乡县。北周因之。郡治所在。治在今河南省桐柏县东六十里固县镇。

淮南县,本萧齐阁口县地。西魏废帝三年,以阁口置油州,改阁口为淮南县。北魏天和二年,废油州入纯州,县也属之。治在今河南省桐柏县东南。

2.汉广郡

西魏废帝三年,以萧齐淮南郡之平氏县置汉广郡,属纯州。北周因之。郡领平氏县。郡治平氏,今河南省桐柏县西北平氏镇。

平氏县,本萧齐县。西魏废帝三年,以平氏县置汉广郡。北周因之。郡治所在,治在今河南省桐柏县西北平氏镇。

3.大义郡

北周天和二年置。《隋书·地理志》"桐柏县"记载:"又有大义郡,后周置,开皇初废。"领县无考。

(十三)和州

本北齐北荆州地。北周武帝保定二年,改州名为和州,改汝阴郡为汝北郡,并以石台县置石台郡。故郡领有伊川、新城、汝北、石台四郡。州治伏流城,今河南省嵩县东北。

1.伊川郡

本北齐伊川地。北周因之,领南陆浑一县。郡治南陆浑县,今河南省嵩县东北。

南陆浑县,本北齐县,北周因之。郡治所在。治在今河南省嵩县东北。

2.新城郡

本北齐新城郡地。北周因之,郡领有新城、北陆浑二县。郡治新城,今河南省伊川县西南。

新城县,本北齐县,北周因之。郡治所在。治在今河南省伊川县西南。

北陆浑县,本北齐县,北周因之。治在今河南省嵩县东北。

3.汝北郡

本北齐汝阴郡地。北周武帝保定二年，改郡名为汝北郡，以石台县置石台郡，复置东汝南。故郡领梁、东汝南、汝原三县。郡治王坞城，今河南省汝州市西南。

梁县，本北齐县，北周因之。治在今河南省汝州市西。

汝原县，本北齐县，北周因之。治在今河南省汝州市东。

东汝南县，本北魏县，北齐废，北周复置。治在今河南省汝州市东。

4.石台郡

北周武帝保定二年，以汝北郡石台县置。领石台一县。郡治石台，今河南省汝州市西。

石台县，本北齐县，属汝阴郡。北周保定二年，以县置石台郡，北周末郡县俱废。治在今河南省汝州市西。

（十四）怀州

本北齐怀州地。北周武帝保定四年，州归属北周。北周因之，州领河内、武德二郡。州治野王，今河南省沁阳市。

1.河内郡

本北齐河内郡地。北周因之，郡领有野王、轵二县。郡治野王，今河南省沁阳市。

野王县，本北齐县，北周因之。郡治所在。治在今河南省沁阳市。

轵县，本北齐县，北周因之。治在今河南省济源市南。

2.武德郡

本北齐武德郡地。北周保定四年，复置怀县。郡领州、怀二县。郡治州，今河南省沁阳市东南。

州县，本北齐县，北周因之。郡治所在。治在今河南省沁阳市东南。

怀县，本北魏县，北齐废，北周复置。治在今河南省武陟县西南。

（十五）相州

本北齐司州地。北周武帝建德六年，北周灭齐，复改司州为相州，并置总管府。同时，改清都尹为魏郡，置成安、林虑、昌乐、武阳四郡；以东郡属汴州，以濮阳属曹州。时州领有魏郡、广平、阳平、汲郡、黎阳、清河、襄国、成安、林虑、昌乐、武阳十一郡。北周武帝宣政元年，以汲郡置卫州，以黎阳郡置黎州，以广平、襄国置洺州,以清河郡置贝州。故州领有魏郡、林虑、成安、昌乐、阳平、武阳六郡。唯林虑、昌乐二郡在今河南省境内。北周静帝大象二年,废总管府,相州从故邺城迁治于安阳城;以阳平郡置屯州,以昌乐、武阳二郡置魏州。州治邺县,前期在河北省磁县南,大象二年在今河南省安阳市。

1.林虑郡

本北齐清都尹地。北周建德六年,北周灭齐,以林虑县复置林虑郡。郡领有林虑、灵泉二县。郡治林虑,今河南省林州市。

林虑县,本北齐县,属清都尹。北周建德六年,以县置林虑郡。郡治所在。治在今河南省林州市。

灵泉县,北周建德六年置。《嘉庆重修一统志》卷197河南彰德府“古迹”记载:“灵泉故城,在安阳县西南。后周置灵泉县,属相州。隋属魏郡。唐武德四年省。”治在今河南省安阳市西南。

2.昌乐郡

本北齐清都尹地。北周建德六年,北周灭齐,以昌乐县复置昌乐郡。郡领有昌乐、贵乡、卫国三县。贵乡县在今河北省境内。郡治昌乐,今河南省南乐县西北。

昌乐县,本北齐县,属清都尹。北周建德六年,以县置昌乐郡。郡治所在。治在今河南省南乐县西北。

卫国县,本北齐县,属阳平郡。北周建德六年,县改隶昌乐郡。治在今河南省清丰县南。

(十六)卫州

本北齐司州汲郡地。北周武帝宣政元年,分相州汲郡置卫州。州领汲郡、修武二郡。州治枋头城,今河南省浚县西南东枋城。

1.汲郡

本北齐汲郡地,属司州。北周武帝宣政元年,以郡置卫州。时郡领有朝歌、五城二县。郡治枋头,今河南省浚县西南东枋城。

朝歌县,本北齐县,北周迁治于枋头城。郡治所在,治在今河南省浚县西南东枋城。

五城县,本东魏侨置于汲郡陈城。东魏孝静帝兴和二年,恒农郡人归国,于汲郡陈城侨置义州,领五城、泰宁、新安、渑池、恒农、宜阳、金门等七郡十九县。

北齐天保初合并为义州五城郡。北周宣政元年,废义州及五城郡,改置为五城县。治在今河南省卫辉市。

2.修武郡

本北齐汲郡地,属司州。北周武帝宣政元年,分汲郡南修武县置修武郡。时郡领有修武、获嘉二县。郡治南修武城,今河南省获嘉县。

修武县,本北魏北修武县,北齐废入南修武县。北周复置,名修武县,治在今河南省修武县东北。

获嘉县,本北魏共县,北齐废。北周复置县,更名获嘉。治在今河南省辉县市。

（十七）黎州

本北齐司州黎阳郡地。北周武帝宣政元年,分相州黎阳郡置黎州。州领黎阳一郡。州治黎阳,今河南省浚县东北。

黎阳郡

本北齐黎阳郡地,属司州。北周武帝宣政元年,以郡置黎州。时郡领有黎阳一县,废顿丘县。郡治黎阳,今河南省浚县东北。

黎阳县,本北齐县,北周因之。郡治所在。治在今河南省浚县东北。

（十八）曹州

本北齐西兖州地。北周武帝建德六年,北周灭齐,改西兖州为曹州,濮阳郡自相州来属。故州领济阴、濮阳二郡。唯濮阳郡在今河南省境内。州治左城,今山东省定陶县西。

濮阳郡

本北齐濮阳郡地,属司州。北周建德六年,郡从相州来属。郡领鄄城、廪丘、濮阳、西濮阳四县。唯濮阳、西濮阳二县在今河南省境内。郡治鄄城,今山东省鄄城县北。

濮阳县,本北齐县,北周因之。治在今河南省范县西南濮城镇。

西濮阳县,本北魏濮阳县,东魏迁治。北周建德六年,于其旧址置西濮阳县。治在今河南省濮阳市西南。

另,今河南省范县地,台前县地属济州高平郡寿张县。

（十九）汴州

本北齐梁州地。北周武帝建德六年,北周灭齐,改梁州为汴州,东郡自相州来属。州领有陈留、阳夏、东郡三郡。州治浚仪，今河南省开封市。

1.陈留郡

本北齐陈留郡地。北周因之。郡领有浚仪、开封二县。郡治浚仪，今河南省开封市。

浚仪县，本北齐县，北周因之。郡治所在。治在今河南省开封市。

开封县，本北齐县，北周因之。治在今河南省开封市南。

2.阳夏郡

本北齐阳夏郡地。北周静帝大象二年，复置襄邑县。时郡领有雍丘、襄邑、济阳三县。郡治雍丘，今河南省杞县。

雍丘县，本北齐县，北周因之。郡治所在。治在今河南省杞县。

济阳县，本北齐县，北周因之。治在今河南省兰考县东北堌阳镇。

襄邑县，本北魏县，北齐天保初废，北周大象二年复置。治在今河南省睢县。

3.东郡

本北齐东郡地，属司州。北周建德六年，郡由相州改属汴州。郡领东燕、白马、长垣。郡治滑台城，今河南省滑县东。

白马县，本北齐县，北周因之。治在今河南省滑县东。

东燕县，本北齐县，北周因之。治在今河南省延津县东北。

长垣县，本北齐县，北周因之。治在今河南省长垣县东北。

（二十）荥州

本北齐北豫州地。北周武帝建德六年，北周灭齐，改北豫州为荥州。州领成皋、广武二郡。州治虎牢城，今河南省荥阳市西北汜水镇西。

1.成皋郡

本北齐成皋郡地。北齐武平五年，省成皋县入西成皋县，改西成皋县为成皋县。北周因之。郡领有成皋、密、荥阳三县。郡治荥阳，今河南省荥阳市东北。

荥阳县，本北齐县，北周因之。郡治所在。治在今河南省荥阳市东北。

密县，本北齐县，北周因之。治在今河南省新密市东南。

成皋县，本北齐县，北周因之。治在今河南省荥阳市西北汜水镇西。

2.广武郡

本北齐广武郡地。北周因之,郡领有中牟、阳武、苑陵三县。郡治中牟城,今河南省中牟县东。

中牟县,本北齐县,北周因之。郡治所在。治在今河南省中牟县东。

苑陵县,本北齐县,北周因之。治在今河南省新郑市东北。

阳武县,本北齐县,北周因之。治在今河南省原阳县东南阳武镇。

(二十一)郑州

本北齐郑州地。北周因之。大定元年,改郑州为许州。州领颍川、许昌、阳翟三郡。州治长社,今河南省许昌市。

1.颍川郡

本北齐颍川郡地。北周因之。建德六年,临颍自豫州临颍郡来属。郡领有长社、临颍二县。郡治长社,今河南省许昌市。

长社县,本北齐县,北周因之。郡治所在。治在今河南省许昌市。

临颍县,本北齐县,北周因之。治在今河南省临颍县西北。

2.许昌郡

本北齐许昌郡地。北周因之。郡领许昌、扶沟、新汲三县。郡治许昌,今河南省许昌市东。

许昌县,本北齐县,北周因之。郡治所在。治在今河南省县许昌市东。

扶沟县,本北齐县,北周因之。治在今河南省扶沟县。

新汲县,本北齐县,北周因之。今河南省扶沟县西南离下村。

3.阳翟郡

本北齐阳翟地。北周因之。郡领有阳翟、黄台二县。郡治阳翟,今河南省禹州市。

阳翟县,本北齐县,北周因之。郡治所在。治在今河南省禹州市。

黄台县,本北齐县,北周因之。治在今河南省禹州市东北。

(二十二)豫州

本北齐豫州地。北周武帝建德六年,北周灭齐,州属北周。以豫州置总管府,以广陵郡置息州。故州领有临颍、文城、汝南、汝阳、广宁、初安六郡。北周静帝大象二年,改豫州为舒州。州治悬瓠,今河南省汝南县。

1.临颍郡

本北齐临颍郡地。北周建德六年,临颍县改隶颍川郡,西平县自文城郡来属。郡领有邵陵、西平二县。郡治邵陵,今河南省漯河市东。

邵陵县,本北齐县,北周因之。郡治所在。治在今河南省漯河市东。

西平县,本北齐县,属文城郡。北周改隶临颍郡。治在今河南省西平县西北师灵镇。

2.汝南郡

本北齐汝南郡地。北周建德六年,真阳县改属永州城阳郡,置建宁县。郡领有上蔡、保城、建宁三县。郡治上蔡悬瓠城,今河南省汝南县。

上蔡县,本北齐县,北周因之。郡治所在。治在今河南省汝南县。

保城县,本北齐县,北周因之。治在今河南省汝南县南。

建宁县,本北魏侨置县。《魏书・地形志》记载,豫州城阳郡领建宁县。北齐废城阳郡及县。北周复置。治在今河南省汝南县南。

3.汝阳郡

本北齐汝阳郡地。北周因之。郡领有汝阳一县。治汝阳,今河南省商水县汝阳故城。

汝阳县,本北齐县,北周因之。郡治所在。治在今河南省商水县汝阳故城。

4.广宁郡

本北齐广宁郡地。北周因之。郡领有新蔡、永康、包信三县。包信即旧鲖阳,在今安徽省境内。郡治新蔡,今河南省新蔡县。

新蔡县,本北齐县,北周因之。郡治所在。治在今河南省新蔡县。

永康县,本北齐县,北周因之。治在今河南省新蔡县东南。

5.文城郡

本北齐文城郡地。北周建德六年,西平县改属临颍郡。故郡领有武阳、遂宁二县。郡治武阳,今河南省西平县西南。

武阳县,本北齐县,北周因之。郡治所在。治在今河南省西平县西南。

遂宁县,本北齐县,北周因之。治在今河南省遂平县。

6.初安郡

本北齐初安郡地。北周因之。郡领有安昌、怀德、昭越三县。郡治安昌,今河南省确山县西南。

安昌县,本北齐县,北周因之。郡治所在。治在今河南省确山县西南。

怀德县,本北齐县,北周因之。治在今河南省确山县西北。

昭越县,本北齐县,北周因之。治在今河南省泌阳县东。

（二十三）**永州**

本北齐永州地。北周因之。州领有城阳一郡。州治楚城,今河南省信阳市北长台关楚王城遗址。

城阳郡

本北齐城阳郡地。北周建德六年,真阳县自豫州汝南郡来属。郡领有城阳、义兴、真阳三县。郡治城阳,今河南省信阳市北长台关。

城阳县,本北齐县,北周因之。郡治所在。治在今河南省信阳市北长台关。

义兴县,本北齐县,北周因之。治在今河南省信阳市东北。

真阳县,本北齐县,属汝南郡。北周改隶城阳郡。治在今河南省正阳县北。

（二十四）**息州**

本北齐东豫州地。北周武帝建德六年,北周灭齐,州属北周。广陵郡自豫州来属。宣政元年,改东豫州为息州。州领有广陵、汝南、新蔡、建安、梁安五郡。州治广陵,今河南省息县西南。

1.广陵郡

本北齐广陵郡地,属豫州。北周建德六年,郡改属东豫州。宣政元年,州改名息州,郡属之。郡领有宋安、白狗二县。郡治广陵城,今河南省息县西南。

宋安县,本北齐县,北周因之。郡治所在。治在今河南省息县西南。

白狗县,本北齐县,北周因之。治在今河南省正阳县东南。

2.汝南郡

本北齐东豫州汝南郡地。北周宣政元年,州改名息州,郡属之。郡领有新息、安阳二县。郡治新息,今河南省息县。

新息县,本北齐县,北周因之。郡治所在。治在今河南省息县。

安阳县,本北齐县,北周因之。治在今河南省正阳县南。

3.新蔡郡

本北齐东豫州新蔡郡。北周宣政元年,州改名息州,郡属之。郡领有包信、长陵二县。郡治包信,今河南省息县东北包信镇。

包信县,本北齐县,北周因之。郡治所在。治在今河南省息县东北包信镇。

长陵县,本北齐县,北周因之。治在今河南省息县东长陵乡。

4.建安郡

建置不详。《隋书·高祖纪》记载,北周大象二年十二月甲子,以二十郡为隋国,中有息州之建安郡。但《魏书·地形志》与《隋书·地理志》皆不载此郡。领县无考。

5.梁安郡

《隋书·地理志》“褒信县”记载:“梁置梁安郡,开皇初废。”按:梁置梁安郡,北齐已废。此梁安郡应为北周置。领朗中一县。郡治朗中,今河南省息县东北。

朗中县,北周宣政元年置。郡治所在。治在今河南省息县东北。

(二十五)申州

本北齐郢州地。北周改名申州。州领有义阳、宋安、齐安、淮安四郡。宋安郡领有乐宁、东随二县,在今湖北省应山县东北。州治平阳,今河南省信阳市。

1.义阳郡

本北齐义阳郡地。北周因之。郡领平阳、义阳二县。郡治平阳,今河南省信阳市。

平阳县,本北齐县,北周因之。郡治所在。治在今河南省信阳市。

义阳县,本北齐县,北周因之。治在今河南省信阳市西北、淮河北岸。

2.齐安郡

本北齐齐安郡地。北周因之。郡领齐安、高安二县。郡治齐安,今河南省信阳市东南十八里。

齐安县,本北齐县,北周因之。治在今河南省信阳市东南十八里。

高安县,本北齐县,北周因之。治在今河南省罗山县西。

3.淮安郡

本北齐淮安郡地。北周因之。领有慕化一县。郡治慕化,今河南省信阳市西北六十五里。

慕化县,本北齐县,北周因之。郡治所在。治在今河南省信阳市西北六十五里。

（二十六）南光州

本陈光州地。北周宣帝大成元年，州没入北周。北周改名南光州。州领有光城、弋阳、宋安、丰安四郡。州治光城，今河南省光山县。

1.光城郡

本陈光城郡地。北周因之。郡领有光城、乐安二县。郡治光城，今河南省光山县。

光城县，本陈县，北周因之。郡治所在。治在今河南省光山县。

乐安县，本陈县，北周因之。治在今河南省光山县西。

2.弋阳郡

本陈弋阳郡地。北周因之。领有定城县。郡治定城，今河南省潢川县。

定城县，本陈县，北周因之。郡治所在。治在今河南省潢川县。

3.宋安郡

本陈宋安郡地。北周因之。郡领有宋安一县。郡治宋安，今河南省光山县西南。

宋安县，本陈县，北周因之。郡治所在。治在今河南省光山县西南。

4.丰安郡

本陈丰安郡地。北周因之。郡领有新城县。郡治新城，今河南省光山县西。

新城县，本陈县，北周因之。郡治所在，治在今河南省光山县西。

（二十七）南建州

本陈建州地。北周宣帝大成元年，州没入北周。北周改名南建州，并废朔州入南建州；改高平郡为平高郡。州领有平高、新蔡、义城、新城四郡。州治平高县，今河南省商城县东。

1.平高郡

本陈高平郡地。北周改为平高郡。郡领平高一县。郡治平高，今河南省商城县东。

平高县，本陈高平县，北周改名平高县。郡治所在。治在今河南省商城县东。

2.新蔡郡

本陈新蔡郡地。北周因之。郡领新蔡一县。郡治新蔡，今河南省固始县东建安乡。

新蔡县,本陈县,北周因之。郡治所在。治在今河南省固始县东。

3.义城郡

本陈义城郡地。北周因之。郡领包信一县。郡治包信,今河南省商城县西。

包信县,本陈县,北周因之。郡治所在。治在今河南省商城县西。

4.新城郡

本陈新城郡,属朔州。北周大成元年废朔州,郡改属南建州。郡领新城一县。郡治新城,今河南省潢川县东南。

新城县,本陈县,属朔州。北周改隶南建州。郡治所在。治在今河南省潢川县东南。

（二十八）**浍州**

本陈豫州地。北周宣帝大成元年,韦孝宽伐陈,取淮南地区。州属北周。北周以陈豫州西部地区置浍州。州领边城、新蔡、光化三郡。州治固始,今河南省固始县东北七十里。

1.新蔡郡

本陈新蔡郡地。北周因之。郡领有固始一县。郡治固始,今河南省固始县东北七十里。

固始县,本陈县,北周因之。郡治所在。治在今河南省固始县东北七十里。

2.边城郡

本陈边城郡地。北周因之。郡领期思一县。郡治期思,今河南省淮滨县南期思镇。

期思县,本陈县,北周因之。郡治所在。治在今河南省淮滨县南期思镇。

3.光化郡

本陈光化郡地,北周因之。领县无考。

（二十九）**南郢州**

本北齐南郢州地。《隋书·地理志》:定城,后齐置南郢州,开皇初废。北周宣政元年废定城郡。郡领有光城、边城、齐安、新蔡、淮南五郡。州治赤石关,今河南省潢川县南。

1.光城郡

本北齐东光城郡地。北周改名光城郡。郡领光城一县。郡治赤石关,今河南省潢川县南。

光城县,本北齐县,北周因之。郡治所在。治在今河南省潢川县南。

2.边城郡

本北齐边城郡地。北周因之。郡领茹由一县。郡治茹由,今河南省光山县南。

茹由县,本北齐县,北周因之。郡治所在。治在今河南省光山县南。

3.淮南郡

本北齐弋阳郡地。北周改名为淮南郡。领有东新蔡县。郡治东新蔡,今河南省潢川县东北。

东新蔡县,本北齐县,北周因之。郡治所在。治在今河南省潢川县东北。

4.齐安郡

本北齐齐安郡地。北周因之。领县无考。

5.新蔡郡

本北齐新蔡郡地。北周因之。领县无考。

(三十)陈州

本北齐信州地。北周武帝建德六年,北周灭齐,州属北周。北周改州名为陈州。州领有陈郡、项城、丹阳、淮阳四郡。州治项县,今河南省淮阳县。

1.陈郡

本北齐陈郡地。北周因之。郡领有项、长平二县。郡治项县,今河南省淮阳县。

项县,本北齐县,北周因之。郡治所在。治在今河南省淮阳县。

长平县,本北齐县,北周因之。治在今河南省西华县南。

2.丹阳郡

本北齐丹阳郡地。北周因之。郡领有秣陵、和城二县。郡治秣陵,今河南省沈丘县。

秣陵县,本北齐县,北周因之。郡治所在。治在今河南省沈丘县。

和城县,本北齐县,北周因之。治在今河南省项城市西北。

3.淮阳郡

本北齐阳夏郡地。北周因之。郡领阳夏一县。郡治阳夏,今河南省太康县。

阳夏县,本北齐县,北周因之。郡治所在。治在今河南省太康县。

4.项城郡

建置不详。《隋书·地理志》"项城"云:"又有项城郡,开皇三年废。"领县无考。

（三十一）**亳州**

本北齐南兖州地。北周武帝建德六年,北周灭齐,南兖州归属北周,置总管府。北周宣帝大成元年,改州名为亳州。州领陈留、梁郡二郡。州治小黄,今安徽省亳州市。

1.陈留郡

本北齐陈留郡地。北周因之。郡领小黄、浚仪、武平三县。唯武平在今河南省境内。郡治小黄,今安徽省亳州市。

武平县,本北齐县,北周因之。治在今河南省柘城县南。

2.梁郡

本北齐梁郡地。北周因之。郡领有睢阳、下邑二县。郡治睢阳,今河南省商丘市南。

睢阳县,本北齐县,北周因之。郡治所在。治在今河南省商丘市南。

下邑县,本北齐县,北周因之。治在今河南省夏邑县。

第五章 隋唐五代时期河南的行政区划

隋唐五代时期是我国历史上的大一统时代,尽管最后存在着短暂的分裂。当时的中国是世界上最为强大的国家,是世界经济、文化的中心。今河南省范围是当时中国的腹心地区,前有洛阳,后有开封,是国家的政治、经济、文化的中心,是丝绸之路的起点。下面我们主要就今河南省境内在当时设置的行政区划及其演变进行研究。

第一节 隋代河南的郡(州)、县

北周大定元年(581)二月,周静帝禅让帝位于杨坚。杨坚以长安为都,建国号隋,史称隋朝。开皇九年(589),隋灭陈,结束了魏晋南北朝三百多年来的分裂割据局面,统一了中国,使我国历史进入第二个大一统时代。然隋朝国运短祚,只历二帝,三十八年。隋炀帝大业十四年(618),隋炀帝被宇文化及杀害,隋朝灭亡。

在南北朝后期,州郡滥置已经到了无以复加的地步,对地方行政制度进行改革也势在必行。隋文帝开皇三年(583),“罢天下诸郡”,使州直接管县,由州、郡、县三级层次变为州、县二级层次。同时,又省并一些州县。开皇中期,州县数量又有所反弹。隋炀帝大业三年(607),又在全国范围内大量裁并州县,并改州为郡,回到秦汉时期的郡、县二级制。经过这样两次的裁并,隋朝政区的数量和分布逐渐趋于合理,为社会经济的发展奠定了良好的基础。

《隋书·地理志》记载的是隋炀帝大业五年(609)隋朝的行政区划。下面我们就以大业五年为时间断限来考述今河南省境内郡(州)县的因循变化。

一、河南郡

本北周洛州、陕州、熊州、和州之地。开皇元年(581),洛州领有河南、洛阳、河阴、阳城四郡;废中川郡及颍阳县,堙阳县入阳城郡。陕州领崤、阌乡、弘农三郡。熊州领有宜阳、同轨、新安三郡。和州领有伊川、新城二郡;废汝北、石台二郡,梁县、汝原县属新城郡;废俱利县入渑池县。开皇三年(583),废郡,州直管县。洛州领有河南、洛阳、缑氏、河阴、阳城、康城、堙阳、伊川(新置)八县;陕州领有陕、崤、阌乡、湖城、弘农五县;熊州领有宜阳、甘棠、昌洛、熊耳、渑池、新安、东垣七县;和州领有伏流、新城、梁县、汝原四县,废新城郡之北陆浑,废阌乡郡之阌乡县,改伊川郡南陆浑县为伏流县。开皇四年(584),改和州名为伊州,迁治汝原县,梁县、汝原属伊州,伏流、新城改属洛州。开皇十六年(596),以阳城、康城、堙阳及伊州之阳翟县置嵩州;以东垣、新安、渑池、寿安四县置谷州;复置桃林、偃师、巩县;废缑氏县,改湖城县为阌乡县。开皇十八年(598),改昌洛县为洛水县。仁寿四年(604),废嵩州、谷州;废康城县入阳城县,废新安县入东垣县。大业元年(605),改洛州为豫州,废河阴县入洛阳县,复置缑氏县。大业二年(606),省并州县。洛州省伊川县入洛阳县,陕州省崤县入陕县,熊州省洛水县入宜阳县,废弘农县。大业三年(607),改州为郡。豫州改为河南郡,陕州、熊州、和州省并入河南郡。时郡领有河南、洛阳、缑氏、阳城、嵩阳、陕、阌乡、宜阳、寿安、熊耳、渑池、新安、陆浑、伊阙、桃林、偃师、巩。大业四年(608),置兴泰县。大业十二年(616),复置密县。义宁元年(617),复置湖城县,以湖城、阌乡属凤林郡;以陕、桃林二县新置弘农郡,分陕县复置崤县,长水县来属。义宁二年(618),以宜阳、渑池、永宁三县置宜阳郡;以新安县置新安郡。郡治河南,今河南省洛阳市。

河南县,本北周县,隋因之。郡治所在。治在今河南省洛阳市。

洛阳县,本北周县,隋仁寿四年,隋炀帝营建东都,遂迁治于东都德懋坊西南隅。治在今河南省洛阳市。

缑氏县,本北周县,隋开皇十六年废,大业元年复置。治在今河南省偃师市东南。

阳城县,本北周县,隋因之。治在今河南省登封市东南。

嵩阳县,本北周堙阳县。开皇六年改名武林,十八年改名轮氏;大业元年改名嵩阳。治在今河南省伊川县东。

陕县,本北周县,隋因之。治在今河南省三门峡市西。

阌乡县,本北周湖城县,隋初因之。开皇十六年,改湖城县为阌乡县,县治移至阌乡县故县治。治在今河南省灵宝市西北文底村一带。

宜阳县,本北周县,隋因之。治在今河南省宜阳县西五十里韩城镇。

寿安县,本北周甘棠县。隋仁寿四年改名寿安县。治在今河南省宜阳县。

熊耳县,本北周县,隋因之。义宁二年,改名永宁县。治在今河南省洛宁县东。

渑池县,本北周县。隋大业元年迁治于今县东二十五里新安驿,十二年复迁治于大坞城。治在今河南省渑池县东。

新安县,本北周东垣县。隋仁寿四年,废新安县入东垣县;大业初改东垣县为新安县。治在今河南省新安县东。

陆浑县,本北周南陆浑县。隋开皇三年,改名伏流县;大业元年,改名陆浑县。治在今河南省嵩县东北。

伊阙县,本北周新城县。隋开皇十八年改名伊阙县。治在今河南省伊川县西南。

桃林县,隋开皇十六年置。《隋书·地理志》"桃林县"下记载:"开皇十六年置。"《元和郡县图志》卷6陕州灵宝县记载:"隋开皇十六年置桃林县,属陕州。"《新唐书·地理志》记载:"义宁元年隶虢州。"本北周弘农县故址。治在今河南省灵宝市北故函谷关镇。

偃师县,本秦汉县,西晋废。隋开皇十六年复置。《隋书·地理志》"偃师县"下记载:"旧废,开皇十六年置。"治在今河南省偃师市东。

巩县,本秦汉县,北齐废。隋开皇十六年复置。《隋书·地理志》"巩县"下记载:"后齐废,开皇十六年置。"治在今河南省巩义市东北。

兴泰县,隋大业四年置。《隋书·地理志》"兴泰县"下记载:"大业初置。"《嘉庆重修一统志》卷206河南河南府"古迹"记载:"兴泰故城,在宜阳县西南。隋大业初置,属河南郡。隋末废。唐长安四年,立兴泰宫,因复置县。神龙元年,并入寿安。《旧志》:在县西南四十五里万安山下,旧址尚存。"治在今河南省宜阳县西南。

二、荥阳郡

本北周荥州地,领成皋、广武二郡。隋开皇元年(581),改荥州为郑州;为避讳,改中牟县为内牟县。开皇三年(583),废郡,州管县。时郑州领有成皋、荥阳、密、内牟、阳武、宛陵六县。开皇四年(584),析荥阳县置广武县。开皇十六年(596),复置原武、新郑二县;析内牟县置管城县,并以管城、内牟二县置管州又以内牟故城置郏城县。大业元年(605),废宛陵县、密县入新郑县。大业二年(606),废郑州,又改管州为郑州,废汴州,开封、浚仪、酸枣三县来属,废郏城县入圃田县。大业三年(607),改郑州为荥阳郡。时郡领有荥阳、汜水、圃田、阳武、浚仪、开封、荥泽、酸枣、管城、原武、新郑十一县。大业十二年(616)复置密县。义宁元年(617),以浚仪县复置汴州。大业二年以前,州治汜水,今河南省荥阳市西北汜水镇;大业二年以后,州、郡治管城,今河南省郑州市。

荥阳县,本北周县,隋因之。治在今河南省荥阳市。

汜水县,本北周成皋县。隋开皇十八年,改县名为汜水县。治在今河南省荥阳市西北汜水镇。

圃田县,本北周中牟县。隋开皇元年,改名为内牟县。开皇十六年,以县中牟故城置郏城县。大业元年,县改名圃田县。二年,废郏城县入,移县治于郏城县旧治。治在今河南省中牟县东。

阳武县,本北周县,隋因之。治在今河南省原阳县东南。

浚仪县,本北周县,属汴州。隋大业二年废汴州,县改属郑州。治在今河南省开封市。

开封县,本北周县,属汴州。隋大业二年废汴州,县改属郑州。治在今河南省开封市南。

荥泽县,隋开皇四年,分荥阳县东北置广武县;仁寿元年,改县名为荥泽县。治在今河南省荥阳市东北广武镇。

酸枣县,本北魏县,北齐废。隋开皇六年复置,属汴州。隋大业二年,废汴州,县改属郑州。治在今河南省延津县西南。

管城县,隋开皇十六年,分内牟县西部置县,属管州。大业二年改管州为郑州,县又属焉。治在今河南省郑州市。

原武县,本北魏县,北齐天保七年废。隋开皇十六年复置,属郑州,移治于阳池故城。《嘉庆重修一统志》卷 203 河南怀庆府“古迹”载:“阳池城,今原武县治。”治在今河南省原阳县西南原武镇。

新郑县,本刘宋县,北魏废。隋开皇十六年复置,属郑州。治在今河南省新郑市西南。

三、河内郡

本北周怀州、卫州修武郡、邵州王屋郡之地。隋开皇元年(581),怀州领河内、武德二郡;河内领野王、轵二县,武德领州、怀二县。卫州修武郡领修武、获嘉二县。邵州王屋郡领王屋一县。开皇三年(583),废郡,州直管县。野王、轵、州、怀、修武、获嘉六县属怀州;王屋县属邵州。开皇六年(586),置新乡、共城二县,属卫州。开皇十六年(596),复置温、河阳二县,新置济源、武陟二县;以修武、获嘉、武陟三县置殷州。大业元年(605),废殷州,县属怀州,武陟县并入修武县,轵县并入河内县,怀县并入邢丘县。大业三年(607),改州为郡,怀州改为河内郡,王屋县来属。时郡领有河内、安昌、王屋、获嘉、修武、新乡、共城、温、济源、河阳十县。义宁二年(618),改王屋县为邵伯县,置邵原郡。郡治河内,治在今河南省沁阳市。

河内县,本北周野王县。隋开皇十六年改名为河内县。郡治所在。治在今河南省沁阳市。

安昌县,本北周州县。隋开皇十八年改名为邢丘县。大业二年又改名为安昌县。治在今河南省沁阳市东南。

王屋县,本北周县,属邵州。隋大业三年,改属河内郡。治在今河南省济源市西。

济源县,隋开皇十六年置。《元和郡县图志》卷 5 河南府济源县载:“隋开皇十六年,分轵县置济源县,属怀州。以济水所出,因名。”治在今河南省济源市。

河阳县,本北魏县,北齐废。隋开皇十六年复置。治在今河南省孟州市东南黄河岸边。非古河阴城。

温县，本北魏县，北齐废。隋开皇十六年复置。治在今河南省温县东。非古温县城。

修武县，本北周县，隋因之。治在今河南省修武县东北。

获嘉县，本北周县，隋开皇六年迁治于南修武城。治在今河南省获嘉县。

共城县，本北魏共县，北齐废。北周于其地置获嘉县。隋开皇六年，获嘉县迁治，于其地置共城县。治在今河南省辉县市。

新乡县，隋开皇六年置。《元和郡县图志》卷16卫州新乡县载："新乡县，本汉获嘉县、汲县二县地。隋开皇六年，于两县地古新乐城中置新乡县，属卫州。"按：当属怀州。《读史方舆纪要》卷49《河南四》卫辉府新乡县记载："隋开皇初于古新乐城中置新乡县，属怀州。唐初属义州，寻属殷州，贞观初属卫州。"《嘉庆重修一统志》卷200河南卫辉府"古迹"记载："新乐故城，今新乡县治。"治在今河南省新乡市。

四、汲郡

本北周卫州汲郡、黎州黎阳郡之地。隋开皇元年（581），汲郡领有朝歌、五城二县，黎阳郡领有黎阳一县。开皇三年（583），废郡，州直管县。废汲郡，废黎州及黎阳郡。朝歌、五城、黎阳三县属卫州。开皇六年（586），置隋兴、阳源、临河三县，属卫州。开皇十六年（596），置清淇、繁阳、澶渊三县，属卫州；以黎阳、临河二县置黎州，汤阴自相州来属。大业元年（605），内黄县自相州来属；废清淇县入卫县。大业二年（606），废黎州，县属卫州；废阳源县入隋兴县，废繁阳县入内黄县。大业三年（607），改州为郡，卫州改名汲郡。时郡领有卫、汲、黎阳、汤阴、隋兴、内黄、临河、澶渊八县。义宁元年（617），省汤阴县入安阳县；复置清淇县。郡治卫县，今河南省浚县西南东枋城。

卫县，本北周朝歌县。隋大业三年改名卫县。郡治所在。治在今河南省浚县西南东枋城。

汲县，本北周五城县。隋开皇六年改名汲县。治在今河南省卫辉市。

黎阳县，本北周县，属黎州。隋开皇三年，改属卫州。隋开皇十六年，又改属黎州。隋大业二年，废黎州，县属卫州。治在今河南省浚县东北。

隋兴县，隋开皇六年置。《嘉庆重修一统志》卷200河南卫辉府“古迹”记载：“隋兴故城，在汲县北。《隋书·地理志》：汲郡统县隋兴，开皇十六年置，后析置阳源县，大业初并入焉。《府志》：隋兴城，在汲县北二十里。唐武德初，废入汲。”按：隋兴县所置年代，当误抄。治在今河南省卫辉市北。

汤阴县，隋开皇六年置，属相州。开皇十六年，改属黎州。大业二年，废黎州，县改属卫州。治在今河南省汤阴县东菜园镇。

临河县，隋开皇六年置，属卫州。开皇十六年，改属黎州。大业二年，废黎州，县又属卫州。《嘉庆重修一统志》卷35直隶大名府“古迹”记载：“临河故城，在开州西。汉黎阳县地。后魏永安元年，分置东黎县，属黎阳郡，北齐废。隋开皇六年置临河县，属汲郡。”治在今河南省濮阳市西。

内黄县，本北魏县，东魏天平初废。隋开皇六年复置，属相州。大业元年，改属卫州。《元和郡县图志》卷16相州内黄县载：“内黄县，汉旧县，属魏郡。以河北为内，河南为外；以陈留有外黄，此为内黄。后魏省。隋开皇六年，于故城东南十九里置内黄，属相州。”《嘉庆重修一统志》卷197河南彰德府古迹“内黄故城”记载：“《县志》：旧县城在县西二十里。”治在今河南省内黄县西东庄镇旧县村。

澶渊县，隋开皇十六年置。《嘉庆重修一统志》卷200河南卫辉府“古迹”记载：“澶水故城，在开州西二十里。本临河、顿丘、内黄三县地。隋开皇十六年置澶渊县，以南临澶渊为名，属汲郡。唐初避讳，改名澶水，属黎州。贞观十七年，省入临河。”治在今河南省濮阳市西。

五、魏郡

本北周相州魏郡、成安、林虑三郡之地。隋开皇元年(581)，魏郡领有邺、成安、临漳、洹水、武安、灵芝六县，成安郡领有滏阳、临水二县，林虑郡领有林虑、灵泉二县。开皇三年(583)，废郡，州直管县。邺、成安、临漳、洹水、武安、灵芝、滏阳、临水、林虑、灵泉十县属相州；分林虑县置淇阳县，属相州。开皇十年(590)，置慈(磁)州，领武安、滏阳、邯郸三县，邯郸自洺州来属慈州；分安阳县置相县,分临漳、洹水二县置长乐县。开皇十六年(596),以林虑县置岩州;复置临淇县。大业二年(606),废相县入安阳县,废淇阳县入林虑县;废岩州,县属相州;废慈州,滏阳县属相州。大业三年(607),改州为郡,相州改为魏郡。时郡领安阳、成安、临漳、洹水、邺、滏阳、临水、林虑、灵泉、尧城、临淇十一县。唯安阳、尧城、林虑、灵泉、临淇五县在今河南省境内。义宁元年,省临淇县入林虑县。郡治安阳,今河南省安阳市。

安阳县,本北周邺县,大象二年,迁治安阳城。隋开皇十年,改名安阳县。郡治所在。治在今河南省安阳市。

尧城县,本北魏县,北齐废。隋开皇十年复置。开皇十八年,因治尧城,遂改名尧城县。治在今河南省安阳市东。

林虑县,本北周县,隋因之。治在今河南省林州市。

灵泉县,本北周县,隋因之,治在今河南省安阳市西南。

临淇县,东魏天平元年置,北齐天保初废。隋开皇十六年复置。《嘉庆重修一统志》卷197河南彰德府"古迹"记载:"临淇故城,在林县东南。东魏天平初,分朝歌、林虑、共三县置,属林虑郡。寻废。隋开皇十六年复置,属魏郡。隋末废。《府志》:临淇县在林县南七十里。"治在今河南省林州市东南临淇镇。

六、武阳郡

本北周魏州、屯州之地。北周大象二年(580),以昌乐、武阳二郡置魏州,以阳平郡置屯州。隋开皇元年(581),昌乐郡领有昌乐、贵乡、卫国三县,武阳郡领有乐平、莘亭、武阳三县,阳平郡领有馆陶、清渊二县。开皇三年(583),废郡,州直管县。魏州领有昌乐、贵乡、卫国、乐平、莘亭、武阳六县,屯州领有馆陶、清渊二县。开皇六年(586),置元城、马陵、繁水、魏县、顿丘、临黄六县,属魏州;置堂邑、冠氏二县,属屯州。开皇十六年(596),置平邑、漳阴、河上、武水四县,属魏州;以清邑、莘亭、武阳、武水四县置莘州。大业二年(606),废莘州及莘亭县,清邑、武阳、武水三县属魏州;废屯州,馆陶县属魏州,清渊县属贝州;废昌乐县入繁水县,废马陵县入元城县,废漳阴县入魏县,废河上县入临黄县;聊城县自贝州来属。大业三年(607),废平邑县入贵乡县,改魏州为武阳郡。时郡领有贵乡、观城、莘、武阳、馆陶、聊城、元城、繁水、魏、顿丘、临黄、堂邑、冠氏、武水十四县。唯顿丘、观城、临黄、繁水四县在今河南省境内。郡治贵乡，今河北省大名县东北。

顿丘县，本北魏县，北齐废。隋开皇六年复置。治在今河南省清丰县西南顿丘故城。

观城县，本北周卫国县，隋开皇六年改名为观城县。治在今河南省清丰县南。

临黄县，本北魏县，北齐废。隋开皇六年复置。治在今河南省范县南临黄集。

繁水县，隋开皇六年置。《嘉庆重修一统志》卷35直隶大名府“古迹”记载：“繁水故城，在南乐县西北。隋开皇六年分昌乐县置，大业初废昌乐县入之。唐初属魏州，贞观十八年省入昌乐县。《县志》：故城在县西北三十五里。”治在今河南省南乐县西北。

另，今河南省范县地属东平郡鄄城、济北郡范县；台前县地属济北郡寿张县。

七、东郡

本北周汴州东郡、曹州濮阳郡之地。隋开皇元年(581)，东郡领有白马、东燕、长垣三县，濮阳郡领有鄄城、廪丘、濮阳、西濮阳四县。开皇三年(583)，废郡，州直管县。白马、东燕、长垣属汴州，鄄城、廪丘、濮阳、西濮阳属曹州。开皇六年(586)，分白马县置韦城县，属汴州。开皇九年(589)，以白马、韦城、离狐三县置杞州，离狐县从曹州来属。开皇十六年(596)，置灵昌、卫南、昆吾、封丘、长垣五县；改杞州为滑州，灵昌、卫南二县属之。以濮阳、西濮阳、昆吾三县置濮州。大业二年(606)，废昆吾、西濮阳二县入濮阳县；废长垣县入韦城县；废汴州，胙城、匡城、封丘三县属滑州。大业三年(607)，废滑州、濮州，置东郡。时郡领有白马、胙城、匡城、濮阳、离狐、韦城、灵昌、卫南、封丘九县。唯离狐在今山东省境内。郡治白马，今河南省滑县东。

白马县，本北周县，属汴州。隋开皇九年，属杞州；开皇十六年，杞州改为滑州,属滑州。大业三年,属东郡。郡治所在。治在今河南省滑县东。

胙城县,本北周东燕县,属汴州。隋开皇十八年改名为胙城县,属汴州。大业二年,废汴州,属滑州。大业三年,属东郡。《嘉庆重修一统志》卷200河南卫辉府“古迹”记载:“胙城故城,在延津县北三十五里。周为胙国。《左传》富辰曰:凡、蒋、邢、茅、胙、祭,周公之裔。杜预注:燕县西南有胙亭。《后汉书·郡国志》:东郡有胙城,古胙国是也。隋开皇十八年置县,《元和志》:隋文帝因览奏状,见东燕县名,因曰今天下一统,何东燕之有?遂改胙城,属滑州。”治在今河南省延津县东北胙城镇。

匡城县,本北周长垣县,属汴州。隋开皇十六年改名为匡城县,迁治妇姑城,属汴州。大业二年,废汴州,属滑州。大业三年,属东郡。《太平寰宇记》卷2《河南道二》东京下长垣县载:“隋于妇姑城置匡城县,谓县南有古匡城为名。朱梁割属开封。宋初改为长垣县。”《嘉庆重修一统志》卷35直隶大名府“古迹”记载:“妇姑城,在长垣县南十里。县旧治于此,故墟犹存。”治在今河南省长垣县南。

濮阳县,本北周县,属曹州。隋开皇十六年,属濮州。大业三年,属东郡。治在今河南省范县西南濮城镇。

韦城县,隋开皇六年,分白马县南境置,属汴州。开皇九年,属杞州;开皇十六年,杞州改为滑州,属滑州。大业三年,属东郡。《嘉庆重修一统志》卷200河南卫辉府“古迹”记载:“韦城废县,在滑县东南。本古豕韦国。《后汉书》注:白马县东南有韦城,古豕韦氏之国是也。隋开皇六年置县,属东郡。”治在今河南省滑县东南。

灵昌县,隋开皇十六年置,属滑州。大业三年,属东郡。《嘉庆重修一统志》卷200河南卫辉府“古迹”记载:“灵昌废县,在滑县西南。隋开皇十六年置,属东郡。唐属滑州。”治在今河南省滑县西南。

卫南县,隋开皇十六年置,属滑州。大业三年,属东郡。《嘉庆重修一统志》卷200河南卫辉府“古迹”记载:“卫南废县,在滑县东六十里。本卫楚丘地。《诗》:作于楚室。《左传》:齐桓公封卫于楚丘。《汉书·地理志》:卫为狄所灭,齐桓公帅诸侯伐狄,而更封卫于河南,曹楚丘是也。隋开皇十六年置县,属东郡。唐属滑州。”治在今河南省滑县东北四间房乡。

封丘县,本北魏县,北齐废。隋开皇十六年复置,属汴州。大业二年,废汴州,属滑州。大业三年,属东郡。治在今河南省封丘县。

八、济阴郡

本北周曹州济阴郡之地。隋开皇元年(581),济阴郡领有定陶、冤句、乘氏三县。开皇三年(583),废郡,州直管县。定陶、冤句、乘氏属曹州,金乡县从兖州来属。开皇六年(586),置济阴、黄二县,属曹州。开皇十六年(596),置昌邑县,属曹州。大业二年(606),废蒙泽县(黄县)入济阴县;单父、成武二县从戴州来属,济阳、外黄二县从汴州来属。大业三年(607),改州为郡,曹州改为济阴郡。时郡领有定陶、冤句、乘氏、济阴、济阳、外黄、成武、单父、金乡九县。唯济阳、外黄二县在今河南省境内。义宁元年,废济阳县。郡治济阴,今山东省定陶县西。

济阳县,本北周县,属汴州。大业二年,废汴州,改属曹州;大业三年,属济阴郡。隋末,县废。治在今河南省兰考县东北堌阳镇。

外黄县,本刘宋县,北魏废。隋开皇元年复置,属汴州。大业二年,废汴州,改属曹州;大业三年,属济阴郡。治在今河南省兰考县东南。

九、梁郡

本北周汴州阳夏郡、亳州梁郡之地。隋开皇元年(581),复置外黄县,属汴州阳夏郡;时阳夏郡领有雍丘、襄邑、济阳、外黄四县。城安县自曹州济阴郡来属,属亳州梁郡;时梁郡领有睢阳、下邑、城安三县。开皇三年(583),废郡,州直管县。雍丘、襄邑、济阳、外黄属汴州,睢阳、下邑、城安属亳州。开皇六年(586),复置陈留、圉城二县,属汴州;复置宁陵县,属亳州。开皇十六年(596),复置虞城、谷熟二县,新置新里、柘城二县,四县皆属亳州;以雍丘、襄邑二县置杞州。大业二年(606),废汴州、杞州及新里县,以雍丘、襄邑、睢阳、下邑、考城、虞城、谷熟、柘城、陈留、圉城、宁陵十一县置宋州;砀山县自徐州来属,楚丘县自曹州来属,济阳、外黄二县改属曹州济阴郡。时州领有雍丘、襄邑、宋城、下邑、考城、虞城、谷熟、宁陵、柘城、陈留、圉城、砀山、楚丘十三县。大业三年(607),改州为郡,宋州改为梁郡。时郡领有雍丘、襄邑、宋城、下邑、考城、虞城、谷熟、宁陵、柘城、陈留、圉城、砀山、楚丘十三县。唯砀山、楚丘不在今河南省境内。郡治宋城,今河南省商丘市南。

宋城县,本北周睢阳县。开皇十八年改名宋城县。郡治所在。治在今河南省商丘市南。

雍丘县,本北周县,隋因之。治在今河南省杞县。

襄邑县,本北周县,隋因之。治在今河南省睢县。

下邑县,本北周县,隋因之。治在今河南省夏邑县。

考城县,本北周城安县,属曹州济阴郡。开皇元年改属亳州梁郡,开皇十六年,改名考城县。治在今河南省民权县东。

虞城县,本秦汉虞县,东晋末废。北魏侨置萧县,北齐废。隋开皇十六年复置,改名虞城县。治在今河南省虞城县北。

谷熟县,本刘宋县,北魏废。隋开皇十六复置。治在今河南省商丘市东南谷熟镇。

宁陵县,本北魏县,北齐废,隋开皇六年复置。治在今河南省宁陵县东南。

柘城县,本秦汉柘县,西晋废。隋开皇十六年复置,改名柘城县。治在今河南省柘城县西北。

陈留县,本刘宋陈留县,北魏废。隋开皇六年复置。治在今河南省开封市东南陈留镇。

圉城县,本北魏圉城县,北齐废。隋开皇六年复置。治在今河南省杞县南圉镇。

十、谯郡

本北周亳州陈留郡,谯州谯郡、蒙郡之地。隋开皇元年(581),陈留郡领有小黄、浚仪、武平三县;谯郡领有涡阳、临涣、白榫、龙山、下蔡五县,丹城县省入临涣县;蒙郡领有蒙县一县。开皇三年(583),废郡,州直管县。废陈留郡,县属亳州;废谯郡,县属谯州;废蒙郡及蒙县,地入涡阳。开皇六年(586),分武平县置谷阳县,属亳州;武平县改隶陈州;下蔡县改属颍州。开皇九年(589),废龙山县入临涣县。开皇十六年,置梅城、酇县,属亳州。大业三年(607),废亳州、谯州,置谯郡;废梅城县入谯县,废白棹县入临涣县。时郡领有谯、城父、山桑、临涣、谷阳、酇六县。唯谷阳、酇在今河南省境内。大业六年(610),置永城县,属谯郡。郡治谯县,今安徽省亳州市。

谷阳县,本北魏县,北齐废。隋开皇六年复置。治在今河南省鹿邑县。

酇县,本秦汉县,东晋末废。隋开皇十六年复置。治在今河南省永城市西北酇城镇。

十一、淮阳郡

本北周陈州之地。隋开皇元年(581),置柳城县,陈郡领有项、长平、柳城三县;丹阳郡领有秣陵、和城二县;项城郡领县无考;淮阳郡领有阳夏一县。开皇三年(583),废郡,州直管县。陈州领有项、长平、柳城、秣陵、和城、阳夏、汝阳七县,汝阳县自豫州来属。开皇六年(586),置郸县,属陈州。开皇十一年(591),置鲖阳县,属陈州。开皇十六年(596),置临蔡、扶乐二县,以项城、鲖阳、和城、溵水四县置沈州。开皇十八年(598),鹿邑县自亳州来属。大业二年(606),废临蔡县入宛丘县;废沈州,县属陈州。大业三年(607),改州为郡,陈州改为淮阳郡。时郡领有宛丘、长平、柳城、项城、南顿、太康、鹿邑、郸、鲖阳、溵水、扶乐十一县。唯鲖阳县在今安徽省临泉县鲖城镇。郡治宛丘,今河南省淮阳县。

宛丘县,本北周项县,隋开皇三年,改名宛丘县。郡治所在。治在今河南省淮阳县。

长平县,本北周县。隋开皇十八年,改名鸿沟县。大业二年,又改名西华县。治在今河南省西华县。

柳城县,隋开皇元年置。《嘉庆重修一统志》卷 191 河南陈州府“古迹”记载:“柳城,在西华县西二十里。旧传女娲氏所都,本名娲城。魏邓艾营稻陂时,柳舒为陂长,后人因曰为柳城。隋开皇元年,于此置柳城县,隋末废。《县志》:北柳城,在县西北十里;南柳城,在县南三十里。”治在今河南省西华县西。

项城县,本北周秣陵县,属陈州。隋开皇三年,改名项城县,属陈州。开皇十六年,改属沈州。大业二年,废沈州,属陈州。大业三年,属淮阳郡。治在今河南省沈丘县。

南顿县,本北周和城县,属陈州。开皇十六年,改属沈州。大业二年,废沈州,属陈州,县改名为南顿县。大业三年,属淮阳郡。治在今河南省项城市西南顿镇。

太康县,本北周阳夏县。隋开皇七年,改名为太康县。治在今河南省太康县。

鹿邑县,本北周武平县,属亳州。隋开皇十八年,改名为鹿邑县,改属陈州。治在河南省鹿邑县西。

郸县,隋开皇六年置。《嘉庆重修一统志》卷194河南归德府"古迹"记载:"郸县故城,在鹿邑县西南七十里。汉置县,属沛郡,在今永城界。后汉因之,晋省。《水经注》:苞水径郸县故城南。隋开皇六年复置,属淮阳郡。唐初省。"治在今河南省郸城县。

溵水县,本北周汝阳县,属豫州。隋开皇三年,改属陈州。开皇十六年,改名为溵水县,改属沈州。大业二年,废沈州,属陈州。大业三年,属淮阳郡。治在今河南省商水县。

扶乐县,本汉魏县,西晋废。隋开皇十六年复置,属陈州。治在今河南省太康县西北。

十二、襄城郡

本北周广州鲁阳郡、南阳郡、武山郡、顺阳郡和许州阳翟郡之地。隋开皇元年(581),鲁阳郡领有鲁山、河山二县,南阳郡领有南阳一县,武山郡领有雉阳、滍阳二县,顺阳郡领有汝南(龙山县开皇元年改名)一县,阳翟郡领有阳翟、黄台二县。开皇三年(583),废郡,州直管县。鲁山、河山、南阳、雉阳、滍阳、汝南属广州,阳翟、黄台属许州。开皇四年(584),和州改名伊州,迁治汝原县,领有汝原、梁、阳翟、黄台四县,阳翟、黄台自许州来属。开皇十六年(596),阳翟改属嵩州。开皇十八年(598),废湛水县(滍阳县开皇十年改名)入犨城县,复置汝南县。仁寿四年(604),废嵩州,阳翟县归属伊州。大业二年(606),废广州,鲁山、犨城、辅城、汝南四县改属伊州；又改伊州为汝州；废黄台县入阳翟县，废河山县入犨城县，废期城县（南阳县开皇十八年改名）入辅城县。大业三年（607），改州为郡，汝州改为襄城郡。时郡领有承休、梁、阳翟、鲁山、犨城、辅城、汝南、汝源八县。大业四年（608），改辅城县为郏城县。义宁元年（617），废汝南、汝源二县。郡治承休，今河南省汝州市。

承休县，本北周汝原县，属和州。隋开皇四年，改属伊州。大业二年，改县名为承休县，属汝州。大业三年，属襄城郡。郡治所在。治在今河南省汝州市。

梁县，本北周县，属和州。隋开皇四年，改属伊州。大业二年，属汝州。大业三年，属襄城郡。治在今河南省汝州市西。

阳翟县，本北周县，属许州。隋开皇四年，改属伊州。开皇十六年，又改属嵩州。仁寿四年，嵩州废，归属伊州。大业二年，属汝州。大业三年，属襄城郡。治在今河南省禹州市。

鲁山县，本北周县，属广州。隋大业二年，广州废，改属汝州。大业三年，属襄城郡。治在今河南省鲁山县。

犨城县，本北周雉阳县，属广州。隋开皇十八年，改县名为湛水县，属广州。大业二年，又改名为犨城县，属汝州。大业三年，属襄城郡。治在今河南省鲁山县东南五十里。

郏城县，本北周龙山县，属广州。隋开皇元年，改龙山县为汝南县，属广州。开皇十八年，又改名为辅城县，移治郏城西北五里，属广州。大业四年，改名为郏城县，迁治郏城，属襄城郡。治在今河南省郏县。

汝南县，隋开皇十八年复置。当是汝南县改名辅城县，移治今郏县西北五里后，在原汝南县故址复置汝南县。治在今河南省宝丰县东李庄乡古城村。

汝源县，置年无考。《隋书·地理志》有载。地址不详。

十三、颍川郡

本北周许州颍川郡、许昌郡，豫州临颍郡，广州襄城郡、南襄城郡、汉广郡、定陵郡之地。隋开皇元年（581），颍川郡领有长社、临颍二县，许昌郡领有许昌、扶沟二县，临颍郡领有邵陵、西平二县，襄城郡领有襄城、繁昌二县，南襄城郡领有叶、定南二县，汉广郡领有汝坟一县，定陵郡领有北舞一县。开皇三年(583)，废郡，州直管县。长社、临颍、许昌、扶沟属许州，邵陵县自豫州来属许州；襄城、繁昌、叶、定南、汝坟、北舞属广州。开皇五年(585)，置郾城县，属许州。开皇六年(586)，置长葛、尉氏二县，属许州。开皇七年(587)，置鄢陵县，属许州。开皇十六年(596)，置蔡陂、陶城二县，属许州；以鄢陵、尉氏、许昌、蔡陂四县置洧州；以郾城、邵陵、西平三县置道州。大业二年(606)，废洧州，县属许州；废道州，郾城、邵陵属许州，西平属豫州；废蔡陂、邵陵二县入鄢陵县，废定南县入叶县；废广州，襄城、繁昌、叶、汝坟、北舞属许州。大业三年(607)，改州为郡，许州改为颍川郡。时郡领有颍川、临颍、许昌、扶沟、襄城、繁昌、叶、汝坟、北舞、郾城、长葛、尉氏、鄢陵、溵强十四县。郡治颍川，今河南省许昌市。

颍川县，本北周长社县。隋开皇三年，改名为颍川县。郡治所在。治在今河南省许昌市。

临颍县，本北周县，隋因之。治在今河南省临颍县西北。

许昌县，本北周县，属许州。开皇十六年，属洧州。大业二年，废洧州，归属许州。大业三年，属颍川郡。治在今河南省许昌市东北。

扶沟县，本北周县，隋因之。治在今河南省扶沟县。

襄城县，本北周县，属广州。隋大业二年，废广州，县属许州。大业三年，属颍川郡。治在今河南省襄城县。

繁昌县，本北周县，属广州。隋大业二年，废广州，县属许州。大业三年，属颍川郡。治在今河南省许昌市南。

叶县，本北周县，属广州。隋大业二年，废广州，县属许州。大业三年，属颍川郡。治在今河南省叶县西南旧县店。

汝坟县，本北周县，属广州。隋大业二年，废广州，县属许州。大业三年，属颍川郡。治在今河南省叶县东。

北舞县，本北周北舞阳县，属广州。隋大业二年，废广州，县属许州。大业三年，属颍川郡。治在今河南省舞阳县东北北舞渡镇。

郾城县，本秦汉郾县，刘宋废。隋开皇五年于废临颍郡郡城置郾城县，属许州。开皇十六年，属道州。大业二年，废道州，归属许州。大业三年，属颍川郡。治在今河南省漯河市西北郾城区。

长葛县，隋开皇六年置。《嘉庆重修一统志》卷 218 河南许州“古迹”记载：

“长葛故城,在今长葛县北。《春秋·隐公六年》:宋人伐郑,围长葛。注:长社县北有长葛城。隋置长葛县。《括地志》:长葛故城,今长葛县北十二里。《元和志》:今县旧名长箱城。东魏武定五年,高岳攻颍川时筑,初以车箱为楼,故名。”治在今河南省长葛市北。

鄢陵县,本北魏县,北齐废。隋开皇七年复置,属许州。开皇十六年,属洧州。大业二年,废洧州,归属许州。大业三年,属颍川郡。治在今河南省鄢陵县。

尉氏县,本北魏县,北齐废。隋开皇六年复置,属许州。开皇十六年,属洧州。大业二年,废洧州,归属许州。大业三年,属颍川郡。治在今河南省尉氏县。

溵强县,本汉魏县,西晋废。隋开皇十六年置陶城县,属许州。大业二年,改陶城县为溵强县,属许州。大业三年,属颍川郡。治在今河南省临颍县东。

十四、汝南郡

本北周豫州汝南、文城、初安、广宁四郡,永州城阳郡,息州汝南郡、新蔡郡、梁安郡之地。北周大象二年(580),改豫州为舒州。隋开皇元年(581),又改舒州为豫州。汝南郡领有上蔡、保城二县,废建宁县;文城郡领有武阳、灈阳二县,灈阳县乃遂宁县改名;初安郡领有安昌、昭越二县,废怀德县;广宁郡领有新蔡、瀗水二县,瀗水县乃永康县改名;城阳郡领有义兴、城阳、真阳三县;汝南郡领有新息、安阳、白狗三县;新蔡郡领有包信、长陵二县;梁安郡领有朗中一县。开皇三年(583),废郡,州直管县。上蔡、保城、武阳、灈阳、安昌、新蔡、瀗水、西平八县属豫州,昭越属纯州;义兴、城阳、真阳三县属永州;新息、白狗、包信、长陵四县属息州,废安阳、朗中二县。开皇六年(586),置武津县,属豫州。开皇九年,废永州,义兴、城阳、真阳三县改属纯州。开皇十六年(596),置舒州及舒县,领有广宁、舒二县。仁寿四年(604),改豫州为溱州。大业二年(606),又改溱州为蔡州;废舒州及舒县,广宁县来属蔡州;废息州,新息、淮川(白狗县开皇三年改名)、包信、长陵四县来属蔡州;废纯州及纯义县(义兴县开皇十八年改名),城阳、真阳二县来属蔡州。同年,废淮川县入真阳县,废长陵县入包信县,废保城县入汝阳县,废吴房县(武阳县开皇十八年改名)入西平县,废溡水县入新蔡县,又复置平舆县。大业三年(607),改州为郡,蔡州改为汝南郡。时郡领有汝阳、吴房、朗山、西平、新蔡、城阳、真阳、新息、褒信、上蔡、平舆十一县。郡治汝阳,今河南省汝南县。

汝阳县,本北周上蔡县,属豫州。隋仁寿四年,改豫州为溱州,县属溱州。大业二年,又改溱州为蔡州,县改名汝阳县,属蔡州。大业三年,蔡州改为汝南郡,县属汝南郡。郡治所在。治在今河南省汝南县。

吴房县,本北周遂宁县,属豫州。隋开皇元年,县改名为濯阳县,属豫州。仁寿四年,改豫州为溱州,县属溱州。大业二年,又改溱州为蔡州,县属蔡州。大业三年,蔡州改为汝南郡,县属汝南郡。治在今河南省遂平县。

朗山县,本北周安昌县,属豫州。隋开皇十八年,县改名为朗山县,属豫州。仁寿四年,改豫州为溱州,县属溱州。大业二年,又改溱州为蔡州,县属蔡州。大业三年,蔡州改为汝南郡,县属汝南郡。治在今河南省确山县。

西平县,本北周县,属豫州。隋开皇十六年,县属道州。大业二年,废道州,县改属蔡州。大业三年,蔡州改为汝南郡,县属汝南郡。治在今河南省西平县西北师灵镇。

新蔡县,本北周县,属豫州。隋开皇十六年,县改名为广宁县,改属舒州。仁寿元年,县又改名为汝北县,属舒州。大业二年,复改回新蔡县,属蔡州。大业三年,蔡州改为汝南郡,县属汝南郡。治在今河南省新蔡县。

城阳县,本北周县,属永州。隋开皇九年,废永州,县改属纯州。大业二年,废纯州,县改属蔡州。大业三年,蔡州改为汝南郡,县属汝南郡。治在今河南省信阳市北长台乡城阳故城。

真阳县,本北周县,属永州。隋开皇九年,废永州,县改属纯州。开皇十一年,县废。开皇十六年,复置,名为真丘县,属纯州。大业二年,废纯州,县改名为真阳县,属蔡州。大业三年,蔡州改为汝南郡,县属汝南郡。治在今河南省正阳县北。

新息县,本北周县,属息州。隋大业二年,废息州,县改属蔡州。大业三年,蔡州改为汝南郡,县属汝南郡。治在今河南省息县。

褒信县,本北周包信县,属息州。隋大业二年,废息州,县改名为褒信县,属蔡州。大业三年,蔡州改为汝南郡,县属汝南郡。治在今河南省息县东北包信镇。

上蔡县，本北魏县，北齐废。隋开皇六年复置，名武津县，属豫州。仁寿四年，改豫州为溱州，县属溱州。大业二年，又改溱州为蔡州，县改名为上蔡县，属蔡州。大业三年，蔡州改为汝南郡，县属汝南郡。治在今河南省上蔡县。

平舆县，本北魏县，北齐废。隋大业二年复置，属蔡州。大业三年，蔡州改为汝南郡，县属汝南郡。治在今河南省平舆县西南。

十五、弘农郡

本北周东义州及陕州弘农郡之地。隋开皇元年(581)，东义州领义川一郡，郡领卢氏、长渊、朱阳三县；弘农郡领弘农一县。开皇三年(583)，废郡，州直管县。改东义州为虢州，卢氏、长渊、朱阳三县属虢州，邑阳县自商州来属虢州；弘农县属陕州。开皇十八年(598)，改邑阳县为邑川县。大业二年(606)，废邑川县入朱阳县，废弘农县。大业三年(607)，改州为郡。虢州改为弘农郡，郡移治于鸿胪川；又复置弘农县于鸿胪川。时郡领有弘农、卢氏、长渊、朱阳四县。义宁元年(617)，为避李渊名讳，改长渊县为长水县，置玉城县；改弘农郡为凤林郡，郡领弘农、阌乡、湖城三县；以卢氏、朱阳、玉城三县置虢郡，虢郡治卢氏县；长水县改属新置的弘农郡。郡治弘农，今河南省灵宝市。

弘农县，本北周县，属陕州。隋大业二年废。大业三年复置于鸿胪川，属弘农郡。郡治所在。治在今河南省灵宝市。

卢氏县，本北周县，属东义州。隋开皇三年，改东义州为虢州，县属之。大业三年，虢州改为弘农郡，县属弘农郡。治在今河南省卢氏县。

长渊县，本北周县，属东义州。隋开皇三年，改东义州为虢州，县属之。大业三年，虢州改为弘农郡，县属弘农郡。义宁元年，改县为长水县。治在今河南省洛宁县西北长水镇。

朱阳县，本北周县，属东义州。隋开皇三年，改东义州为虢州，县属之。大业三年，虢州改为弘农郡，县属弘农郡。治在今河南省灵宝市西南朱阳镇。

十六、淅阳郡

本北周淅州淅阳郡，荆州南乡郡，丰州武当郡、广福郡、齐兴郡之地。隋开皇元年(581)，淅阳郡领有中乡一县，废修阳县；南乡郡领有南乡、丹水二县；武当郡领有武当、均阳二县；广福郡领有广福一县；齐兴郡领有郧乡一县。开皇三年(583)，废郡，州直管县。淅州领有内乡（为避讳，开皇三年中乡改名）、南乡、丹水、安山四县，南乡、丹水、安山自荆州来属淅州；改丰州为均州，领有武当、均阳、广福、郧乡四县。大业二年(606)，废均州，武当、均阳、安福（仁寿元年广福改名）、郧乡四县改属淅州；废安山县入南乡县。大业三年(607)，改州为郡，淅州改为淅阳郡。时郡领有内乡、南乡、丹水、武当、均阳、安福、郧乡七县。其中，内乡、南乡、丹水三县在今河南省境内。郡治南乡，今河南省淅川县西南顺阳川，没于丹江口水库中。

内乡县，本北周中乡县，属淅州。隋开皇三年，为避讳，改名内乡县，属淅州。大业三年，淅州改为淅阳郡，县属淅阳郡。治在今河南省西峡县。

南乡县，本北周县，属淅州。隋大业三年，淅州改为淅阳郡，县属淅阳郡。治在今河南省淅川县西南顺阳川。

丹水县，本北周县，属淅州。隋大业三年，淅州改为淅阳郡，县属淅阳郡。治在今河南省淅川县西寺湾镇。

十七、南阳郡

本北周荆州南阳郡、新野郡、武关郡、顺阳郡之地。隋开皇元年(581)，南阳郡领有上宛、临湍、冠军、涅阳四县，新野郡领有穰、棘阳二县，武关郡领有武关、郦、安山三县，顺阳郡领有清乡一县。开皇三年(583)，废郡，州直管县。荆州领有上宛、临湍、冠军、涅阳、穰、棘阳、武关、郦、清乡九县，安山改属淅州。同时，改上宛为南阳、临湍为新城、涅阳为课阳、棘阳为新野、郦为菊潭、清乡为顺阳，废武关县入菊潭县。开皇七年(587)，梁王入隋，荆州自穰县还江陵，遂改为邓州。大业三年(607),改州为郡,邓州改为南阳郡。时郡领有穰、新野、南阳、新城、冠军、课阳、菊潭、顺阳八县。郡治穰县,今河南省邓州市。

穰县,本北周县,属荆州。隋开皇七年,荆州改为邓州,县属邓州。大业三年,邓州改为南阳郡,县属南阳郡。郡治所在。治在今河南省邓州市。

新野县,本北周棘阳县,属荆州。隋开皇三年,县改名为新野县,属荆州。开皇七年,荆州改为邓州,县属邓州。大业三年,邓州改为南阳郡,县属南阳郡。郡治所在。治在今河南省新野县。

南阳县,本北周上宛县,属荆州。隋开皇三年,县改名为南阳县,属荆州。开皇七年,荆州改为邓州,县属邓州。大业三年,邓州改为南阳郡,县属南阳郡。郡治所在。治在今河南省南阳市。

新城县,本北周临湍县,属荆州。隋开皇三年,县改名为新城县,属荆州。开皇七年,荆州改为邓州,县属邓州。大业三年,邓州改为南阳郡,县属南阳郡。郡治所在。治在今河南省内乡县东南大桥子乡滚子岗古城。

冠军县,本北周县,属荆州。隋开皇七年,荆州改为邓州,县属邓州。大业三年,邓州改为南阳郡,县属南阳郡。治在今河南省邓州市西北冠军村。

课阳县,本北周涅阳县,属荆州。隋开皇三年,县改名为课阳县,属荆州。开皇七年,荆州改为邓州,县属邓州。大业三年,邓州改为南阳郡,县属南阳郡。郡治所在。治在今河南省镇平县南。

菊潭县,本北周郦县,属荆州。隋开皇三年,县改名为菊潭县,属荆州。开皇七年,荆州改为邓州,县属邓州。大业三年,邓州改为南阳郡,县属南阳郡。郡治所在。治在今河南省内乡县西北郦城。

顺阳县,本北周清乡县,属荆州。隋开皇三年,县改名顺阳县,属荆州。开皇七年,荆州改为邓州,县属邓州。大业三年,邓州改为南阳郡,县属南阳郡。郡治所在。治在今河南省邓州市高集乡。

十八、淯阳郡

本北周蒙州北淯郡、雉阳郡,广州襄邑郡之地。隋开皇元年(581),北淯郡领有武川一县,雉阳郡领有向城、北雉二县,襄邑郡领有方城、叶、北平三县。开皇三年(583),废郡,州直管县。蒙州领有武川、向城、方城、叶四县。北雉县废入向城县,方城、叶二县自广州来属,北平县改属淮州。开皇十八年(598),叶县改名澧水县。仁寿元年(601),改蒙州为淯州。大业二年(606),澧水县并入方城县。大业三年(607),改州为郡,淯州改为淯阳郡。时郡领有武川、向城、方城三县。郡治武川,今河南省南阳市北。

武川县,本北周县,属蒙州。隋仁寿元年,改蒙州为淯州,县属淯州。大业三年,淯州改为淯阳郡,县属淯阳郡。郡治所在。治在今河南省南阳市北。

向城县,本北周县,属蒙州。隋仁寿元年,改蒙州为淯州,县属淯州。大业三年,淯州改为淯阳郡,县属淯阳郡。郡治所在。治在今河南省南召县南。

方城县,本北周县,属广州。隋开皇三年,改属蒙州。仁寿元年,改蒙州为淯州,县属淯州。大业三年,淯州改为淯阳郡,县属淯阳郡。郡治所在。治在今河南省方城县。

十九、淮安郡

本北周淮州江夏郡、真昌郡,殷州城阳郡,纯州上川郡、大义郡、汉广郡,广州期城郡、舞阴郡之地。隋开皇元年(581),江夏郡领有江夏、阳平二县,真昌郡领有比阳一县;城阳郡领有城阳一县,上川郡领有义乡、淮南二县,大义郡领县无考,汉广郡领有平氏一县,期城郡领有临舞、东舞阳二县,舞阴郡领有舞阴一县。同年,废郑州、潘州、溱州、上蔡县、青山县、震山县,地皆入江夏县。开皇三年(583),废郡,州直管县。废殷州及城阳郡城阳县;临舞、东舞阳、舞阴、北平四县自广州来属淮州,昭越县自豫州来属纯州。时淮州领有江夏、阳平、比阳、临舞、东舞阳、舞阴、北平七县;纯州领有义乡、淮南、平氏、昭越四县。开皇五年(585),改淮州为显州。大业二年(606),废比阳县、油水县(淮南县开皇十八年改名)、昆水县(东舞阳开皇十八年改名),废纯州,桐柏(义乡县开皇十八年改名)、平氏、昭越三县改属显州。大业三年(607),改州为郡,显州改为淮安郡;昭越县改名同光县,寻废。时郡领有比阳、慈邱、桐柏、平氏、真昌、显冈、临舞七县。郡治比阳,今河南省泌阳县。

比阳县,本北周阳平县,属淮州。隋开皇五年,改淮州为显州,县属显州。

开皇七年,县改名为饶良县,属显州。大业二年,县又改名比阳县,属显州。大业三年,显州改为淮安郡,县属之。郡治所在。治在今河南省泌阳县。

慈邱县,本北周江夏县,属淮州。隋开皇五年,改淮州为显州,县属显州。开皇十八年,县改名为慈邱县,属显州。大业三年,显州改为淮安郡,县属之。治在今河南省泌阳县东北付庄镇。

桐柏县,本北周义乡县,属纯州。隋开皇十八年,县改名为桐柏县,属纯州。大业二年,废纯州,县改属显州。大业三年,显州改为淮安郡,县属之。治在今河南省桐柏县东六十里固县镇。

平氏县,本北周县,属纯州。大业二年,废纯州,县改属显州。大业三年,显州改为淮安郡,县属之。治在今河南省桐柏县西北平氏镇。

真昌县,本北周北平县,属广州。隋开皇三年,改属淮州。开皇五年,改淮州为显州,县属显州。开皇九年,县改名为真昌县,属显州。大业三年,显州改为淮安郡,县属之。治在今河南省方城县东南。

显冈县,本北周舞阴县,属广州。隋开皇三年,县改名为显冈县,改属淮州。开皇五年,改淮州为显州,县属显州。大业三年,显州改为淮安郡,县属之。治在今河南省社旗县东南、泌阳县北。

临舞县,本北周北平县,属广州。隋开皇三年,改属淮州。开皇五年,改淮州为显州,县属显州。大业三年,显州改为淮安郡,县属之。治在今河南省泌阳县西北。

二十、春陵郡

本北周湖州升平郡、洞川郡、襄城郡,昌州广昌郡、安昌郡,蔡州蔡阳郡、千金郡之地。隋开皇元年(581),升平郡领有湖阳、栢林二县,洞川郡领有钟离一县,襄城郡领有上马一县,广昌郡领有广昌、清潭二县,安昌郡领有春陵、丰良二县,蔡阳郡领有蔡阳、双泉二县,千金郡领有漻源一县。开皇三年(583),废郡,州直管县。湖州领有湖阳、栢林、钟离、上马四县;昌州领有春陵、丰良、广昌、清潭四县;蔡州领有蔡阳、双泉、漻源三县。仁寿元年(601),改湖州为升州。大业二年(606),废升州及栢林、洞川(钟离开皇十八年改名)二县;废蔡州及双泉、瀴源二县；废丰良县入春陵县。湖阳、上马、蔡阳三县改属昌州。大业三年（607），改州为郡，昌州改为春陵郡。时郡领有湖阳、上马、蔡阳、枣阳（广昌仁寿元年改名）、清潭、春陵六县。唯湖阳、上马二县在今河南省境内。郡治枣阳，今湖北省枣阳市。

湖阳县，本北周县，属湖州。隋仁寿元年，湖州改为升州，县属之。大业二年，废升州，县改属昌州。大业三年，昌州改为春陵郡，县属之。治在今河南省唐河县南湖阳镇。

上马县，本北周县，属湖州。隋仁寿元年，湖州改为升州，县属之。大业二年，废升州，县改属昌州。大业三年，昌州改为春陵郡，县属之。治在今河南省唐河县。

二十一、义阳郡

本北周申州义阳郡、宋安郡、齐安郡、淮安郡之地。隋开皇元年（581），义阳郡领有平阳、义阳二县，宋安郡领有乐宁、东随二县，齐安郡领有齐安、高安二县，淮安郡领有慕化一县。开皇三年（583），废郡，州直管县。废义阳县，改平阳县为义阳县，改齐安县为钟山县，改高安县为罗山县。申州领有义阳、乐宁、东随、钟山、罗山、慕化六县。开皇九年（589），改东随县为礼山县，乐宁县省入。大业二年（606），改申州为义州，改慕化县为淮源县。大业三年，改州为郡，义州改为义阳郡。时郡领有义阳、礼山、钟山、罗山、淮源五县。礼山县在今湖北省境内。郡治义阳，今河南省信阳市。

义阳县，本北周平阳县，属申州。隋开皇三年，县改名为义阳县，属申州。大业二年，改申州为义州，县属义州。大业三年，义州改为义阳郡，县属之。郡治所在。治在今河南省信阳市。

钟山县，本北周齐安县，属申州。隋开皇三年，县改名为钟山县，属申州。大业二年，改申州为义州，县属义州。大业三年，义州改为义阳郡，县属之。治在今河南省信阳市东中山铺。

罗山县，本北周高安县，属申州。隋开皇三年，县改名为罗山县，属申州。大业二年，改申州为义州，县属义州。大业三年，义州改为义阳郡，县属之。治在今河南省罗山县西南。

淮源县,本北周慕化县,属申州。隋开皇三年,县改名为淮源县,属申州。大业二年,改申州为义州,县属义州。大业三年,义州改为义阳郡,县属之。治在今河南省信阳市西北。

二十二、弋阳郡

本北周南光州光城郡、弋阳郡、宋安郡、丰安郡,南郢州东光城郡、淮南郡、齐安郡、新蔡郡、边城郡,南建州平高郡、义城郡、新蔡郡、新城郡,浍州新蔡郡、边城郡、光化郡之地。隋开皇元年(581),光州光城郡领有光城、乐安二县,弋阳郡领有定城一县,宋安郡领有宋安一县,丰安郡领有新城一县;南郢州东光城郡领有光城一县,淮南郡领有东新蔡一县,齐安郡领县无考,新蔡郡领县无考,边城郡领有茹由一县;南建州平高郡领有平高一县,义城郡领有包信一县,新蔡郡领有新蔡一县,新城郡领有新城一县;浍州新蔡郡领有固始一县,边城郡领有期思一县,光化郡领县无考。开皇三年(583),废郡,州直管县。废南郢州及光城县、东新蔡县、茹由县;废南建州及平高县、新蔡县、新城县;废浍州;废光州宋安县、新城县;改光州光城县为光山县。时光州领有光山、乐安、定城、包信、固始、期思六县;包信县自南建州来属,固始、期思二县自浍州来属。开皇四年(584),改包信县为殷城县。大业三年(607),改州为郡,光州改为弋阳郡。时郡领有光山、乐安、定城、殷城、固始、期思六县。大业十三年(617),期思县被方献伯攻破,遂废。郡治光山,今河南省光山县。

光山县,本北周光城县,属南光州。隋开皇三年,县改名光山县,属光州。大业三年,光州改为弋阳郡,县属之。郡治所在。治在今河南省光山县。

乐安县,本北周县,属南光州。隋大业三年,光州改为弋阳郡,县属之。治在今河南省光山县西仙居镇。

定城县,本北周县,属南光州。隋大业三年,光州改名弋阳郡,县属之。治在今河南省潢川县。

殷城县,本北周包信县,属南建州。隋开皇三年,废南建州,县改属光州。开皇四年,县改名为殷城县,属光州。大业三年,光州改为弋阳郡,县属之。治在今河南省商城县西南。

固始县,本北周县,属浍州。隋开皇三年,废浍州,县改属光州。大业三年,光州改为弋阳郡,县属之。治在今河南省固始县。

期思县,本北周县,属浍州。隋开皇三年,废浍州,县改属光州。大业三年,光州改为弋阳郡,县属之。治在今河南省淮滨县南期思镇。

第二节　唐代河南的州(郡)、县

隋义宁元年(617),太原留守李渊进据长安,立代王侑为帝,尊隋炀帝为太上皇。次年,隋炀帝在江都被杀,李渊废杨侑,自立为帝,以长安为都,国号为唐,史称李唐。贞观二年(628),唐太宗李世民统一全国。天授元年(690),唐高宗皇后武则天代唐称帝,改国号为周,史称武周。神龙元年(705),唐中宗复位,改国号为唐。李唐共历二十帝,二百九十年。天祐四年(907),唐哀帝禅让朱温,李唐灭亡。

唐朝疆域广阔,极盛时期疆域东到大海,南达南海诸岛,西越巴尔喀什湖及咸海一带,东北到外兴安岭地区。在不同的地区,李唐实行不同的地方行政制度。一般地,在中原及内地地区,实行州(郡)县制度;而在边疆及少数民族地区则实行羁縻府州制。

李唐初期,沿袭隋朝的行政区划,实行州(郡)县制。唐高祖武德元年(618),改郡为州;唐玄宗天宝元年(742),又改州为郡;唐肃宗乾元元年(758),再改郡为州。州、郡同级,但大部分时间推行州制,州(郡)统县。唐代的州、县,根据地位轻重、辖境大小、户口多少及经济开发程度分有不同的等级。州为辅、雄、望、紧、上、中、下,县为赤、畿、望、紧、上、中、下。

据统计,贞观十三年(639),唐全国有358州,1551县。显然,中央政府要直接控制这么多的州是力不从心的,就必须在州以上设立高层的监察区或行政区,而设立行政区则必然要对中央进行分权,因此,设立监察区无疑是最佳选择。唐太宗贞观元年(627),依据山川形便原则将全国分为十道,临时性地派出巡察使监察地方官员。唐睿宗景云二年(711),将巡察使改为按察使,由临时性派遣变为常设官员。唐玄宗开元二十一年(733),将十道分为十五道,将按察使改为采访处置使,并兼任每道住所所在州的刺史。为了防止监察区变为行政区,采访使干预行政事务,天宝九载(750),唐玄宗下诏书,规定采访使只负责监察地方的善恶,不能干涉郡的政务。可见,道在唐代并不是一级行政区划,只是一个监察区。只不过道的长官兼任一州的刺史而已。

为了提高京、都的政治地位,与一般的州相区别,李唐实行了“府”制。开元元年(713),唐玄宗改雍州为京兆府,洛州为河南府。又改并州为太原府,荆州为江陵府。后凡是皇帝去过的地方,皆升州为府。如沔州为兴元府,益州为成都府等。府的长官称“牧”,由亲王挂名遥领,实际负责的是府尹。府是一种特殊的州,其行政层级与州无异。

今河南省幅员处于中原地区,李唐实行州(郡)县制。记载唐代地理的主要有《通典·州郡典》《元和郡县图志》《旧唐书·地理志》及《新唐书·地理志》,下面我们以唐代宗广德二年(764)为时间断限,依据史籍记载来考述唐代在河南省境内的州(郡)县的因循变化。①

一、河南府

本隋河南郡地,领有河南、洛阳、缑氏、偃师、巩、阳城、嵩阳、寿安、陆浑、伊阙、密十一县。唐高祖武德二年(619),王世充占据洛阳,建立郑国,改河南郡为司州。武德四年(621),平定王世充,改司州为洛州,寿安县改隶熊州。贞观元年(627),废熊州,寿安归属;新安县自谷州来属。贞观十七年(643),省嵩阳县。贞观十八年(644),省缑氏县。显庆二年(657),废谷州,福昌、渑池、永宁、长水四县来属;汜水县自郑州来属;温、河阳、济源、邵伯四县自怀州来属,改邵伯县为王屋县;以洛州为东都。龙朔二年(662),割许州阳翟县、郑州密县、绛州垣县来属。乾封元年(666),垣县还属绛州。咸亨四年(673),置柏崖、大基、武林三县,寻省柏崖县。前上元元年(674),复置缑氏县。永淳元年(682),复置

① 参考周振鹤主编,郭声波著:《中国行政区划通史·唐代卷》,复旦大学出版社,2012年。

嵩城县;二年(683),废嵩城县。光宅元年(684),改东都为神都,复置嵩阳县。垂拱四年(688),置前永昌县,改汜水县为广武县。永昌元年(689),改河南县为合宫县、武林县为武临县。武周天授元年(690),武泰县自郑州来属。天授三年(692),垣县自绛州来属,置来庭县。万岁登封元年(696),改阳城县为告成县、嵩阳县为登封县。万岁通天元年(696),置荥阳县;二年,废荥阳县。长安二年(702),垣县还属绛州。长安四年(704),置兴泰县。唐神龙元年(705),复改神都为东都,改合宫县为河南县、告成县为阳城县、登封县为嵩阳县、广武县为汜水县、武泰县为荥阳县;废前永昌、来庭、兴泰三县。神龙二年(706),又改河南县为合宫县、阳城县为告成县、嵩阳县为登封县、洛阳县为后永昌县,荥阳改隶郑州。景云元年(710),复改合宫县为河南县、后永昌县为洛阳县。先天元年(712),置伊阳县,改大基县为河清县。是年,洛州领有河南、洛阳、缑氏、偃师、巩、汜水、密、阳翟、告成、登封、武临、伊阙、陆浑、长水、永宁、福昌、寿安、新安、渑池、王屋、济源、河清、河阳、温、伊阳二十五县。治河南县。

开元元年(713),升洛州为河南府。开元十五年(727),改武临县为颍阳县。开元二十二年(734),河阴县自郑州来属。天宝元年(742),改东都为东京。天宝十五载(756),河南府为安禄山所据。至德二载(757),唐收复河南府,置东畿观察使。乾元二年(759),复为史思明所据。后上元二年(761),河南府归唐,罢东京,置东畿节度使。宝应元年(762),复置东京。广德二年(764),罢镇,河南府直属东畿。时河南府领有河南、洛阳、缑氏、偃师、巩、汜水、密、阳翟、告成、登封、颍阳、伊阙、陆浑、长水、永宁、福昌、寿安、新安、渑池、王屋、济源、河清、河阳、温、伊阳、河阴二十六县。会昌三年(843),以河阳、温、汜水、河清、济源五县置孟州,治河阳县,州属河阳节度使;阳翟县还属许州。府治河南,今河南省洛阳市。

河南县,本隋县,属河南郡。唐武德二年,王世充改郡为司州,县属之。武德四年,李唐改司州为洛州,县属之。贞观元年,移治大理寺(今洛阳市老城区);二年,移治金墉城(今河南省孟津县平乐镇翟泉村);六年,移治宽政坊(今洛阳市洛龙区古城乡董庄)。永昌元年,改名合宫县。神龙元年,复为河南县;二年,又改为合宫县。景云元年,又复为河南县。开元元年,洛州升为河南府,县属之。府治所在。治在今河南省洛阳市。

洛阳县,本隋县,属河南郡。唐武德二年,王世充改郡为司州,县属之。武德四年,李唐改司州为洛州,县属之,权治大理寺。贞观元年,移治金墉城;六年,移治毓德坊(今洛阳市瀍河区瀍河乡)。神龙二年,改名后永昌县。唐隆元年,复名洛阳县。开元元年,洛州升为河南府,县属之。治在今河南省洛阳市。

缑氏县,本隋县,属河南郡。唐武德二年,属司州;三年,改属辕州;四年,李唐废辕州,改属洛州。贞观十八年,省入偃师县。前上元二年,复置,治通谷北。开元元年,属河南府。治在今河南省偃师市南缑氏镇。

偃师县,本隋县,属河南郡。唐武德二年,属司州。武德四年,属洛州。开元元年,属河南府。治在今河南省偃师市东。

巩县,本隋县,属河南郡。唐武德二年,属司州。武德四年,属洛州。开元元年,属河南府。光化三年,又改属孟州。天复元年,县又还属河南府。治在今河南省巩义市东北。

汜水县,本隋县,属荥阳郡。唐武德元年,属郑州。显庆二年,改属洛州,迁治武牢城(今荥阳市汜水镇虎牢关)。垂拱四年,改名广武县,迁治广武城(今荥阳市广武镇)。神龙元年,复名汜水县,还治武牢城。开元元年,属河南府;二十九年,又移治成皋城(今荥阳市汜水镇)。会昌三年,县改属孟州。治在今河南省荥阳市西北汜水镇。

河阴县,开元二十二年置,先属郑州,寻改属河南府。会昌三年,县改属孟州。《嘉庆重修一统志》卷 187 河南开封府“古迹”记载:“河阴故城,在荥泽县西。《元和志》:河阴废县,西南至府二百三十里。本汉荥阳县地。开元二十二年,以地当汴河口,分汜水、荥泽、武陟三县地于输场东置县,以便漕运,即侍中裴耀卿所立。《旧志》:元时徙治广武山以北之大峪口;明初又徙在荥泽县西十五里。本朝乾隆三十年省入荥泽。”治在今河南省荥阳市北北邙乡官峪村。

密县,本隋县,属河南郡。唐武德二年,属密州,为州治。武德四年,废密州,县属郑州。龙朔二年,县改属洛州。开元元年,属河南府。治在今河南省新密市东南。

阳翟县,本隋县,属襄城郡。唐武德二年,属伊州;三年,改属嵩州。贞观元年,又改属许州。龙朔二年,再改属洛州。开元元年,属河南府。会昌三年,复改隶许州。治在今河南省禹州市。

告成县,本隋阳城县,属河南郡。唐武德二年,属司州;三年,改属嵩州,为州治。贞观三年,废嵩州,县改属洛州。万岁登封元年,改为告成县。神龙元年,复名阳城县;二年,又改为告成县。开元元年,属河南府。天祐二年,改名阳邑县。治在今河南省登封市东南。

登封县,本隋嵩阳县,属河南郡。唐武德二年,属司州;三年,改属嵩州。贞观三年,废嵩州,县改属洛州;十七年,省入阳城县。光宅元年,复置嵩阳县,治嵩阳城,属洛州。万岁登封元年,改名为登封县。神龙元年,复名嵩阳县;二年,又改为登封县。开元元年,属河南府。治在今河南省登封市。

颍阳县,本北周县,隋开皇元年废。唐咸亨四年复置,名武林县,属洛州。载初元年,改名武临县。开元元年,属河南府;十五年,改武临县为颍阳县。治在今河南省登封市颍阳镇。

伊阙县,本隋县,属河南郡。唐武德二年,属司州;三年,改属南韩州;四年,废南韩州,改属洛州。开元元年,属河南府。治在今河南省伊川县西南。

陆浑县,本隋县,属河南郡。唐武德二年,属司州;三年,改属南韩州;四年,废南韩州,改属洛州。开元元年,属河南府。治在今河南省嵩县东北。

伊阳县,唐先天元年,析陆浑县置,属洛州。开元元年,属河南府。治在今河南省嵩县西南旧县镇。

长水县,本隋县,属弘农郡。唐武德元年,属虢州。贞观八年,改属谷州。显庆二年,废谷州,县改属洛州。开元元年,属河南府。治在今河南省洛宁县西北长水镇。

永宁县,本隋县,属宜阳郡。唐武德元年,改宜阳郡为熊州,县属之;三年,移治同轨城(今洛宁县北中河乡北旧县村),以之置函州;八年,废函州,县改属熊州。贞观元年,废熊州,县再改属谷州;十四年,移治莎栅(今洛宁县马店乡小街村);十七年,移治鹿桥(今洛宁县治)。显庆二年,废谷州,县改属洛州。开元元年,属河南府。治在今河南省洛宁县。

福昌县,本隋宜阳县,属宜阳郡。唐武德元年,改宜阳县为福昌县,属熊州。贞观元年,废熊州,县改属谷州;六年,谷州州治自渑池县移此。显庆二年,废谷州,县改属洛州。开元元年,属河南府。治在今河南省宜阳县西五十里韩城镇。

寿安县,本隋县,属河南郡。唐武德四年,县改属熊州。贞观元年,废熊州,县改属洛州。开元元年,属河南府。治在今河南省宜阳县。

新安县,本隋县,属新安郡。唐武德元年,改新安郡为谷州,县属之,为州治;并析置东垣县,治东垣城。武德四年,省东垣县入新安县。贞观元年,移州治于渑池县,移县治于东垣城,县改属洛州。开元元年,属河南府。治在今河南省新安县。

渑池县,本隋县,属新安郡。唐武德元年,属熊州,寻改属谷州。贞观元年,谷州州治移此;三年,县治移治双桥(今渑池县治);六年,谷州州治又移治福昌县。显庆二年,废谷州,县改属洛州。开元元年,属河南府。治在今河南省渑池县。

王屋县,本隋邵伯县,属邵原郡。唐武德元年,改邵原郡为邵州,县属之。贞观元年,废邵州,县改属怀州。显庆二年,县改名王屋县,改属洛州。开元元年,属河南府。光化三年,又改属孟州。天复元年,县又还属河南府。治在今河南省济源市西。

济源县,本隋县,属河内郡。唐武德二年,丁伯德以县归唐,置西济州,县属之。武德四年,废西济州,县改属怀州。显庆二年,废怀州,县改属洛州。开元元年,属河南府。会昌三年,县改属孟州。治在今河南省济源市。

河清县,本大基县,唐武德二年置,治大基城(今济源市坡头镇),属行怀州;四年,改行怀州为盟州,县属之;八年,州、县俱废。咸亨四年,复置大基县,治大基城,属洛州。先天元年,避唐玄宗讳,县改名为河清县。开元元年,属河南府。会昌三年,县改属孟州,寻还属河南府。其后,省入王屋县。咸通中,又复置,属河南府。大顺元年,避兵乱,移治柏崖城(今济源市坡头镇连地村)。光化三年,又改属孟州。天复元年,县又还属河南府。治在今河南省济源市南坡头镇。

河阳县,本隋县,属河内郡。唐武德二年,属行怀州;四年,属盟州,为州治;八年,废盟州,县改属怀州。显庆二年,废怀州,县改属洛州。开元元年,属河南府。会昌三年,县改属孟州,为州治所在。治在今河南省孟州市东南。

温县,本隋县,属河内郡。唐武德三年,王世充以属平州;四年,归唐,废平州,县属盟州,移治李城(今温县城温泉镇);八年,废盟州,县改属怀州。显庆二年,废怀州,县改属洛州。开元元年,属河南府。会昌三年,县改属孟州。治在今河南省温县。

二、怀州

本隋河内郡。唐武德元年(618),郡为李密所据,改为怀州。时州领有河内、修武、获嘉、共城、新乡、安昌、温、河阳、济源九县。李密奉表归唐,以共城县置共州,新乡县改属义州,修武、获嘉二县改属殷州。武德二年(619),又为王世充所据,李唐取安昌县置北义州,取河阳县置行怀州,取济源县置西济州。武德三年(620),温县改属平州。武德四年(621),李唐取怀州,置怀州总管府;废德、西济、行怀三州,武德、怀、济源、轵四县来属。武德八年(625),废盟州,河阳、温二县来属。贞观元年(627),废殷州、邵州,获嘉、武陟、修武、邵伯四县来属,省轵、怀二县。显庆二年(657),温、河阳、济源、邵伯四县改属洛州。时怀州领有河内、修武、获嘉、武陟、武德五县。天宝元年(742),改怀州为河内郡,直属都畿。天宝十五载(756),为安庆绪所据,改为怀州。至德二载(757),被唐收复,为河内郡。乾元元年(758),复为怀州;二年(759),为史思明所据,改为河内郡。宝应元年(762),归唐,复为怀州。州领县不变。州治河内,今河南省沁阳市。

河内县,本隋县,属河内郡。唐武德元年,改河内郡为怀州,县属之。天宝元年,州又改为河内郡,县属之。乾元元年,郡复为怀州,县属之。州治所在。治在今河南省沁阳市。

武德县,本隋安昌县,属河内郡。唐武德二年,唐取北义州,改县名为武德县,寻改州名为德州。武德四年,废德州,县改属怀州。天宝元年,州又改为河内郡,县属之。乾元元年,郡复为怀州,县属之。治在今河南省沁阳市东南。

修武县,本隋修武县地,属河内郡。唐武德二年,李原德以修武县浊鹿城(今修武县五里源乡)归唐,置陟州,并置行修武县。武德四年,废陟州,改行修武县为修武县,改属殷州。武德六年,县移治西修武城(今修武县城关镇)。贞观元年,废殷州,县改属怀州。天宝元年,州又改为河内郡,县属之。乾元元年,郡复为怀州,县属之。治在今河南省修武县。

获嘉县,本隋县,属河内郡。唐武德元年,置殷州,为州治。贞观元年,废殷州,县改属怀州。天宝元年,州又改为河内郡,县属之。乾元元年,郡复为怀州,县属之。治在今河南省获嘉县。

武陟县,本隋修武县,属河内郡。唐武德元年,改属殷州;四年,改县名为武陟县。贞观元年,废殷州,县改属怀州。天宝元年,州又改为河内郡,县属之。乾元元年,郡复为怀州,县属之。治在今河南省武陟县南。

三、郑州

本隋荥阳郡地,领有管城、圃田、新郑、荥阳、汜水、荥泽、原武、阳武、酸枣九县。隋末,郡为李密所据,改为管州。唐武德元年(618),李密奉表归唐,以荥阳、汜水、荥泽三县置郑州,治荥阳县。后郑州归隋,州治移至汜水县。武德二年(619),管州、郑州复为王世充所据;改原武县为原陵县;新郑县改属溱州;以荥阳县置荥州。武德三年(620),管州、郑州归唐,以酸枣县置东梁州;改圃田县为中牟县,并置牟州。武德四年(621),管州、郑州曾为窦建德所据,后又归唐。改管州原陵县为原武县;废牟州,中牟县来属管州;废溱州,新郑县来属管州;置清池、须水二县,属管州。废荥州、密州,荥阳、密县来属郑州;置成皋县,属郑州。贞观元年(627),废管州,省清池、须水二县,管城、新郑、原武、阳武四县改属郑州,中牟县改属汴州。贞观七年(633),郑州州治从汜水县移至管城县,省成皋县。时郑州领有管城、新郑、密、荥阳、汜水、荥泽、原武、阳武八县。显庆二年(657),汜水县改属洛州。龙朔二年(662),密县改属洛州,中牟县改属郑州。武周天授二年(691),省荥阳县。唐神龙二年(706),荥阳县自洛州来属。天宝元年(742),改郑州为荥阳郡。天宝十三载(754),郡领有管城、新郑、中牟、荥阳、荥泽、原武、阳武七县。天宝十五载(756),为安禄山所据,改为郑州。至德二载(757),被李唐收复,仍为荥阳郡。乾元二年(759),复为史思明所据。宝应元年(762),归唐,仍为郑州。州领县不变。州治管城,今河南省郑州市。

管城县,本隋县,属荥阳郡。隋末,改荥阳郡为管州,县为州治,属管州。唐武德四年,移州治于汜水县。贞观元年,废管州,县改属郑州。贞观七年,郑州州治自汜水县移于县。天宝元年,州改为荥阳郡,县为郡治。乾元元年,郡复为郑州,县属之。州治所在。治在今河南省郑州市。

中牟县,本隋圃田县,属荥阳郡。隋末,县属管州。唐武德三年,改县名为中牟县,置牟州,县为州治。武德四年,废牟州,县改属管州。贞观元年,废管州,县改属汴州。龙朔二年,县又改属郑州。天宝元年,州改为荥阳郡,县属之。乾元元年,郡复为郑州,县属之。治在今河南省中牟县东。

新郑县,本隋县,属荥阳郡。隋末,县属管州。唐武德二年,改属溱州。武德四年,废溱州,县改属管州。贞观元年,废管州,县改属郑州。天宝元年,州改为荥阳郡,县属之。乾元元年,郡复为郑州,县属之。治在今河南省新郑市南。

荥阳县,本隋县,属荥阳郡。隋末,县属管州。唐武德元年,置郑州,县为州治,后移治于汜水县。武德二年,以县置荥州。武德四年,废荥州,县还属郑州。武周天授二年,省入洛州武泰县,武泰县移治荥阳城(今荥阳市区)。万岁通天元年,析武泰县复置荥阳县,县属洛州;武泰县还治武泰城(今荥阳市刘河镇王河城)。二年,复省县入武泰县,武泰县又移治荥阳城。神龙元年,改武泰县为荥阳县,县属洛州;二年,县改属郑州。天宝元年,州改为荥阳郡,县属之。乾元元年,郡复为郑州,县属之。治在今河南省荥阳市。

荥泽县,本隋县,属荥阳郡。隋末,县属管州。唐武德元年,置郑州,县改属之。天宝元年,州改为荥阳郡,县属之。乾元元年,郡复为郑州,县属之。治在今河南省荥阳市东北。

原武县,本隋县,属荥阳郡。隋末,县属管州。唐武德二年,改为原陵县;四年,复为原武县。贞观元年,废管州,县改属郑州。天宝元年,州改为荥阳郡,县属之。乾元元年,郡复为郑州,县属之。治在今河南省原阳县西南原武镇。

阳武县,本隋县,属荥阳郡。隋末,县属管州。唐武德四年,移治原武城(今原阳县城区)。贞观元年,废管州,县改属郑州。天宝元年,州改为荥阳郡,县属之。乾元元年,郡复为郑州,县属之。治在今河南省原阳县。

四、汝州

本隋襄城郡地。隋末,为李密所据,改郡为伊州,领有承休、阳翟、郏城、犨城、鲁山、梁六县。唐武德二年(619),归唐,置伊州总管府。后为王世充所据,唐取鲁山、犨城二县置鲁州。武德三年(620),唐取阳翟,属嵩州。武德四年(621),平王世充,罢总管府,废鲁州,鲁山、犨城二县来属,改犨城县为滍阳县。

寻鲁山、滍阳二县又还置鲁州。贞观元年(627),废鲁州及滍阳县,鲁山县来属;省承休县,移伊州治于梁县。贞观八年(634),改伊州为汝州。时汝州领有梁、郏城、鲁山三县。武周证圣元年(695),置武兴县。唐神龙元年(705),改武兴县为中兴县,寻又改为龙兴县。先天元年(712),置临汝县。开元二十一年(733),伊州属都畿。开元二十六年(738),废仙州,叶、襄城二县来属。开元二十八年(740),襄城县改属许州。天宝元年(742),改汝州为临汝郡。天宝七载(748),襄城县自颍川郡(许州)来属。时临汝郡领有梁、郏城、临汝、龙兴、鲁山、叶、襄城七县。天宝十五载(756),郡为安禄山所据,改为汝州。至德二载(757),归唐,复为临汝郡。乾元元年(758),改临汝郡为汝州。乾元二年(759),又为史思明所据。宝应元年(762),唐收复,仍为汝州。大历三年(768),叶、襄城二县改置仙州。大历五年(770),废仙州,叶、襄城二县还属汝州。后州领县不变。州治梁,今河南省汝州市。

梁县,本隋县,属襄城郡。隋末,改襄城郡为伊州,县属之。贞观元年,省承休县入梁县,梁县移治承休城(今汝州市城区),为州治。贞观八年,改伊州为汝州,县属之,为州治。天宝元年,县属临汝郡,为郡治。乾元元年,县属汝州,为州治。治在今河南省汝州市。

临汝县,唐先天元年,析梁县西部置,置紫逻川(今汝阳县小店镇紫罗村),属汝州。天宝元年,县属临汝郡。乾元元年,县属汝州。贞元八年,县移治石壕驿(今汝州市临汝镇)。《嘉庆重修一统志》卷224河南汝州"古迹"记载:"临汝废县,在伊阳县东。唐置县。《元和志》:县东南至汝州六十五里。本汉梁县地,先天二年置。《旧唐志》:临汝县,贞元八年移治石壕驿。《寰宇记》:废临汝县,初置于今县西南二十里紫逻川,以城南临汝水为名。"治在今河南省汝阳县小店镇紫罗村。

郏城县,本隋县,属襄城郡。隋末,改襄城郡为伊州,县属之。贞观八年,县属汝州。天宝元年,县属临汝郡。乾元元年,县属汝州。治在今河南省郏县。

龙兴县,武周证圣元年,析郏城、鲁山二县置武兴县,治通鸦城(今宝丰县城),属汝州。唐神龙元年,改武兴县为中兴县,寻又改为龙兴县,属汝州。天宝元年,县属临汝郡。乾元元年,县属汝州。《嘉庆重修一统志》卷224河南汝州"古迹"记载:"龙兴故城,今宝丰县治,即贾复城。《水经注》:桓水径贾复城北,复南击堰所筑也。唐证圣元年,析郏城、鲁山置武兴县。神龙元年,更名中兴,寻又改名龙兴。《元和志》:龙兴县西北至汝州九十里,县在通鸦城。后魏太和二十三年,孝文帝亲征马圈,行至此城,昏雾得三鸦引路,遂过南山,故亦名通鸦城。”治在今河南省宝丰县。

鲁山县,本隋县,属襄城郡。隋末,县属伊州。唐武德二年,置鲁州,为州治。武德四年,废鲁州,改属伊州;寻又置鲁州,县属之,为州治。贞观元年,废鲁州,县再改属伊州。贞观八年,县属汝州。天宝元年,县属临汝郡。乾元元年,县属汝州。治在今河南省鲁山县。

叶县,本隋县,属颍川郡。唐武德元年,改颍川郡为许州,县属之。武德二年,置叶州,县改属之,为州治。武德五年,废叶州,县改属北澧州。贞观八年,改北澧州为鲁州,县属之。贞观九年,废鲁州,县改属许州。开元三年,置仙州,县属之,为州治。开元二十六年,废仙州,县改属汝州。天宝元年,县属临汝郡。乾元元年,县属汝州。大历三年,复置仙州,县属之,为州治。大历五年,废仙州,县还属汝州。治在今河南省叶县西南旧县店。

襄城县,本隋县,属颍川郡。唐武德元年,改颍川郡为许州,县属之。武德二年,析置期城县,以襄城、期城、汝坟三县置汝州,县为州治。贞观元年,废汝州及期城、汝坟二县,襄城县还属许州。开元三年,置仙州,县属之。开元二十六年,废仙州,县改属汝州。开元二十八年,县还属许州。天宝七年,县由颍川郡改属临汝郡。乾元元年,县属汝州。大历三年,复置仙州,县属之。大历五年,废仙州,县还属汝州。治在今河南省襄城县。

五、陕州

本隋末置的弘农郡,领有陕、长水、桃林三县。唐武德元年(618),改弘农郡为陕州,复置崤县,长水县改属虢州。武德二年(619),崤县改属函州。武德八年(625),废函州,崤县来属。贞观元年(627),废芮州,芮城、河北二县来属。贞观十四年(640),改崤县为峡石县。武周大足元年(701),夏县自绛州来属,寻又还属绛州。唐开元二十一年(733),州属都畿。天宝元年(742),改陕州为陕郡,改桃林县为灵宝县、河北县为平陆县。时陕郡领有陕、峡石、灵宝、芮城、平陆五县。天宝十五载(756),郡为安禄山所据,改为陕州。至德二载(757),

李唐收复,仍为陕郡。乾元元年(758),改郡为陕州。后上元元年(760),虞邑县自河中府来属,夏县自绛州来属。广德二年(764),陕州领有陕、峡石、灵宝、芮城、平陆、虞邑、夏七县。大历四年(769),改虞邑县为安邑县。贞元三年(787),垣县自绛州来属。元和三年(808),安邑县还属河中府,垣县还属绛州。时陕州领有陕、峡石、灵宝、芮城、平陆、夏六县。天祐元年(904),唐昭宗住跸,升为兴唐府。唯陕、峡石、灵宝三县在今河南省境内。州治陕县,今河南省三门峡市西陕州区。

陕县,本隋县,属河南府,隋末属弘农郡。唐武德元年,改弘农郡为陕州,县属之,为州治。天宝元年,属陕郡。乾元元年,属陕州。州治所在。治在今河南省三门峡市西陕州区。

峡石县,本隋崤县,大业二年省入陕县。唐武德元年,析陕县复置,治峡石坞(今陕州区峡石镇)。武德二年,改属函州。武德三年,移治鸭桥镇(今陕州区张茅镇)。贞观八年,废函州,县还属陕州,移治安阳城(今陕州区菜园乡南县村)。贞观十四年,还治峡石坞,改崤县为峡石县。天宝元年,属陕郡。乾元元年,属陕州。治在今河南省三门峡市陕州区峡石镇。

灵宝县,本隋桃林县,属河南府,隋末属弘农郡。唐武德元年,改弘农郡为陕州,县属之。天宝元年,改名为灵宝县,属陕郡。乾元元年,属陕州。治在今河南省灵宝市北函谷关故城。

六、虢州

本隋虢郡与凤林郡地,虢郡领有卢氏、朱阳、玉城三县,凤林郡领有弘农、阌乡、湖城三县。唐武德元年(618),改虢郡为虢州,长水县自陕州来属;改凤林郡为鼎州。贞观元年(627),直属河南道。贞观八年(634),废鼎州,弘农、阌乡、湖城三县改属虢州;移州治于弘农县,长水县改属谷州。贞观十三年(639),永乐县从蒲州来属。龙朔元年(661),朱阳县改属商州。武周万岁通天二年(697),朱阳县还属虢州。唐神龙元年(705),改弘农县为恒农县,永乐县还属蒲州。开元元年(713),改属河东道。开元十六年(728),复改恒农县为弘农县。天宝元年(742),改虢州为弘农郡。时郡领有弘农、阌乡、湖城、卢氏、朱阳、玉城六县。乾元元年(758),改郡为虢州。后上元元年(760),属陕西节度使,改湖城县为天平县。大历四年(769),又改天平县为湖城县。其后,虢州领县不变。州治弘农,今河南省灵宝市。

弘农县,本隋县,属凤林郡。唐武德元年,改凤林郡为鼎州,县属之,为州治。贞观元年,移州治于阌乡县。贞观八年,废鼎州,县改属虢州,虢州州治从卢氏县迁县。神龙元年,改为恒农县。开元十六年,复为弘农县。天宝元年,属弘农郡。乾元元年,属虢州。州治所在。治在今河南省灵宝市。

阌乡县,本隋县,属凤林郡。唐武德元年,改凤林郡为鼎州,县属之。贞观元年,县为州治。贞观八年,废鼎州,县改属虢州。天宝元年,属弘农郡。乾元元年,属虢州。治在今河南省灵宝市西北文底村一带。

天平县,本湖城县。隋开皇十六年省入阌乡县。义宁元年复置,属凤林郡。唐武德元年,改凤林郡为鼎州,县属之。贞观八年,废鼎州,县改属虢州。天宝元年,属弘农郡。乾元元年,属虢州。后上元元年,改名天平县。大历四年,复改为湖城县。治在今河南省灵宝市西北阌乡北三门峡水库中。

卢氏县,本隋县,属虢郡。唐武德元年,改虢郡为虢州,县属之,为州治。贞观八年,州治迁至弘农县。天宝元年,属弘农郡。乾元元年,属虢州。治在今河南省卢氏县。

朱阳县,本隋县,属虢郡。唐武德元年,改虢郡为虢州,县属之。龙朔元年,改属商州。万岁通天二年,县还属虢州。天宝元年,属弘农郡。乾元元年,属虢州。治在今河南省灵宝市西南朱阳镇。

玉城县,隋义宁元年置,属虢郡。唐武德元年,改虢郡为虢州,县属之。天宝元年,属弘农郡。乾元元年,属虢州。《嘉庆重修一统志》卷224河南汝州"古迹"记载:"玉城废县,在灵宝县东南八十里。《元和志》:玉城县西北至虢州六十里。"治在今河南省灵宝市东南。

七、卫州

本隋汲郡,领有卫、清淇、汲、隋兴、黎阳、临河、澶渊、内黄八县。隋末,李密改汲郡为卫州,废隋兴县。唐武德元年(618),李密奉表归唐,汲县改属义州。

武德二年(619),以黎阳、临河、澶渊、内黄四县置黎州。后为窦建德所据。武德四年(621),归唐,汲县还属卫州,汤源县自相州来属。武德五年(622),曾为刘黑闼所据。武德六年(623),汤源县还属相州。贞观元年(627),废殷州,共城、新乡、博望三县来属;州治自卫县移至汲县。贞观六年(632),废博望县。时卫州领有汲、共城、新乡、卫、清淇五县。贞观十七年(643),废清淇县;废黎州,黎阳县来属。武周长安三年(703),复置清淇县。唐神龙元年(705),又废清淇县。天宝元年(742),改卫州为汲郡。时汲郡领有汲、共城、新乡、卫、黎阳五县。天宝十五载(756),为安禄山所据,改为卫州。乾元元年(758),归唐,直属河北道。乾元二年(759),复为史思明所据,改为汲郡。后上元二年(761),又归唐,仍为卫州,寻又为史思明所据。宝应元年(762),复归唐。其后领县不变。州治汲县,今河南省卫辉市。

汲县,本隋县,属汲郡。隋末,改汲郡为卫州,县属之。唐武德元年,县改属义州。武德四年,废义州,县还属卫州。贞观元年,为州治。天宝元年,县属汲郡,为郡治。天宝十五载,县属卫州,为安禄山所据。宝应元年,县归唐,属卫州。州治所在。治在今河南省卫辉市。

卫县,本隋县,属汲郡。隋末,改汲郡为卫州,县属之,为州治。贞观元年,州治迁至汲县。天宝元年,县属汲郡。天宝十五载,县属卫州,为安禄山所据。宝应元年,县归唐,属卫州。治在今河南省浚县西南东枋城。

共城县,本隋县,属汲郡。隋末,改汲郡为卫州,县属之。唐武德元年,县改属共州,为州治。武德四年,废共州,县改属殷州。贞观元年,废殷州,县还属卫州。天宝元年,县属汲郡。天宝十五载,县属卫州,为安禄山所据。宝应元年,县归唐,属卫州。治在今河南省辉县市。

新乡县,本隋县,属汲郡。隋末,改汲郡为卫州,县属之。唐武德元年,县改属义州。武德四年,废义州,县改属殷州。贞观元年,废殷州,县还属卫州。天宝元年,县属汲郡。天宝十五载,县属卫州,为安禄山所据。宝应元年,县归唐,属卫州。治在今河南省新乡市。

黎阳县,本隋县,属汲郡。隋末,改汲郡为卫州,县属之。唐武德二年,置黎州,县改属之。贞观十七年,废黎州,县还属卫州。天宝元年,县属汲郡。天宝十五载,县属卫州,为安禄山所据。宝应元年,县归唐,属卫州。治在今河南省浚县东北。

八、相州

本隋魏郡，领有安阳、灵泉、林虑、临水、滏阳、邺、临漳、成安、洹水、尧城十县。隋末，李密改魏郡为相州，治在安阳；改灵泉县为零泉县。唐武德元年(618)，李密奉表归唐，置相县，以临水、成安、滏阳三县置磁州。武德二年(619)，州为窦建德所据，以林虑县属岩州，以洹水县属洹州。武德四年(621)，归唐，省零泉县；置汤源县，以属黎州，寻属卫州；洹水县自洹州还属。武德五年(622)，曾为刘黑闼所据；省相县，林虑县自岩州还属。武德六年(623)，汤源县自卫州来属。贞观元年(627)，直属河北道，改汤源县为汤阴县；废磁州，成安、滏阳二县还属。贞观十七年(643)，废黎州，内黄、临河二县来属。时相州领有安阳、林虑、滏阳、邺、临漳、成安、洹水、尧城、汤阴、内黄、临河十一县。天宝元年(742)，改相州为邺郡，治安阳。天宝十五载(756)，为安禄山所据，改为相州。至德二载(757)，安庆绪改相州为成安府。乾元二年(759)，为史思明所据，改为邺郡。宝应元年(762)，归唐，复为相州。时州领有安阳、林虑、滏阳、邺、临漳、成安、洹水、尧城、汤阴、内黄、临河十一县。永泰元年(765)，滏阳县改属磁州。天祐二年(905)，改成安县为斥丘县；三年(906)，改尧城县为永定县；以洹水、内黄、临河、斥丘四县改属魏州。时州领有安阳、林虑、邺、临漳、永定、汤阴六县。州治安阳，今河南省安阳市。

安阳县，本隋县，属魏郡。隋末，改魏郡为相州，县属之，为州治。天宝元年，改相州为邺郡，县属之，为郡治。天宝十五载，安史之乱爆发，为叛军所据。宝应元年，县归唐，为相州州治。治在今河南省安阳市。

尧城县，本隋县，属魏郡。隋末，改魏郡为相州，县属之。天宝元年，改相州为邺郡，县属之。天宝十五载，安史之乱爆发，为叛军所据。宝应元年，县归唐，属相州。天祐三年，改名永定县。治在今河南省安阳市东。

林虑县，本隋县，属魏郡。隋末，改魏郡为相州，县属之。唐武德二年，改属岩州，为州治。武德五年，废岩州，县还属相州。天宝元年，改相州为邺郡，县属之。天宝十五载，安史之乱爆发，为叛军所据。宝应元年，县归唐，属相州。治在今河南省林州市。

汤阴县,唐武德四年,析安阳县置汤源县,以汤水之源为名,治汤阴城(今汤阴县城),属黎州。寻属卫州。武德六年,县改属相州。贞观元年,县改名汤阴县。天宝元年,改相州为邺郡,县属之。天宝十五载,安史之乱爆发,为叛军所据。宝应元年,县归唐,属相州。治在今河南省汤阴县。

内黄县,本隋县,属汲郡。隋末,属卫州。唐武德二年,县改属黎州。武德四年,析置繁阳县。贞观元年,省繁阳县来属。贞观十七年,废黎州,县改属相州。天宝元年,改相州为邺郡,县属之。天宝十五载,安史之乱爆发,为叛军所据。宝应元年,县归唐,属相州。天祐三年,县改属魏州。治在今河南省内黄县西东庄镇旧县村。

临河县,本隋县,属汲郡。隋末,属卫州。唐武德二年,县改属黎州。贞观十七年,废黎州,澶水县(武德四年澶渊县改名,避高祖讳)省入县,县改属相州。天宝元年,改相州为邺郡,县属之。天宝十五载,安史之乱爆发,为叛军所据。宝应元年,县归唐,属相州。天祐三年,县改属魏州。治在今河南省濮阳市西。

九、魏州

本隋武阳郡,领有贵乡、元城、繁水、莘、临黄、观城、顿丘、魏、武阳、馆陶、冠氏、堂邑、武水、聊城十四县。隋末,李密改武阳郡为魏州,治贵乡。武德二年(619),州为窦建德所据,以观城、顿丘二县属黎州。武德四年(621),归唐,置漳阴县;观城、顿丘还属魏州,寻又改属澶州;莘县、临黄、武阳三县改属莘州,馆陶、冠氏二县改属毛州,聊城、武水、堂邑三县改属博州。武德五年(622),曾为刘黑闼所据,置昌乐县。贞观元年(627),魏州直属河北道;废莘州,莘县、临黄、武阳三县还属;废毛州,馆陶、冠氏二县还属;废澶州,观城、顿丘二县还属;省漳阴县。贞观十七年(643),省元城、观城、武阳三县;十八年(644),省繁水县。龙朔二年(662),改魏州为冀州。咸亨三年(672),复为魏州。武周永昌元年(689),置武圣县。圣历二年(699),复置元城县。开元七年(719),改武圣县为朝城县。天宝元年(742),改魏州为魏郡。时郡领有贵乡、元城、莘、朝城、顿丘、临黄、昌乐、魏、馆陶、冠氏十县。天宝十五载(756),州为安禄山所据。乾元元年(758),归唐,直属河北道。乾元二年(759),复为史思明所据。宝应元年

(762),归唐,复为魏州。时州仍领有贵乡、元城、莘、朝城、顿丘、临黄、昌乐、魏、馆陶、冠氏十县。大历七年(772),置观城、清丰二县,与顿丘、临黄二县改属澶州。天祐三年(906),宗城、永济二县自贝州来属,洹水、内黄、临河、斥丘四县自相州来属。州治贵乡,今河北省大名县东北。

顿丘县,本隋县,属武阳郡。隋末,改武阳郡为魏州,县属之。唐武德二年,县改属黎州;四年,县归唐,属魏州,寻改属澶州。贞观元年,废澶州,县还属魏州。龙朔二年,改魏州为冀州,县属冀州。咸亨三年,又改冀州为魏州,县属之。天宝元年,改魏州为魏郡,县属之。天宝十五载,县为安禄山所据。乾元元年,归唐,属魏州。乾元二年,复为史思明所据。宝应元年,复归唐,属魏州。大历七年,县改置澶州,为州治,并析置清丰县。治在今河南省清丰县西南。

临黄县,本隋县,属武阳郡。隋末,改武阳郡为魏州,县属之。唐武德四年,县改属莘州。贞观元年,废莘州,县还属魏州。龙朔二年,改魏州为冀州,县属冀州。咸亨三年,又改冀州为魏州,县属之。天宝元年,改魏州为魏郡,县属之。天宝十五载,县为安禄山所据。乾元元年,归唐,属魏州。乾元二年,复为史思明所据。宝应元年,复归唐,属魏州。大历七年,县改置澶州。治在今河南省范县南临黄集。

昌乐县,本隋县,大业二年省入繁水县。唐武德五年,析繁水县复置,属魏州,治故昌乐城(今南乐县城西北吴村);六年,移治新昌乐城(今南乐县城西北谷村)。贞观十七年,观城县省入;十八年,繁水县省入。天宝元年,改魏州为魏郡,县属之。天宝十五载,县为安禄山所据。乾元元年,归唐,属魏州。乾元二年,复为史思明所据。宝应元年,复归唐,属魏州。大历七年,析县复置观城县,观城县属澶州。治在今河南省南乐县西北。

十、滑州

本隋东郡,领有白马、灵昌、卫南、濮阳、封丘、匡城、胙城、韦城、离狐九县。唐武德元年(618),郡归李密,改东郡为滑州,离狐县改属曹州。武德二年(619),为王世充所据,置长垣县,濮阳县改属濮州,胙城县改属胙州,韦城县改属燕州,灵昌县改属兴州。武德四年(621),曾为窦建德所据,后归唐。废胙州,胙城县还属;废燕州,韦城县还属;封丘县改属汴州。贞观八年(634),废东梁州,酸枣、灵昌二县来属;省长垣县。天宝元年(742),改滑州为灵昌郡。时郡领有白马、灵昌、酸枣、卫南、胙城、韦城、匡城七县。天宝十五载(756),郡为安禄山所据,改为滑州。至德二年(757),归唐,仍为灵昌郡。乾元元年(758),改郡为滑州;二年(759),复为史思明所据,为灵昌郡。后上元二年(761),归唐,寻又为史思明据。宝应元年(762),复归唐,为滑州。后州领县不变。州治白马,今河南省滑县东。

白马县,本隋县,属东郡。唐武德元年,改东郡为滑州,县属之,为州治。天宝元年,改滑州为灵昌郡,县为郡治。安史之乱中,为叛军所据。乾元元年,改郡为滑州,县属之。宝应元年,县复归唐,属滑州。州治所在。治在今河南省滑县东。

胙城县,本隋县,属东郡。唐武德元年,改东郡为滑州,县属之。武德二年,县改属胙州;四年,废胙州,县还属。天宝元年,改滑州为灵昌郡,县属之。安史之乱中,为叛军所据。乾元元年,改郡为滑州,县属之。宝应元年,县复归唐,属滑州。治在今河南省延津县东北胙城镇。

匡城县,本隋县,属东郡。唐武德元年,改东郡为滑州,县属之。天宝元年,改滑州为灵昌郡,县属之。安史之乱中,为叛军所据。乾元元年,改郡为滑州,县属之。宝应元年,县复归唐,属滑州。治在今河南省长垣县南。

韦城县,本隋县,属东郡。唐武德元年,改东郡为滑州,县属之。武德二年,县改属燕州;四年,废燕州,县还属滑州。天宝元年,改滑州为灵昌郡,县为郡治。安史之乱中,为叛军所据。乾元元年,改郡为滑州,县属之。宝应元年,县复归唐,属滑州。治在今河南省滑县东南。

灵昌县,本隋县,属东郡。唐武德元年,改东郡为滑州,县属之。武德二年,县改属兴州;四年,废兴州,县改属东梁州。贞观八年,废东梁州,县还属滑州。天宝元年,改滑州为灵昌郡,县属之。安史之乱中,为叛军所据。乾元元年,改郡为滑州,县属之。宝应元年,县复归唐,属滑州。治在今河南省滑县西南。

卫南县,本隋县,属东郡。唐武德元年,改东郡为滑州,县属之。仪凤元年,移治新城(今内黄县梁庄乡大城村)。永昌元年,又移治楚丘城东南四里(今滑县四间房乡朱店)。天宝元年,改滑州为灵昌郡,县属之。安史之乱中,为叛军所据。乾元元年,改郡为滑州,县属之。宝应元年,县复归唐,属滑州。治在今河南省滑县东北四间房乡朱店。

酸枣县,本隋县,属荥阳郡。唐武德元年,改荥阳郡为管州,县属之。武德二年,县改属胙州;三年,县又改属东梁州。贞观八年,废东梁州,县改属滑州。天宝元年,改滑州为灵昌郡,县为郡治。安史之乱中,为叛军所据。乾元元年,改郡为滑州,县属之。宝应元年,县复归唐,属滑州。治在今河南省延津县西南。

十一、濮州

本隋东郡濮阳县及东平郡之地。唐武德二年(619),王世充以郓州鄄城、雷泽二县及滑州濮阳县置濮州,治鄄城。武德三年(620),州归唐。武德四年(621),曾为窦建德所据。李唐置廪城、临濮、昆吾、永定、安丘、长城六县,属濮州。武德五年(622),又为刘黑闼所据。李唐取州后,省安丘、长城二县。武德八年(625),又省昆吾、永定、廪城三县。贞观元年(627),直属河南道。贞观八年(634),范县自济州来属。时州领有鄄城、临濮、濮阳、范、雷泽五县。天宝元年(742),改濮州为濮阳郡。天宝十五载(756),为安禄山所据,改为濮州。至德二载(757),归唐,仍为濮阳郡。乾元元年(758),复为濮州;二年(759),又为史思明所据,为濮阳郡。宝应元年(762),复归唐,为濮州。其后领县不变。州治鄄城,今山东省鄄城县北。

濮阳县,本隋县,属东郡。隋末,属滑州,移治西濮阳城。唐武德二年,改属濮州。武德四年,析置昆吾县(今濮阳县鲁河乡),属濮州;八年,昆吾县省入县。天宝元年,改濮州为濮阳郡,县属之。乾元元年,复为濮州,县属之。其间,先后为安史之乱叛军所据。宝应元年,县归唐,属濮州。治在今河南省濮阳市西南。

范县,本隋县,属济北郡。隋末,属济州。武德二年,以县置范州;五年,废范州,县还属济州。贞观八年,县改属濮州。天宝元年,改濮州为濮阳郡,县属之。乾元元年,复为濮州,县属之。其间,先后为安史之乱叛军所据。宝应元年,县归唐,属濮州。治在今河南省范县东南张庄乡旧城村。

另,今河南省台前县地属郓州寿张县。

十二、汴州

隋末,李密以荥阳郡浚仪、开封二县置汴州,属滑州总管府。唐武德元年(618),李密奉表归唐。武德二年(619),州为王世充所据。武德三年(620),州为唐所取。武德四年(621),置小黄、新里二县,属汴州;封丘县自滑州来属。贞观元年(627),汴州属河南道。废杞州,雍丘、陈留二县来属;废管州,中牟县来属;废洧州,尉氏县来属;省开封、小黄、新里三县。时汴州领有浚仪、雍丘、陈留、封丘、尉氏、中牟六县。龙朔二年(662),中牟县改属郑州。延和元年(712),复置开封县,为州治。天宝元年(742),改汴州为陈留郡。时郡领有浚仪、雍丘、陈留、封丘、尉氏、开封六县。天宝十五载(756),郡为安禄山所据,改为汴州。至德二载(757),唐收复,仍为陈留郡。乾元元年(758),复为汴州。乾元二年(759),又为史思明所据,改为陈留郡。宝应元年(762),归唐,属河南节度使。其后领县不变。州治开封,今河南省开封市。

开封县,本隋县,属荥阳郡。隋末,属汴州。唐贞观元年,省入浚仪、尉氏二县。延和元年,析浚仪县东境及尉氏县北境复置,与浚仪县分治州郭。天宝元年,汴州改为陈留郡,县属之。乾元元年,郡复为汴州,县属之。其间,县为安史之乱叛军所据。宝应元年,县归唐,属汴州。州治所在。治在今河南省开封市。

浚仪县,本隋县,属荥阳郡。隋末,属汴州。唐武德四年,析置小黄、新里二县。贞观元年,移治于州西一里,省开封、小黄、新里三县来属。延和元年,复析置开封县。天宝元年,汴州改为陈留郡,县属之。乾元元年,郡复为汴州,县属之。其间,县为安史之乱叛军所据。宝应元年,县归唐,属汴州。治在今河南省开封市。

陈留县,本隋县,属梁郡。隋末,属宋州。唐武德二年,改属杞州;三年,又改属南汴州;四年,复属杞州。贞观元年,废杞州,改属汴州。天宝元年,汴州改为陈留郡,县属之。乾元元年,郡复为汴州,县属之。其间,县为安史之乱叛军所据。宝应元年,县归唐,属汴州。治在今河南省开封市东南陈留镇。

雍丘县,本隋县,属梁郡。隋末,属宋州。唐武德二年,置杞州,县为州治,移治祺城(今杞县葛岗镇);三年,改杞州为南汴州,县属之,为州治;四年,又为杞州,县为州治,还治雍丘城(今杞县县城)。贞观元年,废杞州,改属汴州,省圉城、外黄二县来属。天宝元年,汴州改为陈留郡,县属之。乾元元年,郡复为汴州,县属之。其间,县为安史之乱叛军所据。宝应元年,县归唐,属汴州。治在今河南省杞县。

封丘县,本隋县,属东郡。隋末,属滑州。唐武德四年,改属汴州。天宝元年,汴州改为陈留郡,县属之。乾元元年,郡复为汴州,县属之。其间,县为安史之乱叛军所据。宝应元年,县归唐,属汴州。治在今河南省封丘县。

尉氏县,本隋县,属颍川郡。隋末,属许州。唐武德二年,置尉州,县为州治。武德四年,改尉州为洧州,县为州治,并析置康阴、新汲、宛陵、归化四县。贞观元年,废洧州,县改属汴州,省康阴、新汲、宛陵、归化四县来属。天宝元年,汴州改为陈留郡,县属之。乾元元年,郡复为汴州,县属之。其间,县为安史之乱叛军所据。宝应元年,县归唐,属汴州。治在今河南省尉氏县。

十三、曹州

本隋济阴郡,领有成武、济阴、定陶、冤句、金乡、单父、外黄、乘氏、济阳九县。隋末,李密改济阴郡为曹州,省济阳县入冤句县。唐武德元年(618),离狐县自滑州来属,单父县改属宋州。武德二年(619),州属王世充,成武县改属戴州。武德四年(621),曾为窦建德所据,后归唐。置蒙泽、阳晋、乘丘、济阳四县,属曹州。寻外黄、济阳二县改属杞州;金乡县改属金州;乘丘县改属麟州;省阳晋县。武德五年(622),曾为刘黑闼所据,考城县自东梁州来属。贞观元年(627),属河南道,省蒙泽、定陶二县。时州领有济阴、考城、离狐、冤句、乘氏五县。贞观十七年(643),废戴州,成武县还属曹州。天宝元年(742),改曹州为济阴郡,改离狐县为南华县。时郡领有济阴、考城、南华、冤句、乘氏、成武六县。天宝十五载(756),为安禄山所据,改为曹州。至德二载(757),归唐,复为济阴郡。乾元元年(758),复为曹州;二年(759),为史思明所据,改为济阴郡。后上元二年(761),复归唐,仍为曹州。元和十四年(819),考城县权隶宋州;十五年(820),又还属曹州。后州领县不变,唯考城县在今河南省境内。州治济阴,今山东省定陶县西南。

考城县,本隋县,属梁郡。隋末,属宋州。唐武德二年,置梁州,县属之,为州治。武德四年,改梁州为东梁州,县属之,为州治。武德五年,废东梁州,县改属曹州。天宝元年,曹州改为济阴郡,县属之。乾元元年,郡复为曹州,县属之。其间,县为安史之乱叛军所据。后上元二年,县归唐,属曹州。元和十四年,县权隶宋州;十五年,又还属曹州。治在今河南省民权县东。

十四、宋州

本隋梁郡,领有宋城、虞城、砀山、下邑、谷熟、柘城、圉城、陈留、雍丘、考城、襄邑、宁陵、楚丘十三县。隋末,李密改梁郡为宋州,单父县自曹州来属。唐武德元年(618),李密奉表归唐。武德二年(619),考城县改属梁州。寻为王世充所据,谷熟县改属南谷州,雍丘、襄邑、陈留三县改属杞州。武德四年(621),虞城县改属东虞州。后归唐,废南谷州,谷熟县还属宋州;圉城县改属杞州。武德五年(622),废东虞州,虞城县还属宋州,单父、楚丘二县改属戴州。贞观元年(627),州属河南道。废杞州,襄邑县还属宋州,省柘城县。时宋州领宋城、虞城、砀山、下邑、谷熟、襄邑、宁陵七县。贞观十七年(643),废戴州,单父、楚丘二县还属宋州。永淳元年(682),复置柘城县。天宝元年(742),改宋州为睢阳郡。时郡领有宋城、虞城、砀山、下邑、谷熟、襄邑、宁陵、柘城、单父、楚丘十县。天宝十五载(756),为安禄山所据,改为宋州。至德二载(757),归唐,为睢阳郡。乾元元年(758),复为宋州。乾元二年(759),又为史思明所据,改为睢阳郡。宝应元年(762),复归唐,仍为宋州。元和十四年(819),考城县自曹州来属;十五年(820),县还属曹州。光化二年(899),砀山、虞城、单父三县改属辉州。州治宋城,今河南省商丘市南。

宋城县,本隋县,属梁郡。隋末,属宋州。唐因之。天宝元年,宋州改为睢阳郡,县属之。乾元元年,郡复为宋州,县属之。其间,县为安史之乱叛军所据。宝应元年,县归唐,属宋州。州治所在。治在今河南省商丘市南。

虞城县,本隋县,属梁郡。隋末,属宋州。唐武德四年,县改属东虞州,为州治。武德五年,废东虞州,县还属宋州。天宝元年,宋州改为睢阳郡,县属之。乾元元年,郡复为宋州,县属之。其间,县为安史之乱叛军所据。宝应元年,县归唐,属宋州。光化二年,置辉州,县属之。治在今河南省虞城县北。

下邑县,本隋县,属梁郡。隋末,属宋州。唐因之。天宝元年,宋州改为睢阳郡,县属之。乾元元年,郡复为宋州,县属之。其间,县为安史之乱叛军所据。光化二年,置辉州,县为州治。治在今河南省夏邑县。

谷熟县,本隋县,属梁郡。隋末,属宋州。唐武德二年,置南谷州,县为州治。武德四年,废南谷州,县还属宋州。天宝元年,宋州改为睢阳郡,县属之。乾元元年,郡复为宋州,县属之。治在今河南省商丘市东南谷熟镇。

柘城县,本隋县,属梁郡。隋末,属宋州。唐初因之。贞观八年,省入谷熟、宁陵二县。永淳元年,复置,治故株邑城(今柘城县城北北门村)。天宝元年,宋州改为睢阳郡,县属之。乾元元年,郡复为宋州,县属之。治在今河南省柘城县北。

襄邑县,本隋县,属梁郡。隋末,属宋州。唐武德二年,县改属杞州。贞观元年,废杞州,县还属宋州。天宝元年,宋州改为睢阳郡,县属之。乾元元年,郡复为宋州,县属之。其间,县为安史之乱叛军所据。宝应元年,县归唐,属宋州。治在今河南省睢县。

宁陵县,本隋县,属梁郡。隋末,属宋州。唐因之。天宝元年,宋州改为睢阳郡,县属之。乾元元年,郡复为宋州,县属之。其间,县为安史之乱叛军所据。宝应元年,县归唐,属宋州。治在今河南省宁陵县东南。

十五、亳州

本隋谯郡,领有谯、酂、永城、临涣、山桑、城父、谷阳七县。隋末,李密改谯郡为亳州。唐武德元年(618),李密奉表归唐。武德二年(619),州为王世充所据,城父县改置成州。武德三年(620),州复归唐。武德四年(621),王世充取临涣、永城、山桑三县,改属北谯州。鹿邑县自陈州来属;废成州,城父县还属;废文州,药城县来属,并改名文城县。武德七年(624),省文城县。贞观元年(627),州直属河南道。贞观十七年(643),废北谯州,临涣、永城、山桑三县还属亳州。时州领有谯、酂、永城、临涣、山桑、城父、谷阳、鹿邑八县。乾封元年(666),改谷阳县为真源县。载初元年(689),改真源县为仙源县。神龙元年

(705),复改仙源县为真源县。天宝元年(742),改亳州为谯郡,改山桑县为蒙城县。时郡领有谯、酂、永城、临涣、蒙城、城父、真源、鹿邑八县。天宝十五载(756),为安禄山所据,改为亳州。未几,归唐,仍为谯郡。乾元元年,复为亳州。元和九年(814),临涣县改属宿州。长庆元年(821),临涣县还属亳州。大和七年(833),临涣县又改属宿州。天祐二年(905),城父县改名焦夷县。州治谯县,今安徽省亳州市。

酂县,本隋县,属谯郡。隋末,属亳州。唐因之。开元二十六年,寄治于汴州城南垣阳驿。是年,还旧治(今永城市酂城镇)。天宝元年,改州为谯郡,县属之。乾元元年,复为亳州,县属之。治在今河南省永城市酂城镇。

永城县,本隋县,大业六年置,属谯郡。隋末,属亳州。唐武德四年,县改属北谯州;五年,移治马甫城(今永城市城区)。贞观十七年,废北谯州,县还属亳州。天宝元年,改州为谯郡,县属之。乾元元年,复为亳州,县属之。治在今河南省永城市。

鹿邑县,本隋县,属淮阳郡。隋末,为农民军田黑社所据,置涡州。唐武德三年,废涡州,县改属陈州。武德四年,县改属亳州。天宝元年,改州为谯郡,县属之。乾元元年,复为亳州,县属之。治在今河南省鹿邑县西。

真源县,本隋谷阳县,属谯郡。隋末,属亳州。唐因之。乾封元年,改谷阳县为真源县。载初元年,改真源县为仙源县。神龙元年,复改仙源县为真源县。天宝元年,改州为谯郡,县属之。乾元元年,复为亳州,县属之。治在今河南省鹿邑县。

十六、陈州

本隋淮阳郡,领有宛丘、项城、鲖阳、南顿、溵水、西华、扶乐、太康、鹿邑、郸十县。隋末,李密改淮阳郡为陈州;田黑社以鹿邑、郸二县置涡州。唐武德元年(618),李密奉表归唐,改西华县为箕城县,置新平县(治在今淮阳县临蔡镇)。武德二年(619),州为王世充所据,太康县改属夏州。武德三年(620),州归唐,废涡州及郸县,鹿邑县来属。武德四年(621),废夏州,太康县还属;鹿邑县改属亳州;项城、南顿、溵水、鲖阳四县改属沈州。武德八年(625),省新平县。贞观元年(627),州直属河南道。废沈州,项城、溵水二县还属陈州;省箕城、扶乐二县。时陈州领宛丘、太康、项城、溵水四县。武周长寿元年(692),置武城县。证圣元年(695),置光武县。唐神龙元年(705),改武城县为箕城县。景云元年(710),改光武县为南顿县、箕城县为西华县。天宝元年(742),改州为淮阳郡。时郡领有宛丘、太康、项城、溵水、南顿、西华六县。乾元元年(758),复为陈州。后上元二年(761),为史思明所据,改为淮阳郡。宝应元年(762),归唐,仍为陈州。建中二年(781),溵水县改属溵州。兴元元年(784),溵水县还属陈州。其后州领县不变。治在宛丘,今河南省淮阳县。

宛丘县,本隋县,属淮阳郡。隋末,属陈州,为州治。唐因之。天宝元年,改州为淮阳郡,县属之。乾元元年,复为陈州,县属之。后上元二年,为史思明所据。宝应元年,县归唐,仍属陈州。州治所在。治在今河南省淮阳县。

项城县,本隋县,属淮阳郡。隋末,属陈州。唐武德四年,置沈州,县为州治。贞观元年,废沈州,县还属陈州。天宝元年,改州为淮阳郡,县属之。乾元元年,复为陈州,县属之。治在今河南省沈丘县。

南顿县,本隋县,属淮阳郡。隋末,属陈州。唐武德四年,置沈州,县属之。武德六年,省入项城县。证圣元年,析项城县置光武县,治故南顿城(今项城市南顿镇),属陈州。景云元年,复名南顿县。天宝元年,改州为淮阳郡,县属之。乾元元年,复为陈州,县属之。治在今河南省项城市西南顿镇。

溵水县,本隋县,属淮阳郡。隋末,属陈州。唐武德四年,置沈州,县属之。贞观元年,废沈州,县还属陈州。天宝元年,改州为淮阳郡,县属之。乾元元年,复为陈州,县属之。建中二年,县改属溵州。兴元元年,废溵州,县还属陈州。治在今河南省商水县。

西华县,本隋县,属淮阳郡。隋末,属陈州。唐武德元年,县改名箕城县,属陈州。贞观元年,省入宛丘县。长寿元年,析宛丘县置武城县,治故箕城(今西华县城区),属陈州。神龙元年,改名箕城县。景云元年,复名西华县。天宝元年,改州为淮阳郡,县属之。乾元元年,复为陈州,县属之。治在今河南省西华县。

太康县,本隋县,属淮阳郡。隋末,属陈州。唐武德二年,置夏州,县为州治。武德四年,废夏州,县还属陈州。贞观元年,省扶乐县来属。天宝元年,改州为淮阳郡,县属之。乾元元年,复为陈州,县属之。治在今河南省太康县。

十七、许州

本隋颍川郡，领有颍川、长葛、许昌、尉氏、鄢陵、扶沟、濦强、郾城、临颍、繁昌、北舞、叶县、汝坟、襄城十四县。隋末，李密改颍川郡为许州。唐武德元年(618)，州归隋。武德二年(619)，刺史张善相以州归唐。汝坟、襄城二县改属汝州。寻又为王世充所据，尉氏县改属尉州，鄢陵、扶沟二县改属随州，叶县改属叶州。武德三年(620)，复归唐。武德四年(621)，改颍川县为长社县，置黄台县，郾城、北舞二县改属道州。贞观元年(627)，州直属河南道。废洧州，鄢陵、扶沟二县还属；废道州，北舞县还属；废汝州，襄城县还属；废濦强、繁昌、黄台三县。寻又省北舞县，阳翟县自嵩州来属。贞观九年(635)，废鲁州，叶县还属。时许州领有长社、长葛、许昌、鄢陵、扶沟、临颍、叶、襄城、阳翟九县。龙朔二年(662)，阳翟县改属洛州。开元三年(715)，叶、襄城二县改属仙州。开元二十六年(738)，废仙州，叶、舞阳、襄城三县来属许州。寻叶、襄城二县又改属汝州。开元二十八年(740)，襄城县还属许州。天宝元年(742)，改许州为颍川郡。天宝七载(748)，襄城县改属临汝郡。时郡领有长社、长葛、许昌、鄢陵、扶沟、临颍、舞阳七县。天宝十五载(756)，为安禄山所据，改为许州。至德二载(757)，归唐，仍为颍川郡。乾元元年(758)，复为许州。乾元二年(759)，复为史思明所据，改为颍川郡。宝应元年(762)，复归唐，为许州。大历四年(769)，置仙州，舞阳县改属之；五年(770)，废仙州，舞阳县还属。建中二年(781)，临颍县改属溵州。贞元元年(785)，废溵州，临颍县还属。长庆元年(821)，郾城县自溵州来属。会昌三年(843)，阳翟县自河南府来属。时州领有长社、长葛、许昌、鄢陵、扶沟、临颍、舞阳、郾城、阳翟九县。州治长社，今河南省许昌市。

长社县，本隋颍川县，属颍川郡。隋末，属许州，为州治。唐武德四年，县改名长社县，并析置黄台县。贞观元年，省濦强、黄台二县来属。天宝元年，州改名颍川郡，县属之，为郡治。乾元元年，郡复为许州，县属之。其间，为安史之乱叛军所据。宝应元年，县归唐，属许州。州治所在。治在今河南省许昌市。

长葛县，本隋县，属颍川郡。隋末，属许州。唐因之。天宝元年，州改名颍川郡，县属之。乾元元年，郡复为许州，县属之。其间，为安史之乱叛军所据。

宝应元年,县归唐,属许州。治在今河南省长葛市东老城镇。

许昌县,本隋县,属颍川郡。隋末,属许州。唐因之。天宝元年,州改名颍川郡,县属之。乾元元年,郡复为许州,县属之。其间,为安史之乱叛军所据。宝应元年,县归唐,属许州。治在今河南省许昌市东北。

鄢陵县,本隋县,属颍川郡。隋末,属许州。唐武德二年,改属随州。武德四年,随州改为北陈州,县属之。寻废北陈州,县改属洧州。贞观元年,废洧州,县还属许州。天宝元年,州改名颍川郡,县属之。乾元元年,郡复为许州,县属之。其间,为安史之乱叛军所据。宝应元年,县归唐,属许州。治在今河南省鄢陵县。

扶沟县,本隋县,属颍川郡。隋末,属许州。唐武德二年,置随州,县为州治。武德四年,随州改为北陈州,县为州治。寻废北陈州,县改属洧州。贞观元年,废洧州,县还属许州。天宝元年,州改名颍川郡,县属之。乾元元年,郡复为许州,县属之。其间,为安史之乱叛军所据。宝应元年,县归唐,属许州。治在今河南省扶沟县。

临颍县,本隋县,属颍川郡。隋末,属许州。唐因之。天宝元年,州改名颍川郡,县属之。乾元元年,郡复为许州,县属之。其间,为安史之乱叛军所据。宝应元年,县归唐,属许州。建中二年,县改属溵州。贞元元年,废溵州,县还属许州。治在今河南省临颍县。

舞阳县,本北魏县,北齐改名西舞阳县,北周废。唐开元四年,析叶县复置,治西舞阳城(今舞阳县保和乡魏庄),属仙州。开元十一年,仙州州治自叶县移治于此。开元二十六年,废仙州,县改属许州。天宝元年,州改名颍川郡,县属之。乾元元年,郡复为许州,县属之。大历四年,复置仙州,舞阳县改属之;五年,废仙州,舞阳县还属。元和十三年,移治吴城(今舞阳县吴城镇)。治在今河南省舞阳县西北保和乡魏庄。

十八、蔡州

本隋汝南郡,领有汝阳、吴房、朗山、西平、新蔡、城阳、真阳、新息、褒信、上蔡、平舆十一县。隋末,李密改汝南郡为豫州,废城阳县。唐武德元年(618),李密奉表归唐。新息县改属息州;置舆州及扶苏县,平舆县改属舆州。武德二年(619),州为王世充所据。武德四年(621),复归唐。新蔡、褒信二县改属舒州;朗山县改属北朗州;西平县改属道州。武德七年(624),废舆州,平舆县还属。贞观元年(627),州直属河南道。废沈州,鲖阳县来属;废舒州,新蔡、褒信二县还属;废息州,新息县还属;废北朗州,朗山县还属;废道州及西平县,郾城县来属;省平舆、吴房二县。贞观八年(634),复置吴房县。时州领有汝阳、吴房、朗山、新蔡、郾城、真阳、新息、褒信、上蔡、鲖阳十县。贞观十六年(642),省鲖阳县。载初元年(689),改真阳县为淮阳县。天授二年(691),复置西平、平舆二县;三年(692),省西平县。神龙元年(705),复改淮阳县为真阳县。开元四年(716),复置西平县,属仙州。开元二十六年(738),废仙州,西平县改属豫州。天宝元年(742),改州为汝南郡。时郡领有汝阳、吴房、朗山、西平、新蔡、郾城、真阳、新息、褒信、上蔡、平舆十一县。乾元元年(758),复为豫州。宝应元年(762),避唐代宗讳,改豫州为蔡州。时州领有汝阳、吴房、朗山、西平、新蔡、郾城、真阳、新息、褒信、上蔡、平舆十一县。大历四年(769),西平县改属仙州;五年(770),废仙州,西平县还属蔡州。建中二年(781),郾城县改属溵州。贞元元年(785),废溵州,郾城县还属。贞元七年(791),置汝南县。元和十二年(817),以郾城、吴房、西平、上蔡四县复置溵州,并改吴房县为遂平县;十三年(818),省汝南县。长庆元年(821),废溵州,遂平、西平、上蔡三县还属蔡州,郾城县改属许州。天祐二年(905),改褒信县为苞孚县。州治汝阳,今河南省汝南县。

汝阳县,本隋县,属汝南郡。隋末,属豫州,为州治。唐因之。天宝元年,改州为汝南郡,县为郡治。乾元元年,复为豫州,县为州治。宝应元年,改豫州为蔡州,县属之。州治所在。治在今河南省汝南县。

平舆县,本隋县,属汝南郡。隋末,属豫州。唐武德元年,置舆州,县为州治。武德七年,废舆州,县还属豫州。贞观元年,省入新蔡县。天授二年,复置平舆县,治新平舆城(今平舆县城古槐镇)。天宝元年,县属汝南郡。乾元元年,县属豫州。宝应元年,改豫州为蔡州,县属之。治在今河南省平舆县。

新蔡县,本隋县,属汝南郡。隋末,属豫州。唐武德四年,置舒州,县为州治。贞观元年,废舒州,县还属豫州。天宝元年,县属汝南郡。乾元元年,县属豫州。宝应元年,改豫州为蔡州,县属之。治在今河南省新蔡县。

褒信县,本隋县,属汝南郡。隋末,属豫州。唐武德四年,置舒州,县属之。贞观元年,废舒州,县还属豫州。天宝元年,县属汝南郡。乾元元年,县属豫州。宝应元年,改豫州为蔡州,县属之。天祐二年,县改名为苞孚县。治在今河南省息县东北包信镇。

新息县,本隋县,属汝南郡。隋末,属豫州。唐武德四年,置息州,县为州治。贞观元年,废息州,县还属豫州。天宝元年,县属汝南郡。乾元元年,县属豫州。宝应元年,改豫州为蔡州,县属之。治在今河南省息县。

真阳县,本隋县,属汝南郡。隋末,属豫州。唐因之。载初元年,县改名为淮阳县。神龙元年,县复名真阳县。天宝元年,县属汝南郡。乾元元年,县属豫州。宝应元年,改豫州为蔡州,县属之。治在今河南省正阳县北。

朗山县,本隋县,属汝南郡。隋末,属豫州。唐武德四年,县改属北朗州。贞观元年,废北朗州,县还属豫州。天宝元年,县属汝南郡。乾元元年,县属豫州。宝应元年,改豫州为蔡州,县属之。治在今河南省确山县。

吴房县,本隋县,属汝南郡。隋末,属豫州。贞观元年,省入汝阳县。贞观八年,复置,属豫州。天宝元年,县属汝南郡。乾元元年,县属豫州。宝应元年,改豫州为蔡州,县属之。元和十二年,县改名遂平县,改属溵州。长庆元年,县还属蔡州。治在今河南省遂平县。

西平县,本隋县,属汝南郡。隋末,属豫州。唐武德四年,县改属道州。贞观元年,废道州,县省入郾城县。天授二年,复置,治故西平城(今西平县师灵镇),属豫州;三年,复省入郾城县。开元四年,又复置,治新西平城(今西平县柏城镇),属仙州。开元二十六年,废仙州,县还属豫州。天宝元年,县属汝南郡。乾元元年,县属豫州。宝应元年,改豫州为蔡州,县属之。大历四年,复置仙州,县改属之;五年,废仙州,县还属蔡州。元和十二年,县改属溵州。长庆元年,县还属蔡州。治在今河南省西平县。

郾城县,本隋县,属颍川郡。隋末,属许州。唐武德四年,置道州,县为州治。贞观元年,废道州,县改属豫州。开元十一年,因大水,移治溵水北(今漯河市郾城区古城村)。天宝元年,县属汝南郡。乾元元年,县属豫州。宝应元年,改豫州为蔡州,县属之。建中二年,复置溵州,县为州治。贞元元年,废溵州,县还属蔡州。元和十二年,再置溵州,县为州治。长庆元年,废溵州,县改属许州。治在今河南省漯河市郾城区城关镇。

上蔡县,本隋县,属汝南郡。隋末,属豫州。唐因之。天宝元年,县属汝南郡。乾元元年,县属豫州。宝应元年,改豫州为蔡州,县属之。元和十二年,县改属溵州。长庆元年,废溵州,县还属蔡州。治在今河南省上蔡县。

十九、唐州

本隋淮安郡,领有比阳、桐柏、平氏、真昌、显冈、慈邱、临舞七县。隋末,郡为朱灿所据。武德二年(619),归唐,改郡为显州,真昌县改属北澧州,废临舞县。武德三年(620),曾为王世充所据。武德四年(621),桐柏县改属纯州。贞观元年(627),州直属河南道,废纯州,桐柏县还属。贞观三年(629),废显冈县。贞观九年(635),改显州为唐州,枣阳、湖阳二县来属;废鲁州,方城县来属。贞观十年(636),枣阳县改属随州。时唐州领有比阳、桐柏、平氏、慈邱、湖阳、方城六县。开元三年(715),方城县改属仙州。开元十三年(725),置上马县。开元二十一年(733),州直属山南东道。开元二十六年(738),废仙州,方城县还属。时唐州领有比阳、桐柏、平氏、慈邱、湖阳、方城、上马七县。天宝元年(742),改州为淮安郡,改上马县为泌阳县。时郡领有比阳、桐柏、平氏、慈邱、湖阳、方城、泌阳七县。乾元元年(758),复为唐州。大历四年(769),方城县改属仙州;五年(770),废仙州,方城县还属唐州。元和十二年(817),遂平县自蔡州来属。长庆元年(821),遂平县还属蔡州。天祐三年(906),改唐州为泌州,移治泌阳县。州治比阳,今河南省泌阳县。

比阳县,本隋县,属淮安郡。唐武德二年,改郡为显州,县为州治。贞观三年,省显冈县来属。贞观九年,显州改名为唐州,县为州治。天宝元年,州改名为淮安郡,县为郡治。乾元元年,复为唐州,县属之。天祐三年,州改名为泌州,移治泌阳县。州治所在。治在今河南省泌阳县。

桐柏县,本隋县,属淮安郡。唐武德二年,县属显州。武德四年,县改属纯州。贞观元年,废纯州,县还属。贞观九年,显州改名为唐州,县属之。天宝元年,州改名为淮安郡,县属之。乾元元年,复为唐州,县属之。天祐三年,州改名为泌州,县属之。治在今河南省桐柏县东固县镇。

平氏县,本隋县,属淮安郡。唐武德二年,县属显州。贞观九年,显州改名为唐州,县属之。天宝元年,州改名为淮安郡,县属之。乾元元年,复为唐州,县属之。天祐三年,州改名为泌州,县属之。治在今河南省桐柏县西北平氏镇。

湖阳县,本隋县,属舂陵郡。唐武德二年,县属昌州。武德四年,改属湖州。贞观元年,废湖州,县改属(前)唐州。贞观九年,废(前)唐州,改显州为唐州,县属之。天宝元年,州改名为淮安郡,县属之。乾元元年,复为唐州,县属之。天祐三年,州改名泌州,县属之。治在今河南省唐河县南湖阳镇。

泌阳县,本隋上马县,属舂陵郡。唐武德二年,县属昌州。武德三年,改属宛州。武德四年,又改属湖州。贞观元年,废湖州,县省入湖阳县。开元十三年,复置上马县,属唐州。天宝元年,县改名为泌阳县,属淮安郡。乾元元年,复为唐州,县属之。天祐三年,州改名为泌州,县属之。治在今河南省唐河县。

方城县,本隋县,属淯阳郡。唐武德二年,县属北澧州,为州治。贞观元年,省真昌县来属。贞观八年,县属鲁州。贞观九年,废鲁州,县改属唐州。开元三年,县又改属仙州。开元二十六年,县还属唐州。天宝元年,州改名为淮安郡,县属之。乾元元年,复为唐州,县属之。大历四年,县又改属仙州;五年,废仙州,县还属唐州。天祐三年,州改名泌州,县属之。治在今河南省方城县。

慈邱县,本隋县,属淮安郡。唐武德二年,县属显州。贞观九年,显州改名为唐州,县属之。天宝元年,州改名为淮安郡,县属之。乾元元年,复为唐州,县属之。天祐三年,州改名为泌州,县属之。治在今河南省泌阳县东北付庄镇。

二十、邓州

本隋南阳郡,领有穰、冠军、新城、菊潭、南阳、课阳、新野、顺阳八县。隋末,为朱灿所据,废顺阳县。唐武德二年(619),归唐,改为邓州,新城县改属郦州,菊潭县改属弘州。武德三年(620),州曾为王世充所据。后归唐,置顺阳县,南阳县改属宛州,新野县改属新州。武德四年(621),置平晋县;废新州,新野县还属邓州。武德六年(623),省顺阳、新晋二县。武德八年(625),废宛州,南阳县还属;废郦州,新城县还属。贞观元年(627),省冠军、课阳二县。贞观六年(632),州直属山南道。贞观八年(634),废淅州,内乡县来属。贞观九年(635),废鲁州,向城县来属。时邓州领有穰、新城、内乡、向城、南阳、新野六县。

武周万岁通天元年(696),置淅阳县。圣历元年(698),改向城县为武清县、南阳县为武台县,省淅阳县。唐神龙元年(705),改武清县为向城县、武台县为南阳县。景云二年(711),州治属山南东道。开元二十四年(736),复置菊潭县。天宝元年(742),改邓州为南阳郡,改新城县为临湍县。时郡领有穰、临湍、内乡、向城、南阳、新野、菊潭七县。乾元元年(758),复为邓州,省新野县。时州领有穰、临湍、内乡、向城、南阳、菊潭六县。其后州领县不变。州治穰县,今河南省邓州市。

穰县,本隋县,属南阳郡。唐武德二年,属邓州,县为州治。武德四年,析置平晋县;六年,省平晋县来属。贞观元年,省课阳县来属。天宝元年,改州为南阳郡,县为郡治。乾元元年,复为邓州,县属之。州治所在。治在今河南省邓州市。

临湍县,本隋新城县,属南阳郡。唐武德二年,置郦州,县为州治,移治虎遥城(今邓州市罗庄镇)。武德八年,废郦州,县改属邓州。贞观元年,省冠军县来属。贞观三年,移治故临湍聚(今内乡县大桥子乡滚子岗古城)。天宝元年,县属南阳郡。乾元元年,县属邓州。治在今河南省内乡县东南大桥子乡滚子岗古城。

内乡县,本隋县,属淅阳郡。唐武德元年,属淅州,县为州治;省南乡县来属。武德二年,析置默水、淅川二县;三年,析置丹水县;四年,废弘州,菊潭县省入;七年,省淅川、丹水二县来属。贞观八年,废淅州及默水县,县改属邓州。万岁通天元年,析置淅阳县。圣历元年,省淅阳县来属。开元二十四年,析置菊潭县。天宝元年,县属南阳郡。乾元元年,县属邓州。治在今河南省西峡县。

菊潭县,本隋县,属南阳郡。唐武德二年,置弘州,县为州治。武德四年,废弘州,县省入内乡县。开元二十四年,析内乡县复置菊潭县,移治菊潭城(今西峡县东南丹水镇石盆岗古城),属邓州。天宝元年,县属南阳郡。乾元元年,县属邓州。治在今河南省西峡县东南丹水镇石盆岗古城。

向城县,本隋县,属淯阳郡。唐武德二年,属北澧州。武德三年,置淯州,县为州治。武德八年,废淯州,县还属北澧州。贞观八年,改北澧州为鲁州,县属之。贞观九年,废鲁州,县改属邓州。圣历元年,县改名为武清县。神龙元年,县复为向城县。天宝元年,县属南阳郡。乾元元年,县属邓州。治在今河南省南召县南。

南阳县,本隋县,属南阳郡。唐武德二年,属邓州。武德三年,置宛州,县为州治,并析置上宛、云阳、安固三县。武德八年,废宛州,上宛、云阳、安固三县省入南阳县,县还属邓州。圣历元年,县改名为武台县。神龙元年,县复为南阳县。天宝元年,县属南阳郡。乾元元年,县属邓州。治在今河南省南阳市。

二十一、申州

本隋义阳郡,领有义阳、钟山、罗山、淮源、礼山五县。隋末,李密改为申州,省礼山县入安陆郡应山县。武德元年(618),为朱灿所据,改为义阳郡。武德二年(619),杨士林取以归唐,仍为申州,省淮源县。武德三年(620),又为王世充所据。武德四年(621),归唐,罗山县改属南罗州。武德八年(625),废南罗州,罗山县还属申州。贞观六年(632),州属山南道;十年(636),州改属淮南道。时州领有义阳、钟山、罗山三县。天宝元年(742),州改为义阳郡。时郡领有义阳、钟山、罗山三县。乾元元年(758),郡复为申州。时州领有义阳、钟山、罗山三县。其后州领县不变。州治义阳,今河南省信阳市。

义阳县,本隋县,属义阳郡。隋末,改郡为申州,县为州治。唐武德元年,州又改为义阳郡,县为郡治。武德二年,县属申州,淮源县省入。天宝元年,州改为义阳郡,县属之。乾元元年,复为申州,县属之。州治所在。治在今河南省信阳市。

钟山县,本隋县,属义阳郡。隋末,县属申州。唐武德元年,县属义阳郡。武德二年,县属申州。天宝元年,州改为义阳郡,县属之。乾元元年,复为申州,县属之。治在今河南省信阳市东钟山铺。

罗山县,本隋县,属义阳郡。隋末,县属申州。唐武德元年,县属义阳郡。武德二年,县属申州。武德四年,以县置南罗州。武德八年,废南罗州,县还属申州。天宝元年,州改为义阳郡,县属之。乾元元年,复为申州,县属之。治在今河南省罗山县。

二十二、光州

本隋弋阳郡，领有光山、定城、固始、殷城、乐安、期思六县。隋末，李密改郡为光州，废期思县。唐武德二年（619），州归唐。武德三年（620），定城县改属弦州；殷城县改属义州；置宋安县，属谷州。贞观元年（627），废弦州，定城县还属；废义州，殷城县还属。贞观六年（632），州属山南道；十年（636），州改属淮南道。时州领有光山、定城、固始、殷城、乐安五县。太极元年（712），州治自光山县移于定城县。天宝元年（742），改州为弋阳郡，改乐安县为仙居县。时郡领有定城、光山、固始、殷城、仙居五县。乾元元年（758），郡复为光州。时州领有定城、光山、固始、殷城、仙居五县。其后州领县不变。州治先为光山，今河南省光山县；后为定城，今河南省潢川县。

定城县，本隋县，属弋阳郡。隋末，属光州。唐武德三年，改属弦州。贞观元年，废弦州，县还属光州。太极元年，州治自光山县移于县。天宝元年，改州为弋阳郡，县为郡治。乾元元年，郡复为光州，县为州治。州治所在。治在今河南省潢川县。

光山县，本隋县，属弋阳郡。隋末，属光州，为州治。太极元年，州治自县移于定城县。天宝元年，改州为弋阳郡，县属之。乾元元年，郡复为光州，县属之。治在今河南省光山县。

仙居县，本隋乐安县，属弋阳郡。隋末，县属光州。天宝元年，改州为弋阳郡，县属之，改名为仙居县。乾元元年，郡复为光州，县属之。治在今河南省光山县西仙居镇。

固始县，本隋县，属弋阳郡。隋末，县属光州。天宝元年，改州为弋阳郡，县属之。乾元元年，郡复为光州，县属之。治在今河南省固始县。

殷城县，本隋县，属弋阳郡。隋末，属光州。唐武德三年，改属义州。贞观元年，废义州，县还属光州。天宝元年，改州为弋阳郡，县属之。乾元元年，郡复为光州，县属之。治在今河南省商城县西北。

第三节　唐朝后期河南的方镇

李唐时期，州、县行政区的级别不高，并不由中央直接管辖。为了控制和管理数量众多的州、县，唐政府在州之上设置了一些行政功能不完备的政治区，称为“高层政治区”。这些“高层政治区”管理着一定数量的州（郡），但又不是完全的行政区。因此，一般称其为“准行政区”。

李唐初期，为了统一全国的军事需要，设置了一些管理较大区域的行尚书台，简称行台。从武德初年开始，先后设立了七个行台，即陕东（陕州）、显州、山东（河北）、河东（并州）、东南（淮南）、西南（益州）、山南（襄州）。行台是中央的派出机构，总揽辖区的一切军政权力，可以说是当时军政合一的高层政区。但行台的设置并不固定，“有事则设行台尚书省，无事则罢之”，随着各地战事的结束而陆续取消。在行台存在的同时，还存在着一定数量的总管府。总管府隶属于行台。这些总管府统辖一定数量州的军事，并且总管兼任所驻在州的刺史，所以总管府具有一定的行政权力。从武德七年（624）开始，改大总管府为大都督府，并在一些幅员较大、地理位置较重要的州也设置大都督府。大都督府地位高于都督府，但并不统辖都督府，只是比都督府统州较多而已。随着道制的建立，贞观时期，大都督府陆续降为都督府。总管府、都督府在唐初统一全国的过程中，具有军政合一的准高层政区性质。随着全国统一的完成，都督府虽统辖一定数量的州，但并不染指州的行政权力。只是在边疆或少数民族地区，由于不适于实行州县制度，都督府就具有一定的行政权力。

唐代的“道”的性质，向有歧说。有论者认为是行政区域，有论者认为是监察区域，也有论者认为是地理区域。[①] 近来则以分期论为主，主张考察道在不同

---

① 参见严耕望：《景云十三道与开元十六道》，见台湾“中央研究院”《历史语言研究所集刊》第36本，1965年；田尚：《唐代十道和十五道的产生及其性质》，见《中国古代史论丛》总第六辑，福建人民出版社，1982年；程志、韩滨娜：《唐代的州和道》，三秦出版社，1987年；史念海：《论唐代贞观十道和开元十五道》，见《唐代历史地理研究》，中国社会科学出版社，1998年。

时期的职能。确实，贞观十道与开元十五道，在职能上有所变化，但也只是从临时性监察变为了制度性监察，从不完善到完善的过程。不可否认的是，道的监察使者具有了一定的行政职能，特别是加了“黜陟”名号，具有一定的人事任免权力。再加上有些监察使者兼任一些大州的刺史和都督府的都督，在一些区域形成了综合性质的政治区域。但是，这些变化并不是全局性的变化，并不足以改变“道”是监察区域的根本性质。

乾元元年(758)以后，道的监察职能逐渐弱化，主要原因是方镇的出现。方镇，源于景云二年(711)唐睿宗以凉州刺史都督贺拔延嗣为河西节度使，从而正式确立了节度使制度。此后，凡是都督带使持节称号的就可以称节度使；不带则不称。这时的职能主要限于沿边的军事，不具备都督府那样的行政权力。开元中，节度使具有了一定的财政权，可以为应付军事需要征调一定的州、县的赋税。天宝时，李唐在边地设立了十个节度使，即安西节度使、北庭节度使、河西节度使、河东节度使、朔方节度使、范阳节度使、平卢节度使、陇右节度使、剑南节度使、岭南节度使。为了维持边疆的安全与稳定，节度使逐渐兼任了按察、营田、度支等使职，并将各州刺史置于其管辖之下，这样节度使便成为位高权重的封疆大员。由于边疆联防的需要，又出现一人身兼数个节度使的情况，安禄山就是明显的例证。安史之乱中，为了快速平定叛乱，遏制叛乱的蔓延，唐政府在内地大郡要害之地广置方镇，给予节度使极大的权力。这时的节度使掌管了一镇的行政权、财政权和军事权，方镇成了军政合一的综合性政治区。

方镇最早设置在边疆地区，地位在道之下，形成道—镇—州的体制。安史之乱中，道无法控制方镇。乾元元年(758)，唐肃宗罢黜开元以来的十五道，改采访使为各镇观察处置使。从此以后，有的以节度使兼任观察使，有的以观察使兼任都防御使、经略使，这样，本是两种不同性质的区划——采访使的道与节度使的方镇就合二为一了，道(方镇)成为统辖州县的一级行政区。据史书记载，唐朝后期设置的方镇数量在四五十之间，除了京都，其余州县全被方镇占据。节度使们拥兵自重，相互勾结，对抗朝廷，形成割据一方的势力集团，故又称为藩镇。藩镇割据严重影响到唐朝的政治稳定。

唐朝后期的方镇有着不同的层级，大致有着四个层次。第一层级是道级方镇，其辖区相当于“道”，使用节度使称号。如剑南西川节度使，就相当于剑南西道范围。第二层级是次道级方镇，指介于道级方镇与州级方镇之间的方镇。这类方镇领有数州,但又隶属于道级方镇,与都督府同级,使用节度使、观察使、都防御使、都团练使、经略使等称号。第三层级是州级方镇,指单独一州的方镇。有的隶属于道级方镇,有的隶属于次道级方镇。第四层级是县级方镇,指单独一县的方镇。州级方镇和县级方镇,因有作为行政区划的州、县存在,基本上不兼带行政职能。这两级方镇的存在也多是割据势力为赏赐部将、亲信而滥置的结果。[①] 因此,我们下面论述今河南省范围内的方镇主要是次道级方镇。值得注意的是,唐朝后期的方镇虽然凌驾于州之上,成为事实上的高层行政区,但并没有得到唐中央政府的正式宣布或承认。也就是说,方镇是唐朝后期事实上的行政区,不是制度上的行政区。

通过前面的论述,我们可知在今河南省幅员内大致有一个府、二十一个州,这些府(州)分属于六个监察区(以天宝十三载为准)。河南府、怀州、郑州、汝州、陕州属都畿道,虢州属河东道,卫州、相州、魏州属河北道,滑州、濮州、汴州、曹州、宋州、亳州、陈州、许州、豫(蔡)州属河南道,邓州、唐州属山南东道,申州、光州属淮南道。安史之乱中,今河南省范围属于叛乱的重灾区,唐政府设立了一些次道级方镇,以便平定叛乱。叛乱平定后,唐政府采取一系列措施,确保了对河南藩镇的有效控制。当然,藩镇割据局面的长期存在,严重摧毁了唐朝的政治统治,导致唐朝的分崩离析,形成后来的五代十国。《新唐书·方镇表》对唐后期方镇有详细记载,是我们研究的依据。下面我们以元和十五年(820)为时间断限来考述今河南省境内方镇的因循变化。

一、东畿汝州都防御使

唐武德四年(621),置洛州总管府,隶属于陕东道行台。时总管府辖有洛州、伊州、汝州、鲁州、熊州、谷州、嵩州、管州、郑州。是年,陕东道行台自同州移治于洛州,废洛州总管府,洛州、伊州、汝州、鲁州、嵩州、管州、郑州、邵州、蒲州、芮州、虞州、泰州为陕东道行台直辖区,熊州、谷州还属陕州总管府。武德九年

---

① 参见赖青寿:《唐后期方镇(道)建置沿革研究》,见《历史地理》第 17 辑,上海人民出版社,2001 年。

(626)，废陕东道行台，以洛州、伊州、汝州、鲁州、嵩州、管州、郑州置洛州都督府，直属中央；邵州、蒲州、芮州、虞州、泰州改属蒲州都督府。

贞观元年(627)，洛州都督府隶属河南道，废管州、汝州、鲁州；废怀州都督府，怀州来属。时洛州都督府辖有洛州、伊州、郑州、嵩州、怀州。贞观三年(629)，废嵩州。贞观八年(634)，改伊州为汝州。贞观十三年(639)，洛州都督府辖有洛州、汝州、郑州、怀州。贞观十七年(643)，废洛州都督府，洛州、汝州、郑州直属河南道，怀州直属河北道。

开元元年(713)，洛州升为河南府；四年，以河南府为都畿中央直属区。开元二十一年(733)，以河南府为都畿直属区，郑州、汝州、陕州自河南道来属。时都畿道辖有河南府、郑州、汝州、陕州。天宝元年(742)，改郑州为荥阳郡、汝州为临汝郡、陕州为陕郡，河内郡自河北道来属。天宝十三载(754)，都畿道辖有河南府、荥阳郡、临汝郡、陕郡、河内郡。至德元载(756)，都畿道为安禄山所据。至德二载(757)，唐收复，改都畿道为东畿道，以河南府、河内郡、临汝郡、陕郡置东畿观察使，治河南府；以荥阳郡属淮西节度使。

乾元元年(758)，复改河内郡为怀州、临汝郡为汝州、陕郡为陕州，以汝州属豫许汝节度使。乾元二年(759)，镇为史思明所据，改为河南节度使；唐以陕州隶属陕虢华节度使。宝应元年(762)，复归唐，仍为东畿观察使。时镇辖有河南府、怀州。广德元年(763)，怀州改属相卫节度使。时镇辖有河南府。广德二年(764)，废东畿观察使，河南府直属东畿道。大历十四年(779)，以河南府、陕州、虢州复置东畿观察使，汝州自淮西节度使来属。时镇辖有河南府、陕州、虢州、汝州。建中二年(781)，汝州、陕州改属河阳三城节度使。是年，虢州改属陕虢都防御使，汝州自河阳三城节度使还属。时镇辖有河南府、汝州。建中四年(783)，升东畿观察使为东畿汝州节度使。时镇辖有河南府、汝州。贞元元年(785)，改东畿汝州节度使为东畿汝唐邓都防御观察使，唐州自淮西节度使来属，邓州自山南东道节度使来属。时镇辖有河南府、汝州、唐州、邓州。贞元三年(787)，又改为东畿汝都防御观察使，唐州、邓州改属山南东道节度使。时镇辖有河南府、汝州。贞元五年(789)，再改名为东畿汝州都防御使。元和三年(808)，废东畿汝州都防御使，河南府直属东畿道，汝州改属陕虢观察使。元和十三年(818)，复置东畿汝州都防御使，汝州自河阳节度使来属。元和十五年(820)，东畿汝州都防御使辖有河南府、汝州，治河南府。

长庆元年(821),废东畿汝州都防御使,河南府、汝州直属东畿道;二年(822),以河南府、汝州复置东畿汝州都防御使。广明元年(880),河南府为黄巢所据,移镇汝州。中和元年(881),收复河南府,还镇。光启元年(885),改名为东畿汝州观察防遏使;三年(887),升为佑国军节度使。乾宁元年(894),汝州改属忠武军节度使。时镇辖有河南府。光化三年(900),降佑国军节度使为东畿观察防遏使,汝州自忠武军节度使还属。时镇辖有河南府、汝州。天祐元年(904),废东畿观察防遏使,河南府、汝州直属东畿道。

二、陕虢都防御观察使

唐武德元年(618),以陕、谷、熊、鼎四州置陕州总管府,隶属陕东道行台;二年(619),熊州为王世充所据;三年(620),收复熊州,置函、南韩、嵩三州,虢州自中央来属。时陕州总管府辖有陕、谷、熊、鼎、虢、函、南韩、嵩八州。武德四年(621),平王世充,废南韩州,谷、熊、嵩三州改属洛州总管府。寻又谷、熊二州还属。时陕州总管府辖有陕、鼎、虢、函、谷、熊六州。武德七年(624),改总管府为都督府;八年(625),废函州;九年(626),都督府直属中央,芮州来属。时陕州都督府辖有陕、谷、熊、鼎、虢、芮六州。贞观元年(627),废陕州都督府及熊、芮二州,陕、谷、鼎、虢四州直属河南道。

乾元二年(759),以陕州、虢州、华州置陕虢华节度使,治陕州。后上元元年(760),改陕虢华节度使为陕西节度使;二年(761),改华州为太州,改属镇国军节度使。时镇辖有陕州、虢州。大历五年,降陕西节度使为陕虢都防御观察使。大历十四年(779),罢镇,陕、虢二州改属东畿观察使。建中二年(781),复置陕虢都防御观察使,辖有陕州、虢州;四年(783),升为陕虢节度使。贞元元年(785),复降为陕虢都防御观察使。元和三年(808),废东畿汝州都防御使,汝州来属。时镇辖有陕州、虢州、汝州。元和九年(814),汝州改属河阳节度使。元和十五年(820),陕虢都防御观察使辖有陕州、虢州,治陕州。

大和五年(831),罢镇,陕州、虢州直属东畿道。开成元年(836),复以陕、虢二州置陕虢都防御观察使。广明元年(880),镇为黄巢所据。中和元年(881),复归唐,仍为陕虢都防御观察使;三年(883),升为陕虢节度使。龙纪元年(889),改为保义军节度使。天祐元年(904),陕州升为兴唐府。

三、河阳节度使

唐武德四年(621),平定王世充,以怀州、殷州置怀州总管府,隶属陕东道行台;改行怀州为盟州来属。武德七年(624),改为怀州都督府;八年(625),废盟州;九年(626),怀州都督府直属中央。贞观元年(627),罢怀州都督府及殷州,怀州改属洛州都督府。

建中二年(781),以怀州、郑州、汝州、陕州及河南府河阳、温、汜水、河清、济源五县置河阳三城节度使,简称河阳节度使,属东畿道,治河阳县。是年,卫州自魏博节度使来属,郑州还属永平军节度使,汝州还属东畿观察使,陕州别置陕虢都防御观察使。时镇辖有怀州、卫州及河阳、温、汜水、河清、济源五县,故又称怀卫节度使。贞元元年(785),降河阳节度使为河阳怀都团练使,卫州还属魏博节度使。时镇辖有怀州及河阳、温、汜水、河清、济源五县。贞元五年(789),镇从河阳移治怀州。贞元十二年(796),复升河阳怀都团练使为河阳节度使。元和九年(814),汝州自陕虢观察使来属,移镇治于汝州。元和十三年(818),汝州又改属东畿汝州都防御使,镇治还于怀州。元和十五年(820),河阳节度使辖有怀州及河阳、温、汜水、河清、济源五县,治怀州。

长庆元年(821),镇还治河阳。会昌三年(843),河阳、温、汜水、河清、济源五县改属孟州;四年(844),泽州自河东道昭义军节度使来属。咸通十四年(873),河阳节度使辖有孟州、怀州、泽州。广明元年(880),镇为黄巢所据。中和元年(881),复归唐。天复元年(901),泽州还属昭义军节度使。时镇辖有孟州、怀州,治河阳。

四、魏博节度使

唐武德四年(621),平定窦建德,以魏州、黎州置魏州总管府,隶属山东道行台,置澶、毛、莘三州;以卫、邢、赵、相、岩、磁、洺七州为山东道行台直属区。武德五年(622),为刘黑闼所据,罢行台及总管府。是年,唐取卫、邢、赵、相、岩、磁、洺、黎八州置洺州大总管府,寻废岩州。武德六年(623),平定刘黑闼,罢洺州大总管府,以卫、邢、相、岩、磁、洺六州置磁州总管府,以魏、澶、毛、莘四州复置魏州总管府,皆隶属定州大总管府;赵州直属定州大总管府。寻改磁州总管府为相州总管府,移治于相州。武德七年(624),改魏州总管府为魏州都督府、相州总管府为相州都督府,皆隶属幽州大都督府。武德九年(626),罢相州都督府,卫、邢、相、黎、磁、洺六州与魏州都督府直属中央。贞观元年(627),魏州都督府改属河北道,寻又罢都督府及澶、毛、莘三州。以魏州、相州、黎州、卫州、邢州、洺州、冀州、贝州、深州、德州、博州、观州为河北道直属区,沧州、瀛州自幽州都督府来属。贞观五年(631),废定州都督府,定州、恒州、赵州、井州来属。贞观十年(636),以魏州、相州、黎州、卫州、邢州、洺州、贝州置相州都督府。贞观十七年(643),废相州都督府,魏州、相州、卫州、邢州、洺州、贝州还属河北道直属区,怀州自河南道洛州都督府来属,置棣州,废黎、井、观、深四州。时河北道直属区辖有魏州、相州、卫州、邢州、洺州、贝州、冀州、德州、博州、沧州、瀛州、定州、恒州、赵州、怀州、棣州。

龙朔二年(662),改魏州为冀州,改冀州为魏州,并与贝、相、德、沧、棣五州置冀州都督府。咸亨三年(672),废冀州都督府,贝、相、德、沧、棣、魏、冀七州还属河北道直属区,又改冀州为魏州、魏州为冀州。景云二年(711),置莫州。先天二年(713),复置深州。开元十三年(725),河北道直属区辖有魏州、相州、卫州、邢州、洺州、贝州、冀州、德州、博州、沧州、瀛州、定州、恒州、赵州、怀州、棣州、莫州、深州,共十八州。天宝元年(742),改州为郡。改魏州为魏郡、相州为邺郡、卫州为汲郡、怀州为河内郡、邢州为巨鹿郡、洺州为广平郡、贝州为清河郡、冀州为信都郡、德州为平原郡、博州为博平郡、沧州为景城郡、瀛州为河间郡、定州为博陵郡、恒州为常山郡、赵州为赵郡、棣州为乐安郡、莫州为文安郡、深州为饶阳郡,河内郡改属都畿道。天宝十五载(756),河北道采访处置使安禄山叛乱,建立燕国,又改郡为州。至德二载(757),安庆绪改相州为成安府,从河南府迁都于此;而深、瀛、棣、沧、德、贝、冀七州归唐,隶属范阳节度使。

乾元元年(758),魏、卫二州归唐,直属河北道;德、贝二州归安氏燕国。乾元二年(759),安氏燕国灭亡,成安府与洺、邢、贝、博、魏、卫六州归史思明所据,隶属邺郡节度使。宝应元年(762),归唐,罢邺郡节度使,贝、博、魏、卫、相五州改属河南道滑卫节度使。广德元年(763),以相、卫、怀三州置相卫节度使,治相州;寻邢、洺二州自泽潞节度使来属,改相卫节度使为洺相节度使。以魏、博、贝、德、沧五州置魏博等州都防御使,治魏州,隶属河北道。是年,魏博等州都防御使升为魏博节度使,瀛州自淄青平卢节度使来属,贝州改属洺相节度使。广德二年(764),魏博节度使改为天雄军节度使,寻复为魏博节度使。大历元年(766),洺相节度使改为昭义军节度使。时镇辖有相、卫、怀、邢、洺、磁六州。大历七年(772),魏博节度使置澶州。时镇辖有魏、博、瀛、德、沧、澶六州。大历十年(775),魏博节度使德州改属淄青平卢节度使,沧州改属成德军节度使,瀛州改属幽州卢龙节度使。时镇辖有魏、博、澶三州。大历十一年(776),废昭义军节度使,相、卫、洺、贝四州来属魏博节度使。时镇辖有魏、博、澶、相、卫、洺、贝七州。建中二年(781),卫州改属河阳三城节度使;三年(782),洺州改属河东道昭义军节度使。贞元元年(785),卫州自河阳节度使还属。元和十五年(820),魏博节度使辖有魏、博、澶、相、卫、贝六州,治魏州。

大和三年(829),曾以相、卫、澶三州置相卫澶节度使,寻废。咸通十四年(873),魏博节度使辖有魏、博、澶、相、卫、贝六州,治魏州。天祐元年(904),魏博节度使改为天雄军节度使。

五、宣武军节度使(兼及天平军节度使)

唐武德二年(619),以杞、陈、信三州置杞州总管府,隶属陕东道行台。武德三年(620),总管府移治汴州,改名为汴州总管府,隶属陕东道行台,辖有汴州、濮州、亳州、杞州、陈州、信州、许州。武德七年(624),总管府改为汴州都督府。贞观元年(627),罢汴、豫、陕、怀、亳、郓、齐、青、海九州都督府,以汴州、陈州、许州、滑州、郓州、兖州、戴州、曹州、濮州、齐州、淄州、济州、青州、莱州、密州、莒州、海州、沂州、亳州、宋州、颍州、豫州、陕州、谷州、虢州、鼎州、显州、北澧州为河南道直属区。贞观七年(633),以齐州、青州、莱州、密州、淄州置齐州都督府。贞观八年(634),改北澧州为鲁州,废莒州、鼎州。贞观九年(635),改显州为唐州,废鲁州。贞观十三年(639),河南道直属区辖有汴州、陈州、许州、滑州、郓州、兖州、戴州、曹州、濮州、济州、海州、沂州、亳州、宋州、颍州、豫州、陕州、谷州、虢州、唐州，共二十州。是年，以许州、陈州、颍州、豫州、唐州置许州都督府。贞观十四年(640)，以兖州、戴州、沂州置兖州都督府。贞观十六年(642)，废许州都督府，许州、陈州、颍州、豫州、唐州来属。贞观十七年(643)，废徐州都督府，徐州、泗州来属；废齐州都督府，齐州、青州、莱州、密州、淄州来属。贞观十八年(644)，废洛州都督府，洛州、郑州、汝州来属。显庆二年(657)，废谷州。武周如意元年(692)，置登州。长安四年(704)，河南道直属区有汴州、陈州、许州、滑州、郓州、曹州、濮州、济州、海州、亳州、宋州、颍州、豫州、陕州、虢州、唐州、徐州、泗州、齐州、青州、莱州、密州、淄州、洛州、郑州、汝州、登州，共二十七州。唐开元元年(713)，洛州升为河南府，虢州改属河东道。开元十三年(725)，河南府为都畿中央直属区。开元二十一年(733)，郑、汝、陕三州改属都畿道，唐州改属山南东道。时河南道直属区辖有汴州、陈州、许州、滑州、郓州、曹州、濮州、济州、海州、亳州、宋州、颍州、豫州、徐州、泗州、齐州、青州、莱州、密州、淄州、登州，共二十一州。

天宝元年(742)，改州为郡，改汴州为陈留郡、陈州为淮阳郡、许州为颍川郡、滑州为灵昌郡、郓州为东平郡、曹州为济阴郡、濮州为濮阳郡、济州为济阳郡、海州为东海郡、亳州为谯郡、宋州为睢阳郡、颍州为汝阴郡、豫州为汝南郡、徐州为彭城郡、泗州为临淮郡、齐州为济南郡、青州为北海郡、莱州为东莱郡、密州为高密郡、淄州为淄川郡、登州为东牟郡。天宝十三载(754)，废济阳郡。天宝十五载(756)，陈留郡为安禄山所据；唐以睢阳、灵昌、淮阳、汝阴、谯、济阴、淄川、濮阳、彭城、临淮、东海十一郡置河南节度使(治睢阳)，以东平、济南二郡置郓齐兖都防御使，以北海、东莱、高密、东牟四郡置青密节度使，以颍川、汝南二郡置淮西节度使。未几，睢阳郡陷落，河南节度使移治灵昌郡；后灵昌郡陷落，又移治谯郡；谯郡陷落，再移治彭城郡。至德二载(757)，唐复取安禄山所据的汴、宋、滑、曹、濮五州，河南节度使自徐州移治汴州，时辖有陈留、睢阳、灵昌、淮阳、汝阴、谯、济阴、濮阳、琅琊、彭城、临淮、东海十二郡。

乾元元年(758)，改郡为州，郡复为州旧名。是年，降河南节度使为汴州都防御使，滑、濮二州改属青密节度使，陈、颍、亳三州改属淮西节度使。时镇辖有汴、宋、曹、沂、徐、泗、海七州。乾元二年(759)，升汴州都防御使为滑汴节度使，移治滑州，滑、濮二州还属，淄、海、沂三州改属青密节度使。寻又移治汴州，改名汴滑节度使。时镇辖有汴、宋、曹、滑、濮、徐、泗七州。未几，汴、曹、滑、濮、宋五州为史思明所据，以滑、汴、郑三州置滑郑汴节度使，后取许州来属；以宋、曹、濮三州置睢阳节度使。而唐则取濮州属兖郓节度使。后上元二年(761)，唐取滑州置滑卫节度使，史朝义则取唐陈州来属，遂移治陈留郡，改滑郑汴节度使为陈留节度使。未几，又取唐滑州来属陈留节度使，取唐徐州来属睢阳节度使。宝应元年(762)，陈留节度使、睢阳节度使归唐，陈留节度使复名为河南节度使，治汴州；废兖郓节度使，兖、郓、濮三州来属；废睢阳节度使，宋、徐、曹三州来属；颍州自淮南西道节度使来属，陈州改属河东道泽潞节度使。时镇辖有汴、兖、郓、濮、曹、宋、许、颍、徐九州。大历四年(769)，颍州改属泽潞节度使，泗州自淄青平卢节度使来属。大历十一年(776)，罢镇，宋、泗二州改属永平军节度使，兖、郓、濮、曹、徐五州改属淄青平卢节度使，汴州改属淮西节度使；淮西节度使自蔡州移治汴州。时淮西节度使辖有汴、蔡、汝、申、安、光、许、随、唐九州。大历十四年(779)，罢镇，汝州改属都畿道东畿观察使，蔡、申、安、光、许、随、唐七州改属淮宁军节度使，汴州改属永平军节度使；永平军节度使自滑州移治汴州，辖有汴、滑、亳、陈、宋、颍、泗七州。建中二年(781)，郑州自关内道泾原节度使来属，以宋、亳、颍三州置宋亳颍节度使(寻改名宣武军节度使)，泗州改属淮南道淮南节度使。时镇辖有汴、滑、陈、郑四州。贞元元年(785)，罢镇，滑、陈、郑三州改属义成军节度使，汴州改属宣武军节度使；宣武军节度使自宋州移治汴州，辖有汴、宋、亳、颍四州。元和十四年(819)，平李师道，以淄青平卢节度使之郓、曹、濮三州，置郓曹濮节度使，治郓州。元和十五年(820)，宣武军节度使辖州不变，治汴州；改郓曹濮节度使为天平军节度使。

长庆二年(822)，颍州改属义成军节度使。咸通十四年(873)，宣武军节度使辖有汴、宋、亳三州，治汴州。光化二年(899)，镇置辉州。

六、义成军节度使

隋末，李密置滑州总管府，辖有滑、汴、曹三州。唐武德元年(618)，李密奉表归唐，滑州总管府隶属陕东道行台，曹州被宇文化及所据。武德二年(619)，王世充取其地，置滑州行台，辖有濮、燕、胙、兴四州。武德三年(620)，唐取其地，以汴、濮二州属汴州总管府。贞观元年(627)，滑、濮、郑三州属河南道直属区。

至德元载(756),河南节度使自睢阳移治灵昌。未几,灵昌、濮阳二郡陷落,河南节度使移治谯郡。至德二载(757),唐复取安禄山所据的汴、宋、滑、曹、濮五州,河南节度使自徐州移治汴州。乾元元年(758),河南节度使降为汴州都防御使,滑、濮二州改属青密节度使。乾元二年(759),滑州还属,汴州都防御使移治滑州,改名滑汴节度使,寻又还治汴州,更名为汴滑节度使,辖有汴、滑、濮、宋、曹五州。是年,史思明取汴滑节度使之汴州、滑州,取郑陈节度使之郑州,取豫许汝节度使之许州,改为灵昌、陈留、荥阳、颍川四郡,置滑郑汴节度使,治灵昌。后上元二年(761),唐取灵昌郡及邺城节度使之汲郡,改为滑、卫二州,置滑卫节度使。史氏滑郑汴节度使移治陈留郡,改为陈留节度使。未几,唐滑卫节度使复为史氏所取,罢镇,滑州复属陈留节度使,卫州复属邺城节度使。宝应元年(762),唐复取史氏陈留节度使之灵昌郡和邺城节度使之汲郡、邺郡、魏郡、清河郡、博平郡,复为滑、卫、相、魏、贝、博六州,置滑卫节度使,治滑州。广德元年(763),亳州自淮南西道节度使来属,德州自淄青平卢节度使来属。是年,复以相、卫二州治相卫节度使,以魏、贝、博、德四州置魏博等州防御使,滑卫节度使改名为滑亳节度使,辖有滑、亳二州。大历四年(769),陈州自泽潞节度使来属。大历七年(772),改名为永平军节度使,辖有滑、亳、陈三州。大历十一年(776),废河南节度使,宋、泗二州来属。大历十四年(779),废淮西节度使,汴州来属;颍州自泾原节度使来属。永平军节度使自滑州移治汴州,辖有汴、滑、亳、陈、宋、泗、颍七州。贞元元年(785),废永平军节度使,以滑、陈、郑三州治义成军节度使,治滑州;许州自淮西节度使来属。贞元三年(787),以许、陈二州置许陈节度使。元和十三年(818),置行齐州。元和十五年(820),废行齐州,义成军节度使辖有滑、郑二州,治滑州。长庆二年(822),颍州自宣武军节度使来属。咸通十四年(873),义成军节度使辖有滑、郑、颍三州,治滑州。光启二年(886),改名为宣义军节度使,辖有滑、郑、颍三州,治滑州。

七、忠武军节度使(兼及申州、光州)

隋末,李密置豫州总管府,辖有豫、申、光三州。唐武德元年(618),李密奉表归唐,豫州总管府隶属陕东道行台。后申州为朱灿所据,光州归隋。武德二年(619),豫州总管府为王世充所据。申州、光州归唐,为显州道行台直属区。武德三年(620),豫州总管府复归唐,仍隶属陕东道行台。申州改属显州总管府,光州属光州总管府。武德四年(621),申州改属光州总管府。武德七年(624),豫州总管府改为豫州都督府,光州总管府改为光州都督府。武德九年(626),废行台,豫州都督府、光州都督府皆直属中央。贞观元年(627),废豫州都督府,豫州直属河南道;废光州都督府,申、光二州直属淮南道。贞观十三年(639),以河南道直属区之许、陈、颍、豫、唐五州置许州都督府。贞观十六年(642),废许州都督府,许、陈、颍、豫四州直属河南道,唐州改属山南道。

天宝十五载(756),以颍川、汝南与淮南道直属之义阳、弋阳四郡置淮西节度使,治颍川郡。是年,安禄山取颍川郡,淮西节度使移治汝南郡。至德二载(757),唐收复颍川、荥阳二郡,划属淮西节度使,还治于颍川郡。乾元元年(758),改郡为州,颍川郡为许州、荥阳郡为郑州、汝南郡为豫州、义阳郡为申州、弋阳郡为光州,淮西节度使移治郑州。是年,废淮西节度使,以豫州、许州与东畿观察使之汝州,置豫许汝节度使;申州、光州改属淮南西道节度使。乾元二年(759),许州为史思明所取,并入滑郑汴节度使。宝应元年(762),改豫州为蔡州,改豫许汝节度使为蔡汝节度使,申州自淮南西道节度使来属,许州改属淮南西道节度使。大历八年(773),改蔡汝节度使为淮西节度使;废淮南西道节度使,安、光、许、随、唐五州来属。大历十一年(776),汴州来属,遂移治汴州。时镇辖有蔡、汝、申、安、光、许、随、唐、汴九州。大历十四年(779),罢镇,以蔡、申、安、光、许、随、唐七州置淮宁军节度使,治蔡州;废江南西道鄂岳都团练观察使,沔、蕲、黄三州来属。时镇辖有蔡、申、安、光、许、随、唐、沔、蕲、黄十州。建中二年(781),复改名为淮西节度使,置溵州,废沔州。建中四年(783),复置沔州。兴元元年(784),沔、蕲、黄三州还属江南西道鄂岳都团练观察使。贞元元年(785),唐州改属东畿汝唐邓都防御观察使,许州改属义成军节度使。贞元二年(786),废溵州。贞元三年(787),安、随二州改属山南东道节度使;以义成军节度使之许州、陈州置陈许节度使,治陈州。贞元十四年(798),淮西节度使改名为彰义军节度使。时镇辖有蔡、申、光三州。贞元二十年(804),陈许节度使改名为忠武军节度使。元和十一年(816),废山南东道唐随邓节度使,唐、随、邓三州来属彰义军节度使,移治于唐州。是年,还治于蔡州,以唐、随、邓三州改置唐随邓节度使。元和十二年(817),复改彰义军节度使为淮西节度使,复置溵州。

末几,溵州改属忠武军节度使。元和十三年(818),废淮西节度使,蔡州改属忠武军节度使,申州改属江南西道鄂岳都团练观察使,光州改属淮南道淮南节度使。元和十五年(820),忠武军节度使辖有许、陈、蔡、溵四州,治许州。申州属江南西道鄂岳都团练观察使,光州属淮南道淮南节度使。

长庆元年(821),废溵州。咸通十四年(873),忠武军节度使辖有许、陈、蔡三州,治许州。中和元年(881),以蔡州置奉国军防御使。中和二年(882),升奉国军防御使为奉国军节度使。龙纪元年(889),忠武军节度使移治陈州。乾宁元年(894),汝州自佑国军节度使来属忠武军节度使,时镇辖有陈、许、汝三州。乾宁四年(897),光州自淮南节度使、申州自武昌军节度使来属奉国军节度使,时镇辖有蔡、申、光三州。光化三年(900),汝州还属东畿观察防遏使。天祐元年(904),忠武军节度使还治许州,辖有许、陈二州。

八、山南东道节度使

唐武德二年(619),朱灿降唐,置邓州总管府,辖有邓、淅、郦、弘四州,隶属显州道行台。武德三年(620),为王世充所据,属襄州行台,并置新、宛、淯三州。是年,复归唐,隶属山南道行台,淅州改属金州总管府。武德四年(621),废总管府及新、弘二州,邓、淯、宛、郦四州直属山南道行台。武德七年(624),罢行台,邓、淯、宛、郦四州改属襄州都督府。贞观六年(632),废都督府,邓、唐、淅、都四州属山南道直属区。贞观八年(634),废都、淅二州;九年(635),废唐州。景云二年(711),改襄、房、金、商、均、邓、随七州为山南东道直属区,唐州自河南道来属。天宝元年(742),改州为郡,邓州改为南阳郡、唐州改为淮安郡,隶属山南东道直属区。天宝十五载(756),以南阳、淮安、汉东三郡置南阳防御使,治南阳,隶属山南东道。是年,升为山南东道节度使,移治襄阳,辖有襄阳、房陵、武当、南阳、淮安、汉东六郡。安陆郡自淮南道来属,武当、房陵二郡改属京畿兴平节度使。

乾元元年(758),改郡为州,改襄阳郡为襄州、南阳郡为邓州、淮南郡为唐州、汉东郡为随州、安陆郡为安州,山南东道节度使自襄州移治邓州。乾元二年(759),安州改属淮南西道节度使,山南东道节度使还治于襄州。后上元元年

(760),郢、复二州自荆南节度使来属,商、金、均、房四州自兴平节度使来属;二年(761),以商、金、均、房四州置武关内外四州防御观察使。宝应元年(762),废武关内外四州防御观察使,商、金、均、房四州来属;山南东道节度使复移治邓州,商、金二州改属京畿节度使。时镇辖有襄、房、均、邓、唐、随、郢、复八州。未几,又还治襄州,唐、随二州改属淮南西道节度使。贞元元年(785),邓州改属都畿道东畿汝唐邓都防御观察使,唐州自淮南西道节度使也改属都畿道东畿汝唐邓都防御观察使。贞元三年(787),邓、唐二州自都畿道东畿汝唐邓都防御观察使来属,安、随二州自淮南西道节度使来属。时镇辖有襄、房、均、邓、唐、随、郢、复、安九州。贞元十五年(799),安州改属淮南道安黄节度使。元和十年(815),以邓、唐、随三州置唐随邓节度使,治唐州。元和十一年(816),废唐随邓节度使,邓、唐、随三州改属河南道彰义军节度使,遂彰义军节度使从蔡州移治唐州,辖有邓、唐、随、蔡、光、申六州,属河南道。是年,彰义军节度使又还治蔡州,遂以邓、唐、随三州复置唐随邓节度使,治邓州,属山南东道。元和十二年(817),废唐随邓节度使,邓、唐、随三州改属山南东道节度使。元和十五年(820),山南东道节度使辖有襄、房、均、邓、唐、随、郢、复八州,治襄州。

文德元年(888),改为忠义军节度使。天祐二年(905),均、房二州改属戎昭军节度使。天祐三年(906),忠义军节度使复改为山南东道节度使,改唐州为泌州,均、房二州自戎昭军节度使还属。

第四节　五代时期河南的镇、州、县

五代时期上承盛唐,下启新宋,是我国中古社会的重要转折时期。五代是指唐朝灭亡后位于中原地区依次更替的五个政权,即后梁、后唐、后晋、后汉、后周。除此之外,全国其他地区还先后存在十个割据政权,即前蜀、后蜀、吴、南唐、吴越、闽、楚、南汉、南平、北汉,史称五代十国。由于今河南省幅员主要在中原地区范围内,因此,我们下面主要考述五代的行政区划。

后梁:唐天祐四年(907),朱温代唐称帝,建都汴(今河南开封市),国号梁。

史称后梁或朱梁。后梁的疆域有今河南、山东两省和陕西、山西、河北、宁夏、湖北、安徽、江苏等省区各一部分地区。共历三帝,十七年。龙德三年(923),被后唐所灭。

后唐:后梁龙德三年,沙陀族人李存勖灭后梁称帝,建都洛阳,国号唐,史称后唐。后唐疆域有今河南、山东、山西、河北、陕西、四川、重庆及甘肃东部、湖北北部、安徽北部等地。共历四帝,十四年。清泰三年(936),为后晋所灭。

后晋:后唐清泰三年,沙陀族人石敬瑭勾结契丹贵族灭后唐,建都汴,国号晋,史称后晋。后晋疆域有今河南、山东、山西、河北及陕西北部、甘肃东部、湖北北部、安徽北部等地。共历二帝,十一年。开运三年(946),为契丹所灭。

后汉:契丹灭后晋后,受到中原人民的抗击。947 年,后晋河东节度使刘知远在太原称帝。契丹北撤后,定都汴,国号汉,史称后汉。后汉疆域有今河南、山东、山西及河北南部、湖北北部、陕西北部、安徽北部等地区。共历二帝,四年。乾祐三年(950),为后周所灭。

后周:后汉乾祐三年,后汉邺都留守郭威灭汉称帝,定都汴,国号周,史称后周。后周疆域有今河南、山东、山西南部、河北中南部、陕西中部、甘肃东部、湖北北部、安徽与江苏江北部分等地区。共历三帝,十年。显德七年(960),为北宋所替代。

五代的出现与更替,是唐后期藩镇割据进一步发展的结果。在行政区划上,五代沿袭了唐朝后期的方镇—州—县三级行政体制。朱玉龙的《五代十国方镇年表》对五代十国的方镇演变进行了较为详尽的研究,是我们研究的基础。[①] 下面我们以后周显德五年(958)为断限来考述今河南省幅员内镇、州、县的因循变化。

一、东京开封府

本唐后期宣武军节度使,辖有汴、宋、亳、辉四州。后梁开平元年(907),梁太祖朱温升汴州为开封府,建名东京。汴州,原领浚仪、雍丘、陈留、封丘、尉氏、

① 朱玉龙:《五代十国方镇年表》,中华书局,1997 年。

开封六县。开平三年(909),酸枣、长垣二县自滑州来属,中牟、阳武二县自郑州来属,襄邑县自宋州来属,考城县(寻改名戴邑县)自曹州来属,扶沟、鄢陵二县自许州来属,太康县自陈州来属。时开封府领有浚仪、雍丘、陈留、封丘、尉氏、开封、中牟、阳武、酸枣、长垣、襄邑、戴邑、扶沟、鄢陵、太康十五县。后唐同光元年(923),复降开封府为汴州,置宣武军节度使,汴州隶属之。同光二年(924),酸枣县还属滑州,中牟县还属郑州,襄邑县还属宋州,鄢陵县还属许州,太康县还属陈州;改长垣县为匡城县。时汴州领有浚仪、雍丘、陈留、封丘、尉氏、开封、阳武、匡城、考城、扶沟十县。天成元年(926),曹州来属。时镇辖有汴、曹二州。后晋天福三年(938),复升汴州为开封府,建名东京。废宣武军节度使,曹州改属归德军节度使。酸枣、中牟、襄邑、鄢陵、太康五县又改属开封府,并改匡城县为长垣县、雍丘县为杞县。时府领有开封、浚仪、杞、陈留、封丘、尉氏、中牟、阳武、酸枣、长垣、襄邑、考城、扶沟、鄢陵、太康十五县。后汉乾祐元年(948),复改杞县为雍丘县。时开封府领有开封、浚仪、雍丘、陈留、封丘、尉氏、中牟、阳武、酸枣、长垣、襄邑、考城、扶沟、鄢陵、太康十五县。后周因之。府治开封,今河南省开封市。

开封县,本唐县,属汴州。后梁开平元年,州升为开封府,县为府治。后唐同光元年,府降为汴州,县为州治。后晋天福三年,州复升为开封府,县为府治。后汉、后周因之。府治所在。治在今河南省开封市。

浚仪县,本唐县,属汴州。后梁开平元年,州升为开封府,县属之。后唐同光元年,府降为汴州,县属之。后晋天福三年,州复升为开封府,县属之。后汉、后周因之。治在今河南省开封市。

雍丘县,本唐县,属汴州。后梁开平元年,州升为开封府,县属之。后唐同光元年,府降为汴州,县属之。后晋天福三年,州复升为开封府,县属之,改名杞县。后汉乾祐元年,县复旧名雍丘县。后周因之。治在今河南省杞县。

陈留县,本唐县,属汴州。后梁开平元年,州升为开封府,县属之。后唐同光元年,府降为汴州,县属之。后晋天福三年,州复升为开封府,县属之。后汉、后周因之。治在今河南省开封市东南陈留镇。

封丘县,本唐县,属汴州。后梁开平元年,州升为开封府,县属之。后唐同光元年,府降为汴州,县属之。后晋天福三年,州复升为开封府,县属之。后汉、后周因之。治在今河南省封丘县。

尉氏县,本唐县,属汴州。后梁开平元年,州升为开封府,县属之。后唐同光元年,府降为汴州,县属之。后晋天福三年,州复升为开封府,县属之。后汉、后周因之。治在今河南省尉氏县。

考城县,本唐县,属曹州。后梁开平三年,改名戴邑县,改属开封府。后唐同光二年,复旧名考城县,属汴州。后晋天福三年,汴州复升为开封府,县属之。后汉、后周因之。治在今河南省民权县东。

阳武县,本唐县,属郑州。后梁开平三年,县改属开封府。后唐同光元年,府降为汴州,县属之。后晋天福三年,州复升为开封府,县属之。后汉、后周因之。治在今河南省原阳县。

长垣县,本唐县,属滑州。后梁开平三年,县改属开封府。后唐同光元年,府降为汴州,县属之。同光二年,县改名匡城县。后晋天福三年,州复升为开封府,县属之,复旧名长垣县。后汉、后周因之。治在今河南省长垣县。

扶沟县,本唐县,属许州。后梁开平三年,县改属开封府。后唐同光元年,府降为汴州,县属之。后晋天福三年,州复升为开封府,县属之。后汉、后周因之。治在今河南省扶沟县。

中牟县,本唐县,属郑州。后梁开平三年,县改属开封府。后唐同光二年,县还属郑州。后晋天福三年,县复改属开封府。后汉、后周因之。治在今河南省中牟县东。

酸枣县,本唐县,属滑州。后梁开平三年,县改属开封府。后唐同光二年,县还属滑州。后晋天福三年,县复改属开封府。后汉、后周因之。治在今河南省延津县西南。

襄邑县,本唐县,属宋州。后梁开平三年,县改属开封府。后唐同光二年,县还属宋州。后晋天福三年,县复改属开封府。后汉、后周因之。治在今河南省睢县。

鄢陵县,本唐县,属许州。后梁开平三年,县改属开封府。后唐同光二年,县还属许州。后晋天福三年,县复改属开封府。后汉、后周因之。治在今河南省鄢陵县。

太康县,本唐县,属陈州。后梁开平三年,县改属开封府。后唐同光二年,县还属陈州。后晋天福三年,县复改属开封府。后汉、后周因之。治在今河南省太康县。

二、西京河南府

本唐河南府，为东都，领有河南、洛阳、缑氏、偃师、巩、密、阳邑、登封、颍阳、伊阙、陆浑、长水、永宁、福昌、寿安、新安、渑池、王屋、河清、伊阳二十县。后梁开平元年(907)，以汴州为东京，改东都洛阳为西京，汝州隶属之。后唐同光元年(923)，后唐灭梁，定都洛阳，权称洛京，降东京开封府为汴州。是年，改阳邑县为告成县、福昌县为福庆县。时河南府领有河南、洛阳、缑氏、偃师、巩、密、告成、登封、颍阳、伊阙、陆浑、长水、永宁、福庆、寿安、新安、渑池、王屋、河清、伊阳二十县。同光三年(925)，河南府改称东都。后晋天福三年(938)，又建东京于汴州，东都又改称西京。后汉乾祐二年(949)，新置望陵县，属河南府。后周显德五年(958)，省陆浑县入伊阳县，省告成县入登封县。时河南府领有河南、洛阳、缑氏、偃师、巩、密、登封、颍阳、伊阙、长水、永宁、福庆、寿安、新安、渑池、王屋、河清、伊阳、望陵十九县。府治河南，今河南省洛阳市。

河南县，本唐县，属河南府。后梁开平元年，改东都为西京河南府，县为府治。后唐同光元年，改西京为东都，县属之。后晋天福三年，又改东都为西京，县属之。后汉、后周因之。府治所在。治在今河南省洛阳市。

洛阳县，本唐县，属河南府。后梁开平元年，改东都为西京河南府，县属之。后唐同光元年，改西京为东都，县属之。后晋天福三年，又改东都为西京，县属之。后汉、后周因之。治在今河南省洛阳市。

缑氏县，本唐县，属河南府。后梁开平元年，改东都为西京河南府，县属之。后唐同光元年，改西京为东都，县属之。后晋天福三年，又改东都为西京，县属之。后汉、后周因之。治在今河南省偃师市南缑氏镇。

偃师县，本唐县，属河南府。后梁开平元年，改东都为西京河南府，县属之。后唐同光元年，改西京为东都，县属之。后晋天福三年，又改东都为西京，县属之。后汉、后周因之。治在今河南省偃师市东。

巩县，本唐县，属河南府。后梁开平元年，改东都为西京河南府，县属之。后唐同光元年，改西京为东都，县属之。后晋天福三年，又改东都为西京，县属之。后汉、后周因之。治在今河南省巩义市东北。

密县,本唐县,属河南府。后梁开平元年,改东都为西京河南府,县属之。后唐同光元年,改西京为东都,县属之。后晋天福三年,又改东都为西京,县属之。后汉、后周因之。治在今河南省新密市东南。

登封县,本唐县,属河南府。后梁开平元年,改东都为西京河南府,县属之。后唐同光元年,改西京为东都,县属之。后晋天福三年,又改东都为西京,县属之。后汉、后周因之。治在今河南省登封市。

颍阳县,本唐县,属河南府。后梁开平元年,改东都为西京河南府,县属之。后唐同光元年,改西京为东都,县属之。后晋天福三年,又改东都为西京,县属之。后汉、后周因之。治在今河南省登封市颍阳镇。

伊阙县,本唐县,属河南府。后梁开平元年,改东都为西京河南府,县属之。后唐同光元年,改西京为东都,县属之。后晋天福三年,又改东都为西京,县属之。后汉、后周因之。治在今河南省伊川县西南。

伊阳县,本唐县,属河南府。后梁开平元年,改东都为西京河南府,县属之。后唐同光元年,改西京为东都,县属之。后晋天福三年,又改东都为西京,县属之。后汉、后周因之。治在今河南省嵩县西南旧县镇。

长水县,本唐县,属河南府。后梁开平元年,改东都为西京河南府,县属之。后唐同光元年,改西京为东都,县属之。后晋天福三年,又改东都为西京,县属之。后汉、后周因之。治在今河南省洛宁县西北长水镇。

永宁县,本唐县,属河南府。后梁开平元年,改东都为西京河南府,县属之。后唐同光元年,改西京为东都,县属之。后晋天福三年,又改东都为西京,县属之。后汉、后周因之。治在今河南省洛宁县。

福庆县,本唐福昌县,属河南府。后梁开平元年,改东都为西京河南府,县属之。后唐同光元年,改西京为东都,县属之,改名为福庆县。后晋天福三年,又改东都为西京,县属之。后汉、后周因之。治在今河南省宜阳县西五十里韩城镇。

寿安县,本唐县,属河南府。后梁开平元年,改东都为西京河南府,县属之。后唐同光元年,改西京为东都,县属之。后晋天福三年,又改东都为西京,县属之。后汉、后周因之。治在今河南省宜阳县。

新安县,本唐县,属河南府。后梁开平元年,改东都为西京河南府,县属之。后唐同光元年,改西京为东都,县属之。后晋天福三年,又改东都为西京,县属之。后汉、后周因之。治在今河南省新安县。

渑池县，本唐县，属河南府。后梁开平元年，改东都为西京河南府，县属之。后唐同光元年，改西京为东都，县属之。后晋天福三年，又改东都为西京，县属之。后汉、后周因之。治在今河南省渑池县。

王屋县，本唐县，属河南府。后梁开平元年，改东都为西京河南府，县属之。后唐同光元年，改西京为东都，县属之。后晋天福三年，又改东都为西京，县属之。后汉、后周因之。治在今河南省济源市西。

河清县，本唐县，属河南府。后梁开平元年，改东都为西京河南府，县属之。后唐同光元年，改西京为东都，县属之。后晋天福三年，又改东都为西京，县属之。后汉、后周因之。治在今河南省济源市南坡头镇。

望陵县，后汉乾祐二年置，属河南府。后周因之。宋乾德元年省入登封县。治在今河南省登封市西北。

汝州

本唐汝州，领有梁、临汝、郏城、龙兴、鲁山、叶、襄城七县。后梁开平元年，升为防御州，隶属河南府。开平三年，叶、襄城二县改属许州。时汝州领有梁、临汝、郏城、龙兴、鲁山五县。后唐同光二年，叶、襄城二县自许州还属汝州。时汝州领有梁、临汝、郏城、龙兴、鲁山、叶、襄城七县。后晋、后汉因之。后周显德三年，省临汝县入梁县。时汝州领有梁、郏城、龙兴、鲁山、叶、襄城六县。州治梁，今河南省汝州市。

梁县，本唐县，属汝州。五代因之。后周显德三年，省临汝县来属。州治所在。治在今河南省汝州市。

郏城县，本唐县，属汝州。五代因之。治在今河南省郏县。

龙兴县，本唐县，属汝州。五代因之。治在今河南省宝丰县。

鲁山县，本唐县，属汝州。五代因之。治在今河南省鲁山县。

叶县，本唐县，属汝州。后梁开平三年，县改属许州。后唐同光二年，县还属汝州。后晋、后汉、后周因之。治在今河南省叶县西南旧县。

襄城县，本唐县，属汝州。后梁开平三年，县改属许州。后唐同光二年，县还属汝州。后晋、后汉、后周因之。治在今河南省襄城县。

三、保义军节度使

本唐末保义军节度使,辖有陕、虢二州。后梁开平二年(908),改为镇国军节度使。后唐同光元年(923),复改为保义军节度使。后晋、后汉、后周因之。辖郡不变。镇治陕县,今河南省三门峡市西陕州区。

(一) 陕州

本唐陕州,领有陕、峡石、灵宝、芮城、平陆、夏六县。五代因之。唯陕、峡石、灵宝三县在今河南省境内。州治陕县,今河南省三门峡市西陕州区。

陕县,本唐县,属陕州。五代因之。州治所在。治在今河南省三门峡市西陕州区。

峡石县,本唐县,属陕州。五代因之。治在今河南省三门峡市陕州区峡石镇。

灵宝县,本唐县,属陕州。五代因之。治在今河南省灵宝市北函谷关故城。

(二) 虢州

本唐虢州,领有弘农、阌乡、湖城、卢氏、朱阳、玉城六县。五代因之。州治弘农,今河南省灵宝市。

弘农县,本唐县,属虢州。五代因之。州治所在。治在今河南省灵宝市。

阌乡县,本唐县,属虢州。五代因之。治在今河南省灵宝市西北文底村一带。

湖城县,本唐县,属虢州。五代因之。治在今河南省灵宝市西北阌乡北三门峡水库中。

卢氏县,本唐县,属虢州。五代因之。治在今河南省卢氏县。

朱阳县,本唐县,属虢州。五代因之。治在今河南省灵宝市西南朱阳镇。

玉城县,本唐县,属虢州。五代因之。治在今河南省灵宝市东南。

四、河阳节度使

本唐末河阳节度使，辖有孟、怀二州。后梁开平元年(907)，增领泽州。时镇辖有孟、怀、泽三州，治孟州。后梁乾化二年(912)，泽州为晋王李克用所夺取。时镇辖有孟、怀二州。后唐、后晋、后汉、后周因之。辖州不变。州治河阳，今河南省孟州市东南。

（一）**孟州**

本唐会昌三年置，领有河阳、济源、温、汜水、河阴五县。五代因之。州治河阳，今河南省孟州市东南。

河阳县，本唐县，属孟州。五代因之。州治所在。治在今河南省孟州市东南。

济源县，本唐县，属孟州。五代因之。治在今河南省济源市。

温县，本唐县，属孟州。五代因之。治在今河南省温县。

汜水县，本唐县，属孟州。五代因之。治在今河南省荥阳市西北汜水镇。

河阴县，本唐县，属孟州。五代因之。治在今河南省荥阳市北邙乡官峪村。

（二）**怀州**

本唐怀州，领有河内、修武、获嘉、武陟、武德五县。五代因之。州治河内，今河南省沁阳市。

河内县，本唐县，属怀州。五代因之。州治所在。治在今河南省沁阳市。

武德县，本唐县，属怀州。五代因之。治在今河南省沁阳市东南。

修武县，本唐县，属怀州。五代因之。治在今河南省修武县。

获嘉县，本唐县，属怀州。五代因之。治在今河南省获嘉县。

武陟县，本唐县，属怀州。五代因之。治在今河南省武陟县南。

五、彰德军节度使

本唐末天雄军节度使，辖有魏、博、贝、澶、相、卫六州。后梁贞明元年

(915),以相州置昭德军节度使。寻天雄军乱,相州为晋王李克用所据。后唐庄宗灭梁,相州隶属天雄军节度使。后晋天福三年(938),以相州置彰德军节度使,辖有相、卫、澶三州。后晋天福九年(944),以澶州置镇宁军节度使。时彰德军节度使辖有相、卫二州。后汉、后周因之。辖州不变,镇治安阳,今河南省安阳市。

(一)相州

本唐相州,领有安阳、林虑、邺、临漳、永定、汤阴六县。后梁贞明元年,以州置昭德军节度使。后唐时,州隶属天雄军节度使。后晋天福三年,以州置彰德军节度使。后汉、后周因之。邺县、临漳县在今河北省境内。州治安阳,今河南省安阳市。

安阳县,本唐县,属相州。五代因之。州治所在。治在今河南省安阳市。

永定县,本唐县,属相州。五代因之。治在今河南省安阳市东。

林虑县,本唐县,属相州。五代因之。治在今河南省林州市。

汤阴县,本唐县,属相州。五代因之。治在今河南省汤阴县。

(二)卫州

本唐卫州,领有汲、共城、新乡、卫、黎阳五县。后梁、后唐时,州隶属天雄军节度使,领县不变。后晋天福三年,州改隶彰德军节度使。天福五年,黎阳县改属滑州。时州领有汲、共城、新乡、卫四县。后汉、后周因之,领县不变。州治汲县,今河南省卫辉市。

汲县,本唐县,属卫州。五代因之。州治所在。治在今河南省卫辉市。

卫县,本唐县,属卫州。五代因之。治在今河南省浚县西南东枋城。

共城县,本唐县,属卫州。五代因之。治在今河南省辉县市。

新乡县,本唐县,属卫州。五代因之。治在今河南省新乡市。

六、镇宁军节度使

本唐末天雄军节度使,辖有魏、博、贝、澶、相、卫六州。后晋天福三年(938),以相州置彰德军节度使,辖有相、卫、澶三州。后晋天福九年(944),以澶州置镇宁军节度使,辖有澶、濮二州。后汉乾祐元年(948),镇治从顿丘移至德胜寨。后周因之，辖州不变。镇治先为顿丘，今河南省清丰县西；后为德胜寨，今河南省濮阳市。

（一）澶州

本唐澶州，大历七年复置，领有顿丘、清丰、观城、临黄四县。时州隶属天雄军节度使。后晋天福三年，州升为防御州，隶属彰德军节度使，移治德胜寨（今河南省濮阳市）。天福四年，濮阳县自濮州来属。天福九年，以州置镇宁军节度使，临河县自魏州来属。时州领有顿丘、清丰、观城、临黄、濮阳、临河六县。后汉、后周因之，领县不变。州治德胜寨，今河南省濮阳市。

濮阳县，本唐县，属濮州。后梁、后唐因之。后晋天福四年，县改属澶州。后汉、后周因之。治在今河南省濮阳市南。

顿丘县，本唐县，属澶州，为州治。五代因之。后晋天福三年，州治移至德胜寨。治在今河南省清丰县西南。

临黄县，本唐县，属澶州。五代因之。治在今河南省范县南临黄集。

清丰县，唐大历七年，析顿丘县复置，属澶州。五代因之。治在今河南省清丰县西清丰店。

观城县，唐大历七年，析昌乐县复置，属澶州。五代因之。治在今河南省清丰县南。

临河县，本唐县，属魏州。后梁、后唐因之。后晋天福九年，县改属澶州。后汉、后周因之。治在今河南省濮阳市西。

（二）濮州

本唐濮州，领有鄄城、临濮、濮阳、范、雷泽五县，隶属天平军节度使。后梁、后唐因之。后晋天福四年，濮阳县改属澶州。后晋天福九年，州改隶镇宁军节度使。时州领有鄄城、临濮、范、雷泽四县。后汉、后周因之，领县不变。唯范县在今河南省境内。州治鄄城，今山东省鄄城县北。

范县，本唐县，属濮州。五代因之。治在今河南省范县东南张庄乡旧城村。

另，今河南省台前县地属天平军节度使郓州寿张县。

七、天雄军节度使

本唐末天雄军节度使,辖有魏、博、贝、澶、相、卫六州。后梁贞明元年(915),以相州置昭德军节度使。后唐庄宗灭梁,相州隶属天雄军节度使。后晋天福三年(938),以相州置彰德军节度使,卫、澶二州隶属之;以贝州置永清军节度使,博、冀二州隶属之。时天雄军节度使只辖有魏州一州。后周显德元年(954),降贝州为防御州,永清军节度使废,贝、博二州还属天雄军节度使。时镇辖有大名府与博、贝二州。由于博、贝二州不在今河南省幅员内,故不述。镇治大名,今河北省大名县东北。

大名府

本唐魏州,领有贵乡、元城、莘、朝城、昌乐、魏、馆陶、冠氏、夏津、临清、宗城、永济、经城、洹水、内黄、临河、斥丘、清平十八县,隶属天雄军节度使。后梁贞明二年,改昌乐县为南乐县。后唐同光元年,州升为东京,置兴唐府;贵乡县改名广晋县。同光三年,改东京为邺都,兴唐府为次府。后晋天福三年,兴唐府改为广晋府。天福九年,临河县改属澶州。时广晋府领有广晋、元城、莘、朝城、南乐、魏、馆陶、冠氏、夏津、临清、宗城、永济、经城、洹水、内黄、斥丘、清平十七县。后汉乾祐元年,改广晋府为大名府,广晋县改名为大名县。后周显德元年,废邺都,依旧为天雄军节度使,大名府隶属之。时大名府领有大名、元城、莘、朝城、南乐、魏、馆陶、冠氏、夏津、临清、宗城、永济、经城、洹水、内黄、斥丘、清平十七县。唯内黄、南乐二县在今河南省境内。州治大名,今河北省大名县东北。

内黄县,本唐县,属魏州。后唐同光元年,州升为东京兴唐府,县属之。同光三年,改东京兴唐府为邺都,县属之。后晋天福三年,邺都改为广晋府,县属之。后汉乾祐元年,改广晋府为大名府,县属之。后周因之。治在今河南省内黄县西东庄镇旧县村。

南乐县,本唐昌乐县,属魏州。后梁贞明二年,县改为南乐县。后唐同光元年,州升为东京兴唐府,县属之。同光三年,改东京兴唐府为邺都,县属之。后晋天福三年,邺都改为广晋府,县属之。后汉乾祐元年,改广晋府为大名府,县属之。后周因之。治在今河南省南乐县西北。

八、义成军节度使

本唐宣义军节度使,辖有滑、郑、颍三州。后梁因之。后唐同光元年(923),复改名义成军节度使,辖有滑、郑、颍三州。后晋、后汉因之,辖州不变。后周广顺二年(952),颍州改属镇安军节度使。时镇辖有滑、郑二州。镇治白马,今河南省滑县东。

(一)滑州

本唐滑州,领有白马、灵昌、酸枣、卫南、胙城、韦城、匡城七县。后梁开平三年,改匡城县为长垣县,与酸枣县一起改属开封府。后唐同光元年,改灵昌县为灵河县。同光二年,酸枣县自汴州还属。时州领有白马、灵河、酸枣、卫南、胙城、韦城六县。后晋天福三年,复升汴州为开封府,酸枣县改属之。天福五年,黎阳县自卫州来属。时州领有白马、灵河、卫南、胙城、韦城、黎阳六县。后汉、后周因之。州领县不变。州治白马,今河南省滑县东。

白马县,本唐县,属滑州。五代因之。州治所在。治在今河南省滑县东。

胙城县,本唐县,属滑州。五代因之。治在今河南省延津县东北胙城镇。

韦城县,本唐县,属滑州。五代因之。治在今河南省滑县东南。

灵河县,本唐灵昌县,属滑州。五代因之。后唐同光元年,县改为灵河县。治在今河南省滑县西南。

卫南县,本唐县,属滑州。五代因之。治在今河南省滑县东北四间房乡朱店。

黎阳县,本唐县,属卫州。后晋天福五年,县改属滑州。后汉、后周因之。治在今河南省浚县东北。

(二)郑州

本唐郑州,领有管城、新郑、中牟、荥阳、荥泽、原武、阳武七县。后梁开平三年,中牟、阳武二县改属开封府。后唐同光二年,中牟县自汴州还属。后晋天福三年,汴州复升为开封府,中牟县又改属之。时州领有管城、新郑、荥阳、荥泽、原武五县。后汉、后周因之。州领县不变。州治管城,今河南省郑州市。

管城县,本唐县,属郑州。五代因之。州治所在。治在今河南省郑州市。

新郑县,本唐县,属郑州。五代因之。治在今河南省新郑市南。

荥阳县,本唐县,属郑州。五代因之。治在今河南省荥阳市。

荥泽县,本唐县,属郑州。五代因之。治在今河南省荥阳市东北。

原武县,本唐县,属郑州。五代因之。治在今河南省原阳县西南原武镇。

九、归德军节度使

本唐后期宣武军节度使,辖有汴、宋、亳、辉四州。后梁开平元年(907),梁太祖朱温升汴州为开封府,建名东京;升宋州为防御州。开平三年(909),宣武军节度使移治宋州,时辖有宋、亳、辉三州。后唐同光元年(923),后唐灭梁,降开封府为汴州,置宣武军节度使,改宋州宣武军节度使为归德军节度使。改辉州为单州。时镇辖有宋、亳、单三州。后晋天福三年(938),汴州复升为开封府,废宣武军节度使,曹州改属归德军节度使。时镇辖有宋、亳、单、曹四州。开运二年(945),以曹州置威信军节度使,单州隶属之。时镇辖有宋、亳二州。后汉乾祐元年(948),废威信军节度使,曹、单二州还属归德军节度使。后周广顺二年(952),又以曹州置彰信军节度使,单州隶属之。时归德军节度使辖有宋、亳二州。镇治宋城,今河南省商丘市南。

（一）宋州

本唐宋州,领有宋城、虞城、下邑、谷熟、襄邑、宁陵、柘城、楚丘八县。后梁开平三年,汴州升为开封府,襄邑县改属之。后唐同光二年,开封府降为汴州,襄邑县还属宋州。后晋天福三年,汴州复升为开封府,襄邑县又改属之。时州领有宋城、虞城、下邑、谷熟、宁陵、柘城、楚丘七县。后汉、后周因之。州领县不变。唯楚丘县不在今河南省境内。州治宋城,今河南省商丘市南。

宋城县,本唐县,属宋州。五代因之。州治所在。治在今河南省商丘市南。

虞城县,本唐县,属宋州。五代因之。治在今河南省虞城县北。

下邑县,本唐县,属宋州。五代因之。治在今河南省夏邑县。

谷熟县,本唐县,属宋州。五代因之。治在今河南省商丘市东南谷熟镇。

柘城县,本唐县,属宋州。五代因之。治在今河南省柘城县北。

宁陵县,本唐县,属宋州。五代因之。治在今河南省宁陵县东南。

（二）亳州

本唐亳州，领有谯、酂、永城、蒙城、焦夷、真源、鹿邑七县。五代因之。后唐同光元年，改焦夷县为城父县。州领县不变。唯酂、永城、真源、鹿邑四县在今河南省境内。州治谯县，今安徽省亳州市。

酂县，本唐县，属亳州。五代因之。治在今河南省永城市酂城镇。

永城县，本唐县，属亳州。五代因之。治在今河南省永城市。

鹿邑县，本唐县，属亳州。五代因之。治在今河南省鹿邑县西。

真源县，本唐县，属亳州。五代因之。治在今河南省鹿邑县。

十、忠武军节度使

本唐末忠武军节度使，辖有许、陈二州。唐末，奉国军节度使乱，蔡、申二州为朱温所据，光州为杨行密所据。后梁开平二年（908），忠武军节度使改为匡国军节度使，辖有许、陈、蔡、申四州。贞明六年（920），申州改属宣威军节度使。后唐同光元年（923），改匡国军节度使复为忠武军节度使，辖有许、陈、蔡三州；申州隶属安远军节度使。后晋天福五年（940），废安远军节度使，申州改属忠武军节度使。开运二年（945），以陈州置镇安军节度使。时忠武军节度使辖有许、蔡、申三州。后汉天福十二年（947），废镇安军节度使，陈州来属；以安州复置安远军节度使，申州隶属之。时忠武军节度使辖有许、蔡、陈三州。后周广顺二年（952），以陈州复置镇安军节度使。显德元年（954），废安远军节度使，申州又改属忠武军节度使。时忠武军节度使辖有许、蔡、申三州。镇治长社，今河南省许昌市。

（一）许州

本唐许州，领有长社、长葛、许昌、鄢陵、扶沟、临颍、舞阳、郾城、阳翟九县，隶属忠武军节度使。后梁开平二年，镇改名匡国军节度使，州隶属之。开平三年，汴州升为开封府，扶沟、鄢陵二县改属之。后唐同光元年，镇复旧名。同光二年，开封府降为汴州，鄢陵县还属许州。后晋天福三年，汴州复升为开封府，鄢陵县又改属之。时州领有长社、长葛、许昌、临颍、舞阳、郾城、阳翟七县。后汉、后周因之。州领县不变。州治长社，今河南省许昌市。

长社县,本唐县,属许州。五代因之。州治所在。治在今河南省许昌市。

长葛县,本唐县,属许州。五代因之。治在今河南省长葛市东老城镇。

许昌县,本唐县,属许州。五代因之。治在今河南省许昌市东北。

临颍县,本唐县,属许州。五代因之。治在今河南省临颍县。

舞阳县,本唐县,属许州。五代因之。治在今河南省舞阳县西北保和乡魏庄。

郾城县,本唐县,属许州。五代因之。治在今河南省漯河市郾城区城关镇。

阳翟县,本唐县,属许州。五代因之。治在今河南省禹州市。

（二）蔡州

本唐蔡州,领有汝阳、遂平、朗山、西平、新蔡、真阳、新息、苞孚、上蔡、平舆十县,隶属忠武军节度使。后梁开平二年,镇改名匡国军节度使,州隶属之。后唐同光元年,镇复旧名。后晋、后汉、后周因之。州领县不变。州治汝阳,今河南省汝南县。

汝阳县,本唐县,属蔡州。五代因之。州治所在。治在今河南省汝南县。

平舆县,本唐县,属蔡州。五代因之。治在今河南省平舆县。

新蔡县,本唐县,属蔡州。五代因之。治在今河南省新蔡县。

苞孚县,本唐县,属蔡州。五代因之。治在今河南省息县东北包信镇。

新息县,本唐县,属蔡州。五代因之。治在今河南省息县。

真阳县,本唐县,属蔡州。五代因之。治在今河南省正阳县北。

朗山县,本唐县,属蔡州。五代因之。治在今河南省确山县。

遂平县,本唐县,属蔡州。五代因之。治在今河南省遂平县。

西平县,本唐县,属蔡州。五代因之。治在今河南省西平县。

上蔡县,本唐县,属蔡州。五代因之。治在今河南省上蔡县。

（三）申州

本唐申州,领有义阳、钟山、罗山三县,隶属忠武军节度使。后梁贞明六年,州改属宣威军节度使。后唐同光元年,宣威军节度使改为安远军节度使,州隶属之。后晋天福五年,废安远军节度使,州改属忠武军节度使。后汉天福十二年,复置安远军节度使,县又隶属之。后周显德元年,废安远军节度使,州又改属忠武军节度使。州领县不变。州治义阳,今河南省信阳市。

义阳县,本唐县,属申州。五代因之。州治所在。治在今河南省信阳市。

钟山县,本唐县,属申州。五代因之。治在今河南省信阳市东钟山铺。

罗山县,本唐县,属申州。五代因之。治在今河南省罗山县。

十一、镇安军节度使

后晋开运二年(945),以陈州置镇安军节度使,辖有陈州一州。后汉天福十二年(947),废镇安军节度使,陈州改属忠武军节度使。后周广顺二年(952),又以陈州复置镇安军节度使,颍州自义成军节度使来属。时镇辖有陈、颍二州。因颍州不在今河南省境内,故不述。镇治宛丘,今河南省淮阳县。

陈州

本唐陈州,领有宛丘、太康、项城、溵水、南顿、西华六县,隶属忠武军节度使。后梁开平二年,州隶属匡国军节度使。开平三年,太康县改属开封府。后唐同光元年,州隶属忠武军节度使。同光二年,太康县自汴州还属陈州。后晋天福三年,太康县又改属开封府。时州领有宛丘、项城、溵水、南顿、西华五县。开运二年,以州治镇安军节度使。后汉天福十二年,废镇安军节度使,州改属忠武军节度使。后周广顺二年,又以州复置镇安军节度使。州领县不变。治在宛丘,今河南省淮阳县。

宛丘县,本唐县,属陈州。五代因之。州治所在。治在今河南省淮阳县。

项城县,本唐县,属陈州。五代因之。治在今河南省沈丘县。

南顿县,本唐县,属陈州。五代因之。治在今河南省项城市西南顿镇。

溵水县,本唐县,属陈州。五代因之。治在今河南省商水县。

西华县,本唐县,属陈州。五代因之。治在今河南省西华县。

十二、忠正军节度使

后唐天成二年(927),吴移濠州清淮军节度使治寿州,辖有寿、光二州。天成三年(928),后唐遥置忠正军节度使于寿州。后晋、后汉因之,皆虚职。后周显德四年(957),周世宗取寿州,改清淮军节度使为忠正军节度使,辖有寿、光二州。因寿州不在今河南省境内,故不述。镇治下蔡,今安徽省凤台县。

光州

本唐光州,领有定城、光山、固始、殷城、仙居五县,隶属奉国军节度使。唐末,崔景思劫持节度使崔洪,投奔杨行密,州为杨行密所据,成为淮南支州。后唐天成二年,州隶属吴清淮军节度使。南唐因之。后周显德二年,州为后周所取。显德四年,州隶属忠正军节度使。州治定城,今河南省潢川县。

定城县,本唐县,属光州。吴、南唐因之。后周显德二年,县归后周。州治所在。治在今河南省潢川县。

光山县,本唐县,属光州。吴、南唐因之。后周显德二年,县归后周。治在今河南省光山县。

仙居县,本唐县,属光州。吴、南唐因之。后周显德二年,县归后周。治在今河南省光山县西仙居镇。

固始县,本唐县,属光州。吴、南唐因之。后周显德二年,县归后周。治在今河南省固始县。

殷城县,本唐县,属光州。吴、南唐因之。后周显德二年,县归后周。治在今河南省商城县西北。

十三、武胜军节度使

后梁开平三年(909),析山南东道节度使置宣化军节度使,辖有邓、泌、随、复、郢五州,治邓州。乾化二年(912),复州改属荆南节度使。时镇辖有邓、泌、随、郢四州。后唐同光元年(923),改泌州为唐州,改宣化军节度使为威胜军节度使,辖有邓、唐、随、郢四州。后晋天福七年(942),均、房二州来属。后汉天福十二年(947),均、房二州还属襄州节度使。后周广顺二年(952),又改威胜军节度使为武胜军节度使,辖有邓、唐、随、郢四州。邓、唐二州在今河南省境内。镇治邓州,今河南省邓州市。

(一)邓州

本唐邓州,领有穰、临湍、内乡、向城、南阳、菊潭六县,隶属山南东道节度使。后梁开平三年,析内乡县置淅川县;以州置宣化军节度使。时州领有穰、临湍、内乡、向城、南阳、菊潭、淅川七县。后唐同光元年,州隶属威胜军节度使,领县不变。后汉乾祐元年,临湍县改为临濑县。后周广顺二年,州隶属武胜军节度使。显德三年,废向城、菊潭二县。时州领有穰、临濑、内乡、南阳、淅川五县。州治穰县,今河南省邓州市。

穰县,本唐县,属邓州。五代因之。州治所在。治在今河南省邓州市。

临濑县,本唐临湍县,属邓州。后梁、后唐、后晋因之。后汉乾祐元年,县改为临濑县。后周因之。治在今河南省内乡县东南大桥子乡滚子岗古城。

内乡县,本唐县,属邓州。五代因之。治在今河南省西峡县。

南阳县,本唐县,属邓州。五代因之。治在今河南省南阳市。

淅川县,本唐县,贞观二年置,贞观八年省入内乡县。后梁开平三年,析内乡县复置,属邓州。后唐、后晋、后汉、后周因之。治在今河南省淅川西盛湾镇鱼关。

(二)唐州

本唐泌州,领有泌阳、比阳、桐柏、慈邱、湖阳、方城、平氏七县,隶属山南东道节度使。后梁开平三年,州隶属宣化军节度使。后唐同光元年,州复旧名唐州,隶属威胜军节度使。后晋天福三年,州又改名泌州。后汉天福十二年,州又复名唐州。后周广顺二年,州隶属武胜军节度使。显德三年,省慈邱县入比阳县。时州领有泌阳、比阳、桐柏、湖阳、方城、平氏六县。州治泌阳,今河南省唐河县。

泌阳县,本唐县,属泌州。后唐同光元年,县属唐州。后晋天福三年,县属泌州。后汉天福十二年,县属唐州。后周因之。州治所在。治在今河南省唐河县。

比阳县,本唐县,属泌州。后唐同光元年,县属唐州。后晋天福三年,县属泌州。后汉天福十二年,县属唐州。后周因之。治在今河南省泌阳县。

桐柏县,本唐县,属泌州。后唐同光元年,县属唐州。后晋天福三年,县属泌州。后汉天福十二年,县属唐州。后周因之。治在今河南省桐柏县东固县镇。

平氏县,本唐县,属泌州。后唐同光元年,县属唐州。后晋天福三年,县属泌州。后汉天福十二年,县属唐州。后周因之。治在今河南省桐柏县西北平氏镇。

湖阳县，本唐县，属泌州。后唐同光元年，县属唐州。后晋天福三年，县属泌州。后汉天福十二年，县属唐州。后周因之。治在今河南省唐河县南湖阳镇。

方城县，本唐县，属泌州。后唐同光元年，县属唐州。后晋天福三年，县属泌州。后汉天福十二年，县属唐州。后周因之。治在今河南省方城县。

第六章 宋元时期河南的行政区划

宋元时期,是中国历史上最为繁荣的时期,尽管民族矛盾与战争时常发生,但伴随着的民族融合显得更具生命力,是由族群分裂走向民族融合的大统一时期。北宋时期的经济高度繁荣,开封是当时世界上最大的城市。元朝的统一,奠定了中国是一个多民族的大家庭。下面我们就当时河南省域内的行政区划进行研究。

第一节　北宋时期河南的路、州(府)、县

建隆元年(960),赵匡胤代周称帝,建都东京,国号为宋,史称北宋。北宋先后与辽、金对峙,共历九帝,一百六十七年。靖康二年(1127),金灭北宋。赵构于南京(今河南商丘)称帝,重建宋朝。后定都临安,史称南宋。南宋先后与金、元对峙,共历九帝,一百五十三年。祥兴二年(1279),崖山之战,元灭南宋。

北宋建立后,为加强中央集权,剥夺方镇事权,采取“杯酒释兵权”“废支郡”等举措,瓦解了方镇、州、县三级行政体制,强化了州、县两级地方行政机构。随着转运使在诸道的设置,并兼理民事、刑狱、监察、保举等事务,标志着转运使作为中央的派出机构,逐渐取得了对州、县的管辖权,其所辖之境域则逐渐成为地方一级政区。故宋人认为:“今外权之重惟转运,一道百城,号令千里,官吏之黜陟,财赋之弛敛,恩泽之流壅,民政之惨舒,州县观听其风棱,国朝倚办乎外

务,提众职之纲辖,实方面之师表。盖汉刺史之职,而唐度支诸道巡院、留后之任也。”[①]

受唐五代之制影响,“道”这一习语在宋初仍被沿用。乐史《太平寰宇记》中有十三道[②]的记载。至道三年(997),宋政府分辖境为十五路,正式确立了“路、州、县”三级区划制度。宋仁宗时调整为十八路,将江南路分为东西二路,将西川路分为益州、梓州二路,峡西路分为利州、夔州二路。宋神宗元丰八年(1085)又分为二十三路,将京东路分为东西二路,京西路分为南北二路,河北路分为东西二路,淮南路分为东西二路,陕西路分为永兴、秦凤二路。至宋徽宗时期,则拓展为二十六路,即以开封府设置京畿路;收复幽云地区,设置燕山路、云中路。

转运司在路级诸司中出现最早,领事过多。为预防其权力过于集中,宋政府在路级转运司的基础上,增设了提点刑狱司、提举常平司、安抚司等机构,以分割事权。诸机构有较为明确的分工,互不统属,互相牵制,也彼此合作,皆具朝廷派出机构的性质。但与提刑司、提举司等相比,宋政府坚持了以转运司为主体的地方行政体制:“朝廷之令必行于转运使,转运使之令必行于州,州之令必行于县,县之令必行于吏民。”[③]转运司更具地方行政区划性质。

宋朝州县地方行政区划是在承袭前代的基础上,适时进行调整变革的结果。宋朝州级行政系统包括府、州、军及领县的监。府与州同级,但地位略高于州。府分京府与次府。京府即首都、陪都的所在地,次府为一些重要的地方和皇帝驻跸或任职过的州。州是二级政区的主干,分为京、辅、雄、望、紧、上、中、中下、下九等,也可按规格分为都督州、节度州、观察州、防御州、团练州和军事州(刺史州),州格可以升降。军主要设置于边境和军事要地,领县的军与府、州同级,不领县的军相当于县。监主要设置于矿冶、铸钱、产盐等地,领县的监与府、州同级,不领县的监相当于县。宋朝县级行政系统则包括县、军、监。县分

---

① 〔宋〕张方平:《乐全集》卷9《刍荛论·郡县理本》,见《景印文渊阁四库全书》集部第1104册,第78页。

② 即河南道、关西道、河东道、河北道、剑南西道、剑南东道、江南东道、江南西道、淮南道、山南西道、山南东道、陇右道、岭南道。

③ 〔宋〕李焘撰:《续资治通鉴长编》卷196“嘉祐七年五月丁未朔”,中华书局,1995年,第4748页。

不同的等级。京县,分畿、赤,凡二等;外郡县,分望、紧、上、中、中下、下,凡六等。《宋史·地理志》记载宋徽宗宣和四年(1122),凡"天下分路二十六,京府四,府三十,州二百五十四,监六十三,县一千二百三十四"①。下面我们以宣和六年(1124)为时间断限,来考述北宋时期河南范围内行政区划的演变。②

一、京畿路(东京开封府)

本五代东京开封府,领有开封、浚仪、雍丘、陈留、封丘、尉氏、中牟、阳武、酸枣、长垣、襄邑、考城、扶沟、鄢陵、太康十五县。宋建隆元年(960),改长垣县为鹤丘县,后又改回。乾德元年(963),以考城县东明镇置东明县。咸平五年(1002),以尉氏县通许镇置咸平县。时开封府领有开封、浚仪、雍丘、陈留、封丘、尉氏、中牟、阳武、酸枣、长垣、襄邑、考城、扶沟、鄢陵、太康、东明、咸平十七县。大中祥符二年(1009),改浚仪县为祥符县。

皇祐五年(1053),以东京开封府置京畿路,以京东路曹州,京西路滑州、陈州、郑州、许州为开封府辅郡。至和二年(1055),为防宦官专权,废京畿路,曹、陈、许、郑、滑五州还归本路。

熙宁五年(1072),废滑州,白马、韦城、胙城三县隶属开封府;废郑州,管城、新郑二县隶属开封府。时府领有开封、祥符、雍丘、陈留、封丘、尉氏、中牟、阳武、酸枣、长垣、襄邑、考城、扶沟、鄢陵、太康、东明、咸平、白马、韦城、胙城、管城、新郑二十二县。元丰四年(1081),复置滑州,白马、韦城、胙城三县还属之。元丰八年(1085),复置郑州,管城、新郑二县还属之。时府领有旧属十七县。

崇宁四年(1105),复以开封府置京畿路。以颍昌府为南辅郡,汝州郏县属之;以襄邑县置拱州为东辅郡,领有南京宁陵、楚丘、柘城及东京考城、太康、襄邑六县;郑州为西辅郡,西京密县属之;澶州为北辅郡,北京朝城、南乐二县属之。时京畿路辖有开封、颍昌二府,郑、澶、拱三州,四十个县。大观四年(1110),罢四辅郡,许、郑二州还属京西路,澶州还属河北路,废拱州,襄邑、考

① 〔元〕脱脱等:《宋史》卷85《地理志一》,中华书局,1977年,第2095页。

② 参考周振鹤主编,李昌宪著:《中国行政区划通史·宋西夏卷》,复旦大学出版社,2007年。

城、太康三县还属开封府。政和四年(1114),复置四辅郡,颍昌府为南辅,开德府为北辅,郑州为西辅,以东京襄邑、太康二县及南京宁陵、楚丘、柘城三县置拱州为东辅。政和七年(1117),改酸枣县为延津县。宣和二年(1120),又罢四辅郡,颍昌府、郑州、开德府各还属本路,拱州改属京东西路。时京畿路只辖开封府,府领有开封、祥符、雍丘、陈留、封丘、尉氏、中牟、阳武、延津、长垣、考城、扶沟、鄢陵、东明、咸平十五县。宣和六年(1124),太康县自京东西路拱州还属。时府领有十六县。路、府皆治开封,今河南省开封市。

开封县,本五代县,属东京开封府。北宋因之。府治所在。治在今河南省开封市。

祥符县,本五代浚仪县,属东京开封府。宋大中祥符二年,县改名祥符县。治在今河南省开封市。

雍丘县,本五代县,属东京开封府。北宋因之。治在今河南省杞县。

陈留县,本五代县,属东京开封府。北宋因之。治在今河南省开封市东南陈留镇。

封丘县,本五代县,属东京开封府。北宋因之。治在今河南省封丘县。

尉氏县,本五代县,属东京开封府。北宋因之。治在今河南省尉氏县。

考城县,本五代县,属东京开封府。宋崇宁四年,县改属拱州。大观四年,废拱州,县还属府。治在今河南省民权县东。

阳武县,本五代县,属东京开封府。北宋因之。熙宁五年,省原武县入县。元丰八年,原武县复置,划出。治在今河南省原阳县。

长垣县,本五代县,属东京开封府。宋建隆元年,改名鹤丘县。寻复旧名。治在今河南省长垣县。

扶沟县,本五代县,属东京开封府。北宋因之。治在今河南省扶沟县。

中牟县,本五代县,属东京开封府。北宋因之。治在今河南省中牟县东。

延津县,本五代酸枣县,属东京开封府。政和七年,县改名延津县。治在今河南省延津县西南。

鄢陵县,本五代县,属东京开封府。北宋因之。治在今河南省鄢陵县。

太康县,本五代县,属东京开封府。宋崇宁四年,县属拱州。大观四年,废拱州,县还属开封府。政和四年,县再属拱州。宣和六年,县还属开封府。治在今河南省太康县。

东明县,宋乾德元年,由考城县东明镇析置。治在今河南省兰考县东北。

咸平县,宋咸平五年,由尉氏县通许镇析置。治在今河南省通许县。

二、京东路

京东路置于开宝元年(968)。至道三年(997),划一制度,以应天府,兖、徐、曹、青、郓、密、齐、济、沂、登、莱、单、濮、潍、淄十五州,淮阳、广济、清平、宣化四军,莱芜、利国二监为京东路。

皇祐五年(1053),置京畿路,曹州改属之,为东辅郡。至和二年(1055),废京畿路,曹州还属京东路。

熙宁七年(1074),京东路分为东、西二路。青、淄、潍、莱、登、密、沂、徐八州及淮阳军属东路,郓、兖、齐、濮、曹、济、单七州及南京应天府属西路。元丰元年(1078),齐州改属东路,徐州改属西路。

崇宁四年(1105),再置京畿路及四辅郡,南京应天府之宁陵、楚丘、柘城三县改属东辅郡拱州。大观四年(1110),罢四辅郡,废拱州,宁陵、楚丘、柘城三县还属应天府。政和四年(1114),再置四辅郡,宁陵、楚丘、柘城三县再属拱州。宣和二年(1120),罢四辅郡,拱州改属京东西路。

(一) 南京应天府

本五代宋州,领有宋城、虞城、下邑、谷熟、宁陵、柘城、楚丘七县。宋至道三年,州属京东路。景德三年,升为应天府。大中祥符七年,建为南京。熙宁七年,府属京东西路。崇宁四年,宁陵、楚丘、柘城三县改属拱州。大观四年,宁陵、楚丘、柘城三县还属府。政和四年,宁陵、楚丘、柘城三县再属拱州。宣和二年,柘城、楚丘二县自拱州还属府。宣和六年,宁陵县自拱州来属,柘城县改属拱州。时府领有宋城、虞城、下邑、谷熟、宁陵、楚丘六县。唯楚丘县不在今河南省境内。府治宋城,今河南省商丘市南。

宋城县,本五代县,属宋州。景德三年,州升为应天府,县属之。大中祥符七年,建为南京,县属之。府治所在。治在今河南省商丘市南。

虞城县,本五代县,属宋州。景德三年,州升为应天府,县属之。大中祥符七年,建为南京,县属之。治在今河南省虞城县北。

下邑县,本五代县,属宋州。景德三年,州升为应天府,县属之。大中祥符七年,建为南京,县属之。治在今河南省夏邑县。

谷熟县,本五代县,属宋州。景德三年,州升为应天府,县属之。大中祥符七年,建为南京,县属之。治在今河南省商丘市东南谷熟镇。

宁陵县,本五代县,属宋州。景德三年,州升为应天府,县属之。大中祥符七年,建为南京,县属之。崇宁四年,县改属拱州。大观四年,县还属府。政和四年,县又改属拱州。宣和六年,县还属府。治在今河南省宁陵县东南。

(二)拱州

宋崇宁四年,以襄邑县置,领有襄邑、考城、太康、宁陵、柘城、楚丘六县,属京畿路。大观四年,废拱州,襄邑、考城、太康三县还属开封府,宁陵、柘城、楚丘三县还属应天府。政和四年,再置拱州,领有襄邑、太康、宁陵、柘城、楚丘五县,属京畿路。宣和二年,罢四辅郡,拱州改属京东西路,柘城、楚丘二县还属应天府。宣和六年,太康县还属开封府,宁陵县还属应天府,柘城县自应天府来属。时州领有襄邑、柘城二县。州治襄邑,今河南省睢县。

襄邑县,本五代县,属东京开封府。宋崇宁四年,以县置拱州。大观四年,废拱州,县还属开封府。政和四年,以县置拱州。州治所在。治在今河南省睢县。

柘城县,本五代县,属宋州。景德三年,州升为应天府,县属之。大中祥符七年,建为南京,县属之。崇宁四年,县改属拱州。大观四年,县还属府。政和四年,县又改属拱州。宣和二年,县还属府。宣和六年,县再改属拱州。治在今河南省柘城县北。

(三)濮州

本五代濮州,领有鄄城、临濮、范、雷泽四县。至道三年,州属京东路。熙宁七年,州属京东西路。唯范县在今河南省境内。州治鄄城,今山东省鄄城县北。

范县,本五代县,属濮州。北宋因之。治在今河南省范县东南张庄乡旧城村。

另,今河南省台前县地属京东西路郓州寿张县。

三、京西路

京西路置于宋乾德元年(963),至道三年(997),成为十五路定制之一。

太平兴国三年(978),京西路分为南、北两路。孟、滑、卫、陈、郑、许、蔡、汝八州属北路,襄、均、房、复、郢、金、随、安、邓、唐十州及信阳军属南路。一两年后,南、北两路合并为京西路。后安州属湖北。

天圣六年(1028),安州自湖北来属,庆历元年(1041),安州还属湖北。皇祐五年(1053),置京畿路,京西路滑、陈、郑、许四州隶属之。至和二年(1055),罢京畿路,四州还属京西路。

熙宁五年(1072),京西路又分为南、北两路。孟、滑、陈、郑、许、蔡、汝七州及信阳军属北路,襄、均、房、郢、金、随、邓、唐八州属南路。

崇宁四年(1105),复置京畿路,京西北路颍昌府为南辅郡,郑州为西辅郡。大观四年(1110),罢四辅,颍昌府、郑州还属京西北路。政和四年(1114),复置四辅郡,颍昌府、郑州又改属京畿路。宣和二年(1120),复罢四辅,颍昌府、郑州再还属京西北路。

南宋初期,京西北路为金所占,京西南路为豪强所据。绍兴四年(1134),岳飞收复襄汉,置襄阳府路,领有襄阳府,随、郢、唐、邓四州及信阳军。六年(1136),改襄阳府路为京西南路。绍兴十一年(1141)议和,以淮水中流为界,邓、唐二州割予金朝。绍兴十九年(1149),信阳军改隶淮西路。端平元年(1234),宋蒙联合灭金,京西南路又增辖唐、邓、息三州十一县。

(一)西京河南府

本五代西京河南府,领有河南、洛阳、缑氏、偃师、巩、密、登封、颍阳、伊阙、长水、永宁、福庆、寿安、新安、渑池、王屋、河清、伊阳、望陵十九县。宋乾德元年,望陵县省入登封县。景德四年,升巩县永安镇为永安县。庆历三年,废偃师、颍阳、寿安三县;四年,复置。熙宁二年,省颍阳县入登封县,伊阳县栾川镇改属虢州卢氏县。熙宁五年,以府隶属京西北路。同年,省洛阳县入河南县,省偃师县入缑氏县,省福昌县入寿安县,省伊阙县入河南县。熙宁六年,伊阙县改省入伊阳县。熙宁八年,复置偃师县,省缑氏县入偃师县。元祐元年,复置福昌县。元祐二年,复置洛阳、颍阳二县。崇宁四年,密县改属郑州。宣和二年,密县还属河南府。府治河南,今河南省洛阳市。

河南县,本五代县,属西京河南府。北宋因之。府治所在。治在今河南省洛阳市。

洛阳县,本五代县,属西京河南府。熙宁五年,县省入河南县。元祐二年,复置县。治在今河南省洛阳市。

偃师县,本五代县,属西京河南府。庆历三年,县废;四年,复置。熙宁五年,县废。熙宁八年,复置,缑氏县省入。治在今河南省偃师市东。

巩县,本五代县,属西京河南府。北宋因之。治在今河南省巩义市东北。

永安县,宋景德四年,由巩县永安镇析置。治在今河南省巩义市西南。

密县,本五代县,属西京河南府。北宋因之。崇宁四年,县改属郑州。宣和二年,县还属府。治在今河南省新密市东南。

登封县,本五代县,属西京河南府。北宋因之。治在今河南省登封市。

颍阳县,本五代县,属西京河南府。庆历三年,县废;四年,复置。熙宁二年,省入登封县。元祐二年,复置。治在今河南省登封市颍阳镇。

伊阳县,本五代县,属西京河南府。熙宁二年,栾川镇改属卢氏县。熙宁六年,伊阙县省入。治在今河南省嵩县西南旧县镇。

长水县,本五代县,属西京河南府。北宋因之。治在今河南省洛宁县西北长水镇。

永宁县,本五代县,属西京河南府。北宋因之。治在今河南省洛宁县。

福昌县,本五代福庆县,属西京河南府。熙宁五年,省入寿安县。元祐元年,复置。治在今河南省宜阳县西五十里韩城镇。

寿安县,本五代县,属西京河南府。庆历三年,县废;四年,复置。治在今河南省宜阳县。

新安县,本五代县,属西京河南府。北宋因之。治在今河南省新安县。

渑池县,本五代县,属西京河南府。北宋因之。治在今河南省渑池县。

河清县,本五代县,属西京河南府。开宝元年,移治白波镇。治在今河南省洛阳市吉利区白坡。

阜财监,熙宁七年置。治在今河南省孟津县。

（二）颍昌府

本五代许州，领有长社、长葛、许昌、临颍、舞阳、郾城、阳翟七县。至道三年，州属京西路。熙宁四年，省许昌县入长社县。熙宁五年，州属京西北路。元丰四年，州升为府。崇宁四年，为南辅郡，属京畿路。大观四年，罢四辅，府还属京西北路。政和四年，复为南辅。宣和二年，罢四辅，府复属京西北路。府治长社，今河南省许昌市。

长社县，本五代县，属许州。熙宁四年，许昌县省入。元丰四年，州升为府，县属之。府治所在。治在今河南省许昌市。

长葛县，本五代县，属许州。元丰四年，州升为府，县属之。治在今河南省长葛市东老城镇。

临颍县，本五代县，属许州。元丰四年，州升为府，县属之。治在今河南省临颍县。

舞阳县，本五代县，属许州。元丰四年，州升为府，县属之。治在今河南省舞阳县东吴城镇。

郾城县，本五代县，属许州。元丰四年，州升为府，县属之。治在今河南省漯河市郾城区城关镇。

阳翟县，本五代县，属许州。元丰四年，州升为府，县属之。治在今河南省禹州市。

郏县，本五代县，属汝州。崇宁四年，县改属颍昌府。治在今河南省郏县。

（三）郑州

本五代郑州，领有管城、新郑、荥阳、荥泽、原武五县。熙宁五年，废州，管城、新郑二县改属开封府，省荥阳、荥泽二县入管城县，省原武县入阳武县。元丰八年，复置州，管城、新郑二县自开封府还属。元祐元年，复置荥阳、荥泽、原武三县。时州属京西北路。崇年四年，以郑州为西辅郡；大观四年，罢。政和四年，复为西辅郡；宣和二年，再罢，还属京西北路。州治管城，今河南省郑州市。

管城县，本五代县，属郑州。熙宁五年，州废，县改属开封府。元丰八年，复置州，县自开封府还属。州治所在。治在今河南省郑州市。

新郑县，本五代县，属郑州。熙宁五年，州废，县改属开封府。元丰八年，复置州，县自开封府还属。治在今河南省新郑市南。

荥阳县，本五代县，属郑州。熙宁五年，州废，县省入管城县。元祐元年，复置县。治在今河南省荥阳市。

荥泽县,本五代县,属郑州。熙宁五年,州废,县省入管城县。元祐元年,复置县。治在今河南省荥阳市东北。

原武县,本五代县,属郑州。熙宁五年,州废,县省入阳武县。元祐元年,复置县。治在今河南省原阳县西南原武镇。

（四）滑州

本五代滑州,领有白马、灵河、卫南、胙城、韦城、黎阳六县。宋初,卫南县改属澶州。雍熙四年,黎阳县改属澶州,端拱元年,以黎阳县置通利军。治平三年,省灵河县入白马县。时州领有白马、韦城、胙城三县。熙宁五年,废州,白马、韦城、胙城三县改属开封府。元丰四年,复置州,白马、韦城、胙城三县自开封府还属。州治白马,今河南省滑县东。

白马县,本五代县,属滑州。熙宁五年,州废,县改属开封府。元丰四年,复置州,县还属之。州治所在。治在今河南省滑县东。

胙城县,本五代县,属滑州。熙宁五年,州废,县改属开封府。元丰四年,复置州,县还属之。治在今河南省延津县东北胙城镇。

韦城县,本五代县,属滑州。熙宁五年,州废,县改属开封府。元丰四年,复置州,县还属之。治在今河南省滑县东南。

（五）孟州

本五代孟州,领有河阳、济源、温、汜水、河阴五县。宋初,州属河北道。至道三年,州属京西路。熙宁五年,省汜水县入河阴县,王屋县自河南府来属。时州属京西北路。元丰二年,复置汜水县。州治河阳,今河南省孟州市东南。

河阳县,本五代县,属孟州。北宋因之。州治所在。治在今河南省孟州市东南。

济源县,本五代县,属孟州。北宋因之。治在今河南省济源市。

温县,本五代县,属孟州。北宋因之。治在今河南省温县。

汜水县,本五代县,属孟州。熙宁五年,县省入河阴县。元丰二年,复置。治在今河南省荥阳市西北汜水镇。

河阴县,本五代县,属孟州。北宋因之。治在今河南省荥阳市北邙乡官峪村。

王屋县,本五代县,属河南府。熙宁五年,县改属孟州。治在今河南省济源市西王屋镇。

（六）蔡州

本五代蔡州，领有汝阳、遂平、朗山、西平、新蔡、真阳、新息、苞孚、上蔡、平舆十县。宋初，州属河南道。至道三年，州属京西路。大中祥符五年，改朗山县为确山县。州治汝阳，今河南省汝南县。

汝阳县，本五代县，属蔡州。北宋因之。州治所在。治在今河南省汝南县。

平舆县，本五代县，属蔡州。北宋因之。治在今河南省平舆县。

新蔡县，本五代县，属蔡州。北宋因之。治在今河南省新蔡县。

褒信县，本五代苞孚县，属蔡州。宋初，县改为褒信县。治在今河南省息县东北包信镇。

新息县，本五代县，属蔡州。北宋因之。治在今河南省息县。

真阳县，本五代县，属蔡州。北宋因之。治在今河南省正阳县北。

确山县，本五代朗山县，属蔡州。大中祥符五年，县改名确山县。治在今河南省确山县。

遂平县，本五代县，属蔡州。北宋因之。治在今河南省遂平县。

西平县，本五代县，属蔡州。北宋因之。治在今河南省西平县。

上蔡县，本五代县，属蔡州。北宋因之。治在今河南省上蔡县。

（七）淮宁府

本五代陈州，领有宛丘、项城、溵水、南顿、西华五县。宋初，州属河南道。建隆元年，为避讳，溵水县改名商水县。至道三年，州属京西路。熙宁五年，州属京西北路。熙宁六年，南顿县省入商水、项城二县。元祐元年，南顿县复置。宣和元年，州升为府。治在宛丘，今河南省淮阳县。

宛丘县，本五代县，属陈州。宣和元年，州升为府，县属之。府治所在。治在今河南省淮阳县。

项城县，本五代县，属陈州。宣和元年，州升为府，县属之。治在今河南省沈丘县。

南顿县，本五代县，属陈州。熙宁六年，县省入商水、项城二县。元祐元年，县复置。宣和元年，州升为府，县属之。治在今河南省项城市西南顿镇。

商水县，本五代溵水县，属陈州。建隆元年，为避讳，县改名商水县。宣和元年，州升为府，县属之。治在今河南省商水县。

西华县,本五代县,属陈州。宣和元年,州升为府,县属之。治在今河南省西华县。

（八）汝州

本唐汝州,领有梁、郏城、龙兴、鲁山、叶、襄城六县。宋初,州属河南道。至道三年,州属京西路。熙宁五年,州属京西北路,省龙兴县入鲁山县。元祐元年,复置龙兴县。崇宁四年,郏县改隶颍昌府。宣和二年,改龙兴县为宝丰县。州治梁,今河南省汝州市。

梁县,本五代县,属汝州。北宋因之。州治所在。治在今河南省汝州市。

宝丰县,本五代龙兴县,属汝州。熙宁五年,废县。元祐元年,复置县。宣和二年,县改名为宝丰县。治在今河南省宝丰县。

鲁山县,本五代县,属汝州。北宋因之。治在今河南省鲁山县。

叶县,本五代县,属汝州。北宋因之。治在今河南省叶县西南旧县。

襄城县,本五代县,属汝州。北宋因之。治在今河南省襄城县。

（九）信阳军

本五代申州,领有义阳、钟山、罗山三县。开宝九年,州降为义阳军,废钟山县。太平兴国元年,为避讳,义阳军改名信阳军,县也改名信阳县。至道三年,军属京西路。熙宁五年,军属京西北路,领有信阳、罗山二县。南宋绍兴年间,军属京西南路。绍兴十九年,军改属淮西路。军治义阳,今河南省信阳市。

信阳县,本五代义阳县,属申州。开宝九年,州降为义阳军,县属之。太平兴国元年,县改名为信阳县。军治所在。治在今河南省信阳市。

罗山县,本五代县,属申州。开宝九年,州降为义阳军,县属之。太平兴国元年,军改名为信阳军,县属之。治在今河南省罗山县。

（十）邓州

本五代邓州,领有穰、临濑、内乡、南阳、淅川五县。宋初,州属河南道。建隆元年,废临濑县。太平兴国六年,升淅川县顺阳镇为顺阳县。至道三年,州属京西路。熙宁五年,州属京西南路。时州领有穰、内乡、南阳、淅川、顺阳五县。州治穰县,今河南省邓州市。

穰县,本五代县,属邓州。北宋因之。州治所在。治在今河南省邓州市。

内乡县,本五代县,属邓州。北宋因之。治在今河南省西峡县。

南阳县,本五代县,属邓州。北宋因之。治在今河南省南阳市。

淅川县,本五代县,属邓州。北宋因之。治在今河南省淅川西盛湾镇鱼关。

顺阳县,太平兴国六年,由淅川县顺阳镇析置。治在今河南省淅川县东南马蹬镇。

(十一) 唐州

本五代唐州,领有泌阳、比阳、桐柏、湖阳、方城、平氏六县。宋初,州属河南道。开宝五年,废平氏县。至道三年,州属京西路。庆历四年,废方城县入南阳县。熙宁五年,州属京西南路。元丰元年,复置方城县。州治泌阳,今河南省唐河县。

泌阳县,本五代县,属唐州。北宋因之。州治所在。治在今河南省唐河县。

比阳县,本五代县,属唐州。北宋因之。治在今河南省泌阳县。

桐柏县,本五代县,属唐州。北宋因之。开宝六年,迁治淮渎故庙。治在今河南省桐柏县。

湖阳县,本五代县,属唐州。北宋因之。治在今河南省唐河县南湖阳镇。

方城县,本五代县,属唐州。庆历四年,县废。元丰元年,复置。治在今河南省方城县。

四、河北路

河北路置于何时,不可确考。太平兴国二年(977),河北路分为南、北二路。雍熙四年(987),又分为东、西二路。端拱元年(988),并为一路。至道三年(997),制度划一,河北路为宋初十五路之一。

熙宁六年(1073),河北路分为东、西二路。以大名府,滨、棣、德、博、恩、冀、沧、瀛、雄(霸)、澶、莫十一州,信安、保定、乾宁、永静四军为东路;以真定府,怀、卫、磁、相、邢、洺、深、祁、保、定、赵十一州及安肃、广信、顺安、永宁四军为西路。元丰元年(1078),河北东、西二路转运使司通管二路,以河北路为名。

崇宁四年(1105)和政和四年(1114),澶州作为北辅郡,属京畿路。大观四年(1110)和宣和二年(1120),罢四辅,澶州还属河北东路。

(一) 北京大名府

本五代大名府,领有大名、元城、莘、朝城、南乐、魏、馆陶、冠氏、夏津、临清、宗城、永济、经城、洹水、内黄、斥丘、清平十七县。宋初,府属河北道,至道三年,府属河北路。庆历二年,建为北京。熙宁六年,府属河北东路。同年,废经城县入宗城县、洹水县入成安县,永济县省入临清县。崇宁四年,南乐、朝城二县改属开德府。时府领有大名、元城、莘、魏、馆陶、冠氏、夏津、临清、宗城、内黄、斥丘、清平十二县,唯内黄县在今河南省境内。州治大名,今河北省大名县东北。

内黄县,本五代县,属大名府。北宋因之。治在今河南省内黄县西东庄镇旧县村。

（二）开德府

本五代澶州,领有顿丘、清丰、观城、临黄、濮阳、临河六县。宋初,州属河北道,卫南县自滑州来属。雍熙四年,黎阳县自滑州来属。端拱元年,废临黄县,以黎阳县置通利军。至道三年,州属河北路。熙宁六年,州属河北东路。同年,省顿丘县入清丰县。崇宁四年,建为北辅,南乐、朝城二县自大名府来属;五年,州升为开德府。宣和二年,罢北辅,府还属河北东路。时府领有濮阳、清丰、观城、临河、卫南、南乐、朝城七县。唯朝城、观城二县不在今河南省内。府治濮阳,今河南省濮阳市。

濮阳县,本五代县,属澶州。北宋因之。治在今河南省濮阳市南。

清丰县,本五代县,属澶州。庆历四年,迁治德清军。治在今河南省清丰县。

临河县,本五代县,属澶州。北宋因之。治在今河南省濮阳市西。

南乐县,本五代县,属大名府。崇宁四年,县自大名府来属。治在今河南省南乐县西北。

卫南县,本五代县,属滑州。宋初,改属澶州。崇宁五年,州升为府,县属之。治在今河南省滑县东北白道口镇。

（三）相州

本五代相州,领有安阳、林虑、邺、临漳、永定、汤阴六县。宋初,州属河北道。至道三年,州属河北路。天圣七年,改永定县为永和县。熙宁五年,省邺县入临漳县、永和县入安阳县。熙宁六年,州属河北西路。时州领有安阳、临漳、林虑、汤阴四县。临漳县在今河北省境内。州治安阳,今河南省安阳市。

安阳县,本五代县,属相州。北宋因之。州治所在。治在今河南省安阳市。

林虑县,本五代县,属相州。北宋因之。治在今河南省林州市。

汤阴县,本五代县,属相州。北宋因之。治在今河南省汤阴县。

(四)卫州

本五代卫州,领有汲、共城、新乡、卫四县。宋初,州属河北道。至道三年,州属河北路。天圣四年,卫县改属通利军,获嘉县自怀州来属。熙宁六年,州属河北西路。熙宁七年,置黎阳监,铸铜钱。时州领有汲、新乡、获嘉、共城四县及黎阳监。州治汲县,今河南省卫辉市。

汲县,本五代县,属卫州。北宋因之。州治所在。治在今河南省卫辉市。

共城县,本五代县,属卫州。北宋因之。治在今河南省辉县市。

新乡县,本五代县,属卫州。熙宁六年,县废入汲县。元祐二年,复置县。治在今河南省新乡市。

获嘉县,本五代县,属怀州。天圣四年,县改属卫州。治在今河南省获嘉县。

(五)怀州

本五代怀州,领有河内、修武、获嘉、武陟、武德五县。宋初,州属河北道。至道三年,州属河北路。天圣四年,获嘉县改属卫州。熙宁六年,州属河北西路。同年,省武德县入河内县、修武县入武陟县。元祐元年,复置修武县。时州领有河内、武陟、修武三县。州治河内,今河南省沁阳市。

河内县,本五代县,属怀州。北宋因之。州治所在。治在今河南省沁阳市。

修武县,本五代县,属怀州。熙宁六年,县省入武陟县。元祐元年,复置县。治在今河南省修武县。

武陟县,本五代县,属怀州。北宋因之。治在今河南省武陟县南。

(六)浚州

本通利军。端拱元年,以黎阳县置通利军。天圣元年,改通利军为安利军。天圣四年,卫县自卫州来属。熙宁三年,废安利军,属县黎阳、卫县改属卫州。元祐元年,复置安利军,黎阳、卫县还属之。政和五年,军升为州,名浚州。州治黎阳,今河南省浚县。

黎阳县,本五代县,属滑州。端拱元年,以县置通利军。天圣元年,军改名为安利军,县属之。熙宁三年,军废,县改属卫州。元祐元年,复置军,县还属之。政和五年,军升为州,县属之。州治所在。治在今河南省浚县。

卫县,本五代县,属卫州。天圣四年,县改属安利军。熙宁三年,军废,县还属卫州。元祐元年，复置军，县还属之。政和五年，军升为州，县属之。治在今河南省浚县西南卫贤镇。

五、永兴军路

陕西路置于乾德元年(963)。至道三年(997)，陕西路成为十五路之一。熙宁五年(1072)，陕西路分为永兴军、秦凤二路。永兴军路领有河中、京兆二府，同、华、耀、商、虢、陕、解、鄜、延、丹、坊、环、庆、邠、宁十五州及永兴、保安二军。由于对西夏作战的需要，元丰元年(1078)，永兴军路、秦凤路转运使司兼管二路，以陕西路为名。

（一）陕州

本五代陕州，领有陕、峡石、灵宝、芮城、平陆、夏六县。宋初，州属河南道。太平兴国三年，湖城、阌乡二县自虢州来属。至道三年，州属陕西路。熙宁四年，省湖城县入灵宝县。熙宁五年，州属永兴军路。熙宁六年，省峡石县入陕县。元丰元年，复置湖城县。时州领有陕、湖城、阌乡、灵宝、芮城、平陆、夏七县。唯陕、湖城、阌乡、灵宝四县在今河南省境内。州治陕县，今河南省三门峡市西陕州区。

陕县，本五代县，属陕州。北宋因之。州治所在。治在今河南省三门峡市西陕州区。

灵宝县，本五代县，属陕州。北宋因之。治在今河南省灵宝市北函谷关故城。

阌乡县，本五代县，属虢州。太平兴国三年，县改属陕州。治在今河南省灵宝市西北文底村一带。

湖城县，本五代县，属虢州。太平兴国三年，县改属陕州。熙宁四年，县省入灵宝县。元丰元年，县复置。治在今河南省灵宝市西北阌乡北三门峡水库中。

（二）虢州

本五代虢州，领有弘农、阌乡、湖城、卢氏、朱阳、玉城六县。宋初，州属河南道。建隆元年，弘农县改名为常农县。太平兴国三年，湖城、阌乡二县改属陕州。至道三年,州属陕西路;常农县改名为虢略县。熙宁四年,省玉城县入虢略县。熙宁五年,州属永兴军路。崇宁三年,置栾川县。时州领有虢略、卢氏、朱阳、栾川四县。州治虢略,今河南省灵宝市。

虢略县,本五代弘农县,属虢州。建隆元年,县改名常农。至道三年,县改名虢略。州治所在。治在今河南省灵宝市。

卢氏县,本五代县,属虢州。北宋因之。治在今河南省卢氏县。

朱阳县,本五代县,属虢州。乾德六年,县废。太平兴国七年,县复置。治在今河南省灵宝市西南朱阳镇。

栾川县,本西京伊阳县栾川镇。熙宁二年,镇改属卢氏县。元祐二年,改为镇。崇宁三年,升为县。治在今河南省灵宝市东南。

六、淮南路

五代末,置有淮南转运使。乾德元年(963),沿置淮南转运使。至道三年(997),淮南路成为十五路定制之一。

熙宁五年(1072),淮南路分为东、西二路。扬、宿、亳、海、泰、楚、泗、滁、真、通十州属东路;寿、庐、蕲、和、舒、濠、光、黄八州及无为军属西路。元丰元年(1078),东、西二路转运使司兼管二路,以淮南路为名。

南宋绍兴十一年(1141)议和,宋、金以淮水中流为界,光州属南宋,隶属淮南西路。绍兴十九年(1149),信阳军自京西南路来属淮南西路。

(一)亳州

本五代亳州,领有谯、酂、永城、蒙城、城父、真源、鹿邑七县。宋初,州属河南道。至道三年,州属淮南路。大中祥符七年,改真源县为卫真县。熙宁五年,州属淮南东路。时州领有谯、酂、永城、蒙城、城父、卫真、鹿邑七县。唯酂、永城、卫真、鹿邑四县在今河南省境内。州治谯县,今安徽省亳州市。

酂县,本五代县,属亳州。北宋因之。治在今河南省永城市酂城镇。

永城县,本五代县,属亳州。北宋因之。治在今河南省永城市。

鹿邑县,本五代县,属亳州。北宋因之。治在今河南省鹿邑县西。

卫真县,本唐真源县,属亳州。大中祥符七年,县改名卫真县。治在今河南省鹿邑县。

（二）**光州**

本后周光州，领有定城、光山、固始、殷城、仙居五县，隶属忠正军节度使。建隆元年，改殷城县为商城县，后省入固始县。至道三年，州属淮南路。熙宁五年，州属淮南西路。时州领定城、光山、固始、仙居四县。州治定城，今河南省潢川县。

定城县，本后周县，属光州。北宋因之。州治所在。治在今河南省潢川县。

光山县，本后周县，属光州。北宋因之。治在今河南省光山县。

仙居县，本后周县，属光州。北宋因之。南宋时废。治在今河南省光山县西仙居镇。

固始县，本后周县，属光州。北宋因之。治在今河南省固始县。

第二节　金代河南的路、府、州、县

金朝是我国古代东北少数民族女真族建立的。公元 1115 年，女真首领完颜阿骨打称帝建国，建都会宁（今黑龙江阿城南），国号金。公元 1125 年灭辽，次年灭北宋。金与南宋、西夏对峙，后迁都中都（今北京）、开封（今河南开封）。共历九帝，一百二十年。公元 1234 年，在蒙古与南宋的联合进攻下灭亡。

金灭北宋后，主张“以河为界”，把淮河、秦岭以北的新占领区分为间接统治区和直接统治区，相继扶植伪楚、伪齐政权。伪齐政权被废，特别是宋金正式签署疆界协议后，今河南省的大部分地区便为金朝直接统治。

金天会五年（1127）三月，张邦昌伪楚政权建立。伪楚统治域境，在金《行府告谕亡宋诸路立楚文字》中有明确界定，即管辖原北宋的“京畿路，京西路（南路、北路），京东路（东路、西路），陕西路，鄜延路，环庆路，秦风路，熙河路，京兆府,河北东路,淮南东路、西路”[1],不含河东路、河北西路,即黄河以南的区域。其统辖地区的行政区划与宋制一样基本未变。

金天会八年(1130),为巩固在黄河以南占领区的统治,支持刘豫建立伪齐国,统治黄河以南的原伪楚境域。伪齐政权设置汴京开封府、东京东平府、西京河南府、北京大名府,后降北京为大名府。其辖境内的路级行政区域有河南府路、归德府路、山东路(东、西)、大名府路、陕西路。

天会十五年(1137)伪齐废,金设行台于汴京,管辖河南、陕西两地。金海陵王时,通过迁都燕京,改汴京为南京,置统军司于山西、河南、陕西三路,罢行台尚书省等措施,逐步实现了中央集权。皇统二年(1142),金宋划界后,疆域大体确立,其政区也基本形成,即建置五京及十四总管府,是为十九路[2]。此后,随着政治经济和军事需要,多有调整,形成了正隆十九路、大定二十路、泰和二十路的政区局面。泰和二十路即上京路、咸平府路、东京路、北京路、临潢府路、西京路、中都路、南京路、河北东路、河北西路、山东东路、山东西路、大名府路、河东北路、河东南路、京兆府路、鄜延路、庆原路、凤翔路、临洮路。其中与今河南省域境相关的有南京路、山东西路、大名府路、河东南路、京兆府路等五路。

金朝的路与宋代的路一样,是分权的,设置有都总管府、转运使司、提刑使司、统军使司等机构,每一机构的路的划分也不一样。路的行政机构是都总管府,起先管理军民事务,统军使司设立后,就专管民政事务。故金朝的分路大体以都总管府为依据。

金朝州县级行政区划,至海陵王时形成。金朝的府分京府、都总管府、散府三等,各有上、中、下之别。京府为首都与陪都所在,地位较高,相当于路。都总管府为各路行政首脑机构,掌一路之民政。散府地位等同于州。金朝的州,分节度、防御、刺史三等,每等有上、中、下三级。其升降,主要依据形势需要及人户多寡。金之军,在大定年间尽升州。金朝的县,除京城地区为京(赤)县外,其他按户口多寡划分等次。

《金史·地理志》记载了金泰和八年(1208)的行政区划情况,我们以此为

---

① 〔金〕佚名:《大金吊伐录》卷4《行府告谕亡宋诸路立楚文字》,见《景印文渊阁四库全书》史部第408册,第910页。

② 即中都路、北京路、东京路、西京路、南京路、会宁府路、临潢府路、咸平府路、河东南路、河东北路、河北东路、河北西路、大名府路、山东东路、山东西路、京兆府路、庆原路、熙秦路、鄜延路。

据来考述今河南省域内路、府、州、县的因循变化。①

一、南京路

本宋京畿路、京西北路等地。天会八年(1130),金朝扶持刘豫建立伪齐政权。伪齐于此置有汴京(治开封府)、河南府路(治河南府)、归德府路(治归德府)、京西南路(治许州)、淮南东路(治亳州)、淮南西路(治蔡州)。天会十五年(1137),废伪齐。天眷三年(1140),置行尚书台省于汴京,又以都元帅镇汴京,合并伪齐诸路为一路,置汴京路。后以都元帅兼任行台,都总管府、转运使司、提刑使司、统军使司均治汴京。贞元元年(1153),以汴京为陪都,建为南京,改为南京路。

天眷三年,汴京路领有开封、归德、河南、顺昌、颍昌、淮宁六府,拱、滑、单、亳、蔡、郑、顺、汝、曹九州及颍顺军。皇统元年(1141),陕州来属;二年(1142),邓、唐二州来属,降淮宁府为陈州、顺昌府为颍州、颍昌府为许州。天德三年(1151),改拱州为睢州、顺州为嵩州。贞元元年(1153),寿州自山东西路来属。正隆六年(1161),寿、陈、蔡、许、邓、唐、陕七州入宋。大定二年(1162),复取寿、陈、蔡、许、邓、陕六州;三年(1163),邓州入宋;五年(1165),复得邓、唐二州;六年(1166),泗、宿二州自山东西路来属,滑州改属大名府路;二十二年(1182),升颍顺军为颍顺州;二十四年(1184),颍顺州改为钧州。泰和六年(1206),寿、泗二州入宋,旋复;八年(1208),置息、裕二州,曹州改属山东西路。时路领有开封、归德、河南三府,睢、单、寿、泗、宿、亳、颍、陈、蔡、息、郑、许、钧、嵩、汝、邓、唐、裕、陕十九州。贞祐三年(1215),置延、韶、陶三州,徐、邳二州自山东西路来属。同年废陶州。兴定元年(1217),改河南府为金昌府,升为中京;五年(1221),置永州。元光二年(1223),商州自京兆府路来属。正大三年(1226),置申州。

南京路治开封,今河南省开封市。

---

① 参考周振鹤主编,余蔚著:《中国行政区划通史·辽金卷》,复旦大学出版社,2012年。

（一）南京开封府

本宋东京开封府，领有开封、祥符、雍丘、陈留、封丘、尉氏、中牟、阳武、延津、长垣、考城、扶沟、鄢陵、东明、咸平、太康十六县。天会四年，金攻占开封；五年立伪楚；八年立伪齐。其间，胙城县自滑州来属。天会十五年，金灭伪齐。天眷三年，以为陪都，为汴京开封府，置行台尚书省，以都元帅镇之，置留守司。皇统九年，都元帅迁上京。天德二年，置都总管府，以留守司兼领。海陵王时，胙城县还属滑州，考城县改属曹州。贞元元年，改汴京为南京。明昌五年，东明县改属曹州。泰和七年，胙城县来属。泰和八年，长垣县改属开州，胙城县改属卫州。时府领有开封、祥符、通许、阳武、太康、中牟、杞、鄢陵、尉氏、扶沟、陈留、延津、封丘十三县。贞祐二年，迁都南京。贞祐三年，以延津县置延州，阳武县属之。兴定二年，置洧川县。正大中，置兰阳县。天兴二年，陷于蒙古。府治开封，今河南省开封市。

开封县，本宋县，属东京开封府。金因之。府治所在。治在今河南省开封市。

祥符县，本宋县，属东京开封府。金因之。治在今河南省开封市。

杞县，本宋雍丘县，属东京开封府。金大定中，更名杞县。治在今河南省杞县。

陈留县，本宋县，属东京开封府。金因之。治在今河南省开封市东南陈留镇。

封丘县，本宋县，属东京开封府。金因之。治在今河南省封丘县。

尉氏县，本宋县，属东京开封府。金因之。治在今河南省尉氏县。

阳武县，本宋县，属东京开封府。贞祐三年，县改属延州。治在今河南省原阳县。

扶沟县，本宋县，属东京开封府。金因之。治在今河南省扶沟县。

中牟县，本宋县，属东京开封府。金因之。治在今河南省中牟县东。

延津县，本宋县，属东京开封府。贞祐三年，以县置延州。治在今河南省延津县西北石婆固乡老仪门。

鄢陵县，本宋县，属东京开封府。金因之。治在今河南省鄢陵县。

太康县，本宋县，属东京开封府。金因之。治在今河南省太康县。

通许县，本宋咸平县，属东京开封府。大定二十九年，更名通许县。治在今河南省通许县。

（二）睢州

本宋拱州，领有襄邑、柘城二县。天会八年克之。天眷三年，州属汴京路，为开封府支郡。天德三年，州改名睢州。正隆后，考城县自曹州来属。泰和八年，州领有襄邑、柘城、考城三县。正大中，置仪封县。开兴元年，陷于蒙古。治襄邑，今河南省睢县。

襄邑县，本宋县，属拱州。天德三年，州改名睢州，县属之。州治所在。治在今河南省睢县。

柘城县，本宋县，属拱州。天德三年，州改名睢州，县属之。治在今河南省柘城县。

考城县，本宋县，属开封府。正隆时，县改属曹州，后又改属睢州。治在今河南省民权县东。

（三）归德府

本宋南京应天府，领有宋城、虞城、下邑、谷熟、宁陵、楚丘六县。天会七年克之，八年予伪齐。伪齐去京号，改为归德府，楚丘县改属单州。天会十五年，废伪齐。天眷三年，仍为归德府，属汴京路。海陵王时，楚丘县来属。贞元元年，府属南京路。泰和八年，府领有睢阳、虞城、下邑、谷熟、宁陵、楚丘六县。兴定元年，楚丘县改属单州，砀山县自单州来属；五年，砀山、下邑二县划属永州。天兴二年，陷于蒙古。楚丘县不在今河南省境内。府治睢阳，今河南省商丘市南。

睢阳县，本宋宋城县，属南京应天府。承安五年，县更名睢阳。府治所在。治在今河南省商丘市南。

虞城县，本宋县，属南京应天府。金因之。治在今河南省虞城县北。

下邑县，本宋县，属南京应天府。兴定五年，县改属永州。治在今河南省夏邑县。

谷熟县，本宋县，属南京应天府。金因之。治在今河南省商丘市东南谷熟镇。

宁陵县，本宋县，属南京应天府。金因之。治在今河南省宁陵县东南。

（四）河南府

本宋西京河南府，领有河南、洛阳、偃师、巩、密、登封、颍阳、长水、永宁、福昌、寿安、新安、渑池、河清、伊阳、永安十六县。天会十一年,伪齐得之。其间,置顺州,福昌、永宁、伊阳、长水四县属之。废河南县,改河清县为孟津县,密县改属郑州。天会十五年,金废伪齐,得其地。省颍阳县入登封县。天眷三年,去京号,仍为河南府,属汴京路。泰和八年,府领有洛阳、偃师、巩、登封、宜阳、新安、渑池、孟津、芝田九县。兴定元年,升为中京,府改名金昌。天兴二年,陷于蒙古。府治洛阳,今河南省洛阳市。

洛阳县,本宋县,属西京河南府。伪齐时,河南县省入。金因之。府治所在。治在今河南省洛阳市。

偃师县,本宋县,属西京河南府。金因之。治在今河南省偃师市东。

巩县,本宋县,属西京河南府。金因之。治在今河南省巩义市东北。

芝田县,本宋永安军,属西京河南府。天眷三年,改为永安县。贞元元年,又改名芝田县。治在今河南省巩义市西南。

登封县,本宋县,属西京河南府。金初,颍阳县省入。治在今河南省登封市。

宜阳县,本宋寿安县,属西京河南府。大定七年,改名宜阳县。治在今河南省宜阳县。

新安县,本宋县,属西京河南府。金因之。治在今河南省新安县。

渑池县,本宋县,属西京河南府。金贞祐三年,以县置韶州。治在今河南省渑池县。

孟津县,本宋河清县,属西京河南府。伪齐时,改名孟津县。金贞祐三年,以县置陶州,寻废。治在今河南省孟津县东会盟镇新花园乡一带。

（五）嵩州

本宋西京河南府地。伪齐时,置顺州,伊阳、长水、永宁、福昌四县属之。天眷三年,金因之,州属汴京路,为河南府支郡。天德三年,州改名嵩州。泰和八年,州领有伊阳、长水、永宁、福昌四县。天兴元年,陷于蒙古。州治伊阳,今河南省嵩县。

伊阳县,本宋县,属西京河南府。伪齐时县改属顺州。天德三年,县属嵩州。州治所在。治在今河南省嵩县。

长水县,本宋县,属西京河南府。伪齐时县改属顺州。天德三年,县属嵩州。治在今河南省洛宁县西北长水镇。

永宁县,本宋县,属西京河南府。伪齐时县改属顺州。天德三年,县属嵩州。治在今河南省洛宁县。

福昌县,本宋县,属西京河南府。伪齐时县改属顺州。天德三年,县属嵩州。治在今河南省宜阳县西五十里韩城镇。

（六）汝州

本唐汝州,领有梁、宝丰、鲁山、叶、襄城五县。天会十一年,伪齐得之。天会十五年,金夺其地。天眷三年,州属汴京路。皇统二年,郏城县自许州来属。泰和七年,襄城县改属许州;八年,叶县改属裕州。时州领有梁、宝丰、鲁山、郏城四县。天兴二年,陷于蒙古。州治梁,今河南省汝州市。

梁县,本宋县,属汝州。金因之。州治所在。治在今河南省汝州市。

宝丰县,本宋县,属汝州。金因之。治在今河南省宝丰县。

鲁山县,本宋县,属汝州。金因之。治在今河南省鲁山县。

郏城县,本宋县,属许州。皇统二年,县改属汝州。治在今河南省郏县。

（七）亳州

本宋亳州,领有谯、酂、永城、蒙城、城父、卫真、鹿邑七县。天会七年,金得之;八年,予伪齐。其间,蒙城县改属寿州。天会十五年,金废伪齐,得其地。天眷三年,州属汴京路。泰和八年,州领有谯、城父、酂、永城、卫真、鹿邑六县。酂、永城、卫真、鹿邑四县在今河南省境内。天兴三年,州归南宋。州治谯县,今安徽省亳州市。

酂县,本宋县,属亳州。金兴定五年,县改属永州。治在今河南省永城市酂城镇。

永城县,本宋县,属亳州。金兴定五年,以县置永州,县属之。治在今河南省永城市。

鹿邑县,本宋县,属亳州。金因之。治在今河南省鹿邑县西。

卫真县,本宋县,属亳州。金因之。治在今河南省鹿邑县。

（八）陈州

本宋淮宁府,领有宛丘、项城、商水、南顿、西华五县。天会八年,降伪齐,降为陈州。天会十五年,金废伪齐,得其地。天眷三年,州属汴京路。泰和八年,州领有宛丘、项城、商水、南顿、西华五县。天兴二年,陷于蒙古。治在宛丘,今河南省淮阳县。

宛丘县,本宋县,属淮宁府。天会八年,府降为陈州,县属之。金因之。州治所在。治在今河南省淮阳县。

项城县,本宋县,属淮宁府。天会八年,府降为陈州,县属之。金因之。治在今河南省沈丘县。

南顿县,本宋县,属淮宁府。天会八年,府降为陈州,县属之。金因之。治在今河南省项城市西南顿镇。

商水县,本宋县,属淮宁府。天会八年,府降为陈州,县属之。金因之。治在今河南省商水县。

西华县,本宋县,属淮宁府。天会八年,府降为陈州,县属之。金因之。治在今河南省西华县。

(九)蔡州

本宋蔡州,领有汝阳、遂平、确山、西平、新蔡、真阳、新息、褒信、上蔡、平舆十县。天会八年,金克之,予伪齐。天会十五年,金废伪齐,得其地。天眷三年,州属汴京路。泰和八年,置息州,新息、褒信、真阳、新蔡四县属之,为蔡州支郡。时州领有汝阳、遂平、确山、西平、上蔡、平舆六县。天兴二年,金迁都蔡州。天兴三年,陷于蒙古。州治汝阳,今河南省汝南县。

汝阳县,本宋县,属蔡州。金因之。州治所在。治在今河南省汝南县。

平舆县,本宋县,属蔡州。金因之。治在今河南省平舆县。

确山县,本宋县,属蔡州。金因之。治在今河南省确山县。

遂平县,本宋县,属蔡州。金因之。治在今河南省遂平县。

西平县,本宋县,属蔡州。金因之。治在今河南省西平县。

上蔡县,本宋县,属蔡州。金因之。治在今河南省上蔡县。

(十)息州

本宋蔡州地。泰和八年,由蔡州析置,领有新息、褒信、真阳、新蔡四县。天兴三年,州归南宋。州治新息,今河南省息县。

新息县,本宋县,属蔡州。泰和八年,析置州,州治所在。治在今河南省息县。

新蔡县,本宋县,属蔡州。泰和八年,析置州,县属之。治在今河南省新蔡县。

褒信县,本宋县,属蔡州。泰和八年,析置州,县属之。治在今河南省息县东北包信镇。

真阳县,本宋县,属蔡州。泰和八年,析置州,县属之。治在今河南省正阳县北。

（十一）郑州

本宋郑州,领有管城、新郑、荥阳、荥泽、原武五县。天会六年,金克之;八年,予伪齐。其间,密县自河南府来属,河阴、汜水二县自孟州来属,新郑县改属颍顺军。天会十五年,金废伪齐,夺回其地。天眷三年,州属汴京路。泰和八年,州领有管城、荥阳、荥泽、汜水、河阴、原武、密七县。贞祐三年,原武县改属延州;四年,管城县改名故市县。天兴元年,陷于蒙古。州治管城,今河南省郑州市。

管城县,本宋县,属郑州。贞祐四年,县改名故市县。州治所在。治在今河南省郑州市。

荥阳县,本宋县,属郑州。金因之。治在今河南省荥阳市。

荥泽县,本宋县,属郑州。金因之。治在今河南省荥阳市东北。

原武县,本宋县,属郑州。金贞祐三年,县改属延州。治在今河南省原阳县西南原武镇。

汜水县,本宋县,属孟州。伪齐时,县改属郑州。金因之。治在今河南省荥阳市西北汜水镇。

河阴县,本宋县,属孟州。伪齐时,县改属郑州。金因之。治在今河南省荥阳市东北广武镇。

密县,本宋县,属河南府。伪齐时,县改属郑州。金因之。治在今河南省新密市。

（十二）钧州

本宋颍昌府阳翟县。伪齐时升为颍顺军,新郑县自郑州来属。天会十五年,金废伪齐,夺其地。天眷三年,军属汴京路,为许州支郡。大定二十二年,升为颍顺州;二十四年,改为钧州。泰和八年,州领有阳翟、新郑二县。开兴元年,陷于蒙古。州治阳翟,今河南省禹州市。

阳翟县,本宋县,属颍昌府。伪齐时,升县为颍顺军。大定二十二年,升为颍顺州,县属之;二十四年,改为钧州,县属之。州治所在。治在今河南省禹州市。

新郑县,本宋县,属郑州。伪齐时,县改属颍顺军。大定二十二年,升为颍顺州,县属之;二十四年,改为钧州,县属之。治在今河南省新郑市南。

（十三）许州

本宋颍昌府,领有长社、长葛、临颍、舞阳、郾城、阳翟、郏城七县。天会六年,金克之;八年,予伪齐。伪齐降为许州,以阳翟县置颍顺军。天会十五年,金废伪齐,夺其地。天眷三年,州属汴京路。皇统二年,郏城县改属汝州。泰和七年,襄城县自汝州来属;八年,舞阳县改属裕州。时州领有长社、长葛、临颍、郾城、襄城五县。开兴元年,陷于蒙古。州治长社,今河南省许昌市。

长社县,本宋县,属颍昌府。伪齐时,府降为州,县属之。金因之。州治所在。治在今河南省许昌市。

长葛县,本宋县,属颍昌府。伪齐时,府降为州,县属之。金因之。治在今河南省长葛市东老城镇。

临颍县,本宋县,属颍昌府。伪齐时,府降为州,县属之。金因之。治在今河南省临颍县。

郾城县,本宋县,属颍昌府。伪齐时,府降为州,县属之。金因之。治在今河南省漯河市郾城区城关镇。

襄城县,本宋县,属汝州。泰和七年,县改属许州。治在今河南省襄城县。

（十四）邓州

本宋邓州,领有穰、内乡、南阳、淅川、顺阳五县。南宋绍兴五年,省顺阳县入穰县、淅川县入内乡县。金皇统二年,金得之,属汴京路。后宋、金多次争夺。大定五年,根据和议,邓州割让金。泰和八年,州领有穰城、南阳、内乡三县。正大三年,以南阳县置申州,置镇平县属之。同年,置新野、淅川、顺阳三县,属邓州。天兴二年,降宋。州治穰县,今河南省邓州市。

穰城县,本宋穰县,属邓州。皇统二年,改为穰城县。州治所在。治在今河南省邓州市。

内乡县,本宋县,属邓州。金因之。治在今河南省西峡县。

南阳县,本宋县,属邓州。金因之。正大三年,置申州,县属之。治在今河南省南阳市。

（十五）唐州

本宋唐州,领有泌阳、比阳、桐柏、湖阳、方城五县。皇统二年,金得之,属汴京路，为邓州支郡。后宋、金多次争夺。泰和八年，以方城县置裕州。时州领有泌阳、比阳、桐柏、湖阳四县。贞祐元年，废湖阳县。兴定五年，废桐柏县。天兴二年，归宋。州治泌阳，今河南省唐河县。

泌阳县，本宋县，属唐州。金因之。州治所在。治在今河南省唐河县。

比阳县，本宋县，属唐州。金因之。治在今河南省泌阳县。

桐柏县，本宋县，属唐州。金因之。兴定五年，县废。治在今河南省桐柏县。

湖阳县，本宋县，属唐州。金因之。贞祐元年，县废。治在今河南省唐河县南湖阳镇。

（十六）裕州

本宋唐州方城县。泰和八年，以方城县置裕州，舞阳县自许州来属，叶县自汝州来属。时州领有方城、舞阳、叶三县，为邓州支郡，属南京路。天兴元年，陷于蒙古。州治方城，今河南省方城县。

方城县，本宋县，属唐州。泰和八年，置裕州，县属之。州治所在。治在今河南省方城县。

舞阳县，本宋县，属许州。泰和八年，县改属裕州。治在今河南省舞阳县。

叶县，本宋县，属汝州。泰和八年，县改属裕州。治在今河南省叶县西南旧县店。

（十七）陕州

本宋陕州，领有陕、湖城、阌乡、灵宝、芮城、平陆、夏七县。天会八年得之，予伪齐。时芮城、平陆、夏三县属解州。天会十五年，金废伪齐，夺其地。天眷二年，州归宋。皇统元年，再入金，属汴京路。泰和八年，州领有陕、湖城、阌乡、灵宝四县。贞祐二年，虢州来属。天兴二年，降蒙古。州治陕县，今河南省三门峡市西陕州区。

陕县，本宋县，属陕州。金因之。州治所在。治在今河南省三门峡市西陕州区。

灵宝县，本宋县，属陕州。金因之。治在今河南省灵宝市北函谷关故城。

阌乡县，本宋县，属陕州。金因之。治在今河南省灵宝市西北文底村一带。

湖城县，本宋县，属陕州。金因之。治在今河南省灵宝市西北阌乡北三门峡水库中。

二、大名府路

本宋北京大名府。天会八年(1130),金立伪齐,大名为伪齐首都。伪齐置大名府路。天会十五年(1137),金废伪齐,于大名府置统军使司,成为一路。时大名府路领有大名府及恩、濮、澶、沧、景、滨、棣、博、德九州。皇统四年(1144),澶州改为开州。天德二年(1150),罢统军使司,路废。大名府及恩、濮、开、博、德五州属山东西路;沧、景、滨、棣四州属山东东路。正隆二年(1157),置都总管府,复置大名府路。时路领有大名府及恩、濮、开三州。大定六年(1166),滑州自南京路来属。明昌三年(1192),滑州改属河北西路。泰和八年(1208),大名府路领有大名府及恩、濮、开三州。贞祐三年(1215),置行总管府于柘城县,管理南进的猛安谋克。兴定五年(1221),废行总管府。正大二年(1225),陷于蒙古。路治大名,今河北省大名县。

(一) 大名府

本宋北京大名府,领有大名、元城、莘、魏、馆陶、冠氏、夏津、临清、宗城、内黄、成安、清平十二县。天会六年,金克之,去京号,为大名府;八年,伪齐以大名为都城,朝城、南乐二县自澶州来属;成安、宗城二县改属洺州,临清县改属恩州。天会十年,伪齐迁都汴京,以大名府为北京。天会十五年,金废伪齐,去京号,仍为大名府,置统军使司。天德二年,罢统军使司,路废,大名府改属山东西路。正隆二年,复置大名府路,府属之。时府领有大名、元城、莘、魏、馆陶、冠氏、夏津、内黄、清平、南乐、朝城十一县。大定六年,内黄县改属滑州。泰和八年,府领有大名、元城、莘、魏、馆陶、冠氏、夏津、清平、南乐、朝城十县。唯南乐县在今河南省境内。正大元年,入宋;次年,陷于蒙古。府治大名,今河北省大名县。

南乐县,本宋县,属开德府。金天会八年,县改属大名府。治在今河南省南乐县。

(二) 开州

本宋开德府,领有濮阳、清丰、观城、临河、卫南、南乐、朝城七县。天会六年,金克之。天会八年,金立伪齐;南乐、朝城二县改属大名府,废卫南、临河二县,降府为澶州,为大名府支郡。天会十五年,金废伪齐,州属大名府路。皇统四年,州改名开州。天德二年,州改属山东西路。正隆二年,州还属大名府路。泰和八年,长垣县自开封府来属。时州领有濮阳、清丰、观城、长垣四县。兴定四年,陷于蒙古。观城县不在今河南省境内。州治濮阳,今河南省濮阳市。

濮阳县,本宋县,属开德府。天会八年,降府为澶州,县属之。皇统四年,州改名开州,县属之。州治所在。治在今河南省濮阳市南。

清丰县,本宋县,属开德府。天会八年,降府为澶州,县属之。皇统四年,州改名开州,县属之。治在今河南省清丰县。

长垣县,本宋县,属开封府。泰和八年,县改属开州。治在今河南省长垣县。

(三) 濮州

本宋濮州,领有鄄城、临濮、范、雷泽四县。天会六年,金克之;八年,金立伪齐,州属大名府路。天会十五年,金废伪齐,州为大名府支郡,属大名府路。天德二年,州改属山东西路。贞元二年,废临濮、雷泽二县。正隆二年,州属大名府路。泰和八年,州领有鄄城、范二县。范县在今河南省境内。正大三年,陷于蒙古。州治鄄城,今山东省鄄城县北。

范县,本宋县,属濮州。金因之。治在今河南省范县东南张庄乡旧城村。

另,今河南省台前县地属山东西路东平府寿张县。

三、河北西路

本宋河北西路。天会五年(1127),金兵南下,占据该地。天会七年(1129),置都总管府,管理河北西路。时路领有真定府及洺、相、磁、祁、浚、卫、赵、邢、定、威十州。皇统八年(1148),改浚州为通州。天德三年(1151),改赵州为沃州、通州为浚州。明昌三年(1192),相州升为彰德府,滑州自大名府路来属。大安元年(1209),升定州为中山府。贞祐二年(1214),置完州;三年(1215),置林、辉二州。兴定三年(1219),置镇宁州。路治真定,今河北省正定县。

(一) 彰德府

本宋相州,领有安阳、临漳、林虑、汤阴四县。天会六年,金克之。次年,州属河北西路。明昌三年,州升为彰德府。泰和八年,府领有安阳、临漳、林虑、汤阴四县。临漳县在今河北省境内。贞祐三年,置林州,林虑县属之。正大二年,陷于蒙古。府治安阳,今河南省安阳市。

安阳县,本宋县,属相州。明昌三年,州升为府,县属之。府治所在。治在今河南省安阳市。

林虑县,本宋县,属相州。明昌三年,州升为府,县属之。贞祐三年,以县置林州,县属之。治在今河南省林州市。

汤阴县,本宋县,属相州。明昌三年,州升为府,县属之。治在今河南省汤阴县。

(二)卫州

本宋卫州,领有汲、新乡、获嘉、共城四县。天会四年,金克之。天会七年,州属河北西路。大定二十九年,改共城县为河平县。明昌三年,改河平县为苏门县。泰和八年,胙城县自开封府来属。时州领有汲、新乡、获嘉、苏门、胙城五县。贞祐三年,以苏门县置辉州。开兴元年,陷于蒙古。州治汲县,今河南省卫辉市。大定二十六年,因河患,迁治苏门县;二十八年,复还旧治。贞祐三年,又迁治宜村新城,今河南省延津县西北榆林乡宜村古城址。

汲县,本宋县,属卫州。金因之。州治所在。治在今河南省卫辉市。

苏门县,本宋共城县,属卫州。大定二十九年,县改名河平县。明昌三年,又改名苏门县。贞祐三年,置辉州,县属之。治在今河南省辉县市。

新乡县,本宋县,属卫州。金因之。治在今河南省新乡市。

获嘉县,本宋县,属卫州。金因之。治在今河南省获嘉县。

胙城县,本宋县,属滑州。天会七年,县改属开封府。海陵王时,还属滑州。泰和七年,复属开封府。泰和八年,又改属卫州。治在今河南省延津县北胙城镇。

(三)浚州

本宋浚州,领有黎阳、卫二县。天会五年,金克之;七年,州属河北西路。皇统八年,州改名通州。天德三年,复名浚州。泰和八年,州领有黎阳、卫二县。正大八年,陷于蒙古。州治黎阳,今河南省浚县。

黎阳县,本宋县,属浚州。金因之。州治所在。治在今河南省浚县。

卫县,本宋县,属浚州。金因之。治在今河南省浚县西南卫贤镇。

（四）滑州

本宋滑州，领有白马、韦城、胙城三县。天会六年，金克之；七年，胙城县改属开封府；八年，予伪齐，州属大名府路，废韦城县。天眷三年，州属汴京路，为开封府支郡。海陵王时，胙城县还属之。大定六年，州改属大名府路，为大名府支郡；内黄县自大名府来属。明昌三年，州又改属河北西路，为卫州支郡。泰和七年，胙城县又改属开封府；八年，州领有白马、内黄二县。正大八年，陷于蒙古。州治白马，今河南省滑县东。

白马县，本宋县，属滑州。金因之。州治所在。治在今河南省滑县东。

内黄县，本宋县，属大名府。大定六年，县改属滑州。治在今河南省内黄县。

四、河东南路

本宋河东路南部、永兴军路东部等区域。天会七年（1129），金置河东南路，领有平阳府及绛、解、慈、孟、蒲、潞、隰、怀、辽、泽、沁十一州。天德元年（1149），升蒲州为河中府；三年（1151），改慈州为耿州。明昌元年（1190），改耿州为吉州。贞祐三年（1215），置霍、荣、崇三州；四年（1216），废崇州。兴定二年（1218），升绛州为晋安府，河东南路迁治晋安府。路治平阳，今山西省临汾市。

（一）怀州

本宋怀州，领有河内、武陟、修武三县。天会四年，金克之。天会七年，改名南怀州，属河东南路。天德三年，复为怀州。泰和八年，州领有河内、武陟、修武三县。天兴元年，陷于蒙古。州治河内，今河南省沁阳市。

河内县，本宋县，属怀州。金因之。州治所在。治在今河南省沁阳市。

修武县，本宋县，属怀州。金因之。治在今河南省修武县。

武陟县，本宋县，属怀州。金因之。治在今河南省武陟县南。

（二）孟州

本宋孟州，领有河阳、济源、王屋、温、汜水、河阴六县。天会四年，金克之；七年，州属河东南路，汜水、河阴二县改属郑州。泰和八年，州领有河阳、济源、王屋、温四县。天兴元年，陷于蒙古。州治河阳，今河南省孟州市东南。

河阳县,本宋县,属孟州。金因之。州治所在。治在今河南省孟州市东南。

济源县,本宋县,属孟州。金因之。治在今河南省济源市。

温县,本宋县,属孟州。金因之。治在今河南省温县。

王屋县,本宋县,属孟州。金因之。治在今河南省济源市西王屋镇。

五、京兆府路

本宋永兴军路地。天会九年(1131),金得之,予伪齐。伪齐置永兴军、泾原、环庆、熙河、秦凤、鄜延六路经略安抚使。天会十五年(1137),金废伪齐,陕西仍置六路安抚使。后地入宋。皇统二年(1142),金攻取陕西地,划分为京兆府、鄜延、庆原、熙秦四路,置都总管府。由于熙秦路承受着宋、夏的军事压力,大定二十七年(1187),金将四路调整为五路,即将熙秦路的东部区域和庆原、京兆府二路的西部区域设置凤翔路。

皇统二年,置京兆府路,领有京兆、凤翔二府及商、醴、耀、华、虢、邠、同七州。天德三年(1151),改醴州为乾州。大定二十七年,重置凤翔路,凤翔府改属凤翔路,邠州改属庆原路。元光元年(1222),商州改属南京路。路治长安,今陕西省西安市。

虢州

本宋虢州,领有虢略、卢氏、朱阳、栾川四县。天会十一年,伪齐取之。天会十五年,金废伪齐,夺其地。皇统二年,州划属金,属京兆府路。贞元二年,废朱阳、栾川二县。正隆中,复置朱阳县。泰和八年,州领有虢略、卢氏、朱阳三县。贞祐二年,虢州改属陕州节度。开兴元年,陷于蒙古。州治虢略,今河南省灵宝市。

虢略县,本宋县,属虢州。金因之。州治所在。治在今河南省灵宝市。

卢氏县,本宋县,属虢州。金因之。治在今河南省卢氏县。

朱阳县,本宋县,属虢州。贞元二年,县废。正隆中复置。治在今河南省灵宝市西南朱阳镇。

第三节　元代河南的行省与路(府)、州、县

元朝是我国蒙古族建立的古代皇朝。13世纪初,成吉思汗统一了蒙古高原上的诸部族,于公元1206年建立了蒙古帝国。蒙古帝国对外扩张,先后攻灭西辽、西夏、花剌子模、东夏、金朝等国。至元八年(1271),汗王忽必烈定国号为大元,史称元。次年,迁都燕京,称大都。至元十六年(1279)灭南宋,统一中国。自成吉思汗至元亡,共历十五帝,一百六十三年。自忽必烈定国号元至元亡,共历十一帝,九十八年。至正二十八年(1368),徐达攻入大都,元朝灭亡。

元朝完成了旷古未有的大一统,是中国历史版图上最大的一个朝代。其疆域东起大海,西到今中亚一带,西南包括西藏和云南,南抵今越南、泰国北部,北达俄罗斯的西伯利亚大部,东北到鄂霍次克海。为了管理这一大片地区,元朝在行政区划的最高层上实行行省制度。行省制度为明、清两朝所继承并发展至今,形成了中国行政区划上的行省时代。

行省制度实起源于魏晋以来的行台制度,原为中央的派出机构。凡地方有事,临时代中央执行任务,事毕即罢。金代初年曾置行尚书省于汴京,以治理刘豫伪齐地区,后罢。后为治理黄河也曾置行尚书省,河工毕即罢。金代末年,由于遭到蒙古、西夏、南宋三方面的进攻,以及境内多处的农民起义,行省设置渐为普遍,并兼理民政、军政,实际成了地方一级政区。

蒙古占有金地后,也仿效金朝实行行省制度。金代称行尚书省,元世祖时将尚书省并入中书省,故称行中书省。起初也是中央临时派出机构,后逐渐形成定制,其职能也由只管军事变为兼及民政。行省从都省派出机构逐渐演变为地方最高行政机构,大约完成于平宋以后。其最高长官不再带有中书省宰相职衔,只置平章事为最高长官。

元朝初年全国仅置七个行省,幅员十分辽阔,这七个省即中书省、陕西四川行省、云南行省、湖广行省、江淮行省、江西行省、福建行省。今河南省幅员主要分布在中书省,唯光州分布在江淮行省内。这种长条状的行省区域显然不利于

和平时期的管理。因此，至元二十七年(1290)，在全国范围内调整行省建制，除吐蕃地区直属中央宣政院外，分为中书省和十个行中书省，共十一个区域，即中书省、岭北行省、辽阳行省、河南江北行省、陕西行省、四川行省、甘肃行省、湖广行省、江浙行省、江西行省、云南行省。今河南省幅员内黄河以北区域分布在中书省，而黄河以南的区域分布在河南江北行省。《元史・地理志》记载了元明宗至顺元年(1330)的版籍。下面我们就以元至顺元年为时间断限来考述今河南省幅员内的行省与路、府、州、县的因循变化。[①]

一、河南江北行省的设置

中统元年(1260)，忽必烈于开平登上汗位。为了应对阿里不哥势力，控制漠南汉地，忽必烈分置了燕京、河南、益都济南、大名彰德等十路宣抚使。中统三年(1262)，改置为十路宣慰司，分领未置行省的诸路，为中书省的派出机构。至元元年(1264)，废除汉地世侯，撤销他们所拥有的"行省"等官衔，实行迁转法，从根本上消除了地方军阀世守一方、实同列国的局面，宣慰司分领府州县。至元二年(1265)，省大名彰德宣慰司，设立彰德路总管府和大名路总管府，彰德路管辖怀、卫、孟、辉四州及本路安阳五县，而大名路则管辖开州、滑州、浚州及本路元城五县。当时，今河南省幅员隶属于中书省管辖，黄河以南地区隶属河南宣慰司，黄河以北地区隶属于彰德路和大名路。至元六年(1269)，彰德路分为彰德、卫辉、怀庆三路，隶属中书省管辖。

至元五年(1268)，为准备攻宋，升河南宣慰司为河南行中书省。至元十一年(1274)，复改置为河南宣慰司，掌地方政务。至元十五年(1278)，元廷对宣慰司进行调整，宣慰司成为管辖路府州县的一级政区。至元二十八年(1291)，置河南江北行省，简称河南行省。至元二十九年(1292)，省河南宣慰司，以汴梁、河南、襄阳、南阳、归德诸路、府并隶属河南行省；荆湖北道宣慰司自湖广行省来属；淮西道宣慰司、淮东道宣慰司自江淮行省来属。大德三年(1299)，废淮西道宣慰司，所领蕲州、黄州、庐州、安丰、安庆五路直隶河南行省。至顺元年

① 参考周振鹤主编，李治安、薛磊著：《中国行政区划通史・元代卷》，复旦大学出版社，2009年。

(1330),河南行省领汴梁、河南府等路十二,南阳、汝宁等府七,荆门州一,属州三十四,管辖范围为今河南黄河以南全境,黄河以北延津、原武等县小部;江苏、安徽、湖北长江以北大部,湖北长江以南石首、长阳等县小部。至正十二年(1352),以淮东道宣慰司置淮南江北行省,蕲州、黄州、庐州、安丰、安庆五路改隶之。

河南江北行省治汴梁路,治在今河南省开封市。

二、元代河南的路、府、州、县

由于省域辽阔,为了更好地进行控制,元朝实行的是多层级的复式地方行政区划。

在中书省、行中书省与路、府、州、县之间,元代还有宣慰使司一级。其始于中统三年(1262)所设立的"十路宣慰司",开始成为与行省并行的一种临时性的管理军民事务的机构。到了至元十五年(1278),经过调整宣慰司正式成为中书省、行中书省以下管理路、府、州、县的分治机构。在今河南省幅员内,河南宣慰司已见上述。河南江北行省设置后,河南宣慰司被废除。

元代在行省、宣慰司以下有路、府、州、县等级行政单位,其统隶关系比较复杂。

路设总管府,其长官为达鲁花赤、总管。

府或隶属于路,称属府,或直属于行省,称散府。不设总管府的府称散府,长官为达鲁花赤、知府或府尹。

州或隶属于府,或隶属于路,或直属于行省,或领县或不领县。州有达鲁花赤、州尹或知州。

县为最小的行政单位,或隶属于府,或隶属于州,或直属于路。县有达鲁花赤、县尹等官员。

另外,元朝仿照金朝警巡院制度,在路、府所在地设置录事司,进行城市管理,相当于县级单位。

下面我们先考述今河南省境内河南江北行省所辖有的路、府、州、县,再考述中书省所辖有的路、府、州、县。

（一）汴梁路

本金南京路。元初为南京路，领有归德府、延州、许州、裕州、唐州、陈州、亳州、邓州、汝州、颍州、徐州、邳州、嵩州、宿州、申州、郑州、钧州、睢州、蔡州、息州、卢氏行襄樊等一府、二十州，隶属河南宣慰司。至元八年，归德府升为散府，亳、邳、徐、宿四州隶属之；申州升为南阳府（散府），裕、唐、汝、邓、嵩及卢氏行襄樊六州隶属之。至元九年，废延州，州领的延津、阳武二县改属南京路。时南京路领有蔡、息、郑、钧、许、陈、睢、颍八州，隶属河南宣慰司。至元二十五年，改南京路为汴梁路。至元二十八年，置河南江北行省，治汴梁路。至元三十年，蔡州升为汝宁府（散府），直属河南江北行省，息、颍二州隶属之。至此，汴梁路辖区大致稳定。时路直辖开封、祥符、中牟、原武、鄢陵、荥泽、封丘、扶沟、阳武、杞、延津、兰阳、通许、尉氏、太康、洧川、陈留十七县，陈、许、睢、钧、郑五州。汴梁路治开封，今河南省开封市。

1.汴梁路辖县

开封县，本金县，属开封府。元初属南京路，至元二十五年，南京路改为汴梁路，县属之。路治所在。治在今河南省开封市。

祥符县，本金县，属开封府。元初属南京路，至元二十五年，南京路改为汴梁路，县属之。治在今河南省开封市。

中牟县，本金县，属开封府。元初属南京路，至元二十五年，南京路改为汴梁路，县属之。治在今河南省中牟县东。

原武县，本金县，属郑州。元初属南京路直辖，至元二十五年，南京路改为汴梁路，县属之。治在今河南省原阳县西南原武镇。

鄢陵县，本金县，属开封府。元初属南京路，至元二十五年，南京路改为汴梁路，县属之。治在今河南省鄢陵县。

荥泽县，本金县，属郑州。元初属南京路直辖，至元二十五年，南京路改为汴梁路，县属之。治在今河南省荥阳市东北。

封丘县，本金县，属开封府。元初属南京路，至元二十五年，南京路改为汴梁路，县属之。治在今河南省封丘县。

扶沟县，本金县，属开封府。元初属南京路，至元二十五年，南京路改为汴梁路，县属之。治在今河南省扶沟县。

阳武县，本金县，属开封府。元初改属延州。至元九年，废延州，县直属南京路。至元二十五年,南京路改为汴梁路,县属之。治在今河南省原阳县。

延津县,本金县,属延州。至元九年,废延州,县直属南京路。至元二十五年,南京路改为汴梁路,县属之。治在今河南省延津县。

杞县,本金县,属开封府。元初属南京路,至元二十五年,南京路改为汴梁路,县属之。治在今河南省杞县。

兰阳县,本金县,属曹州。元初属南京路直辖,至元二十五年,南京路改为汴梁路,县属之。治在今河南省兰考县北。

通许县,本金县,属开封府。元初属南京路,至元二十五年,南京路改为汴梁路,县属之。治在今河南省通许县。

尉氏县,本金县,属开封府。元初属南京路,至元二十五年,南京路改为汴梁路,县属之。治在今河南省尉氏县。

太康县,本金县,属开封府。元初属南京路,至元二十五年,南京路改为汴梁路,县属之。治在今河南省太康县。

洧川县,本金县,属开封府。元初属南京路,至元二十五年,南京路改为汴梁路,县属之。治在今河南省尉氏县洧川镇南。

陈留县,本金县,属开封府。元初属南京路,至元二十五年,南京路改为汴梁路,县属之。治在今河南省开封市东南陈留镇。

2.郑州

本金郑州,领有管城、密、原武、荥泽、河阴、荥阳、汜水七县,隶属南京路。元初,新郑县自钧州来属。至元二年,新郑、密二县改属钧州,原武、荥泽二县直属南京路。时郑州领有管城、荥阳、汜水、河阴四县。至元二十五年,南京路改为汴梁路,州属之。州治管城,今河南省郑州市。

管城县,本金县,属郑州。元代因之。州治所在。治在今河南省郑州市。

荥阳县,本金县,属郑州。元代因之。治在今河南省荥阳市。

河阴县,本金县,属郑州。元代因之。治在今河南省荥阳市东北广武镇。

汜水县,本金县,属郑州。元代因之。治在今河南省荥阳市西北汜水镇。

3.许州

本金昌武军,领有长社、长葛、偃城、襄城、临颍五县,隶属南京路。元初,改昌武军为许州,领县不变,隶属南京路。至元二十五年,南京路改为汴梁路,州属之。州治长社,今河南省许昌市。

长社县,本金县,属昌武军。元初,改昌武军为许州,县属之。州治所在。治在今河南省许昌市。

长葛县,本金县,属昌武军。元初,改昌武军为许州,县属之。治在今河南省长葛市东老城镇。

郾城县,本金县,属昌武军。元初,改昌武军为许州,县属之。治在今河南省漯河市西北郾城区。

襄城县,本金县,属昌武军。元初,改昌武军为许州,县属之。治在今河南省襄城县。

临颍县,本金县,属昌武军。元初,改昌武军为许州,县属之。治在今河南省临颍县。

4.陈州

本金陈州,领有宛丘、西华、商水、南顿、项城、清水六县,隶属南京路。元至元二年,废南顿、项城、清水三县。时州领有宛丘、西华、商水三县。至元二十五年,南京路改为汴梁路,州属之。至大元年,复置南顿、项城二县。时州领有宛丘、西华、商水、南顿、项城五县。州治宛丘,今河南省淮阳县。

宛丘县,本金县,属陈州。元代因之。州治所在。治在今河南省淮阳县。

西华县,本金县,属陈州。元代因之。治在今河南省西华县。

商水县,本金县,属陈州。元代因之。治在今河南省商水县。

南顿县,本金县,属陈州。元至元二年,省入商水县。至大元年,复置。治在今河南省项城市西南顿镇。

项城县,本金县,属陈州。元至元二年,省入商水县。至大元年,复置。治在今河南省沈丘县。

5.钧州

本金钧州,领有阳翟、新郑二县,隶属南京路。元初,新郑县改属郑州。至元二年,新郑、密二县自郑州来属。时州领有阳翟、新郑、密三县。至元二十五年,南京路改为汴梁路,州属之。州治阳翟,今河南省禹州市。

阳翟县,本金县,属钧州。元代因之。州治所在。治在今河南省禹州市。

新郑县,本金县,属钧州。元初改属郑州。至元二年,还属钧州。治在今河南省新郑市。

密县,本金县,属郑州。元至元二年,改属钧州。治在今河南省新密市城关镇。

6.睢州

本金睢州，领有襄邑、考城、柘城三县，属南京路。元至元二年，仪封县自曹州来属。时州领有襄邑、考城、柘城、仪封四县。至元二十五年，南京路改为汴梁路，州属之。州治襄邑，今河南省睢县。

襄邑县，本金县，属睢州。元代因之。州治所在。治在今河南省睢县。

考城县，本金县，属睢州。元代因之。治在今河南省民权县西。

仪封县，本金县，属曹州。元至元二年，县改属睢州。治在今河南省兰考县仪封乡北。

柘城县，本金县，属睢州。元代因之。治在今河南省柘城县。

（二）河南府路

本金中京金昌府，领有洛阳、宜阳、永宁、登封、巩、偃师、孟津、新安八县，嵩、汝、韶三州。元初，改金昌府为河南府。至元八年，废韶州为渑池县，改属陕州。时河南府隶属河南宣慰司。至元二十八年，置河南江北行省。至元二十九年，废河南宣慰司，河南府升为河南府路，直隶河南江北行省。时河南府路领有洛阳、宜阳、永宁、登封、巩、偃师、孟津、新安八县，陕州一州。路治洛阳，今河南省洛阳市。

1.河南府路辖县

洛阳县，本金县，属金昌府。元初，改金昌府为河南府，县属之，为府治。至元二十九年，河南府升为河南府路，县属之，为路治。治在今河南省洛阳市。

宜阳县，本金县，属金昌府。元初，改金昌府为河南府，县属之。至元二十九年，河南府升为河南府路，县属之。治在今河南省宜阳县。

永宁县，本金县，属金昌府。元初，改金昌府为河南府，县属之。至元二十九年，河南府升为河南府路，县属之。治在今河南省洛宁县。

登封县，本金县，属金昌府。元初，改金昌府为河南府，县属之。至元二十九年，河南府升为河南府路，县属之。治在今河南省登封市。

巩县，本金县，属金昌府。元初，改金昌府为河南府，县属之。至元二十九年，河南府升为河南府路，县属之。治在今河南省巩义市东北老城村。

偃师县，本金县，属金昌府。元初，改金昌府为河南府，县属之。至元二十九年，河南府升为河南府路，县属之。治在今河南省偃师市。

孟津县,本金县,属金昌府。元初,改金昌府为河南府,县属之。至元二十九年,河南府升为河南府路,县属之。治在今河南省孟津县东会盟镇新花园。

新安县,本金县,属金昌府。元初,改金昌府为河南府,县属之。至元二十九年,河南府升为河南府路,县属之。治在今河南省新安县。

2.陕州

本金陕州,领有陕、灵宝、湖城、阌乡四县,隶属南京路。元初,州改属河南府。至元二年,省湖城县入阌乡县。至元三年,省灵宝县入陕县。至元八年,废韶州,渑池县来属;废虢州为虢略县,与朱阳县来属。同年,以虢略、朱阳二县复置灵宝县,属陕州。时州领有陕、灵宝、阌乡、渑池四县。至元二十九年,河南府升为河南府路,州属之。州治陕县,今河南省三门峡市西北陕县老城。

陕县,本金县,属陕州。元代因之。州治所在。治在今河南省三门峡市西北陕县老城。

灵宝县,本金县,属陕州。元至元三年,县省入陕县。至元八年,以虢略、朱阳二县复置,治虢略。治在今河南省灵宝市。

阌乡县,本金县,属陕州。元代因之。治在今河南省灵宝市西北豫灵镇文底村一带。

渑池县,本金县,属韶州。元至元八年,废韶州,以县改属陕州。治在今河南省渑池县。

(三)南阳府

本金申州,领有南阳、镇平二县,属邓州支郡。元至元八年,升申州为南阳府,领有南阳、镇平二县,邓、唐、裕、嵩、汝及卢氏行襄樊六州隶属之。府属河南宣慰司。至元十一年,罢行襄樊事,卢氏县改属嵩州。至元二十五年,南阳府属汴梁路。至元二十八年,置河南江北行省。至元二十九年,南阳府直属行省。时府领有南阳、镇平二县,邓、唐、裕、嵩、汝五州。府治南阳,今河南省南阳市。

1.南阳府辖县

南阳县,本金县,属申州。元至元八年,申州升为南阳府,县为府治。治在今河南省南阳市。

镇平县,金正大三年,析穰县置,属申州。元至元八年,申州升为南阳府,县属之。治在今河南省镇平县。

2.邓州

本金邓州，领有穰、内乡、新野、顺阳、淅川五县，唐、裕、申三州为支郡，隶属南京路。元初，州属南京路。至元二年，顺阳、淅川二县省入内乡县。至元八年，申州升为南阳府，州改属南阳府。时州领有穰城、内乡、新野三县。州治穰城，今河南省邓州市。

穰县，本金县，属邓州。元代因之。州治所在。治在今河南省邓州市。

内乡县，本金县，属邓州。元代因之。治在今河南省内乡县。

新野县，金正大三年复置，属邓州。元代因之。治在今河南省新野县。

3.唐州

本金唐州，领有泌阳、比阳、湖阳、桐柏四县，为邓州支郡。元初，州属南京路。至元三年，废比阳、湖阳、桐柏三县。时州仅领有泌阳一县。至元八年，申州升为南阳府，州改属南阳府。州治泌阳，今河南省唐河县。

泌阳县，本金县，属唐州。元代因之。州治所在。治在今河南省唐河县。

4.裕州

本金裕州，领有方城、叶、舞阳三县，为邓州支郡。蒙哥汗三年，以叶县行随州事，置昆阳县属之。时州领有方城、舞阳二县。元初，州属南京路。至元三年，罢行随州事，昆阳、舞阳二县并入叶县。至元八年，申州升为南阳府，州改属南阳府。大德八年，复置舞阳县。时州领有方城、叶、舞阳三县。州治方城，今河南省方城县。

方城县，本金县，属裕州。元代因之。州治所在。治在今河南省方城县。

叶县，本金县，属裕州。蒙哥汗三年，以叶县行随州事。至元三年，罢行随州事，叶县归属裕州。治在今河南省叶县西南旧县。

舞阳县，本金县，属裕州。元至元三年，省入叶县。大德八年，复置，属裕州。治在今河南省舞阳县。

5.嵩州

本金嵩州，领有伊阳、福昌二县，隶属河南府。元初，福昌县改属河南府。时州领有伊阳一县，属南京路。至元三年，废伊阳县。至元八年，申州升为南阳府，州改属南阳府。至元十一年，卢氏县自南阳府来属。时州领有卢氏一县。州治伊阳，今河南省嵩县西南旧县镇。

卢氏县，本金县，属虢州。元至元二年，县属南京路。至元八年，县改属南阳府。至元十一年,县改属嵩州。治在今河南省卢氏县。

6.汝州

本金汝州,领有梁、鲁山、宝丰、郏城四县,隶属河南府。元初,州属南京路。至元三年,郏城、宝丰二县省入梁县。时州领有梁、鲁山二县。至元八年,申州升为南阳府,州改属南阳府。大德八年,复置郏县。时州领有梁、鲁山、郏三县。州治梁县,今河南省汝州市。

梁县,本金县,属汝州。元代因之。州治所在。治在今河南省汝州市。

鲁山县,本金县,属汝州。元代因之。州治所在。治在今河南省鲁山县。

郏县,本金郏城县,属汝州。元至元三年,省入梁县。大德八年,复置,属汝州。治在今河南省郏县。

(四)归德府

本金归德府,领有睢阳、宁陵、谷熟三县,单州为支郡,属南京路。蒙哥汗二年,置归德府,领有睢阳、宁陵、下邑、虞城、谷熟、砀山六县。元初,府属南京路。至元二年,砀山、虞城二县改属济宁路。同年,省谷熟县入睢阳县;废永州及酂县为永城县,县属归德府。时府领有睢阳、宁陵、下邑、永城四县。至元八年,升归德府为散府,亳、邳、徐、宿四州隶属之。时府隶属河南宣慰司。至元二十八年,置河南江北行省。至元二十九年,归德府直属河南江北行省。时府领有睢阳、宁陵、下邑、永城四县,亳、邳、徐、宿四州。邳、徐、宿三州不在今河南省境内,故不述。府治睢阳,今河南省商丘市南。

1.归德府辖县

睢阳县,本金县,属归德府。元代因之。府治所在。治在今河南省商丘市南。

宁陵县,本金县,属归德府。元代因之。治在今河南省宁陵县。

下邑县,本金县,属永州。元至元二年,废永州,县改属归德府。治在今河南省夏邑县。

永城县,元至元二年,废永州为永城县,县属归德府。治在今河南省永城市。

2.亳州

本金亳州,领有谯、鹿邑、卫真、城父四县,永州为支郡,隶属南京路。元初,州属南京路。至元二年,省城父县入谯县、卫真县入鹿邑县;废永州及酂县,永城县属归德府。时州领有谯、鹿邑二县。至元三年,复置城父县。至元八年,升归德府为散府,州隶属之。时州领有谯、鹿邑、城父三县。唯鹿邑县在今河南省境内。州治谯县,今安徽省亳州市。

鹿邑县,本金县,属亳州。元代因之。治在今河南省鹿邑县。

（五）汝宁府

本金蔡州,领有汝阳、上蔡、平舆、西平、确山、遂平六县,息州为支郡,隶属南京路。元初,领有上蔡、平舆、西平、确山、遂平五县,省汝阳县,州属南京路。至元七年,省遂平、平舆二县,复置汝阳县。时州领有汝阳、上蔡、西平、确山四县。至元二十五年,南京路改为汴梁路,州隶属之。至元三十年,升蔡州为汝宁府,直属河南江北行省,颍、息、信阳、光四州隶属之。大德八年,复置遂平县。时府领有汝阳、上蔡、西平、确山、遂平五县,颍、息、信阳、光四州。颍州在今安徽省境内,故不述。府治汝阳,今河南省汝南县。

1.汝宁府辖县

汝阳县,本金县,属蔡州。元初废。至元七年复置,属蔡州,为州治。至元三十年,蔡州升为汝宁府,县属之,为府治。治在今河南省汝南县。

上蔡县,本金县,属蔡州。元至元三十年,蔡州升为汝宁府,县属之。治在今河南省上蔡县。

西平县,本金县,属蔡州。元至元三十年,蔡州升为汝宁府,县属之。治在今河南省西平县。

确山县,本金县,属蔡州。元至元三十年,蔡州升为汝宁府,县属之。治在今河南省确山县。

遂平县,本金县,属蔡州。至元七年废。大德八年复置,县属汝宁府。治在今河南省遂平县。

2.息州

本金息州,领有新息、褒信、真阳、新蔡四县,为蔡州支郡。中统三年,废息州及新息、褒信二县,真阳、新蔡二县改属蔡州。中统四年,复置息州。至元三年,息州隶属南京路。至元二十五年,南京路改为汴梁路,州隶属之。至元三十年,蔡州升为汝宁府,州改属汝宁府,领有真阳、新蔡二县。州治新息,今河南省息县。

真阳县,本金县,属息州。中统三年,县改属蔡州。至元三十年,县从汝宁府改属息州。治在今河南省正阳县。

新蔡县,本金县,属息州。中统三年,县改属蔡州。至元三十年,县从汝宁府改属息州。治在今河南省新蔡县。

3.信阳州

本宋信阳军,领有信阳、罗山二县,隶属荆湖北路。元至元十四年,置信阳府。至元十五年,改为信阳州,隶属河南宣慰司。至元二十年,移州治于罗山县。至元二十八年,置河南江北行省。至元二十九年,州直属河南江北行省。至元三十年,蔡州升为汝宁府,州改属汝宁府。时州领有罗山、信阳二县。州治罗山,今河南省罗山县。

罗山县,本宋县,属信阳军。元代属信阳州。至元二十年,州治从信阳县移此。治在今河南省罗山县。

信阳县,本宋县,属信阳军。元代属信阳州。至元二十年,州治从县移治罗山。治在今河南省信阳市。

4.光州

本宋光州,领有定城、光山、固始三县,隶属淮南西路。元至元十二年,光州归元,隶属蕲黄宣慰司。至元二十三年,州改属淮西宣慰司。至元三十年,州改属汝宁府。时州领有定城、光山、固始三县。州治定城,今河南省潢川县。

定城县,本宋县,属光州。元代因之。州治所在。治在今河南省潢川县。

光山县,本宋县,属光州。元代因之。治在今河南省光山县。

固始县,本宋县,属光州。元代因之。治在今河南省固始县。

(六)怀庆路

本金怀州,领有河内、修武、武陟三县,隶属河东南路。窝阔台汗四年,怀州归蒙古,设行怀孟州事。蒙哥汗七年,置怀孟总管府,为一路。至元二年,路降为州,隶属彰德路。至元六年,怀孟自为一路,隶属中书省。延祐六年,改名为怀庆路。路领有河内、修武、武陟三县,孟州为支郡。路治河内,今河南省沁阳市。

1.怀庆路辖县

河内县,本金县,属怀州。元初,县属怀孟路。延祐六年,路改名怀庆路,县属之,为路治。治在今河南省沁阳市。

修武县,本金县,属怀州。元初,县属怀孟路。延祐六年,路改名怀庆路,县属之。治在今河南省修武县。

武陟县，本金县，属怀州。元初，县属怀孟路。延祐六年，路改名怀庆路，县属之。治在今河南省武陟县西南老城村。

2.孟州

本金孟州，领有河阳、济源、王屋、温四县，隶属河东南路。窝阔台汗四年，孟州归蒙古，属行怀孟州事。蒙哥汗七年，州属怀孟总管府。元至元二年，州隶属彰德路。至元三年，省王屋县入济源县。至元六年，怀孟自为一路，隶属中书省，州属怀孟路。延祐六年，怀孟路改名为怀庆路，州属之。州领有河阳、济源、温三县。州治河阳，今河南省孟州市。

河阳县，本金县，属孟州。元代因之。州治所在。治在今河南省孟州市。

济源县，本金县，属孟州。元代因之。治在今河南省济源市。

温县，本金县，属孟州。元代因之。治在今河南省温县。

（七）卫辉路

本金卫州，领有汲、新乡、获嘉、胙城四县，滑、辉二州为支郡，属河北西路。窝阔台汗四年，卫州归蒙古，隶属真定路。寻又改属彰德总帅府。蒙哥汗二年，卫州又改属真定路。五年，置淇州。中统元年，升为卫辉路。至元二年，路降为州，隶属彰德路总管府；滑州改属大名路。至元六年，独立成为一路，直属中书省。路领有汲、新乡、获嘉、胙城四县，辉、淇二州为支郡。路治汲县，今河南省卫辉市。

1.卫辉路辖县

汲县，本金县，属卫州。蒙古时期因之。中统元年，州升为卫辉路，县属之。至元二年，路降为卫州，县属之。至元六年，州又升为卫辉路，县属之，为路治。治在今河南省卫辉市。

新乡县，本金县，属卫州。蒙古时期因之。中统元年，州升为卫辉路，县属之。至元二年，路降为卫州，县属之。至元六年，州又升为卫辉路，县属之。治在今河南省新乡市。

获嘉县，本金县，属卫州。蒙古时期因之。中统元年，州升为卫辉路，县属之。至元二年，路降为卫州，县属之。至元六年，州又升为卫辉路，县属之。治在今河南省获嘉县。

胙城县，本金县，属卫州。蒙古时期因之。中统元年，州升为卫辉路，县属之。至元二年,路降为卫州,县属之。至元六年,州又升为卫辉路,县属之。治在今河南省延津县东北胙城镇。

2.辉州

本金辉州,领有苏门、山阳二县,隶属卫州。窝阔台汗四年,辉州归蒙古,隶属卫州。元至元二年,州隶属彰德路。至元三年,废苏门、山阳二县。至元六年,卫州又升为卫辉路,州属之。辉州不领县,为卫州支郡。州治苏门,今河南省辉县市。

3.淇州

本金卫县鹿台乡。蒙哥汗五年,置淇州,又置临淇县为附郭县。中统元年,州属大名路宣慰司。至元二年,州改属卫州,省临淇县。淇州不领县,为卫州支郡。至元六年,卫州又升为卫辉路,州属之。州治鹿台,今河南省淇县。

(八)彰德路

本金彰德府,领有安阳、汤阴、临漳三县,林、磁二州为支郡,隶属河北西路。成吉思汗十五年,严实以彰德府、大名府等地归附蒙古。窝阔台汗四年,置彰德总帅府,辖有相、卫、辉三州。蒙哥汗二年,以彰德为散府,隶属真定路。元至元二年,置彰德路总管府,辖有怀、孟、卫、辉四州及安阳、汤阴、临漳、林虑、辅岩五县。彰德路隶属中书省。至元六年,彰德路一分为三,分为彰德路、怀孟路、卫辉路。时彰德路领有安阳、汤阴、临漳三县及林州一州,隶属中书省。唯临漳县在今河北省境内,故不述。路治安阳,今河南省安阳市。

1.彰德路辖县

安阳县,本金县,属彰德府。蒙哥汗二年,县属彰德府。元至元二年,县属彰德路,为路治。治在今河南省安阳市。

汤阴县,本金县,属彰德府。蒙哥汗二年,县属彰德府。元至元二年,县属彰德路。治在今河南省汤阴县。

2.林州

本金林州,领有林虑、辅岩二县,为彰德府支郡。元至元二年,废林州,林虑、辅岩二县改属彰德路。寻又省林虑县入辅岩县。至元三年,复置林州,省辅岩县入安阳县。林州不领县,为彰德路支郡。州治林虑,今河南省林州市。

(九)大名路

本金大名府路,领有大名府及恩、濮、开三州,大名府领有元城、大名、魏、冠氏、南乐、馆陶、夏津、朝城、清平、莘十县。成吉思汗十五年，严实以大名府等地归附蒙古，蒙古置大名路。时大名路领有元城、大名、魏、南乐四县及开州，而冠氏以北、以东六县及濮、恩二州为严实所据。窝阔台汗七年，清河县自恩州改属大名路，东明县自曹州来属。窝阔台汗八年，大名府为贵由食邑。元至元二年，滑、浚二州自真定路来属；东明县改属开州。时大名路领有元城、大名、魏、南乐、清河五县及开、滑、浚三州，隶属中书省。唯南乐县在今河南省境内。路治大名，今河北省大名县东北大街乡一带。

1.大名路辖县

南乐县，本金县，属大名府。蒙古时期因之。元至元二年，废大名府，县直属大名路。治在今河南省南乐县。

2.开州

本金开州，领有濮阳、清丰、长垣、观城四县，属大名府路。成吉思汗十五年，州归蒙古，隶属大名路。至元二年，观城县改属濮州；东明县自大名路改属开州。时州领有濮阳、清丰、长垣、东明四县，隶属大名路。东明县在今山东省境内，故不述。州治濮阳，今河南省濮阳市。

濮阳县，本金县，属开州。元代因之。州治所在。治在今河南省濮阳市。

清丰县，本金县，属开州。元代因之。治在今河南省清丰县。

长垣县，本金县，属开州。元代因之。治在今河南省长垣县东北旧城村。

3.滑州

本金滑州，领有白马、内黄二县，为卫州支郡。窝阔台汗三年，滑州归属蒙古，隶属真定路。至元二年，州改属大名路。时州领有白马、内黄二县。州治白马，今河南省滑县东南城关镇。

白马县，本金县，属滑州。元代因之。州治所在。治在今河南省滑县东南城关镇。

内黄县，本金县，属滑州。元代因之。治在今河南省内黄县。

4.浚州

本金浚州，领有黎阳、卫二县，隶属河北西路。窝阔台汗三年，滑州归属蒙古，隶属真定路，省卫县入黎阳县。元初，又省黎阳县入本州。州不领县。至元二年，州改属大名路。州治黎阳，今河南省浚县。

（十）濮州

本金濮州，领有鄄城、范二县，隶属大名府路。蒙古时期，州为严实所据，隶属东平路。元至元二年，馆陶、朝城二县自大名路来属，临清县自恩州来属，观城县自开州来属。时州领有鄄城、范、馆陶、朝城、临清、观城六县，隶属东平路。至元五年，濮州直属中书省。其所领六县中，唯范县在今河南省境内。州治鄄城，今山东省鄄城县北旧城镇。

范县，本金县，属濮州。元代因之。治在今河南省范县东南张庄乡旧城村。

此外，今河南省台前县境时属中书省东平路寿张县地。

（十一）其他

虞城县，本金县，属归德府。元至元二年，县改属中书省济宁路。治在今河南省虞城县北利民镇西南。

第七章 明清时期河南的行政区划

明清时期是我国历史上大统一时期,中央集权制度得到空前的强化,国家的疆域政区比较稳定,变化较小,今天河南省幅员的形成也在这一时期,奠定了今天河南省行政区划的基础。下面,我们就主要研究明清时期河南行政区划的形成与变化。

第一节　明代的河南布政使司与府、州、县

明洪武元年(1368),朱元璋灭元称帝,定都南京,国号为明,中国古代历史翻开了新的一页。永乐十九年(1421),明成祖朱棣迁都北京。明朝共历十六帝,二百七十七年。崇祯十七年(1644),李自成攻入北京,明朝灭亡。

明朝建立后,承袭了元代的行省制度,但鉴于元代行省过大,管理不便,便实行了分省制度,将元代的行省分小。同时,为了便于中央集权,便在行省上分权,设立了三司,将行政权、监察权和军权分别赋予承宣布政使司、提刑按察使司和都指挥使司。三司在权力上各自独立,布政使司听命于中央六部和都察院,按察使司听命于刑部和都察院,而都指挥使司则受兵部和五军都督府的指挥。

洪武九年(1376),改元代的"行中书省"之名为承宣布政使司,在《承宣布政使司诰》中,朱元璋明确宣告了承宣布政使司设置的目的。其文曰:"朕有天下,更行省为承宣布政使司。所以承者,朕命也;宣者,代言之也;布者,张陈之

也;所以政者,军民休戚,国之利病;所以使者,必去民之恶,导民之善。”①可见,承宣布政使司是代皇帝行使治民之权,明代高层政区之名得以确定。尽管废除了“省”名,但在习惯上人们仍然称布政使司为“省”。到明宣宗宣德三年(1428)以后,全国一致稳定为十三个布政使司,计有山东、山西、河南、陕西、四川、江西、湖广、浙江、福建、广东、广西、云南、贵州,称为十三省,加上京师、南京两个直隶,合计十五省。

一、河南布政使司的设置

随着徐达、常遇春的北伐,大明军队控制了今山东、河南、河北等地。洪武元年(1368)五月在开封设置了中书分省,即河南分省;二年(1369)四月改中书分省为河南等处行中书省,即河南行省;九年(1376)六月又改行中书省为承宣布政使司。至此,河南承宣布政使司得以设立。

在河南分省时期,河南分省治开封府,不仅辖有后河南承宣布政使司辖下的开封府、河南府、汝宁府、南阳府、怀庆府、卫辉府、彰德府和信阳直隶州,还辖有后京师辖下的保定府、河间府、真定府、广平府、顺德府和大名府。洪武二年三月,置北平行中书省,保定府、河间府、真定府、广平府、顺德府、大名府从河南分省分出,归北平行省。

在河南行省期间,洪武二年九月建中都,洪武四年(1371)二月信阳州、光州、息州、颍州、徐州、邳州、宿州从河南行省分出,属中都临濠府;洪武七年(1374)八月信阳州、息县复归,属汝宁府。

在河南承宣布政使期间,洪武十三年(1380),光州复归,属汝宁府。据《明史·地理志五》记载,湖广布政使司辖下黄州府、汉阳府、荆州府在湖广布政使司设立不久,改属河南布政使司,直到洪武二十四年(1391)归属湖广。然同年六月,湖广布政使司辖下承天府、德安府、襄阳府又划属河南布政使司,未几还属湖广。可见,至洪武二十五年(1392),河南布政使司的管辖范围当大致确定下来。

---

① 《明太祖文集》卷4《承宣布政使司诰》,见《景印文渊阁四库全书》集部第1223册,第39页。

在《明史・地理志三》中记载了河南布政使司的管辖范围，其辖境“北至武安，南至信阳，东至永城，西至陕州”①，奠定了今河南省幅员的基础和规模。

河南布政使司治所开封府，即今河南省开封市。

二、明代河南的府、州、县

在地方行政制度上，明代改革了元代多级政区的弊病，在行省下面，实行府、州、县的复式层级。

府，明代的府多改元代的路而来，隶属于布政使司，其下辖州和县，是地方上的二级行政区划。

州，明代的州分为两种，一种是直接隶属于布政使司的州，叫直隶州，州下辖县，地位相当于府；一种是隶属于府的州，称属州，下辖县。

县是明代地方最基层的行政区划。

《明史・地理志三》记载河南的府、州、县是万历三年（1575）后的情况，记有河南布政使司领有八府、一直隶州、十一属州、九十六县。另外，在今河南省境内还有一些州县，在明代并不隶属于河南承宣布政使司。下面我们就以此年作为时间断限，以府辖州、州辖县的方式来考述今河南省幅员内明代的府、州、县的演变。②

（一）开封府

本元河南江北行中书省汴梁路，洪武元年五月改为开封府，废附郭县开封县。时府辖县十六、属州九，州辖县二十六。府辖县有祥符县、陈留县、杞县、通许县、太康县、尉氏县、洧川县、鄢陵县、扶沟县、中牟县、阳武县、原武县、封丘县、延津县、安城县、兰阳县。州及州辖县有：陈州，辖西华、项城二县；许州，辖长葛、郾城、临颍、襄城四县；钧州，辖新郑、密二县；郑州，辖荥阳、荥泽、河阴、汜水四县；归德州，辖夏邑、宁陵、鹿邑、亳、永城五县；睢州，辖仪封一县；徐州，辖萧、丰、沛、砀山、鱼台五县；宿州，辖灵璧一县；邳州，辖宿迁、睢宁二县。

---

① 〔清〕张廷玉等：《明史》卷42《地理志三》，中华书局，1974年，第977页。

② 参考周振鹤主编，郭红、靳润成著：《中国行政区划通史・明代卷》，复旦大学出版社，2007年。

洪武二年正月,山东分省济宁府虞城县划归开封府归德州辖。洪武二年七月,徐州鱼台县改属山东行省济宁府辖。洪武四年二月,徐、邳、宿三州及其辖县改属中都临濠府,从此脱离河南。洪武六年归德州亳县改隶临濠府颍州。正统中,废安城县。嘉靖二十四年六月,归德州升为归德府,脱离开封府。其后,开封辖境稳定。万历三年,开封府辖县十七、属州四,州辖县十三。开封府,治在今河南省开封市。

1.开封府辖县

祥符县,本元县,属汴梁路。明洪武元年,改汴梁路为开封府,县属之。治在今河南省开封市。

陈留县,本元县,属汴梁路。明洪武元年,改汴梁路为开封府,县属之。治在今河南省开封市陈留镇。

杞县,本元县,属汴梁路。明洪武元年,改汴梁路为开封府,县属之。治在今河南省杞县。

通许县,本元县,属汴梁路。明洪武元年,改汴梁路为开封府,县属之。治在今河南省通许县。

太康县,本元县,属汴梁路。明洪武元年,改汴梁路为开封府,县属之。治在今河南省太康县。

尉氏县,本元县,属汴梁路。明洪武元年,改汴梁路为开封府,县属之。治在今河南省尉氏县。

洧川县,本元县,属汴梁路。明洪武元年,改汴梁路为开封府,县属之。原治在今河南省尉氏县洧川镇南,洪武二年因河患迁至洧川镇。治在今河南省尉氏县洧川镇。

鄢陵县,本元县,属汴梁路。明洪武元年,改汴梁路为开封府,县属之。治在今河南省鄢陵县。

扶沟县,本元县,属汴梁路。明洪武元年,改汴梁路为开封府,县属之。治在今河南省扶沟县。

中牟县,本元县,属汴梁路。明洪武元年,改汴梁路为开封府,县属之。原治在今河南中牟县东。天顺中迁至今中牟县城。治在今河南省中牟县。

阳武县,本元县,属汴梁路。明洪武元年,改汴梁路为开封府,县属之。治在今河南省原阳县。

原武县,本元县,属汴梁路。明洪武元年,改汴梁路为开封府,县属之。治在今河南省原阳县原武镇。

封丘县,本元县,属汴梁路。明洪武元年,改汴梁路为开封府,县属之。治在今河南省封丘县。

延津县,本元县,属汴梁路。明洪武元年,改汴梁路为开封府,县属之。治在今河南省延津县。

兰阳县,本元县,属汴梁路。明洪武元年,改汴梁路为开封府,县属之。治在今河南省兰考县。

仪封县,本元县,属睢州。明洪武十年五月,县改属为府直辖。原治在今河南省兰考县仪封乡北,洪武二十二年二月因黄河冲毁城垣迁至今仪封乡。

新郑县,本元县,属钧州。明隆庆五年七月,县改属为府直辖,治在今河南省新郑市。

2.陈州

本元陈州,领有宛丘、西华、商水、南顿、项城五县,为汴梁路属州。洪武元年,州为开封府属州,附郭县宛丘县省入,废南顿、商水二县。时州辖有西华、项城二县。洪武四年,复置商水县。弘治十年,置沈丘县,属陈州。时州辖有商水、西华、项城、沈丘四县。后领县不变。治在今河南省淮阳县。

商水县,本元县,属陈州。洪武初废,洪武四年七月复置。治在今河南省商水县。

西华县,本元县,属陈州。明代因之。治在今河南省西华县。

项城县,本元县,属陈州。明代因之。原治在今河南省沈丘县,宣德三年迁至今河南省项城市南老城乡。

沈丘县,本元县,属颍州。洪武初,县废。弘治十年,改乳香台巡检司复置,属开封府陈州。治在今河南省沈丘县东南老城镇。

3.许州

本元许州,领有长社、长葛、襄城、临颍、郾城五县,属汴梁路。洪武元年,州为开封府属州,附郭县长社县省入。州辖有长葛、襄城、临颍、郾城四县。治在今河南省许昌市。

临颍县,本元县,属许州。明代因之。治在今河南省临颍县。

襄城县,本元县,属许州。明代因之。治在今河南省襄城县。

郾城县,本元县,属许州。明代因之。治在今河南省漯河市郾城区。

长葛县,本元县,属许州。明代因之。治在今河南省长葛市东老城镇。

4.禹州

本元钧州,领有阳翟、密二县,属汴梁路。洪武元年,州为开封府属州,附郭县阳翟县省入。万历三年四月,因避皇帝名讳而改名禹州。辖密县一县。治在今河南省禹州市。

密县,本元县,属钧州。明万历三年,州改名禹州,县属之。治在今河南省新密市城关镇。

5.郑州

本元郑州,领有管城、荥阳、河阴、汜水四县,属汴梁路。洪武元年,州为开封府属州,附郭县管城县省入,荥泽县自开封府来属。州辖有荥阳、荥泽、河阴、汜水四县。治在今河南省郑州市。

荥阳县,本元县,属郑州。明代因之。治在今河南省荥阳市。

荥泽县,本元县,属汴梁路。洪武元年,县改属郑州。原治在今郑州市古荥镇附近,洪武八年南徙,成化十五年正月迁治于今古荥镇。

河阴县,本元县,属郑州。明代因之。原治在今荥阳市广武山北大峪口,洪武三年因水患迁至今河南省荥阳市北广武镇。

汜水县,本元县,属郑州。明代因之。原治在今河南省荥阳市汜水镇东,洪武十一年迁于今汜水镇西北虎牢关村成皋故城,崇祯十六年又迁至其西北西关。

（二）河南府

本元河南江北行中书省河南府路。洪武元年,改为河南府。时府辖县八、属州一,州辖县三。府辖县为:洛阳县、宜阳县、永宁县、登封县、巩县、孟津县、新安县、偃师县;属州及其辖县为:陕州,辖渑池县、灵宝县、阌乡县。万历后,河南府辖县十一、属州一,州辖县二。河南府,治在今河南省洛阳市。

1.河南府辖县

洛阳县,本元县,属河南府路。明洪武元年,改为河南府,县属之。治在今河南省洛阳市。

偃师县,本元县,属河南府路。明洪武元年,改为河南府,县属之。治在今河南省偃师市东南老城。

巩县,本元县,属河南府路。明洪武元年,改为河南府,县属之。治在今河南省巩义市东北老城。

孟津县,本元县,属河南府路。明洪武元年,改为河南府,县属之。原治在今河南省孟津县老城东,嘉靖十四年七月迁至今河南省孟津县老城。

宜阳县,本元县,属河南府路。明洪武元年,改为河南府,县属之。治在今河南省宜阳县。

永宁县,本元县,属河南府路。明洪武元年,改为河南府,县属之。治在今河南省洛宁县。

新安县,本元县,属河南府路。明洪武元年,改为河南府,县属之。治在今河南省新安县。

渑池县,本元县,属陕州。洪武中,县改属府直辖,治在今河南省渑池县。

登封县,本元县,属河南府路。明洪武元年,改为河南府,县属之。治在今河南省登封市。

嵩县,本元嵩州,属南阳府。明洪武二年四月降为县,改属河南府。治在今河南省嵩县。

卢氏县,本元县,属嵩州。洪武元年四月,县为南阳府直属。洪武三年三月,县改属河南府陕州辖县。万历初,县又直属河南府。治在今河南省卢氏县。

2.陕州

本元陕州,领有陕、灵宝、阌乡、渑池四县,属河南府路。洪武元年,州属河南府,附郭县陕县省入。洪武中,渑池县升为河南府直属。故州辖有灵宝、阌乡二县。州治在今河南省三门峡市陕县旧城。

灵宝县,本元县,属陕州。明代因之。治在今河南省灵宝市东北老城。

阌乡县,本元县,属陕州。明代因之。洪武元年,迁治唐湖城县旧址。治在今河南省灵宝市西北阌乡北三门峡水库中。

(三)归德府

本元归德府,直隶河南江北行中书省。洪武元年,府降为归德州,属开封府。嘉靖二十四年六月,又升为府,从开封府分出。万历后,归德府辖县六、属州一,州辖县二。归德府,治在今河南省商丘市南。

1.归德府辖县

商丘县,本元睢阳县,属归德府。洪武初废,嘉靖二十四年六月复置,改名商丘,属归德府。府治所在。治在今河南省商丘市南。

宁陵县,本元县,属归德府。明洪武元年,县属归德州。嘉靖二十四年,县属归德府。治在今河南省宁陵县。

鹿邑县,本元县,属归德府亳州。洪武元年五月,县改属开封府归德州。嘉靖二十四年六月,县为归德府辖县。治在今河南省鹿邑县。

夏邑县,本元下邑县,属归德府。洪武元年,县改为夏邑,属开封府归德州。嘉靖二十四年六月,县为归德府辖县。治在今河南省夏邑县。

永城县,本元县,属归德府。洪武元年五月,县改属开封府直辖;十一月,又改属归德州辖县。嘉靖二十四年六月,县为归德府辖县。治在今河南省永城市。

虞城县,本元县,属中书省济宁府。洪武二年正月,县改属开封府归德州。嘉靖二十四年六月,县为归德府辖县。原治在今河南虞城县北利民镇西南,弘治九年迁至今河南省虞城县北利民镇。

2.睢州

本元睢州,领有襄邑、考城、柘城、仪封四县,属汴梁路。洪武元年,州改属开封府,附郭县襄邑县省入。洪武十年五月,降州为县,仪封县改属开封府,考城、柘城二县省并;十三年十一月,又复升为州。嘉靖二十四年六月,州改属归德府。州辖有考城、柘城二县。治在今河南省睢县。

考城县,本元县,属睢州。洪武元年,县废。洪武四年八月,复置,县直隶开封府。洪武十年五月,县省并入归德州;十三年十一月,又复置,县属睢州。治在今河南省民权县东,正统十三年迁至今河南省民权县东北北关镇一带。

柘城县,本元县,属睢州。洪武元年,县废。洪武四年八月,复置,县直隶开封府。洪武十年五月,县省并入宁陵县;十三年十一月,又复置,县属睢州。治在今河南省柘城县。

（四）汝宁府

本元河南江北行中书省汝宁府。洪武元年因之,时府辖县三、属州三,州辖县五。府辖县为西平县、遂平县、确山县。属州及其辖县有:息州,辖真阳一县;光州,辖光山、固始二县;颍州,辖颍上、太和二县。洪武四年,颍、光、息三州改隶中都临濠府。洪武七年,信阳州、息县从临濠府复归,改属汝宁府。洪武十三年,光州回归汝宁府。时府辖县八、属州一,州辖县三。府辖县为西平县、确山县、遂平县、汝阳县、上蔡县、新蔡县、信阳县、罗山县。属州及其辖县有：光州，辖光山县、固始县、息县。弘治十八年后，汝宁府直辖县七、属州二，州辖县五。汝宁府，治在今河南省汝南县。

1.汝宁府辖县

汝阳县，本元县，属汝宁府。洪武初，县废。洪武四年七月，复置。府治所在。治在今河南省汝南县。

真阳县，本元县，属息州。明洪武四年七月，县省入汝阳县。弘治十八年十二月，复置，直隶于府。治在今河南省正阳县。

上蔡县，本元县，属汝宁府。洪武初，县废。洪武四年五月，复置。治在今河南省上蔡县。

新蔡县，本元县，属息州。洪武初，县废。洪武四年五月，复置。治在今河南省新蔡县。

西平县，本元县，属汝宁府。明代因之。治在今河南省西平县。

确山县，本元县，属汝宁府。洪武十年五月，县省入汝阳县；十三年十一月，复置。成化十一年九月，改属信阳州。弘治二年八月，又改属府。治在今河南省确山县。

遂平县，本元县，属汝宁府。明代因之。治在今河南省遂平县。

2.信阳州

本元信阳州，领有罗山、信阳二县，属汝宁府。后州县俱废。洪武元年十月于信阳县复置，州直隶于河南分省，附郭县信阳县省入。洪武四年二月，信阳州改隶于中都临濠府。洪武七年八月，信阳州回归河南，属汝宁府。洪武十年五月，州降为县。成化十一年九月，复升县为州，属汝宁府。州辖有罗山一县。治在今河南省信阳市。

罗山县，本元县，为信阳州州治，后州县俱废。洪武元年十月复置，属信阳州。洪武四年二月，县改隶于中都临濠府。洪武七年八月，县改属汝宁府，回归河南。洪武十年五月，县为府直辖县。成化十一年九月，县复为信阳州属县。治在今河南省罗山县。

3.光州

本元光州，领有定城、光山、固始三县，属汝宁府。洪武元年，附郭县定城县省入。洪武四年二月，州改属中都临濠府。洪武十三年，州复归汝宁府，息县自汝宁府来属。成化十一年,置商城县。故州辖有光山、固始、息、商城四县。治在今河南省潢川县。

光山县,本元县,属光州。明代随州改隶。治在今河南省光山县。

固始县,本元县,属光州。明代随州改隶,治在今河南省固始县。

息县,本元息州,属汝宁府。洪武四年二月,州改属中都临濠府;不久降州为县,县属颍州。洪武七年,县复归汝宁府;十三年,县改属光州。治在今河南省息县。

商城县,明成化十一年四月分固始县置,为光州属县。治在今河南省商城县。

(五)南阳府

本元河南江北行省南阳府。洪武元年因之,时府辖县三、属州五,州辖县八。府辖县为南阳县、镇平县、卢氏县。属州及其辖县有:唐州,辖泌阳县;邓州,辖穰县、内乡县、新野县;裕州,辖舞阳县、叶县;汝州,辖鲁山县、郏县;嵩州,不辖县。洪武二年二月,废泌阳县、穰县;同年四月,嵩州降为县,县改隶河南府。洪武三年三月,卢氏县改隶河南府。同年,置唐县。时府辖县二、属州四,州辖县七。府辖县为南阳县、镇平县;属州及其辖县有:唐州,辖唐县;邓州,辖内乡县、新野县;裕州,辖舞阳县、叶县;汝州,辖鲁山县、郏县。洪武十三年十一月,废唐州,唐县直隶南阳府。成化十二年,汝州升为直隶州,直属河南承宣布政使司,汝州及其辖县从南阳府中划出。此后,南阳府辖境稳定,辖县六、属州二,州辖县五。南阳府,治在今河南省南阳市。

1.南阳府辖县

南阳县,本元县,属南阳府。明代因之。府治所在。治在今河南省南阳市。

镇平县,本元县,属南阳府。洪武十年五月,县省入南阳县;十三年十一月,复置。治在今河南省镇平县。

唐县,洪武三年,以故湖阳县地置,为唐州属县。洪武十三年十一月,唐州废,县改隶于府。治在今河南省唐河县。

泌阳县,本元县,属唐州。洪武二年二月,省县入州;洪武十三年十一月,唐州废,复置县。治在今河南省泌阳县。

桐柏县,成化十二年十二月,分唐县置。治在今河南省桐柏县。

南召县,成化十二年十二月,分南阳县置。治在今河南省南召县。

2.邓州

本元邓州，领有穰、内乡、新野三县，属南阳府。洪武二年二月，附郭县穰县省入州。洪武十三年十一月，复置穰县；十四年五月，复废穰县。成化六年，置淅川县。故州辖有内乡、新野、淅川三县。州治在今河南省邓州市。

内乡县，本元县，属邓州。明代因之。治在今河南省内乡县。

新野县，本元县，属邓州。明代因之。治在今河南省新野县。

淅川县，成化六年十一月，内乡县置。治在今河南省淅川县西南老城。

3.裕州

本元裕州，领有方城、舞阳、叶三县，属南阳府。洪武元年，附郭县方城县省入州。故州辖有舞阳、叶二县。州治在今河南省方城县。

舞阳县，本元县，属裕州。明代因之。治在今河南省舞阳县。

叶县，本元县，属裕州。明代因之。治在今河南省叶县城关镇。

（六）怀庆府

本元怀庆路，直隶中书省。洪武元年十月，改为怀庆府，属河南分省，废孟州附郭县河阳县。时府辖县三、属州一，州辖县二。府辖县为河内县、修武县、武陟县；属州有孟州，辖济源县、温县。洪武十年五月，孟州降为县。至此，怀庆府辖县六，无属州。怀庆府，治在今河南省沁阳市。

河内县，本元县，属怀庆路。明洪武元年，改路为府，县属之，为府治。治在今河南省沁阳市。

济源县，本元县，属孟州。洪武十年五月，孟州废，县直隶于府。治在今河南省济源市。

修武县，本元县，属怀庆路。明洪武元年，改路为府，县属之。治在今河南省修武县。

武陟县，本元县，属怀庆路。明洪武元年，改路为府，县属之。治在今河南省武陟县西南阳城。

孟县，本元孟州。洪武十年五月，降州为县。治在今河南省孟州市。

温县，本元县，属孟州。洪武十年五月，孟州废，县直隶于府。治在今河南省温县。

（七）卫辉府

本元卫辉路，直隶中书省。洪武元年八月，改路为府；十月，府属河南分省；

十二月,淇、辉二州降为县。时府辖县六,无属州。府辖县为汲县、胙城县、新乡县、获嘉县、淇县、辉县。此后,卫辉府辖县变化不大。万历三年后,州辖有汲、胙城、新乡、获嘉、淇、辉六县。卫辉府,治在今河南省卫辉市。

汲县,本元县,属卫辉路。洪武元年八月,改路为府,县属之,为府治。府治所在。治在今河南省卫辉市。

胙城县,本元县,属卫辉路。洪武元年八月,改路为府,县属之。洪武十年五月,县省入汲县;十三年十一月,县复置。治在今河南省延津县北胙城。

新乡县,本元县,属卫辉路。洪武元年八月,改路为府,县属之。治在今河南省新乡市。

获嘉县,本元县,属卫辉路。洪武元年八月,改路为府,县属之。洪武十年五月,县省入新乡县;十三年十一月,县复置。治在今河南省获嘉县。

淇县,本元淇州,属卫辉路。洪武元年十二月,州降为县,属卫辉府。治在今河南省淇县。

辉县,本元辉州,属卫辉路。洪武元年十二月,州降为县,属卫辉府。治在今河南省辉县市。

（八）彰德府

本元彰德路,直隶中书省。洪武元年闰七月,改路为府;十月,府属河南分省。时府辖县三、属州一,无州辖县。府辖县为安阳县、临漳县、汤阴县;属州为林州。洪武二年四月,北平行省广平府磁州改隶彰德府,北平行省真定府涉县改隶彰德府磁州。此后,彰德府辖境稳定。万历三年后,辖有县四、属州一,州辖县二。因磁州及其属县与临漳县在今河北省境内,故不述。彰德府,治在今河南省安阳市。

安阳县,本元县,属彰德路。元末,县废,洪武元年九月,县复置,属彰德府。府治所在。治在今河南省安阳市。

汤阴县,本元县,属彰德路。元末,县废,洪武元年九月,县复置。治在今河南省汤阴县。

林县,本元林州,属彰德路。洪武二年四月,降州为县。治在今河南省林州市。

（九）汝州

本元汝州,领有梁、鲁山、郏三县,属南阳府。洪武元年,附郭县梁县省入,州属南阳府。成化十一年四月,复置宝丰县;十二年九月,州升为直隶州,直属河南布政使司;十二月,复置伊阳县。故辖有鲁山、郏、宝丰、伊阳四县。州治在今河南省汝州市。

鲁山县,本元县,属汝州。明代因之。治在今河南省鲁山县。

郏县,本元县,属汝州。明代因之。治在今河南省郏县。

宝丰县,成化十一年四月,分汝州复置。治在今河南省宝丰县。

伊阳县,成化十二年十二月,以伊阙故县复置。治在今河南省汝阳县。

(十)大名府

本元大名路,领有元城、大名、魏、南乐、清河五县及开、滑、浚三州,隶属中书省。明洪武元年,改路为府;十月,府属河南分省。洪武二年三月,府改属北平行省;四月,废滑州附郭县白马县、开州附郭县濮阳县;降浚州为浚县,县属大名府。洪武六年九月,青河县改属广平府。洪武七年三月,内黄县自滑州来属,清丰县自开州来属;降滑州为滑县,属大名府。洪武九年六月,改北平行省为北平承宣布政使司,府属之。永乐元年,建北京于顺天府,改布政司为“行在”;十九年,改北京行在为京师,府属之。弘治三年,复置东明县,县隶属于府。万历中,东明县改属开州。故府辖有元城、大名、魏、南乐、清丰、内黄、浚、滑八县,开州一州,开州辖有长垣、东明二县。因元城、大名、魏三县不在今河南省境内,故不述。府治大名,今河北省大名县。

1.大名府辖县

南乐县,本元县,属大名路。明洪武元年,改路为府,县属之。其后,县随府改隶。治在今河南省南乐县。

内黄县,本元县,属滑州。洪武七年三月,滑州废,县直隶大名府。治在今河南省内黄县。

清丰县,本元县,属开州。洪武七年三月,县直隶大名府。治在今河南省清丰县。

滑县,本元滑州,辖有内黄县、白马县,属大名路。洪武元年,州属大名府;二年四月,附郭县白马县省入;七年三月,降州为县,内黄县改属府直辖。治在今河南省滑县东南城关镇。

浚县,本元浚州,属大名路。洪武二年四月,降州为县,直属大名府。县治曾三迁,嘉靖二十九年迁至今河南省浚县。

2.开州

本元开州，属中书省大名路，辖有濮阳、清丰、长垣、东明四县。洪武元年，州属大名府；二年四月，附郭县濮阳县省入；七年三月，清丰县直隶大名府。洪武十年五月，东明县省入长垣县。弘治三年，复置东明县，县隶属大名府。万历中，东明县自府来属。故开州辖有长垣、东明二县。因东明县在今山东省境内，故不述。州治在今河南省濮阳市。

长垣县，本元县，属开州。明代因之。治在今河南省长垣县。

另：濮州

本元濮州，领有鄄城、朝城、观城、临清、范、馆陶六县，直隶中书省。洪武元年，州直隶山东分省。洪武二年，废州附郭县鄄城县，降州为属州，隶属东昌府；七月，临清、馆陶二县改属东昌府。故州辖有观城、朝城、范三县。其后，州领县不变。州本治在今山东省鄄城县北旧城镇，景泰三年因河患迁于王村，即今河南省范县濮城镇。范县本治今河南范县东南张庄乡旧城村，因洪武二十五年城毁于河，迁治今山东阳谷县南古城镇。观城、朝城二县在今山东省境内，故不述。

此外，今河南省台前县境时属山东兖州府东平州寿张县地。

第二节　明代的河南巡抚

明代除承宣布政使司、府、州、县这一系统的正式行政区划外，实际上还存在一些准行政区划，那便是具有实土的都司卫所和总督巡抚的辖区。

都司卫所设立之初，是出于纯粹的军事目的和用途，与地方上的行政没有任何关系。但在实际的发展过程中，随着边境府、州、县的废除，该地的民政也逐渐归都司卫所管理。同时，在一些少数民族地区，由于地方势力的存在与阻挠，不便于设立府、州、县而设立一些都司卫所。这样，一些都司卫所既管军政又管民政，不仅成为地方上的一级军事组织，而且也成为地方上的一级行政组织。这样的都司卫所就叫做实土卫所，其所管辖的区划就是准行政区划。卫大致与府、州相当，所与县相当。

实土卫所一般分布在边境区域。至于内地区域,由于设置在府、州、县境内,军户与民户混杂,不能自成区域,因此叫做无实土卫所,也就不能构成准行政区划。

河南都司的设立在洪武八年(1375),受中军都督府管辖,其所辖卫所的分布与河南布政司所辖府州大体一致,其分合变化也与河南布政司所辖行政区划的调整大致相同。当然也有不一致的地方。根据犬牙交错的原则,为了便于相互控制,一些设在河南行政区划上的卫所却不归河南都司管理,如在磁州设立的磁州守御千户所却受到山西都司的潞州卫管理,而设置在陕西潼关的潼关卫和山西蒲州的蒲州卫却受到河南都司的节制。为了控制河南,设在归德的归德卫和汝宁府的汝宁卫直隶中军都督府。

由于河南都司卫所是无实土卫所,不能形成准行政区划。因此,对于河南都司卫所的设置与变化不在我们的论述范围内。

明代为了防止地方专权,废除了元代的行省制度,而采取了宋代的监司分路而治的办法,设立了三司分立的制度。但三司分立也造成一些负面的影响,即地方事权的分散,削弱了抵御外敌和对内镇压的能力,尤其是不能应付处理地方上的突发或重大事件。有时甚至因为对一些事件处理意见的不一致,形成三司之间互相推诿扯皮的现象。特别是一些跨越了不同行政区域的事件,更需要上层或中央作出协调。这样,为了有利于地方事权的统一,集中力量处理一些大事或急事,协调好中央与地方的关系,弥补三司分立的不足,就产生了督抚制度。

总督、巡抚最初只是临时性的派遣,有事则派出,无事就撤销。但明代中期以后,地方多事,督抚的设置就逐渐地制度化和地方化。总督、巡抚负责处理其所辖区域的行政、军事及监察等方面的事宜,事实上构成了地方上的一级行政机构,成为明代的准行政区划。

巡抚一职最早出现在洪武二十四年(1391),朱元璋令皇太子巡抚陕西。永乐年间,明成祖也不时令中央官员巡行天下。这一时期,巡抚只是临时性事务,不是固定官职。洪熙、宣德时期,巡抚职责明确起来,有了固定的治所。天顺、成化时期,巡抚向地方官员转化,不用回京议事。嘉靖、万历时期,巡抚由间接性派遣变为连续性派出,完全从中央官员变为地方官员。

总督与巡抚一样,也经历了从临时事务性差遣到制度化、地方化的变化历程。总督主要偏重于统领地方上的军权,在因事差遣方面比巡抚更为鲜明。成化十年(1474)，确立了总督节制巡抚的制度，这样总督就成了地方上最高的官员。当然，总督的设置没有巡抚普遍，主要是在边地。万历十年(1582)，在全国共设置了四个总督、二十四个巡抚。四个总督计有蓟辽总督、宣大总督、三边总督、两广总督，二十四个巡抚为辽东巡抚、顺天巡抚、宣府巡抚、保定巡抚、大同巡抚、山西巡抚、延绥巡抚、宁夏巡抚、甘肃巡抚、陕西巡抚、山东巡抚、河南巡抚、凤阳巡抚、应天巡抚、湖广巡抚、四川巡抚、浙江巡抚、江西巡抚、南赣巡抚、福建巡抚、贵州巡抚、广东巡抚、广西巡抚、云南巡抚。蓟辽总督节制辽东、顺天、保定三巡抚，宣大总督节制宣府、大同、山西三巡抚，三边总督节制延绥、宁夏、甘肃、陕西四巡抚，两广总督节制广东、广西二巡抚。其余巡抚归中央节制。

下面，我们以表格来展示河南巡抚的置废与辖区变化。

表 7-1　明代河南巡抚置废及辖境变化表

<table>
<tr><th>设置年代</th><th>废除年代</th><th>辖境变化年代</th><th>辖境</th><th>存在时间</th></tr>
<tr><td>宣德五年(1430)二月</td><td>宣德六年(1431)十月</td><td></td><td>河南布政使司全境</td><td>一年八个月</td></tr>
<tr><td>宣德十年(1435)正月</td><td>宣德十年(1435)七月</td><td></td><td>河南布政使司全境</td><td>六个月</td></tr>
<tr><td rowspan="4">正统十四年(1449)四月</td><td></td><td></td><td>河南布政使司全境及京师真定、保定、河间、大名四府</td><td rowspan="4">八年六个月</td></tr>
<tr><td></td><td>正统十四年十二月</td><td>河南布政使司全境，京师真定、保定、河间、大名四府，湖广布政使司襄阳、黄州两府</td></tr>
<tr><td></td><td>景泰元年(1450)</td><td>河南布政使司全境及湖广布政使司襄阳府</td></tr>
<tr><td>天顺元年(1457)</td><td></td><td></td></tr>
<tr><td rowspan="3">天顺六年(1462)十二月</td><td></td><td></td><td>河南布政使司全境及湖广布政使司襄阳府</td><td rowspan="3">四年</td></tr>
<tr><td></td><td>成化元年(1465)</td><td>南阳府、襄阳府从河南巡抚辖境分出</td></tr>
<tr><td>成化二年(1466)</td><td></td><td></td></tr>
</table>

（续表）

设置年代	废除年代	辖境变化年代	辖境	存在时间
成化八年(1472)二月			河南布政使司全境及湖广布政使司的襄阳府、德安府、荆州府	三十五年十个月
		成化十二年(1476)	南阳府南阳、汝州、唐县、邓州、桐柏、南召、伊阳等州县分出之河南布政使司境	
	正德二年(1507)			
正德五年(1510)八月			南阳府南阳、汝州、唐县、邓州、桐柏、南召、伊阳等州县分出之河南布政使司境	一百三十四年四个月
		崇祯十年(1637)	汝宁府之光州、光山、固始、罗山等州县分出之河南巡抚境	
		崇祯十五年(1642)	汝宁府之光州、光山、固始、罗山等州县还属河南巡抚	
		崇祯十七年(1644)		

（本表资料来自靳润成:《明朝总督巡抚辖区研究》,天津古籍出版社,1996年,第46~48页）

河南巡抚驻地河南开封府。

第三节　清代的河南巡抚与府、州、县

明万历四十四年(1616),东北建州女真首领努尔哈赤在赫图阿拉建立后金政权。崇德元年(1636),皇太极改金为清。顺治元年(1644),明朝灭亡,清兵入关,开始了统一全国的战争。顺治十六年(1659),清军占领云南,完成了除福建

厦门和金门、台湾之外的大陆的统一。清朝共历十一帝,二百七十六年,1911 年被孙中山所领导的民主革命所推翻。

为了实行对关内的治理,清代继承了明代的行政区划制度,并将其与明中后期的督抚制度相结合,改承宣布政使司为省,总督、巡抚成为固定的官职,督抚的辖区也调整到与省的范围相一致,总督、巡抚为地方一级的最高长官。一般情况下,总督统辖两三个省,主管军事,监管民政和督查地方官员,而巡抚通常只管辖一省,负责一省的民政事务。当然,也有例外,如四川、直隶就只设总督,没有巡抚,而山东、河南、山西就设置巡抚,其上没有总督。

总督、巡抚的辅助官员为布政司和按察司。布政司管理一省的民政、财政,按察司管理一省的司法刑狱。因为省的管理幅度过大,布政司、按察司派出自己的属员设立分守道、分巡道,作为省的派出机构,分管一定的府、直隶州。

康熙年间,清政府将明代的十五省划分为十八省,直至同治年间。这十八省是直隶、江苏、安徽、山西、山东、河南、甘肃、陕西、四川、贵州、云南、广西、广东、福建、江西、浙江、湖北、湖南。

一、河南巡抚的设立

随着清军占领河南地区,顺治元年(1644)七月设立河南巡抚。顺治四年(1647)七月,设江南江西河南总督,河南巡抚隶属;六年(1649)八月设直隶山东河南总督,河南巡抚属之;十五年(1658)五月裁撤直隶山东河南总督。顺治十八年(1661)九月,设河南总督,河南巡抚隶之。康熙四年(1665)六月,改河南总督为直隶山东河南总督,河南巡抚属之;八年(1669)七月,直隶山东河南总督被裁撤。雍正五年(1727)七月,为嘉奖河南巡抚田文镜,特授为河南总督;六年(1728)五月,改河南总督为河东总督,辖山东、河南两省;十三年(1735)十月,河东总督被裁。光绪二十四年(1898)七月,河南巡抚兼办东河总督事务,九月即停兼办事务。

河南巡抚的属员设有河南布政司、河南按察司及一些专务道员。

分守道、分巡道作为河南巡抚的派出机构,他们分管一定的府、直隶州,实际上成为一级行政区划。计有:

（一）**大梁道**

分守大梁道，顺治初年置，驻开封府。康熙元年裁撤，七年正月复置，兼管全省盐驿事务。康熙间，多称为开归道、开归河道；十二年，因裁撤通省督粮道，改称分守开归管理通省驿粮道。雍正二年，辖开封、归德、河南三府及陕、陈、许、禹四州；六年十二月，兼管通省水利；十三年五月，成为专务通省粮盐驿事务，改称分守粮盐驿道。

分巡大梁道，顺治元年十月置，先驻开封府，后驻禹州。康熙元年七月裁撤，九年复置，称分巡管河道。雍正十三年五月，兼分巡开封府、归德府、陈州府、许州府事务。乾隆十三年，分巡开封府、归德府、陈州府，兼管通省兵备、河道事务。光绪三十年十一月，郑州升为直隶州，名称为开归陈许郑道。宣统三年，称分巡河南开归陈许郑等处兼理河务兵备道。

（二）**河北道**

分守河北道，顺治元年七月置，驻怀庆府。康熙六年七月裁撤，九年正月复置，驻卫辉府，辖卫辉、彰德、怀庆三府；二十五年四月裁撤。雍正五年复置，驻武陟县，辖卫辉、彰德、怀庆三府，兼办河务。乾隆十三年，为分守河北兵备道；二十三年六月，兼办水利。至清末未变。

分巡河北道，顺治元年七月置，驻磁州。康熙元年七月裁撤。

（三）**河南道**

分守河南道，顺治二年四月置，驻河南府，康熙六年七月裁撤。

分巡河南道，顺治二年三月置，驻汝州，康熙元年七月裁撤。雍正十三年五月复置，驻陕州，辖河南府、陕州、汝州。乾隆十三年，为分巡河南陕汝道；二十三年，兼办水利。光绪年间称分巡河陕汝等处地方驿传兼水利道。

（四）**汝南道**

分守汝南道，亦作南汝道，顺治二年五月置，驻南阳府，康熙六年七月裁撤。

分巡汝南道，亦作南汝道，顺治二年六月置，驻信阳州。康熙六年七月裁撤，九年正月复置，驻信阳州，辖南阳府、汝宁府、汝州。雍正二年，增辖光州；六年十二月，兼办水利；十三年五月，汝州改属河陕汝道。乾隆十三年，为分巡南汝道兼管水利事务。咸丰八年十二月，兼办兵备事务。宣统三年，为分巡南汝光等处地方兵备道，兼管水利事务。

可见，河南大致被分为四块，即东部为大梁，主要是开封府、归德府；北部为黄河以北的河北，主要为卫辉、彰德、怀庆三府；西部为豫西山地的河南，主要为河南府、陕州、汝州；南部为汝水南部的汝南，主要为南阳府、汝宁府。各部分在康熙六年七月以前，都是两设分守、分巡，职责明确，一管民政、一管监察。康熙六年七月以后，或设分守、或设分巡，并兼办很多事务。

在《清史稿·地理志九》记载了河南省的辖境，“东至江苏萧县，西至陕西潼关县，南至湖北黄陂县，北至直隶磁州”①。雍正三年六月，内黄县自直隶大名府来属。雍正四年四月，磁州改属直隶广平府。与明代辖境相比，变化不大。

河南巡抚，驻开封府，在今河南省开封市。

二、清代河南的府、州、县

清代省以下的地方行政区划为府（直隶州、直隶厅）、县（散州、散厅），将明代复式的三四级政区层级简化为简单的三级政区层级，即省、府、县。

府是省以下的二级行政区划，下辖县（散州、散厅）。府的行政长官称知府，其佐贰有同知、通判、推官等。

州，分为两种，一种是直隶州，相当于府，属布政司，下辖县；一种是散州，相当于县，隶属于府，下不辖县。州的行政长官称知州，佐贰为州同、州判等。

厅，是清代新出现的一种行政区划名称，一般设置在不便于设置州县的边境或少数民族地区。厅也分为两种，一种是直隶厅，相当于府或直隶州，直属布政司，但很少辖县；一种是散厅，相当于县或散州，隶属于府。

县是清代地方行政区划中最基层的行政单位。

在《清史稿·地理志九》中记载了河南省府、州的变化，其过程如下：明末，河南布政使司领有府八、直隶州一。清初因袭明制，河南巡抚领有开封府、归德府、河南府、南阳府、汝宁府、卫辉府、怀庆府、彰德府、汝州。雍正二年（1724）八月，许州、陈州、郑州、禹州、光州、陕州升为直隶州。雍正十二年（1734）八月，升陈州、许州为府，降郑州、禹州为属州。乾隆六年（1741）十二月，降许州府为直隶州。光绪三十年（1904）十一月，升郑州为直隶州。光绪三十一年（1905）四

① 赵尔巽等撰：《清史稿》卷62《地理志九》，中华书局，1977年，第2067页。

月，升淅川厅为直隶厅。清末宣统年间河南省的行政区划状况，计有府九、直隶州五、直隶厅一、散州五、县九十六。另外，在今河南省境内还有一些州、县，在清代并不隶属于河南巡抚，故一并述之。下面我们以宣统末年为时间断限，来考述今河南省幅员内清代的府、州、厅、县的变化情况。[①]

（一）开封府

本明开封府，直辖县十七、属州四，州辖县十三，属河南省。清初因之。雍正二年八月，许州、陈州、郑州、禹州升为直隶州，许州辖县临颍县、襄城县、郾城县、长葛县往属许州直隶州，陈州辖县项城县、沈丘县、西华县、商水县往属陈州直隶州，郑州辖县荥阳县、荥泽县、河阴县、汜水县往属郑州直隶州，禹州辖县密县、开封府辖县新郑县隶属禹州直隶州；同时，原武县改隶怀庆府，延津县改隶卫辉府。时府辖县十四，计有祥符县、陈留县、杞县、通许县、太康县、尉氏县、洧川县、鄢陵县、扶沟县、中牟县、阳武县、封丘县、兰阳县、仪封县。

雍正十二年八月，降郑州直隶州为散州，与其所辖荥阳县、荥泽县、河阴县、汜水县同隶开封府；同时，太康县、扶沟县改隶陈州府。时府辖县十六、州一，计有祥符县、陈留县、杞县、通许县、尉氏县、洧川县、鄢陵县、中牟县、阳武县、封丘县、兰阳县、仪封县、荥阳县、荥泽县、河阴县、汜水县、郑州。

乾隆六年十二月，禹州、密县、新郑县由许州府改隶开封府。乾隆二十九年十二月，省河阴县入荥泽县。乾隆四十九年，阳武县改隶怀庆府，封丘县改隶卫辉府，仪封县改为仪封厅。时府辖县十四、州二、厅一，计有祥符县、陈留县、杞县、通许县、尉氏县、洧川县、鄢陵县、中牟县、密县、新郑县、兰阳县、荥阳县、荥泽县、汜水县、郑州、禹州、仪封厅。

道光四年十二月，改兰阳县为兰仪县。同治二年，省仪封厅入兰仪县。光绪三十年十一月，升郑州为直隶州，荥阳县、荥泽县、汜水县往属之。宣统元年，因避讳该兰仪县为兰封县。时府辖县十一、州一，计有祥符县、陈留县、杞县、通许县、尉氏县、洧川县、鄢陵县、中牟县、密县、新郑县、兰封县、禹州。开封府，治在今河南省开封市。

祥符县，本明县，属开封府。清代因之。府治所在。治在今河南省开封市。

陈留县，本明县，属开封府。清代因之。治在今河南省开封市陈留镇。

① 参考周振鹤主编，傅林祥等著：《中国行政区划通史·清代卷》，复旦大学出版社，2013年。

杞县,本明县,属开封府。清代因之。治在今河南省杞县。

通许县,本明县,属开封府。清代因之。治在今河南省通许县。

尉氏县,本明县,属开封府。清代因之。治在今河南省尉氏县。

洧川县,本明县,属开封府。清代因之。治在今河南省尉氏县洧川镇。

鄢陵县,本明县,属开封府。清代因之。治在今河南省鄢陵县。

中牟县,本明县,属开封府。清代因之。治在今河南省中牟县。

兰封县,本明兰阳县,属开封府。清初因之。道光四年十二月,改兰阳县为兰仪县。同治二年,省仪封厅入兰仪县。宣统元年,因避讳,改兰仪县为兰封县。治在今河南省兰考县。

禹州,本明禹州,属开封府。清初因之。雍正二年八月,升为禹州直隶州。雍正十二年八月,降为散州,隶属许州府。乾隆六年十二月,又改隶开封府。治在今河南省禹州市。

密县,本明县,属禹州。雍正二年八月,为禹州直隶州辖县。雍正十二年八月,为许州府辖县。乾隆六年十二月,县改隶开封府。治在今河南省新密市。

新郑县,本明县,属开封府。雍正二年八月,县改隶禹州直隶州。雍正十二年八月,县改隶许州府。乾隆六年十二月,县改隶开封府。治在今河南省新郑市。

（二）归德府

本明归德府,辖县六、州一,州辖县二,属河南省。清初因之。雍正末,考城、柘城二县由睢州改属府辖。乾隆四十九年,考城县改隶卫辉府。光绪元年,考城县复归。清末,辖县八、州一。府治在今河南省商丘市。

商丘县,本明县,属归德府。清代因之。治在今河南省商丘市。

宁陵县,本明县,属归德府。清代因之。治在今河南省宁陵县。

鹿邑县,本明县,属归德府。清代因之。治在今河南省鹿邑县。

夏邑县,本明县,属归德府。清代因之。治在今河南省夏邑县。

永城县,本明县,属归德府。清代因之。治在今河南省永城市西城关镇。

虞城县,本明县,属归德府。清代因之。治在今河南省虞城县北利民镇。

睢州,本明睢州,辖有考城、柘城二县,属归德府。雍正末,考城、柘城二县改属府辖。治在今河南省睢县。

考城县,本明县,属睢州。清初因之。雍正末,改为府属。乾隆四十九年,改隶卫辉府。光绪元年,县复归。原治在今河南省民权县东北北关镇一带,乾隆四十九年,迁至今河南省兰考县堌阳镇。

柘城县,本明县,属睢州。清初因之。雍正末,改为府属。治在今河南省柘城县。

(三) 陈州府

本明陈州,辖有西华、项城、商水、沈丘四县,属开封府。清初因之。雍正二年八月,州升为直隶州,辖西华、项城、商水、沈丘四县。雍正十二年八月,升为陈州府,置附郭县淮宁县,太康、扶沟二县从开封府来属。故府辖县七,计有淮宁县、西华县、项城县、商水县、沈丘县、太康县、扶沟县。至清末未变。府治在今河南省淮阳县。

淮宁县,清雍正十二年置,为府治,属陈州府。治在今河南省淮阳县。

商水县,本明县,属陈州。雍正二年,州为直隶州,县属之。雍正十二年,州升为府,县属之。治在今河南省商水县。

西华县,本明县,属陈州。雍正二年,州为直隶州,县属之。雍正十二年,州升为府,县属之。治在今河南省西华县。

项城县,本明县,属陈州。雍正二年,州为直隶州,县属之。雍正十二年,州升为府,县属之。治在今河南省项城市南老城。

沈丘县,本明县,属陈州。雍正二年,州为直隶州,县属之。雍正十二年,州升为府,县属之。治在今河南省沈丘县东南老城镇。

太康县,本明县,属开封府。清初因之。雍正十二年八月,县改隶陈州府。治在今河南省太康县。

扶沟县,本明县,属开封府。清初因之。雍正十二年八月,县改隶陈州府。治在今河南省扶沟县。

(四) 许州直隶州

本明许州,辖有临颍、襄城、郾城、长葛四县,属开封府。清初因之。雍正二年八月,州升为直隶州,仍辖有临颍、襄城、郾城、长葛四县。雍正十二年八月,州升为许州府,置附郭县石梁县,禹州、密县、新郑县来属。时府辖县七、州一,计有石梁县、临颍县、襄城县、郾城县、长葛县、密县、新郑县、禹州。乾隆六年十二月,复降为直隶州,废石梁县,禹州、密县、新郑县改隶开封府。至清末未变,辖县四。州治在今河南省许昌市。

临颍县,本明县,属许州。清代,县随州升降而变。治在今河南省临颍县。

襄城县,本明县,属许州。清代,县随州升降而变。治在今河南省襄城县。

郾城县,本明县,属许州。清代,县随州升降而变。治在今河南省漯河市郾城区。

长葛县,本明县,属许州。清代,县随州升降而变。治在今河南省长葛市。

(五)郑州直隶州

本明郑州,辖有荥阳、荥泽、河阴、汜水四县,属开封府。清初因之。雍正二年八月,州升为直隶州,仍辖有荥阳、荥泽、河阴、汜水四县。雍正十二年八月,复降为散州,隶属开封府;州辖县荥阳、荥泽、河阴、汜水四县也隶属开封府。乾隆二十九年十二月,河阴县省入荥泽县。光绪三十年十一月,复升为直隶州,辖荥阳、荥泽、汜水三县。州治在今河南省郑州市。

荥阳县,本明县,属郑州。清初因之。雍正二年八月,为郑州直隶州辖县。雍正十二年八月,县改隶开封府。光绪三十年十一月,复为郑州直隶州辖县。治在今河南省荥阳市。

荥泽县,本明县,属郑州。清初因之。雍正二年八月,为郑州直隶州辖县。雍正十二年八月,县改隶开封府。光绪三十年十一月,复为郑州直隶州辖县。治在今河南省荥阳市西北古荥镇。

汜水县,本明县,属郑州。清初因之。雍正二年八月,为郑州直隶州辖县。雍正十二年八月,县改隶开封府。光绪三十年十一月,复为郑州直隶州辖县。治在今河南省荥阳市汜水镇。

(六)河南府

本明河南府,辖有县十一、州一,州辖县二,属河南省。清初因之。雍正二年八月,升陕州为直隶州,所辖二县随之。时府辖县十一,计有洛阳县、偃师县、巩县、孟津县、宜阳县、登封县、永宁县、渑池县、新安县、嵩县、卢氏县。雍正十二年八月,卢氏县改隶陕州直隶州。时府辖县十,至清末未变。府治在今河南省洛阳市。

洛阳县,本明县,属河南府。清代因之。府治所在。治在今河南省洛阳市。

偃师县,本明县,属河南府。清代因之。治在今河南省偃师市东南老城。

宜阳县,本明县,属河南府。清代因之。治在今河南省宜阳县。

新安县,本明县,属河南府。清代因之。治在今河南省新安县。

巩县,本明县,属河南府。清代因之。治在今河南省巩义市东北巩县老城。

孟津县,本明县,属河南府。清代因之。治在今河南省孟津县东孟津老城。

登封县,本明县,属河南府。清代因之。治在今河南省登封市。

渑池县,本明县,属河南府。清代因之。治在今河南省渑池县。

嵩县,本明县,属河南府。清代因之。治在今河南省嵩县。

永宁县,本明县,属河南府。清代因之。治在今河南省洛宁县。

(七)陕州直隶州

本明陕州,辖有灵宝、阌乡二县,属河南府。清初因之。雍正二年八月,州升为直隶州,所辖二县随之。雍正十二年八月,卢氏县从河南府来属。时辖县三,至清末未变。州治在今河南省三门峡市陕县老城。

灵宝县,本明县,属陕州,清代因之。治在今河南省灵宝市东北老城。

阌乡县,本明县,属陕州,清代因之。治在今河南省灵宝市西北阌乡北三门峡水库中。

卢氏县,本明县,属河南府。清初因之。雍正十二年八月,改隶陕州直隶州。治在今河南省卢氏县。

(八)汝州直隶州

本明汝州,辖有鲁山、郏、宝丰、伊阳四县,直属河南省。清因之。州治在今河南省汝州市。

鲁山县,本明县,属汝州。清代因之。治在今河南省鲁山县。

郏县,本明县,属汝州。清代因之。治在今河南省郏县。

宝丰县,本明县,属汝州。清代因之。治在今河南省宝丰县。

伊阳县,本明县,属汝州。清代因之。治在今河南省汝阳县。

(九)彰德府

本明彰德府,辖县四、州一,州辖县二,属河南省。清初因之。雍正三年六月,内黄县自直隶大名府来属。雍正四年四月,磁州改隶直隶广平府。时府辖安阳、临漳、汤阴、林县、武安、涉、内黄七县,至清末不变。因临漳、武安、涉三县在今河北省境内,故不述。府治在今河南省安阳市。

安阳县,本明县,属彰德府。清代因之。府治所在。治在今河南省安阳市。

汤阴县,本明县,属彰德府。清代因之。治在今河南省汤阴县。

林县,本明县,属彰德府。清代因之。治在今河南省林州市。

内黄县,本明县,属京师大名府。清初因之。雍正三年六月,改隶河南彰德府。治在今河南省内黄县。

（十）卫辉府

本明卫辉府,辖汲、新乡、获嘉、淇、辉、胙城六县,属河南省。清初因之。雍正二年八月,延津县自开封府来属。雍正三年六月,滑县、浚县自直隶大名府来属。雍正五年闰三月,省胙城县入延津县。时府辖县八,计有汲县、新乡县、获嘉县、淇县、辉县、延津县、滑县、浚县。乾隆四十九年,封丘县自开封府、考城县自归德府来属。光绪元年,考城县还属归德府。时府辖县九,至清末未变。府治在今河南省卫辉市。

汲县,本明县,属卫辉府。清代因之。府治所在。治在今河南省卫辉市。

新乡县,本明县,属卫辉府。清代因之。治在今河南省新乡市。

获嘉县,本明县,属卫辉府。清代因之。治在今河南省获嘉县。

淇县,本明县,属卫辉府。清代因之。治在今河南省淇县。

辉县,本明县,属卫辉府。清代因之。治在今河南省辉县市。

延津县,本明县,属开封府。清雍正二年八月,改隶卫辉府。雍正五年闰三月,胙城县省入。治在今河南省延津县。

滑县,本明县,属京师大名府。清初,县为直隶大名府辖县。雍正三年六月,县改隶河南卫辉府。治在今河南省滑县。

浚县,本明县,属京师大名府。清初,县为直隶大名府辖县。雍正三年六月,县改隶河南卫辉府。治在今河南省浚县。

封丘县,本明县,属开封府。清初因之。乾隆四十九年,县改属卫辉府。治在今河南省封丘县。

（十一）怀庆府

本明怀庆府,辖有河内、济源、修武、武陟、孟、温六县,属河南省。清初因之。雍正二年八月,原武县自开封府来属。乾隆四十九年,阳武县自开封府来属。时府辖县八,至清末未变。府治在今河南省沁阳市。

河内县,本明县,属怀庆府。清代因之。府治所在。治在今河南省沁阳市。

济源县,本明县,属怀庆府。清代因之。治在今河南省济源市。

原武县,本明县,属开封府。清初因之。雍正二年八月,县改隶怀庆府。治在今河南省原阳县西南原武镇。

修武县,本明县,属怀庆府。清代因之。治在今河南省修武县。

武陟县,本明县,属怀庆府。清代因之。治在今河南省武陟县。

孟县,本明县,属怀庆府。清代因之。治在今河南省孟州市。

温县,本明县,属怀庆府。清代因之。治在今河南省温县。

阳武县,本明县,属开封府。清初因之。乾隆四十九年,县改隶怀庆府。治在今河南省原阳县。

(十二)南阳府

本明南阳府,辖有南阳、镇平、唐、泌阳、桐柏、南召六县,邓、裕二州,邓州辖有内乡、新野、淅川三县,裕州辖有舞阳、叶二县,属河南省。清初因之。顺治十七年,省南召县入南阳县。雍正十二年六月,复置南召县。雍正末,州不辖县。时府辖县十一、州二,计有南阳县、镇平县、唐县、泌阳县、桐柏县、南召县、内乡县、新野县、淅川县、舞阳县、叶县、邓州、裕州。道光十二年六月,淅川县改为淅川厅。光绪三十一年四月,淅川厅升为淅川直隶厅。时府辖县十、州二,至清末未变。府治在今河南省南阳市。

南阳县,本明县,属南阳府。清代因之。府治所在。治在今河南省南阳市。

南召县,本明县,属南阳府。顺治十七年,县省入南阳县,雍正十二年六月,复置县,属南阳府。治在今河南省南召县。

唐县,本明县,属南阳府。清代因之。治在今河南省唐河县。

泌阳县,本明县,属南阳府。清代因之。治在今河南省泌阳县。

桐柏县,本明县,属南阳府。清代因之。治在今河南省桐柏县。

镇平县,本明县,属南阳府。清代因之。治在今河南省镇平县。

邓州,本明邓州,辖有内乡、新野、淅川三县,属南阳府。清初因之。雍正末,散州不辖县,内乡、新野、淅川三县隶属南阳府。州治在今河南省邓州市。

内乡县,本明县,属邓州。清初因之。雍正末,县改属南阳府。治在今河南省内乡县。

新野县,本明县,属邓州。清初因之。雍正末,县改属南阳府。治在今河南省新野县。

裕州,本明裕州,辖有舞阳、叶二县,属南阳府。清初因之。雍正末,散州不辖县,舞阳、叶二县隶属南阳府。州治在今河南省方城县。

舞阳县,本明县,属裕州。清初因之。雍正末,县改属南阳府。治在今河南省舞阳县。

叶县,本明县,属裕州。清初因之。雍正末,县改属南阳府。治在今河南省叶县。

(十三)汝宁府

本明汝宁府,辖有县七、州二,州辖县五,属河南省。清初因之。雍正元年,改真阳县为正阳县。雍正二年八月,升光州为直隶州,辖县光山县、息县、固始县、商城县随隶。雍正末,时府辖县八、州一,计有汝阳县、正阳县、上蔡县、新蔡县、西平县、确山县、遂平县、罗山县、信阳州。至清末未变。府治在今河南省汝南县。

汝阳县,本明县,属汝宁府。清代因之。府治所在。治在今河南省汝南县。

正阳县,本明真阳县,属汝宁府。清初因之。雍正元年,县改为正阳县。治在今河南省正阳县。

上蔡县,本明县,属汝宁府。清代因之。治在今河南省上蔡县。

新蔡县,本明县,属汝宁府。清代因之。治在今河南省新蔡县。

西平县,本明县,属汝宁府。清代因之。治在今河南省西平县。

遂平县,本明县,属汝宁府。清代因之。治在今河南省遂平县。

确山县,本明县,属汝宁府。清代因之。治在今河南省确山县。

信阳州,本明信阳州,辖有罗山一县,属汝宁府。清初因之。雍正末,散州不辖县,罗山县隶属汝宁府。州治在今河南省信阳市。

罗山县,本明县,属信阳州。清初因之。雍正末,县改属汝宁府。治在今河南省罗山县。

(十四)光州直隶州

本明光州,辖有光山、固始、息、商城四县,属汝宁府。清初因之。雍正二年八月,州升为直隶州,所辖光山、息县、固始、商城四县随隶。至清末未变。州治在今河南省潢川县。

光山县,本明县,属光州。清代因之。治在今河南省光山县。

固始县,本明县,属光州。清代因之。治在今河南省固始县。

息县,本明县,属光州。清代因之。治在今河南省息县。

商城县,本明县,属光州。清代因之。治在今河南省商城县。

（十五）淅川直隶厅

本明淅川县,为南阳府邓州辖县,清初因之。雍正末,县改为府辖。道光十二年六月,改县为厅,属南阳府。光绪三十一年四月,升为直隶厅。治在今河南省淅川县西南老城。

（十六）大名府

本明大名府,辖有元城、大名、魏、南乐、清丰、内黄、浚县、滑县八县,开州一州,开州辖有长垣、东明二县,属京师。清初因之。雍正三年六月,浚、滑二县改属河南卫辉府,内黄县改属河南彰德府。雍正末,散州不辖县,开州辖县长垣、东明二县改为府属。乾隆二十三年六月,省魏县入元城、大名二县。时府辖有元城、大名、南乐、清丰、长垣、东明六县及开州一州,至清末未变。因元城、大名、东明三县不在今河南省境内,故不述。府治在今河北省大名县。

清丰县,本明县,属大名府。清代因之。治在今河南省清丰县。

南乐县,本明县,属大名府。清代因之。治在今河南省南乐县。

长垣县,本明县,属开州。清初因之。雍正末,县改为府属。治在今河南省长垣县。

开州,本明开州,辖有长垣、东明二县,属京师大名府。清初因之。雍正末,长垣、东明二县改为府属。州治在今河南省濮阳市。

另：濮州

本明濮州,辖有观城、朝城、范三县,属山东东昌府。清初因之。雍正七年十二月,濮州升为直隶州。雍正十三年七月,濮州直隶州降为散州,隶属山东曹州府;观城、朝城、范三县改属曹州府。至清末未变。州治在今河南省范县濮城镇。

此外,今河南省台前县境时属山东兖州府寿张县地。

第八章 中华民国时期河南的行政区划

1911 年 10 月 10 日,在湖北武昌爆发了武昌起义,随后各省纷纷响应,脱离清政府而独立。1912 年 1 月 1 日,中华民国临时政府在南京宣布成立。辛亥革命推翻了清王朝的统治,结束了两千多年的封建君主专制制度,建立了中华民国。尽管如此,但辛亥革命并没有改变中国半殖民地半封建的社会性质,中国人民依然受着帝国主义列强的侵略和掠夺。在中国共产党的领导下,中国人民经过艰苦的奋斗,完成了新民主主义革命,于 1949 年 10 月 1 日建立了中华人民共和国。

因此,中华民国时期是指 1912 年 1 月 1 日至 1949 年 9 月 30 日。在这一时期,中国大地上先后存在着三类不同性质的政权。一是中华民国政府,又可分为北京政府和南京政府。北京政府是指由北洋军阀控制的民国政府,从 1912 年 3 月袁世凯在北京任职至 1928 年 6 月北伐军占领北京。南京政府是由国民党主导的民国政府,从 1927 年 4 月蒋介石在南京成立国民政府至 1949 年 4 月人民解放军占领南京。二是红色政权,是由中国共产党领导中国人民在不同历史阶段建立的人民革命政府。土地革命期间,党领导人民建立的苏维埃政府;抗日战争期间,党领导人民建立的抗日民主联合政府;解放战争期间,党领导人民建立的人民民主政府。三是殖民政权,主要是抗战期间,日本帝国主义为了达到“以华制华”“以华养战”的目的而扶持的伪政府,如伪满洲国、汪伪政府等。

河南地处黄河中下游地区,交通便利,具有十分重要的战略地位,一直受到北洋军阀和国民党蒋介石集团的控制,更是日本帝国主义侵略占领的对象。河南人民在中国共产党的领导下,追求民族的解放和独立,在河南创建了许多红色的革命根据地,建立新型的人民政权。下面我们就这些政权在河南设置的行政区划进行考述。

第一节　中华民国政府治下的河南省、县

中华民国时期分为两个阶段，第一阶段为北京政府时期，第二阶段为南京政府时期。

1912 年 1 月 1 日，孙中山在南京就任中国民国临时大总统，宣布中华民国成立。2 月 12 日，清帝在北京宣布退位，清朝灭亡。根据南北议和条件，2 月 13 日，孙中山辞去临时大总统，举荐袁世凯上台。15 日，参议院选举袁世凯为中华民国临时大总统。3 月 10 日，袁世凯在北京宣誓就职。4 月 5 日，南京临时参议院决定迁都北京。中华民国临时政府宣布结束，历史进入北京政府时期。北京政府时期，由于中央长期被北洋军阀所把持，故俗称北洋军阀政府或北洋政府。1928 年 6 月，国民革命军攻占北京，北京政府时期结束。

由于辛亥革命的成果为袁世凯所窃取，孙中山高举反袁大旗，重建中华民国。1924 年 1 月 20 日，中国国民党第一次全国代表大会在广州召开，会议通过了孙中山的《中华民国建国大纲》，强调以党建国、治国的原则。1925 年 6 月 14 日，改组大元帅府为中华民国国民政府，称广州国民政府。随着国民革命军北伐的胜利进军，1927 年 1 月 1 日，广州国民政府迁都武汉，称武汉国民政府。4 月 12 日，国民党蒋介石集团发动了"四一二"反革命政变，大肆屠杀共产党人。18 日，在南京建立与武汉国民政府对立的南京国民政府。7 月 15 日，武汉国民政府汪精卫集团发动了"七一五"反革命事变，实行"清党反共"。9 月，宁汉合流，武汉国民政府并入南京国民政府。1928 年 6 月，北伐军占领北京，中国实现形式上的全国统一，历史进入南京政府时期。南京政府时期，由于国民党是政权的核心，故又称国民党政府。南京政府实行国民党独裁专制，压制民主自由。1949 年 4 月 23 日，人民解放军占领南京，国民党政权覆灭。

中华民国时期，是中国社会从传统走向现代的过渡时期。在行政区划上，无论是从政区命名、长官的名称还是从行政制度来看，都体现出承袭与立新的特点。下面我们就河南省的行政区划进行具体的考述。

一、河南省省行政机构的演变

辛亥革命中,南方各省纷纷宣布独立,起义者建立军政府,最高长官成为都督。河南一直控制在袁世凯手中,河南的辛亥革命遭到镇压而失败。1912 年 1 月 1 日中华民国建立后,袁世凯指使清河南巡抚齐耀琳于 2 月 3 日宣布共和。3 月,根据北京行政令,改河南巡抚为河南都督。23 日,袁世凯拒绝曾昭文担任河南都督之请,任命亲信张镇芳担任河南都督。都督为河南省最高长官,机构为都督府。1913 年 1 月,根据《划一现行各省行政官厅组织令》,实行军民分治,省设民政长,民政长为一省最高行政长官,署省行政公署。河南省民政长由张镇芳兼任。由于白朗起义,袁世凯将张镇芳撤职。1914 年 2 月,田文烈为河南省民政长,兼办军务。3 月,田文烈任河南都督。

1914 年 5 月,袁世凯颁布《省官制》,改民政长为巡按使,省行政公署改称巡按使公署。田文烈为河南省巡按使。1916 年,大总统黎元洪下令改巡按使为省长,巡按使公署改为省长公署。田文烈为河南省省长。

中华民国建立之初,各省各自为政,制度颇为不一。1913 年,北京政府颁布《划一现行各省行政官厅组织令》,省上设民政长,为一省最高行政长官。省最高行政机构为省行政公署,公署内设总务处、内务司、财政司、教育司、实业司为办事机关,各司处长官由中央任命。1914 年的《省官制》,规定民政长改称巡按使,省行政公署改称巡按使公署,下设政务厅和财政厅,原总务处、教育司、实业司撤销。政务厅由原内务司改置,政务厅下设置总务、内务、教育、实业四科;财政厅由原财政司改置,财政厅下设置总务、征榷、制用三科。政务、财政二厅厅长由中央任命。1916 年,巡按使改称省长,巡按使公署改称省长公署。1917 年,省长公署下复设教育厅,裁撤政务厅下教育科。教育厅下设置三科,一科掌管总务,二科掌管普通教育与社会教育,三科掌管专门教育与留学事宜。教育厅还设有视学六名。教育厅厅长由中央任命,直属于中央政府教育部,受省长监督。同时,省长公署下复设实业厅,裁撤政务厅下实业科。实业厅下设总务、农商、工矿三科,厅长由中央任命,直属于中央政府农商部,受省长监督。

1927 年 6 月,随着北伐军占领河南,国民党郑州会议决定建立河南省政府,冯玉祥为河南省政府主席。根据国民党的省组织法令,省的最高行政机构为省政府委员会。省政府委员一般由7—15人组成,皆由国民政府直接任命。省政府主席和民政、财政、教育、建设各厅的厅长从省政府委员中产生。省政府委员会会议由省政府主席召集,通过会议形成省政府决策。省政府下设民政、财政、教育、建设四厅及秘书处,分理一省政务。

河南省会开封,今河南省开封市。抗战爆发后,1938年6月,省会迁治镇平县;1939年10月,省会迁驻洛阳县;1942年4月,省会又迁治鲁山县;1944年5月以后,省会又先后迁至内乡县丹水镇、卢氏县朱阳镇;1945年9月,抗战胜利后,省会迁回开封县。1948年10月3日,在人民解放军胜利进军的情势下,河南省政府迁于信阳。10月24日开封解放。1949年4月1日,信阳解放。国民党河南省政府逃亡。1949年11月24日,河南省政府主席赵子立在四川率部起义。

二、北京政府时期河南省的道

为了规范各省地方行政建制,1913年1月,中华民国临时大总统颁布《划一现行各省地方行政官厅组织令》《划一现行各道地方行政官厅组织令》和《划一现行各县地方行政官厅组织令》,规定在省下废府设道,改各州、厅为县,实行省、道、县三级制。道的行政长官称观察使,1914年5月,又改称道尹。

1912年初,河南省仍保留有清代设置的开归陈许郑道、彰卫怀道、河陕汝道、南汝光淅道四道。1913年1月,改置开归陈许郑道为豫东道、彰卫怀道为豫北道、河陕汝道为豫西道、南汝光淅道为豫南道四道观察使。1914年6月,又改豫东道为开封道、豫南道为汝阳道、豫西道为河洛道、豫北道为河北道,置有四道道尹。1927年6月,冯玉祥部占领河南后,各道裁撤。

开封道,驻开封,今河南省开封市。辖有38县:河阴县、荥泽县、汜水县、荥阳县、郑县、密县、新郑县、中牟县、开封县、尉氏县、洧川县、长葛县、许昌县、禹县、襄城县、临颍县、郾城县、鄢陵县、扶沟县、通许县、陈留县、兰封县、考城县、杞县、睢县、太康县、西华县、淮阳县、商水县、项城县、沈丘县、鹿邑县、柘城县、宁陵县、商丘县、虞城县、夏邑县、永城县。

河北道,驻汲县,今河南省卫辉市。辖有24县:武安县、涉县、临漳县、内黄县、安阳县、林县、淇县、汤阴县、浚县、辉县、汲县、滑县、延津县、封丘县、原武县、阳武县、新乡县、获嘉县、修武县、武涉县、温县、泌阳县、孟县、济源县。

河洛道,驻洛阳,今河南省洛阳市。辖有19县:阌乡县、灵宝县、卢氏县、陕县、洛宁县、嵩县、渑池县、新安县、宜阳县、伊阳县、鲁山县、宝丰县、郏县、临汝县、登封县、巩县、偃师县、洛阳县、孟津县。

汝阳道,驻信阳,今河南省信阳市。辖有27县:内乡县、淅川县、南召县、镇平县、邓县、新野县、南阳县、唐河县、方城县、叶县、舞阳县、泌阳县、桐柏县、信阳县、确山县、遂平县、西平县、上蔡县、汝南县、正阳县、罗山县、新蔡县、息县、潢川县、光山县、固始县、商城县。

三、南京政府时期河南省的行政督察区

1927年4月,南京国民政府成立后,废道,实行省、县二级制。1927年6月,河南省国民政府成立,实行省、县二级制。1932年8月,国民政府颁布《各省行政督察专员督行条例》,规定在省、县之间分区设立行政督察专员公署,作为省政府的辅助和派出机关。公署设行政督察专员一人,承省政府委员会之命指导、监督本辖区内各县、市的行政工作,兼统该督察区内的地方武装力量,维持本区治安。这种督察区在实际行政上介于省、县之间,但并不是一级行政区。河南省划分为14个行政督察区,分辖全省110个县。其表如下:

表8-1 1932年8月河南行政督察区辖县表

序号	辖县	县数	专署驻地
一	杞县、开封、陈留、兰封、考城、尉氏、洧川、通许、中牟	9	杞县
二	商丘、宁陵、虞城、民权、永城、柘城、睢县、夏邑	8	商丘
三	淮阳、沈丘、项城、鹿邑、商水、太康、西华、扶沟	8	淮阳
四	郑县、广武、荥阳、汜水、密县、新郑、长葛、禹县	8	郑县
五	许昌、郏县、临汝、临颍、郾城、襄城、宝丰、鄢陵、鲁山	9	许昌
六	南阳、方城、新野、唐河、泌阳、南召、舞阳、叶县、桐柏	9	南阳

（续表）

序号	辖县	县数	专署驻地
七	内乡、淅川、镇平、邓县	4	内乡
八	汝南、新蔡、上蔡、西平、遂平、确山、正阳	7	汝南
九	潢川、固始、商城、息县、光山、信阳、罗山	7	潢川
十	洛阳、偃师、巩县、登封、孟津、伊川、嵩县、宜阳、伊阳	9	洛阳
十一	陕县、阌乡、灵宝、卢氏、新安、渑池、洛宁	7	陕县
十二	安阳、武安、临漳、涉县、林县、内黄、汤阴	7	安阳
十三	新乡、浚县、汲县、淇县、滑县、延津、辉县、阳武、封丘	9	新乡
十四	沁阳、济源、温县、孟县、博爱、修武、获嘉、原武、武陟	9	沁阳

1933 年 2 月，奉准全省划为 11 个行政督察区，辖 111 个县。其划分如下：

表 8-2　1933 年 2 月河南行政督察区辖县表

序号	辖县	县数	专署驻地
一	郑县、开封、中牟、新郑、尉氏、密县、洧川、荥阳、汜水、广武、禹县、长葛、通许	13	郑县
二	商丘、陈留、宁陵、杞县、虞城、民权、永城、柘城、兰封、考城、睢县、夏邑	12	商丘
三	安阳、武安、临漳、涉县、林县、内黄、浚县、汲县、汤阴、淇县、滑县	11	安阳
四	新乡、济源、温县、孟县、沁阳、博爱、修武、武陟、获嘉、原武、延津、辉县、阳武、封丘	14	新乡
五	许昌、郏县、临汝、临颍、郾城、襄城、宝丰、鄢陵、鲁山	9	许昌
六	南阳、方城、新野、唐河、泌阳、内乡、淅川、镇平、南召、舞阳、叶县、桐柏、邓县	13	南阳
七	淮阳、沈丘、项城、鹿邑、商水、太康、西华、扶沟	8	淮阳
八	汝南、新蔡、上蔡、西平、遂平、确山、正阳	7	汝南
九	潢川、固始、商城、息县、光山、信阳、罗山、经扶	8	潢川
十	洛阳、偃师、巩县、登封、孟津、伊川、嵩县、宜阳、伊阳	9	洛阳
十一	陕县、阌乡、灵宝、卢氏、洛宁、新安、渑池	7	陕县

1938 年 8 月,调整第一、第二区,设第十二区,专员公署驻通许县,辖有通许、开封、陈留、杞、民权、睢、兰封、考城、鹿邑 9 个县。同年 11 月,调整第三、第四区,增置第十三区,专员公署驻滑县,辖有滑、浚、内黄、封丘、原武、阳武、延津、辉 8 个县。1939 年 1 月,淇县划属第十三区;3 月又划回原区。6 月,汲县划属第十三区。9 月,开封划回第一区。1942 年 5 月裁撤第十三区,所属各县划回原第三、第四区。

1947 年 6 月,南京国民政府行政院内务部方域司对各地行政督察区核准备案,河南省所辖 111 个县划分为 12 个行政督察区,各区及其属县如下:

表 8-3　1947 年 6 月河南行政督察区辖县表

序号	辖县	县数	专署驻地
一	郑县、开封、中牟、新郑、尉氏、密县、洧川、荥阳、汜水、广武、禹县、长葛	12	郑县
二	商丘、宁陵、虞城、永城、柘城、鹿邑、夏邑	7	商丘
三	安阳、武安、涉县、临漳、林县、内黄、浚县、汲县、汤阴、淇县、滑县	11	安阳
四	新乡、济源、温县、孟县、沁阳、博爱、修武、武陟、获嘉、原武、延津、辉县、阳武、封丘	14	新乡
五	许昌、郏县、临汝、临颍、郾城、襄城、宝丰、鄢陵、鲁山	9	许昌
六	南阳、淅川、内乡、方城、南召、泌阳、舞阳、叶县、唐河、桐柏、新野、镇平、邓县	13	南阳
七	淮阳、太康、扶沟、西华、商水、项城、沈丘	7	淮阳
八	汝南、正阳、上蔡、新蔡、西平、遂平、确山	7	汝南
九	潢川、固始、商城、罗山、信阳、光山、经扶、息县	8	潢川
十	洛阳、偃师、孟津、巩县、登封、嵩县、伊川、伊阳、宜阳	9	洛阳
十一	陕县、新安、渑池、洛宁、卢氏、灵宝、阌乡	7	陕县
十二	兰封、考城、杞县、陈留、通许、睢县、民权	7	兰封

四、市制的出现与开封市、郑州市

市制本是西方城市自治而实行的行政区划制度。随着我国城镇的发展，面积越来越大，人口越来越多，需要对城市进行行政事务的管理。1921 年 2 月，《广州市暂行条例》颁布，广州市成立。广州是我国实行城市行政区划制度以来的第一个市。1921 年 7 月，北京政府颁布了《市自治制》，创立了全国性的城市行政区划制度，中国市制正式确立。随着上海、南京特别市的建立，1928 年 7 月，南京政府颁布了《市组织法》和《特别市组织法》，规定市分为特别市和普通市，特别市直属国民政府，一般于首都、百万以上人口的城市以及特殊情况的城市设置；普通市直属省政府，一般设置于人口满 20 万的城市。1930 年 5 月，南京政府颁布修订的《市组织法》，规定市不再有特别市与普通市的分别，但有院直辖和省直辖的区别。院直辖市一般设置于首都、百万以上人口的大城市以及有特殊情况的城市；省直辖市一般设置于 20 万以上人口的城市。

根据法律的精神，1929 年河南省设置了开封市、郑州市。

开封市，1927 年，析开封县城区置开封市政筹备处。1929 年 9 月，改组为开封市市政府。1930 年 9 月，河南省政府以县市分设增加财政负担，且以开封人口不足 20 万为由，要求撤销开封市。1931 年 1 月，国民政府同意。1935 年冬，河南省政府又以省会地关重要为由，要求重建开封市。1936 年 1 月，国民政府同意，5 月又撤销，并入开封县。

郑州市，1927 年，析郑县城区置郑州市政筹备处。1928 年 3 月，成立了市政府。1929 年 9 月，任命了市长。1931 年 1 月，国民政府令准裁撤，并入郑县。

五、中华民国时期河南的县

为了规范各省地方行政建制，1913 年 1 月，中华民国临时大总统颁布《划一现行各县地方行政官厅组织令》，规定改州、厅为县，县隶属于道。县的长官为县知事，负责一县政务。县的最高行政机构为县知事公署。县知事公署下设有内务、财务、劝业、劝学、警察、司法、统计等科,废除了知县衙门三班六房的名称。1914年8月,北京政府规定:在县域辽阔、地位重要、县署权力难及之处,设置县佐。其所辖区域,仍为县的组成部分。河南省计有开封、商丘、淮阳、确山、商水、洛阳、安阳、信阳、南阳等39个县设置县佐。

1929年6月,南京政府公布了修订的《县组织法》,确定县为自治单位。县自治的议决机关是县参议会,县行政机关是县政府,设县长一人,综理县政。但在1946年之前,县参议会一直未设置。县政府内设置总务、民政、财政、建设四股;后改股为局,设公安、财政、建设、教育四局。1930年废除县佐。1939年后,南京政府推行新县制,改局为科,县政府一般下设秘书室、民政科、财务科、教育科、建设科、军事科、粮政科、地政科、社会科、合作指导室、警佐室、会计室。

河南省的县,到民国末,有111个。下面我们以1947年6月为时间断限进行考述。时属河南的武安、临漳、涉县,今属河北省,故不述。

开封县,本清祥符县,属开封府。1913年2月,废府存县,改名为开封县,属豫东道。1914年6月,县属开封道。县佐治朱仙镇,今河南省开封市南朱仙镇。1929年9月,由县城区析置开封市。1930年2月,废县佐。1931年1月,开封市并入。1932年8月,县属第一行政督察区。1935年11月,由县城区析置开封市。1936年5月,开封市并入。1938年8月,县属第十二行政督察区。1939年9月,县属第一行政督察区。1948年10月24日解放。省会、道治所在。治在今河南省开封市。

陈留县,本清县,属开封府。1913年2月,县属豫东道。1914年6月,县属开封道。1932年8月,县属第一行政督察区。1933年2月,县属第一行政督察区。1938年8月,县属第十二行政督察区。治在今河南省开封市陈留镇。

杞县,本清县,属开封府。1913年2月,县属豫东道。1914年6月,县属开封道。1932年8月,县属第一行政督察区。1933年2月,县属第一行政督察区。1938年8月,县属第十二行政督察区。治在今河南省杞县。

通许县,本清县,属开封府。1913年2月,县属豫东道。1914年6月,县属开封道。1932年8月,县属第一行政督察区。1933年2月,县属第一行政督察区。1938年8月,县属第十二行政督察区。曾为专署驻地。治在今河南省通许县。

尉氏县,本清县,属开封府。1913年2月,县属豫东道。1914年6月,县属开封道。1932年8月,县属第一行政督察区。治在今河南省尉氏县。

洧川县,本清县,属开封府。1913年2月,县属豫东道。1914年6月,县属开封道。1932年8月,县属第一行政督察区。治在今河南省尉氏县洧川镇。

鄢陵县,本清县,属开封府。1913年2月,县属豫东道。1914年6月,县属开封道。1932年8月,县属第五行政督察区。治在今河南省鄢陵县。

兰封县,本清县,属开封府。1913年2月,县属豫东道。1914年6月,县属开封道。1932年8月,县属第一行政督察区。1933年2月,县属第二行政督察区。1938年8月,县属第十二行政督察区。曾为专署驻地。治在今河南省兰考县。

考城县,本清县,属归德府。1913年2月,县属豫东道。1914年6月,县属开封道。县佐治旧县寨,今河南省兰考县东。1930年2月,废县佐。1932年8月,县属第一行政督察区。1933年2月,县属第二行政督察区。1938年8月,县属第十二行政督察区。治在今河南省兰考县堌阳镇。

民权县,1928年3月,由杞县东北部、睢县北部析置。1932年8月,县属第二行政督察区。1938年8月,县属第十二行政督察区。治在今河南省民权县西北李坝集。1948年迁治今治。

禹县,本清禹州,属开封府。1913年2月,改州为县,属豫东道。1914年6月,县属开封道。县佐治白沙镇,今河南省禹州市西北白沙。1930年2月,废县佐。1932年8月,县属第四行政督察区。1933年2月,县属第一行政督察区。治在今河南省禹州市。

密县,本清县,属开封府。1913年2月,县属豫东道。1914年6月,县属开封道。1932年8月,县属第四行政督察区。1933年2月,县属第一行政督察区。治在今河南省新密市。

新郑县,本清县,属开封府。1913年2月,县属豫东道。1914年6月,县属开封道。1932年8月,县属第四行政督察区。1933年2月,县属第一行政督察区。治在今河南省新郑市。

中牟县,本清县,属开封府。1913年2月,县属豫东道。1914年6月,县属开封道。1932年8月,县属第一行政督察区。1948年10月22日解放。治在今河南省中牟县。

郑县,本清县,属郑州直隶州。1913年2月,废州改县,属豫东道。1914年

6月,县属开封道。1929年9月,由县城区析置郑州市。1931年1月,郑州市并入。1932年8月,县属第四行政督察区。1933年2月,县属第一行政督察区。专署驻地。1948年10月22日解放。治在今河南省郑州市。

荥阳县,本清县,属郑州直隶州。1913年2月,县属豫东道。1914年6月,县属开封道。1932年8月,县属第四行政督察区。1933年2月,县属第一行政督察区。治在今河南省荥阳市。

广武县,本清荥泽县,属郑州直隶州。1912年9月,由荥泽县河阴乡析置河阴县,治今河南省荥阳县东北广武镇。1913年2月,二县同属豫东道。1914年6月,二县同属开封道。1931年6月,二县合并,改名广武县。1932年8月,县属第四行政督察区。1933年2月,县属第一行政督察区。治在今河南省荥阳市东北广武镇。

汜水县,本清县,属郑州直隶州。1913年2月,县属豫东道。1914年6月,县属开封道。1932年8月,县属第四行政督察区。1933年2月,县属第一行政督察区。治在今河南省荥阳市汜水镇。

商丘县,本清县,属归德府。1913年2月,废府存县,县属豫东道。1914年6月,县属开封道。县佐治柘榴堌,今河南省商丘市南站集。1930年2月,废县佐。1932年8月,县属第二行政督察区。专署驻地。治在今河南省商丘市。

宁陵县,本清县,属归德府。1913年2月,县属豫东道。1914年6月,县属开封道。1932年8月,县属第二行政督察区。治在今河南省宁陵县。

鹿邑县,本清县,属归德府。1913年2月,县属豫东道。1914年6月,县属开封道。1932年8月,县属第三行政督察区。1933年2月,县属第七行政督察区。1947年6月,县属第二行政督察区。治在今河南省鹿邑县。

夏邑县,本清县,属归德府。1913年2月,县属豫东道。1914年6月,县属开封道。1932年8月,县属第二行政督察区。治在今河南省夏邑县。

永城县,本清县,属归德府。1913年2月,县属豫东道。1914年6月,县属开封道。县佐治马村桥,今河南省永城市西南马桥。1930年2月,废县佐。1932年8月,县属第二行政督察区。治今河南省永城县西城关镇。

虞城县,本清县,属归德府。1913年2月,县属豫东道。1914年6月,县属开封道。1932年8月,县属第二行政督察区。治在今河南省虞城县北利民镇。

睢县,本清睢州,属归德府。1913年2月,改州为县,县属豫东道。1914年

6 月，县属开封道。县佐治王桥，今河南省睢县东北王桥。1930 年 2 月，废县佐。1932 年 8 月，县属第二行政督察区。1938 年 8 月，县属第十二行政督察区。治在今河南省睢县。

柘城县，本清县，属归德府。1913 年 2 月，县属豫东道。1914 年 6 月，县属开封道。1932 年 8 月，县属第二行政督察区。治在今河南省柘城县。

淮阳县，本清淮宁县，属陈州府。1913 年 2 月，废府存县，县改名淮阳县，属豫东道。1914 年 6 月，县属开封道。1932 年 8 月，县属第三行政督察区。1933 年 2 月，县属第七行政督察区。专署驻地。治在今河南省淮阳县。

商水县，本清县，属陈州府。1913 年 2 月，县属豫东道。1914 年 6 月，县属开封道。县佐治周家口，今河南省周口市。1930 年 2 月，废县佐。1932 年 8 月，县属第三行政督察区。1933 年 2 月，县属第七行政督察区。治在今河南省商水县。

西华县，本清县，属陈州府。1913 年 2 月，县属豫东道。1914 年 6 月，县属开封道。县佐治逍遥镇，今河南省西华县西南逍遥镇。1930 年 2 月，废县佐。1932 年 8 月，县属第三行政督察区。1933 年 2 月，县属第七行政督察区。治在今河南省西华县。

项城县，本清县，属陈州府。1913 年 2 月，县属豫东道。1914 年 6 月，县属开封道。县佐治新兴集，今河南省平舆县东北；槐店集，今河南省沈丘县。1930 年 2 月，废县佐。1932 年 8 月，县属第三行政督察区。1933 年 2 月，县属第七行政督察区。治在今河南省项城市南老城。

沈丘县，本清县，属陈州府。1913 年 2 月，县属豫东道。1914 年 6 月，县属开封道。1932 年 8 月，县属第三行政督察区。1933 年 2 月，县属第七行政督察区。治在今河南省沈丘县东南老城镇。

太康县，本清县，属陈州府。1913 年 2 月，县属豫东道。1914 年 6 月，县属开封道。县佐治崔桥集，今河南省扶沟县东北崔桥。1930 年 2 月，废县佐。1932 年 8 月，县属第三行政督察区。1933 年 2 月，县属第七行政督察区。治在今河南省太康县。

扶沟县，本清县，属陈州府。1913 年 2 月，县属豫东道。1914 年 6 月，县属开封道。1932 年 8 月，县属第三行政督察区。1933 年 2 月，县属第七行政督察区。治在今河南省扶沟县。

许昌县,本清许州直隶州直辖地。1913 年 2 月,改州为县,县属豫东道。1914 年 6 月,县属开封道。县佐治繁城镇,今河南省许昌市西北繁城。1930 年 2 月,废县佐。1932 年 8 月,县属第五行政督察区。专署驻地。治在今河南省许昌市。

临颍县,本清县,属许州直隶州。1913 年 2 月,县属豫东道。1914 年 6 月,县属开封道。1932 年 8 月,县属第五行政督察区。治在今河南省临颍县。

襄城县,本清县,属许州直隶州。1913 年 2 月,县属豫东道。1914 年 6 月,县属开封道。1932 年 8 月,县属第五行政督察区。治在今河南省襄城县。

郾城县,本清县,属许州直隶州。1913 年 2 月,县属豫东道。1914 年 6 月,县属开封道。1932 年 8 月,县属第五行政督察区。治在今河南省漯河市郾城区。

长葛县,本清县,属许州直隶州。1913 年 2 月,县属豫东道。1914 年 6 月,县属开封道。1932 年 8 月,县属第四行政督察区。1933 年 2 月,县属第一行政督察区。治在今河南省长葛县。

洛阳县,本清县,属河南府。1913 年 2 月,废府存县,县属豫西道。1914 年 6 月,县属河洛道。县佐治彭婆,今河南省洛阳市东北彭婆。1930 年 2 月,废县佐。1932 年 8 月,县属第十行政督察区。道治、专署驻地。治在今河南省洛阳市。

偃师县,本清县,属河南府。1913 年 2 月,县属豫西道。1914 年 6 月,县属河洛道。1932 年 8 月,县属第十行政督察区。先治在今河南省偃师市东南老城。1935 年夏,县城被淹,迁于北窑,后迁槐店。1937 年迁入新城,即今河南省偃师市。

宜阳县,本清县,属河南府。1913 年 2 月,县属豫西道。1914 年 6 月,县属河洛道。1932 年 8 月,县属第十行政督察区。治在今河南省宜阳县。

新安县,本清县,属河南府。1913 年 2 月,县属豫西道。1914 年 6 月,县属河洛道。1932 年 8 月,县属第十一行政督察区。治在今河南省新安县。

巩县,本清县,属河南府。1913 年 2 月,县属豫西道。1914 年 6 月,县属河洛道。1932 年 8 月,县属第十行政督察区。治在今河南省巩义市东北巩县老城。1928 年迁治车站镇,今河南省巩义市东北站街。

孟津县,本清县,属河南府。1913 年 2 月,县属豫西道。1914 年 6 月,县属河洛道。1932 年 8 月,县属第十行政督察区。治在今河南省孟津县东孟津老城。

登封县,本清县,属河南府。1913 年 2 月,县属豫西道。1914 年 6 月,县属河洛道。1932 年 8 月,县属第十行政督察区。治在今河南省登封市。

渑池县,本清县,属河南府。1913 年 2 月,县属豫西道。1914 年 6 月,县属河洛道。1932 年 8 月,县属第十一行政督察区。治在今河南省渑池县。

嵩县,本清县,属河南府。1913 年 2 月,县属豫西道。1914 年 6 月,县属河洛道。1932 年 8 月,县属第十行政督察区。治在今河南省嵩县。

伊阳县,本清县,属汝州直隶州。1913 年 2 月,县属豫西道。1914 年 6 月,县属河洛道。1932 年 8 月,县属第十行政督察区。治在今河南省汝阳县。

伊川县,1927 年 12 月,河南省政府析洛阳、登封、临汝、伊阳四县交界区域置,名为自由县。1929 年 7 月,国民政府核准。治在白沙,今河南省伊川县东南白沙镇。1932 年 10 月,县改名伊川县,属第十行政督察区。1933 年 7 月,迁治南府店镇,今河南省伊川县。又,1927 年 12 月,河南省政府析洛阳、宜阳、嵩县、伊阳四县交界区域置,名为平等县。1929 年 7 月,国民政府核准。治辛营,今河南省伊川县平等镇。1931 年 10 月裁撤,并入宜阳、嵩县、宜阳、自由四县。

陕县,本陕州直隶州直辖地。1913 年 2 月,改州为县,县属豫西道。1914 年 6 月,县属河洛道。1932 年 8 月,县属第十一行政督察区。专署驻地。治在今河南省三门峡市西陕县老城。

洛宁县,本清永宁县,属陕州直隶州。1913 年 2 月,县属豫西道。1914 年 6 月,县改名洛宁县,属河洛道。1932 年 8 月,县属第十一行政督察区。治在今河南省洛宁县。

灵宝县,本清县,属陕州直隶州。1913 年 2 月,县属豫西道。1914 年 6 月,县属河洛道。1932 年 8 月,县属第十一行政督察区。治在今河南省灵宝市东北老城。1946 年迁治虢略镇;1948 年又迁回老城。

阌乡县,本清县,属陕州直隶州。1913 年 2 月,县属豫西道。1914 年 6 月,县属河洛道。1932 年 8 月,县属第十一行政督察区。治在今河南省灵宝市西北阌乡北门三门峡水库中。

卢氏县,本清县,属陕州直隶州。1913 年 2 月,县属豫西道。1914 年 6 月,县属河洛道。县佐治栾川镇,今河南省栾川县。1930 年 2 月,废县佐。1932 年

8 月,县属第十一行政督察区。治在今河南省卢氏县。

临汝县,本清汝州直隶州直辖地。1913 年 2 月,改州为临汝县,县属豫西道。1914 年 6 月,县属河洛道。1932 年 8 月,县属第五行政督察区。治在今河南省汝州市。

鲁山县,本清县,属汝州直隶州。1913 年 2 月,县属豫西道。1914 年 6 月,县属河洛道。县佐治张官营,今河南省鲁山县东南张官营镇。1930 年 2 月,废县佐。1932 年 8 月,县属第五行政督察区。治在今河南省鲁山县。

郏县,本清县,属汝州直隶州。1913 年 2 月,县属豫西道。1914 年 6 月,县属河洛道。1932 年 8 月,县属第五行政督察区。治在今河南省郏县。

宝丰县,本清县,属汝州直隶州。1913 年 2 月,县属豫西道。1914 年 6 月,县属河洛道。1932 年 8 月,县属第五行政督察区。治在今河南省宝丰县。

安阳县,本清县,属彰德府。1913 年 2 月,废府存县,县属豫北道。1914 年 6 月,县属河北道。县佐治水冶,今河南省安阳市西水冶;回隆镇,今河北省魏县西南回隆。1930 年 2 月,废县佐。1932 年 8 月,县属第十二行政督察区。1933 年 2 月,县属第三行政督察区。1949 年 5 月,安阳解放。专署驻地。治在今河南省安阳市。

汤阴县,本清县,属彰德府。1913 年 2 月,县属豫北道。1914 年 6 月,县属河北道。1932 年 8 月,县属第十二行政督察区。1933 年 2 月,县属第三行政督察区。治在今河南省汤阴县。

林县,本清县,属彰德府。1913 年 2 月,县属豫北道。1914 年 6 月,县属河北道。县佐治临淇,今河南省林州市南临淇镇。1930 年 2 月,废县佐。1932 年 8 月,县属第十二行政督察区。1933 年 2 月,县属第三行政督察区。治在今河南省林州市。

内黄县,本清县,属彰德府。1913 年 2 月,县属豫北道。1914 年 6 月,县属河北道。1932 年 8 月,县属第十二行政督察区。1933 年 2 月,县属第三行政督察区。1938 年 11 月,县属第十三行政督察区。1942 年 5 月,县属第三行政督察区。治在今河南省内黄县。

汲县,本清县,属卫辉府。1913 年 2 月,废府存县,县属豫北道。1914 年 6 月,县属河北道。1932 年 8 月,县属第十三行政督察区。1933 年 2 月,县属第三行政督察区。1939 年 6 月,县属第十三行政督察区。1942 年 5 月,县属第三行政督察区。道治所在。治在今河南省卫辉市。

新乡县,本清县,属卫辉府。1913 年 2 月,县属豫北道。1914 年 6 月,县属河北道。1932 年 8 月,县属第十三行政督察区。1933 年 2 月,县属第四行政督察区。1949 年 5 月,新乡解放。专署驻地。治在今河南省新乡市。

获嘉县,本清县,属卫辉府。1913 年 2 月,县属豫北道。1914 年 6 月,县属河北道。1932 年 8 月,县属第十四行政督察区。1933 年 2 月,县属第四行政督察区。治在今河南省获嘉县。

淇县,本清县,属卫辉府。1913 年 2 月,县属豫北道。1914 年 6 月,县属河北道。1932 年 8 月,县属第十三行政督察区。1933 年 2 月,县属第三行政督察区。1939 年 1 月,县属第十三行政督察区;3 月,县属第三行政督察区。治在今河南省淇县。

辉县,本清县,属卫辉府。1913 年 2 月,县属豫北道。1914 年 6 月,县属河北道。1932 年 8 月,县属第十三行政督察区。1933 年 2 月,县属第四行政督察区。1938 年 11 月,县属第十三行政督察区。1942 年 5 月,县属第四行政督察区。治在今河南省辉县市。

延津县,本清县,属卫辉府。1913 年 2 月,县属豫北道。1914 年 6 月,县属河北道。1932 年 8 月,县属第十三行政督察区。1933 年 2 月,县属第四行政督察区。1938 年 11 月,县属第十三行政督察区。1942 年 5 月,县属第四行政督察区。治在今河南省延津县。

滑县,本清县,属卫辉府。1913 年 2 月,县属豫北道。1914 年 6 月,县属河北道。1932 年 8 月,县属第十三行政督察区。1933 年 2 月,县属第三行政督察区。1938 年 11 月,县属第十三行政督察区。1942 年 5 月,县属第三行政督察区。治在今河南省滑县东城关镇。

浚县,本清县,属卫辉府。1913 年 2 月,县属豫北道。1914 年 6 月,县属河北道。县佐治道口镇,今河南省滑县。1930 年 2 月,废县佐。1932 年 8 月,县属第十三行政督察区。1933 年 2 月,县属第三行政督察区。1938 年 11 月,县属第十三行政督察区。1942 年 5 月,县属第三行政督察区。治在今河南省浚县。

封丘县,本清县,属卫辉府。1913 年 2 月,县属豫北道。1914 年 6 月,县属河北道。1932 年 8 月,县属第十三行政督察区。1933 年 2 月,县属第四行政督察区。1938 年 11 月,县属第十三行政督察区。1942 年 5 月,县属第四行政督察区。治在今河南省封丘县。

沁阳县,本清河内县,属怀庆府。1913 年 2 月,废府存县,县改名沁阳县,属豫北道。1914 年 6 月,县属河北道。县佐治清化镇,今河南省博爱县。1930 年 2 月,废县佐。1932 年 8 月,县属第十四行政督察区。1933 年 2 月,县属第四行政督察区。治在今河南省沁阳市。

济源县,本清县,属怀庆府。1913 年 2 月,县属豫北道。1914 年 6 月,县属河北道。县佐治邵原镇,今河南省济源市西邵原镇。1930 年 2 月,废县佐。1932 年 8 月,县属第十四行政督察区。1933 年 2 月,县属第四行政督察区。治在今河南省济源市。

原武县,本清县,属怀庆府。1913 年 2 月,县属豫北道。1914 年 6 月,县属河北道。1932 年 8 月,县属第十四行政督察区。1933 年 2 月,县属第四行政督察区。1938 年 11 月,县属第十三行政督察区。1942 年 5 月,县属第四行政督察区。治在今河南省原阳县西南原武镇。

修武县,本清县,属怀庆府。1913 年 2 月,县属豫北道。1914 年 6 月,县属河北道。1932 年 8 月,县属第十四行政督察区。1933 年 2 月,县属第四行政督察区。治在今河南省修武县。

武陟县,本清县,属怀庆府。1913 年 2 月,县属豫北道。1914 年 6 月,县属河北道。1932 年 8 月,县属第十四行政督察区。1933 年 2 月,县属第四行政督察区。治在今河南省武陟县东南老城。1939 年迁治木栾店,即今县城。

孟县,本清县,属怀庆府。1913 年 2 月,县属豫北道。1914 年 6 月,县属河北道。1932 年 8 月,县属第十四行政督察区。1933 年 2 月,县属第四行政督察区。治在今河南省孟州市。

温县,本清县,属怀庆府。1913 年 2 月,县属豫北道。1914 年 6 月,县属河北道。1932 年 8 月,县属第十四行政督察区。1933 年 2 月,县属第四行政督察区。治在今河南省温县。

阳武县,本清县,属怀庆府。1913 年 2 月,县属豫北道。1914 年 6 月,县属河北道。1932 年 8 月,县属第十三行政督察区。1933 年 2 月,县属第四行政督察区。1938 年 11 月,县属第十三行政督察区。1942 年 5 月,县属第四行政督察区。治在今河南省原阳县。

博爱县,1927 年 8 月,河南省政府析沁阳县东北部置,取名博爱县。1929

年7月，国民政府核准。1932年8月，县属第十四行政督察区。1933年2月，县属第四行政督察区。治在今河南省博爱县清化镇。

南阳县，本清县，属南阳府。1913年2月，废府存县，县属豫南道。1914年6月，县属汝阳道。县佐治赊旗店，今河南省社旗县。1930年2月，废县佐。1932年8月，县属第六行政督察区。1948年11月，南阳解放。专署驻地。治在今河南省南阳市。

南召县，本清县，属南阳府。1913年2月，县属豫南道。1914年6月，县属汝阳道。县佐治李青店，今河南省南召县。1930年2月，废县佐。1932年8月，县属第六行政督察区。治在今河南省南召县云阳镇。1947年迁治李青店。

唐河县，本清唐县，属南阳府。1913年2月，县属豫南道。1914年1月，县改名沘阳县；6月，县属汝阳道。1923年3月，县又更名唐河县。1932年8月，县属第六行政督察区。治在今河南省唐河县。

泌阳县，本清县，属南阳府。1913年2月，县属豫南道。1914年6月，县属汝阳道。1932年8月，县属第六行政督察区。治在今河南省泌阳县。

桐柏县，本清县，属南阳府。1913年2月，县属豫南道。1914年6月，县属汝阳道。县佐治固县镇，今河南省桐柏县东固县镇。1930年2月，废县佐。1932年8月，县属第六行政督察区。治在今河南省桐柏县。

镇平县，本清县，属南阳府。1913年2月，县属豫南道。1914年6月，县属汝阳道。1932年8月，县属第七行政督察区。1933年2月，县属第六行政督察区。治在今河南省镇平县。

邓县，本清邓州，属南阳府。1913年2月，改州为县，县属豫南道。1914年6月，县属汝阳道。县佐治厚坡镇，今河南省淅川县南厚坡镇。1930年2月，废县佐。1932年8月，县属第七行政督察区。1933年2月，县属第六行政督察区。治在今河南省邓州市。

内乡县，本清县，属南阳府。1913年2月，县属豫南道。1914年6月，县属汝阳道。县佐治西峡口镇，今河南省西峡县。1930年2月，废县佐。1932年8月，县属第七行政督察区。1933年2月，县属第六行政督察区。治在今河南省内乡县。

新野县，本清县，属南阳府。1913年2月，县属豫南道。1914年6月，县属汝阳道。1932年8月，县属第六行政督察区。治在今河南省新野县。

方城县,本清裕州,属南阳府。1913 年 2 月,改州为县,县属豫南道。1914 年 6 月,县属汝阳道。1932 年 8 月,县属第六行政督察区。治在今河南省方城县。

舞阳县,本清县,属南阳府。1913 年 2 月,县属豫南道。1914 年 6 月,县属汝阳道。1932 年 8 月,县属第六行政督察区。治在今河南省舞阳县。

叶县,本清县,属南阳府。1913 年 2 月,县属豫南道。1914 年 6 月,县属汝阳道。1932 年 8 月,县属第六行政督察区。治在今河南省叶县。

淅川县,本清淅川直隶厅。1913 年 2 月,改厅为县,县属豫南道。1914 年 6 月,县属汝阳道。县佐治紫荆关,今河南省淅川县西北紫荆关。1932 年 8 月,县属第七行政督察区。1933 年 2 月,县属第六行政督察区。治在今河南省淅川县西南老城。

汝南县,本清汝阳县,属汝宁府。1913 年 2 月,废府存县,县属豫南道。1914 年 6 月,县属汝阳道。县佐治杨埠口,今河南省平舆县东杨埠。1930 年 2 月,废县佐。1932 年 8 月,县属第八行政督察区。专署驻地。治在今河南省汝南县。

正阳县,本清县,属汝宁府。1913 年 2 月,县属豫南道。1914 年 6 月,县属汝阳道。县佐治岳城店,今河南省正阳县东北岳城。1930 年 2 月,废县佐。1932 年 8 月,县属第八行政督察区。治在今河南省正阳县。

上蔡县,本清县,属汝宁府。1913 年 2 月,县属豫南道。1914 年 6 月,县属汝阳道。1932 年 8 月,县属第八行政督察区。治在今河南省上蔡县。

新蔡县,本清县,属汝宁府。1913 年 2 月,县属豫南道。1914 年 6 月,县属汝阳道。1932 年 8 月,县属第八行政督察区。治在今河南省新蔡县。

西平县,本清县,属汝宁府。1913 年 2 月,县属豫南道。1914 年 6 月,县属汝阳道。县佐治出山寨,今河南省西平县西南出山镇。1930 年 2 月,废县佐。1930 年 2 月,废县佐。1932 年 8 月,县属第八行政督察区。治在今河南省西平县。

遂平县,本清县,属汝宁府。1913 年 2 月,县属豫南道。1914 年 6 月,县属汝阳道。1932 年 8 月,县属第八行政督察区。治在今河南省遂平县。

确山县,本清县,属汝宁府。1913 年 2 月,县属豫南道。1914 年 6 月,县属汝阳道。县佐治瓦岗集,今河南省确山县西瓦岗。1930 年 2 月,废县佐。1932

年 8 月,县属第八行政督察区。1949 年 4 月,确山解放。治在今河南省确山县。

信阳县,本清信阳州,属汝宁府。1913 年 2 月,改州为县,县属豫南道。1914 年 6 月,县属汝阳道。县佐治平昌关,今河南省信阳市西北平昌。1930 年 2 月,废县佐。1932 年 8 月,县属第九行政督察区。1949 年 4 月,信阳解放。道治所在。治在今河南省信阳市。

罗山县,本清县,属汝宁府。1913 年 2 月,县属豫南道。1914 年 6 月,县属汝阳道。县佐治大胜关,今河南省罗山县南大胜集。1930 年 2 月,废县佐。1932 年 8 月,县属第九行政督察区。治在今河南省罗山县。

潢川县,本清光州直隶州直辖地。1913 年 2 月,改州为县,为潢川县,属豫南道。1914 年 6 月,县属汝阳道。县佐治江家集,今河南省潢川县东南江家集。1930 年 2 月,废县佐。1932 年 8 月,县属第九行政督察区。专署驻地。治在今河南省潢川县。

光山县,本清县,属光州直隶州。1913 年 2 月,县属豫南道。1914 年 6 月,县属汝阳道。县佐治新店集,今河南省新县。1930 年 2 月,废县佐。1932 年 8 月,县属第九行政督察区。治在今河南省光山县。

固始县,本清县,属光州直隶州。1913 年 2 月,县属豫南道。1914 年 6 月,县属汝阳道。1932 年 8 月,县属第九行政督察区。治在今河南省固始县。

息县,本清县,属光州直隶州。1913 年 2 月,县属豫南道。1914 年 6 月,县属汝阳道。县佐治郑家集,今河南省息县东;乌龙集,今河南省淮滨县。1930 年 2 月,废县佐。1932 年 8 月,县属第九行政督察区。先治在今河南省息县。1935 年 6 月,迁治包信镇;40 年代后期又迁回旧治。

商城县,本清县,属光州直隶州。1913 年 2 月,县属豫南道。1914 年 6 月,县属汝阳道。1932 年 8 月,县属第九行政督察区。1948 年 11 月,商城解放。治在今河南省商城县。

经扶县,1933 年 9 月,由光山县南部与湖北省麻城、黄安二县北部析置,以河南省政府主席刘峙的字号为县名,属第九行政督察区。治在今河南省新县。

另,尚有今河南省的县时属别省,一并考述之。

清丰县,本清县,属直隶大名府。1913 年 2 月,县属直隶大名道。1937 年 3 月,县属河北省第十七行政督察区。1945 年 12 月,县调整属第十四行政督察区。治在今河南省清丰县。

南乐县,本清县,属直隶大名府。1913 年 2 月,县属直隶大名道。1937 年 3 月,县属河北省第十六行政督察区。1945 年 12 月,县调整属第十四行政督察区。治在今河南省南乐县。

长垣县,本清县,属直隶大名府。1913 年 2 月,县属直隶大名道。1937 年 3 月,县属河北省第十七行政督察区。1945 年 12 月,县调整属第十四行政督察区。治在今河南省长垣县。

濮阳县,本清开州,属直隶大名府。1913 年 2 月,改州为县,名开县,属直隶大名道。1914 年 1 月,改名濮阳县。1937 年 3 月,县属河北省第十七行政督察区。1945 年 12 月,县调整属第十四行政督察区。治在今河南省濮阳市。

濮县,本清濮州,属山东曹州府。1913 年 2 月,改州为县,县属东临道。1914 年 5 月,县属菏泽道。1937 年 1 月,县属山东省第六行政督察区。1944 年 3 月,县改属第二行政督察区。1947 年 6 月,县调整为第十六行政督察区。治在今河南省范县濮城镇。

范县,本清县,属山东曹州府。1913 年 1 月,县属东临道。1914 年 5 月,县属菏泽道。1937 年 1 月,县属山东省第六行政督察区。1944 年 3 月,县改属第二行政督察区。1947 年 6 月,县调整为第十六行政督察区。治在今山东省莘县南古城镇。

第二节　日军控制下河南沦陷区的伪政权

抗日战争时期,日本帝国主义侵占了中国的大片领土。为了奴役中国人民,达到“以华制华”“以华养战”的目的,日本帝国主义在沦陷区策动汉奸成立了各级伪政权。这些伪政权受日军控制的程度不同,实行着不同的行政区划。河南地处中原大地,受到日本帝国主义的严重侵略,全境基本沦陷,建立了各级的伪政权。下面我们就此进行考述。

一、伪河南省公署

1937 年 7 月 7 日，卢沟桥事变爆发，日本帝国主义全面侵略中国，妄图将中国变为其殖民地。日军在占领平津后，分三路大军沿平汉路南进，战火迅速燃烧至河南大地。11 月 5 日，日军占领豫北重镇彰德（今安阳市）。1938 年 2 月 6 日，日军分两路进犯豫北地区。一路沿大名公路进犯濮阳，先后占领清丰、濮阳、长垣、封丘等县，兵锋直逼开封；一路从彰德出发，沿平汉路南犯，先后占领汤阴、淇、汲、新乡、辉等县。两路日军会合后向西进犯，占领焦作、济源等地。到 3 月中旬，豫北地区全部沦陷。

1938 年 5 月 13 日，来自徐州方向的日军进犯豫东地区，占领了永城县。28 日，占领了商丘。6 月 1 日起，日军又先后占领杞县、通许、尉氏、太康等县。6 月 6 日，日军占领开封，一路向西，进逼郑州。6 月 9 日，国民政府扒开花园口黄河大堤，淹死日军七千余人。滔滔的黄河水迟滞了日军的进犯，但豫东地区陷入日军的铁蹄之下。

1938 年 10 月 12 日，来自皖西方向的日军攻克固始、光山、罗山、商城等县城后，完全控制了整个信阳，将豫东与皖西连成一片，并与其他日军形成合围武汉之势。

至此，豫北、豫东、豫南共 50 余县沦陷。国民党军主力退据黄河以南、新黄河以西，与敌对峙达六年之久。

为了长期占领河南，剥削河南人民，日军占领彰德后，于 11 月 27 日在安阳成立了伪河南自治政府，设有主席、秘书处及各厅级机关，肖瑞臣担任伪河南自治政府主席。

1937 年 12 月 14 日，华北地区统一的伪政权中华民国临时政府在北平成立，管辖河北、山西、山东、河南 4 省及北平、天津、青岛 3 市。1938 年 5 月 1 日，伪河南自治政府改组伪河南省公署，受“中华民国临时政府”节制，肖瑞臣担任伪河南省省长。

1938 年 6 月 6 日，日军占领开封，策动汉奸分子于 15 日成立了“开封维持会”，王旭初为会长。1938 年 8 月，伪开封市公署成立。10 月，设置市长、参事、秘书处及社会、财政、教育、工务、卫生、警察六局等机构。

1939年3月，伪河南省公署从安阳迁至开封，肖瑞臣为伪河南省省长；6月，陈静斋接任省长。伪河南省公署下设有省长、秘书处、参事室、顾问室和民政、财政、教育、建设、警察五厅及其他机构。同年4月14日，伪豫北道公署、伪豫东道公署分别在安阳、商丘成立。

1940年3月30日，因汪伪中华民国国民政府成立，“中华民国临时政府”被撤销，改为“华北政务委员会”，名义上直接隶属汪伪国民政府，而实际上受日军的控制，为一单独区域。“华北政务委员会”下辖的地区，实行省、道、县三级制。伪河南省公署下辖伪豫北道公署、伪豫东道公署二道。可见，伪河南省公署实际控制的是豫北、豫东两个地区。

随着伪河南省公署的成立，沦陷区各地相继成立了伪县政府。其先后顺序如下：

表8-4 1937年11月—1942年5月河南各县伪政权建立时间表①

县名	时间	县名	时间	县名	时间
彰德(安阳)	1937.11.27	延津	1938.9	通许	1939.6
汤阴	1938.2.18	浚县	1938.10.15	民权	1939.6
临漳	1938.5.3	开封	1939.1.10	永城	1939.8
汲县	1938.5	睢县	1939.1.10	夏邑	1939.12
清化(博爱)	1938.6.1	宁陵	1939.1.15	淮阳	1939
内黄	1938.6	兰封	1939.1.15	鹿邑	1940.1.16
淇县	1938.6	柘城	1939.1.17	考城	1941.1
新乡	1938.7.1	归德(商丘)	1939.1.18	濮阳	1941.2.1
获嘉	1938.7.1	原武	1939.6.1	太康	1941.3.11
武安	1938.7.1	阳武	1939.6	济源	1941.8.1
沁阳	1938.7	杞县	1939.6	孟县	1941.8.2
修武	1938.7	武陟	1939.6	温县	1941.8.3
封丘	1938.8.1	虞城	1939.6	滑县	1942.2.9
辉县	1938.8	陈留	1939.6	中牟	1942.5.1

① 陈传海、石小生、郭晓平：《河南全民抗战》，河南人民出版社，1994年，第83页。

至 1942 年 6 月,伪河南省公署辖有 1 个市、42 个县。其中,伪豫东道公署 18 县,伪豫北道公署 24 县,情况如下表:

表 8-5　1942 年伪河南省政区表①

道名	辖县	驻地
豫东道	开封、兰封、商丘、宁陵、鹿邑、夏邑、虞城、陈留、睢县、柘城、杞县、通许、民权、永城、淮阳、太康、中牟、考城	商丘
豫北道	彰德、汤阴、汲县、临漳、清化、内黄、淇县、武安、新乡、获嘉、沁阳、修武、封丘、辉县、延津、浚县、原武、阳武、濮阳、济源、孟县、温县、滑县、武陟	彰德

市为伪开封市。

1943 年 11 月,受汪伪中央政府指令,伪河南省公署改称伪河南省政府,伪开封市公署改称伪开封市政府。

二、伪中原省

1944 年 4 月 18 日,日军向河南正面战场发动进攻,河南战役全面爆发。4 月 23 日,日军占领郑州、新郑、广武、尉氏、鄢陵、密县等地后,沿平汉路南犯,于 24 日占领长葛。5 月 1 日,许昌陷落。

占领许昌后,日军分两路进行侵略。一路沿平汉路继续南犯,相继占领临颍、郾城、漯河、西平、遂平等地,与信阳北上的日军于 5 月 9 日在确山会合,河南境内的平汉路全线打通,豫中、豫南全部失陷。另一路日军从许昌向西,先后攻占了禹、襄城、郏、临汝、登封、宝丰、鲁山等县,直指洛阳。5 月 12 日,由山西渡河的日军攻占了渑池、新安,进抵洛阳西郊。5 月 9 日,由郑州沿陇海路向西的日军占领巩县,11 日占领偃师。三路日军完成了对洛阳的合围。5 月 25 日,洛阳陷入敌手。6 月 11 日,日军攻占灵宝、阌乡。后因兵力不足,日军退回山西。后日军又相继占领了叶、鲁山、宜阳、伊川、嵩、卢氏、洛宁、汝南、正阳、上蔡

① 参见傅林祥、郑宝恒:《中国行政区划通史·中华民国卷》,复旦大学出版社,2007 年,第 624 页。但有所变化,其中伪涉县、伪林县政权是 1943 年建立的。

等县。河南战役结束后，豫中、豫西共计 41 县的国土成为沦陷区。

日军侵占各县后，在郑州设立“军政部”，负责新占领区的军政事务。同时，日军很快在各县建立起治安维持会。“军政部”向各县维持会派去知事、厅长和指挥官等，负责该县的军政事务。维持会事实上成为该县的行政机构。但有些县成立了伪县政府，维持会成为其一下属机构。1944 年 10 月 22 日，日军在鄢陵设立伪豫东特别行政区，公署驻鄢陵，辖鄢陵、尉氏、西华、扶沟四县；10 月 30 日，日军在洛阳、孟津、新安三县之间的三角地带置新化县，伪县政府治横水镇。

1945 年 3 月 21 日，豫南日军万余人由鲁山、叶县、舞阳、驻马店等地向南阳、老河口、西峡口、襄樊等地国民党军进犯，发起豫南、鄂北战役。23 日，日军陷南召，24 日陷方城、社旗，25 日陷邓县，26 日陷镇平，28 日陷内乡，30 日陷西峡口，4 月 1 日占南阳。国民党军在豫西南全线撤退。至此，河南省全境基本沦陷。

1945 年 3 月 29 日，日军将河南战役新沦陷区划为伪中原省，设省公署于郑州，命张澄云任伪省长。各县维持会改名为地方自治会。时伪中原省下辖 42 个县，即郑、新郑、长葛、密、许昌、临颍、郾城、西平、遂平、确山、洧川、尉氏、鄢陵、广武、汜水、荥阳、巩、偃师、洛阳、新安、新化、渑池、陕、灵宝、禹、襄城、舞阳、登封、郏、宝丰、临汝、叶、鲁山、宜阳、伊川、伊阳、嵩、卢氏、洛宁、汝南、正阳、上蔡。由于张澄云的拒绝，伪中原省流产，日军遂在郑州成立“中原财经委员会”。

面对日本帝国主义的最后疯狂，中国共产党领导河南人民进行坚决的斗争。1944 年 7 月，中共中央向八路军、新四军发出了向河南进军的命令。八路军挺进豫西，建立了河南抗日根据地；组织道清战役、第二次豫北战役，将日伪压缩在一定区域内，为全面反攻创造了条件。新四军五师一部向豫中挺进，开创了豫中抗日根据地。1945 年 8 月 9 日，中共中央毛主席发表了《对日寇的最后一战》的声明，号召全国的一切抗日力量对日军展开全面反攻。八路军、新四军纷纷出击，收复了河南的大片国土。

8 月 15 日，日本宣布无条件投降。8 月 19 日，国民党军收复开封，24 日收复洛阳，28 日收复许昌、郑州。

随着河南各地的收复、解放，河南各级伪政府纷纷解体。河南人民取得了抗战的胜利。

第三节　中国共产党领导下河南红色政权的建制

所谓红色政权，是指在完成新民主主义革命的过程中，在中国共产党的领导下，中国人民在不同的历史阶段建立的人民革命政权。从1927年8月1日南昌起义起，由中国共产党领导的人民武装，实行土地革命和反抗国民党的反动统治，先后创建了一批农村革命根据地，建立工农苏维埃政府。抗战时期，以国共合作的抗日民族统一战线为基础，党领导人民创立了许多敌后抗日根据地，根据"三三制"原则，建立了抗日民主联合政府。抗战胜利后，国民党政府为实行一党独裁专政，悍然撕毁了停战协定和政协决议，发动反人民的内战。中国人民在党的领导下，进行了坚决的斗争，并取得解放战争的胜利，建立了中华人民共和国。

河南人民在党的领导下，在河南创立了鄂豫皖苏区、晋冀鲁豫抗日根据地、豫西（河南）抗日根据地、中原解放区等人民革命政权。下面我们就河南红色政权的建制进行考述。

一、鄂豫皖苏区河南部分的红色建制

鄂豫皖苏区位于湖北、河南、安徽三省交界的大别山区，曾建立了黄安、麻城、黄冈、陂安南（黄陂、黄安南部）、河口、陂孝北（黄陂、孝感北部）、罗山、潢川、光山、赤城、赤南、固始、信阳、六安、霍邱、英山、罗田、浠水、广济、黄梅、三星、太湖、宿松、潜山、舒城、新集市等26个县的苏维埃政府，并拥有麻城、黄安、罗田、英山、霍邱等5座县城，面积达4万平方公里，人口350万的革命根据地。

面临国民党右派背叛革命，大肆屠杀共产党人的严峻形势，1927年8月7日，中国共产党召开会议，确定实行土地革命、武装反抗国民党反动政府的总方针，决定发起秋收暴动。1927年11月，中共黄麻特委领导的黄麻起义爆发，建立了以河南光山为中心的鄂豫边革命根据地。1929 年 5 月，鄂东特委领导的豫东南商南起义爆发，建立了以安徽金寨县南溪、吴家店为中心的豫东南革命根据地。同年 11 月，六安中心县委领导六安、霍山农民起义，建立了以金家寨为中心的皖西革命根据地。1930 年 4 月，三块根据地合并，成立鄂豫皖边区。6 月下旬，鄂豫皖边区第一次工农兵代表大会在河南光山县王家塘召开，宣布成立鄂豫皖边区苏维埃政府，辖有 18 个（边）县。1931 年 7 月，鄂豫皖边区第二次工农兵代表大会在河南光山县新集市召开，成立鄂豫皖特区苏维埃政府，通过了《鄂豫皖区苏维埃临时政府组织大纲》，对各级政权组织机构做了明确的规定。1932 年 2 月，改组为鄂豫皖省苏维埃政府，时辖 27 县（边区）。由于鄂豫皖中央局书记张国焘的错误指导，红四方面军自第四次反"围剿"以来的局面日益不利。1932 年 10 月 11 日，红四方面军总部率领红四方面军主力西征，撤离了鄂豫皖苏区。由于第四次反"围剿"的失败，鄂豫皖苏区仅存红安、陂安南、河口、罗山、赤城、赤南 6 县。1934 年 11 月，鄂豫皖省苏维埃政府随红二十五军北上抗日而撤销。下面我们就鄂豫皖苏区河南部分的县苏维埃政府作一考述。

赤城县，1929 年 5 月商南起义胜利后，成立商城县临时办事处，8 月解体，10 月成立商城县工农革命委员会，12 月成立县苏维埃政府。1932 年 1 月，改名为赤城县。1935 年 6 月，随着红二十八军游击到舒（城）霍（山）潜（山）太（湖）地区，县苏维埃政府解体。

赤南县，1932 年 8 月，由赤城县南部地区析置，建立县苏维埃政府。1935 年 6 月，随着红二十八军游击到舒霍潜太地区，县苏维埃政府解体。

罗山县，1930 年 10 月，成立县革命委员会；11 月，成立县苏维埃政府。1934 年 10 月，随着红二十五军北上抗日，县苏维埃政府解体。

光山县，1929 年 8 月，成立县工农民主政府。1930 年 4 月，改为县苏维埃政府。1932 年 10 月，随着红四方面军主力的西撤，县苏维埃政府解体。

商固边区，1930 年 7 月，由商城、固始二县交界地区析置商固边区，建立边区苏维埃政府。1932 年 10 月，随着红四方面军主力的西撤，边区苏维埃政府解体。

商光边区，1931 年 4 月，由商城、光山二县交界地区析置商光边区，建立边区苏维埃政府。1932 年 2 月，边区苏维埃政府撤销，还属原县。

固始县，1931 年 5 月，成立固始县苏维埃政府。1932 年 10 月，随着红四方面军主力的西撤,县苏维埃政府解体。

新集市,1931 年 5 月,由光山县新集镇析置新集市,成立新集市苏维埃政府,是鄂豫皖苏区的政治中心。1932 年 9 月 9 日,被国民党军队占领;10 月,随着红四方面军主力的西撤,市苏维埃政府解体。

潢川县,1931 年 10 月,成立潢川县苏维埃政府。1932 年 10 月,随着红四方面军主力的西撤,县苏维埃政府解体。

信阳县,1932 年 1 月,成立县苏维埃政府。1932 年 9 月,随着县境被国民党军队占据,县苏维埃政府解体。

二、晋冀鲁豫抗日根据地河南部分的红色建制

晋冀鲁豫抗日根据地,又称晋冀鲁豫边区,位于同蒲路以东,津浦路以西,陇海路以北,正太、石德路以南的广大地区,包括太行、太岳、冀鲁豫、冀南四个区。全区拥有县城 105 座,面积 60 万平方公里,人口 2550 万,是抗日战争时期中国共产党领导人民创建的敌后抗日根据地之一。

1937 年 7 月 7 日卢沟桥事变爆发,亡国灭种成为中华民族的最大危机。国共两党抛弃历史恩怨,建立了全民族抗战的爱国统一战线。中国共产党领导的红军和南方游击队被改编为八路军、新四军,开赴抗日前线。1937 年 10 月,八路军一二九师进入太岳和太行山区,创立了太岳、太行两个抗日根据地。1938 年 4 月,太岳、太行合并扩展为晋冀豫抗日根据地。5 月,一二九师主力进入冀南,又建立冀南抗日根据地。8 月,成立了冀南行政主任公署。1939 年 2 月,八路军一一五师一部进入冀鲁豫地区,与地方党组织建立冀鲁豫、鲁西、湖(微山湖)西三个抗日根据地。1940 年 4 月,成立冀鲁豫军区。1941 年 1 月,成立冀鲁豫边区行政主任公署。根据中共中央北方局的指示,晋冀豫边区与冀鲁豫地区合并,成立晋冀鲁豫边区。7 月 19 日,在辽县成立了晋冀鲁豫边区政府,颁布了《晋冀鲁豫边区政府组织条例》和《晋冀鲁豫边区县政府组织暂行条例草案》,杨秀峰任边区政府主席。8 月,晋冀鲁豫边区政府决定所辖全区 22 个专署不依地区命名,而以数码为序。河南的林北、安阳属五专区;范县、濮县属十七专区;清丰、南乐、内黄、汤阴属十二专区;濮阳、滑县、长垣属二十一专区;考城、

民权属二十二专区。1942年1月，豫皖苏边区的水东区(睢杞太地区)划归冀鲁豫边区建制。1943年9月20日，晋冀豫区党委、太行军区决定建立七、八地委和军分区、专署。七专署辖林县、汤阴、淇县、汲县、新乡、辉县、获嘉，八专署辖博爱、沁阳、修武。1944年8月，水东联防办事处改为专员公署，下辖芝圃(杞南)、达生(杞通)、庆华(太北)、克威(杞北)和睢县、宁柘商等县抗日民主政权。1945年1月，水东区改为冀鲁豫行署十二专署。同月，太行军区第七、八军分区部队发起豫北战役，横扫修武、焦作、辉县、博爱诸县，建立修(武)陟(武陟)、温(县)孟(县)、原(阳)、阳(武)等4个抗日民主政权。4月，太岳军区第二、四军分区部队发起豫北战役，先后克复沁(阳)、济(源)、孟(县)等县；冀鲁豫军区第三、七、八、九军分区部队发起南乐战役，攻克南乐县城及周围日伪军据点29处。5月，冀鲁豫分局建立中共水西地委、专署、军分区。6月30日—7月7日，太行军区第三、四、五、七、八等军分区主力及八路军总部警卫团发起安阳战役，攻克水冶、曲沟等日伪据点30余处，毙伤日伪军3300余人。冀鲁豫军区第二、三、四、七、九等军分区主力于平汉线以东发起武(安)临(漳)安(阳)战役，攻克内黄西北回隆镇等日伪据点70余处，歼日伪军1900余人。8月9日，中共中央主席毛泽东发表了《对日寇的最后一战》的声明，号召全国的一切抗日力量举行全国规模的反攻。10日，刘伯承、邓小平命令晋冀鲁豫军区各部队迅速破坏交通要道，夺取敌占城市。11日，冀鲁豫军区发布对日反攻总动员令，号召解除日伪武装。15日，日本宣布无条件投降。17日，太行军区八分区部队解放博爱，继又解放辉县(19日)、获嘉(24日)、武陟(29日)、温县(31日)；冀鲁豫军区部队20日解放延津，21日解放阳武、封丘，23日解放浚县，26日解放通许、杞县，27日攻克民权，28日攻克道口、太康，29日攻入滑县；太岳军区部队27日攻克济源。

面对晋冀鲁豫根据地的大好发展局面，为加强党的统一领导，1945年8月20日，中共中央决定撤销北方局，成立晋冀鲁豫中央局，邓小平任书记。同时，成立晋冀鲁豫军区，刘伯承任司令员，邓小平兼政委。豫北、豫东解放区，分别由该局所属的太行、太岳、冀鲁豫区党委领导。10月，冀鲁豫分局撤销，改组为冀鲁豫、冀南两个区党委。

1945年10月，晋冀鲁豫边区在行政区划上分为太行、太岳、冀南、冀鲁豫4个行署，19个专署，下辖198个县政府(包括完整县和不完整县)。另有边区政府直辖市 1 个，行署直辖市 7 个，专署直辖市 2 个。下面我们将今属河南省的各县、市列表如下：

表 8-6　1945 年 10 月晋冀鲁豫边区河南部分的红色建制情况

行署	专署	辖县(市)
太岳	四	济源、王屋、孟县
太行	三	涉县、林北、林县、武安、辉北、汲淇、汤阴、安阳
	四	博爱、沁阳、温县、修武、武陟、原阳、辉嘉、新辉
冀鲁豫	二	范县、濮县、清丰、昆吾、南乐
	四	卫河、濮阳、高陵、滑县、卫南、内黄、浚县、卫滨、长垣、濮阳市、道口市
	五	东垣、考城、虞城
	六	达生、克威、庆华、太康、睢县、淮太西、扶太西、鄢尉

表 8-7　1938 年 8 月—1945 年 10 月晋冀鲁豫河南各县(市)抗日政府存废时间表

县(市)名	建立时间	废止时间	县(市)名	建立时间	废止时间
沁阳	1942.6		浚县	1939.9	
孟县	1942.6		克威	1944.8.19	1948.10
济源	1942.7		长垣	1940.4.12	1940.8
王屋	1943.2	1947.7		1945.8.27	
安阳(东部)	1945.8.20	1946.11.27	东垣	1941.3	1947.2
林北	1940.5	1946.6.9	濮县	1940.3	
林县	1943.5		范县	1940.3	
安阳	1938.8.27	1940.3	考城	1938.10	
	1940.8			1940.4	
汲县	1943.5.22		卫滨	1945.6	1946.4.10
汤阴	1938.8.27	1940.3	道口市	1945.10	1946.9.23
	1943.7	1944.3	濮阳市	1945.10.19	1946.12
	1944.11	1944.12	安汤	1944.12	1945.10.28
	1945.10.28		庆华	1944.8	1946.1
淇县	1943.7	1944.3	达生	1944.8.18	1946.1
淇汤	1944.3	1944.11	宁柘商	1944.8	1945.10
汲淇	1944.11	1947.3	睢县	1944.8	
辉县	1943.7	1945.5	芝圃	1944.8.15	1945.8
辉北	1945.5	1946.6.15	太康	1945.8	

（续表）

县（市）名	建立时间	废止时间	县（市）名	建立时间	废止时间
内黄	1939.12.20	1944.12	虞城	1945.5	
	1942.7		高内	1942.7	1944.12
高陵	1940.6	1942.7	辉嘉	1944.3.5	1946.6.15
	1944.12	1949.9	修获武	1945.2.12	1945.8
南乐	1940.3.15		新辉	1944.10	1946.6.15
清丰	1940.3.14		武陟	1945.3	
濮阳	1940.4	1940.7	温县	1945.3	
	1941.3		博爱	1945.3	
昆吾	1941.3	1949.9	原阳	1945.3	1946.2
顿丘	1940.7	1944.12	新阳	1945.8	1945.10
卫南	1940.7	1949.9	尚和	1941.3	1944.10
滑县	1940.3		鄢尉	1945.5	1945.12
滨河	1943.1.14	1945.8.27	扶太西	1945.5	1945.12
卫河	1940.7	1946.4.30	淮太西	1944.8	1945.12

需要说明的是，当时建立的县抗日民主联合政府多为不完整的边县，或在县与县之间的交界区域，或是县的一部分区域。县城被日伪军占据，甚至出现一县有三种政权的情况。抗战初期，为了维护统一战线，保持团结，八路军活动区域多不设县，以国民党政府的县为主。后来国民党政府不仅克扣、短缺八路军的物资，而且还搞摩擦，大肆杀害八路军的干部和战士。根据“三三制”原则，中国共产党领导抗日军民建立了各级抗日民主联合政府。

三、豫西抗日根据地的红色建制

豫西抗日根据地，又称河南抗日根据地，是中国共产党领导河南人民创建的十九块抗日根据地之一，地理位置十分重要。其地域西起豫、陕边界，北临黄河，东至平汉铁路（今京广铁路），南抵桐柏山北麓，方圆五百余里，是中国西部陕西的屏障。

1944 年 4—6 月，日军发动河南战役，国民党军迅速溃退，河南省豫中、豫西地区大部沦陷。中共中央为从战略上将华中、华北、陕北根据地连接起来，于 7 月发出关于八路军、新四军向河南进军的命令。9 月 21 日，太行军区 2 个团及工作队南渡黄河，进入豫西地区，以嵩山、箕山为中心，发动群众，开展游击战，先后建立登封、伊川、偃师、巩县等 10 个县的抗日民主政权。11—12 月，太岳军区 2 个团及晋绥军区 1 个大队到达豫西，建立起新安、渑池、洛宁等 5 个县的政权。1945 年 2 月，八路军陕甘宁晋绥联防军 2 个团到达豫西。同月底，中共河南区委员会和河南军区、河南行政公署成立，由戴季英任区党委书记兼军区政治委员，王树声任军区司令员，徐子荣任河南行政公署主任。4 月，太行军区一部进入豫西，隶属河南军区建制。

经过艰苦斗争，河南人民在党的领导下，创建了豫西根据地，到 1945 年 8 月，豫西抗日根据地散布在黄河以南、平汉铁路以西、伏牛山及信阳以北的广大地区，建立了 6 个专区、26 个县的抗日民主政权。其建制如下：

第一专区（1945 年 2 月由原嵩山、箕山两专署合并组成）辖伊川、洛阳、偃师、巩、汜水、荥阳、广武、登封 8 县。1945 年 9 月撤销。

第二专区（1945 年 1 月由原豫西专区改称）辖陕、渑池、新安、洛宁、孟津 5 县。1945 年 9 月，北撤太岳根据地。

第三专区（为第三支队 1945 年 5 月进军伏牛山建立）辖确山、遂平、西平、舞阳、叶、泌阳 6 县。1945 年 9 月撤销。

第四专区（为第四支队 1945 年春季东进开辟）辖密、禹、新郑 3 县。1945 年 9 月撤销。

第五专区（系 1944 年 10 月成立的伊洛办事处，1945 年 4 月扩编）辖嵩、宜阳 2 县。1945 年 9 月撤销。

第六专区（1945 年 5 月成立）辖临汝、郏 2 县。1945 年 9 月撤销。

抗战胜利后，我党为了争取国家实现和平的前途，在重庆与国民党政府谈判时，主动放弃河南等 8 个解放区。1945 年 10 月 24 日，由王树声、戴季英率领南下的河南区机关、部队 1.5 万人，在桐柏山区与当地新四军第五师李先念部、八路军南下支队王震部会师。豫西抗日根据地的红色建制相继取消。

四、中原解放区河南部分的红色建制

中原解放区包括前后两个时期，前期的中原解放区是抗战胜利后在鄂豫皖边区抗日根据地的基础上组建的，时间为 1945 年 10 月—1946 年 9 月。中原突围后，中原解放区全部丧失。

鄂豫皖边区抗日根据地是中国共产党创建的以湖北、河南、安徽三省边界地区为主要部分的敌后抗日根据地。1938 年，日军侵入中原后，中国共产党即在豫鄂两省发动人民群众大力开展抗日救亡运动，以河南省确山县竹沟和湖北省黄安县七里坪、应城县汤池为基点，发展党的组织和抗日武装。先后成立了中共豫鄂边区委员会和新四军豫鄂挺进纵队，积极开展游击战争。1940 年 9 月，成立了豫鄂边区军政联合办事处（后改为行政公署），许子威为主任。1941 年，豫鄂挺进纵队改编为新四军第五师后，又相继开辟了鄂东、鄂皖边根据地。1944 年 7 月后，又扩展了豫南根据地。同年 10 月，豫鄂边区党委改称鄂豫皖湘赣边区党委，并成立了鄂豫皖湘赣军区。到抗战胜利前夕，鄂豫皖边区抗日民主根据地已发展到东起安徽省宿松、西至湖北省宜昌、北自河南省舞阳、南迄湖南省沿洞庭湖畔的广大区域，其面积达 9 万多平方公里，人口约 1000 余万，建立了 7 个专区和 39 个县的抗日民主政权。

鉴于鄂豫皖边区重要的战略地位，抗战胜利后，为了抢夺抗战胜利果实和部署进行内战的兵力，蒋介石调集了 20 多个师，加紧包围和蚕食鄂豫皖边区，并以受降为名先后占领鄂中、襄西、鄂东、鄂南、豫中、豫西等地，企图消灭鄂豫皖边区的部队，打通国民党军向华东、华北和东北进军的通道。面对国民党政府假和谈、真内战的阴谋，为加强党的统一领导，对国民党军进行战略牵制，中共中央将鄂豫皖边区改组为中原解放区。1945 年 10 月 30 日，中共中央中原局、中原军区、中原行署成立，书记徐向前（未到职），代理书记郑位三，军区司令员李先念，政委郑位三，行署主任许子威。中原行署由鄂豫皖湘赣边区行署改组而成，下辖江汉、鄂东、桐柏（后改为河南）3 个行政区。

中原解放区大部分区域分布在今湖北省境内，河南省域内置有部分红色建制，主要分布在桐柏行政区。其建制列表如下：

表 8-8　1945 年 10 月桐柏(河南)行政区河南部分红色建制①

行政区	专署	辖县
桐柏(河南)	鄂北	唐南
	淮源	信南、信随、信罗边、随桐
	豫南	汝正确、汝蔡遂、淮南(行政办事处)、确泌桐、信确、泌阳
	豫中	遂平、西平、叶方舞

随着国民党军的进一步蚕食,中原解放区被压缩在桐柏山、大别山的狭小区域。1946 年 1 月,中原局、中原行政公署、中原军区机关移驻湖北的礼山县宣化店。3 月上旬,为适应斗争形势的需要,撤销河南区所属专署,设立豫东南专署,直属中原行署,下辖经扶、罗山、光山 3 县。随着中原突围开始,3 县政府或随军转移或转入地下斗争。

后期的中原解放区是在刘邓大军挺进大别山后发展组建的。当解放战争进入到第二年,人民解放军从战略防御转入到战略进攻。1947 年 5 月 16 月,中共中央决定重建中共中央中原局,以邓小平为书记。新中原局是为实施全国性的战略反攻,转入外线作战,挺进中原而成立的。1947 年 6 月 30 日,刘邓大军夜渡黄河,开始了千里跃进大别山的征程。取得鲁西南大捷后,刘邓大军抓住战机,于 8 月 7 日夜,分兵三路向大别山挺进。历时 21 天,行程千余里,到达大别山区。经过三个月的斗争,建立了鄂豫、皖西、桐柏、江汉四个新的解放区。为了配合刘邓大军的战略行动,陈(赓)谢(富治)大军于 8 月 22、23 日渡过黄河向豫西展开,创建了豫鄂陕解放区。陈(毅)粟(裕)大军从 9 月 26 日开始,兵分五路进入豫皖苏地区,巩固和扩大了豫皖苏解放区。三路大军成“品”字形,互相配合、纵横驰骋,在江河淮汉间创建了新的中原解放区。为了加强党的集中统一领导,争取更大的胜利,1948 年 5 月 9 日,中共中央和中央军委作出了《关于改变华北、中原解放区的组织、管辖境地及人选的决定》,其中决定重建中共中央中原局,邓小平为第一书记;重建中原军区,并将南征中原的晋冀鲁豫野战军改称中原野战军,刘伯承为军区、野战军司令员,邓小平为政治委员。中原解放区划分为鄂豫、皖西、桐柏、江汉、豫皖苏、豫西、陕南 7 个行政区(军区)。截至 1948 年 12 月,中原解放区辖有 7 个行署,34 个专署,10 个市(行署直辖),

① 湖北省鄂豫边区革命史编辑部等:《中原突围史》,军事科学出版社,1996 年,第 416 页。

208个县。下面我们以此为时间断限，将中原解放区属今河南省域内的红色建制列表如下：

表8-9 1948年12月中原解放区河南的红色建制

行署区	专署区、直辖市	辖县(市)
豫皖苏	第一专区	杞县、太康、睢县、柘城、宁陵、睢宁、民权、商丘市
	第二专区	鹿邑、淮阳、周口市、安平、夏亭、淮阳市
	第三专区	商南、夏邑、雪枫、雪涡、雪商亳、商亳鹿柘
	第四专区	新蔡、沈丘、槐店市
	第五专区	西华、扶沟、通许、尉氏、许昌、开陈、开封、中牟、长洧
	第七专区	商水、项城、上蔡
	第八专区	汝南、正阳、息县、汝正、汝正确
	开封市	
豫西	第一专区	新安、渑池、洛北、宜北、孟津、洛阳、偃师
	第二专区	方城、叶县、鲁南、郾城、舞阳、西平、漯河市
	第三专区	洛阳、伊川、洛南、宜南、伊阳、嵩县、伊鲁嵩
	第四专区	郑县、新郑、长葛、密县、登封、巩县、荥阳、成皋
	第五专区	鲁山、临汝、郏县、宝丰、襄城、禹县、临颍、许昌市、鄢陵
	第六专区	东南阳、西南阳、南召、内乡、西峡、淅川、镇平、南阳市
	第七专区	陕县、灵宝、阌乡、卢氏、栾川
	郑州市	
	洛阳市	
鄂豫	第一专区	商城、霍固、金霍固
	第二专区	光山、潢川、新县、罗山、信东
桐柏	第一专区	信应、信桐、桐柏、唐南
	第二专区	确山、遂平、方城、西平、泌东、泌西、唐河、信随、唐西
	第三专区	邓县、邓北、新野、邓西

需要说明的是，当时建立的一些县人民政府多为不完整的边县，或是县的一部分，或是几县的接合部，而县城为国民党军所占据，形成一县两不同性质政权的局面，或一县境内多个县人民政府的情况，造成建制紊乱。随着解放战争的胜利进行，县城被解放，必须进行适当的合并与裁撤，形成一个完整的县。一

些边县被裁撤,其区域各还本县;一些边县被合并,形成一个完整的县。下面我们将 1945 年 10 月—1949 年 6 月中原解放区河南边县(市)的红色建制存废情况列表如下:

表 8-10　1945 年 10 月—1949 年 6 月中原解放区河南边县(市)存废表

县(市)名	建立时间	废止时间	县(市)名	建立时间	废止时间
克威	1944.8.19	1948.10	白河	1947.11	1948.5
睢宁	1946.12	1949.3	沙南	1947.11	1948.5
睢杞	1946.12	1947.10	西峡	1947.11	1949.2
商宁	1946.12	1947.10	西遂	1947.11	1948.5
柘南	1946.12	1947.10	鲁南	1947.11	1949.2
淮太西	1947.1	1947.10	南唐	1947.11	1948.6
沈鹿淮	1947.2	1947.10	鲁山市	1948.6	1948.12
沈项临	1947.1	1948.10	龙门	1948.6	1948.8
雪枫	1945.2	1949.3	漯河市	1948.7	
雪涡	1944.9	1949.3	淮阳市	1948.11	1949.3
雪商亳	1944.9	1949.3	商丘市	1948.11	1949.3
商南	1947.11	1949.3	周口市	1948.1	1952.6
夏亭	1947.11	1949.1	鄢扶	1947.10	1948.6
商亳鹿柘	1946.10	1949.3	东南阳	1948.6	1949.1
鹿亳太	1946.12	1947.6	西南阳	1948.6	1949.1
汝北	1947.10	1948.6	霍固	1948.9	1949.2
鄢商西	1947.10	1948.6	金霍固	1947.11	1949.6
汝正	1948.4	1949.2	信应	1947.12	1949.3
汝正确	1948.4	1949.2	信桐	1947.12	1949.3
安平	1946.8	1949.4	唐南	1947.12	1949.3
沙北	1948.3	1948.12	唐西	1947.12	1949.3
许西	1948.3	1948.12	泌西	1947.12	1949.1
开陈	1948.4	1948.12	泌东	1947.12	1949.1
长洧	1948.11	1949.2	泌北	1947.12	1948.4
洛北	1947.9	1949.2	信随	1947.12	1949.3

（续表）

县（市）名	建立时间	废止时间	县（市）名	建立时间	废止时间
宜北	1947.9	1949.2	邓北	1948.1	1949.3
栾川	1947.10	1960.8	邓西	1948.9	1949.1
宜南	1947.10	1949.2	邓县	1947.12	1949.3
洛南	1947.10	1949.2	信东	1947.12	1949.3
伊鲁嵩	1948.2	1949.2	槐店市	1948.5	1949.3
许昌市	1948.11	1953.4	南阳市	1948.11	1952.6

由于中原形势胜利的发展，为了领导全区人民有组织地进行支援战争，进一步发展国民经济，管理全区实业与交通，完成大规模的民主改革与社会改革，1949 年 3 月 3 日—6 日，中原临时人民代表会议在开封召开，选举产生了中原临时人民政府委员会。3 月 7 日，中原临时人民政府成立，邓子恢为主席。除皖、苏部分划归华东区外，重划中原区为鄂豫、江汉、陕南 3 个行署区，开封、郑州 2 个直辖市及陕州、洛阳、郑州、许昌、南阳、汝南、商丘、淮阳、陈留 9 个直辖专署区，原豫皖苏、豫西、桐柏 3 行署宣告撤销。5 月 8 日，中原临时人民政府委员会第二次会议召开，会议认为："目前胜利形势急剧发展，本府直辖各专、市已不适宜。为了加强河南省的领导，决定成立河南省人民政府，下辖开封、郑州二市，陕州、洛阳、郑州、陈留、商丘、淮阳、潢川、确山、许昌、南阳十个专区。"5 月 10 日，河南省人民政府在省会开封宣告成立，吴芝圃任主席，牛佩琮为副主席。

随着战争的向南推进，河南、湖北二省人民政府的成立，中原解放区日益成为巩固的后方基地。1949 年 5 月 12 日，中共中央决定建立华中局（后改为中南局）。6 月 2 日，华中局、华中军区同时成立，原中原局、中原军区撤销。6 月 25 日，中原临时人民政府从开封迁至武汉。1950 年 2 月，中原临时人民政府改组为中南军政委员会，中原临时人民政府宣告结束，河南省人民政府隶属中南军政委员会。

五、平原省河南部分的行政建制

随着人民解放军的胜利进军，晋冀鲁豫与晋察冀两块解放区完全连成了一片。为了建立巩固的后方基地支援全国的解放战争，1948年5月9日，中共中央决定将两块解放区合并在一起，成立中央华北局、华北军区、华北区联合行政委员会。1948年8月7日，华北临时人民代表大会在石家庄召开。会议进行了18天，选出了华北人民政府委员会，通过了《华北人民政府组织大纲》。9月26日，成立了华北人民政府，董必武为主席。1949年8月1日，华北人民政府通令调整华北行政区划，撤销冀东、冀中、冀南、冀鲁豫、太行、太岳、太原7个行政区，以旧省界为基础划分河北省、山西省、察哈尔省、绥远省、平原省。

1949年8月20日，平原省人民政府成立。其中，原山东省西南部、原河南省黄河以北、原河北省大名南部地区为平原省的行政区域。省会设于新乡市（今河南省新乡市），辖有新乡、安阳2个直辖市及新乡、安阳、濮阳、菏泽、湖西、聊城6个专区，56个县，1个矿区及5个城关区。中华人民共和国成立后，平原省直属中央人民政府。1952年11月15日，中央人民政府委员会第十九次会议决定，撤销平原省，将新乡、安阳2个直辖市及新乡、安阳、濮阳3个专区划归河南省，菏泽、湖西、聊城3个专区划属山东省。下面我们以1949年9月为时间断限将平原省河南部分的行政建制列表如下：

表8-11　1949年9月平原省河南部分行政建制表

专区、直辖市	辖县（矿区、城关区）	驻地
新乡市		
安阳市		
新乡专区	新乡、汲县、辉县、修武、武陟、获嘉、博爱、沁阳、温县、孟县、延津、原武、阳武、济源、焦作矿区、汲县城关区	新乡县
安阳专区	安阳、林县、邺县、淇县、汤阴、浚县	安阳市
濮阳专区	濮阳、内黄、清丰、南乐、濮县、范县、滑县、长垣、封丘、濮阳城关区	濮阳县

说明：

新乡市，1948年11月，在新乡县境置新乡市。1949年5月，新乡县城和平解放，新乡市迁至新乡县城区，时属太行行署第四专区。1949年8月20日，平原省建立，新乡市作为省会，直属平原省人民政府。1952年11月，平原省撤销，新乡市隶属河南省，为直辖市。治在今河南省新乡市。

安阳市，1949年5月6日，安阳解放，由安阳县城区析置安阳市，时属太行行署第五专区。1949 年 8 月 20 日,平原省建立,安阳市直属平原省人民政府。1952 年 11 月,平原省撤销,安阳市隶属河南省,为直辖市。治在今河南省安阳市。

焦作矿区,1949 年 10 月 15 日,改焦作县为焦作矿区,隶属平原省新乡行政专员公署。1952 年 11 月,平原省撤销,焦作矿区隶属河南省直辖。1956 年 7 月 9 日,改为焦作市,为省辖市。

邺县,1949 年 8 月,由安阳、临漳二县漳河以南区域析置,治崇义集(今河北省临漳县南)。1954 年 4 月,迁治白璧集(今河南省安阳市东白璧镇);6 月,县裁并入安阳县。

汲县城关区,1948 年 11 月,汲县解放,由汲县城区析置卫辉市。1949 年 2 月,卫辉市撤销。8 月 20 日,在卫辉市基础上置汲县城关区,属平原省,为县级政区。1950 年改为汲县城关镇,并入汲县。

濮阳城关区,1949 年 8 月,由濮阳县城区析置,属平原省,为县级政区。1950 年改为濮阳城关镇,并入濮阳县。

原阳县,1950 年 3 月,原武、阳武二县合并组成,属平原省。1952 年 11 月,县属河南省。治在今河南省原阳县城关镇。

1949 年 8 月,滑县迁治道口镇,安阳县时驻水冶镇。

1952 年 11 月,濮县、范县划归山东省。1956 年 3 月,濮县并入范县。1964 年,国务院为解决河南、山东两省交界地区水利问题进行区划调整,将范县及所辖金堤以南地区划归河南省,县城樱桃园镇在山东莘县境内,成为“飞地”。

附录

1950年河南省的行政区划

随着革命形势的胜利发展,中共中央决定建立中共河南省委、河南军区。1949年3月1日,中共河南省委建立,原豫皖苏、豫西、桐柏区所属河南部分地区划归河南省。3月7日,河南军区成立。同日,中原临时人民政府在开封成立。5月8日,中原临时人民政府委员会决定建立河南省人民政府。10日,河南省人民政府成立。

根据决议,河南省人民政府下辖开封、郑州2市,陕州、洛阳、郑州、陈留、商丘、淮阳、潢川、确山、许昌、南阳10个专区。1949年11月25日,重置西峡县。1950年5月9日,改汝南县为汝南市。25日,改商丘县城关镇为商丘市。至1950年年底,河南省下辖开封、郑州2个直辖市,郑州、陈留、商丘、许昌、淮阳、洛阳、陕州、南阳、信阳、潢川10个专区,96个县市。

一、开封市

1948年10月24日,开封解放,即以开封县城区及护城堤以内区域置开封市。时开封市隶属豫皖苏行署区,辖有7个区,以序号为顺序。1949年3月7日,开封市为中原临时人民政府驻地,隶属中原临时人民政府。1949年5月10日,开封为河南省省会,隶属河南省人民政府。1954年10月,省会由开封迁往郑州,开封为省直辖市。1955年郑州专区驻地迁至开封,改称开封专区,1958年开封市委托开封专区管辖,1962年开封市恢复为省直辖市。1983年实行“市带县”体制,撤销开封专区,原属专区的杞、通许、尉氏、开封、兰考5县划归开封市管辖。

二、郑州市

1948 年 10 月 22 日,郑县解放,即以郑县城区析置郑州市。时郑州市隶属豫西行署区,辖有 5 个区,以序号为顺序。1949 年 3 月 7 日,中原临时人民政府成立,郑州市隶属之。5 月 10 日,河南省人民政府成立,郑州市为省直辖市。1954 年 10 月 30 日,河南省省会由开封迁往郑州,郑州成为河南省省会。

三、郑州专区

原中原解放区豫西行署区第四专区,辖荥阳、郑、新郑、密、成皋、巩、登封 7 县。1949 年 3 月 7 日,中原临时人民政府成立,第四专区改称为郑州专区。5 月 10 日,河南省人民政府成立,专区隶属之。1954 年 11 月,郑州专区由荥阳迁开封,改称开封专区。专署驻荥阳县,今河南省荥阳市。

荥阳县,1948 年 5 月,荥阳解放,建立县人民政府,隶属豫西行署第四专区。6 月,第四专区驻地由登封迁至荥阳。1949 年 3 月 7 日,第四专区改为郑州专区,县隶属之。1954 年 11 月,郑州专区由荥阳迁开封,改称开封专区,县隶属之。专区驻地所在。治在今河南省荥阳市。

郑县,1948 年 10 月 22 日,郑县解放,隶属豫西行署第四专区。郑州市成立后,县治迁至岗杜。1949 年 3 月 7 日,第四专区改为郑州专区,县隶属之。1952 年 10 月,县废,县境并入郑州市及中牟、新郑二县。治在今河南省郑州市。

新郑县,1948 年 10 月 21 日,新郑解放,隶属豫西行署第四专区。1949 年 3 月 7 日,第四专区改为郑州专区,县隶属之。1954 年 11 月,郑州专区由荥阳迁开封,改称开封专区,县隶属之。治在今河南省新郑市。

密县,1948 年 5 月,密县解放,隶属豫西行署第四专区。1949 年 3 月 7 日,第四专区改为郑州专区,县隶属之。1954 年 11 月,郑州专区由荥阳迁开封,改称开封专区,县隶属之。治在今河南省新密市。

成皋县,1948 年 5 月,汜水、广武二县解放,隶属豫西行署第四专区。8 月,二县合并为成皋县,县属豫西行署第四专区。1949 年 3 月 7 日,第四专区改为郑州专区,县隶属之。1954 年 6 月,县并入荥阳县。治在今河南省荥阳市西北汜水镇。

巩县,1948 年 4 月,巩县解放,隶属豫西行署第四专区。1949 年 3 月 7 日,第四专区改为郑州专区,县隶属之。1954 年 11 月,郑州专区由荥阳迁开封,改称开封专区,县隶属之。1964 年,县治迁至孝义镇。治在今河南省巩义市。

登封县,1948 年 5 月,登封解放,隶属豫西行署第四专区。1949 年 3 月 7 日,第四专区改为郑州专区,县隶属之。1954 年 11 月,郑州专区由荥阳迁开封,改称开封专区,县隶属之。治在今河南省登封市。

四、陈留专区

由原分属豫皖苏行署第一、五专区的陈留、开封、中牟、洧川、尉氏、通许、杞、兰封、考城 9 个县组成,隶属中原临时人民政府。1949 年 5 月 10 日,河南省人民政府成立,专区隶属之。1952 年 6 月,陈留专区并入郑州专区。专署驻陈留,今河南省开封市东南陈留镇。

陈留县,1948 年 12 月,由开陈县分置,时属豫皖苏行署第五专区。1949 年 3 月 7 日,县属陈留专区。1952 年 6 月,陈留专区并入郑州专区,县属之。1954 年 11 月,郑州专区由荥阳迁开封,改称开封专区,县隶属之。1957 年 5 月,县并入开封县。治在今河南省开封市东南陈留镇。

开封县,1948 年 10 月 24 日,开封解放,县属豫皖苏行署第五专区。开封市成立后,县迁治朱仙镇。12 月,开陈县分置,开封县部分还归本县。1949 年 3 月 7 日,县属陈留专区。9 月,县治迁至黄龙寺。1952 年 6 月,陈留专区并入郑州专区,县属之。1954 年 11 月,郑州专区由荥阳迁开封,改称开封专区,县隶属之。治在今河南省开封市祥符区。

中牟县,1948 年 10 月 22 日,中牟解放,县属豫皖苏行署第五专区。1949 年 3 月 7 日,县属陈留专区。1952 年 6 月,陈留专区并入郑州专区,县属之。1954 年 11 月,郑州专区由荥阳迁开封,改称开封专区,县隶属之。治在今河南省中牟县。

洧川县,1949年2月,由长洧县分置,县时属豫皖苏行署第五专区。1949年3月7日,县属陈留专区。1952年6月,陈留专区并入郑州专区,县属之。1954年6月,县并入长葛县。治在今河南省尉氏县洧川镇。

尉氏县,1947年10月,尉氏建立县人民政府,属豫皖苏行署第五专区。1949年3月7日,县属陈留专区。1952年6月,陈留专区并入郑州专区,县属之。1954年11月,郑州专区由荥阳迁开封,改称开封专区,县隶属之。治在今河南省尉氏县。

通许县,1946年12月,建立县人民政府,时属豫皖苏边区第一专区。1947年10月,县属第五专区。1949年3月7日,县属陈留专区。1952年6月,陈留专区并入郑州专区,县属之。1954年11月,郑州专区由荥阳迁开封,改称开封专区,县隶属之。治在今河南省通许县。

杞县,1947年11月,由睢杞县分置,时属豫皖苏边区第一专区。1949年3月7日,县属陈留专区。1952年6月,陈留专区并入郑州专区,县属之。1954年11月,郑州专区由荥阳迁开封,改称开封专区,县隶属之。治在今河南省杞县。

兰封县,1948年解放。1949年3月7日,县属陈留专区。1952年6月,陈留专区并入郑州专区,县属之。1954年1月,县与考城县合并,组成兰考县。治在今河南省兰考县。

考城县,1940年8月,建立县抗日民主政府。抗战胜利后,改组为县人民政府,属冀鲁豫边区第五专区。1949年3月,县改属陈留专区,迁治张君墓镇。1952年6月,县属郑州专区。1954年1月,县与兰封县合并,组成兰考县。治在今河南省兰考县张君墓镇。

五、商丘专区

由原分属豫皖苏行署第一、三专区的商丘市和商丘、宁陵、睢、民权、柘城、虞城、夏邑7县组成,隶属中原临时人民政府。1949年4月,撤销商丘市。同时,在朱集镇置朱集市,属商丘专区。1950年5月,又复置商丘市,属商丘专区。时专区辖2市7县,属河南省。1951年8月,商丘市、朱集市合并,组成商丘市,属商丘专区。1952年1月31日,永城县自安徽省归还河南省,属商丘专区。专署驻朱集市，今河南省商丘市。

朱集市，本商丘县朱集镇。1949 年 4 月，以朱集镇置朱集市，属商丘专区。1951 年 8 月，与商丘市合并，组成新的商丘市。专署驻地。治在今河南省商丘市。

商丘市，1948 年 11 月，由商丘县城区析置，属豫皖苏行署第一专区。1949 年 4 月，市被撤销，并入商丘县。1950 年 5 月，复以商丘县城置市，属商丘专区。1951 年 8 月，与朱集市合并，组成新的商丘市，市人民政府驻原朱集市。治在今河南省商丘市。

商丘县，1948 年 11 月，商丘解放，县属豫皖苏行署第一专区。商丘市成立后，县治仍旧。1949 年 4 月，商丘市并入县，县属商丘专区。1950 年 5 月，以县城复置商丘市。1951 年 8 月，商丘市迁治朱集市，县治原址。治在今河南省商丘市睢阳区。

宁陵县，1947 年 11 月，由商宁县分置，属豫皖苏行署第一专区。1949 年 3 月，睢宁县分置，宁陵部分区域还归本县，时县属商丘专区。1950 年年底，县仍属商丘专区。治在今河南省宁陵县。

睢县，1947 年 11 月，由睢杞县分置，属豫皖苏行署第一专区。1949 年 3 月，睢宁县分置，睢县部分区域还归本县，时县属商丘专区。1950 年年底，县仍属商丘专区。治在今河南省睢县。

民权县，1948 年 10 月，由克威县分置，属豫皖苏行署第一专区。1949 年 3 月，县属商丘专区。1950 年年底，县仍属商丘专区。治在今河南省民权县。

柘城县，1947 年 11 月，由柘城、柘南二县合并组成，属豫皖苏行署第一专区。1949 年 3 月，县属商丘专区。1950 年年底，县仍属商丘专区。治在今河南省柘城县。

虞城县，1947 年 9 月，建立县人民政府，属冀鲁豫行署第五专区。1948 年 11 月 8 日，虞城解放，县属冀鲁豫行署第五专区。1949 年 3 月，县属商丘专区。1950 年年底，县仍属商丘专区。治在今河南省虞城县利民镇。1954 年 9 月，迁治马牧集（今城关镇）。

夏邑县，1946 年 11 月，建立县人民政府，属豫皖苏行署第三专区。1949 年 3 月，县属商丘专区。1950 年年底，县仍属商丘专区。治在今河南省夏邑县。

六、许昌专区

由豫西行署第二、五专区合并组成，辖许昌、漯河 2 市和许昌、长葛、禹、临汝、郏、宝丰、襄城、鲁山、临颍、叶、郾城、舞阳、鄢陵 13 县，属中原临时人民政府。1949 年 5 月 10 日，河南省人民政府成立，许昌专区属之。至 1950 年年底，许昌专区辖 2 市 13 县。专署驻许昌市，今河南省许昌市。

许昌市，1948 年 11 月，由许昌县城析置，属豫皖苏行署第五专区；12 月，市改属豫西行署第五专区。1949 年 3 月，市属许昌专区。此后因之。1953 年 4 月，市裁入许昌县；8 月，复置市。专署驻地所在。治在今河南省许昌市。

漯河市，1948 年 7 月，由郾城县漯河镇析置，属豫西行署第二专区。1949 年 1 月，漯河市与郾城县合署办公。3 月，市属许昌专区。10 月，又分署办公。至 1950 年年底，市属许昌专区。治在今河南省漯河市。

许昌县，1947 年 11 月，建立县人民政府，属豫皖苏行署第五专区；12 月，县改属豫西行署第五专区。1949 年 3 月，县属许昌专区。此后因之。1953 年 4 月，许昌市裁入县；8 月，复置市。治在今河南省许昌市。

长葛县，1948 年 6 月，县解放，属豫西行署第四专区。1949 年 2 月，长洧县分置，长葛县部分还属本县。3 月，县属许昌专区。此后因之。治在今河南省长葛市。

禹县，1947 年 12 月，建立县人民政府，属豫鄂陕区第五专区。1948 年 6 月，县属豫西行署第五专区。1949 年 3 月，县属许昌专区。此后因之。治在今河南省禹州市。

临汝县，1947 年 12 月，建立县人民政府，属豫鄂陕区第五专区。1948 年 6 月，县属豫西行署第五专区。1949 年 3 月，县属许昌专区。此后因之。治在今河南省汝州市。

郏县，1947 年 12 月，建立县人民政府，属豫鄂陕区第五专区。1948 年 6 月，县属豫西行署第五专区。1949 年 3 月，县属许昌专区。此后因之。治在今河南省郏县。

宝丰县，1947 年 12 月，建立县人民政府，属豫鄂陕区第五专区。1948 年 6

月，县属豫西行署第五专区。1949 年 3 月，县属许昌专区。此后因之。治在今河南省宝丰县。

襄城县，1947 年 12 月，建立县人民政府，属豫鄂陕区第五专区。1948 年 6 月，县属豫西行署第五专区。1949 年 3 月，县属许昌专区。此后因之。治在今河南省襄城县。

鲁山县，1947 年 12 月，建立县人民政府，属豫鄂陕区第五专区。1948 年 6 月，县属豫西行署第五专区。1949 年 3 月，县属许昌专区。此后因之。治在今河南省鲁山县。

临颍县，1947 年 11 月，建立县人民政府，属豫皖苏行署第五专区；1948 年 12 月，县改属豫西行署第五专区。1949 年 3 月，县属许昌专区。此后因之。治在今河南省临颍县。

叶县，1947 年 11 月，建立县人民政府，属豫鄂陕区第七专区。1948 年 6 月，县属豫西行署第二专区。1949 年 3 月，县属许昌专区。此后因之。治在今河南省叶县。

郾城县，1948 年 6 月，县解放，属豫西行署第二专区。1949 年 3 月，县属许昌专区。此后因之。治在今河南省漯河市郾城区。

舞阳县，1947 年 11 月，建立县人民政府，属豫鄂陕区第七专区。1948 年 6 月，县属豫西行署第二专区。1949 年 3 月，县属许昌专区。此后因之。治在今河南省舞阳县。

鄢陵县，1947 年 11 月，建立县人民政府，属豫皖苏行署第五专区；1948 年 12 月，县改属豫西行署第五专区。1949 年 3 月，县属许昌专区。此后因之。治在今河南省鄢陵县。

七、淮阳专区

由原分属豫皖苏行署的第一、二、五、七专区的周口市和淮阳、鹿邑、太康、扶沟、西华、商水、项城、沈丘 8 县组成，时属中原临时人民政府。1949 年 5 月 10 日，河南省人民政府成立，淮阳专区隶属之。此后因之。至 1950 年年底，淮阳专区辖 1 市 8 县。专署驻淮阳县，今河南省淮阳县。

周口市,1948 年 1 月,由商水县周家口镇析置,属豫皖苏行署第二专区。1949 年 3 月,市属淮阳专区。此后因之。1952 年 6 月撤销,并入商水县。治在今河南省周口市。

淮阳县,1946 年 12 月,建立县人民政府,属豫皖苏边区第二专区。1947 年 11 月,县属豫皖苏行署第二专区。1949 年 3 月,县属淮阳专区。此后因之。专区驻地所在。治在今河南省淮阳县。

鹿邑县,1946 年 12 月,建立县人民政府,属豫皖苏边区第二专区。1947 年 11 月,县属豫皖苏行署第二专区。1949 年 3 月,县属淮阳专区。此后因之。治在今河南省鹿邑县。

太康县,本芝圃县,1945 年 8 月改为太康县。1946 年 12 月,县属豫皖苏边区第一专区。1947 年 11 月,县属豫皖苏行署第一专区。1949 年 3 月,县属淮阳专区。此后因之。治在今河南省太康县。

扶沟县,1946 年 12 月,建立县人民政府,属豫皖苏边区第一专区。1947 年 11 月,县属豫皖苏行署第五专区。1949 年 3 月,县属淮阳专区。此后因之。治在今河南省扶沟县。

西华县,1947 年 10 月,由淮太西县分置,县属豫皖苏行署第五专区。1949 年 3 月,县属淮阳专区。此后因之。治在今河南省西华县。

商水县,1948 年 6 月,由鄢商西县分置,县属豫皖苏行署第五专区。1949 年 3 月,县属淮阳专区。此后因之。治在今河南省商水县。

项城县,1948 年 10 月,由沈项临县分置,县属豫皖苏行署第七专区。1949 年 3 月,县属淮阳专区。此后因之。治在今河南省项城县。

沈丘县,1947 年 10 月,由沈鹿淮县分置,县属豫皖苏行署第四专区。1949 年 3 月,县属淮阳专区。此后因之。1949 年 3 月,槐店市撤销,县治迁往槐店集。治在今河南省沈丘县。

八、洛阳专区

由豫西行署第一、三专区部分县市组成,辖洛阳市和洛阳、偃师、孟津、新安、伊川、宜阳、嵩、伊阳 8 县,时属中原临时人民政府。1949 年 5 月 10 日,河南省人民政府成立，洛阳专区隶属之。此后因之。至1950年年底，洛阳专区下辖1市8县。专署驻洛阳市，今河南省洛阳市。

洛阳市，1948年6月，洛阳解放，由洛阳县城区析置，豫西行署直辖。1949年3月，市隶属洛阳专区。此后因之。1954年4月，洛阳市为省直辖市。专署驻地所在。治在今河南省洛阳市。

洛阳县，1947年9月，建立县人民政府，属太岳行署第五专区。1948年6月，洛阳解放，县属豫西行署第一专区。1949年3月，县属洛阳专区。此后因之。1955年11月，县撤销，县境并入洛阳市及孟津、宜阳、偃师三县。治在今河南省洛阳市。

偃师县，1948年5月，县解放，属豫西行署第一专区。1949年3月，县属洛阳专区。此后因之。治在今河南省偃师市。

孟津县，1947年9月，县解放，属太岳行署第五专区。1948年6月，县属豫西行署第一专区。1949年3月，县属洛阳专区。此后因之。先治在孟津老城，1961年迁治长华镇，即今孟津县。

新安县，1947年9月，县解放，属太岳行署第五专区。1948年6月，县属豫西行署第一专区。1949年3月，县属洛阳专区。此后因之。治在今河南省新安县。

伊川县，1947年11月，县解放，属豫鄂陕边区第三专区。1948年6月，县属豫西行署第三专区。1949年3月，县属洛阳专区。此后因之。治在今河南省伊川县。

宜阳县，1949年2月，由宜南、宜北二县合并组成，县属豫西行署第一专区；3月，县属洛阳专区。此后因之。治在今河南省宜阳县。

嵩县，1947年11月，县解放，属豫鄂陕边区第三专区。1948年6月，县属豫西行署第三专区。1949年3月，县属洛阳专区。此后因之。治在今河南省嵩县。

伊阳县，1947年11月，县解放，属豫鄂陕边区第三专区。1948年6月，县属豫西行署第三专区。1949年3月，县属洛阳专区。此后因之。治在今河南省伊阳县。

九、陕州专区

由豫西行署第一、七专区部分县组成，辖陕、渑池、洛宁、灵宝、阌乡、卢氏、栾川 7 县，属中原临时人民政府。1949 年 5 月 10 日，河南省人民政府成立，洛阳专区隶属之。此后因之。至 1950 年年底，陕州专区下辖 7 县。专署驻陕县，今河南省三门峡市西陕县老城。

陕县，1947 年 9 月，县解放，属太岳行署第五专区。1948 年 6 月，县属豫西行署第一专区。11 月，县属豫西行署第七专区。1949 年 3 月，县属陕州专区。此后因之。专署驻地所在。治在今河南省三门峡市西陕县老城。

渑池县，1947 年 9 月，县解放，属太岳行署第五专区。1948 年 6 月，县属豫西行署第一专区。1949 年 3 月，县属陕州专区。此后因之。治在今河南省渑池县。

洛宁县，1949 年 2 月，由洛南、洛北二县合并组成，县属豫西行署第一专区；3 月，县属陕州专区。此后因之。治在今河南省洛宁县。

灵宝县，1947 年 11 月，县解放，属豫鄂陕边区第一专区。1948 年 6 月，县属陕南行署第一专区。9 月，县属豫西行署第七专区。1949 年 3 月，县属陕州专区。此后因之。治在今河南省灵宝市东北老城。

阌乡县，1947 年 11 月，县解放，属豫鄂陕边区第一专区。1948 年 6 月，县属陕南行署第一专区。9 月，县属豫西行署第七专区。1949 年 3 月，县属陕州专区。此后因之。1954 年，并入灵宝县。治在今河南省灵宝市西北阌乡北三门峡水库中。

卢氏县，1947 年 11 月，县解放，属豫鄂陕边区第一专区。1948 年 6 月，县属陕南行署第一专区。9 月，县属豫西行署第七专区。1949 年 3 月，县属陕州专区。此后因之。治在今河南省卢氏县。

栾川县，1947 年 10 月，由卢氏县栾川镇析置，属豫鄂陕边区第三专区。1948 年 4 月，县属豫鄂陕边区第一专区。6 月，县属陕南行署第一专区。9 月，县属豫西行署第七专区。1949 年 3 月，县属陕州专区。此后因之。治在今河南省栾川县。

十、南阳专区

由豫西行署第六专区和桐柏行署各县组成，辖南阳市和南阳、南召、内乡、淅川、镇平、方城、邓、新野、唐河、泌阳、桐柏11县，属中原临时人民政府。1949年5月10日，河南省人民政府成立，南阳专区隶属之。11月，复置西峡县。至1950年年底，南阳专区辖1市12县。专署驻南阳市，今河南省南阳市。

南阳市，1948年11月，南阳解放，由南阳县城析置，市属豫西行署第六专区。1949年3月，市属南阳专区。此后因之。1952年6月，市被撤销，并入南阳县。专署驻地所在。治在今河南省南阳市。

南阳县，1949年1月，由东南阳、西南阳二县合并组成，县属豫西行署第六专区。1949年3月，县属南阳专区。此后因之。治在今河南省南阳市。

南召县，1947年11月，建立县人民政府，属豫鄂陕区第六专区。1948年6月，县属豫西行署第六专区。1949年3月，县属南阳专区。此后因之。治在今河南省南召县。

内乡县，1947年11月，建立县人民政府，属豫鄂陕区第六专区。1948年6月，县属豫西行署第六专区。1949年3月，县属南阳专区。此后因之。治在今河南省内乡县。

淅川县，1947年11月，建立县人民政府，属豫鄂陕区第六专区。1948年6月，县属豫西行署第六专区。1949年3月，县属南阳专区。此后因之。治在今河南省淅川县西南老城。

镇平县，1947年11月，建立县人民政府，属豫鄂陕区第六专区。1948年6月，县属豫西行署第六专区。1949年3月，县属南阳专区。此后因之。治在今河南省镇平县。

方城县，1947年12月，建立县人民政府，属桐柏行署第二专区。1948年6月，县属豫西行署第二专区。1949年3月，县属南阳专区。此后因之。治在今河南省方城县。

邓县，1947年12月，建立县人民政府，属桐柏行署第三专区。1949年3月，邓北县并入，组成新的邓县，属南阳专区。此后因之。治在今河南省邓州市。

新野县,1947年12月,建立县人民政府,属桐柏行署第三专区。1949年3月,县属南阳专区。此后因之。治在今河南省新野县。

唐河县,1949年3月,由唐南、唐西、唐河三县合并,组成新的唐河县,属南阳专区。此后因之。治在今河南省唐河县。

泌阳县,1947年12月,泌阳县分置泌东、泌西、泌北三县,属桐柏行署第二专区。1948年4月,泌北县并入泌东、泌西二县。1949年1月,泌东、泌西二县合并,组成泌阳县,属桐柏行署第二专区。3月,县属南阳专区。此后因之。治在今河南省泌阳市。

桐柏县,1947年12月,建立县人民政府,属桐柏行署第一专区。1949年3月,县属南阳专区。此后因之。治在今河南省桐柏县。

西峡县,1947年11月,由内乡县西峡口镇析置,建立县人民政府,属豫鄂陕区第六专区。1948年6月,县属豫西行署第六专区。1949年2月,县并入内乡县;11月25日,复置西峡县,属南阳专区。此后因之。治在今河南省西峡县。

十一、信阳专区

由桐柏行署第二专区和豫皖苏行署第八专区组成汝南专区,辖有确山、遂平、西平、汝南、正阳、息、上蔡、信阳、新蔡9个县。1949年3月15日,汝南专区改为确山专区,辖有信阳、驻马店2市及汝南、西平、遂平、上蔡、正阳、息、新蔡、确山、信阳9县。5月6日,息县改属潢川专区。5月10日,河南省人民政府成立,确山专区改名信阳专区,隶属之。1950年5月9日,改汝南县为汝南市。至12月,信阳专区辖有3市8县。专署驻信阳市,今河南省信阳市。

信阳市,1949年4月,信阳解放,由信阳县城区析置,属确山专区。5月,市属信阳专区。此后因之。1952年6月,裁入信阳县。专署驻地所在。治在今河南省信阳市。

驻马店市,1949年4月,确山解放,由确山县驻马店镇析置,属确山专区。5月,市属信阳专区。此后因之。1952年6月,裁入确山县。治在今河南省驻马店市。

汝南市,1950年5月9日,由汝南县城区析置,属信阳专区。1951年4月

26日，市被裁撤，并入汝南县。治在今河南省汝南县。

信阳县，1949年3月，由信应、信桐、信随、信东四县合并，组成信阳县，属确山专区。5月，县属信阳专区。此后因之。信阳市的建立，县治迁至平桥镇。治在今河南省信阳市平桥区。

确山县，1947年10月，建立县人民政府，属豫皖苏行署第四专区。1948年4月，县属豫皖苏行署第八专区。5月，县划属桐柏行署第二专区。1949年3月，县属确山专区；5月，县属信阳专区。此后因之。治在今河南省确山县。

遂平县，1947年10月，建立县人民政府，属豫皖苏行署第四专区。1948年5月，县属豫西行署第七专区。1949年3月，县属确山专区；5月，县属信阳专区。此后因之。治在今河南省遂平县。

西平县，1947年10月，建立县人民政府，属豫皖苏行署第四专区。1948年5月，县属豫西行署第七专区。1949年3月，县属确山专区；5月，县属信阳专区。此后因之。治在今河南省西平县。

上蔡县，1947年10月，建立县人民政府，属豫皖苏行署第四专区。1948年4月，县属豫皖苏行署第七专区。1949年3月，县属确山专区；5月，县属信阳专区。此后因之。治在今河南省上蔡县。

汝南县，1947年10月，建立县人民政府，属豫皖苏行署第四专区。1948年4月，县属豫皖苏行署第八专区。1949年3月，县属确山专区；5月，县属信阳专区。此后因之。1951年4月，由县南部区域析置平舆县。治在今河南省汝南县。

新蔡县，1947年10月，建立县人民政府，属豫皖苏行署第四专区。1949年3月，县属确山专区；5月，县属信阳专区。此后因之。治在今河南省新蔡县。

正阳县，1947年10月，建立县人民政府，属豫皖苏行署第四专区。1948年4月，县属豫皖苏行署第八专区。1949年3月，县属确山专区；5月，县属信阳专区。此后因之。治在今河南省正阳县。

十二、潢川专区

由鄂豫行署第一、二专区组成，辖有潢川、光山、罗山、固始、商城、新、息7

个县，时属中原临时人民政府。1948 年 5 月 10 日，河南省人民政府成立，潢川专区隶属之。至 1950 年年底，潢川专区辖 7 县。专署驻潢川，今河南省潢川县。

潢川县，1947 年 11 月，建立县人民政府，属鄂豫行署第二专区。1949 年 3 月，县属潢川专区。此后因之。专署驻地所在。治在今河南省潢川县。

光山县，1947 年 11 月，建立县人民政府，属鄂豫行署第二专区。1949 年 3 月，县属潢川专区。此后因之。治在今河南省光山县。

罗山县，1947 年 11 月，建立县人民政府，属鄂豫行署第二专区。1949 年 3 月，县属潢川专区。此后因之。治在今河南省罗山县。

新县，1947 年 12 月，经扶县解放，改名为新县，属鄂豫行署第二专区。1949 年 3 月，县属潢川专区。此后因之。治在今河南省新县。

商城县，1947 年 11 月，建立县人民政府，属鄂豫行署第一专区。1949 年 3 月，县属潢川专区。此后因之。治在今河南省商城县。

固始县，1947 年 11 月，建立县人民政府，属鄂豫行署第一专区。1948 年 9 月，县与霍邱县合并，组成霍固县，县属鄂豫行署第一专区。1949 年 2 月，霍固县分置，县属鄂豫行署第一专区；3 月，县属潢川专区；6 月，金固霍县分置，固始县部分还属本县。此后因之。治在今河南省固始县。

息县，1947 年 10 月，建立县人民政府，属豫皖苏行署第四专区。1948 年 4 月，县属豫皖苏行署第八专区。1949 年 3 月，县划属潢川专区。此后因之。治在今河南省息县。

结语

在前八章中，我们主要考述了河南行政区划的演变历程，从中可以看出河南行政区划的演变与政治因素密切相关。

行政区划的创设和变化，首先要服从政治目的和政治需要。因此，政区划分，一般以对中央集权最为有利为原则，是实行山川形便还是犬牙交错，要看当时的政治地理环境。山川形便的意思是以天然山川作为行政区划的边界，使行政区域与自然地理区域相对一致，这样有利于区域内的政治整合、文化融合与经济发展，但不便的是也有利于形成割据局面。犬牙交错的意思是指行政区域的界限要打破自然地理区域的界限，形成相互钳制的政治地理格局。犬牙交错有利于中央对地方的控制。大体来说，在唐代及其以前，多使用山川形便原则。宋代以降，犬牙交错原则贯彻得更为普遍。

从地势地貌来看，今河南省域明显地可以分为几个自然地理区域。一条黄河从北部穿过，将河南省域分成了黄河以北和黄河以南两大地理区域。黄河以北区域指太行山脉与黄河之间的地域，称为豫北地区。其中，今濮阳市在1952年才划属河南省，故称其为豫东北地区。黄河以南区域又可分为豫西、豫东、豫南和豫西南四个地理区域。秦岭东向的余脉形成伏牛山、熊耳山、嵩山等，在豫西地区形成山地地貌，与豫东的平原地貌形成了明显的地理差别。豫西南的南阳盆地明显构成一个独立的地理单元，而淮河的分割使得豫南地区与淮南的关系更加紧密。这样几块不同地理环境的地理区域最终能成为河南省的行政区域，形成河南省的省域范围，显然是政治在其中起着主导作用。

秦始皇一统四海之后，推行郡县制度。秦郡的划分基本依据山川形便的原则，在豫北地区置有河内郡，豫西地区置有三川郡，豫西南地区置有南阳郡，豫东地区置有砀郡、颍川郡和淮阳郡，豫南地区属于九江郡，豫东北地区属于东郡。砀郡、颍川郡和淮阳郡处于豫东大平原上，是战国后期韩、魏、楚三国的核心地区，故一个地理区域置有三郡。而其他各郡基本上是相对独立的地理单元。

汉武帝时期,设置十三部州,对郡国进行监察。豫东大平原区形成豫州,豫西、豫北地区形成司隶校尉部,豫西南地区形成荆州。而豫东北地区属于兖州,豫南地区东部属扬州、西部属荆州。这时的州虽然不是行政区划,显然对郡起着分组的作用。豫北地区虽是一个相对独立的地理单元,但为了控制黄河以北地区,根据犬牙交错的原则,将其与豫西地区划为一个地理区划,并由司隶校尉监察。此后,无论是东汉,还是魏晋,豫北地区与豫西地区始终捆绑在一起。十六国和南北朝时期,河南省域战乱不已,侨置、滥置州郡的现象十分普遍,造成建置紊乱,名实不符。

唐太宗时期,因山川形便,分天下为十道。唐玄宗时期,又分为十五道,但其中也夹杂着犬牙交错的原则。黄河以北地区为河北道,黄河以南地区为河南道。但豫北地区西部的怀州与豫西地区河南府、陕州划为都畿道,而豫西地区西部的虢州却又划属河东道。按山川形便的原则,怀州应属河北道,虢州应属都畿道。这样划分,显然是为了便于中央政府的相互牵制。豫西南地区的南阳盆地属山南东道,淮河以南的豫南地区属淮南道。

宋代的高层政区路实行犬牙交错的原则,打破了地理区域的界限,使得河南省域内的几个地理单元走向联合。特别是京西路的设置,将豫西地区河南府、豫西南地区、豫南地区西部的信阳军与豫东大部分地区联结了起来,逐渐形成一个有机的整体。豫东地区的开封府为中央直辖,后置为京畿路;豫东地区的归德府属京东路;豫南地区东部的光州属淮南路;豫北地区与豫东北地区属河北路;豫西地区的陕、虢二州属永兴军路。后京西路分为南、北二路,豫西南地区的唐、邓二州属京西南路。河北路分为东、西二路,豫北地区属河北西路,豫东北地区属河北东路。

到了金代,黄河南流,将今山东省域与河南省域分开。绍兴的议和,宋金约定以淮河中流为界。这样,金朝就在黄河以南、以西,淮河以北的区域设置了南京路。豫西地区、豫东地区、豫西南地区被紧密地联结在一起,属于同一个行政区划。同时,"河南"是指黄河以南地区的地理观念也被人们逐步接受。豫北地区的西部怀州属于河东南路,东部的卫州、相州属于河北西路;豫东北地区属于大名府路;豫南地区则属于南宋淮南西路。

元朝时,在高层政区实行行省制度。河南省域黄河以南地区被划入河南江北行省，简称河南行省。豫西地区、豫西南地区、豫南地区、豫东地区首次完整地划属同一高层政区，成为“河南”地理观念的重要组成部分。豫北地区与豫东北地区被划为中书省直辖。

明朝洪武时期，在划分行省范围时将犬牙交错原则运用到极致。河南省不仅拥有黄河以南的豫西地区、豫西南地区、豫南地区、豫东地区，而且还把黄河以北的豫北地区划入。但为了更好地控制河南、山东两省，豫东北地区像楔子一样介入到河南、山东两省之间，属于京师管辖。清代、中华民国时期，河南省域的变化不大，大体沿袭了明代河南省的范围。直到 1952 年 11 月撤销平原省，豫东北地区才划入河南省，形成今河南省的幅员。

行政区划是一种政治行为，本身是为着行政治理的方便，以有利于中央对地方的控制而设置。因此，山川形便与犬牙交错并不是泾渭分明，而是相互混杂使用。犬牙交错更是政治控制的一种手段。河南作为国家的一部分，其幅员与边界的变化是随着国家的政治形势变化而变化的。所以说，在河南行政区划的演变过程中，政治起着主导的作用。

参考资料

一、古代文献

〔西汉〕司马迁:《史记》,北京:中华书局,1959 年。

〔西汉〕刘向辑录,范祥雍笺证:《战国策笺证》,上海:上海古籍出版社,2006 年。

〔东汉〕班固:《汉书》,北京:中华书局,1962 年。

〔西晋〕陈寿:《三国志》,北京:中华书局,1959 年。

〔西晋〕杜预:《春秋左传集解》,上海:上海古籍出版社,1978 年。

〔北魏〕魏收:《魏书》,北京:中华书局,1974 年。

〔北魏〕杨衒之撰,范祥雍校注:《洛阳伽蓝记校注》,上海:上海古籍出版社,1978 年。

〔刘宋〕范晔:《后汉书》,北京:中华书局,1965 年。

〔萧齐〕萧子显:《南齐书》,北京:中华书局,1972 年。

〔萧梁〕沈约:《宋书》,北京:中华书局,1974 年。

〔唐〕杜佑:《通典》,北京:中华书局,1988 年。

〔唐〕房玄龄等:《晋书》,北京:中华书局,1974 年。

〔唐〕李百药:《北齐书》,北京:中华书局,1972 年。

〔唐〕李吉甫:《元和郡县图志》,北京:中华书局,1983 年。

〔唐〕李泰等撰,贺次君辑校:《括地志》,北京:中华书局,1980 年。

〔唐〕令狐德棻等:《周书》,北京:中华书局,1971 年。

〔唐〕魏徵等:《隋书》,北京:中华书局,1973年。

〔唐〕姚思廉:《陈书》,北京:中华书局,1972年。

〔唐〕姚思廉:《梁书》,北京:中华书局,1973年。

〔五代〕刘昫:《旧唐书》,北京:中华书局,1975年。

〔宋〕乐史:《太平寰宇记》,台北:文海出版社,1980年。

〔宋〕李昉:《文苑英华》,北京:中华书局,1966年。

〔宋〕李焘:《续资治通鉴长编》,北京:中华书局,1995年。

〔宋〕李心传:《建炎以来朝野杂记》,北京:中华书局,2000年。

〔宋〕李心传:《建炎以来系年要录》,北京:中华书局,1988年。

〔宋〕孟元老撰,姜汉椿译注:《东京梦华录全译》,贵阳:贵州人民出版社,1998年。

〔宋〕欧阳忞:《舆地广记》,成都:四川大学出版社,2003年。

〔宋〕欧阳修:《新唐书》,北京:中华书局,1975年。

〔宋〕欧阳修:《新五代史》,北京:中华书局,1974年。

〔宋〕司马光:《资治通鉴》,北京:中华书局,1956年。

〔宋〕王存:《元丰九域志》,北京:中华书局,1984年。

〔宋〕王溥:《唐会要》,上海:上海古籍出版社,1991年。

〔宋〕王溥:《五代会要》,上海:上海古籍出版社,1978年。

〔宋〕王象之:《舆地纪胜》,扬州:江苏广陵古籍刻印社,1991年。

〔宋〕薛居正等:《旧五代史》,北京:中华书局,1991年。

〔宋〕宇文懋昭撰,崔文印校注:《大金国志校注》,北京:中华书局,1986年。

〔宋〕张方平:《乐全集》,《景印文渊阁四库全书》集部第1104册,台北:台湾商务印书馆,1986年。

〔金〕佚名:《大金吊伐录》,《景印文渊阁四库全书》史部第408册,台北:台湾商务印书馆,1986年。

〔元〕孛兰肹等撰,赵万里整理:《元一统志》,北京:中华书局,1966年。

〔元〕刘应李原编,詹友谅改编,郭声波整理:《大元混一方舆胜览》,成都:四川大学出版社,2003年。

〔元〕马端临:《文献通考》,北京:中华书局,1986年。

〔元〕脱脱等:《金史》,北京:中华书局,1975年。

〔元〕脱脱等:《辽史》,北京:中华书局,1974年。
〔元〕脱脱等:《宋史》,北京:中华书局,1977年。
〔明〕李贤等:《大明一统志》,西安:三秦出版社,1990年。
〔明〕宋濂等:《元史》,北京:中华书局,1976年。
〔明〕谈迁撰,张宗祥校:《国榷》,北京:中华书局,2012年。
〔明〕《明实录》(附校勘记),北京:中华书局,2016年。
〔清〕顾栋高:《春秋大事表》,北京:中华书局,1993年。
〔清〕顾炎武:《肇域志》,上海:上海古籍出版社,2004年。
〔清〕顾祖禹:《读史方舆纪要》,北京:中华书局,2005年。
〔清〕洪亮吉:《东晋疆域志》,《二十五史补编》,北京:中华书局,1955年。
〔清〕洪亮吉:《十六国疆域志》,《二十五史补编》,北京:中华书局,1955年。
〔清〕洪齮孙:《补梁疆域志》,《二十五史补编》,北京:中华书局,1955年。
〔清〕贾汉复等修撰:《河南通志》(康熙),康熙九年刻本。
〔清〕穆彰阿等纂修:《嘉庆重修一统志》,上海:上海书店,1984年。
〔清〕全祖望:《汉书地理志稽疑》,《二十五史补编》,北京:中华书局,1955年。
〔清〕田文镜等修撰:《河南通志》(雍正),雍正十三年刻本。
〔清〕吴增仅撰,杨守敬补正:《三国郡县表附考证》,《二十五史补编》,北京:中华书局,1955年。
〔清〕徐元诰:《国语集解》,北京:中华书局,2002年。
〔清〕杨守敬:《隋书地理志考证》,《二十五史补编》,北京:中华书局,1955年。
〔清〕张廷玉等:《明史》,北京:中华书局,1974年。
〔清〕《清实录》,北京:中华书局,1985年。
赵尔巽等:《清史稿》,北京:中华书局,1977年。

二、近现代文献

艾冲:《唐代都督府研究》,西安:西安地图出版社,2005年。
安金槐:《试论郑州商代城址——隞都》,《文物》1961年第4、5期合刊。
陈传海、石小生、郭晓平:《河南全民抗战》,郑州:河南人民出版社,1994年。
陈廉编写:《抗日根据地发展史略》,北京:解放军出版社,1987年。
陈梦家:《殷虚卜辞综述》,北京:中华书局,1988年。

陈伟:《包山楚简初探》,武汉:武汉大学出版社,1996 年。
陈伟:《楚东国地理研究》,武汉:武汉大学出版社,1992 年。
陈直:《汉书新证》,天津:天津人民出版社,1979 年。
陈直:《史记新证》,天津:天津人民出版社,1979 年。
陈志坚:《唐代州郡制度研究》,上海:上海古籍出版社,2005 年。
程发轫:《春秋左氏传地名图考》,台北:广文书局,1969 年。
程妮娜:《金初府、州、县考略》,《北方文物》1989 年第 3 期。
程妮娜:《金代政治制度研究》,长春:吉林大学出版社,1999 年。
程志、韩滨娜:《唐代的州和道》,西安:三秦出版社,1987 年。
丁山:《甲骨文所见氏族及其制度》,北京:中华书局,1988 年。
方诗铭、王修龄:《古本竹书纪年辑证》,上海:上海古籍出版社,1981 年。
傅林祥:《清代地方行政制度专题研究》,复旦大学博士学位论文,2010 年。
高明:《古陶文汇编》,北京:中华书局,1990 年。
故宫博物院编:《古玺汇编》,北京:文物出版社,1981 年。
顾颉刚:《顾颉刚读书笔记》(第六卷),北京:中华书局,2011 年。
郭沫若:《卜辞通纂》,北京:科学出版社,1983 年。
郭声波:《唐代监察道功能演变过程的考察》,《历史环境与文明演进——2004 年历史地理学国际学术研讨会论文集》,北京:商务印书馆,2005 年。
国家文物局主编:《中国文物地图集·河南分册》,北京:中国地图出版社,1991 年。
郝本性:《新郑“郑韩故城”发现一批战国铜兵器》,《文物》1972 年第 10 期。
何琳仪:《莒县出土东周铜器铭文汇释》,《文史》2000 年第 1 期。
后晓荣:《秦代政区地理》,北京:社会科学文献出版社,2009 年。
后晓荣:《战国政区地理》,北京:文物出版社,2013 年。
胡阿祥:《六朝疆域与政区研究》,北京:学苑出版社,2005 年。
湖北省鄂豫边区革命史编辑部、湖北省军区中原突围史专题编纂室:《中原突围史》,北京:军事科学出版社,1996 年。
黄怀信等撰:《逸周书汇校集注》,上海:上海古籍出版社,1995 年。
黄盛璋:《历史地理与考古论丛》,济南:齐鲁书社,1982 年。
黄盛璋:《旅大市所出启封戈铭的国别、地理及其相关问题》,《考古》1981 年第4期。
黄盛璋:《试论三晋兵器的国别和年代及其相关问题》,《考古学报》1974年第1期。
靳润成:《明朝总督巡抚辖区研究》,天津:天津古籍出版社,1996年。
赖青寿:《唐后期方镇(道)建置研究》,《历史地理》第17辑,上海:上海人民出版社,2001年。
李民:《追溯商代邢都地望》,《三代文明研究》,北京:科学出版社,1999年。
李晓杰:《东汉政区地理》,济南:山东教育出版社,1999年。
李晓杰:《战国秦县新考》,《历史地理》第22辑,上海:上海人民出版社,2007年。
李晓杰:《战国时期韩国疆域变迁考》,《中国史研究》2001年第3期。
李晓杰:《战国时期魏国疆域变迁考》,《历史地理》第19辑,上海:上海人民出版社,2003年。
李学勤:《湖南战国兵器铭文选释》,《古文字研究》第20辑,北京:中华书局,2000年。
李学勤:《殷代地理简论》,北京:科学出版社,1959年。
李学勤主编:《十三经注疏》,北京:北京大学出版社,1999年。
李雪山:《商代分封制度研究》,北京:中国社会科学出版社,2004年。
林剑鸣:《秦汉史》,上海:上海人民出版社,2003年。
林涓:《清代行政区划变迁研究》,复旦大学博士学位论文,2004年。
林万成:《20世纪前半期河南行政区划与沦陷区域研究》,《新乡学院学报》2014年第7期。
刘君德:《中国行政区划的理论与实践》,上海:华东师范大学出版社,1996年。
刘守田主编:《中国共产党安阳市历史大事记(1921—1988)》,北京:中共党史出版社,1993年。
刘体智:《小校经阁金文拓本》,小校经阁石印本,1935年。
罗凯:《隋唐政治地理格局研究》,复旦大学博士学位论文,2012年。
马非百:《秦集史》,北京:中华书局,1982年。
马孟龙:《西汉侯国地理》,上海:上海古籍出版社,2013年。

缪文远:《战国策考辨》,北京:中华书局,1984 年。
缪文远:《战国策新校注》,成都:巴蜀书社,1987 年。
牟发松:《〈大业杂记〉遗文校录》,《魏晋南北朝隋唐史资料》第 15 辑,武汉:武汉大学出版社,1997 年。
牛平汉编著:《明代政区沿革综表》,北京:中国地图出版社,1997 年。
牛平汉主编:《清代政区沿革综表》,北京:中国地图出版社,1990 年。
平顶山市文管会:《河南平顶山市发现西周铜毁》,《考古》1981 年第 4 期。
钱林书:《战国时期魏国置郡考》,《历史地理》第 15 辑,上海:上海人民出版社,1999 年。
钱穆:《史记地名考》,北京:商务印书馆,2001 年。
施和金:《北齐地理志》,北京:中华书局,2008 年。
石泉:《古代荆楚地理新探》,武汉:武汉大学出版社,1988 年。
史念海:《唐代历史地理研究》,北京:中国社会科学出版社,1998 年。
史树青:《长沙仰天湖出土楚简研究》,北京:群联出版社,1955 年。
睡虎地秦墓竹简整理小组编:《睡虎地秦墓竹简》,北京:文物出版社,1990 年。
宋新潮:《商代政治疆域与商文化影响范围》,《中国史研究》1991 年第 1 期。
谭克绳等主编:《鄂豫皖革命根据地斗争史简编》,北京:解放军出版社,1987 年。
谭其骧:《长水集》(上、下),北京:人民出版社,1987 年。
谭其骧主编:《中国历史地图集》,北京:中国地图出版社,1996 年。
唐志宏、谭继和主编:《中华苏维埃共和国史稿》,成都:成都出版社,1993 年。
桐柏解放区革命史编写组:《桐柏解放区革命史》,郑州:河南人民出版社,1990 年。
童书业:《春秋左传研究》,上海:上海人民出版社,1980 年。
王从敏编著:《濮阳大事记(远古~公元 1999 年)》,郑州:中州古籍出版社,2000 年。
王国维:《观堂集林(外二种)》,石家庄:河北教育出版社,2001 年。
王颋:《完颜金行政地理》,香港:天马出版有限公司,2005 年。
王玉哲:《中华远古史》,上海:上海人民出版社,2000 年。

王仲荦:《北周地理志》,北京:中华书局,2007 年。
魏俊杰:《十六国疆域研究》,上海师范大学博士学位论文,2011 年。
毋有江:《北魏政区地理研究》,复旦大学博士学位论文,2005 年。
吴良宝:《说包山楚简中的“安陵”及相关问题》,《简帛》第 1 辑,上海:上海古籍出版社,2006 年。
吴良宝:《战国楚简地名辑证》,武汉:武汉大学出版社,2010 年。
吴廷燮:《唐方镇年表》,北京:中华书局,1980 年。
辛德勇:《秦始皇三十六郡新考》,《文史》2006 年第 1、2 期。
信阳地区文管会、罗山县文化馆:《河南罗山县蟒张商代墓地第一次发掘简报》,《考古》1981 年第 2 期。
信阳地区文管会、罗山县文化馆:《罗山县蟒张后李商周墓地第二次发掘简报》,《中原文物》1981 年第 4 期。
徐少华:《包山楚简释地十则》,《文物》1996 年第 12 期。
徐少华:《羕国铜器及其历史地理探析》,《考古学报》2008 年第 4 期。
徐少华:《周代南土历史地理与文化》,武汉:武汉大学出版社,1994 年。
严耕望:《景云十三道与开元十六道》,台湾“中央研究院”《历史语言研究所集刊》第 36 本,1965 年。
严耕望:《唐代交通图考》,台湾“中央研究院”历史语言研究所专刊,1986 年。
晏昌贵:《〈二年律令·秩律〉与汉初政区地理》,《历史地理》第 21 辑,上海:上海人民出版社,2006 年。
杨伯峻:《春秋左传注》,北京:中华书局,1990 年。
杨宽:《战国史》(增订本),上海:上海人民出版社,1998 年。
杨宽:《战国史料编年辑证》,上海:上海人民出版社,2001 年。
杨清华:《金朝行省制度研究》,吉林大学博士学位论文,2009 年。
张在普编著:《中国近现代政区沿革表》,福州:福建地图出版社,1987 年。
张肇武:《河南平顶山市出土西周应国青铜器》,《文物》1984 年第 12 期。
张肇武:《平顶山市出土周代青铜器》,《考古》1985 年第 3 期。
张正明主编:《楚史论丛》初集,武汉:湖北人民出版社,1984 年。
郑宝恒:《民国时期河南省行政区划变迁述略》,《河南文史资料》2001 年第 4 期。

郑宝恒:《民国时期政区沿革》,武汉:湖北教育出版社,2000 年。
郑杰祥:《商代地理概论》,郑州:中州古籍出版社,1994 年。
中共新乡市委党史工作委员会:《中共新乡历史大事记(1919—1995)》,郑州:河南人民出版社,1997 年。
钟柏生、陈昭容等编:《新收殷周青铜器铭文暨器影汇编》,台北:艺文印书馆,2005 年。
钟柏生:《殷商卜辞地理论丛》,台北:艺文印书馆,1989 年。
周庆彰:《五代时期南方诸政权政区地理》,复旦大学博士学位论文,2010 年。
周晓陆、路东之:《秦封泥集》,西安:三秦出版社,2011 年。
周晓陆、路东之:《新蔡故城战国封泥的初步考察》,《文物》2005 年第 1 期。
周振鹤:《西汉政区地理》,北京:人民出版社,1987 年。
周振鹤:《中国历史政治地理十六讲》,北京:中华书局,2013 年。
周振鹤:《县制起源的三阶段说》,《中国历史地理论丛》1997 年第 3 期。
周振鹤:《中国历代行政区划的变迁》,北京:商务印书馆,1998 年。
周振鹤:《中国历史文化区域研究》,上海:复旦大学出版社,1997 年。
周振鹤编著:《汉书地理志汇释》,合肥:安徽教育出版社,2006 年。
周振鹤主编,傅林祥、郑宝恒著:《中国行政区划通史·中华民国卷》,上海:复旦大学出版社,2007 年。
周振鹤主编,傅林祥等著:《中国行政区划通史·清代卷》,上海:复旦大学出版社,2013 年。
周振鹤主编,郭红、靳润成著:《中国行政区划通史·明代卷》,上海:复旦大学出版社,2007 年。
周振鹤主编,郭声波著:《中国行政区划通史·唐代卷》,上海:复旦大学出版社,2012 年。
周振鹤主编,李昌宪著:《中国行政区划通史·宋西夏卷》,上海:复旦大学出版社,2007 年。
周振鹤主编,李晓杰著:《中国行政区划通史·先秦卷》,上海:复旦大学出版社,2009 年。
周振鹤主编,李治安、薛磊著:《中国行政区划通史·元代卷》,上海:复旦大学出版社,2009 年。

周振鹤主编,施和金著:《中国行政区划通史 · 隋代卷》,上海:复旦大学出版社,2009 年。
周振鹤主编,余蔚著:《中国行政区划通史 · 辽金卷》,上海:复旦大学出版社,2012 年。
朱玉龙:《五代十国方镇年表》,北京:中华书局,1997 年。
邹衡:《郑州商城即汤都亳说》,《文物》1978 年第 2 期。

后 记

本书是河南省社会科学研究院“河南专门史大型学术文化工程丛书”成果之一，得到河南省社会科学研究院的领导和同仁们的大力支持和帮助。

2013 年 7 月，我从复旦大学博士毕业，来到河南大学历史文化学院从事教学和科研工作。原本从事楚文化、巴蜀文化的研究，与河南的历史文化关系不大，故而想转向研究河南的地域历史与文化。正好河南省社会科学研究院在征集项目的选题，结合自己对政区地理的爱好，便报了“河南行政区划史”这样一个选题。在张新斌所长、唐金培副所长的支持下，选题获得通过，就有了本书的写作。

从事河南省行政区划的演变研究，对我来说是一个全新的课题。好在沿革地理的记载是我国古代史学的传统，学术界对政区地理的研究有着深厚的积淀，特别是我的老师周振鹤先生主编的“中国行政区划通史”系列断代史的先后出版，更是提供了很好的学术参照标准和研究的基础。因此，在参考前贤学术成果的基础上，《河南行政区划史》研究的是在今河南省域内于不同历史时期产生的行政区域的发展、演变过程，充分地反映河南省各个区域的演变，河南省的形成与发展，以及揭示河南各县市的古今变化。

本书由赵炳清、伍小琴、张祥云三人合力撰写。兹将三人情况简介如下：

赵炳清：男，河南大学历史文化学院教授、博士生导师，河南大学历史地理研究所所长，主要从事先秦两汉时期区域文化、历史地理及历史文献学的研究。

伍小琴：女，河南大学马克思主义学院讲师，主要从事近现代史研究。

张祥云:男,河南大学历史文化学院副教授,主要从事宋史研究。

本书的写作历时两年,其间团队人员出现变化。分工情况如下:

赵炳清:全书的设计、统稿、修订以及绪论、第一章、第二章、第三章、第四章、第五章、第七章、第六章第三节、附录、结语的写作。

伍小琴:第八章的写作。

张祥云:第六章第一、二节的写作。

本书的写作得到了许多同事的关心和支持。赵广军教授原本承担第八章的写作,在资料收集好了的情况下因事无法参与,感谢他的辛勤劳动。研究生张生积极查找资料,亦十分感谢。

河南行政区划的演变十分繁复,其写作体例也在探索中。受字数的限制,许多史料和考证过程皆从简,直接叙述结论。行政区划沿革表和地图也均舍弃。所以,本书难免存在着一些缺点和错误,恭请读者批评指正,以利今后出版修订版。

赵炳清

2018 年 3 月 20 日于开封